조선역사의 비밀

조선역사의 비밀

초판1쇄 인쇄   2017년 5월 10일
초판1쇄 발행   2017년 5월 10일

지은이   이우각
펴낸이   윤영수
펴낸곳   한국학자료원

출판등록   제312-1999-074호
주   소   서울특별시 구로구 개봉본동 170-30
문의전화   02-2616-8051

ISBN : 978-89-93025-73-6
※ 잘못된 책은 바꿔드립니다.

가격은 표지에 있습니다.

인명으로 들여다보는
조선의 숨은 역사 이야기

조선역사의 비밀

· 이우각 지음 ·

한국학자료원

머리말

　이름을 보면 그 사람의 운세를 엿볼 수 있다. 사주팔자를 놓고 손가락을 짚어보는 일보다도 더 또렷하게 나타난다.

　신문의 정치면과 사회면에 나오는 무수한 이름들과 부음란과 인사이동란, 혹은 동정란에 나오는 이름들을 보면 그 이름에 걸맞게 출세하고 또 죄인이 되어 세상을 떠들썩하게 하는가를 똑똑히 알 수 있다.

　아무나 백년해로하는 것이 아니다. 로또복권 번호 고르듯이 결혼이 맺어지는 것이 절대 아니다. 장수나 출세도 제비뽑듯이 아무렇게나 이루어지는게 결코 아니다. 이름에는 그 사람의 타고난 성품과 운명을 강하게 암시하고 있다.

　성씨와 돌림자를 빼면 겨우 한 글자밖에 안되는 이름이지만 그 속에는 아무나 볼 수 없는 거울이 있다. 그 거울을 보면 그 사람의 타고난 성격과 그 성격이 만들어갈 진로가 훤히 보인다.

　요즘에 와서 아이들에게 순수한 한글이름을 지어준 예가 많이 있으나 예전에는 누구나 그럴듯한 뜻을 지닌 한자어의 이름을 지니게 마련이었다. 그런데 그 이름 속에서 삶과 부딪치며 만들어낼 어떤 형상을 볼 수 있고 세상과 맞닥뜨리며 만들어낼 두꺼운 더께가 일찌감치 보이게 마련이다.

　하지만 보는 눈이 있어야 한다. 신기神技가 발동한 무녀巫女처럼 기억의 창고에서 뭔가 끄집어내려 안간힘을 쓰는 수험생처럼, 마음과 혼을 집중하는 지극한 정성과 집중이 있어야 한다.

과연 이름과 그 사람의 운명과는 어떤 관계가 있는 것일까?

조선의 역사 속에 나타난 인물들 가운데 특별히 기억될만한 이름들을 골라 역사적 사실과 각자의 이력을 비교하며 이름과 자字와 아호雅號를 통해 그들의 인생역정을 살펴보았다.

조선시대에 행세깨나 했던 사람들은 이름을 함부로 부르기가 어렵다 하여, 보통 성인식에 해당하는 관례를 치르고 나면 자字를 지어 부르고, 또한 사회생활을 본격적으로 시작할 무렵이 되면 스승이나 친구들이 지어주는 아호를 주로 부르게 되어 있었다.

그런데 그 이름과 자와 아호 속에 무릎을 탁 칠만큼 딱 들어맞는 그 사람 인생의 역학관계가 드러나는 일이 너무도 많았다. 혀를 내두를 정도로 기가 막힌 함수관계가 맺어진 이름들, 자와 아호들이 너무도 많았다.

누구나 평생 동안 지니고 사는 보물 같은 글자가 바로 이름이다. 좋으나 싫으나 남들이 평생 기억하며 불러주는 이름이다. 이름은 분명 각자가 타고난 운명과 성격을 강하게 암시하고 있다. 성격과 전도를 짐작하고 지어준 자이고 아호인 것이다. 따라서 그 속에는 각자의 취향과 목표와 소망이 들어 있고 주위 사람들의 기대와 축원이 똬리처럼 칭칭 감겨 있다.

예전 사람들의 이름과 자나 아호를 살펴보면 각자가 지니고 있는 소질과 취향, 그리고 주위 사람들이 바라본 그 사람의 됨됨이와 전망이 뜨거운 김처럼 서려 있다. 이름이던 자던, 아호던 각자에게는 장기臟器만큼이나 소중하고 입, 코, 눈, 귀, 손, 발만큼이나 늘 붙어다닌 존재인 것이다.

필자는 조선의 역사 속에 나오는 인물들의 이름을 살펴보면서 조선의 역사를 새롭게 볼 수 있었다. 그리고 이미 옛 사람들의 확인된 삶을 통해 인생의 진면목이 과연 어떤 것인가를 확연히 알게 되었다. 그리고 인생이란 참으로 별것이 아니구나 하는 사실을 깨닫게 겸손해질 수밖에 없었다.

영웅호걸이나 악질죄인이나 죽고 사는 문제가 엇비슷했다. 충신이나 간신이나 그 마지막은 그저 몇 살에 어떻게 죽었느냐로 결판이 나고 말았던 인생이었던 것이다. 자손을 얼마나 퍼뜨리고 재산을 얼마나 모았느냐 또한 세상사는 동안 어느 정도까지 출세했느냐는 별 문제가 아니었다. '어떤 일을 하며 몇 살에 죽었느냐 하는 간단한 서술로 한 사람의 인생이 마감되고 말았던 것이다.

조선의 역사 속에 나타난 인물들의 이름들은 태어나 죽는 그 엄연한 두 개의 길 사이에 어지럽게 펼쳐진 낙서 같은 뭔가를 느끼게 해주었다. 오늘날의 총리, 장관에 해당되는 정승, 판서쯤은 되어야 간신히 역사의 기록에 나타나지만, 그 얼마 안되는 대표급 이름들 속에서도 인생의 수수께끼와 인생의 로또복권이 선명하게 드러났던 것이다.

과거를 알아야 현재를 알고 미래를 내다볼 수 있다는 말이 있다. 예전의 대표급 이름들 속에서 역사적 사실 이상의 미묘한 인생 이치, 인생 비밀을 캐볼 수 있어야 만이 비로소 지혜있는 후손이라는 말을 들을 수 있을 것이다.

필자는 앞으로도 계속해서 이름 속에 든 인생의 비밀과 운명의 열쇠를 엿보고 싶다. 누가 앞장을 서고 누가 뒤로 쳐지는가를 이름으로 뜯어보고 싶다. 누가 평생동안 감옥을 지키고 누가 못된 짓으로 자신과 이웃을 망치는가를 각자의 이름을 통해 미리 내다보고 싶다.

얼굴이나 말씨나 몸가짐이 바로 각자의 명함이고 겨울 속 모습이라면, 평생 달고 다니는 이름 또한 틀림없이 글자가 지닌 의미

이상의 그 어떤 비밀을 지니고 있을 것이다. 그리고 보고자 하면 보일 것이다.

누구든 이름을 들고 오면 그 사람의 어제와 오늘과 내일을 말해줄 수 있다고 호언장담할 수는 없지만, 그래도 각자의 타고난 기질과 그 기질이 암시하는 인생진로를 해뜰녘 안개 속에서나마 또렷하게 엿볼 수 있다고는 말할 수 있다.

수천 년 동안 우리의 선조들도 그런 식으로 아침 안개를 통해 인생을 보고 저녁 안개를 뚫어 길을 밝혔었다. 햇살 속에 휩싸여 있다고 어떻게 해가 된다고 할 수 있겠는가? 우리는 그저 우리에게 붙여진 이름이나 때 낀 손으로 주물럭거리며, 앞도 보고 뒤도 살피고 옆도 가끔 눈여겨보면 될 일이다.

이 책을 읽노라면 앞에서 나왔던 사람이 뒤에서도 나온 경우가 종종 있다. 그 이유는 다른 사건과 연계되어 다시 한번 설명할 필요가 있어서였기 때문이다. 또한 괄호 안에 연대나 배경설명을 자세하게 설명해 놓았는데, 이 역시 독자들이 바로 확인하며 읽어 내려감으로써 역사적 사건을 이해하는 데 도움이 될 것이라는 판단에서였다.

아무쪼록 이 책이 많은 사람들이 새로운 방법으로 조선시대의 역사를 공부하는 데 도움이 되었으면 하는 마음이다.

차례

찰떡 궁합은 이미 이름에서부터 정해져 있었다!

조선왕조를 창건한 태조 李成桂이성계(1335-1408)와 여진족 출신 李之蘭이지란(1331-1402; 혹은 퉁두란) 사이의 우정에 관한 이야기는 마치 한 편의 드라마처럼 얽혀 있다.

종족과 출신 배경과 외모, 관습 등이 모조리 다른 두 사람이 어떻게 그렇게 평생 동안 피붙이 이상의 정분을 쌓으며 지낼 수 있었는지, 오늘의 기준으로 생각해도 참으로 감동적이다.

어쩌면 서로 통하는 바가 상상외로 많았는지도 모른다. 태조 이성계의 고조부高祖父가 이미 여진족이 사는 간도지방으로 이주하여 원 나라의 지방관청 벼슬을 지냈기 때문에, 어찌 보면 이미 4대째 여진족의 풍습과 생활 속에 깊숙이 들어가 있었던 셈이다.

오늘날 우리가 자주 대하게 되는 다민족 사회의 한 단면이 그 당시에도 존재했을 것으로 짐작된다. 그렇다면 이성계와 이지란의 우정은 다민족 사회에서 흔히 볼 수 있는 아주 자연스러운 현상이었을지도 모르나, 두 호걸이 전쟁터를 함께 누비는 무인武人이었다는 점에서, 더욱이나 한 사람은 새 왕조를 세운 뒤 대왕이 되고 다른 한 사람은 격변기의 혼란 속에서 자신의 목숨과 처지를 보존하기에도 벅찬 이민족의 주류에 속하고 있었다는 점에서, 참으로 경이롭고 특이한 인연이라 아니할 수 없다.

하지만 두 사람의 이름을 보면 이미 오래 전에 깊은 인연, 좋은 사이가 결정되어 있었다는 것을 어렴풋이 짐작할 수 있다.

성계(成이룰 성 桂계수나무 계)는 '신비로운 나무를 키우다'는 의미이니, 5백여 년이나 이어갈 기적 같은 새 왕조를 창건하여 한반도의 근대사를 이루었을 것이다.

지란(之갈지 蘭난초 란)은 '향기 가득한 꽃동산을 향해 간다'는 뜻이니, '친구 따라 강남 간다'는 말처럼 고려를 위해 공적을 쌓아 청해靑海 李씨의 시조가 되고, 조선 건국에 주춧돌을 쌓아 개국공신 1등에 책봉冊封되었던 것이다.

이성계라는 큰 나무 밑에 자라난 향기로운 난초나 소박하고 우아한 목련이 바로 이지란이었던 것이다. 우람한 큰 나무와 키 작은 꽃나무, 계수나무와 난초….

두 장수는 서로 다른 배경을 지닌 채 서로 다른 길을 걸어가면서도 우정만은 고스란히 지켜낼 수 있었다.

이지란이 李芳遠이방원을 도와 그가 제 3대 왕 태종으로 등극하게 도와준 것도 참으로 신기하기까지 하다. 친구인 태조가 계비(신덕왕후 강씨) 출신의 어린 왕자 芳碩방석을 후계자로 삼았다면 당연히 어느 편을 들어주기가 무척 난처했을 텐데도 어떻게 선뜻 방원을 편들어 줄 수 있었는지….

아마도 그는 호방한 강골형强骨型인 방원을 내세워야만 건국 초기의 기틀을 확고하게 마련할 수 있다고 확신하고 있었을 것이다. 그래서 그는 또 다른 '왕자의 난'인 방원과 그의 친형 방간과의 피 흘리는 싸움에서도 어김없이 방원을 도왔는지도 모른다.

이지란의 이러한 특이한 행보에도 불구하고, 왕자들의 권력다툼에 크게 상심하여 자신의 출생지인 함경도 영흥永興으로 떠나는 태조는 옛 친구 이지란의 진심 어린 동행을 마다하지 않았다.

그러나 조선의 건국에 따른 유혈참극과 1, 2차에 걸친 왕자들의 살육전을 몸소 치르며 인생무상을 통렬하게 느꼈던지, 친구인 태조의 정계 은퇴 후 이지란은 여진의 땅에 근접한 한 사찰에서 머리를 깎고 승려가 되고 말았다.

그 후 친구인 왕보다 네 살 위인 이지란은 사연 많은 생애도 여섯 해 앞서서 접고 말았다.

친구 이지란이 없는 하늘 아래 살게 된 태조는 상왕上王(1398년 둘째 방과가 정종이 됨)에서 태상왕太上王(1400년 방원이 태종이 됨)으로 칭호가 바뀌는 세속의 삶을 접고 불가佛家에 귀의歸依하게 된다.

태조가 승하昇遐한 뒤, 이지란의 혼령도 태조의 묘정廟廷에 배향配享되었으니, 둘은 죽어서나 살아서나 한 몸을 이루었던 셈이다.

이지란의 아들인 李和英이화영은 아버지의 뒤를 이어 건국 초기의 조선을 위해 충성을 바쳐 헌신했다.

그는 趙思義조사의 반란*을 평정하고 군軍 통솔직과 의정부 지사知事(종2품)를 역임하며 아버지를 시조로 한 '청해이씨' 집안을 한껏 북돋우고 부친 사후 22년 뒤(1424년 세종 7년)에 영면했다.

*趙思義의 반란 : 태조 계비 신덕왕후 강씨의 친척으로 1402년 안변 부사로 '신덕왕후의 원수를 갚는다'며 반란을 일으켜 조정에서 보낸 박순, 송류를 죽이고 기세를 올렸으나 곧 아들 '조홍'과 붙잡혀 주살됨

역사 속 인물들은 못다 한 말을 이름으로 증언한다

조선왕조의 개국 역사를 자세히 살펴보면 수수께끼 같은 이야기들이 많이 숨어 있는 것을 알 수 있다. 먼저 조상들의 행적을 보면 한 왕조의 태동과 창건을 어렴풋이 짐작할 수 있을 것이다.

한반도 서남 지방의 한 거점인 전주全州에 뿌리를 내렸던 조상들이 어떻게 해서 여진족의 생활터전인 간도지방으로 이주하게 되었는지도 참으로 흥미진진한 비밀이 아닐 수 없다.

태조의 고조부인 **李安社**이안사 대에 와서야 중국 원元(혹은 大元; 1271-1368)나라의 지방관리가 되었으니, 오늘날로 보면 조국인 고려를 떠나 고려의 우방이자 초강대국인 원나라로 이민을 갔던 셈이다.

증조부 **李行里**이행리, 조부 **李椿**이춘을 거쳐 아버지 **李子春**이자춘 대에 와서는 다시 한번 놀라운 변신을 한다. 즉, 이자춘은 아들 이성계와 함께 고려를 도와 원元을 쌍성雙城에서 물리치는데 공을 세운 후, 고려에서 벼슬길을 걷기 시작했다.

몽골의 쌍성총관부가 고려의 '화주목和州牧'으로 바뀌는 데는 자그마치 일 백여 년이 걸렸다.

1258년 11월(23대 고종 45년; 22대 강종의 장남인 고종은 이 때 66세였음)에 몽골의 별장이 고려 북방인 화주和州(함남 영흥)를 침략하자 趙暉조휘와 卓靑탁청은 동북면 병마사 愼執平신집평과 여러 관원들을 죽이고 철령 이북 땅을 통째로 내놓으며 몽골에 항복했다.

몽골은 이곳에 '쌍성총관부'를 설치하고 조휘를 총관에, 탁청을 천호千戶에 임명했다. 이로써 식민지 통치가 시작된 것이다.

이후 조휘(한양 조씨) 가문은 증손자 대까지 총관직을 대물림하며 98년간(1258-1356) 쌍성총관부를 통치했다. 당시 몽골은 고려 내정에 적극적으로 간섭하며 마치 속국처럼 취급하였던 것이다.

즉 쌍성총관부의 존재가 바로 고려가 몽골에 예속된 식민지임을 의미하였던 셈이다.

26세의 공민왕(1356년, 31대 공민왕 5년)은 잃어버린 주권을 되찾아야겠다고 결심했다. 그리하여 일단 柳仁雨유인우를 동북면 병마사에 임명하여 몽골의 고려 식민정책을 끝장내도록 했다.

이 때 천호를 맡고 있던 이자춘*이 유인우의 공격에 맞추어 합세해 주었던 것이다.

이자춘은 이 때의 공로로 고려의 수도인 개경에 당당히 입성하게 되었다.

고려에서는 그에게 '대중대부大中大夫 사복경司僕卿'이라는 거창한 직함을 주고 개경의 한 저택을 하사했다. 그때 그의 나이 41세였다. 또한 이자춘의 부인 영흥 최씨*에게는 '삼한국대부인三韓國大夫人*'이란 칭호가 주어졌다. 영흥 최씨는 중국 등주登州에서 함경도로 이주해 와 살던 부잣집 딸이었다. 당시 둘째 아들 이성계는 21세의 팔팔한 청년이었다.

이자춘은 죽기 한 해 전에 군기감軍器監 판사로서 서강西江 병마사가 되어 왜구를 격퇴했다.

*이자춘 : 1315-1361; 조선 건국 후 '환왕'에 추존되고 태종대에 '환조'로 묘호가 바뀜

*영흥 최씨 : 본래는 '조씨'였는데 친정아버지가 자신의 외가 성으로 고쳐 최씨가 됨
*三韓國大夫人 : 아들이 왕이 된 후에는 '의비'가 되고 손자 태종대에는 '의혜왕후'로 봉해짐

46세로 죽던 해(1361년)에는 장작감將作監 판사로서 삭방朔方 도만호 겸 병마사를 맡아 함경도 일원을 다스렸다.

공민왕은 실지失地를 회복하자마자 즉시 몽골의 쌍성총관부를 철폐하고 '화주목'을 설치했다.

이성계의 위화도회군(1388년 5월 20일)도 바로 이 쌍성총관부와 직간접으로 연관되어 있었다. 즉, 고려 말(1374년)에 우왕禑王이 즉위하자 고려는 갑자기 신생국 명나라로부터 원나라 잔류세력 쪽으로 외교정책의 중심을 옮겨가려 했다.

이를 그냥 묵인하고 있던 명나라는 1388년 3월에 갑자기 몽골이 다스리던 쌍성총관부를 되돌려 달라고 했다. '철령위'를 설치하고 몽골의 식민지를 공식적으로 인수 인계하겠다는 것이었다.

사실은 고려의 북방을 요동 땅에 귀속시켜 아예 고려에서 떼어내려 했던 것이다. 이에 고려는 '정 그렇다면 차라리 명나라의 고려 침략 전진기지인 요동 땅을 정벌하는 게 낫겠다고 판단하여 최영은 본국에서 총 지휘하고 이성계와 조민수를 투 톱(Two Top)으로 삼아 요동 정벌을 명령했던 것이다.

이성계의 부친인 이자춘은 일단 고려에 귀순한 뒤, 이듬해 고려군사가 공격할 때 내통하여 고려가 승리를 이끌도록 했다. 요즘말로 하면, 한 쪽에는 반역을 하고 다른 편에는 충성을 한 셈이다.

1356년. 즉, 원나라가 제 본거지인 몽고평원으로 쫓겨가기 꼭 열두 해 전(1368년에 명 태조 주원장이 명나라를 세움)에 고려에 귀순*해서, 그 후 5년이 지난 1361년 경 고려 땅 동북지방의 실력자로 떠올랐으니, 실로 천운天運, 천복天福을 타고났다고 밖에는 말할 수 없을 것이다. 그만큼 당시의 주변상황, 국제정세가 심하게 요동치고 있었다고 보아야 할 것이다.

이자춘과 이성계 부자는 사병 2천여 명과 관군을 이끌고 동서

*귀순 : '와서 복종한다는 의미에서 '내부(來附)라고 했으니 요즘 식으로 옮기면 '귀순' 혹은 '투항'이 되는 셈 아닌가?

남북에서 달려드는 외적과 내부의 반란을 토벌하며 종횡무진으로 국토와 왕권을 지키기에 진력했다. 실로 난세의 호걸들이요 영웅적인 부자였던 셈이다.

안사(安편안할 안 社토지의 신 사), 행리(行다닐 행 里마을 리), 춘(椿참죽나무 춘), 자춘(子아들 자 春봄 춘)으로 이어진 태조 이성계의 조상들 이름을 살펴보자.

'새 땅을 찾아 아늑한 터전을 다시 만든다'는 고조부 安社안사는 간도지방으로 터전을 옮겼고, '마을을 두루 돌아다니며 살핀다'는 증조부 行里행리는 아마도 토지를 넓혀 부농의 터전을 마련했을 것이다. 그리고 '신령한 나무 같은 조상이 된다'는 조부 椿춘은 과연 그 이름 뜻대로, '계수나무를 심어 키운 손자' 成桂성계를 자랑스러운 후손으로 두게 되었던 것이다. '아들에게 봄 같은 새 운세를 준다'는 부친 子春자춘의 이름은 곧바로 새 왕조의 용트림으로 연결되고 말았다. 참으로 신기한 이름 뜻이 아닌가? 어디 그 뿐인가.

이자춘, 이성계 부자로 하여금 원나라의 지방관리에서 고려의 실력자로 발돋움하게 하는 사건*에서 고려의 장수로 등장하는 이는 柳仁雨(仁어질 인 雨비 우)라는 이름이다. '만물을 *고려가 원나라에 맞서 쌍성총관부를 공격한 일 낳는 엄청난 빗줄기'를 뜻하는 인우가 이씨 부자의 은밀한 협공으로 승리를 거두고 새 왕조 창건의 대망을 품은 이씨 부자 앞길에 큰 도랑을 파놓은 셈이다.

이성계 장군에 의해 토벌되거나 처단된 사람들의 이름을 모아보면 그 또한 아주 흥미로운 데가 있다.

의유儀濡는 반란을 일으켰다가 토벌되었고, 견미堅味, 홍방興邦은 처형된 권신權臣들의 이름이다.

의유(儀거동할 의 濡젖을 유)는 '거동하여 적신다'는 이름이니 허망한 야심을 품고 무모한 반역을 꾀하지 않았을까? 아마도 이름이 의미하듯이 타고난 재주에 비해 너무 큰 욕심을 품거나, 공연한 공상에 가려져 쉽게 이성을 잃는 무모한 데가 있었던 모양이다.

견미(堅단단할 견 味맛 미)는 '단단한 것에 혀를 댄다'는 뜻이고, 홍방(興일 홍 邦나라 방)은 '홍분하여 나라를 넘본다'는 뜻을 가진 이름들이니, 한때는 득세했지만 자신을 제대로 관리하지 못해 처형되고 만 것이 아닐까?

조선왕조 초기에 있었던 '왕자들의 난'은 조선왕조가 몽고의 원나라처럼 97년(1271년-1368년)만에 제 본래의 땅으로 쫓겨가느냐 아니면 천년왕국으로 굳게 자리잡느냐의 중요한 갈림길이었다.

이 때 한 아버지를 둔 배가 다른 두 부류의 왕자들이 서로 죽고 죽이는 살육전을 벌이게 되는데, 외조부의 이름이 과연 무엇인지 궁금하다.

韓한씨 소생의 왕자들이 康강씨 소생의 왕자들을 꺾고 패권을 잡게 되었는데, 승자의 편에 섰던 왕자들의 외조부는 한경민이고, 죽임을 당한 왕자들의 외조부는 강윤성이다.

이긴 쪽의 외조부 경민(敬공경할 경 敏재빠를 민)은 '공경하는 마음을 지니되 늘 재빨리 결단한다'는 뜻이고, 패한 쪽의 외조부 윤성(允진실로 윤 成이룰 성)은 '되도록 남의 의견을 따른다'는 의미이다. 어느 쪽이 더 적극적이고 공세적인 의미인지는 이름을 통해 쉽게 가늠해볼 수 있을 것이다.

한편, 이긴 쪽 왕자들의 어머니는 신의왕후이고 죽임을 당한 왕자들의 어머니는 신덕왕후이다. 귀신 神신자를 공유하고 아름다울 懿의와 덕 德덕자만 서로 다르다. 결국, '아름다워 찬미할만하다'는 懿의 이름이 '덕스러워 자애롭다는 德덕 이름을 이긴 셈이다. 이 이름에서도 어느 쪽이 더 적극적이고 팽창적인지는 누구나 확연히 구분할 수 있을 것이다.

두 차례의 피비린내가 진동하는 '왕자의 난'을 이겨내고 조선 왕조의 기틀을 반석 위에 올려놓은 태종太宗은 다섯 번째 아들임에도 불구하고 패권을 거머쥐었다. 실로 대단한 운세를 타고난 불세출의 인물이었음을 추측해 볼 수밖에 없을 것 같다.

25세에 당대의 가장 존경받는 유학자였던 포은 정몽주의 일편단심을 확인한 뒤 선죽교에서 무참히 제거했고, 31세에는 이복동생들을 죽여 자신의 앞길을 준비했다. 33세(1400년)에는 친형 방간을 죽여 없앤 후 마침내 꿈꾸던 왕좌를 차지했다.

부인은 원경元敬왕후인데 장인 이름은 민제(閔민 齊가지런할 제), 즉 '가지런하게 구색을 갖춰놓는다'는 뜻으로 장인의 이름은 결국 '으뜸으로 공경 받는다'는 元敬원경왕후로 연결되었고, 사위를 왕위에 올려놓은 준비성 많은 지혜로 드러났던 것이다.

한자로 된 이름은 글자 하나 하나가 모여 특별한 의미로 나타나기 때문에, 중국이든 일본이든 일단 곰곰이 뜻풀이를 해 볼 가치가 충분히 있다고 본다.

예를 들어 몽고의 원元나라를 북쪽 평원으로 내몰고 한족漢族 중심의 명明나라를 세운 주원장을 보자.

일개 건달에 불과했던 그가 혼란한 난세를 틈타 홍건적紅巾賊과 백련교도白蓮敎徒를 징검다리로 삼고 중국의 곡창지대인 양자강 유역을 차지했다.

한족의 부흥을 내걸고 명나라를 세워 자그마치 276년 동안(1368년-1644년) 이어지게 했으니, 성장 배경이야 어찌 되었건 엄청난 운세를 타고났던 게 틀림없다.

원장(元으뜸 원 璋반쪽 홀 장)의 이름은 '으뜸으로 여겨지던 힘의 상징을 반으로 갈라 요절낸다'는 뜻을 지니고 있다.

더욱이나 이름에 몽고의 국호와 같은 元원 자를 지니고 있으니,

결국 '몽고가 세운 원나라를 반으로 쪼개 흩어놓는다'는 의미로도 풀이할 수 있을 것이다. 죽기 직전까지 몽고의 재침을 염려하여 왕자들과 측근들을 변방으로 보내 자그마치 24명의 왕을 세우고, 몽고를 막는 곳에 있는 왕들은 군대를 마음대로 늘릴 수 있도록 허락까지 했으니, 평생 '元으뜸 원'이라는 한 글자에 짓눌려 있었던 셈이다.

왕들의 이름에서 얻을 수 있는 역사적 힌트들

  세계에서도 그 유례가 없는 최 장수 왕조(한 성씨, 한 혈통으로 이어진 것을 유일 기준으로 했을 때)인 조선왕조 5백 19년(1392년부터 1910년 8월 29일까지)을 되돌아보면 분명히 최 장수의 뒷면에 숨은 어떤 비밀이 있을 것이다. 왕들이 지녔던 이름들(어릴 때 이름 포함)을 살펴보면 뭔가 비밀스러운 힌트가 있을 것이다.
  먼저 조선왕조를 탄생시켜 전주 이씨 일가의 오백 년 왕국을 가능하게 한 태조 이성계를 눈여겨볼 필요가 있다.

태조 이성계

本名 : 成이룰 성 桂계수나무 계
왕이 된 다음의 이름 : 旦아침 단
 字 : 仲버금 중 潔깨끗할 결
 號 : 松소나무 송 軒추녀 헌 / 태상왕太上王
부친 : 子아들 자 春봄 춘
외조부 : 崔최 閑막을 한 奇기이할 기
장인 : 1. 韓한 敬공경할 경 敏재빠를 민/신의(神懿)왕후
     2. 康강 允진실로 윤 成이룰 성 / 신덕(神德)왕후

몽고의 원나라에 왕권이 휘둘리고 여진족과 왜군이가 번갈아가며 국토를 유린, 침략하는 통에 고려왕조 내내 문인보다는 무인의 활약이 더 클 수밖에 없었을 것이다.

그런 연유로 웬만한 세도가는 수천 명의 사병私兵을 거느린 채 그들을 먹이고 입히기 위해 막대한 양의 토지를 소유해야 했다. 조선왕조를 세우기 직전, 이성계와 그 주변 인물들이 사병 혁파와 토지 개혁을 통해 세도가들의 힘을 대폭 약화시키려 했던 것만 보아도 고려의 비밀무기가 과연 무엇인지 쉽게 짐작할 수 있다.

부친 子春자춘은 '아들에게 봄철의 생기와 활력을 준다'는 이름이고 외조부 閑奇한기는 '가로막아 뛰어나게 한다'는 이름이니, '움트는 기운과 특별한 운세'를 암시하고 있는 셈이다.

장인 敬敏경민은 '재빨리 공경 받는다', 允成윤성은 '진실로 이룬다'는 이름들이다. '재빠르다, 이룬다'는 뜻과 이성계 자신의 이룬다는 뜻을 가진 이름과 일맥상통하는 셈이다.

호가 松軒송헌이니 '소나무를 잘라 새 집을 짓는다'는 의미가 깃들여 있다.

왕이 된 다음에 이름을 단(旦아침 단 혹은 해뜰 무렵의 꼭두새벽)으로 바꾼 것으로 보아 이성계 스스로 수 백년 이어갈 왕조의 첫 시작이라는 확신과 각오가 서 있었던 것 같다.

어부지리로 왕위에 오른 태조의 둘째 아들 방과는 본명 대신 '멀리 가는 강한 빛'이라는 뜻의 光遠광원으로 불렸다. 충신들과 형제들을 죽이고 왕위에 오른 방원의 경우, '덕을 베푼다'는 뜻의 遺德유덕으로 불렸는데, 타고난 그의 거칠고 단호한 품성을 좀 부드럽게 인식시켜 주는 데 아주 유리했을 것이다.

장인의 이름이 제(霽갤 제)이니 20대 중반과 30대 초반의 골육상쟁을 무사히 넘기고 30대, 40대, 50대를 그런 대로 쾌청하게 보낼 수 있었는지도 모른다.

그의 단호한 결단력은 세자를 장남 讓寧양녕에서 둘째 孝寧효령을 제치고 셋째 忠寧충녕으로 과감히 바꾸는 데서도 유감없이 발휘되었다. 그는 하루아침에 24살 된 세자를 갈아치우고는 아예 왕위를 새로 세자가 된 셋째(21세)에게 물려준 후 뒤로 멀찍이 물러나 국정을 감독했다.

훈민정음 창제와 과학국가 건설에 앞장섰던 세종의 경우를 보자.

세 종

本名 : 도(*상,. 乃+하, 子)
字 : 元으뜸 원 正바를 정
장인 : 沈심 溫따뜻할 온/昭憲소헌왕후

어떻게 욕심 없이 공부나 열심히 하던 셋째에서 글 잘 쓰는 큰 형(1418년 6월까지 세자였음)과 활 잘 쏘는 둘째형을 제치고 갑자기 어떻게 왕위에 올랐을까?

세자였던 큰 형은 후백(厚두터울 후 伯맏 백)으로 불렸으니, '선뜻 양보할 만큼 배포가 큰 맏형'이었던 셈이다. 둘째 효령대군은 보호(補기울 보 祜복 호), 혹은 선숙(善착할 선 叔아재비 숙)으로 불렸으니, '복을 채워주는 착한 형' 노릇을 잘 하며 불교에 심취했을 것이다. 왕이 된 동생과 밤을 새워 국정을 논하며 용기와 지혜를 주었다니, 이름값을 단단히 했던 셈이다.

한 아버지, 한 어머니(원경왕후 민씨)에서 낳아서 한 살 내지 세 살 차이로 운명이 갈라졌지만, 왕이 된 셋째(53세), 왕위를 '양보'*한 첫째(68세), 불경에 푹 빠져 평생을 살다 간 둘째(90

*양보 : 양녕의 '양'은 '양보할 讓이다

세; 원각사 창건 감독) 순서로 생애의 길이가 차이 났다.

　글짓기, 글씨 쓰기*, 활쏘기 순서로 생애의 길이가 달라 진 셈이다.

문　종

本名 : 珦옥 이름 향
字 : 輝빛날 휘 之갈 지
장인 : 權권 專오로지 전/현덕(顯德)왕후

　문종은 휘지(輝빛날 휘 之갈 지) 즉, '빛이 일찍 사라진다'는 이름으로 불린 탓인지, 2년 남짓 왕 노릇을 한 후 사라졌다. 세자 노릇을 스무 해 동안 하며 아버지 세종을 열심히 보좌하다 31세 때는 병든 아버지 대신 국정을 담당하기까지 했으니 비록 38세에 붕어崩御했지만 나라 다스리는 일에는 상당기간 관여했던 셈이다.

　장인 이름마저 전(專오로지 전)이니 '오직 한 평생 흙 속 옥처럼' 고고하고 겸허하게 살았을 것이다. 스스로 향(珦옥 이름 향)으로 불렸으니 정말 성품과 운세에 아주 적합한 이름이었다.

단　종

本名 : 弘넓을 홍 暐햇빛 위
號 : 上王상왕 / 魯山노산군으로 강봉降封
장인 : 沈심 溫따뜻할 온/昭憲소헌왕후

　왕다운 왕을 해보지도 못하고 삼촌에게 죽음을 당한 단종은 15세기 중엽의 한반도 운명을 결정하는 하나의 역사적인 분수령이라고 할 수 있다.

사육신을 비롯하여 숱한 선비, 인재들의 죽음은 조선 역사상 가장 비극적인 사건의 단초端初가 되기도 했지만, 정치적으로는 안정, 성장기로 진입하느냐, 아니면 순리대로 맡긴 채 물 흐르듯 흘러가느냐의 중요한 갈림길이었던 것이다.

단종은 홍위(弘넓을 홍 暐햇빛 위)라는 이름으로 불렸으니 이름에 나타나듯이 은연중에 '해처럼 두루 비춘다'는 포부를 지니고 12살의 소년 왕이 되었을 것이다. 하지만, '순수한 채로 뻗어나간다'는 삼촌 粹之수지(수양대군)의 이름을 이겨내지 못하고 열여섯 앳된 나이에 생애를 마감하고 말았다.

삼촌의 대군大君 칭호가 진평→함평→함양→진양→수양으로 바뀌어 갔는데, 이상하게도 평평하다는 의미인 平평에서 햇볕처럼 밝다는 의미의 陽양으로 고쳐졌다. 조카의 이름에 위(暐햇빛 위)가 들어있으니 그 어린 빛을 완전히 가리기 위해 자신의 대군 칭호에도 양(陽볕 양)이 들어가도록 은근히 뒤에서 조종한 것이 아닐까?

진평(晉나아갈 진 平평평할 평), 함평(咸다 함 平평평할 평), 함양(咸다 함 陽볕 양), 진양(晉나아갈 진 陽볕 양), 수양(首머리 수 陽볕 양)… '나아간다' '억제한다'는 晉진 의미에서 '두루 다 차지한다'는 咸함 의미로 바뀌더니 조카를 밀어내기 27년 전(11세 때)에는 아예 '우두머리가 된다'는 首수 의미로 바뀌게 된다.

운명적으로 우두머리가 될 사람이었던지, 아니면 우두머리를 꺾고 그 자리를 빼앗는 운세를 타고났던 것인지 모를 일이다.

사위가 조카로부터 왕권을 빼앗아 왕좌에 오르기 일곱 해 전에 64세로 타계한 수양대군의 장인은 번(磻강이름 번, 혹은 줄에 돌을 매달다 번)이라는 이름을 지니고 있었다.

반면에 열여섯 어린 나이로 죽은 단종의 장인은 '흙에 묻힌 옥돌처럼 오래 오래 간다'는 뜻의 현수(玹옥돌 현 壽목숨 수)라는 이름을 갖고 있었다.

수양대군의 장인 이름은 '돌을 캐내서 줄에 매달아 강물에 씻고 둥그렇게 다듬는다'는 의미이고, 단종의 장인 이름은 '땅 속에 묻혀 오래 지탱하는 옥돌'을 뜻했으니, 실로 이상야릇한 이름들인 셈이다. 결국 수양대군의 장인이 단종의 장인을 이름 뜻에서 벌써 이기게 되어 있었던 것이다.

왕들의 재위기간을 보면 실로 들쭉날쭉이다. 예종처럼 13개월 정도(18세에 즉위)밖에 안되는 왕도 있고, 영조는 무려 오십 년 넘게 옥좌에 앉아 있었다. 그리고 단종처럼 합법적으로 왕이 되었어도 삼촌의 야욕에 무참히 모든 꿈이 깨뜨려진 경우도 있고, 성종 임금의 아버지 桃源君도원군*처럼 왕이 될 자리에 있었으나 운명이 그 복을 냉큼 거둬간 경우도 있다.

*桃源君(성종 임금의 아버지) : 세조의 맏아들로 아버지가 왕이 된 후 2년이 지났을 때 20세로 타계 성종 즉위 후 '덕종'으로 추존

한편, 숭장(崇높을 숭 '暲해 돋을 장) 혹은 원명(原근원 원 明밝을 명)으로 불렸던 형 도원군이 스무 살에 죽자 대신 세자가 되었다가 18세에 왕이 되었지만 일년을 갓 넘기고 생애를 마감한 예종의 경우를 보자. '밝게 비춘다'라는 뜻의 明照명조라는 이름으로 불렸고, 海陽해양 '바다 위 햇볕'이라는 대군 칭호를 지니고 있었으니, '해처럼 빛나는 삶을 앞세우고 살았던 셈이다. 하지만 장인의 明澮명회라는 이름 뜻이 '도랑을 비추는 빛' 정도이니, 병약한 체질과 희미한 운세를 극복하지 못하고 13개월의 짧은 기간 옥좌에 머물러 있을 수밖에 없었던 것 같다.

기이하게도 권신權臣 韓明澮한명회는 두 딸을 세조의 둘째 아들(예종; 장순왕후)과 장손(성종; 공혜왕후)에게 시집보내 왕비가 되게 했으니, 각각 숙부와 조카에게 결혼시킨 것이다.

자준(子아들 자 濬칠 준)이라는 이름 그리고 구정(鷗갈매기 구 亭정자 정) 사우당四友堂이라는 아호와 세조 즉위 후 42세에 받은 상당군上黨君이

라는 칭호에서 나타나듯, 그는 '도랑을 쳐 물이 많이 흐르게 한다'
는 준濬, '벗들과 함께 갈매기 나는 모습을 구경한다'는 구鷗, 우友,
'무리 중 우두머리가 된다'는 상당上黨 의미를 지니고 살았다. 그래
서인지 37세 경에 조상 덕*으로 경덕궁직을 갖
게 된 한심한 늦깎이 주제에, 서른 여덟에 계유
정난에 휩쓸리는 등, 수양대군이 세조로 뒤바뀌
는 역사의 소용돌이 속에서 바다 위를 날아다니
는 갈매기처럼 하늘 높이 비상, 한동안 승승장구하였었다.

*조상 덕 : 공신이나 현
직 당상관의 자제들을
대상으로 과거를 통하
지 않고 벼슬을 주는
'음보'에 의해 '음관으
로 임용됨

　　경덕궁직에서 영의정이 되기까지 겨우 14년 정도 걸렸으니 실
로 전광석화 같은 빠른 출세가도를 걸어온 셈이었다. 1등 공신을
자그마치 네 차례(정난공신, 좌익공신, 익대공신, 좌리공신 등)나 차지하며
세도가의 위치를 탄탄하게 다진 걸로 보아 운도 좋았지만, 스스로
자신의 생애를 잘 경영한 측면도 분명히 있는 것 같다.

　　살아생전 갖은 영화를 누리다가 연산조 때 무덤이 파헤쳐지는
부관참시剖棺斬屍형을 당했으니, 산 한명회를 건드릴 사람이 없어
결국 '죽은 한명회'를 파헤치게 되었던 셈이 아닐지….

　　흔히들 개인의 운세를 놓고 아홉九 수를 조심하라는 말들을 자
주 한다. 즉, 19, 29, 39, 49, 59, 69 등 끝자리에 '9'가 들어간 나이
에는 일이 잘 안 풀리게 될 테니 아주 조심하라는 일종의 경험법
칙 전수인 셈이다. 개인의 생애나 팔자가 특정 숫자에 어느 정도
영향을 받는 것처럼 한 왕조도 분명히 일정 숫자놀음에 영향을
받는지도 모른다.

　　조선왕조가 창건된 지 꼭 1백 년쯤 되는 연산조에 와서 패륜과
음행이 온 나라 안을 들쑤셔놓게 된다. 18세에 즉위(1494년)하여 30
세(1506년)에 폐위되었으니 연산군의 생애 자체가 조선왕조 창건 1
백 주년 기념을 포함하고 있는 것이다.

*윤씨 : 연산군 즉위 후 3년에 '제헌왕후'로 올려놓았으나 '후일 폐비 윤씨 문제를 절대 재론하지 말라!'는 성종의 유언대로, 중종 즉위 후 다시 원상복귀 시켜놓았음

겨우 세 살에 어머니 윤씨*가 사약을 받고 죽었으니 즉위 후에 벌어진 피비린내 나는 일대 참극과 본인 자신의 광기狂氣, 살기殺氣, 색기色氣는 순전히 태생적이거나 주위 사람들의 꼬드김 때문이라고 보아야 할 것이다.

외할머니가 피묻은 적삼을 가져다주며 살기를 북돋웠건, 아니면 대신들이 왕을 꼬드겨 살육을 자행하게 했건, 모든 책임은 왕 자신에게 돌아갈 수밖에 없다. 조선왕조 역사상 유례를 찾아볼 수 없는 탕아, 패륜아로 악명을 높인 연산군은 대체 어떻게 해서 세상의 빛을 보게 되는가?

*도원군 : 세조의 장남, 후에 '덕종'으로 추존
*수빈 : 후에 소혜왕후로 불렸으나 아들이 성종으로 즉위하자 인수왕후로 불림)

아버지 성종 임금은 열 살 때 아버지 도원군*을 여의고 어머니 수빈* 밑에서 자라야 했다. 그리고 12세의 어린 나이에 왕이 되어 서른 일곱에 타계할 때까지 성군이 되고자 애썼다.

어쩌면 폐비가 된 후 사약을 마시고 죽은 어미에게서 나온 아들을 왕좌에 올린 그 제도 자체에 문제가 있었다고 보아야 할지도 모른다. 피비린내 나는 복수의 살육이 불을 보듯 분명한데도 굳이 왕을 시킨 제도나 당시의 지도층에게 원죄가 돌아가야 하지 않을까? 손자 되는 연산군에게 머리로 받혀 죽은 성종 임금의 모친(인수대비)이 바로 연산군의 행패를 잘 증명해 주고 있다.

폐비 윤씨가 투기가 심해 궁궐 안에 살기가 넘치니 국모 노릇은커녕 어린 세자(연산군)를 곁에 두기도 두렵다는 중론에 의해 폐비 신분으로 사약을 받고 죽을 때, 성종은 22세였고 시어머니 인수왕비(혹은 소혜왕후)는 42세였다. 아마도 폐비 윤씨는 남편인 성종이 16세일 때 후궁으로 간택되어 3년 뒤에 세자(연산군)를 낳았으니 나이가 성종과 엇비슷했거나 두세 살 아래였을 가능성이 높다. 그렇다면 20세 전후에 사약을 받고 죽은 셈이 된다.

어떤 여성이었기에 그 어린 나이에 독약을 감추었다가 발각되어 두 살 된 아들(그것도 왕이 될 세자의 신분인)을 둔 왕비에서 빈嬪으로 강등될 뻔하기도 했고, 그 뒤 두 해도 채 넘기기 전에 상감마마의 얼굴을 할퀸 탓에 결국 사약까지 받게 되었단 말인가.

연산군의 할머니인 인수대비는 스무 살에 홀로 되어 32세에 아들이 성종으로 즉위하는 것을 보았다. 하지만 손자 연산군의 행패에 불호령을 내리다 손자의 혈기 충천한 폭력(머리로 들이받기)에 그만 생애를 마감하게 된다. 42세에는 며느리가 사약을 받고 죽는 일을 겪었다.

아들 성종이 타계한 후 꼭 10년을 더 살다가 67세에 그만 28세된 철부지 패륜아의 머리에 받혀 운명을 달리하고 말았다. 참으로 기구한 팔자를 지녔던 여성들이다. 왕비에서 대역죄인으로 처지가 달라진 며느리나, 세자빈에서 대왕대비로, 그리고 나중엔 병든 노구를 이끌고 나라를 송두리째 망쳐 놓고 있는 손자를 나무라다 바로 그 손자의 폭력에 목숨을 다한 시어머니나, 참으로 기구한 팔자임에는 틀림없다.

인수대비의 친정아버지는 한확(確굳을 확)인데, 즉 '굳세다, 확실하다'는 뜻을 지닌 이름이다. 자는 자유(子아들 자 柔부드러울 유)이고 호는 簡易齋간이재이다.

즉 이름은 '나약한 사람'이란 의미이고, 이름 대신 불린 아호는 '글을 쉽게 쓰는 공손한 사람'이란 뜻인 셈이다. '약하다, 부드럽다, 공손하다'는 의미를 지닌 이름이고 아호이니 자연히 궂은 일을 도맡아하는 성실한 성품이었을 것이다.

세조보다 열 네 살이 위라 죽기 한 해 전인 52세에 단종에서 세조로 시대가 뒤바뀌는 정치적 소용돌이를 체험했지만, 일찍이 누님이 명나라 성조成祖 임금의 왕비인 여비麗妃가 된 탓에 명나라를 자주 오가며 고독한 설득전을 펴야 했다. 결국 조카를 쫓아내고 찬탈한 것이 아니라 양보 즉, 양위를 받은 것이라고 명나라를 설득하고 돌아오다 사하포구沙河浦에서 외롭게 객사했다.

인수대비는 결국 친정아버지의 고종명考終命*을 누리지 못하고 객사할 팔자와, 큰 고모의 남의 나라 왕비가 되는 신비로운 운세를 함께 타고 난 것 같다.

*고종명(考終命) : 제 명대로 살다가 편안하게 죽는 복으로 5복(福) 중의 하나로 침

세자빈에서 왕비로 변하고, 그 뒤 아들이 왕이 된 뒤 다시 대왕대비로 우러름을 받다가, 끝내 왕이 된 손자에게 죽게 되는 기이한 팔자이니, 참으로 귀하고도 험한 인생이라고 말할 수밖에 없을 것 같다.

중종 반정은 조선 개국 100년 뒤에 찾아온 패륜과 패덕의 상징인 연산군의 출현으로 시작된 반세기 동안의 피비린내 나는 엘리트층 내부의 권력다툼을 불붙여 놓았다.

피를 보아야 끝장이 나는 선비들 간의 치열한 쟁투가 반세기 동안 이어지더니 결국 임진, 정유왜란과 정묘, 병자호란을 가져오고야 말았다.

후일 중종으로 즉위하게 되는 진성대군은 연산군의 이복동생으로 이복형의 온갖 기행과 폭력 앞에서 참으로 초조한 나날을 보내야 했을 것이다.

연산군의 12년 집권 동안 그는 6세에서 18세의 기간을 보냈으니, 유년기와 청소년기를 폭군 중의 폭군인 이복형의 폭정 속에서 보낸 셈이다. 하지만 진성(晉나아갈 진 城성채 성)을 대군 칭호 앞에 내걸고 살았으니 이미 '나아가 나라를 차지한다'는 운세를 은밀히 숨기고 있었던 셈이다. 그리고 낙천(樂즐길 낙 天하늘 천)을 이름으로 했으니, 이미 '어둔 세상을 밝혀 하늘을 다시 밝힌다'는 의미를 지니고 살았다고 보아야 한다.

진성대군에서 중종 임금이 된 이의 장인들 이름을 한번 살펴보자. 세 사람의 장인들은 각자의 이름 속에 '守지킬 수(신수근; 단경왕후), 弼도울 필(윤여필; 장경왕후), 任맡길 임(윤지임; 문정왕후)'자를 지니고 있다.

첫째 장인인 愼守勤신수근은 아우 守英수영, 守謙수겸과 더불어 누이가 연산군의 비妃가 된 덕에 연산조에서는 출세가도를 내달렸지만, 좌의정으로 있으며 사위인 진성대군을 왕으로 삼으려는 반정에 반대하다 두 아우와 함께 가장 먼저 살해되고 말았다. 그의 나이 56세였다.

신수근의 자는 근(勤부지런할 근 仲버금 중)이고 아호는 소한당(所바 소 閒틈 한 堂집 당)이다. 즉, 이름은 '부지런하나 늘 둘째가 된다'는 의미이고, 아호는 '집에 틈을 내어 새 기운을 받아들인다'는 뜻이다. 자나 아호에서 보듯이 그의 운명은 어쩔 도리 없이 엇갈리게 되어 있었던 것 같다. 누이는 폭군(연산군)의 부인이고, 딸은 그 폭군을 몰아내며 자신과 형제들과 동료 대신들을 모조리 살해하는 입장에 선 중종의 아내(단경왕후)인 판에 무슨 수로 홀로 살아남을 수 있었겠는가. 실로 타고난 운세에 칼날이 들어박힐 틈새를 지니고 있었던 셈이다.

그런데 특이한 점은 중종 반정에 앞장선 이들의 이름에 '늙은이 옹翁'이 많이 들어가 있다.

朴元宗박원종과 함께 반정에 앞장섰던 成希顔성희안의 자는 愚翁우옹이고, 柳順汀유순정의 자는 智翁지옹, 그리고 洪慶舟경주의 자는 濟翁제옹이다. 각각 '어리석은 어른 愚翁우옹, 지혜로운 어른 智翁지옹, 어려운 고비를 이겨내는 어른 濟翁제옹'인 셈이니, 초가을(1506년 9월 1일과 2일)의 궁궐 안팎을 온통 핏빛으로 물들이고 희대의 폭군을 갈아치운 후 새로운 임금을 세워 왕국의 앞날을 구한 것이다.

즉, 세 노인이 '앞장서서 혈통을 새로 이어간다'는 백윤
(伯맏 백 胤이을 윤)*을 적극적으로 도와 목숨을 건 거사에 성
공한 것이다.

중종 반정에 성공하여 자그마치 103명이 정국공신의 반열에 올
랐는데, 8명의 1등 공신에 오른 이들 중에도 운명이 엇갈린 경우
가 있다.

즉, 박원종, 유순정, 성희안은 순서대로 영의정에 올랐지만, 申
允武신윤무와 朴永文박영문은 반정에 성공한 새 왕조 밑에서 출세가
도를 달리다 7년만에 운이 다하고 말았다. 대신들의 탄핵으로 파
직되어 별 볼일 없게 된 신윤무가 친구인 박영문의 집을 드나들
며 조정을 욕하다 이를 엿들은 한 관노官奴의 고자질로 자식, 형제
들과 함께 온 집안이 처형당하는 악운을 만나고 말았다.

결국, '색채를 오래 칠하는' 永文영문, 친구의 욕지거리 때문에
'기질이 본래 굳세고 오만하기까지 한 允武윤무, 등 멀쩡한 사람이
화를 같이 당하게 된 셈이다. 고자질을 한 의정부 관노의 이름이
정막개(莫없을 막 介끼일 개)였으니, 즉, '보호막을 없앤다'는 의미인 셈
이다.

기질이 굳센 武무는 어렵게 된 친구 永文영문의 긴긴 불평불만을
여러 날 들어주며 술잔을 함께 기울이다 대역죄를 범하게 되었고,
'겉껍질을 없애 맨살이 드러나게 한다'는 莫介막개라는 이름을 지
닌 관노로 인해 또 한번 피를 부르게 되었던 것이다.

세조 이후 벼슬을 누리다가 반정의 1등 공신에까지 오른 柳子
光유자광과, 그의 절친한 친구였지만 폭군 연산군이 쫓겨나기 직전
처참하게 죽었다가 나중에 관을 쪼개고 주검을 박살내는 부관참
시까지 당한 任士洪임사홍의 엇갈린 운명을 살펴보자.

양반 柳規유규의 서자로 태어나 기껏 건춘문建春文을 지키며 타고

난 팔자를 한탄하던 유자광이, 역모(1467년 세조 13년 '이시애'의 난)가 발생하자 자진해서 진압군에 참여, 이로써 자신의 운명을 바꿔 출세가도를 달리게 되었다.

이름이 우복(于어조사 우 復돌아올 복)이니 '운명을 뒤집어 완전히 바꾼다'는 의미인 셈이다. 참으로 기막힌 이름 뜻이 아닌가. 그는 정말 그의 이름 뜻대로 중종 반정의 1등 공신이 되어 실세 8인(103명의 '정국공신 중 1등 공신은 단 8명뿐이었다)의 범주에 당당히 들어갔다. 반면에 그와 절친한 친구로 중국어(승문원에서 가르칠 정도의 실력)와 붓글씨(특히 해서에 능함)에 능했던 임사홍은 폭군(연산군)의 충신으로 낙인찍혀 역사 속에 간신의 전형으로 남아 있다.

두 아들 光載광재, 崇載숭재들이 각각 예종과 성종의 부마(사위)가 되어 크게 힘을 받게 된 처지였지만, 폭군의 날뜀을 막지 못하고 안주하다 형제 任士英임사영과 함께 살해당하고 말았다.

이름이 이의(而말 이을 이 毅굳셀 의)였으니, 결국 오만 방자하게 보일 정도로 너무 의지나 기질이 굳셌다는 것인지….

중종의 장남으로 29세에 왕이 되어 1년 남짓 자리를 지키다 서른 살에 요절한 인종은 천윤(天하늘 천 胤이을 윤)이라는 이름의 뜻대로 일찌감치 승천했으며 어머니(장경왕후) 역시 인종을 낳고 산후병으로 스물 네 살의 젊은 나이로 요절했다. 18세의 나이로 반정에 성공하여 왕이 된 아버지(중종)가 스물 일곱의 나이로 낳은 아들이니, 어미 잃은 핏덩어리를 지켜보며 얼마나 가슴이 찢어졌겠는가.

장인(인성왕후의 아버지)의 이름이 용(墉담 용)이고 자는 중보(仲버금 중 保지킬 보)이니, '담을 높이 쌓아 지켜준다'는 의미인 셈이다. 결국 장인의 이름은 사위가 세자 노릇을 잘하도록 돕다가 정작 왕이 되자 하늘이 주관하는 운명 앞에 내맡긴 꼴이다.

명종(중종과 문정왕후 사이에서 탄생)은 이복형(중종과 장경왕후 사이에서 탄생한 12대 인종)보다 열아홉 해 늦게 태어났지만 불혹의 나이를 넘긴(46세) 아버지(중종)의 늦둥이(어머니는 33세였다)였으니 귀여움을 많이 받았을 것이다. 하지만 아버지 중종이 56세로 타계하자 11살의 어린 나이로 왕이 되어 어머니 문정왕후의 수렴청정을 지켜보며 평생을 보내야 했다.

비록 열 아홉 살에 친정親政을 허락받았지만 타계하기 2년 전(어머니 문정왕후가 64세로 타계)인 서른한 살에서야 잠시나마 마음껏 숨을 쉴 수 있었다.

장인 이름이 강(綱벼리 강)이고 자가 백유(伯맏 백 柔부드러울 유)이니 '부드럽지만 전체를 유지하는 중심이 된다'는 의미인 셈이다. 이름 뜻대로 장인은 사부인査夫人(사돈댁의 높임말)인 문정왕후와 소위 소윤 小尹으로 통하던 사돈댁 식구들(윤원형, 윤원로 형제 등) 사이에서 어려운 줄타기를 하며 사위(명종)를 열심히 지켜주다가, 33세의 젊은 나이로 타계한 사위와 같은 해(1567년)에 53세로 영면했다.

명종의 모친인 문정왕후의 생애 또한 참으로 흥미롭다.

열 여섯에 왕비가 되어 서른 세 살에 외아들(1남 4녀 중) 명종을 낳았지만, 44세에 중종의 타계로 홀몸이 되어 64세로 장수할 때까지 막강한 권력을 누렸다. 어렵게 얻은 늦둥이(명종) 덕에 일찍이 여인천하를 열었던 셈이다. 하지만, 아들(명종)이 11살의 어린 나이로 왕이 되자마자 때아닌 권력다툼이 생겨 파평坡平 윤씨들 간에 '대윤*'이다, '소윤*'이다 하며 죽고 죽이는 을사사화를 일으키더니, 2년 뒤에는 또 다시 정미사화丁未士禍가 발생하여 친정 오빠(윤원로)가 동생(윤원형 : 1565년, 누이 문정왕후가 죽자 귀양가서 죽음)에게 권력싸움에서 밀려나 사약을 받고 죽는 일이 생겼다.

친정 아버지 윤지임(之갈 지任맡길 임)의 이름대로 그냥 줄기차게 운

*대윤 : 중종비 장경왕후의 친정 오빠 '윤임'이 중심
*소윤 : 중종비 문정왕후의 친정 오빠와 동생인 윤원로(元老)와 윤원형(元衡)이 중심

명에 맡기다가 형제끼리 죽고 죽이는 일이 생기고 만 것인지….

소윤小尹 윤원형의 자는 언평(彦선비 언 平평평할 평)이고, 죽음을 당한 대윤大尹 윤임의 字는 임지(任맡길 임 之갈 지)로 이상하게도 소윤 윤원형의 부친 이름 尹之任윤지임을 뒤집어 놓은 모습이다.

결국, '선비를 다스린다'는 이름 彦平언평이 '마냥 맡긴다'는 이름 任之임지를 이긴 셈이다. 소윤 윤원형은 '선비를 다스린다'는 이름의 뜻처럼 두 차례의 사화(을사사화, 정미사화)를 주도하여 수십 명의 선비들을 죽음의 골짜기로 내몰았다. 정말 이름대로 무수한 선비들을 죽인 셈이다.

중종의 둘째 아들인 명종이 후사 없이(순회세자는 명종이 29세 때, 13세로 요절) 죽자, 중종의 일곱 번째 아들인 덕흥군德興君의 3남 하성군이 왕이 되었는데, 이 분이 바로 선조 임금이다. 선조의 이름은 본래 균(鈞서른 근 균)으로 '고르게 한다'는 의미이다. 울퉁불퉁한 땅을 평평하게 만드는 서른 근이나 나가는 쇠로 만든 기구인 셈이다.

외조부의 이름은 정세호(世대 세 虎범 호)로 즉 '대를 이어 호랑이 같은 존재가 된다'는 뜻이다. 두 사람의 장인은 각각 응순(應응할 응 順순할 순), 제남(悌공경할 제 男사내 남)이다. '순순히 응한다'는 이름과 '공경하는 사람'이라는 뜻이다.

외조부의 이름에 호(虎범 호)가 있고 장인들의 이름에 순(順순하다, 공경하다)하다는 뜻이 있으니, 선조는 전형적인 외유내강형이었을 것이다. 그러니 40세에 맞이하여 46세에 끝이 난 두 차례의 왜란을 이겨내고 56세까지 왕위를 지켜낼 수 있었을 것이다.

왜군은 조선 상륙 20여 일만에 서울을 함락하고, 왕은 백성과 나라를 버린 채 북쪽으로 피난길을 떠나게 되었었다. 왕자들(첫째 임해군과 여섯째 순화군)이 가토 기요마사(가등청정) 왜장에게 포로가 되었다 풀려나는 상황이었으니 왕실과 백성들이 겪었던 고통은 이루 말할 수 없었다.

왜란이 끝난 후, 임란 발발 당시 51세로 영의정이었던 **李山海**이산해가 모든 책임을 지고 귀양(십 년 후 61세에 영의정에 재 임용됨)간 것을 보면 대신들은 선조 임금에게까지 전쟁의 책임을 묻는 것만은 삼갔던 것 같다.

역사는 참으로 이상야릇해서 제10대 왕 연산군(재위 : 1494-1506; 18세-30세)이후 꼭 일 백년 뒤에 제15대 왕 광해군(재위 : 1608-1624; 33세-49세)을 나타나게 해 다시 한번 폭정을 있게 한다. 한 살 위인 형(임해군)을 제치고 세자가 되더니 임해군을 왕으로 삼으라는 명나라의 외압을 극복, 드디어 대망의 왕관을 쓰게 되었던 것이다.

참으로 신기한 일이다. 선조의 핏줄에 문제가 있었는지, 성질이 포악하다는 이유로 첫째 아들 임해군이 세자 책봉에서 제외되더니, 임해군과 함께 왜장에게 포로가 되었던 여섯 째 아들 순화군順和君도 사람을 죽일 정도로 성정이 포악하여 아버지 선조 임금 때(1601년)에 이미 순화군이라는 군호君號마저 박탈당하고 만다.

용케 왕이 된 광해군도 예외가 아니어서 형 임해군과 열 살도 안된 어린 이복동생 영창대군, 그리고 그 이복동생의 외조부까지 무참히 죽여 없앴다. 그래도 성격은 제법 느긋했는지, 15년여 동안 왕의 자리를 지키다가 48세에 28세 된 조카 능양군(인조)에게 왕위를 뺏긴 다음에도 제주도에서 66세까지 살았다.

그의 말년을 지켜본 이들은 이구동성으로 말했다고 한다. 즉, 분한 마음을 삭이지 못해 씩씩거리다가 왕의 자리에서 쫓겨난 그 해에 30세의 젊은 나이로 죽어버린 연산군과 달리, 광해군은 주어진 환경과 처지에 잘 적응하며 느긋하게 장수하더라는 것이다.

광해군은 혼(琿아름다운 옥빛 혼)이라는 이름으로 불렸다. 한창 일어서고 있는 후금(뒤에 '청'으로 개칭)과 망해 가는 명나라 사이에서 교묘히 줄타기 외교를 벌이는 광해군의 그 실리 추구형 외교술에서 보듯이 의외로 침착하고 현명한 데가 있었던 모양이다.

외조부의 이름도 대단히 보수적이다. 효철(孝효도 효 哲밝을 철)이니 성정이 총명하고 충직하다는 뜻이다. 외조부의 이름에 걸맞게 어머니인 공빈恭嬪 김씨는 22세에 광해군을 낳고 아들이 왕의 자리에 오르기 31년 전인 24세(1577년 5월 11일)에 타계했다. 얼마나 기기묘묘한 팔자인가. 임진왜란(1592년 4월 13일부터 시작됨)도 피하고, 폭군으로 쫓겨난 아들 광해군의 온갖 폭정도 보지 않았으니, 참으로 신비롭기까지 한 팔자인 셈이다. 모두 친정아버지의 이름 덕일 것이다.

광해군이 모든 장애*를 극복하고 왕이 될 수 있었던 것은 그나마 자신의 이름과 돌아가신 어머니의 묘호와 묘소 위치 덕분이었을 것이다. 진건면 송능리에 모셔져 있는데, 진건송능(眞참 진 乾하늘 건, 松소나무 송 陵큰 언덕 능)으로, 진짜 임금님 眞乾진건, 소나무로 에워싸인 임금의 무덤 松陵송능이니 임금님을 두 차례나 강조한 셈이다. 얼마나 신비로운 운명의 조합인가. 외조부의 이름, 어머니 묘소의 위치, 그리고 자신의 이름이 모두 어우러져, 첫째는 왕의 자리에 오를 수 있었고, 둘째는 온갖 폭정에도 불구하고 15년 이상 왕 노릇 잘 할 수 있었고, 셋째는 왕의 자리에서 쫓겨난 다음에도 풍광 좋은 제주도에서 환갑을 훨씬 지나서까지 장수할 수 있었을 것이다.

*장애 : 장남인 임해군의 존재와 명나라의 외압, '소북파' '실세'대신들의 반대, 그리고 법통을 주장하는 '계모'인 목대비와 그녀의 아들 영창대군의 탄생 등

인조 반정으로 왕이 된 능양(綾비단 능 陽볕 양)군은 '비단을 볕에 내놓다'는 뜻을 지니고 있다. 또한 이름이 상고시대의 신인을 의미하는 倧종이니, 그야말로 신과 사람의 중간쯤 되는 신기한 존재인 셈이다.

또 다른 이름인 자는 화백和伯이니, '맏이가 되어 화목하게 한다'는 의미로 풀이할 수 있다. 아버지의 군호君號가 정원(定정할 정 遠멀 원)이니 몇 계단 건너뛰어 목표지점을 정한다는 의미로 볼 수 있다.

외손자가 왕이 되기 19년 전에 73세로 타계한 외조부 구사맹의 이름이나 자나 아호가 실로 심상치 않다. 이름은 사맹(思생각할 사 孟맏 맹)이고, 자와 아호는 각각 경시(景볕 경 時때 시), 팔곡(八여덟 팔 谷골 곡)이다.

우두머리 될 것을 생각한다는 이름, 그리고 때 맞춰 비추는 햇볕, 여덟 골짜기 속으로 은밀히 걷기를 뜻하는 자와 아호에서, 폭군을 몰아내는 반정의 핵심에 서 있게 될 외손자(인조)의 운세가 넌지시 짚어지고 있다.

조카가 왕이 될 때 46세였던 외숙부 구굉의 복 받은 팔자가 참으로 부럽다. 이름은 굉(宏클 굉)이고 자와 아호는 각각 인보(仁어질 인 甫클 보) 군산(群무리 군 山뫼 산)이다. 맏이가 된다, 우두머리가 된다는 조카의 이름 백(伯맏 백)과 아버지의 이름 맹(孟맏 맹)을 '크다, 아주 크다(宏클 굉 甫클 보)는 의미로 떠받쳐주고 있는 것이다.

더욱이나 높은 산들 군산群山으로 병풍처럼 철통같이 보호하고 있다. 세 번의 형조판서, 네 번의 공조판서, 두 차례의 병조판서를 역임한 뒤 65세로 영면했으니 참으로 복도 많고 일도 많았던 멋진 생애가 아닌가.

28세에 얼떨결에 왕의 자리에 오른 조카(인조)가 한 차례의 국난(이괄의 난)과 두 차례의 호란(인조 4년의 정묘호란과 인조 13년의 병자호란)을 무사히 이겨내고 47세의 적지 않은 나이로 왕권을 탄탄하게 다질 때까지, 혼신을 다해 멸사봉공滅私奉公하다가 환갑을 훨씬 넘기고 영면했다.

인조의 둘째 아들로 태어나 왕에 오른 효종 임금은 맑다는 뜻의 호(澔맑을 호), 깊은 연못처럼 고요하다는 의미의 정연(靜고요 정 淵연못연), 대나무와 벽오동나무 곁에 서서 바람소리를 듣는다는 죽오(竹대 죽 梧벽오동나무 오)라는 이름, 자, 아호를 지니고 있었다.

*비비꼬인 운명 : 17살 동생 봉림대군과 아내 '강빈'을 데리고 청나라로 끌려가 9년여의 볼모생활을 하며 온갖 수모를 당하고, 사후 일년 뒤 고생을 함께 한 부인 강빈(姜嬪)이 인조의 총애를 받던 소의(昭儀 조趙)씨의 '인조를 저주했다'는 무고로, 세 아들 및 친정 피붙이들과 함께 '불귀의 객'이 되고 말았다

일곱 살 위인 형 소현세자의 비비꼬인 운명*이 33세로 병사함으로 끝이 나자, 둘째 봉림대군이 30여 년 이상 세자였던 형의 큰아들 인조의 원손元孫을 제치고 세자에 책봉되었다.

밝게 나타난다는 昭顯소현 형의 운세가 아버지 인조의 미움(청나라 조정과 내통하여 아버지를 몰아내고 왕이 되려한다는 이유로)과 자신의 질병으로 꺾이자, 숲 속을 노니는 큰 새 鳳林봉림인 동생이 스물여섯의 나이로 세자가 되었던 것이다.

친형의 장인(강석기)은 석기(碩클 석 期기약할 기)이고 동생의 장인(장유)은 유(維밧줄 유)이니, 결국 큰 약속이 질긴 밧줄을 이긴 것이다. 하지만, '숲 속 큰 새인 봉림은 서른에 장조카(소현세자의 장남)를 제치고 왕이 되었지만, 청나라에 대한 원한을 다 풀지 못하고 마흔에 다시 숲 속으로 영영 날아가고 말았다.

더욱 신기한 것은 효종이 특히 숫자 '9'와 깊은 인연이 있다는 사실이다. 즉, 태어난 해는 1619년이고 왕이 된 해는 1649년, 죽은 해는 1659년이다. 그래서인지, 생애 중 중요한 시기에는 숫자 '0'이 들어가 있다.

즉, 30에 왕이 되어 10년간 왕노릇하다가 40에 생애를 마감했다. 한낱 재미로 되짚어보았지만, 아무리 사소한 것일지라도 일단 의미를 다시 부여하면, 그 내면의 숨은 뜻이 아지랑이처럼 새록새록 되살아 오른다.

현종은 청나라에 볼모로 잡혀간 아버지(봉림대군 : 효종), 어머니(인선왕후) 덕에 심양瀋陽에서 출생했다. 귀국하는 부모를 따라 세 살에

한성 궁궐로 돌아와 여덟 살에 왕세손, 왕세자가 되었다. 그리고 열 아홉에 왕이 되어 서른 셋에 타계했는데 비록 짧은 생애를 보냈지만 즉위 첫 해와 마지막 해에 부모상을 다 치르게 되었다.

14년간 왕좌에 있었지만 두 차례의 예절시비에 휘말려 많은 신하들이 희생당했다. 두 차례의 예절시비는 사실 상복喪服을 몇 년간 입어야 하느냐는 문제가 핵심이었다.

효종이 죽자 계모인 자의慈懿대비 조趙씨(장렬왕후)가 상복을 얼마동안 입어야 하느냐와, 현종의 모친이자 효종의 비인 인선왕후가 죽자 자의대비 조씨가 얼마동안 상복을 입어야 하느냐를 두고 서인西人과 남인南人이 대립하여 첫 번째 시비에서는 서인이 이기고 두 번째 시비에서는 남인이 이기게 되었다.

장렬왕후에서 자의대비가 되었으니, 장열자의(莊풀 성할 장 烈세찰 열, 慈사랑할 자 懿아름다울 의)를 명예로운 칭호로 지니고 있었던 셈이다. 즉 풀이 너무 자라 곡식을 가려내기 쉽지 않다. 장렬莊烈, 인자하고 아름답다는 자의慈懿라는 의미로 불렸다. 친정아버지의 이름은 조창원(昌창성할 창 元으뜸 원)이다. '최고로 번성하라'는 친정아버지의 이름대로, 왕비에서 대비가 되어 남편(인조)보다 자그마치 39년을 더 살다가 64세로 생애를 마감했다. 하지만 손자(현종) 치하에 와서 35세와 50세에 각각 아들(효종)과 며느리의 '상복을 얼마 동안 입느냐'로 대신들이 목숨을 걸고 싸우는 추한 꼴을 생생하게 목격해야 했다.

문제의 핵심은 대신들간에 벌어진 원칙과 변칙 사이의 논쟁이었지만, 논쟁의 밑바닥에는 왕의 위상과 원칙이 어긋날 때 이를 과연 어떻게 조율하느냐 하는 고민이 내재되어 있었다.

즉, 봉림대군 효종이 친형인 소현세자*(대를 이을 맏아들 즉, 적장자)의 사후에 세자가 되었지만, 소현세자의 장남(적장자가 없는 경우의

적장손)이 버젓이 있었으므로, 효종을 장남이 아니라 차남으로 보아야 한다는 쪽과, 왕가王家에서는 특별한 예외를 적용할 수 있으므로 '차남이라도 왕이 되면 장남으로 보아야 한다'는 쪽으로 의견이 갈라지게 되었다.

문제는 조선왕조의 정신적 지주인 성리학性理學의 예론禮論에서 자식이 부모에 앞서 죽었을 때, 그 부모는 그 자식이 장자인 경우는 3년 상을, 그 이하 차자일 경우에는 1년 상을 입어야 한다고 못박아 놓았다는 사실이다.

두 번 째 예절시비는 며느리(인선대비)가 죽었을 때 시어머니(자의대비)가 1년 상(장자 부인일 경우)을 입느냐, 아니면 9개월(차자 부인일 경우) 상을 입느냐는 것이었다.

처음에는 장자냐 차자냐를 따지며 원칙을 따르느냐, 예외를 두느냐를 논하다가, 결론이 안내려지자 편의상 『경국대전』의 지침(장자와 차자의 구분 없이 1년 복을 입게 했다)대로 1년 복(서인의 주장)으로 결정했다.

두 번째는 1년 복과 9개월 복 사이에서 고민하다 서인 정권의 예조에서 9개월로 정정해서 올리다가, '아버지 효종을 차남으로 보아야 하느냐는 현종의 이의제기로 서인이 졸지에 물러나게 되고 대신 절치부심하던 남인이 실세로 들어섰다.

13세에 왕위에 올라 59세로 타계할 때까지 46년간 제왕의 자리를 지켰던 숙종은 다른 숱한 치적들보다도 '인현왕후 민씨 폐비사건'과 '장희빈 사사賜死 사건'으로 더 유명하게 되었다. 결국 명보(明밝을 명 譜계 보)로 이뤄진 자신의 이름 때문인지 민씨와 장씨 사이에서 마구 헷갈리다가 애교와 투기의 화신인 장씨를 몰아내 죽이고 본부인인 민씨를 다시 왕비로 복위시키게 되었다.

숙종의 장인은 세 명이나 되는데, 그 이름들을 보면 가각 '가득

*소현세자와 강빈 소생의 세 아들은 부친 소현세자 병사 후 일 년 뒤 즉, 효종 즉위 3년 전에 어머니 강빈이 사사될 때 제주도 유배길에 올랐다가 셋 중 둘은 일찍 죽었다

찰 만큼 많다'라는 뜻의 만(萬일만 만)과 '무거운 밧줄에 매여 있다'는 뜻의 유중(維밧줄 유 重무거울 중), '나라의 기둥인 신하들이 섬긴다'는 뜻의 주신(柱기둥 주 臣신하 신)이었다.

숙원(淑媛)에서 소의(昭儀)로 승격되고 다시 희빈(禧嬪)에서 왕비로 그 신분이 올라가더니, 왕통을 이을 아들을 낳았음에도 왕비의 자리를 4년도 채 못 지키고 희빈으로 다시 강등되었다가, 결국 칠 년 뒤 아들이 열세 살 되던 해(1701년)에 무고죄로 사약을 받고 죽게 된다.

든든한 배경이던 오빠(장희재)의 이름이 희망을 싣고 다니는 사람이라는 뜻의 희재(希바랄 희 載실을 재)임에도 불구하고 남매가 한꺼번에 죽음을 맞게 되었다.

어머니 장희빈의 비극적 스토리를 가슴에 묻고 32세에 왕위에 오른 경종은 비록 4년여의 짧은 기간동안만 제왕의 자리를 지켰지만, 어머니의 억울한 죽음을 빌미로 피비린내 나는 보복을 자행했던 연산군과는 전혀 다른 발자취를 남겼다.

대신들의 영향력이 상대적으로 강화되어 병약한 왕이 함부로 흔들어댈 수 없었던 점도 한 가지 이유가 될 수 있었을 것이나, 장희빈의 억울한 죽음이 사나운 원귀(寃鬼)로 돌변하여 세상을 뒤흔들어놓지 않은 것만 해도 참으로 다행스럽다 해야 할 것이다.

경종의 장인이름이 심호(沈심 浩클 호)이니, 모든 아픔과 원망을 도도하게 흘러가는 강물 위에 다 흘려보내기로 작정한 것인지도 모를 일이다.

경종의 이복동생으로 노심초사 기회를 엿보던 연잉군은 이복형 경종이 36세로 타계하자 31세로 즉위(영조)하여 자그마치 83세로 영면할 때까지 52년간이나 제왕 노릇을 했다.

이름이 휘(諱)이나 자가 금(昑밝을 금), 광숙(光淑)으로 '밝은 빛을 발한다는 의미가 있는 탓인지, 조선왕조 역사상 가장 길고 막강한 제왕이었던 셈이다. 이복형 경종을 지지하는 소론과 자신을 지지하는 노론 사이에서 목숨을 담보로 한 운명적인 줄다리기를 끔찍하게 오랫동안 경험했기 때문에 즉위하자마자 영조는 국정의 중심이 당파가 아닌 왕의 의지임을 천명하는 탕평책蕩平策이라는 정책을 펼쳐 나갔다.

우유부단하기까지 했던 아버지 숙종은 무슨 이유로 자신과 숙빈 최崔씨 사이에서 낳은 연잉군(영조)에게 '성정을 잘 다스려 큰 재목이 되어라'는 뜻의 양성(養기를 양 性성품 성)이라는 아호를 정해 주었을까. 아버지로서 자기 자신과 비슷한 단점을 지녔다고 보았거나 아니면 의외로 독선적인 데가 많다고 보았는지도 모른다.

영조는 아마도 장인들의 이름 덕분에 여든이 넘도록 장수하며 왕위를 오래 오래 지킬 수 있었을 것이다. '높이 우러름 받는다'는 뜻의 종제宗悌, '강물처럼 끝없이 지속된다' 뜻의 한구漢耉라는 이름을 가진 장인들도 영조가 누린 상팔자와 너무나 흡사하지 않은가.

영조는 83년의 긴 생애동안 최소한 두 차례의 큰 위기에 봉착했었다. 목숨이 촌각에 달릴 정도의 위기는 자신이 세자로 책봉되던 해(1721년 경종 1년)로부터 왕이 되기 직전까지의 3년여 동안에 일어났다. 병약한 왕(경종)으로 인해, 노론에 속한 대신들은 줄기차게 연잉군(영조)의 조속한 전면 등장을 주장했다. 몸이 아파 늘 골골하는 왕을 대신해 이미 서른이 다 된 튼튼한 세자가 멀쩡히 곁에 있으니 대리청정代理聽政 형식을 빌려 속히 실세로 등장시켜야 한다는 주장이었다.

하지만, 이러한 논쟁 속에서 임금을 제거하려는 음모라는 주장이 나오고 그 음모의 실체가 드러나자, 대신들(노론 4 대신 등)이 대역죄로 목숨을 잃고 170여 명이나 되는 신하들과 선비들이 처벌을 받는 참화(신임사화)가 일어나고 말았다. 이런 와중에서 목숨의 위협을 느낀 세자(연잉군, 영조)는 계모 인원왕후 김씨(왕대비) 앞에서 차라리 세자책봉을 없던 일로 해달라며 울먹이기까지 했다. 실제로 역모를 꾀했다는 이들을 자그마치 8개월 동안 국문鞠問하는 과정에서 세자 자신의 혐의도 기록에 끼게 되었으니, 자칫하면 목숨을 잃거나 최소한 왕좌로 가는 길목인 세자의 위치만은 완전히 상실될 위기에 처하게 되었다.

목숨이 촌각에 달린 그 아슬아슬한 시기는 결국 이복형 경종의 요절로 막이 내리게 되었지만, 마침내 왕의 자리에 올라서도 한동안 섬뜩하고 아찔했을 것이다.

또 한번의 위기는 아마도 예순 일곱에 있었던 이른바 생사람 잡기로 불리었던 사도세자 사건이었다. 아들 사도세자를 뒤주 속에 가두고 틈새를 모두 납으로 메워 숨이 막혀 죽게 했으니, 실로 천륜지정天倫之情을 저버린 일이 아닐 수 없었다.

노익장(64세에 왕비가 죽자 66세에 계비를 맞음)을 과시할 정도로 건강한 것은 좋았는데, 모함에 의해 친자식에게 자결을 강요하다가 끝내 뒤주 속에 가둬 굶어죽게 했다는 것은 하늘이 울고 땅이 요동을 칠 일이었다. 왕의 권한을 이용하여 자식을 죽인 셈이니, 어떻게 하늘을 향해 고개를 들고 숨을 쉴 수 있겠는가.

아들을 생죽음으로 몰아넣은 것을 곧 후회하고 '사도思悼'라는 존호를 내렸지만 죽은 뒤에 붙여진 그깟 호칭 따위로 어떻게 원귀가 된 아들을 달랠 수 있었겠는가. 그 존호인 사도(思생각할 사 悼슬퍼할 도)마저도 '슬픔을 생각한다'는 뜻이니 너무 속보이는 것이었던 셈이다.

한편, 어떤 비극적인 드라마보다 더 비극적인 인생을 살다 간 사도세자의 부인인 혜경궁 홍씨*의 이름을 한번 짚고 넘어가야

*혜경궁 홍씨 : 1899년에 사도세자가 '장조'로 추존 될 때 '경의왕후'로 함께 추존 되었음

할 것 같다.

혜경궁 홍씨는 열살 이전에 동갑내기 세자의 빈으로 간택되어 궁궐에서 살면서 온갖 애환을 온몸으로 겪어야 했다. 형조에 제출된 사도세자를 모함하는 고발장에는 '아내 혜경궁 홍씨를 죽이려 했다'는 죄목까지 포함되어 있었다. 그러니 어찌 보면 자신 때문에 남편이 죽게 되었으니 그 얼마나 가슴아팠겠는가.

사도세자가 뒤주 속에 갇혀 죽을 때 영의정이었던 친정아버지(홍봉한)는 사돈영감(영조)이 겁이나 대신들과 함께 뱃놀이를 떠났었다.

사위의 죽음으로 딸이 과부가 되고 외손자(정조)는 아비 없이 자라야 할 판인데도, 임금인 사돈영감의 진노에 찔끔하여 슬그머니 현장을 외면, 스스로 방관자임을 자임했던 것이다. '할아버지, 아버지를 제발 살려주세요!'하며 통곡하는 열 살 난 아들(정조), 영의정이면서도 사위를 살릴 궁리를 아예 그만둔 59세의 친정아버지, 시파와 벽파로 나뉘어 으르렁거리는 친정 쪽 친척들(풍산 홍씨 일가)을 보며 스물 일곱의 혜빈(정조 즉위 후 '혜경궁' 존호를 받음)은 그 마음이 과연 어떠했을까.

그래도 마흔 고개에 접어들어 아들이 왕위에 오르는 것을 보았지만, 운명은 정말 얄궂기만 한 것인지, 예순 다섯에 아들(정조)을 먼저 보내고 여든까지 장수했다. 실로 한 많은 긴 생애였던 셈이다.

정조는 자신의 이름인 형운(亨형통할 형 運돌 운)처럼 훌륭한 업적을 많이 남겼고, 자신의 아호인 홍재(弘넓을 홍 齋재계할 재)처럼 백성을 위한 참 왕도정치에 진력했다.

아버지가 억울하게 뒤주 속에 갇혀 죽었지만 특별한 보복 없이 오로지 성군의 면모를 갖추고 나라를 다스려 나갔다. 자신을 지독

히 미워하며 죽이려 했던 몇 몇 대신들(특히 '벽파'에 속한 신하들)과 그에 연루된 70여 명을 처벌하면서도 그들의 죄상을 하나 하나 『명의록明義錄』을 만들어 철저히 밝혀놓았다.

정당(혹은 붕당)의 시초에는 군자와 소인으로 나뉘어 신하로 기용하기가 쉬웠으나, 세월이 지나면서 한 붕당 안에 군자와 소인이 마구 뒤섞였기 때문에 오히려 사람을 고르기가 어려웠다. 이에 그 붕당을 깨뜨려 군자들을 당에서 이끌어내야만 왕정을 보필하는 신하로 삼을 수 있다는 논리 『황극편皇極編』(32세 때 지음)을 내세워, 자신이 국정을 집행하는 방의 이름을 '탕탕평평실蕩蕩平平室'이라 명명했다.

그리고, 백성을 만천萬川에 비유하며 그 위에 하나씩 담겨 비치는 '명월은 태극이요, 군주인 나'라고 했다. 즉, 백성들에게 직접 닿는 왕정을 지향했던 것이다. 그러한 정조의 사상과 정책은 그가 45세 때 지은 『만천명월주인옹자서萬川明月主人翁自序』에 잘 나타나 있다.

그는 영조 때부터 시작된 궁성 밖 행차와 역대 왕릉 참배를 구실로 도성 밖 일반 백성들을 직접 만났다. 1백 회 이상의 행차는 일종의 민원 수렴, 민성 청취의 현장이었던 셈이다.

누구든 신분에 상관없이 직접 왕에게 억울한 사정을 말할 수 있었으니, 실로 요순堯舜임금 때와 같은 태평성대를 이루었던 것이다.

정조는 마흔 여덟에 타계했지만, 죽기 전에 아버지(사도세자 혹은 장헌세자)의 저술을 손수 편집하여 세 권의 책으로 묶어냈으니 실로 효심이 지극한 왕이기도 했다. 또한 그는 길지 않은 생을 살았지만 자신의 저술을 100권의 책으로 묶어 정리할 정도로 학구파 왕이기도 했다. 지식과 지혜, 그리고 따뜻하고 여린 가슴을 모두 지닌 현군賢君이요 성군聖君이었다.

순조(본래 순종이었으나 철종 8년에 묘호를 순조로 개정)는 형인 문효세자가 아버지 정조 임금의 붕어직전에 요절한 탓에 왕의 자리에 올랐다.

정조 임금이 별세한 1800년에 부랴부랴 세자에 책봉되어 그 해 6월에 즉위했으니 실로 전광석화 같은 운명 역전이었던 셈이다.

이름이 公寶공보로 '모두의 보배가 된다'는 뜻이고, 아호는 '몸과 마음을 바르게 하여 경건하게 처신한다'는 의미의 純齋순재였다. 정조의 뒤를 이어 왕이 될 형 문효세자였지만 그의 형이 갑자기 죽음으로써, 열 살 어린 나이에 왕이 되어 마흔 네 살까지 공식적으로는 34년 간이나 왕좌를 지킨 행운을 타고난 사람이었다.

순조의 외조부의 이름에서도 외손자가 왕이 될 운세를 엿볼 수 있다. 朴準源박준원의 이름 또한 '근원이 될 기준을 다시 정한다'는 뜻을 지니고 있었기 때문에, 생각하지도 않던 왕관을 창졸간에 쓰게 되었을 것이다.

극심한 기근과 난리(1811년, 홍경래의 난)로 온 나라 안이 무척이나 소란했지만 그래도 아버지 정조 임금이 점찍어준 장인(외척 안동 김씨의 세도정치를 자리잡게 한 김조순)의 성품이 워낙 온유해서 그나마 더 큰 혼란이 방지되었는지도 모른다.

그의 이름 祖淳조순에서 나타난 '조상이 될 사람이지만 성정이 순박하다' 뜻대로, 외척 안동 김씨들의 세도정치를 터닦아 놓았지만 피비린내 나는 숙청이나 보복 따위는 자행하지 않았다.

자가 사원(士선비 사 源근원 원)이고 아호가 풍고(楓단풍나무 풍 皐부르는 소리 고)이니, 각각 '뿌리가 되는 충성스러운 선비', '바람에 마구 흔들리는 언덕 위의 단풍나무'라는 뜻인 셈이다.

친정아버지의 조상과 근원이 되고, 언덕에 우뚝 선 한 그루 큰 나무가 될 운세를 왕비가 된 그의 딸(순원왕후: 1789-1857)이 고스란히 물려받은 셈인지, 일곱 살에 즉위한 손자(헌종) 대와 뒤이어 즉위한 철종 대에 수렴청정을 하게 된다. 그녀는 철종 비妃를 안동 김씨 가문(김문근의 딸 철인왕후)에서 맞게 함으로써 친정(안동 김씨) 일가의 세도정치를 단단하게 다져놓은 뒤 69세로 별세했다.

또한 그녀의 친정 오빠 김좌근도 대단한 홍복洪福을 타고났는지, 철종 대에 연거푸 세 차례나 영의정을 역임하고 72세로 영면했다.

자가 경은(景볕 경 隱숨길 은)이고 아호가 연하옥(蓮연꽃 연 荷연꽃 하 屋집 옥)이니, 각각 '햇빛을 몰래 숨긴다'와 '연꽃이 핀 지붕'이라는 뜻을 지니고 있다. 그리고 좌근(左왼쪽 좌 根뿌리 근)이라는 '엉뚱한 방향으로 뻗어나간 뿌리'를 뜻하는 이름에 걸맞게 성정이나 기질이 은밀하고 엉뚱해서 상대의 허를 찌르는 데가 있었다. 그러니 정치 9단의 실력을 유감없이 발휘하여 영의정을 세 번이나 지내며 56세부터 66세까지 화려한 말년을 장식할 수 있었을 것으로 짐작된다.

조선의 17대 왕 헌종은 아버지(효명세자, 후에 익종으로 추존)*와 할아버지가 스무 살 고개에 요절한 탓에 일곱 살의 나이로 왕이 되었다.

*순조보다 4년 먼저 타계한 탓에 7세에 왕위에 올라 순조를 대신하여 18세 이후 대리청정에 힘을 쏟다가 21세에 아버지 순조보다 4년 먼저 타계한 효명세자로 후에 익종으로 추존

그러나 오랫동안 할머니(순조 비 순원왕후)의 수렴청정 아래 놓여 있었던 헌종은 참으로 기구하게도 아버지의 요절운夭折運을 고스란히 물려받았는지, 21세에 요절한 아버지처럼 자신도 22세의 젊은 나이로 왕의 자리를 이어갈 아들 하나 남기지 않은 채 서둘러 세상을 하직하고 말았다.

그래도 아버지(효명세자 : 익종)의 자가 '어질고 큰 인물'이라는 뜻인 덕인(德덕 덕 寅셋째 지지 인)이고, 아호가 '우러름 받는 처소'라는 의미의 경헌(敬공경할 공 軒추녀 헌)이니, 22세의 단명으로 생애를 마치면서도 15년간 왕위를 지키지 않았겠는가.

외조부의 '오래 오래 살아라'는 뜻의 **趙萬永**조만영이라는 이름과는 아주 동떨어진 팔자였지만, 그래도 어머니(신정왕후 : 고종 즉위를 주도한 조대비)가 외조부의 당부대로 82세까지 장수하며 친정 일가 풍양豊壤 조趙씨의 세도정치를 꽃피워 냈다.

강화도에서 평민으로 살던 19살 청년이 조선 왕조의 25대 왕 철종이 된 일은 누가 보아도 한 편의 드라마임에 틀림없다.

비록 32세로 일찍 세상을 하직했지만, 권불십년權不十年이라는 옛 말을 3년 정도 위반한 셈이다. 2대에 걸친 비극을 딛고 꿋꿋이 살아남아 元範원범에서 덕완군德完君으로 바뀌고 곧이어 조선의 25대 왕이 된다. 실로, 한 편의 신데렐라 이야기인 셈이다.

숙부(완풍군: 뒤에 상계군으로 고쳐짐)의 역모사건*의 역모 가담과 뒤이은 강화도 강제 이주, 그리고 천주교 신자였던 할머니와 숙모의 순교(1801년 순조 11년의 신유교난)와 할아버지 은언군의 사사賜死….

철종이 된 원범의 할아버지지인 은언군의 생애야 말로 한 편의 고전적 비극이다.

친아버지 영조에 의해 뒤주에 갇혀 숨이 막힌 채 굶어죽은 사도세자(뒤에 장헌세자로 개봉됨)의 서자(장남; 어머니는 숙빈 임씨)로 태어난 것도 기구하지만, 열여섯에 장사꾼에게 진 빚이 할아버지에게 탄로나 3년간이나 유배생활을 해야 했다.

서른 한 살에 아들(완풍군 ; 뒤에 상계군으로 개봉됨)이 역모에 연루되어 자살하는 것을 보게 되더니, 결국은 46세 나이에 아내와 며느리가 신앙 때문에 처참하게 죽는 것을 본 후 자신도 사약을 받고 죽게 된다.

그래도 죽은 지 48년만에 손자 원범이 왕이 되는 것을 저승에서 지켜보게 된다. 그리고, 자신의 친동생*이 자신의 사후 62년만

*역모사건 : 정조 치하에서 실세 중의 실세로 군림했던 홍국영은, 정조 비였다가 1년만에 요절한 누이동생 원빈의 양자로 은언군의 아들 상계군을 입적시킨 후 세자 책립을 시도하다 실패. 상계군은 자살.

49

*숙종의 6남 연령군의 손자로 입양된 은신군-흥선대원군의 생부인 남연군이 본래는 인조의 3남인 인평대군의 6세손 이병원의 아들이었으나, 뒤에 은신군의 양자로 입적됨

에 고종황제의 할아버지(1771년, 손자가 왕이 되기 92년 전에 제주도 유배 중 죽음)가 되는 것을 저승에서 지켜보게 되었다.

'으뜸 기준이 된다'는 원범(元으뜸 원 範법 범)이라는 이름 탓인지, 아니면 '길을 다시 정한다'는 도승(道길 도 升되 승)이라는 자 때문인지, 혹은 '성정이 아주 급하지만 의외로 심성이 곱다'는 대용재(大클 대 勇용감할 용 齋재계할 재)라는 아호 때문인지, 아니면 '널찍한 곳간을 의미하는 광(壙넓을 광)'이라는 아버지 전계군의 이름 덕분인지, 촌뜨기 강화도령이 완전히 망조가 든 흉가(凶家) 같은 처지에서 조선반도를 13년간(19세에서 32세까지)이나 호령하는 제왕이 되었다.

철종이 후사 없이 죽자 왕통은 다시 한번 철종의 작은 할아버지(은언군의 친동생인 은신군) 쪽으로 이어지게 되었다. 사도세자는 비록 억울하고 참혹하게 목숨을 잃었지만, 그의 소생은 두 번(철종 즉위와 고종 즉위)이나 정치 곡예를 부리며 당당히 왕통을 잇게 된다.

인평대군(인조의 3남)의 후손인 남연군(흥선대원군 이하응의 생부)이 영조의 후손인 은신군(사도세자의 서자)의 양자로 입적됨으로써, 결국 고종의 생부인 흥선대원군 이하응과 연결이 된 것이다. 흥선군 이하응(1820-1898)이 서른 두 살에 낳은 둘째 아들이 순조의 며느리이자 헌종의 어머니인 조대비(신정왕후: 1808-1890)의 은밀한 조율에 힘입어 임금님이 된 것이다.

어떤 복으로 생각하지도, 생각할 수도 없는 왕권이 겨우 열 두 살 된 파락호破落戸(팔난봉) 궁도령宮道令(이하응을 놀리려 붙여준 별명)의 차남에게로 굴러 들어온 것일까.

자가 '성스러운 빛이 비춘다'는 聖臨성임이고, 아호가 '연못에 빠진 영롱한 구슬'을 의미하는 珠淵주연이니, 일단 고귀한 신분을 타고난 셈이다. 아버지의 이름은 '마침내 안락하게 지낸다'는 하응

(夏여름 하 應응할 응)이고, 자는 '때 맞춰 맏이가 된다'는 시백(時때 시 伯맏 백), 아호는 '돌을 깨뜨린다'는 의미의 석파(石돌 석 破깨뜨릴 파)이니, 분명히 놀라운 운세 역전을 예고하고 있었던 셈이다.

더욱이나 고종의 장인 이름의 뜻이 '복을 네게 보낸다'는 치복(致보낼 치 祿복 록)이니 대체 무엇을 더 장황하게 말하랴.

하지만, 장인의 복을 보내주마라는 이름 뜻도 외부에서 몰래 들어온 살인자들에 대해서만은 결코 용한 부적이 될 수 없었나 보다. 사위가 될 사람을 왕(고종)의 자리로 이끌어 딸을 왕비(명성왕후 민씨)로 들어 앉혔지만, 일제의 왕비 시해작전을 막지 못해 결국 1895년 10월 8일 꼭두새벽에 일본 낭인들에 의해 44세로 무참히 난자당하게 하고 말았다. 건청궁乾淸宮 숙소에서 무자비하게 도륙당했던 것이다.

'하늘이 맑다'라는 뜻의 건청乾淸이라는 이름을 지닌 궁궐 건물에서, 마흔 세 살 된 남편(고종)과 스물 한 살 된 아들(순종)이 한 담벼락 안에서 숨쉬고 있는 동안에 일본 깡패들의 칼날에 난자당한 뒤 석유 불에 이글이글 타오르게 되었던 것이다.

시해된 뒤 2년이 지난 1897년 11월에야 뒤늦게 국장國葬이 치러져 홍릉洪陵에 묻히게 되었으니, 2년여 이상을 떠돌이 원귀로 구슬프게 울며 보내야 했을 것이다. 건청궁에서 죽어 청량리에 묻혔으니, 맑은 하늘 건청乾淸에서 생애를 마감하고 맑고 서늘한 청량淸凉한 곳에서 영면하게 된 셈이다.

하지만, 왕비가 마지막 이승 잠을 자던 옥호루玉壺樓 침소가 바로 '옥돌을 빚어 만든 병을 올려놓는 다락'이란 뜻이니, 왕비는 죽어서도 목 좁은 병 속에 답답하게 갇혀 있었을 것이다. 때늦은 국장을 통해 병 속에 갇혀 지내던 원귀가 모처럼 맑고 시원한 바람을 실컷 들이쉴 수 있게 되었을 것이다.

명성황후明成皇后 민비의 비극적인 최후는 어쩌면 시아버지 홍선대원군의 독특한 기질과 자주 충돌되어 운명적으로 귀착된 '피할 수 없는 독배毒盃였는지도 모른다.

43세에 둘째 아들 命福명복이 왕이 되자 대뜸 권불십년에 도전하여, 10여 년 넘게 막강한 권력을 휘두르게 된다. 고종이 성년이 되자 권력을 내놓고 뒤로 물러서긴 했지만, 노욕을 막지 못하고, 62세 때는 임오군란이 일어나 며느리 민비가 서울 화개花開동 尹泰駿윤태준의 집을 거쳐 충주 장호원長湖院으로 피신하자, 때는 이 때다 하며 느닷없이 중전 민비의 국상을 선포해 멀쩡히 살아있는 며느리를 장례 지내려 했다.

청나라의 개입으로 졸지에 천진 보정부로 잡혀가 4년여 동안 유폐되었지만, 타오르는 욕망을 이기지 못해 67세(1887년)에 청나라의 실력자 袁世凱원세개와 결탁하여 맏아들 載晃재황을 왕으로 옹립하고자 획책하다 실패했다.

죽기 3년 전인 75세에 일제 앞잡이들과 결탁하여 권력을 다시 틀어쥐었지만, 재집권에 성공한 바로 그 날에 며느리가 정체불명의 일본 낭인들에 의해 난자 당해 궁궐 숲 속에 아무렇게나 내팽개쳐진 참극(을미사변)이 벌어졌기 때문에 민심이 가만히 있을 리 없었다. 결국 애국충신 崔益鉉최익현의 탄핵을 받고 '구름이 쉬어 넘는 고개'인 운현궁雲峴宮으로 영원히 은퇴하게 된다.

공덕리孔德里 아소정我笑亭에 머물다가 일본군을 앞세우고 궁궐을 다시 차지했지만, '어둔 곳을 밝힐 큰 덕'이라는 동네 이름이나 '나는 웃는다'는 처소 이름이 무색하게, 너무도 짧고 불안한 재집권이었다.

그래도 고종황제는 아버지의 끝없는 집권욕에 동정이 갔는지, 1907년(광무 11년)에 아버지 홍선대원군을 대원왕大院王에 추봉했다.

살아서 왕보다 더 센 힘을 지니려던 한 노인은 죽은 지 9년만에 드디어 왕의 칭호를 얻었던 것이다.

참으로 신기하기만 하다. 명성황후가 시아버지에게 목숨의 위협을 느껴 충주까지 피신했을 때 죽지 않고 여기 시골 민가에 숨어있으니 어서 빨리 궁궐로 되돌아가게 해달라는 서신을 적어 고종황제에게 전하려 할 때에 그 다급한 연락을 취해 준 이가 바로 '큰 준마'라는 뜻의 泰駿태준이라는 이름을 지닌 사람이었다.

민비는 결국 '큰 호수로 둘러쳐진 곳' 장호원長湖院에서 목을 축이고 '꽃을 피우는 곳'인 화개동花開洞(민비가 서울에서 피신했던 윤태준의 집이 있는 동네)으로 되돌아갈 수 있었다. 아홉 살에 고아가 된 가련한 처지에서 힘없다는 오직 한 가지 이유로, 외척의 세도정치에 신물이 난 시아버지가 아내의 친정 쪽 친척 중에서 고르고 고른 규수가 바로 민비였다.

고종의 44년 재위기간에서 가장 눈에 띄는 사람은 바로 순조의 며느리로 헌종의 모친이 되는 조대비(효명세자, 혹은 익종의 비인 신정왕후 조씨)일 것이다.

아버지 순조를 대신하여 대리청정을 하던 동갑내기 남편이 갑자기 죽자 21세로 청상과부가 되었지만, 수렴청정을 도맡아 하는 시어머니(순조 비 순원왕후 김씨)의 그늘에서 용케도 잘 버티다가 49세 때 시어머니가 68세(1857년)로 타계하자 궁궐의 실세 어른으로 자리잡게 되었다. 비록 어린 나이에 등극하여 스물 두 살로 운명을 달리한 아들(헌종)을 41세 때 절규하며 보냈지만, 오십 고개에서 당당히 실력자로 등장하게 되었던 것이다.

즉, 시어머니(순원왕후)가 영면하자 바로 그 해(1857년 철종 8년)에 대왕대비가 되고 뒤이어 자그마치 12개의 존호尊號가 붙여졌다. 시어머니가 살아서 6개의 존호를 받고 죽어서 4개의 존호를 붙였는데, 존호 개수에서만은 며느리가 당당히 이긴 셈이다.

팔은 안쪽으로 굽어지기 마련인 가보다. 고종황제 때에 과거에 있었던 여러 억울한 일들을 많이 되돌려 놓았지만, 특히 사도세자에 관련된 이들이 집중적으로 명예 회복되었다.

사도세자(아들 정조가 장헌세자로 바꿈)는 장조莊祖로 추존 되고 혜빈(아들 정조가 혜경궁으로 바꿈) 홍씨는 경의왕후로 추존되었다. 그리고 정조대왕은 1900년 대한제국에서 선황제宣皇帝로 추존되었다. 영조대왕 직손直孫들의 합동 명예 회복이었던 셈이다.

조선의 마지막 황제인 순종은 아버지 고종황제와 어머니 명성황후, 그리고 할아버지 흥선 대원군 사이에서 끝이 없이 벌어지는 불꽃 튀는 권력싸움을 지겹도록 보았을 것이다. 그리고 선진 열강들의 온갖 간섭과 무례와 탐욕이 빚는 나라간의 이권다툼을 겪으며 국제정치의 한 단면을 직접 목격했을 것이다. 스물한 살에 어머니 명성황후가 난자당해 죽는 것을 보았고, 바로 그 해에 일흔 다섯이나 된 할아버지 대원군이 권력에서 초라하게 밀려나는 것을 보았다.

일제의 간섭으로 억지로 밀려난 아버지 고종황제를 대신해 서른세 살의 적지 않은 나이에 망해 가는 왕국의 힘없는 허수아비 왕이 되었지만, 겨우 3년만에 왕국 역사의 마지막 장을 넘기고 총총히 물러나야 했다.

아버지 고종황제는 58세의 나이로 왕국의 최후를 목격했고, 마지막 황제 순종은 36세의 나이로 왕국의 멸망을 바라보았다. 그리고 망한 왕국의 구슬픈 하늘 아래서 고종황제는 9년을 더 살다 영면했고, 순종은 16년을 더 견디다 피눈물을 목구멍으로 넘기며 한 많은 생애를 마감했다.

어째서 조선왕조의 마지막 황태자(영친왕; 순종의 이복동생)는 하필

'땅 끝 낭떠러지'를 뜻하는 은(垠끝 은)을 이름으로 정했는지…. 11살에 일본에 인질로 끌려가 정략결혼을 한 뒤 56년만에 인사불성인 채로 귀국하여 73세로 병사했으니, 실로 땅 끝 낭떠러지에 서서 한 평생을 보내야 했던 셈이다.

적敵과 동지同志 사이

―宋時烈송시열과 許穆허목―

서인西人과 남인南人으로 갈려 서로 으르렁거리며 보냈지만, 항간
에는 아직도 참말 같기도 하고 거짓말 같기도 한 이야기가 전해
져 내려오고 있다. 즉, 병이 깊이 든 송시열이 허목에게 처방전을
부탁했는데 약에 독성이 강한 약재를 함께 넣은 탓에 처음에는
당연히 오해가 있었으나, 곧 송시열의 체질이 독특한 탓에 독한
성분을 일부러 집어넣어 약 성분이 몸에 제대로 흡수되게 했다는
사실을 알고, 송시열은 그만 무릎을 치며 허목의 깊은 뜻에 감탄
했다는 전설 같은 일화가 전해져 내려오고 있다.

송시열은 당시 자신의 소변을 받아 마시는 특이한 방법으로 건
강을 유지했는데, 뱃속에 오줌성분이 이끼처럼 더께를 이루고 있
어 약 성분이 배어들지 못하기 때문에 일부러 독약 성분을 처방
전에 섞어 약의 흡수를 가능하게 했다는 식의 이야기인 것이다.

세상에 전해진 이야기가 어떠하든 두 사람은 어차피 정치적 붕
당이 전혀 달랐기 때문에 원수처럼 으르렁거릴 수밖에 없었을 것
이다.

허목이 송시열보다 12년 먼저 태어나 7년 먼저 타계했으니, 탄생에서나 죽음에서 허목이 선배 세대였던 셈이다. 하지만 붕당정치 상의 편가름이 달라 다투게 된 것도 많지만, 그 보다는 두 사람의 학문적 배경이 많이 다르고 또한 두 사람 공히 성품이 유별난 탓에 더 극심한 대립관계에 서 있었을 것이다.

송시열은 율곡 이이의 학맥學脈을 잇고 있었고 허목은 퇴계 이황의 학풍을 잇고 있었다. 그런 까닭에 송시열을 중심으로 한 서인 쪽에서는 주자학에서 정한 원리원칙에 충실하며 왕권보다도 사대부, 즉 사족士族의 권위를 높이 보고자 하는 편이었다. 반대로 허목을 중심으로 한 남인에서는 왕권 강화에 우선순위를 두고 사대부의 기회 균등을 중시했다.

80세를 훨씬 넘기며 장수한 것까지 두 사람이 똑 같으니, 두 사람은 아마도 운명적인 호적수였음이 분명하다. 하지만, 송시열은 왜란(임진, 정유) 이후 세대에 속하는 반면 허목은 임란 중에 태어났으니 전쟁세대라고 보아야 할 것이다. 그래서 그런지는 몰라도 허목은 과거시험을 거치지 않고 재야선비 입장에서 국정에 참여했고, 송시열은 스물여섯에 과거시험을 거쳐 공직경력을 쌓기 시작했다.

두 사람 다 효종 대에 와서 본격적인 관직생활을 한 셈인데, 허목은 50세가 넘은 나이였고 송시열은 40이 넘은 나이였다. 과거시험을 통해 공직을 시작한 송시열은 효종이 왕이 되기 전인 대군 시절부터 선생님으로 인연을 맺기 시작했지만, 허목은 효종이 왕이 되어 8, 9년이 지나 송시열의 영향력이 막강하게 되었을 즈음부터 중앙정치 무대에 본격 진출했다.

즉, 오십 고개에 실세로 부상한 송시열과 환갑이 훨씬 넘은 나이로 송시열의 독주를 가로막으려는 허목이 1660년대에 들어서며 칼과 총을 안든 피 튀기는 싸움을 본격화하기 시작했던 것이다. 그러니, 두 사람간의 전쟁 아닌 전쟁은 송시열 편에서 보면 말년 30여 년이고, 허목 편에서 보면 말년 20여 년이 되는 셈이다.

실로 원수가 따로 없었을 것이다. 제자들과 추종자들까지 줄줄이 거느릴 정도로 학문과 권력이 막상막하인 두 늙은이가 허구헌 날 맞서며 뾰족한 각을 이루었을 테니, 그 노후가 얼마나 불편하고 심난했겠는가?

송시열은 여든 두 살의 고령高齡에 사약賜藥을 받고 타향(정읍)에서 죽었고, 허목은 여든 다섯에 삭탈 관직되어 고향에 내려와 2년여 세월동안 어린 제자들을 가르치다 백면서생白面書生의 처지로 죽었다.

두 사람의 거칠고 힘든 노년을 낱낱이 그려낼 수 있다면 실로 노욕老慾이 너무 넘쳐 탈이 된 사례로 꼽을 수 있을 것이다. 좋게 보면 적극적, 능동적인 기질이고 나쁘게 보면 공격적, 대립적인 기질이었던 셈이 아닐지….

허목은 이미 서른 고개를 막 넘어서며 과거 응시를 금지 당하는 처벌을 받았다.

광해군을 몰아내고 들어선 인조가 생부(정원군)를 왕으로 추숭하려 하자 당연히 신하들과 재야 선비들간에 논쟁이 뜨거웠는데, 재야 선비였던 허목은 인조의 뜻을 지지한 사람, 일례로 朴知誡박지계를 유생명부에서 지웠다가 오히려 자신이 처벌받게 되었던 것이다. 그래서 허목은 과거시험 안보고 정승이 된 몇 안되는 사례에 속하게 되었던 것이다.

두 사람이 역사적 고비에서 시대상황에 휩쓸리며 한 쪽이 일어서면 다른 쪽이 사그라지는 운명의 시소게임을 했지만, 송시열의 말년이 훨씬 더 비참했다.

6년 전에 이미 죽어 귀신이 된 호적수 허목이, 삭탈前奪 되었던 관직과 명예를 모두 회복(1688년)한 것을 본 후, 자신은 나는 새도 떨어뜨릴 세력을 키운 장희빈의 아들(후에 경종으로 즉위)을 세자로 책봉하지 말라고 반대하다 그만 사약을 받고 여든 두 해의 긴 생애를 마감했다. 칠십 후반에 접어들자 모든 노욕을 훌훌 털고 정계를 은퇴한 후 조용히 청주(화양동)에 살고 있었는데, 무엇 하러 다시 피비린내 나는 붕당정치에 끼어들었을까.

숙종의 눈을 멀게 할 정도로 미색美色과 재주가 남다른 장희빈의 물불 안가리는 모성애(아들을 왕세자로 세우려는)에 맞서다가 전라도 땅 정읍에서 사약을 받게 되었으니, 한 번의 실수가 평생을 비극으로 만든 셈이다. 80이 넘은 노구로 자갈길과 비탈길을 무수히 지나, 바다 건너 제주도로 유배를 간 것도 상상이 안되는 험한 여정인데, 그는 대역죄인을 다스리는 국청鞫廳'의 특별 심문(국문)을 받기 위해 서울로 압송되다 중도에서 사약을 받고 피를 토하며 죽었던 것이다.

송시열의 자는 영보(英꽃 영 甫클 보)이고, 아호는 우암(尤더욱 우 庵암자 암)이다.

허목의 자는 문보(文무늬 문 甫클 보), 혹은 화보(和화할 화 甫클 보)이고, 아호는 미계(眉눈썹 미 戒경계할 계)이다.

두 사람은 이상야릇하게도 클 보甫 자를 자신들의 자에 지니고 있다. 자는 공히 크다는 의미를 지니고 있는데, 호는 이상하게도 정반대의 의미를 지니고 있다. 즉, 송시열의 아호는 '암자'를 지니고 있고, 허목의 아호는 '눈썹'을 지니고 있다. 허목의 고향이 경기도 연천군 미산嵋山면 동이東梨리라서 '산 이름 미嵋'자를 동음인 '눈썹 미眉'자로 슬쩍 바꿔놓은 것은 아닌지….

하여튼 허목은 '오래 살아 하얗게 된 늙은이의 눈썹'이라는 자신의 아호처럼 환갑이 넘어 가장 활발하게 국정에 참여하다 여든일곱까지 정말 오래오래 살았다.

송시열은 '뚝 떨어진 곳에 자리잡은 초막'이라는 아호처럼, 사직(辭職)과 복직(復職)을 번갈아 하며 참으로 가파른 나날을 보내다가 끝내 죽어 원귀가 되어서야 자신의 초막으로 되돌아올 수 있었다.

시열(時때 시 烈세찰 열)이라는 그의 이름처럼 그는 정말 시대정신에 투철하게 살았다. 여든이 넘은 고령임에도 거꾸로 도는 시대를 바로 잡으려 분연히 일어섰다가, 운이 그만 다했는지 독한 극약을 마시고 숨을 거둬야 했다.

세찰 열(烈)과 화목할 목(穆)! 만일 송시열이 조금만 덜 세차게 일찍 변하고, 허목이 자신의 자나 이름에 든 의미처럼 화합(和合)하고 화목(和睦)하는 성정을 더 좀 발휘했더라면, 과연 두 사람의 운명이 어떻게 변했을까?

아마도 두 사람은 자신들의 자에 붙어있는 클 보(甫)처럼 정말 빛나는 큰 별로 평탄한 생애를 누릴 수 있었지 않았을까 하는 생각을 해본다.

자식을 잘못 둔 죄로 운세를 그르친 예

-許積허적과 許堅허견-

　許積허적은 송시열과 앙숙관계에 있었지만, 송시열의 죄 *를 엄하게 다스릴 필요가 없다고 하여 강경론인 청남淸南 대신 온건론인 탁남濁南을 이끌었다.

　송시열보다 3살 어리지만 관운官運은 훨씬 더 좋았던 것 같다. 송시열이 61세에 우의정이 되었을 때 허적은 58세로 좌의정이 되었다. 61세에 영의정이 되었지만 송시열이 반대하여 잠시 좌천되었다가 64세에 영의정에 다시 복귀했다. 실로 대단한 관운이었던 셈이다. 하지만 송시열보다 9년 앞서서 70세에 사약을 받고 죽었다.

　조부 許潛허잠이 시호받게 된 것을 축하하기 위해 자신의 집에서의 잔치 연시연延諡宴을 베풀며 임금 행차 시 궁궐에서만 사용하게 되어있는 용봉차일龍鳳遮日이라는 천막인 유악帷幄을 무단히 사용한 것과 아들 許堅허견이 영의정인 아버지 배경을 믿고 황해도에서 수천 그루를 벌목하여 집을 짓고 유부녀를 욕보이는 등, 개망나니 짓을 일삼은 일이 비난의 표적이 되었다.

*현종 대에 있었던 2차례 예송 중 효종의 사후 인조 비 자의대비가 얼마동안 상복을 입어야 하느냐를 두고 있었던 1차 예송 때, 차남 이하 아들의 사망에 해당되는 '1년 복상을 주장하여, 결과적으로 효종을 '차남임에도 왕통을 이은 예외적 상황으로 만들었다는 것

뿐만 아니라, 아들(서자) 허견이 소위 '3복福 사건'에 연루되어 역모를 꾀했다는 것이 결정적인 꼬투리가 되고 말았다. 즉, 인조의 손자인 인평대군麟平大君의 아들들(숙종의 5촌)인 복창福昌, 복선福善, 복평福平군이 허적의 서자인 허견과 역모를 꾀했다는 것이다.

숙종은 허적의 잔칫날 마침 비가 오자 궁궐의 특별한 차일(기름을 먹여 비가 새지 않게 만든 것)을 일부러 보내려 했으나 허락도 없이 먼저 가져간 사실을 알게 되었다. 그것은 곧 세력을 믿고 함부로 행동하고 있다는 것이 백일하에 드러나고 만 것이었다. 그로 인해 일종의 괘씸죄를 마음속에 품고 있던 터에 거기에다 모함이건 진짜 건간에 한 달 뒤에 아들 허견의 역모죄가 서인들의 자체 탐색에 의해 드러나고 말았으니, 나는 새도 떨어뜨린다는 허적인들 어떻게 목숨을 부지할 수 있었겠는가. 처음에는 몰랐다는 것이 통했으나 역적질한 아들을 두둔하고 비호했다는 이유로 결국은 사약을 받고 말았다.

허적을 죽게 한 고자질에는 당연히 당파싸움이 개입되어 있었다. 즉, 서인들이 계획적으로 대대적인 남인 숙청(숙종 6년인 1680년 봄의 경신환국 혹은 경신대출척)을 일부러 꾸몄던 것이다. 교활한 과격파인 **金錫冑**김석주(병조판서에서 남인축출 후 우의정이 됨)로 하여금 **全翊載**전익재와 **鄭元老**정원노를 꼬드기게 만들어 허견과 '3복福 형제'들의 역모를 고발하게 했던 것이다.

허적의 자는 '네가 탈 수레가 되겠다'는 여차(汝너 여 車수레 차)이고, 아호는 '묵묵히 예를 다한다'는 묵(默묵묵할 묵 齋재계할 재), 혹은 '편히 쉬고 있는 늙은이'라는 휴옹(休휴식 휴 翁늙은이 옹)이다.

결국 굳센 기질을 타고 난 아들 견(堅굳셀 견)이 함부로 저질러 놓은 일에 아버지의 성공적인 생애가 완전히 엉망진창이 되고 만 것이다.

허적을 제거하여 남인을 숙청하려 했던 김석주(1634-1684)의 자는 사백(斯이 사 百백 백)이고 아호는 식암(息숨쉴 식 庵암자 암)인데 '숨을 쉬는 초막'이라는 의미가 재미있다. '편히 쉬는 늙은이'인 휴옹休翁이라는 허적의 아호가 '숨을 쉬는 초막인 식암息庵이라는 김석주의 아호에 꼼짝없이 갇히고 만 것이다. 허적은 김석주의 계략에 의해 초막(김석주의 아호) 안에 갇힌 힘없는 늙은이(허적의 아호)가 되고 만 것이다.

한 맺힌 조선왕조의 여인들

　조선왕조 519년간 너무도 많은 사건들이 일어나 아까운 이들이 수없이 죽어갔다. 그 와중에서 숱한 궁궐 여인들이 억울한 사연을 안고 죽어가거나 한을 가슴에 묻어둔 채 숨을 거두어야 했다.

　먼저 조선왕조를 개국한 태조 이성계의 계비인 신덕왕후 강씨의 경우를 보자.

　고려의 마지막 왕인 공양왕의 양위 형식을 빌려 전주 이씨 왕조를 창건했지만 처음부터 피비린내 나는 다툼은 아주 엉뚱한 곳에서 일어나기 시작했다. 왕자들 모두가 일종의 권세가들이었던 탓에 제 집에 수백, 수천의 사병을 거느리고 있었기 때문에 감정이 복받치면 자연히 소규모 전쟁이 일어날 수밖에 없었다.

　차남으로 태어나 아버지가 이룩해 놓은 탄탄한 기반(아버지 이자춘은 고려 말에 이미 북방 지역의 실력자로 대두되어 있었다)을 활용하여 자신과 후손들을 위한 왕국을 주도면밀하게 건설한 태조 이성계는 왕이 되기 이전의 부인인 신의왕후 한씨에게서 여섯 아들을 두었고 계비 신덕왕후 강씨에게서는 두 아들과 경순慶順공주를 두었다.

태조와 계비 강씨는 여덟 째 아들이자 막내인 방석(1382-1398)을 왕위를 이을 세자로 책봉함으로써 '왕자들의 난을 자초한 셈이다. 결국 16살, 17살의 방석, 방번은 이복형인 다섯 째 방원(1398년 당시 31세; 후일 태종으로 즉위)에 의해, 왕이 되기는커녕 소년의 나이에 그만 목숨을 잃고 말았다.

어머니 강씨는 두 아들의 억울하고 비참한 죽음이 홧병이 되었는지 그 해 8월 13일에 李得芬(이득분)의 집에서 타계했다. 태조 이성계는 그때 나이 이미 환갑이 지난 나이(63세)였다. 아들들의 골육상쟁의 비극에 염증이 난 태조는 그 해 9월에 둘 째 방과(정종)에게 양위하고 자신이 말을 몰며 활을 쏘았던 북방지역 함흥으로 홀연히 떠나고 만다.

태조는 특히 남편(개국공신 이제)을 왕자들의 난리 통에 잃고 비구니가 된 딸 경순공주의 처지를 슬퍼했다. 모녀(신덕왕후 강씨와 경순공주)는 실로 슬픈 운명을 타고난 여인들이었던 셈이다. 차라리 평범한 민초民草로 태어났더라면 아마도 천수를 누리며 평안히 지낼 수 있지 않았을까.

비록 왕의 자리에서 거리가 아주 먼 다섯 째 왕자로 태어났지만, 이복동생들과 친형(방간)을 죽이고 왕의 자리에 올라 조선왕조를 전제왕정으로 탄탄하게 다져놓은 태종은 주위에 한 맺힌 이들을 참으로 많이 만들어 놓은 것 같다. 그의 부인 원경왕후 민씨도 그 중의 한 사람임이 너무도 분명하다.

33세에 왕이 되어 51세에 셋째 아들 충녕대군(22세; 세종)에게 선위禪位하고 상왕으로서 국정을 감독하기만 했지만 이십 년도 채 안되는 재위기간 동안에 처갓집을 완전히 박살 내놓았다.

문제의 발단은 태종의 변덕 때문이었다. 왕에 오른 지 6년이 지난 1406년 8월, 서른 아홉이 되던 해에 갑자기 맏아들인 12세 양녕대군(세자의 자리에 있었다)에게 왕위를 물려주고 뒤로 물러나 앉으려 한 것이 뜻밖의 문제를 잉태하고 말았던 것이다.

매부인 태종과 누이인 원경元敬왕후를 믿고 어린 세자(1418년 세자에서 폐위된 후 양녕대군에 봉해짐; 세종보다 세 살 많음) 주위에 몰려든 것이 외척의 득세로 왕권이 약화되어서는 절대 안된다는 원칙을 위반한 게 되었다.

그 결과 원경왕후의 네 동생이자 태종의 손아래 처남들이 줄줄이 사약을 받고 죽어야 했다. 민무질, 민무구, 민무휼, 민무회 등이 바로 그들이다. 민무구, 민무질 형제는 워낙 방자하고 무례한 탓에 3 공신들(개국공신, 정사공신, 좌명공신)로부터도 집중적으로 탄핵을 받았으니, 이미 스스로 묘혈墓穴을 판 셈이다. 하지만 민무휼과 민무회는 엉뚱한 일로 죽음을 자초하고 말았다.

즉, 형들이 유배되었다가 유배지에서도 방자하게 군다는 이유로 사약을 받고 죽었는데, 몸져누운 누이(원경왕후)를 병문안와서 '여차저차 해서 형들이 억울하게 죽었다'고 고자질하다가 그만 죽게 되고 말았다.

친정 식구들이 모조리 박살이 난 후 원경왕후는 10년 더 살다가 상왕의 자리에 있는 남편 태종보다 2년 먼저 세상을 하직했다.

부부는 참으로 묘한 인연인지, 원경왕후는 태종보다 두 살 많았지만 두 해 먼저 세상을 떠났다. 하지만 55세의 생애는 부부가 같았다. 왕비의 친정 아버지 민제는 오묘하게도 방자하고 무례한 아들들이 목숨을 잃기 2년 전인 1408년에 69세로 세상을 떴다.

이름이 제(霽갤 제)이니 '집안이 쑥대밭이 되기 직전에 눈을 감게 된' 것이다. 흐린 날을 보지 않기 위해 갠 날에 세상을 뜬 것이다. 자는 '거의 캄캄하다'는 뜻의 중회(仲버금 중 晦그믐 회)이고, 아호는 '이익을 챙겨 숨긴다'는 의미의 어은(漁고기잡을 어 隱숨길 은)이다. 아버지의 자와 아호가 어찌된 일인지 네 아들들에 관한 세상사람들의 평판과 거의 비슷하다. 민무구, 민무질 두 형제의 방자함이 장차 왕권을 훼손하고 왕국의 미래를 어둡게 할지도 모른다며 탄핵한 사람은 李和이화라는 이름이다. 반면에 무질, 무구 형제와 함께 죽은 사람에는 辛克禮신극례가 있다.

참으로 신기하지 않은가. 극례(克이길 극 禮예도 례)라는 이름 뜻이 '예절과 공손을 능히 뛰어넘는다'는 의미이니, 그는 무례, 방자하여 감히 왕권까지 우습게 보고 여흥 민씨 일족의 세도정치까지 꿈꾸던 무구, 무질 형제와 쉽게 어울렸지 않았을까.

세종의 왕비인 소헌昭憲왕후 심沈씨의 경우를 보자. 남편인 충녕대군(후일 세종)보다 두 살 위로 8세에 가례를 올려 '경숙옹주'에 봉해지고 경빈, 공비를 거쳐 37세 되던 해(세종 14년 1432년)에 마침내 왕비가 된다.

남편이 왕에 오르던 해(1418년)에 영의정의 자리에 있던 친정아버지 심온이 갑자기 역적이 되어 사약을 받고 죽고 말았으니, 참으로 축복과 저주, 행복과 불행이 교차하는 한 해였던 셈이다. 그해에 세자 자리가 양녕대군에서 충녕대군으로 옮겨지고 시아버지 태종이 상왕으로 물러앉으며 남편 충녕대군이 왕이 되었으니, 그얼마나 대단한 축복이고 큰 행복이었겠는가.

하지만, 영의정의 자리에 있던 친정아버지가 형들을 제치고 3남인 세종이 즉위하게 된 사연을 명나라에 설명하기 위해 사은사謝恩使로 중국을 가게 되었는데, 그만 그 사이에 국내에서는 엄청난 일이 벌어지고 말았던 것이다.

친정 숙부 되는 도총제都摠制 沈種심종이 태종의 국정 간섭을 비난하다가 그만 병조판서 朴習박습의 밀고로 역모죄에 걸려들고 만 것이다. 하필 그 역모의 괴수로 친정아버지 심온이 지목되고 급기야는 국가 일로 먼 타국에 갔다가 귀국하는 길에 의주에서 체포되고 결국은 수원에서 사약을 받게 되었으니, 후일 소헌왕후가 되는 심씨의 심정이 과연 어떠했겠는가.

심온(溫따뜻할 온)의 이름 뜻은 '심성이 온유하다'이고, 자는 '고귀한 티가 나는 사람'이라는 중옥(仲버금 중 玉옥 옥)인데, 어째서 사위(충녕대군; 세종)가 왕이 되는 것을 보자마자 세상을 하직하게 되었는지….

소헌왕후는 친정아버지가 역적으로 몰려 죽었기 때문에 왕비 자리에서 거의 쫓겨날 뻔했지만, 평판이 좋고 공로가 많아서 국모로서의 지엄한 자리를 지키게 되었다.

8남 2녀를 낳고 남편(세종)보다 5년 앞서서 50세로 세상을 하직했다. 그래도 문종文宗과 세조世祖가 그녀의 8남중에서 나왔으니, 그만하면 괜찮은 일생이었다고 보아야 하지 않을까.

하지만, 사후 12년이 지나 여섯 째 아들 금성대군 瑜유가 순흥에 유배되었다가 그 곳 현감 李甫欽이보흠과 단종 복위를 꾀했다는 죄로 사약을 마시고 죽었다. 이보흠의 자는 敬夫경부, 호는 大田대전이다.

42세 때 남편(세종)의 뜻을 따라 다섯 째 광평대군 璵여와 여섯 째 금성대군을 왕자의 난(1398년) 때 억울하게 죽음을 당한 무안대군撫安大君 芳蕃방번과 芳碩방석의 양자로 입적시켜 대를 잇게 했는데, 어째서 한스러운 일들이 그렇게 끊이지 않고 이어졌는지…. 착하고 공부 잘 해 아버지 세종을 쏙 빼 닮았다고 칭송을 받던 다섯 째 광평대군 璵여는 어머니보다 한 해 먼저 20세 젊은 나이로 요절하고 말았다.

열여섯 어린 나이로 불귀의 객이 된 단종*의 모친과 아내야말로 진실로 한 맺힌 조선의 여인들이었을 것이다.

모친인 현덕왕후 권씨는 열세 살 어린 나이에 세자궁의

*단종 : 세조 즉위 후 상왕이 되었다가 사육신의 역모로 다시 노산군으로 강봉되었으나 숙종 24년 1698년, 사후 241년만에 단종으로 추숭됨

궁녀로 들어갔다가 세자(후일 문종)의 눈에 들어 왕비로 올라선 조선의 신데렐라였다. 승휘承徽에서 양원良媛으로, 다시 순빈純嬪 봉奉씨가 폐위된 이후인 19세에는 드디어 세자빈에 책봉되었다. 하지만, 세자빈 가례도 못 올린 채 단종을 낳자마자 23세로 요절했다. 핏덩어리에 불과한 아들을 두고 눈을 감아야 했으니 가슴이 실로 갈기갈기 찢어졌겠지만, 그래도 삼촌에게 쫓겨나 어린 나이에 죽어야 했던 아들의 비참한 운명을 살아서 보지 않아도 되었으니, 그나마 다행이었다고 해야 할지….

그녀는 사후 15년 되던 해에 일어난 친정 동생 權自愼권자신(예조 판서로서 조카 단종의 복위를 꾀하다가 거열형을 당해 죽음)의 비극적인 죽음도 살아서 몸서리치며 보지 않아도 되었다.

친정아버지의 이름이 전(專오로지 전)이니, 왕비는 결국 아버지의 이름처럼 '짧지만 오로지 자신의 운명을 개척하는 데만 집중한 듯하다. 궁녀에서 세자빈으로 올라서고 마침내는 왕비로까지 추봉되었으니, 그만하면 외길로 혼신을 다해 산 셈이 아닌가.

친정 동생은 '스스로 조심한다'는 自愼자신이라는 이름 뜻을 끝끝내 못 지켜내고 죽었지만, 그래도 조카 단종을 위해 어진 충신들과 함께 목숨을 바쳤으니 가치 있는 삶을 살았다고 할 수 있을 것이다.

단종 비로 남편 사후 자그마치 64년이나 더 산 정순定順왕후 송씨(1440-1521 중종16년)의 경우를 보자. 열 네 살에 왕비가 되었지만 남편인 단종의 운명을 따라 의덕懿德왕대비에서 일반 부인으로 강봉되어야 했다.

친정 아버지 宋玹壽송현수는 세조의 절친한 친구였음에도 이어지는 정변의 소용돌이를 이겨내지 못하고 사위인 단종이 죽던 해에 주살誅殺되고 말았다.

*영흥 최씨 : 1426-1457; 11세에 왕자의 난에 희생당한 방석의 양자로 입적됨

세조의 친동생인 금성대군*이 순흥 현감 이보흠과 단종의 재등장을 계획하다가 현감은 처형되고 대군은 사사되었는데, 그 와중에 친정아버지도 그만 죽음을 당하고 말았던 것이다. 다행인지 불행인지 그나마 자식이 없었으니 참담한 일을 덜 당하지 않았을까.

'진정한 복수는 더 오래 살아남는 것'이라는 서양 격언처럼 왕비는 복수를 하듯 네 임금(세조, 예종, 성종, 연산군)을 모두 제치더니, 중종이 폭군 연산군을 쫓아내고 왕이 된지 16년이 지나서야 81년의 긴 생애를 마감했다.

연산군의 생모인 폐비 윤씨의 경우야 이미 잘 알려진 이야기이기 때문에 재론의 여지가 별로 없지만, 그래도 한 많은 조선의 여인들을 들먹일 때마다 언급되지 않을 수 없을 것이다. 6년의 세월을 두고 후궁에서 왕비로, 다시 폐비에서 사사되기까지 실로 천당과 지옥을 오고간 기구한 운명이었다.

'질투심은 곧 사랑의 또 다른 얼굴'이라는 말이 무색할 정도로 그녀는 바로 질투심 때문에 왕이 될 아들을 낳은 어엿한 왕비였음에도 그 자리를 끝까지 지켜내지 못하고 그만 피맺힌 죽음을 맞고 말았다.

아들 연산군이 왕이 되어 아버지(성종)의 유언을 어기고 억울하게 죽은 어머니를 제헌왕후로 추숭하고 묘는 회릉懷陵으로 개칭했지만, 중종반정으로 다시 없었던 일로 되돌려지고 말았다. 함안 윤씨 집안에 경사가 났었지만 그야말로 3년만에 왕비를 낸 집안에서 죄인을 낳은 집안으로 전락하고만 것이다.

폐비 윤씨로 인한 피비린내 나는 마녀사냥은 연산군 시절 내내 온 강토를 마구 뒤흔들어 놓고 말았다. 여러 신하들이 선왕의 유언(폐비를 추숭해서는 안된다는)을 어겨서는 안된다며 폐비사건 자체

를 재론해서는 안된다고 우기다가 목숨을 잃거나 유배당했다.

특히, 대사간으로 있던 姜鈴강영이란 이는 폐비 윤씨의 신위를 별묘別廟에 모시는 것을 반대하다 능지처참 당했다. 더욱 안타까운 것은 그의 아내 김씨가 한 달간 먹지 않고 울기만 하다 죽었다는 사실이다. 새 임금(1507년, 중종 2년)이 들어서자 정문旌門을 세워 표창했다지만 백년해로하지 못한 애달픔을 어떻게 잊을 수 있었겠는가.

한 여인 폐비 윤씨의 원한이 또 다른 여인 강영의 부인 김씨의 억울함으로 이어지고 만 것이다. 그래도 연산군의 장인인 윤기견은 딸이 숙의淑儀나 왕비王妃가 되는 것도 못 보고 일찍 죽었으니, 그저 『세종실록』 편찬에 참여한 고결한 학자로 흠결 없이 남을 수 있게 된 셈이다.

중종(1488-1544)은 열두 살 위인 이복형 연산군(1476-1506)의 상상을 초월하는 폭정을 잘 피하고 왕의 자리에까지 올랐으니 대단히 길한 운세를 타고난 것이 분명하지만, 그의 조강지처 신씨 부인은 말 그대로 날벼락의 연속일 뿐이었다.

열두 살에 왕자님(진성대군)과 결혼하여 열아홉에 바로 그 왕자님이 혁명적 정변으로 왕이 되었지만, 친정아버지와 두 숙부가 왕자님을 왕으로 만든 그 반정 세력에 의해 목숨을 잃자, 그녀 또한 왕비의 자리에서 쫓겨나 본가로 되돌아가야 했다. 자식도 없이 열아홉에 생과부가 되어 일흔까지 장수했다.

왕이 된 사랑하는 남편보다 13년을 더 살다가 쓸쓸하게 죽어갔지만 영욕이 교차한 친정집을 생각하며 얼마나 가슴을 쥐어뜯었겠는가. 고모가 연산군의 부인이었던 것이 집안의 족쇄가 되어 친정아버지 신수근과 그 형제들(신수겸 등)이 모두 죽게 되었던 것이다.

여덟 살 어린 나이에 자신보다 네 살 정도 더 먹은 예쁜 고모가 임금님(연산군)과 결혼하는 것을 보게 되었을 테니, 얼마나 어린 가슴이 콩닥콩닥 뛰었겠는가. 자신도 정확히 4년 뒤에 열두 살 어린 나이로 왕자님(진성대군; 중종)과 결혼했으니, 실로 신데렐라가 되고 싶어했던 어린 날의 꿈이 그대로 이루어진 셈이다.

친정아버지의 이름 수근(守지킬 수 勤부지런할 근)은 '분수를 지키나 근심이 많다'는 뜻이고, 자는 '첫째가 되지 않으려고 부지런히 애쓴다'는 근중(勤부지런할 근 仲버금 중), 아호는 '틈이 있는 집'이라는 소한당(所바 소 閒틈 한 堂집 당)이다.

결국 그 근심과 틈이 현실로 나타나 권불십년이란 말 그대로 갑자기 급전직하가 되고만 듯하다. 어찌 보면 궁궐의 온갖 소란으로부터 멀리 벗어나 오히려 실컷 그리워하고 부러워하며 평범하게 사는 것이 더 나은 팔자였는지도 모른다.

친정아버지의 분수 지킨다, 타고난 몫을 잘 지킨다는 이름 뜻이나 첫 째가 되지 않으려 부지런히 애쓴다.

자字의 의미가 그대로 적중한 듯도 하다. 모든 걸 다 잃었어도 결국 목숨을 부지하며 일흔까지 오래오래 살았고, 죽은 후 182년(1739년 영조 15년)만에 단경端敬왕후라는 자신의 명예로운 칭호를 다시 얻었지 않은가?

소현세자의 운명도 참으로 딱하지만 그의 부인으로 청나라에 가서 굴욕적인 9년 인질생활을 함께 하다가 귀국한 세자빈 강씨의 비극적인 운명은 너무너무 참담하다. 귀국 후 2개월만에 남편이 급사하자 화불단행禍不單行이라는 말을 증명이라도 하듯이 그녀 또한 어린 세 아들과 함께 죽음을 당하고 만다.

남편 소현세자가 열세 살에 세자가 되고 24세에 청나라 심양으로 인질이 되어 끌려갔으니 강빈도 아마 엇비슷한 연령대로 같은 운명을 겪었을 것이다.

33세에 아버지(인조)와 조정 대신들의 냉대*속에서 급사한 남편을 두고 슬퍼할 새도 없이 인조 후궁인 소의昭儀 조趙씨의 무고(인조와 자신을 저주하고 왕의 음식에 독약을 넣었다는 혐의)로 3월 봄볕을 뒤로 한 채 사약을 마셔야 했다. 친정 어머니와 친정의 네 형제들, 그리고 어린 세 아들이 모두 맞아 죽거나 유배지로 떠나다 죽었으니, 그 얼마나 한스러웠겠는가.

*대신들의 냉대 : 청나라를 배척하는 분위기가 팽배했으므로 청나라 조정의 비위를 맞추기에 급급했다고 오해받고 있던 소현세자를 미워했을 것이다

그래도 사후 71년(1717년 숙종 43년)만에' 세 아들과 함께 그 억울함이 풀어지고 민회빈愍懷嬪 강姜씨로 불리게 되었으니 그나마 정말 다행이었다고 해야 할지….

저주를 낳은 소의 조씨(혹은 귀인 조씨)도 강빈이 사사되고 난지 5년만에 金自點김자점의 역모에 연루되어 사사되고 말았다.

사돈인 김자점의 계략에 빠져 두 아들 숭선군, 익선군과 외동딸 효명옹주, 그리고 사위(김자점의 손자인 김세룡)까지 줄줄이 귀양가거나 죽게 하고 자신도 사사되었으니, 소현세자의 부인인 강빈을 저주하여 죽게 한 대가를 톡톡히 치른 셈이다.

역모의 핵심으로 등장했던 장남 숭선군崇善君이나 사위 金世龍김세룡은 처형당했으나 행실이 바른 둘째 아들 낙선군樂善君은 5년 뒤에 석방되고 그 후 3년이 지나 관직에 다시 나가 숙종 때(1695년)까지 국정에 헌신했다. 강빈과 조 귀인은 며느리와 시어머니로 만났지만 저주의 악연이 끼여들어 죽고 죽이는 관계로 변했던 것이다.

姜嬪강빈의 경우, 친정아버지의 이름은 '큰 걸 약속한다'는 석기(碩클 석 期기약할 기)이고, 자는 '다시 뒤집는다'는 복이(復돌아올 복 而말이을 이), 아호는 '연못에 비친 달'이라는 뜻의 월당(月달 월 塘못 당)이다.

친정아버지의 운세가 이름과 자에서 나타나듯, 너무 소극적이고 퇴행적, 관조적이라 급박한 정변의 소용돌이를 결코 넘어설 수 없었을 것이다.

사위(소현세자)의 요절과 딸(강빈)의 비운과 외손들(강빈 소생의 세 아들들)의 안타까운 최후, 그리고 자신의 부인과 네 아들들의 비참한 운명을 직접 보지 않고, 비극이 생기기 3년 전(1643년)에 63세로 죽고 말았으니, 자기 한 몸만은 가까스로 구한 셈이다.

여동생 남편 김세룡과 여동생 시할아버지 김자점의 꾐에 빠진 형 숭선군이 역모에 휘말렸기 때문에 졸지에 죽을 운명에 놓이게 되었다가 가까스로 살아나 오래오래 관직과 수명을 누린 인조의 막내아들(여섯 째 아들) 낙선군樂善君을 보자. 형 숭선군의 이름은 징(石+比)이고 동생 낙선군의 이름은 숙(潚빠를 숙)이다. 빠른 탓에 멸문지화의 악운을 피해 오래오래 살아남을 수 있었을 것이다.

결국 '착하게 사는 것을 높이 본다'는 崇善숭선이 '착하게 사는 것을 즐긴다'는 樂善낙선이 갑자기 들이닥친 악운을 더 재빠르게 이겨낸 셈이다. 함께 악운에 휩쓸렸지만 한 쪽은 죽음을 맞고 다른 한 쪽은 8년만에 죽음의 골짜기를 벗어나 다시 찬란한 햇빛을 오래오래 누릴 수 있게 된 것이다.

죽을 고비(1651년)를 넘기고 자그마치 44년이나 더 오래 살면서 (1695년까지) 여러 관직을 두루 섭렵했으니, 그야말로 가장 이상적인 늦복쟁이로 정말 행복한 말년을 보낸 셈이다.

제 피붙이에게 화를 당한 여인들이 있다.

손자(연산군)에게 매 맞아 죽은 성종 임금의 생모 인수대비(세조의 장남으로 세자 시절에 요절한 추존왕 덕종 비 소혜왕후: 1437-1504)의 경우가 그 중 하나이다. 자신보다 한 살 아래인 왕세자를 스무 살 젊은 나이에 먼저 보내고 궁궐의 청상과부가 되었지만 17세에 낳은 장남 월산군(동생 성종이 즉위한 후 대군이 됨)과 20세에 낳은 둘째 자산군(11세에 잘산군으로 바뀜. 후일 성종으로 즉위), 그리고 막내 명숙공주를 키우며 꿋꿋이 살았다.

하지만, 마흔 중반에 딸을 먼저 보내고 뒤이어 오십 둘에 장남(월산대군 : 35세에 타계)을, 오십 칠 세에 차남 성종 임금(37세로 영면)을 먼저 떠나보내야 했다.

어디 그 뿐인가. 그녀는 이미 19세에 아버지 한확이 세조의 왕위 찬탈篡奪을 양위라고 설득하려 명나라에 다녀오다가 사하포에서 53세로 객사했다는 비보를 접해야 했다. 고모가 명나라 성조成祖의 비, 여비麗妃가 되었기 때문에 명나라 임금의 매제妹弟가 된 아버지 한확은 이래저래 명나라 왕실이나 조정과 아주 가까운 사이일 수밖에 없었다.

그런 연유로 자신이 적극적으로 도와 조카 단종을 상왕으로 올려보내고 임금(세조)이 된 삼촌(수양대군)을 위해 명나라 조정의 오해를 불식시킬 책임을 떠맡을 수밖에 없었을 것이다.

열 여덟에 시아버지 수양대군이 임금(세조)이 되자 장남인 남편 도원군(아들이 성종으로 즉위한 뒤 덕종으로 추존됨)은 세자가 되었다. 그에 따라 자신도 수빈粹嬪으로 책봉되었다.

하지만 행복도 잠시 일뿐, 한 해 뒤에 시아버지(한확)가 명나라를 다녀오다 포구에서 객사했고, 다음 해에는 남편이 열 아홉 나이로 요절했다. 32세에 아들이 성종 임금이 되는 것을 보았지만, 꼭 10년 뒤인 마흔 둘에 며느리 윤씨(연산군의 생모)가 광적인 투기심 때문에 사약을 받고 죽는 것을 보아야 했다.

자매가 한 쪽은 세종 임금의 서자(신빈 김씨와의 사이에서 출생)로 글과 글씨에 능해 세종 임금의 사랑을 한 몸에 받던 계양군*의 아내가 되고, 다른 한 쪽은 세종의 둘째 아들로 후일 세조 임금이 되는 수양대군의 며느리(도원군의 아내로 후일 도원군이 세자가 되자 세자빈이 됨)가 되었으니, 실로 명문가였던 셈이다.

*계양군 : 세조 임금 시절 좌익공신 1등으로 측근 중의 측근이 되어 세조 곁에서 서무 출납을 담당하다 세조보다 5년 먼저 타계

자녀 교육을 잘 시킨 탓에 두 아들(월산대군과 성종)이 끝까지 효성과 우애가 극진하여 동생이 임금이 된 뒤로도 형을 위해 손수 시를 지어 주고 정자 이름을 형의 아호를 따 '풍월정風月亭'이라 지어줄 정도였다. 그리고 형이 자신보다 5년 먼저 35세로 죽자 글 잘 쓰는 任士洪임사홍을 시켜 형의 '신도비명神道碑銘'을 짓게 했다.

하지만 문제는 손자와의 관계였다. 57세에 열 여덟 살로 왕이 된 손자는 즉위하자마자 어머니(폐비 윤씨)의 원수를 갚아야 한다는 복수심에 불타 아버지 성종 임금의 후궁인 정씨와 엄씨를 제 손으로 직접 죽여 궁궐 뒷산에 아무렇게나 내다버리게 했다.

30세에 왕의 자리에서 쫓겨나 바로 그 해에 홧병으로 죽었으니 12년 동안 온 나라 안을 음행과 살육과 암흑으로 가득 채웠던 셈이다. 결국, 인수대비는 67세의 노구를 이끌고 손자 연산군에게 불호령을 내리다 그만 손자의 손에 매맞아 죽고 말았다.

친정아버지의 이름이 확(碻군을 확)이고, 자는 자유(子아들 자 柔부드러울 유), 아호는 쪽 간이재(簡대쪽 간 易쉬울 이 齋재계할 재)이니, 온갖 어려움 속에서도 67세까지 굳세게 잘 버틸 수 있었을 것이다. 그리고 비록 못된 손자의 손찌검에 목숨을 재촉하게 되었지만, 자에서 보듯이 두 아들의 남다른 우애와 효성을 지켜보며, 아호에서처럼 오로지 모든 고통을 불교 신앙과 저술로 승화시켰다.

불경에 심취하여 전문가의 반열에 오른 후 범어, 한문, 한글로 불경을 편찬하기도 하고, 부녀자들의 예의범절을 위해 몸소 『여훈女訓』을 저술하기도 했다. 실로 간이재簡易齋라는 친정아버지의 아호에 딱 들어맞는 일생이었던 셈이다.

피붙이로 인해 인생의 비극을 맞이했던 또 다른 여인은 바로 선조 임금의 계비였던 인목왕후(혹은 인목대비)이다. 열여덟 꽃다운 나이로 50세의 늙수그레한 임금님과 결혼하여 4년 뒤인 22세에 영창대군(선조의 14왕자들 중 정궁正宮에서 태어난 유일한 왕자)을 낳았지만, 24세에 남편인 임금님(56세)을 여의자마자 때 아닌 먹구름이 몰려오고 말았다.

새 어머니인 자신보다 아홉 살 아래인 세자(광해군)가 첫째 왕자인 형 임해군을 제치고 왕이 되자마자 겨우 두 살인 이복동생 영창대군(1606-1614)을 못 잡아먹어 안달하기 시작했다.

송골매에게 쫓긴 병아리를 보호하듯 전전긍긍하며 노심초사했지만, 결국 불행을 완전히 피하지 못하고 5년 뒤(1613년)에 기어이 일을 당하고 말았다.

광해군을 옹립한 대북파大北派가 영창대군과 그 외조부 되는 金悌南김제남을 제거하려고 무서운 계략을 꾸민 탓에, 61세 된 친정 아버지(김제남)는 죽고 일곱 살 난 외아들 영창대군은 강화로 귀양을 가게 되었다.

영의정 朴淳박순을 비롯한 양반 귀족층의 서자(첩의 아들)들이 자칭 '강변칠우江邊七友'라며 여주 북한강변에 무륜당無倫堂을 짓고 술과 노래로 낮과 밤을 보내며 떼강도 짓까지 서슴지 않았다.

하루는 이들*이 조령을 넘던 은銀상인을 급습하여 은 수백 냥을 강탈했는데 이 사건을 처리하며 대북파(정인홍, 이이첨 등) 일각에서 잔머리를 굴렸던 것이다.

*예: 영의정 박순의 서자인 박응서, 서익의 사자인 서양갑, 심현의 서자인 심우영, 이제신의 서자인 이준경, 그리고 박치인, 박치의 형제, 허홍인)

즉, 김제남과 일단의 소북파小北派 인사들이 영창대군을 왕으로 옹립하려 거사자금을 마련하는 과정에서 은을 강탈하고 살인을 자행하게 되었다는 식으로 자백하면 눈감아 주겠다고 꼬드겨 기어이 허위자백을 받아냈던 것이다. 朴應犀박응서만 살려두고 나머지는 모조리 죽였으니, 허위자백을 받아내기 위한 교묘한 미끼에 글줄이나 안다는 대감댁 첩 자식들이 늙은 대신들의 잔꾀에 줄줄이 당하고 만 것이다.

사면赦免에 벼슬까지 누린 박웅서도 꼭 10년 뒤에 찾아온 인조반정의 소용돌이에 그만 힘없이 고꾸라져 주살당하고 말았으니, 이를 두고 인과응보요 사필귀정이라 하는 것인지….

결국 29세 때에 친정아버지 김제남과 친정 형제들이 알지도 못하는 역모에 멋대로 뒤섞여 목숨을 잃는 것을 생생하게 목격해야 했다. 한 해 전에 자신을 죽이려던 尹瑠윤유를 朴承宗박승종이 막아주어 간신히 목숨을 보전했는데, 그 일 년 뒤에 기어이 비극이 터지고 만 것이다.

친정아버지는 사사되고 어린 아들은 바다 건너 외딴섬 강화도로 유배를 가고 말았으니, 남편(선조)을 잃은 지 꼭 5년 뒤에 날벼락을 만난 셈이었다. 그나마 친정어머니와 친정 막내동생 天錫천석이 구사일생으로 목숨을 건졌으니 불행 중 다행이라고 해야 할지….

인목대비는, 계모인 자신보다 아홉 살이나 위인 남(공빈 김씨)이 낳은 아들녀석 광해군으로 인해 친정이 멸문지화를 당하고 친자식(영창대군)이 강화에 유배당했다가 강화 부사 鄭沆정항의 손에 찜살*당하는 피눈물나는 일들을 다 겪은 후, 기어이 폭군 광해군이 쫓겨나는 것을 보고서야 눈을 감았다.

*찜살 : 밀폐된 방에 불을 마구 때 죽였기 때문에 증살 혹은 소살이라고 함

광해군은 제주도로 쫓겨가 66세까지 자그마치 18년이나 더 살았고, 인목대비도 실로 증오스럽기까지 한 미운 자식 광해군이 쫓겨난 후 9년을 더 살며, 억울하게 목숨을 빼앗긴 친정식구들과 아들을 위해 밤낮으로 열심히 글씨를 쓰며 명복을 빌었다.

33세의 적지 않은 나이로 왕이 되었음에도 어째서 그리 못된 짓, 몹쓸 짓을 많이 저질러 놓았는지, 광해군의 15년 집권은 계모인 인목대비에게는 진정 지옥보다 더한 고통의 나날이었을 것이다.

친정아버지의 이름이 제남(悌공경할 제 南남녘 남)이고, 자는 '공손할 공(恭공손할 공 彦선비 언)'이니, 따지고 보면 '공손하여 공경할 줄 아는 훌륭한 선비'라는 의미인 셈이 아닌가.

하지만 갑자기 들이닥친 권력의 음모인 1613년에 일어난 계축화옥(癸丑禍獄)에 사약을 마시고 죽어야 했고, 그 후 3년 뒤 딸(인목대비)의 폐모론(廢母論)이 조정의 암투거리로 등장했을 때, 두 번 죽는다는 부관참시(剖棺斬屍)형을 당했다. 그리고 딸이 서궁(西宮)에 유폐되어 죽지 못해 살아도 아무 힘이 되지 못했고, 강화부사가 여덟 살 어린 외손자를 찜을 쪄 죽일 때도 아무런 도움을 주지 못했다.

겨우 자신의 아내와 어린 막내아들을 살린 것이 전부이다. 하지만 인목대비는 친정아버지의 공손한 성품과 공경하는 인품 덕분에 목숨을 부지하여 끝끝내 원수 같은 자식(광해군)이 제주도로 쫓겨가는 것을 똑똑히 보게 되었는지도 모른다.

광해군의 이름이 혼(琿아름다운 옥 혼)이니, 결국 오래 아름답게 빛나는 한 줄기 가녀린 빛인 영창(永길 영 昌창성할 창)대군이 아름다운 빛을 발하는 옥인 광해군을 위해 어린 나이에 희생당하게 된 것이다.

그리고 영창대군의 이름이 의(㼁나무이름 의)이니, 광해군의 이름에 꺾이고 부러지게 된 셈이 아닐까. 더욱이나 남편인 선조 임금의 이름이 균(鈞서른 근 균)으로 '가락과 음률을 고르게 맞춘다'는 뜻이니, 미운 오리새끼인 광해군의 골육상잔(骨肉相殘)을 무슨 힘으로 막을 수 있었겠는가.

결국은 지나치게 온유한 사람들 편(인목대비, 김제남, 영창대군 등)이 광해군과 정인홍, 이이첨 등이 만든 깊은 함정과 탄탄한 올가미에 희생당하고만 셈이다. 닫힌 방에 불을 때서 영창대군을 죽인 강화부사 정항(沆넓을 항)의 이름 뜻이 '괴어있는 큰 물'을 의미하니, 그

지독한 찜질과 장작불과 벌겋게 달궈진 돌 구들장을 무슨 수로 피할 수 있었겠는가. 어린 영창대군은 어머니 인목대비를 목놓아 부르다가 뜨거운 공기에 질식되어 죽었을 것이다. 펄펄 끓는 물보다 더 뜨거운 찜질에 작고 여린 몸이 힘없이 녹아내려 그만 죽고 말았을 것이다.

인현왕후 민씨(숙종 계비)와 장희빈(숙종의 후궁으로 경종의 생모)도 조선왕조의 한 많은 여인들이다. 인현왕후 민씨는 여섯 살 위인 숙종이 첫째 왕비인 인경왕후(1661-1680) 김씨(김만기의 딸)가 오래 못 살고 죽은 공주만 둘을 낳고 19세로 요절하자 제2 왕비로 책봉되었다.

14살 때 스무 살 홀아비인 남편 숙종 임금과 결혼한 것이다. 한데, 갑자기 어여쁘고 성깔 사나운 장씨(희빈)가 한창 나이인 이십대 초반의 임금을 홀려 제 치마폭에 폭 감싸안고 말았다. 그 결과 기다리던 아들(경종)을 낳고 숙종은 급기야 정비인 인현왕후를 궁궐 밖으로 몰아내고 대신 요염한 장희빈을 왕비로 삼고 말았다. 그때 인현왕후 민씨의 나이는 한창 때인 23세였고 숙종은 29세였다.

4년여의 결코 길지 않은 세월동안 엎치락뒤치락하며 두 여인(인현왕후와 장희빈)은 천당과 지옥을 교대로 오고가야 했다. 한 쪽이 왕비가 되면 다른 한 쪽은 폐비가 되어 벼슬 하나 못한 벙거지 뒤집어쓴 백성으로 변하고 마는 거였다.

결국 인현왕후는 사필귀정事必歸正의 자연 순리를 따라 27세에 왕비로 복위되고 그 대신 장희빈은 왕비의 자리에서 쫓겨나더니 결국 인현왕후가 34세로 죽던 해에 사약을 받고 오빠 張希載장희재와 함께 죽고 말았다. 열 세 살 된 아들(경종)이 32세로 왕이 되기 꼭 19년 전에 죽었으니, 자신의 기구한 팔자가 그 얼마나 한스러웠겠는가.

왕비 자리 하나를 놓고 엎치락뒤치락하다가 죽는 것도 비록 그 모양은 하늘과 땅만큼이나 달랐지만 같은 해에 앞서거니 뒤서거니 하며 생애를 마감하고 말았다. 실로 악연 중의 악연이라 아니할 수 없다. 지옥과 천당 사이에 있는 호젓한 갈림길에서 철천지 원수로 마주친 운명의 여인들이었던 셈이다.

인현왕후 민씨는 어쩌면 시어머니 명성왕후 김씨(현종 비 : 김우명의 딸)와 시할머니 인선仁宣왕후 장씨(봉림대군 즉, 효종 비 : 장유의 딸)의 가파른 팔자를 많이 전수받은 듯하다. 먼저 시할머니가 되는 인선왕후는 남편인 봉림대군이 청나라에 볼모로 끌려갈 때 함께 심양에 가서 8년간이나 살다가 26세 되던 해(1644년)에 세 살 난 아들(현종)을 데리고 영구 귀국했다.

31세에 왕비가 되었지만 권불십년이라고 겨우 10년만인 41세에 과부가 되고 말았다. 남편인 효종이 죽고 바로 그 해에 19세 아들(현종)이 즉위했으니 궁궐 여인들의 팔자란 실로 밤과 낮이 나란히 같이 있고 천당과 지옥이 바로 곁에 함께 있는 셈이다. 아들 현종이 33세로 타계하고 손자 숙종이 13세로 즉위하던 해에 56세로 한 많은 생애를 마감했다.

시어머니 명성왕후 김씨는 비록 41세로 영면했지만 머리가 비상하고 성정이 과격한 여인으로 통해 있었다. 32세에 남편인 현종이 죽자 과부가 되었는데, 열 세 살 난 아들(숙종)이 왕이 되자 정무에 깊이 관여하다가 대신들의 호된 비판을 받기까지 했으니, 어찌 보면 실로 여걸다운 데가 있었던 모양이다.

아들 숙종이 22세로 어엿한 왕의 자태를 지녔을 즈음, 41세로 영면했다. 실로 그리 짧지도 길지도 않은 생애였던 셈이다. 시할머니 인선왕후는 1남 6녀를 낳고 시어머니 명성왕후는 1남 3녀를 낳았다. 인현왕후 민씨는 최소한 출산 면에서는 시어머니나 시할머니를 전혀 닮지 못했다. 아무 소생이 없이 34세로 생애를 마감했으니, 시어머니나 시할머니에 비해 너무너무 외롭고 서러운 일생이었던 셈이다.

사도세자의 부인이자 효성이 지극한 현군이었던 정조대왕의 생모인 혜경궁 홍씨(1735-1815 ; 혜빈에서 정조 즉위 후 혜경궁이 됨)의 생애야말로 한 편의 비극적인 드라마 같고 슬프기 한이 없는 장편소설 같다.

이복형 효령세자가 요절하자 세자로 책봉된 사도세자(정조 즉위 후 장헌세자로 바뀜)의 운명도 기묘하지만, 동갑내기 세자빈인 홍씨(남편이 죽은 후 '사도'라는 존호를 추존받을 때 혜빈에 봉해짐)의 팔자도 참으로 기구하기 이를 데 없었다.

남편인 세자가 27세의 적지 않은 나이로 갑자기 일반 백성(서인)으로 강등되어 뒤주 속에서 굶어죽는 것을 열 살 난 아들(후일 정조대왕)과 함께 지켜보아야 했다. 남편이 죽던 날 영의정인 친정아버지 홍봉한은 대신들과 함께 뱃놀이를 즐기고 있었다.

친정아버지는 49세였고 시아버지 영조는 68세였다. 시아버지는 41세에 낳은 아들을 죽인 셈이고 친정아버지는 31세 때 맞이한 아홉 살 어린 사위의 서러운 죽음을 외면한 셈이다.

27이란 숫자는 시아버지나 남편이나 홍씨 자신에게 모두 의미심장한 숫자였다. 시아버지 영조는 27세에 이복형 경종(장희빈의 아들)이 즉위하자마자 경종이 병약하다는 이유로 노론에 의해 왕세제로 책봉되었고, 사도세자는 27세에 뒤주 속에 갇혀 산 채로 죽었다. 홍씨는 동갑내기 남편을 잃었으니 27세에 외아들(정조)을 둔 청상과부가 되고 말았다.

홍씨의 비극은 이래저래 유별난 성품을 지닌 시아버지와 시어머니 사이에서 필연적으로 생길 수밖에 없었다. 영조가 아직 연잉군일 때 12살 어린 나이로 결혼한 첫 번째 시어머니인 정성왕후(서종제의 딸) 서씨(1692-1757)는 65세로 생애를 마감했지만 소생이 없이 아주 담담하게 살다 갔다.

하지만, 시아버지가 66세 고령일 때 맞이한 15세의 어린 시어머니(정순왕후 : 김한구의 딸)는 홍씨나 동갑내기 남편(사도세자)보다 정확히 열 살 아래였다. 뿐만 아니라 그녀의 친정은 사도세자를 뒤주 속에 가둬 죽이도록 함부로 무고한 노론계열의 벽파(僻派)에 속해 있었다.

반면에 홍씨의 친정(친정아버지인 영의정 홍봉한을 비롯하여)은 사도세자와 그의 외아들인 어린 세손(정조)을 방어하는 남인계열의 시파(時派)에 속해 있었다.

젊은 시어머니(정순왕후 김씨)는 늙은 시아버지를 제치고 열 살 아래의 아들(사도세자)과 며느리(홍씨)를 몹시 미워했다. 31세에 82세 남편(영조)을 먼저 보내고 과부가 된 시어머니는 29년이나 더 오래 살면서 어린 손자(정조)를 제치고 여자 국왕 노릇을 철저하게 해냈다.

스스로 여주(女主)니 여군(女君)이라 칭하며 대신들로부터 개인별 충성서약까지 받아냈으니 실로 큰 일 저지를 여성이었던 셈이다. 자신이 쥐고 흔들던 손자(정조)보다 5년 더 살다가 60세로 죽었지만 죽기 2년 전(1803년 12월)인 58세 때까지 권력의 중심에 앉아 있으려고 많은 애를 썼다.

그녀는 자신보다 열 살 위인 아들(사도세자)이 뒤주 속에 갇혀 죽도록 은근히 조장했고, 뒤이어 자신보다 겨우 일곱 살 아래인 손자(정조)가 24세에 왕이 되었음에도 불구하고 수렴청정을 강행하며 스스로 여황제(女皇帝)인 듯 착각했다. 실로 서른 살을 겨우 한 해 넘긴 결코 많지 않은 나이에 할머니 역할 하나만은 정말 톡톡히 했던 셈이다.

어디 그뿐인가. 그녀는 손자(정조)가 48세로 죽자, 55세의 나이임에도 고손자高孫子(정조의 손자로, 익종 혹은 효명세자의 아들인 순조 임금)가 열 살을 갓 넘긴 어린 나이로 즉위(1800년 6월)하자 또 다시 권력의 중심에 서려 안간힘을 썼다.

하지만, 그녀가 온갖 극성을 떨며 일으켜 세운 경주 김씨의 천하는 지는 해로 서서히 사라지고, 순조 임금의 장인인 안동 김씨(김조순)의 천하가 뜨는 해로 서서히 떠오르고 있었다.

결국 손자(정조)가 세워놓은 덫(김조순의 딸을 손자인 순조의 비로 삼으라는 유지)에 걸려들어 김조순이 고손자(순조)의 장인으로 결정된 1802년부터 힘이 가파르게 빠지기 시작하더니 마침내 그 한 해 뒤인 1803년 12월(14살인 순조 임금이 친정 시작)에 완전히 이빨 빠진 종이 호랑이로 전락하고 말았다.

그녀는 사도세자를 죽이도록 뒤에서 조종하고 앞에서 외쳐댄 벽파 세력의 핵심이었던 친정오빠 金龜柱김구주를 비롯한 친정 식구들(김관주, 김일주, 김용주 등)과 영의정 沈煥之심환지 일당의 든든한 뒷받침 아래, 이씨 왕조 속에서 경주 김씨 세상을 27년 가까이 계속되게 만들었다.

손자(정조)의 장례식이 끝나기가 무섭게 정적政敵인 시파 일당을 숙청하기 위해 다시 칼을 빼들었다. 그 결과 사도세자와 숙빈 임林씨 사이에서 출생한 은언군恩彦君(1755-1801, 정조의 이복동생으로 강화도령 철종의 조부가 됨)과 열 살 위 며느리(사도세자의 부인이자 정조의 생모인 혜경궁 홍씨)의 친정 동생 樂任낙임을 꼬투리 잡아 처형했다.

그리고 이듬해(1801년)에는 대대적인 천주교인 처단을 진두지휘하여 정약용 등 남인의 뿌리를 모조리 뽑아냈다.

사도세자의 비극은 본인 한 사람의 죽음으로 끝나지 않고 새

어머니인 정순왕후의 45년 궁궐 생활(15세에 66세의 영조와 결혼하여 왕비가 된 이후 60세로 죽을 때까지) 내내 고통을 당해야 했다.

자신은 아들(정조)이 결혼한 바로 그 해(1762년 2월) 5월에 죽어야 했고, 죽은 후 2년 뒤(1764년 2월)에는 아들(정조)이 자신의 이복형(영조가 25세 때 얻은 맏아들로 아홉 살에 요절한 효장세자 혹은 진종)의 장자로 입양되는 것을 보아야 했다.

그리고 죽은 후 9년 뒤(1771년)에는 자신과 숙빈 임林씨 사이에서 태어난 은신군恩信君*이 정순왕후의 친정오빠인 김구주 일당의 무고로 제주도에 유배되었다가 죽고 만다.

또한 은언군의 아들 즉, 사도세자의 손자 담(완풍군 혹은 상계군)은 정조의 측근 중의 측근이었던 홍국영의 누이(정조의 후궁이 되어 원빈으로 봉해졌으나 소생 없이 일 년 뒤에 요절)의 양자로 입양되어 명목상의 왕위 계승자(그때까지 정조의 후사가 없었으므로)가 되었다가 홍국영의 야심에 위험을 느끼고 자살하고 말았다.

실로 끝이 없이 이어진 불행의 사슬, 비극의 고리였던 셈이다.

그래도 은신군은 고종의 증조부가 되고, 은언군은 철종의 조부가 되었으니 결국 사도세자의 핏줄들이 조선왕조의 마지막을 장식하게 된 셈이다. 억울하게 죽은 사도세자의 가련한 혼령을 뭇 조상들이 지켜주고 하늘과 땅이 기氣를 살려 준 셈이다.

정순왕후와 혜경궁 홍씨는 시어머니와 며느리로 만났지만, 좋은 고부간이 못 되고 악연으로 점철되고 말았다.

31세에 과부가 된 시어머니와 27세에 과부가 된 며느리가 한 하늘 아래 살면서 참으로 기이하기 짝이 없는 궁중 역사를 만들어 내며 29년간을 삐거덕거리다 끝내는 며느리의 판정승, 시어머니의 판정패로 대단원의 막을 내리고 말았다.

*은신군 : 은언군의 동생. 숙종의 6남인 연령군의 손자로 입양됨. 인조의 아들 인평대군 6세손 이병원의 아들로 태어난 홍선대원군의 생부 남연군이 은신군의 양자가 되었기 때문에, 은신군은 자연히 고종의 증조부가 됨.

며느리인 혜경궁 홍씨가 시어머니 정순왕후 김씨보다 자그마치 10년이나 더 오래 살아남아, 시어머니의 온갖 티검불과 핏자국으로 얼룩진 발자취를 일필휘지—筆揮之로 급히 내려 쓴 일기체 역사책 『한중록閑中錄』으로 말끔히 지워 없었다.

붓과 먹과 종이만으로 여인의 한恨을 녹이고 삭혀 비극과 불행으로 얼룩진 여든 해 긴긴 일생을 주옥 같은 역사로 엮어낸 것이다.

시어머니가 죽기 10년 전(1795년 정조 19년)에 자신의 회갑을 맞으며 친정 조카 洪守榮홍수영의 청에 따라, 지난날의 슬프고 원통한 이야기들을 일기형식으로 상세하고 힘있게 써내려 가기 시작했으니, 그 또한 자신보다 열 살 아래인 시어머니(정순왕후 김씨)의 흔적을 지워 없애기 위한 은밀한 시도였지 않았을까.

며느리의 친정 아버지는 홍봉한(鳳봉새 봉 漢한수 한)의 이름 뜻은 '물을 따라 날아가는 큰 새'이고, 자는 '너의 날개가 되어주마라는 익여(翼날개 익 汝너 여), 아호는 '날개에 날개를 달고 공손히 맞이한다'는 익익재(翼날개 익 翼날개 익 齋재계할 재)이니, 비록 사위(사도세자)의 억울한 죽음은 가로막지 못했지만 딸(혜경궁 홍씨)의 일생만은 제대로 잘 지켜준 것이다.

시어머니의 친정 아버지는 김한구(漢한수 한 耉늙을 구)는 딸이 영조의 계비로 들어가자 오홍繁興부원군이 되었다. '물가에서 늙어간다'는 의미이니, '물을 따라 날아가는 큰 새'에 비해, 보다 안정적인 생애를 누릴 수 있었을 것이다.

결국 '물가 늙은이'의 딸인 정순왕후가 '물 위를 나는 큰 새'의 딸인 혜경궁 홍씨보다 더 안정적인 생애를 살게 되었던 것이다.

참으로 신기한 일이다.

친정아버지의 봉록이 오홍부원군인데 야릇하게도 자라 오繁, 홍할 흥興 자를 쓰고 있다. 딸을 비롯한 친척 일가들이 자라처럼 강하고 끈질기게 일어나라는 의미가 아닌가.

자라 이빨과 그 단단한 등 껍질을 닮은 딸과 가족들이 줄줄이 세도를 부리다 큰 불행 없이 다들 천수를 누렸다. 정순왕후보다 다섯 살 위인 친정 오빠 金龜柱김구주도 온갖 악명을 떨치다 36세에 흑산도로 귀양을 갔지만 8년 뒤에 특사를 받아 나주에 머물다 46세로 병사했으니, 그리 비참했다고 말할 수는 없을 것이다.

어쨌거나 정순왕후의 여걸 티내기는 고스란히 증손자(순조) 비妃인 순원純元왕후(안동 김씨 김조순의 딸)에게로 전수된다. 열 세 살에 왕비가 되어 3년간 증조할머니 정순왕후의 극성스럽고 대단한 파워게임을 지켜보다가, 자신이 손자(헌종)의 수렴청정을 하게 될 때 실속 있게 권력의 꿀을 요리조리 빼먹었다.

증조할머니는 31세에 조선왕조 최초로 24세나 되는 손자(정조)를 대신해 수렴청정을 했지만, 증손자 비는 45세에 일곱 살 먹은 손자(헌종)를 대신해 수렴청정을 시작했다.

증조할머니도 2대(정조, 순조)에 걸쳐 권력을 휘둘렀고, 증손자 비도 2대(헌종, 철종)에 걸쳐 권력을 거머쥐었었다. 영향력을 미친 기간은 비록 증조할머니가 26년간이고 증손자 비가 23년간이니, 증조할머니 정순왕후 김씨 쪽이 3년 정도 더 길게 권력을 누린 셈이다.

하지만, 증손자 비妃 순원왕후 김씨는 19세 강화도령 이원범에서 조선의 왕으로 등극한 철종을 위해 왕비를 간택하며 안동 김씨 일족의 세도정치를 확고히 뿌리내리게 했다.

즉, 김문근의 딸을 철종 비로 맞게 함으로써 증조할머니 정순왕후 김씨가 쌓아올린 경주 김씨 일족의 세도정치를 안동 김씨 일족의 태평성대로 완전히 바꿔치기 해 놓았다.

두 여인 모두 쇠심줄같이 억센 운명을 타고 난 탓인지, 증조할머니는 31세에 과부가 되어 55세 때 48세로 죽은 손자(정조)를 보아야 했고, 증손자 비는 41세 때에 21세 아들(효명세자 혹은 익종)이 죽는 것을 보더니 45세에는 스스로 과부가 되어 60세 때는 22세 손자(헌종)가 죽는 것을 보아야 했다.

오래 사는 것이 욕이 된다더니 옛말 하나 어디 그른 것이 없는 모양이다.

증손자 비 순원왕후의 장수와 권력 누림은 과연 어디서 오는 복 때문인가.

친정 아버지 김조순(祖조상 조 淳순박할 순)의 이름 뜻은 '순박한 조상이 된다'이고, 자는 '모범적인 선비가 된다'는 사원(士선비 사 源근원 원)과 '물가 언덕 위에 선 단풍나무처럼 눈에 띈다'는 의미로 볼 수 있는 풍고(楓단풍나무 풍 皐부르는 소리 고)이다.

하나같이 근원이 된다, 조상이 된다, 모범이 된다, 돋보이는 나무가 된다는 식으로 풀이될 수 있다.

적극적이고 공세적이고 팽창적인 이름들이다. 친정아버지의 이름이나 칭호가 이만하니까, 그 딸이 두 마리 토끼(권력과 장수)를 다 잡을 수 있지 않았겠는가.

아마도 조선의 여인들 중 고종의 부인인 명성왕후 민씨가 가장 비극적인 최후를 맞이했을 것이다. 일곱 살에 아버지(민치록)를 여의고 아홉 살에 어머니마저 잃어 고아가 되었다.

하지만 시어머니가 될 흥선대원군의 부인인 민씨의 선택에 힘입어 열 다섯 살에 열 네 살 임금님(고종)과 결혼하여 졸지에 신데렐라가 되었다. 하지만 시아버지 흥선(興宣)대원군(이하응)의 그늘에 가려진 남편(고종) 때문에 꼭 십년간은 숨도 제대로 못 쉬고 조용히 보내야 했다.

그녀는 드디어 25세가 되던 해에 민씨 일족과 남편을 꼬드겨 시아버지의 그늘에서 일거에 벗어났다. 즉, 남편인 고종임금의 친정 체제로 왕국의 질서를 바꿔 놓은 것이다. 그러나 악운은 멈추지 않고 되찾아와 마구 괴롭혀대기 시작했다. 서른 중반에 들이닥친 임오군란(1882년)으로 인해 다시 몸을 피하지 않을 수 없었다.

자신을 괴롭히는 일본 조정과 친일파들이 머리를 들 때마다 그녀의 운명에는 어두운 그림자가 짙게 드리우곤 했다.

시아버지가 민비를 든든히 받쳐주는 청나라 군사들에게 붙잡혀 중국 천진으로 끌려가 4년여 동안 유폐생활을 하자 한 동안 온 나라 안이 조용한 듯했지만, 일본세력을 업은 젊은 신하들이 갑신정변(1884년)을 일으키자 다시 한번 목숨이 위태롭게 되고 말았었다. 청나라 군사들이 끼어들어 무모한 혁명가들의 천하가 겨우 '3일 천하'로 끝나고 말았지만, 일흔 고개를 훨씬 넘어서도 권력욕을 불태우는 시아버지의 등쌀을 좀처럼 배겨낼 수 없었다.

결국 74세의 시아버지가 일본을 업고 재집권(1894년 7월)하자, 불혹의 나이를 훨씬 넘긴 43세의 민비는 하는 수 없이 러시아에 접근해야 했다. 동학농민봉기(1894년 5월 전주 점령)에 화들짝 놀라고 겁이 잔뜩 난 조선 조정은 먼저 청나라에 원병을 요청했다.

그러자, 조선반도를 제 영지領地처럼 여기고 있던 일본이 출병(1894년 6월)했다. 시아버지와 며느리의 권력싸움이 외세를 조선반도로 끌어들여 대리전代理戰을 치르게 했던 것이다. 하지만 제국주의의 기치를 높이 들고 호시탐탐 노리던 일본이 가만히 보고만 있을 리 없었다.

미우라 고로(삼포오루三浦梧樓)일본 공사를 앞세워 시아버지 흥선대원군을 꼬드기고 뒤이어 일본 폭력배들(낭인들)을 대거 끌어들여, 1895년 10월 8일에 명성황후 민비를 난자시해亂刺弑害하고 말았다.

칼로 마구 찔러 목숨을 빼앗은 것으로 끝나지 않고 궁궐 밖으로 질질 끌어내 석유를 뿌리고 불을 붙였던 것이다.

죽은 민비는 44세이고, 남편인 고종은 43세, 그리고 그녀의 둘째 아들(순종)은 21세였다. 건청궁乾淸宮에 피 바람이 불어닥친 그 사건은 얄궂게도 순박하기 이를 데 없는 양띠 해에 일어난 을미사변乙未事變이었다.

시아버지 흥선대원군(1820-1898)은 원수 같던 최고의 악질 정적이 비참한 최후를 맞은 것을 다 지켜본 후 4년 더 생존하다 78세로 구절양장九折羊腸같던 일생을 마쳤다.

죽은 며느리가 폐위되어 서인이 되었다가 다시 제 자리(왕비)로 돌아와 광무 1년(1897년)에 '명성明成'이란 시호를 받는 것까지 다 지켜본 후 그 일년 뒤에 생애를 마감했으니, 실로 한편의 야릇한 드라마 같다고나 해야할지….

명성황후 민씨의 친정아버지 민치록(致보낼 치 祿복 록)의 여성(驪검은 말 여 城재 성)부원군에 시호는 효정(孝효도 효 貞곧을 정)이니. 각각 복을 멀리 보낸다, 검은 말을 타고 성채를 지킨다, 효성스럽고 올곧은 성품이다라는 뜻이다.

'복을 보낸다'는 친정아버지의 이름 뜻이, 처음에는 '크고 큰 복을 불쌍한 내 딸에게 고이 보낸다'는 의미로 제법 먹혔지만, 나중에는 그 뜻이 '복을 멀리 내쫓는다'는 것으로 갑자기 뒤바뀌고 만 듯하다.

딸의 비극적인 최후와 오백 년 왕국의 멸망, 그리고 외세에 의한 강토의 유린으로까지 이어졌으니, 검은 말이 비운을 불러오고 복이 스스로 도망을 친 형국이 되고만 셈이다.

결국 시아버지의 이름과 자와 아호에 눌리고만 셈이 아닌지…. '더위를 피해 그늘진 곳에 안거한다'는 하응(昰여름 하 應응할 응), '때가 되어 우두머리가 된다는 시백(時때 시 伯맏 백), '돌을 쌓아 둑을 견고하게 한다'는 석파(石돌 석 坡고개 파)에 '번창하게 되어 많이 베푼다'는 흥선(興흥할 흥 宣베풀 선)이니, 실로 대단한 의미들인 셈이고 방어벽防禦壁도 대단히 높고 그 기세 또한 활기차다고 할 수 있을 것이다. 명성황후가 힘을 쓸 나이가 될 때까지 열심히 옆에서 뒷받침했던 친척 閔奎鎬민규호의 이름이나 자나 아호가 그나마 좀더 든든하다.

규호(奎별 규 鎬냄비 호)라는 이름 뜻은 '별을 닮은 냄비'이고, 자는 '볕이 든 정원'이란 경원(景볕 경 園동산 원), 아호는 '누렇게 색이 바랜 역사책'이라는 황사(黃누를 황 史역사 사)이다.

그는 서른 살 되던 해에 고아인 친척 아가씨가 왕비로 책봉되어 가례를 올리는 것을 보고 '사람 팔자란 참으로 신기하기도 하다'며 미지의 어떤 힘에 경탄을 금하지 못했을 것이다. 그리고 열심히 왕비를 도와 시아버지(흥선대원군)의 섭정을 끝내게 해야 한다고 각오했을 것이다.

그런 각오와 의지 때문인지 그는 42세에 영의정에 올라 27세의 왕비와 26세의 임금님(고종)을 위해 죽도록 헌신하겠다고 다짐하게까지 되었다. 하지만, 그는 다시 한번 별빛처럼 신비하기도 하고 냄비처럼 속되기도 한 운명의 장난을 실감하지 않을 수 없었다.

영의정이 되어 한참 포부를 밝힐 때쯤에 급사하고 말았던 것이다. 왕을 제외하면 실질적인 최정상인 영의정이 되었는데도 꿈 한번 펴보지 못한 채 7일만에 죽고 말았다. 볕이 갑자기 사라지고 누런 흙빛이 들이닥친 셈이다. 그는 자신보다 열다섯 살 아래인 왕비의 비극적인 최후를 17년이나 먼저 슬쩍 암시하고 홀연히 사라진 것인지….

폭군을 지켜준 사람들

조선왕조의 대표적인 폭군은 누가 뭐라 해도 연산군과 광해군을 손꼽아야 할 것이다. 누가 과연 이러한 폭군들을 지켜주고 밀어주고 기를 살려 주었는가?

먼저 조선의 열 번째 왕이 되어 재위 12년간 온갖 못된 짓을 밥 먹듯이 해댄 연산군을 지켜준 악신惡臣들을 살펴보자.

이극돈, 임사홍, 유자광… 이들이 바로 폭군 연산군을 지켜주며 마치 개미가 진딧물 꽁무니에서 단 오줌을 빨아먹고 받아먹듯이, 그렇게 온갖 이권을 챙긴 사람들이다.

이극돈은 연산군이 18세로 즉위할 때 59세였고, 임사홍은 49세였다. 유자광이 죽은 해는 분명하나 태어난 해가 불분명하지만 그의 행적을 놓고 추측해 보면 최소한 50세는 족히 되었을 것이다. 그러니, 세 명의 중늙은이들이 혈기방장하고 광기충천한 18세 폭군을 가라앉히기는커녕 도리어 북돋우고 부채질하여 더욱 더 미쳐 날뛰게 만들었다.

폭군 연산군이 22세가 되자 이극돈 일파는 자신의 행실을 비방하는 글을 실록의 기초자료가 될 사초史草에 삽입한 김일손을 제거하고자 한 꾀를 생각해 냈다. 마침 사림파의 표적이 된 이극돈은 훈구파의 실세로『성종실록』편찬의 책임자였기 때문에, 실록 작성의 기초자료가 될 사관들의 기록을 일일이 다 훑어볼 수 있었다. 그걸 기회로 여긴 이극돈은 평소 자신을 비방하는 상소를 올린 김일손을 제거할 구실을 찾기에 분주했다.

그때 그의 눈을 번쩍 뜨이게 한 구실이 바로 김일손의 스승인 김종직이 쓴『조'의제'문』이었다.『조'의제'문』은 김종직이 중국 고사를 빗대어 쓴 글인데 진秦나라 말기의 혼란기를 틈타 劉邦유방(후일 한나라 고조)과 천하를 다툰 項羽항우(BC 232-BC 202)에게 죽은 초楚나라 회왕懷王, 즉 의제義帝를 조상弔喪하는 내용이었다. 이 글을 본 이극돈은 조카인 단종을 내쫓고 왕이 된 수양대군, 즉 세조를 빗대어 쓴 것이라고 단정짓고 이를 연산군에게 알려 선왕先王을 욕되게 한 역모죄로 다스리게 되었던 것이다.

그 결과 무수한 선비들이 목숨을 잃거나 귀양가거나 파직되었다. 물론 김일손은 참형斬刑되고 스승인 김종직은 이미 죽고 없었으나 부관참시를 당했다.

이 일을 두고 후세 사람들은 무오년戊午年에 일어난 참화慘禍라 하여 '무오사화戊午士禍'라고 부르고 있다. 이때 이극돈, 임사홍, 유자광은 각각 63세, 53세, 54세(추정)였다. 50대, 60대가 모여 22세의 폭군을 꼬드겨 충신과 인재들을 모조리 잡아죽인 것이다.

폭군을 지켜 준 사람들이 모여 일을 꾸민 것 중에 가장 돋보이는 것은 누가 뭐라 해도 단연 억울하게 죽은 어머니를 대신해 복수해야 한다며 왕을 부추겨 일으킨 갑자사화甲子士禍(1504년)일 것이다.

60이 다 되거나 70이 다 된 늙은이들이 모여 한창 기고만장한 프로급 폭군의 코털을 냅다 뽑고만 것이다. 연산군의 나이 그때 28세로, 쫓겨나 홧병으로 죽기 꼭 두 해 전이었다.

아버지 성종의 후궁이니 따지고 보면 제 어머니나 마찬가지인데도 정鄭씨와 엄嚴씨를 제 손으로 직접 죽여 뒷산에 내다 버리게했다. 그리고 할머니 인수대비를 머리로 들이박고 주먹으로 때려 죽게 하고, 수 십 명의 선비들을 새끼줄에 굴비 엮듯이 온갖 죄목으로 묶어 한꺼번에 죽였다. 25년 전에 죽은 자기 어머니의 복수극을 천지를 진동하는 피비린내로 끝낸 것이다.

이제 세 사람의 이름을 뜯어보자.

우선 이극돈(克이길 극 墩돈대 돈)의 이름은 '야트막하게 높여놓은 둔덕을 넘는다'는 의미이고, 자는 사고(士선비 사 高높을 고)이니, '높은 척 뽐내는 지식인'이라는 의미이다.

이름처럼 그는 언덕을 넘듯이 한 발 한 발 출세길을 밟아갔다. 22세에 관직에 나가 30대 중반에 참판이 되고 50대 후반에 판서가 되었다. 60대에 종1품 벼슬인 좌찬성에까지 올랐으니 언덕 넘기에서 마침내 뽐내기 단계로 들어선 셈이다. 그는 1445년에 출생하여 1506년에 세상을 하직했다.

임사홍(士선비 사 洪큰물 홍)의 이름은 '큰 물에서 노니는 선비'라는 뜻이고, 자는 '말 이을 이의(而말 이을 이 毅굳셀 의)이니, '과감하여 일을 저지를 기질'을 의미하는 셈이다. 이름 그대로 그는 참으로 기고만장하여 온 사방에 잡음을 내며 요란을 떨었던 듯하다.

임사홍(1445~1506)은 20세에 관직에 나가 33세에 선배, 동료들의 탄핵을 받고 유배될 정도였으니 가히 그 천성을 짐작하고도 남는 일이다. 결국 두 아들을 잘 둔 덕택에 여러 차례의 탄핵과 극형의 위기를 모면했으니, 사람 팔자란 참으로 기기묘묘하다.

첫째 光載광재는 예종의 사위(부마)가 되고 둘째 崇載숭재는 성종의 사위가 되었으니, 두 임금과 사돈을 맺은 그 든든한 배경을 어떤 간관諫官이 감히 그 위풍당당한 실세를 꺾을 수 있었겠는가.

그는 또 글재주나 기억력이 출중하여 40대에는 왕명으로 월산 대군의 묘비명(신도비명)을 짓기도 하고 명나라를 오가며 중국어를 익혀 외교문서를 관장하는 승문원承文院에서 중국어를 가르치기도 했다. 그래도 환갑을 넘기고 죽었다가, 후일 중종반정 때 기껏 부관참시 되었으니, 그럭저럭 상팔자에 해당하는 셈이다.

유자광은 여러 모로 연구대상이 될만한 유별난 사람이다. 한직에 해당하는 중추부지사(종2품으로 당상관에 해당) 柳規유규의 서자로 태어나 문지기 노릇(건춘문 지키는 갑사로 치안, 국방을 담당하는 하급 병졸에 해당함)이나 하고 있었지만 본래 재주가 많고 야심이 컸던 것 같다.

아마도 자신과 같은 갑사甲士 출신으로 온갖 무공을 세우고 마침내 세조가 죽던 해(하루 전에 둘째 아들 예종에게 양위하고 1468년 9월 8일에 영면)에 78세의 고령으로 영의정에까지 올라간 康純강순(1390-1468)을 제 야망의 푯대로 삼았는지도 모른다.

이시애의 난(1467년)에 자원해서 출전하여 공을 세우고 일약 정5품인 병조兵曹 정랑正郎으로 승진했으니 실로 대단한 인생역전이었던 셈이다.

그는 아마도 품성이 기이하여 남이 잘되는 것을 절대 못 봐주는 특이체질이었던 것 같다. 특히 자신보다 뛰어난 사람을 반드시 죽여 없애야만 직성이 풀리는 편이었던 것 같다. 그의 뒤틀린 성정에 표적이 된 위인이 바로 南怡남이 장군이다.

16세에 무과에 장원급제하고 28세의 젊은 나이에 이미 공조판서를 거쳐 병조판서에 올랐으니, 어떻게 질투, 시기에 독이 잔뜩 오른 유자광의 비수 같은 해코지를 피할 수 있었겠는가. 기껏 첩의 자식으로 태어나 하급 병졸로 대궐 문이나 지키다가 가까스로 정5품 벼슬에 오른(그것도 자원하여 목숨 바쳐 싸운 뒤에) 자신의 별 볼 일 없는 쌍팔자와 견주며 얼마나 이를 갈았겠는가.

40대 중반에 접어든 세조는 선왕 태종의 외손자(태종의 넷째 딸 정선공주의 아들)인 팔팔한 젊은 장군 남이를 마치 자신의 젊은 날을 바라보듯 기특하게 여겼지만, 뒤이어 18세 병약한 몸으로 왕이 된 예종은 이상하게도 신출귀몰한 젊은 장군을 그렇게 탐탁하게 여기지 않았다.

선왕 태종의 외손자이니 자신에게는 할아버지뻘이 되는 젊은 장군이어서 어딘가 좀 거리감이 느껴졌는지, 아니면 병약한 자신에 비해 너무 건장하고 늠름하여 그의 앞에만 서면 저절로 기가 죽고 만 탓인지, 하여튼 국가의 큰 재목이고 비범한 무인이었음에도 별로 좋아하지 않았다.

유자광이 그 점을 놓칠 리가 없었다. 젊고 패기만만한 겸사복장兼司僕將*이 마침 당직 중이라 대궐마당에서 밤하늘의 별을 올려다보게 되었다. 그때 문득 꼬리가 긴 혜성彗星을 발견하고는 '묵은 것이 없어지고 새 것이 나타날 징조'라고 혼잣말처럼 내뱉었다.

마침 병조참지兵曹參知(정3품)의 직책에 앉아 기회를 엿보던 유자광은 '때는 바로 이 때다'하며 쾌재를 불렀다. 역모를 꿈꾸는 역심逆心을 자기도 모르게 보이고만 것이라고 확신했다.

불현듯 남이가 여진토벌 때 읊었다는 '북정北征'이란 시가 생각났다. 꼬투리를 잡을 수 있는 좋은 소재라고 생각하고 우선 그 시구를 다시 떠올려 보았다.

백두산석마도진白頭山石磨刀盡
두만강수음마무豆滿江水飮馬無

*겸사복장 : 종2품으로 타 직책과 겸직. 예종 즉위 후 남이에게 맡겨진 직책으로, 국왕의 호위를 담당한 겸사복의 종2품 무관직. 겸사복은 왕의 친위부대격인 금군 3청의 하나로 선발 기준이 가장 엄격했음.

남아이십미평국男兒二十未平國

후세수칭대장부後世誰稱大丈夫

에서 특히 미평국未平國이란 대목에 눈독을 들였다.

유자광은 평平대신 득得으로 바꿔치면 열 여덟 임금(예종)을 충분히 속여넘길 수 있다고 생각했다. 즉, '나라를 평정하지 못하면'을 '나라를 얻지 못하면'으로 바꿔치기 했던 것이다. 결과적으로 조국강토를 지키기 위해 목숨을 초개같이 여겼던 장수들(변영수, 조경치, 문효량 등)이 줄줄이 처형당했다. 여든 살이 다 된 노장군 康純강순도 남이장군과 함께 처형되고 말았다.

남이 장군의 부친은 南暉남휘인데, 임금의 사위가 되었기 때문에 '의산위宜山尉'로 봉해졌다. 남이 장군도 이시애의 난을 평정한 후 적개공신敵愾功臣 1등'의 칭호를 받고 의산군宜山君에 봉해졌다. 아버지의 이름은 휘(暉빛 휘)이고, 자신의 이름은 이(怡기쁠 이)인데, 도대체 무엇이 불길한 징조를 드리워 그렇게 젊은 나이에 간신 중의 간신에 의해 말도 안되는 모함을 받고 목 베임을 당했을까.

아마도 열쇠는 이미 여러 차례 나라를 구했고 또 다시 나라를 위해 몸을 바쳐 죽고자 하는 뭇 장군들을 죽음으로 몰아넣고 익대공신翊戴功臣 1등에 책록된 유자광이 쥐고 있을 것이다.

유자광은 실로 문제의 인물이었다. 장군들의 생피를 강토에 뿌리고도 성이 안찼는지, 8년 뒤에는 당대의 최고 실세인 한명회를 모함하다가 도리어 관직에서 쫓겨나기도 했고, 10년 뒤에는 조정을 문란하게 한 죄로 가산이 몰수되고 공신 명부에서 그 더러운 이름이 지워지기도 했다. 하지만 지독히도 운이 좋았던지 삭탈, 몰수된 지 3년 뒤에 고스란히 되찾고 있다.

'악화가 양화를 구축한다'는 경제상식을 '간신은 늘 충신을 역적으로 뒤바꾸어 죽게 한다'는 조선왕조의 이면사裏面史로 고쳐놓아야 할 정도로, 유자광의 승승장구는 실로 혀를 내두를 정도로 눈부셨다.

세조, 예종, 성종, 연산군으로 이어지며 종1품 숭록대부崇祿大夫의 높은 벼슬에까지 올랐으니 정말 대단한 용오름이 아닌가.

늙은 나이로 폭군 연산군 곁에서 끝이 없는 야망을 불태우던 그에게 미운 털이 단단히 박힌 김종직을 죽여 없앨 꾀가 하나 떠올랐다. 언젠가 함양으로 나들이를 갔다가 취한 김에 우쭐거리는 본성이 도져 시를 한 수 지어 현판懸板하도록 조치했었다. 그런데 그 뒤에 함양 군수로 부임해 온 김종직이 이맛살을 찌푸리며 그 현판을 떼어버리도록 지시했다.

이 때부터 유자광은 김종직을 해칠 궁리에 몰두하게 되었지만 그는 연산군이 즉위하기 2년 전에 61세를 일기로 이미 세상을 떠난 뒤였다. 그런 중에 이극돈이 마침 『성종실록』을 편찬하는 책임자가 되어 결정적인 트집거리를 찾아냈던 것이다.

김종직의 제자인 김일손이 스승 김종직이 지은 『조'의제'문弔義帝文』을 실록의 기초자료가 될 사초에 삽입시켜 놓은 사실을 알아냈던 것이다.

'꿩 대신 닭'이라고 스승인 김종직이 이미 죽고 없으니 죽은 자에 대한 복수는 그 무덤을 파헤쳐 부관참시하면 될 터이고, 진짜 분풀이는 제자인 34세 김일손의 산 목숨을 뺏으면 될 일이었다.

네 임금을 넘나들며 출세가도를 치달리던 유자광에게 중종반정은 하나의 위기이자 기회였다. 그는 평소 가깝게 지내던 반정의 우두머리 成希顔성희안과 손잡고 다시 한번 노욕老欲을 불태웠다. 그 결과 103명의 정국공신靖國功臣 중 1등 공신 8명에 포함되는 엄청난 행운을 거머쥐었다.

2등 13명, 3등 30명, 4등 52명으로 103명의 공신들이 분류되었는데, 연산군에게 아부와 참언을 밥먹듯이 해대던 늙은 승냥이가 흉악한 폭군을 몰아내고 나라를 평안하게 한 정국공신의 반열에 오른다는 것이 어떻게 가능했는지….

그래도 조정에 살아 있는 목소리들이 넘쳐났었는지, 반정이 있던 다음 해에 모든 양심적인 선비들이 다 나서서 늙은 간신을 탄핵했다. 그 결과 쇠심줄 같고 칡넝쿨 같던 그의 출세욕에 금이 가기 시작했다. 훈작勳爵이 모두 취소되고 홍양, 해평으로 유배지가 바뀌다가 나중에는 경상도 어느 변두리로 옮겨져 결국 그 호젓한 곳에서 영영 사라지고 말았다.

유자광(子아들 자 光빛 광)의 이름은 '빛을 받은 사람'을 의미하고, 자는 우복(于어조사 우 復돌아올 복)으로 '일어나 뒤집어놓는 사람'을 의미한다.

또한 남이 장군을 없앤 후 군호가 무령군(武굳셀 무 靈혼령 령)군에 봉해졌는데, '오만하여 남을 업신여기는 죽은 자의 귀신'이란 뜻이다.

빛을 받는다, 뒤집어놓는 일을 행한다, 오만하여 남을 업신여긴다, 귀신처럼 그 노는 양이 종잡을 수 없다는 의미들을 지닌 이름과 자, 그리고 군호이니, 유자광이 여러 임금들을 농락하며 많은 충신, 인재들을 죽음으로 내몰고 그 시체 위에서 제 출세가도를 신나게 닦을 수 있었던 것이다.

조선왕조의 또 하나의 폭군은 바로 광해군*이다. 누가 그 폭군을 지켜주며 출세가도를 달렸던가.

폭군으로 하여금 이복동생 영창대군과 그 이복동생의 외조부 김제남, 그리고 친형 임해군과 조카 능창대군*을 죽이고, 계모인 인목대비를 서궁에 유폐하도록 했다.

이산해, 이이첨, 정인홍 등이 바로 폭군을 지켜주며 온

*광해군 : 1575년 출생, 1608년부터 1623년까지 15년간 재위, 1641년 7월 유배지인 제주도에서 사망. 부인 유씨는 1623년 10월 첫 유배지인 강화도에서 먼저 사망.

*능창대군 : 선조 5남 정원군과 인헌왕후 구씨의 소생으로 능원대군과 인조의 친동생

갖 이득을 챙긴 사람들이다. 먼저 이산해의 면면을 살펴보자.

39세에 대사간이 되었을 때 서인의 핵심 실세라는 이유로 윤두수(1533-1601 ; 68세에 영의정을 지냄), 윤근수(1537-1616 ; 25세 때 조광조의 신원에 대한 상소를 올려 과천현감으로 좌천됨) 형제를 탄핵하여 파직시켰다.

임진왜란이 일어나기 2년 전, 51세에 영의정에 올랐는데 바로 그 이듬해 제 아들 李慶全이경전을 시켜 서인西人 鄭澈정철*을 탄핵하여 유배시키게 했다.

*정철: (1536-1593; 첫째 누이, 둘째 누이가 각각 인종의 귀인, 계림군의 부인이 되어 어릴 적부터 궁중 드나들며 후에 명종이 되는 어린 경원대군과 사귐. 15세에서 25세까지 성산星山 기슭의 송강(松江) 주변 마을에서 수학한 후 관직에 나감. 44세부터 47세까지 강원, 전라, 함경도 관찰사 지내며『관동별곡』등 숱한 시조와 훈민가를 지음. 49세부터 53세까지 고향 창평(昌平)에 머물며『사미인곡』『속미인곡』『성산별곡』등을 지음. 53세 이후 우의정, 좌의정 지냄. 임진왜란이 일어나자 선조를 의주까지 호종(扈從)하고 사은사로 명나라 다녀옴. 말년은 강화도 송정촌에서 보냄.

그러나, 임진왜란이 발발하자 국정을 그르쳐 왜적의 침략을 자초했다는 비난을 받고 파직되었는데, 파직당한 이후에도 평양에서 다시 탄핵받아 강원도로 귀양을 가야 했다. 하지만, 임진, 정유의 왜란이 다 끝난 후 61세에 영의정에 복귀하여 영화를 다시 누리다 70세로 생애를 마쳤다.

폭군 광해군이 쫓겨난 이듬해에 세상을 하직했으니 시간 하나만은 기가 막히게 잘 맞춘 듯하다. 어릴 때부터 신동으로 불릴 만큼 재주가 출중했다는데, 결국 재승박덕材勝薄德의 표본이 되고 만 듯하다.

처음에는 동인東人에 속했다가 다시 북인北人에 가담했고 나중에는 광해군을 지켜준 대북大北파의 우두머리가 되었다. 실로 변화무쌍한 변신이고 곡예였던 셈이다.

이산해(山뫼 산 海바다 해)라는 이름 뜻은 '산처럼 바다처럼 커져라'이고, 자는 '너로부터 받아 챙기겠다'는 의미인 여수(汝너 여 受받을 수)이다. 그리고 아호로는 '거위가 노니는 산골짜기 시냇물'이라는 아계(鵝거위 아 溪시내 계)와 '이것 저것 챙겨 남쪽으로 가져가 몸 웅크리고 자는 늙은이' 라는 종남수옹(綜잉아 종 南남녘 남 睡잘 수 翁늙은이 옹)이다.

그는 우선 이름부터가 한참 거창하다.

산과 바다를 다 거머쥐겠다는 포부이니 하늘만 하는 수 없이 남겨놓은 셈이다. 받아 모은다, 산골짜기 계곡 물에서 노니는 거위, 잠자는 늙은이라는 의미들이 모두 어딘가 엉큼하고 음흉해 보이지 않는가.

당파가 갈리고 옳고 그름이 나뉠 때, 제대로 방향을 잡아줄 키잡이로서는 아무래도 좀 부적격일 듯하다. 뭔가 사심私心, 흑심黑心, 탐욕이 짙게 드리운 것 같지 않은가.

다음으로는 이이첨의 면면을 뜯어보자. 유별나게 과거시험을 자주 보아 그 실력을 유감없이 증명했다. 22세, 34세, 48세에 이런 저런 과거를 보아 스스로 출세길을 활짝 열었다. 그런 연유로 그는 나중에 과거시험을 총괄하는 자리에 올라 제 파벌(대북파)을 집중적으로 챙겨 대궐 내의 대궐을 이루었다. 고양이에게 생선가게를 맡긴 격이 되고 만 셈이다.

48세 때는 영창대군을 세자로 삼으려는 선조 임금과 영의정 유영경에게 반기를 들고 이미 세자 자리에 있던 광해군을 지지했다. 멀리 유배를 보내라는 어명이 떨어졌으나 재수 좋게 임금이 그만 죽게 되어 자신이 지켜준 광해군 밑에서 승승장구할 수 있게 되었다. 예조판서, 대제학에 오르더니 급기야는 광창廣昌부원군에 봉해졌다.

53세 때는 75세의 정인홍과 짜고 38세의 광해군을 부추겨 이복동생 영창대군을 강화도로 쫓아내고 그의 외조부인 김제남을 사사하게 했다.

권력가들의 첩 자식들이 여주 강가에 무륜당無倫堂을 짓고 자칭 '강변칠우江邊七友'라 하며 술과 놀이로 일을 삼기도 하고 때로는 강도질도 서슴지 않았는데, 이들이 조령(새재)에서 은銀상인을 죽이고

6, 7백 냥이나 되는 은을 강탈하자 때는 이 때다하며 잔꾀를 짜냈던 것이다.

즉, 이복동생 영창대군의 외조부인 김제남이 핵심이 되어 영창대군을 왕으로 삼고자 거사자금으로 은銀상인을 죽이고 은을 강탈하게 했다고 허위자백을 하게 했던 것이다. 실로 손바닥으로 하늘을 가리고 엉덩이로 산을 뭉개려는 짓이 아닐 수 없었다.

당시 영창대군은 7세였고 어머니 인목대비는 39세였다. 인목대비의 친정아버지 김제남은 51세였다. 영창대군은 선조가 54세, 인목대비가 22세 때 얻은 눈에 집어넣어도 안 아플 귀한 아들이었다. 영창대군이 태어날 때 세자로 있으며 큰 위협을 느껴야 했던 광해군은 31세로 이미 알 거 다 아는 완전한 어른이었다.

이이첨과 정인홍은 여기서 음모를 끝내지 않고 4년 뒤에 다시 일을 꾸몄다. 즉, 광해군보다 9살이나 어린 계모를 없애지 않으면 아들을 죽인 자신들의 악질적인 죄상이 후일 낱낱이 드러나 멸문지화를 당할 수도 있다고 여겼을 것이다.

그들은 이미 영창대군을 없애기 이전부터 호랑이 새끼(영창대군)를 보호하고 있는 인목대비를 죽여 없애고자 여러 방법을 동원했었다. 유인이란 자를 시켜 죽여 없애고자 했으나 용감한 충신 박승종이란 자가 목숨을 걸고 저지하여 암살계획이 그만 수포로 돌아가고 말았다.

이이첨이 57세, 정인홍이 79세, 광해군이 42세 때 드디어 인목대비를 제거하기로 작정하고 폐모론을 앞세우며 일단 서궁에 유폐시켰다. 18세 꽃다운 나이에 50세 선조 임금과 결혼하여 4년 뒤에 간신히 얻은 아들을 3년 전에 이미 잃고, 피눈물을 흘리며 복수의 날만을 기다리고 있던 한 많은 여인이었다.

이이첨은 마침내 48세의 폭군 광해군이 강화도로 쫓겨가자마자

63세로 참형되고, 그의 세 아들들도 못된 아버지를 둔 죄로 모두 처형되었다. 한 맺힌 여인 인목대비의 저주가 끝내 효험을 발휘한 셈이다. 그녀는 비록 쫓겨난 광해군보다 9년 먼저 세상을 떠났지만 그래도 광해군이 쫓겨나고 없는 궁궐에서 9년을 더 살다가 48세로 한 많은 생애를 마감했다.

도대체 이이첨은 어떤 연유로 폭군을 그토록 충성스럽게 지켜주며 함께 영화를 누렸는가.

우선 그의 이름과 자를 뜯어보자. 이첨(爾너 이 瞻볼 첨)은 '너를 우러러본다'는 뜻이고, 자는 '수레를 얻어 탄다'는 의미인 득여(得얻을 득 輿수레 여)이다. 그리고, 아호는 '소나무 숲을 관찰한다'는 관송(觀볼 관 松소나무 송)과 '두 마을이 짝을 이루고 있다'는 의미인 쌍리(雙쌍 쌍 里마을 리)이다.

우러러보는 그 좋은 기질이 오로지 자신의 출세를 위해 폭군을 지켜주는 쪽으로만 100% 쏠렸으니 어떻게 공정한 판단이 가능했겠는가. 결국, 폭군의 수레를 얻어 타고 호가호위狐假虎威를 일삼으며 못된 짓만 꾸민 것이다.

어디 그뿐인가. 한 쪽으로는 그저 소나무 숲이 우거진 한적한 마을에 살며 한가로움을 만끽하고 싶다고 입버릇처럼 말했을 테니, 진실로 이중적이고 위선적인 기질이었을 것이다. 욕심이 없는 듯이 꾸미며 한사코 좋은 자리, 큰 잇속은 혼자서만 움켜쥐는 전형적인 승냥이 기질인 셈이다.

이제 정인홍이라는 인물을 살펴보자. 오래 산 것이 오히려 치욕이 되고 죄업이 된 그런 경우에 해당하기 때문에 뜯어볼수록 흥미롭다. 88세까지 장수한 것까지는 좋았는데 그 고령에도 자연사하거나 앓지 않고 쉽게 숨을 거두는 '고종명考終命'을 한 것이 아니라, 폭군을 감싸며 나라와 백성을 구렁텅이 속으로 밀어 넣은 책임을 지고 목이 베어지는 참형을 당했다.

그의 일생을 살펴보면 전형적이 '늦깎이'에 해당한다는 사실을 쉽게 알 수 있다. 퇴계退溪 李滉이황과 쌍벽을 이루는 남명南冥 曺植조식의 문하에 들어가 학문에만 전념하다가 38세가 되어서야 그것도 과거가 아니라 특별전형 식의 천거를 받아 6품작을 받았다.

40세에 황간 현감이 되고 46세에는 감찰업무를 담당하는 사헌부 장령掌令(정4품)이 되어 관찰사를 지내고 있는 45세의 정철과 48세의 윤두수를 탄핵하다가 오히려 자신이 해직되고 말았다.

두 차례의 왜란이 다 끝난 후 영의정에 올랐다가 3년 뒤에 68세로 죽은 윤두수는 정인홍에 의해 탄핵을 받을 때 50을 내다보는 처지였다. 탄핵받기 바로 2년 전에 도승지를 지내다 파직된 후 일년간 근신하기도 했다. 그는 탄핵받기 바로 1년 전에 연안 부사로 복직되어 선정善政을 베푼 탓에 임금님으로부터 상품으로 표리表裏(관복을 만들 명주, 비단을 하사 받음)를 받기까지 했다.

정인홍은 자기 나름의 국가관 하나만은 아주 투철했던 것 같다. 임진왜란이 일어나자 그는 이미 57세의 적지 않은 나이였음에도 합천에서 의병을 모아 혁혁한 전공을 세운 탓에 '영남 의병장'이라는 칭호를 듣기까지 했다. 3천여 명의 의병을 모아 성주, 합천, 함안 등지에서 국토를 방어했으니, 그는 확실히 난리 통에 그 진가를 더 발휘하는 전형적인 위기관리형 리더, 즉 특별히 위기에 아주 강한 인물형이었던 셈이다.

왜란이 다 끝나고 전란에서 강토가 많이 회복됐을 때쯤인 1602년에 67세의 나이로 대사헌, 공조참판 등을 역임했다. 실로 외모는 백발이 성성한 원로형이지만 실제로는 나이를 잊고 열심히 뛰어 다니는 끝없는 실무형이었던 셈이다.

하지만, 제 버릇 남 못 준다는 말처럼 그는 그 고령에도 불구하고 환갑을 맞아 모든 정치활동을 그만두고 조용히 은거생활을 즐기고 있던 유성룡을 탄핵하여 그나마 형식적으로 지니고 있던 명예직마저 그만두게 만들었다. 결국은 남인에 기울어 있던 유성룡*이라는 거물을 제거하고 북인정권을 세우기 위한 정략이었다.

*유성룡 : 도체찰사로 군을 총지휘하며 왜란에서 강토를 구했고, 왜란을 겪는 동안 두 차례나 영의정의 자리에 있었다

72세의 정인홍은 유성룡이 65세를 일기로 죽고 없는 조정에서 노구를 이끌고 폭군 광해군 시대를 예비하며 마지막 노욕을 불태우고 있었다. 즉, 임종을 얼마 남겨두지 않고 있던 52세의 병약한 선조 임금으로 하여금 세자 광해군에게 왕위를 양위하라고 주장하다가 도리어 자신이 영변으로 유배를 떠나야 했다.

이미 16년간이나 세자 자리에 있던 공빈 김씨 소생의 광해군을 제치고 정실부인 인목왕후의 소생인 영창대군을 세자로 다시 책봉하는 것이 바로 적통嫡統에 의한 정상적인 왕위 계승이라고 주장하던 57세의 유영경(1550-1608 ; 50대 중반 이후 영의정이 됨)과 맞닥뜨렸으니, 칠십을 넘긴 고집쟁이 늙은이 주제에 무슨 수로 화를 모면할 수 있었겠는가.

하지만, 하늘은 역시 쇠심줄보다도 더 질긴 운명을 타고난 정인홍의 손을 들어주었다. 천운이 늙은 여유를 가련하게 여기고 '에라, 모르겠다. 이게 마지막이다' 하며 늙은 정인홍 편에 선뜻 서준 것이다.

선조 임금이 갑자기 죽자 폭군 광해군의 15년 폭정이 활짝 열리고 폭군을 끝까지 지켜줄 늙은 여우 정인홍의 노욕에도 마침내 횃불이 당겨지고 말았다.

현군의 탄생도 아슬아슬하지만 폭군의 등장에도 손에 땀을 쥐게 하는 그 나름의 스릴과 서스펜스가 있다.

네 형제 중 셋째로 태어난 세종 임금이 어떻게 왕이 되었는가를 눈여겨보면 실로 한 편의 박진감 넘치는 드라마라고 아니할

수 없다. 11세에 충녕군, 16세에 충녕대군이 되어 그저 글 공부나 열심히 하고 있었을 뿐이다. 더욱이나 두 살 위인 큰 형(양녕대군)이 10살에 세자가 되어 이미 24세의 건장한 청년이 되어 있었다. 활도 잘 쏘고 말도 잘 타 아버지 태종 임금을 쏙 빼 닮은 멋진 임금이 될 형이었다.

불경에 통달한 둘 째 형(효령대군)도 있고 막내 동생도 있어, 어머니 원경왕후(민씨) 소생으로 전부 네 형제가 있었다. 한데 아버지 태종 임금이 죽기 4년 전인 51세 때 갑자기 세자를 교체하겠다고 마음먹고 22세의 충녕대군을 세자로 책봉하더니, 급기야는 그 해(1418년) 8월에 왕위마저 양위하고 상왕으로 물러났다.

숱한 피를 뿌리고 33세의 늦은 나이에 왕이 되어 조선왕조의 기틀을 튼튼하게 다져 놓은 대단한 카리스마의 소유자인데도, 어떻게 18년 집권만에 훌훌 털고 아무 미련 없이 뒤로 물러나 앉을 수 있었던 것인지….

현군賢君 세종 임금은 확실히 아주 독특한 형식의 조용한 무혈 친위 쿠데타에 의해 하루아침에 전격적으로 결정된 것이다.

광해군의 경우도 실로 숨막히는 한 편의 드라마에 의해 폭군으로 등장했다. 후궁(공빈 김씨)소생임에도 16세에 세자에 책봉되었는데, 한 살 위의 형(임해군)이 성정이 포악하여 세자감이 못 된다는 조정 대신들의 중론에 의해 형을 제치고 간신히 책봉되었다.

*계림군 : 성종의 3남 계성군의 양자로 정철이 9세 때 중종의 계비 문정왕후의 남동생 윤원형 일파의 모함으로 참수되어 효수됨

당대의 문장가이자 두 누이가 다 왕(인종의 귀인)이나 왕자 계림군*의 부인이 되었기 때문에, 왕족과 친밀했던 송강 정철(1536-1593)이 거의 혈혈단신으로 광해군을 지지하다가 선조 임금의 노여움을 사 진주와 강계로 유배당했다. 함께 광해군을 밀기로 했던 영의정 이산해(1539-1609)가 갑자기 꽁무니를 뺐기 때문에 하는 수 없이 홀로 목숨을 건 행동을 할 수밖에 없었

던 것이다.

선조는 속으로 은근히 넷째 아들 신성군信城君*을 세자로 *신성군 : 인빈 김씨 소
삼고 싶어했다. 약아빠진 52세의 영의정 이산해는 선조 생으로 임진왜란 초기
임금의 그러한 속뜻을 훤히 알고 있었기 때문에 정철과의 굳은 에 의주에서 죽음
약속을 깨고 막판에 슬그머니 뒤로 빠지고만 것이었다.

대신들이 보기에는 이미 기다릴 만큼 충분히 기다린 후였다. 선
조가 17세에 맞이한 왕비(의인왕후 박씨 : 1555-1600 ; 청백리 박응순의 딸)
는 이미 35세였고 왕 자신은 39세의 중년이었다. 그리고 선조의
다섯째 아들로 후일 폭군 광해군을 몰아내고 왕(인조)이 되는 능양
군의 아버지인 정원군定遠君(1580-1619)은 겨우 11살이었다.

위에서 잠시 살펴보았듯이 광해군이 열 여섯에 세자에 책봉될
때도 아슬아슬했지만, 정실왕비인 22세의 인목왕후가 54세의 남
편(선조)에게서 갑자기 아들(영창대군)을 얻었을 때 결정적인 위기를
맞이하게 되었었다. 15년간이나 세자 직함을 가지고 노심초사 왕
이 되기를 기다리고 기다리던 광해군은 그때 이미 31세의 늙수그
레한 청년이었다.

55세를 넘기며 점점 더 건강에 자신이 없어지고만 선조는 열
여덟 꽃다운 나이에 중년을 훨씬 넘긴 홀아비인 자신에게 시집와
요행히도 옥동자까지 낳아준 젊은 왕비에게 뭔가 큰 보답을 해주
고 싶었을 것이다. 영의정 유영경이 선조의 그런 마음을 읽고 정
실소생을 왕으로 삼아야 한다며 적통론嫡統論을 들고 나왔다.

하지만, 이이첨과 정인홍은 뭔가 앞을 내다보는 특별한 안목이
있었는지 이미 세자 자리에 있는 광해군을 왕으로 삼는 것이 법
통을 제대로 지키는 것이라며 '정통론正統論을 들고 나왔다. 게임은
싱겁게 끝이 나고 말았다.

젖먹이에 불과한 영창대군(1606-1614)을 왕으로 삼으려던 선조가

갑자기 세상을 하직하자 모든 것이 광해군 쪽으로 한꺼번에 쏠리고 말았다. 58세의 영의정 유영경이 유배지(경흥)에서 사약을 받고 인생을 마감하자 드디어 폭군 광해군의 15년 철권통치, 반反 인륜 통치가 막을 올리게 되었던 것이다.

다시 정인홍에 대한 이야기로 되돌아가 보자.

광해군이 즉위하자마자 갑자기 문묘文廟*에 모셔진 현인들 속에서 李彦迪이언적과 李滉이황을 제외시켜야 한다며 이의를 제기, 한바탕 소란을 피웠다.

*문묘: 당나라 때 문선왕으로 추봉되었기 때문에 공자를 제사 지내는 곳을 문선왕묘(文宣王廟), 혹은 줄여서 문묘(文廟)라 불렀음.

결과적으로 전국의 유생들에 의해 자신의 이름이 청금록青衿錄, 즉 유적儒籍에서 삭제되고 말았지만, 칠십을 넘긴 나이였는데도 불구하고 그가 가는 곳이면 어디든 소란과 시비가 회오리바람처럼 급하게 일어났었다.

77세에 우의정이 되자 그는 계축옥사癸丑獄事를 일으켜 선왕(선조)이 금지옥엽으로 여기던 어린 영창대군을 보통사람인 서인庶人으로 바꿔 강화도로 쫓아냈다가 끝내 뻘겋게 달아오른 방구들 위에서 새끼짐승처럼 몸부림치다가 죽게 만들었다.

78세의 늙은 실세 대신이 여덟 살 된 어린 왕자를 죽여 서른 살 힘없는 과부가 된 왕비(인목왕후)의 가슴에 영원히 뽑아지지 않을 피묻은 비수를 꽂아놓은 것이다.

노老 대신은 어린 왕자를 찜쪄 죽인 공으로 서령瑞寧부원군에 봉해졌으니, 훗날에 '나는 몰랐다. 나는 안했다'하며 발뺌을 할 수 없게 아예 이마에 도장이 찍히고 만 셈이다. 80이 다 되어 좌의정에 올랐지만, 아직도 할 일이 더 남았다고 여겼는지, 그는 자식을 빼앗긴 원통한 어미가 되어 자신의 구곡간장을 녹여 없애고 있던 왕비를 마저 해치고자 다시 한번 칼을 뽑았다.

마침내 그는 83세의 노구를 이끌고 58세의 이이첨과 43세의 광해군을 꼬드겨 폭군의 계모인 인목대비를 서궁에 유폐시켰다. 왕비는 결국 폭군이 쫓겨나기까지 5년여의 긴 세월동안 감옥으로 변한 서궁 밖으로 단 한 발짝도 걸어나올 수 없었다.

국왕의 어머니를 집 속에 가둬놓은 공으로 여든을 훨씬 넘긴 정인홍은 드디어 영의정에까지 올랐다. 결국 그는 88세에 찾아올 자신의 운명을 까맣게 모르고 있었던 것이다. 폭군이 강화도로 쫓겨가고 자신은 목이 잘리는 형벌을 당한다는 것을 전혀 모르고, 늦복이 터졌다며 친인척과 제자들과 패거리들을 모아 자축연을 몇 날 몇 일 치렀을 것이다.

정인홍(仁어질 인 弘넓을 홍)의 이름 뜻은 '어질고 도량이 넓다'이고, 자는 '덕행이 사람의 이목이 미치지 못하는 곳까지 뻗어나간다'는 덕원(德덕 덕 遠멀 원)이다. 그리고 아호는 내암(++來풀이름 내 菴풀이름 암)으로, 그저 단순히 '온갖 풀과 나무가 우거진 모습'을 뜻한다. 결국 '풀과 나무에 가려져 눈에 띄지 않다가 늦게 세상에 알려져 그 이름과 위세가 멀리까지 퍼지고 오래오래 이어진다'는 좋은 의미인 셈이다.

하지만, 성정이 괴팍하여 자기 뜻을 내세우기만 우기다보면 아무리 좋은 이름이나 자나 아호도 백 팔십 도 달라질 수 있는 것이다. 그의 자의 의미가 '덕이 멀리 퍼진다'가 아니라 '덕행과는 아예 담을 쌓고 제 주장대로 산다'는 의미로 뒤바뀔 수 있는 것이다.

마찬가지로 '풀과 나무가 우거진 모양'을 뜻하는 아호도 '풀과 나무가 우거진 곳에 몸을 숨기고 있다가 때가 되면 급습한다'는 식으로 바꿔 생각할 수 있다. 정인홍의 경우가 그 대표적인 예라고 본다. 80을 전후하여 온갖 악행을 저지르며 폭군을 지켜주고 그릇되게 이끌다가 결국 자신도 88세에 참형을 당했으니, 주어진 운명과 타고난 탤런트를 거꾸로 활용한 격이다. 옷을 뒤집어 입듯이 자신의 모든 것을 철저하게 뒤바꿔놓고 산 셈이다.

폭군暴君을 몰아낸 사람들

　성공하면 충신이고 실패하면 역신이 되는 것이 만고불변의 진리이지만, 멀쩡히 앉아있는 왕을 몰아내고 새로운 왕을 앉힌다는 일은 자신의 목숨은 물론 가문의 멸망을 걸고 시도해야 하는 무시무시한 모험이었을 것이다. 특히, 폭군들일수록 제 신변에 대한 위협과 주변 사람들의 증오심을 훤히 알고 있기 때문에 여간 위험은 더욱 클 수밖에 없었으리라.

　어디 그뿐인가. 폭군을 지켜주는 간신들도 자신의 출세를 위해 하는 수 없이 폭군 옆에 있다고 생각하기 때문에 항상 도망칠 준비를 하며 반대세력의 동태를 감시하기에 여념이 없었을 것이다.

　먼저 폭군 연산군을 몰아내고 새로운 왕을 세운 조선왕조의 람보(Rambo)들, 서울 장안의 마쵸(Macho)들을 나열해 보자.

　박원종, 성희안, 유순종, 신윤무, 홍경주, 김수동, 심정, 남곤, 박영문, 장정 등…. 이들은 무예의 달인이자 주변 상황을 꿰뚫어보는 남다른 통찰력을 지닌 명실상부한 조선의 매스터 앤 커맨더'(Master and Commander)들이 아니었을까.

그리고 열거하고 싶지 않지만 연산군을 부추겨 온갖 못된 짓을 하던 유자광은 용케도 반정대열에 깊이 관여하여 다시 한번 1등 공신의 반열에 올랐다. 실로 처세의 달인, 출세의 불사조인 셈이다.

먹을 것이 있으면 으레 큰 새, 작은 새 가리지 않고 모두 모여들게 되어 있는 모양이다. 아니, 어쩌면 목표 달성이 가장 급한 특수상황에서는 이것저것 가릴 것 없이 함께 거들어야 하니, 별의별 인간들이 다 모여들고 끼어들기 마련인 것이다.

우선 박원종을 살펴보자. 그는 워낙 무예가 출중하여 성종 임금의 총애를 독차지하며 항상 임금 가까이 있었다. 그리고 연산군 때는 누이가 연산군의 비로 들어갔기 때문에 어차피 폭군 주위에서 얼씬거릴 수밖에 없었다. 경기관찰사, 함경도병마절도사를 지내며 가능한 한 밖으로 돌았다. 그 덕에 민심이 얼마나 흉흉한지도 알게 되고 선비들이 폭군에 대해 얼마나 이를 갈고 있는지도 잘 살펴보게 되었다.

그리고 무엇보다도 연산군의 변태적인 섹스놀음에 기가 질렸는지 그의 누이는 너무도 일찍 생애를 마감했다. 누이를 생각하면 폭군 연산군과 함께 한 하늘 밑에서 숨을 쉬고 있는 것 자체가 굴욕스럽기 짝이 없었다.

그는 먼저 자신과 처지가 비슷한 좌의정 신수근에게 은밀히 접근했다. '당신이 비록 연산군의 처남이기는 하나 우리는 당신의 사위인 진성대군을 새로운 왕으로 옹립하려고 하니, 함께 힘을 합쳐 폭군을 몰아내고 도탄에 빠진 백성을 구합시다' 하며 은밀히 제안했지만 신수근은 반정이 성공하리라 생각하지 않은 탓이었던지, 박원종의 제안을 거절했다.

신수근의 그 한 번의 거절이 자신과 자신의 형제들, 그리고 무엇보다도 왕비가 될 딸의 운명을 백 팔 십 도로 바꿔놓고 말았다.

실로 무서운 선택의 갈림길이었던 셈이다. 한 사람의 결정과 선택이 무수한 사람들의 운명을 생과 사로 나눠놓고 천당과 지옥으로 갈라놓았다.

박원종(元으뜸 원 宗마루 종)은 '가장 뛰어난 우두머리가 된다, 새로운 조상이 되어 새로운 가계를 일으킨다'는 뜻이니, 실로 새 왕조를 일으켜 박씨 일문을 제왕의 자리에 앉혀 놓을만한 거창한 이름인 셈이다.

자는 백윤(伯맏 백 胤이을 윤)이니, '맏이가 되어 가문을 이어간다'는 의미인 셈이다. 그리고 박원종은 평성군平城君이라는 군호君號까지 받았는데, 그 의미 또한 심상치 않다. '도읍을 평정한다'는 뜻이니 나라가 혼란할 때는 역모를 막을 운세이지만 폭군을 몰아낼 때는 반정의 우두머리가 된다는 의미가 아닌가.

박원종은 반정에 성공한 이후 막강한 실세로 군림하게 된다. 비록 43세로 죽었지만 죽기 일 년 전에 영의정에 올랐으니 제왕의 반열 바로 밑에까지 도달했던 셈이다. 왕조시대의 팔자로 보면 실로 우두머리 중의 우두머리요, 으뜸 중의 으뜸이 되었던 셈이다.

다음으로는 성희안이란 인물을 살펴보자. 성품이 본래 괄괄하고 담대했던 것 같다. 43세 때 이조참판으로 연산군의 양화도 뱃놀이에 동행했을 때는 왕의 횡포를 빗댄 시를 지어 임금에게 바친 탓에 문관직에서 무관직으로 좌천되기도 했다.

박원종보다 여섯 살 위로 폭군을 몰아내려 거사를 은밀히 추진할 때 그의 나이는 45세였다. 여차하면 멸문지화를 당할 수도 있었기 때문에 그는 마흔 중반에 이른 자신의 삶을 되돌아보며 실로 만감이 교차했을 것이다.

그는 반정에 성공하여 새 임금을 세운 후, 우선 대국인 명나라로 달려가 폭군을 몰아내고 새 임금을 세웠으니 경하할 일이라며 명나라 조정을 잘 납득시키고 돌아왔다. 그후 그는 실세 공신이 되어 형조판서, 우의정을 거쳐 생애를 마감하던 52세 되던 해에는 영의정의 자리에까지 올랐었다.

이름은 '희망에 찬 표정'이란 뜻인 희안(希바랄 희 顔얼굴 안)이고 자는 '어수룩한 노인'이라는 우옹(愚어리석을 우 翁늙은이 옹), 아호는 '어질고 공손하다'는 의미인 인재(仁어질 인 齋재계할 재)이다.

이름과 자와 아호가 모두 그의 감춰진 정의감과 대담한 의협심을 암시하고 있다. 옳고 그름을 따져 옳은 쪽에 서야만 직성이 풀리고 마음이 편해지는 체질인 정의파이니 폭군을 몰아내는 일에 목숨을 걸고 앞장섰을 것이다.

창산부원군에 봉해졌으니, 그 의미 또한 자못 신기하다. 창성할 창昌 뫼 산山이니, '높은 산처럼 번성한다'는 의미인 셈이다. 폭군 치하에서 벼슬을 하면서도 무사했고 반정을 주도했으면서도 실패하여 멸문지화를 당하지 않고 성공하여 복록을 누렸으니, 실로 산처럼 번성한 일생이고 기세였던 셈이다.

종4품인 사복시(司僕寺가마, 말, 목장을 관장) 첨정(僉正의 벼슬로 반정에 합류한 홍경주는 후일 조광조 등 사림파 학자들을 죽여 없애는 기묘사화(1519년)를 일으키는데 큰 몫을 하게 된다.

반정에 성공하여 실세(정국공신 1등에 올려진 8명중의 한 사람)로 부각된 이후 13년만에 훈구파의 핵심멤버로까지 나름대로 막강해졌던 것이다.

이름은 '해뜨는 날에 신나게 항해한다'는 경주(景볕 경 舟배 주)이고, 자는 '곤경에서 구해내는 나이 든 사람'이라는 제옹(濟건널 제 翁늙은이 옹)이니, 실로 반정공신에 들만한 이름이고 자인 셈이다.

그가 죽은 후 임금으로부터 받은 시호(諡號가 도열(度법 도 烈세찰 열)이니 '법질서 지키기를 아주 엄격했다, 법제도 세우는 일에 목숨을 걸었다'는 의미로 아주 특이한 셈이다.

반정으로 폭군을 몰아내고 15년간 새 임금을 받들어 모셨으니 그만하면 '새 나라 세우는 일에 전념했다'는 시호의 의미에 잘 부합되는 일생이었다고 보아야 할 것이다.

연산군 밑에서 총애를 받던 신하들의 운명도 중종반정으로 인해 하루아침에 명암이 뒤바뀌었다. 어떤 이들은 워낙 백성들과 조정 대신들의 신망과 존경이 높아서 반정세력에 포섭된 경우도 있고, 어떤 이들은 연산군의 총애를 받는 측근 중의 측근으로 중요한 기밀을 알고 있었기 때문에 반정을 모의하는 주동자들에게 선정된 예도 있었을 것이다.

우선 많은 이들의 칭송을 받았기 때문에 반정세력에 포섭된 경우를 하나 예로 들어보자. 사십대 중반의 나이로 폭군 연산군 치하에서 이조판서를 지내고 있던 유순정이 바로 그런 예에 속한다.

47세의 나이에 반정에 가담하여 정국공신 1등이 되고 새 임금 중종 밑에서 영의정을 지낼 만큼 그에 대한 주위의 신망이 아주 높았던 것 같다. 반정 이후 세워진 새 임금을 위해 6년여 동안 헌신하다가 53세로 죽을 때에도 그는 영의정의 자리를 지키고 있었다. 실로 대단한 인품과 학문(김종직의 문하생)을 지니고 있었던 모양이다.

폭군이 갈아치워지고 어중이떠중이 할 것 없이 권력과 부를 챙기려 마구 날뛰는 과도기에서도 아무 탈 없이 오랫동안 영의정으로 많은 이들의 우러름을 받았으니, 실로 대단한 운세인 셈이다.

그의 이름은 순정(順순할 순 汀물가 정)이고, 자는 지옹(智슬기 지 翁늙은이 옹)이다. '도리에 순응하며 큰 뜻을 이루고자 물가에서 때를 기다린다'는 이름 뜻에 걸맞게 그는 정말 47세의 나이에 찾아온 일생 일대의 전환점을 성공적으로 활용하여 마지막 6년의 생애를 찬란하게 꽃피운 것이다. 그리고 '꾀 많은 어른'이라는 의미를 지닌 자에 걸맞게 그는 또한 폭군이 남긴 추악한 발자취를 쓸어 없애고 새 임금을 맞아 모든 기틀을 다시 짜 맞추고 다시 일으켜 세우는 일에 있어서도 영의정의 자리에 있으면서 무난하게 잘 처리했다.

특히 새 임금 중종이 등극한 이후 맨 처음 거론된 중요한 사안은 왕자시절(진성대군)에 맞아들인 조강지처 신愼씨(신수근의 딸)를 그대로 왕비로 책봉하느냐, 아니면 반정에 반대하여 살해된 역적의 딸이니 궁궐 밖으로 내쫓아야 하느냐를 결정하는 일(신비손위사건)이었다.

결국 새 임금의 눈물겨운 심정을 뒤로 한 채 명분을 앞세워 궁궐 밖으로 내쫓게 되고 말았지만 임금을 모시는 신하들의 입장에서나, 천륜과 인륜을 받들어야 하는 성리학의 도리로 보나, 참으로 난감하기 짝이 없는 난문難問 중의 난문이었을 것이다.

폭군과 현군을 오가며 재치로 사람들을 살리고 웃기고 생각하게 했던 재롱둥이 재상이 있다. 바로 야사에도 많이 나오는 김수동이라는 인물이다. 연산군 치하에서 곤경에 처한 많은 대신들을 재치로 구명해 주었다. 변덕과 의심이 많고 항상 색기와 살기가 가득한 폭군 연산군의 총애까지 독차지하며 형조판서와 이조판서의 요직도 두루 거쳤다.

그는 49세에 폭군을 몰아내고 새 임금을 세우는 반정에 가담하여 마지막 6년의 생애를 밝은 세상에서 살다가 55세로 말 그대로 소풍 왔다가 떠나듯 가벼운 몸과 마음으로 홀쩍 생을 마쳤다. 영의정 유순 밑에서 우의정을 지냈으니, 가파른 세상에서도 타고난 운명을 잘 펼치며 성공적으로 일생을 경영한 셈이다.

이름은 '아이처럼 살며 나이를 차곡차곡 쌓아간다'는 수동(壽목숨 수 童아이 동)으로 해학과 재치를 알며 적시 적소에서 잘 활용하여 인

명을 구하고 위기를 모면하게 도와 준 그의 발자취에 아주 잘 어울린다. 자는 '눈썹이 하얗게 쉰 늙은이'라는 뜻의 미수(眉눈썹 미 叟늙은이 수)이니, 여러모로 조숙한 면이 많아 주위 사람들의 이런저런 사정과 형편을 두루 잘 챙겨주었을 것이다. 그리고 아호는 '뒤늦게 나서서 집을 지킨다는 만보당(晚늦을 만 保지킬 보 堂집 당)이니, 격변기에 관직에 나가 판서벼슬을 한 그의 팔자로 보면, 늦은 나이에 결심을 새롭게 다져 나라를 구한다는 의미로 바꿔 풀이해 볼 수 있을 것이다.

그는 그의 이름이나 자나 아호처럼 만년 아이 같은 어른으로 온갖 고민을 깊숙이 숨긴 채 재치와 해학으로 남들을 웃기며 지내다가, 늦은 나이인 오십 고개에 혁명에 끼여들어 어지러운 나라를 폭군의 손에서 구해낸 후 '흰 눈썹과 백발을 흩날리며 말년을 보냈다.

또 한 사람 유순이란 인물을 살펴보자. 65세에 반정의 격변을 맞게 되었는데, 그는 환갑을 훨씬 지난 나이에 어울리게 폭군 치하에서 이미 호조판서, 우의정, 좌의정을 거쳐 관직의 최정점인 영의정에 올랐다.

연산군 치하에서 1498년 무오사화 때, 문제가 된 김종직의 『조의제문』이 김일손에 의해 사초史草에 삽입되도록 방치했다는 죄목으로 파직당한 적도 있었지만, 그는 무수한 사건, 사고를 잘 넘기고 영의정의 자리에까지 올랐던 것이다.

그는 반정에 가담하여 정국공신 2등(정국공신 2등에 올려진 13명중 한 사람)에 올라 노구를 이끌고 새 임금을 섬겼으나, 68세에 '폭군 연산군의 최고신하였던 자가 어떻게 새 시대에도 머리를 높이 들고 다닐 수 있느냐는 식의 탄핵을 받아 잠시 자리에서 물러나 있어야 했다.

하지만 그는 말년 운이 어지간히도 좋았던지, 73세의 꽉 찬 나이에 영의정의 자리에 다시 올라 2년여 동안 봉직하다 결국 나이를 이유로 스스로 자리에서 물러났다.

그 뒤 한 해를 더 살다가 76세의 나이로 생애를 마감했지만 그는 시부詩賦와 의약과 지리에도 조예가 깊어 만인의 존경을 받았다.

이름은 순(洵참으로 순)이니, '마음이 진실 되어 쉽게 감명을 받는다'는 의미인 셈이다. 자와 아호는 각각 희명(希바랄 희 明밝을 명)과 노포(老늙은이 노 圃밭 포)이다. '밝은 세상을 꿈꾼다'는 자의 의미에 맞게 그는 비록 영의정의 자리에 앉아있으면서도 폭군 연산군이 쫓겨나고 새 임금이 들어서서 제발 '밝은 세상이 한번 왔으면 좋겠다'고 간절히 바라고 있었을 것이다.

아호의 뜻이 실로 기가 막히다. '밭에 앉아 있는 늙은이'를 의미하는 셈이니, 75세에 모든 관직에서 미련 없이 물러나 백발이 성성한 채 채마밭을 일구며 후회 없는 말년을 보냈을 것이다.

이제 폭군을 내몰고 새 임금을 세운 뒤 그런 대로 만사가 잘 풀렸지만 도중에 이런저런 일로 운명이 다시 꼬여 삭탈관직되거나 아예 처형되고만 경우를 살펴보자.

우선 박영문과 신윤무는 각각 연산군 치하에서 종3품 벼슬인 군기시軍器寺(군기 제조 담당) 첨정僉正과 군자부정軍資副正을 맡고 있던 사람들인데 반정에 합류하여 큰 공을 세우고 공신의 반열에 올랐다. 폭군 연산군을 지켜준 핵심인물들을 처단하는 일에 앞장섰기 때문에 둘 다 정국공신 1등에 올랐다.

전체 정국공신이 103명(13년 뒤 조광조 등의 사림파가 훈호를 남용한 케이스라며 상소를 올려 이 중 76명이 훈호에서 삭제됨)에 이르지만, 1등은 겨우 핵심인물로 자타가 공인하는 단 8명(박원종, 성희안, 유순정, 유자광, 신윤무, 박영문, 장정, 홍경주)이니, 실로 대단한 부상이었던 것이다.

그러던 중에 박영문은 공조판서를 지내다가 탄핵을 받아 궁궐 출입을 못하게 되었다. 생각할수록 부아가 치밀어 오른 박영문은, 한 때는 영천군寧川君에 봉해지기도 하며 공조판서, 병조판서를 지냈지만 어느 날 갑자기 파직되고만 신윤무의 집을 드나들며 새 임금과 조정을 노골적으로 비난했다.

정작 목숨을 걸고 거사를 단행한 장본인은 자신들인데 엉뚱한 놈들이 노른자위 벼슬을 다 차지했다며 폭음에 폭언을 일삼았을 것이다. 더욱이나 연산군 치하에서 출세가도를 달리던 놈들마저 하나 둘 배경과 연줄을 이용해 궁궐을 채워가고 있다고 생각했을 테니 실로 심장이 터지고 머리가 폭발할 지경이었을 것이다.

비난하는 것으로 끝나지 않고 홧김에 뭐 한다고 박영문은 아예 임금을 바꿔야 한다고 말했던 것 같다. 즉, 영산군寧山君 전悰을 추대하여 새 시대를 열어야 살 길이 열린다고 여겼다는 것이다.

'낮 말은 새가 듣고 밤 말은 쥐가 듣는다'고 결국 두 사람의 화풀이식 밀담은 엿들은 의정부 관노 정막개란 자에 의해 조정에 알려지고 급기야는 두 사람 모두 교수형에 처해지고 말았다. 폭군을 몰아내고 새 임금을 모신지 꼭 7년여만에 운세가 완전히 꺾이고 만 것이다.

신윤무(允진실로 윤 武굳셀 무)는 '정말 기질이 억세고 도도하다'는 뜻이고, 박영문(永길 영 文무늬 문)은 '타고난 기질이 유별나 먼 곳에서도 소문을 듣는다'는 의미이다.

신윤무는 영천(寧편안할 영 川내 천)이라는 군호까지 받았는데도 타고난 무인기질을 잠재우지 못한 것 같다. 거기에다 파직까지 당했으니 숨죽인 채 기회를 엿보기보다 다시 한번 목숨을 걸고 새 시대를 열어보고자 했을 것이다.

박영문의 이름도 그가 만일 무인기질을 버리고 학문에 정진하며 천성을 좀 잘 가다듬었더라면 역적으로 몰려 목숨을 잃지는 않았을 것이다. 하지만 불끈거리는 성깔을 못이기고 길길이 날뛰다가 끝내 대역죄인이 되고만 것이다.

또 한 사람 심정의 일생을 보면 참으로 야릇한 느낌이 절로 든다. 31세의 늦은 나이에 과거에 급제하여 연산군의 악정이 극에 달했을 때 벼슬을 시작했다. 35세에 맞이한 폭군 몰아내기에 가담하여 정국공신 3등에 올랐다.

그 덕에 화천군花川君이라는 멋들어진 군호도 받았지만, 얼마 안 지나 사림파의 탄핵으로 삭탈관직 당하기도 했다. 하지만 56세에 다시 행운이 다가와 우의정, 좌의정에까지 올랐다. 하지만, 까맣게 잊고 지내던 예전의 김안로와의 악연이 그만 그의 목숨을 빼앗는 비수로 되돌아오고 말았다.

아들(김희)이 중종의 맏사위(연성위 : 효혜공주의 남편)가 되자 김안로는 불혹의 나이인 40 고개에 접어들어 막강한 실세로 부상했다.

이미 40 초반에 부제학과 대사헌을 지낸 어엿한 원로급임에도 얼마나 궁궐 안을 설치고 다녔던지, 영의정 남곤과 대사헌 이항, 그리고 심정의 탄핵을 받아 경기도 풍덕으로 귀양을 가게 되었다. 제 버릇 개 못 준다고 그는 유배지에서도 절치부심하며 복수의 날만을 기다렸다.

김안로가 46세 되던 해에 영의정의 위치에서 그를 탄핵한 남곤이 먼저 일생을 마감하자 그는 그 후 2년만인 48세에 드디어 귀양에서 풀려나 다시 벼슬길에 올라설 수 있었다. 우선 그는 50세로 이조판서의 자리에 앉아, 죽고 없는 남곤 대신에 아직 시퍼렇게 살아있는 환갑 나이의 심정을 표적으로 삼았다.

마침 그때(1531년)가 중종이 43세였으니 아마도 중종의 후궁 경빈 박씨도 제법 나이가 얼마간 들었을 법한데도 느닷없이 그는

'심정이란 늙은 놈이 무엄하게도 감히 입에 담기조차 어려운 짓을 저질렀다'며 입에 게거품을 물었다.

*경빈 박씨 : 복성군福城 君 미嵋의 모친. 김안로 와 그의 아들 김희의 무 고로 아들과 함께 1533 년에 사사됨. 즉, 1527 년 2월, 12살 인종의 생 일날에 있었던 소위 '작 서의 변'으로 중종의 맏 아들인 왕세자 인종을 저주하여 없애고 대신 아들 복성군을 왕세자 로 삼고자 했다는 무고 를 받고 모자가 함께 사 사되었다가 1541년에 무고였음이 드러나 신 원됨.

그는 감히 겁도 없이 중종의 후궁인 경빈 박씨*와 심정 이 통정通情했다고 주장했다.

그 결과 심정은 자신이 50대 중반에 탄핵하여 내쳤던 자로부터 되돌아온 부메랑에 사약을 받고 죽어야 했다.

말이 독이 되는 세상이 아니라 말이 칼이 되어 목숨을 마구 난도질하는 험악한 세상이었다. 목숨을 걸고 새 임 금(진성대군; 중종)을 세운 무인으로, 평생을 그만의 프라이 드(pride)로 살아왔던 심정은 죽음을 앞에 두자 그저 눈앞 이 캄캄할 따름이었다. 이래저래 한번 죽는 인생이지만 개 같은 놈에게 목을 꽉 물린 채 앗 소리 한번 못 지른 채 죽는 것 이 참으로 너무도 원통했다.

심정(貞곧을 정)의 자는 정지(貞곧을 정 之갈 지)이고, 아호는 소요정(逍거 닐 소 遙멀 요 亭정자 정)이다. 공신으로서 받은 군호는 화천(花꽃 화 川내 천) 군이다.

이름이나 자에 '여자의 정조나 절개'를 의미하는 곧을 정貞이 들 어가 있는 것이 아무래도 좀 이상하다. 결국 여자의 정조와 관련 되어 화를 당하게 된다는 암시가 아니었을까. 자를 곧이곧대로 풀 이하면 '여자의 정조 때문에 멀리 떠나는구나'라는 의미인 셈이다.

또한 아호에는 '멀리 거닌다'는 의미가 들어있다. 자와 아호에 모두 '간다, 멀리 간다'는 의미가 들어있는 셈이다. 환갑의 나이에 죽었지만 죄목이 '왕의 부인과 잠을 잤다'는 것이니 실로 죄목치 고는 대단히 기이하지 않을 수 없다. 절대왕정의 시절에 임금의 부인과 정을 통했다면 그 사실을 대담하다고 보아야 할지, 아니면 죽지 못해 환장을 했다고 해야 할지 모를 일이다.

폭군을 몰아내는 데 직접 공헌하지는 않았지만, 폭군 연산군 치하에서 곧은 신하 노릇을 하다가 불이익을 당했다는 이유로 새 임금 밑에서 승승장구한 인물들이 있다. 그 중 특별히 기억될만한 인물이 바로 남곤과 유숭조일 것이다.

둘 다 전형적인 지식인의 모습으로 일생을 경영하거나 말년을 채웠다. 과연 어떤 모습이 전형적인 지식인의 모습이라는 것인가, 먼저 남곤의 경우를 살펴보자.

경빈 박씨를 범했다는 자못 어처구니 없는 죄목으로 목숨을 잃은 친구 심정과 동갑내기인 탓인지, 두 사람은 나라에 대한 공로를 앞세워 벼슬과 특혜를 차지하려는 훈구파의 핵심세력이 되어 자신들이 야생귀족으로 비아냥거리던 사림파에 대해 일대공격(예 : 1519년 11월의 기묘사화)을 가할 때도 똘똘 뭉쳐 있었다.

즉, 103명의 정국공신(중종반정에 앞장섰다고 해서 반정 성공 이후 공신 훈호를 줌) 명단에서 오르지 않을 자들이 공신명단에 너무 많이 올라 나라의 위엄과 체통에 먹칠을 했다며 조광조 등 사림파 신하들이 자그마치 76명(정국공신 3등인 심정도 삭제되었음)을 삭제한 것이 공격의 빌미가 되었던 것이다.

남곤은 연산군 치하에서 33세에 유배(1504년 갑자사화 때)를 당해 자칫 끝없는 내리막길에 들어설 뻔했다. 하지만 요행히 폭군이 쫓겨나게 되어 서른 중반에서부터는 다시 새로운 운명을 개척할 수 있었다.

새 임금이 들어서자마자 그는 유숭조, 심정과 함께 대어大魚를 한 마리 낚았다.

즉, 서얼 출신으로 서예에 능한 朴耕박경이란 자가 제 주위의 몇 사람(서자 출신 의관인 김공저 등)과 작당하여, 공신이라며 설치고 다니는 박원종과 유자광 등을 없애고 해평부원군 鄭眉壽정미수를 영의정으로 삼아야 정치가 올바로 된다고 떠들어댔던 것이다.

그저 말만 하고 말았어야 하는데 그들은 공조참의로 있던 유숭조 등에게 자기네 거사계획을 의논하며 합류하기를 은근히 바랐던 것이다. 실로 사자 굴에 머리를 들이민 격이 되고 말았다.

그 길로 유숭조는 남곤, 심정 등과 합쳐서 조정에 고발하였다. 그 결과 박경과 김공저는 참형되고 정미수는 울진으로 귀양을 갔다.

남곤은 그 공으로 이조참판, 대사헌 등을 거치며 출세가도를 달렸다. 그러던 중에 마흔 중반을 넘긴 나이에 다시 한번 대어가 그를 기다리고 있었다. 이번에는 역모사건이 아니라 조선왕조의 가장 큰 고민거리를 해결하러 명나라 조정을 다녀오는 일이었다.

조선왕조가 세워진 지 꼭 2년 되는 태조 3년(1394년)에 그냥 놓아두었다가는 정말 큰일이 날 '역사 왜곡사건'을 발견했다. 즉, 명나라의 『태조실록』과 『대명회전大明會典』 등에 「이성계는 고려의 권신 李仁任이인임의 아들이다」라고 적혀 있는 사실을 알아내고 조정이 발칵 뒤집혔던 것이다. 이인임은 고려 우왕 시절에 이성계의 정적이었던 인물인데 이성계를 이인임의 아들이라고 해놓았다니 정말 기가 막힐 노릇이었다.

이인임이란 자는 공민왕이 후사 없이 살해되자, 때는 이 때다 하며 요승 신돈의 아들로 알려진 우왕을 세우고 친원배명정책을 폈던 인물이다. 살인과 매관 매직 등 온갖 못된 짓을 저지르다, 최영과 이성계에 의해 귀양 보내졌다가 1388년에 사형된 자였다.

조선왕조는 그 이후 줄기차게 주청사奏請使를 보내어 고쳐달라고 했지만 명나라는 약속만 하고는 계속 늑장을 부렸다.

남곤에게 대어로 다가온 것이 바로 종계변무宗系辨誣로 지칭되는 이 문제였다. 남곤은 주청사로 명나라에 가서 '잘못된 기록이니 어서 빨리 고쳐놓으시오'라고 요구한 뒤, 속히 고쳐놓겠다는 약속만 받고 돌아왔다.

하지만 조정에서는 왕실의 고민거리를 해결하기 위해 고생하고 왔다며 그를 예조판서의 자리에 올려주었다. 그리고 48세 되던 이듬해에는 졸지에 훈구파의 우두머리가 되어 사림파를 격퇴시킨 기묘사화를 일으킨 뒤 좌의정에 올랐다.

4년 뒤 52세 때에는 드디어 영의정의 자리에 올랐으니, 실로 47세에 얼떨결에 낚은 대어가 5년 뒤 그를 최정상의 자리로까지 끌어올렸던 것이다. 그때 그는 정상의 자리에서 내려올 걱정을 하기 시작했다. '산의 정상에 오르면 내려갈 생각을 해야 한다'는 말을 떠올렸던 것이다.

그는 조광조를 비롯한 무수한 선비들을 죽이거나 귀양보낸 기묘사화가 후일 무시무시한 부메랑으로 반드시 되돌아온다는 것을 미리 알아차렸던 것일까? 지난 일을 후회하며 자신의 저서나 기록들을 모조리 불태워 없애기 시작했다.

그렇게 후회하며 불태워 없앴기 때문인지 그는 56세를 일기로 생애를 편히 마감했지만, 죽은 후 31년 뒤(1588년, 명종 대에 중종의 계비인 문정왕후가 수렴청정 할 때)에 삭탈관작削奪官爵되었다. 비록 죽고 없는 사이에 생긴 굴욕적 사건이지만 그의 후손들에게는 지울 수 없는 치욕이 되었을 것이다.

남곤(袞곤룡포 곤)의 자는 사화(士선비 사 華꽃 화), 아호는 지정(止발 지 亭정자 정)과 지족당(知알 지 足발 족 堂집 당)이 있다. 우선 이름이 참으로 특이하다. 임금님의 정복을 의미하는 곤룡포이니 누가 알면 참으로 난감해질만한 이름이 아닌가. 아마도 그는 그런 이름 덕택에 폭군을 몰아내는 일에 앞장선 일이 없는 데도 오십 초반에 영의정에 오를 정도로 관운이 별나게 좋았던 것 같다. 자 또한 참으로 잘 어울리는 의미인 듯하다.

자는 '유능한 사람이 되어 꽃처럼 활짝 핀다'는 의미이니 그야 말로 경쟁과 시기와 파벌이 극심할 수밖에 없는 출세가도에서 기어이 승승장구하는 행운을 거머쥔 것이다.

아호는 둘이나 있는데, 지정은 '여행객이 묵는 곳에서 잠시 쉰다'는 의미이고, 다른 하나 지족당은 '언제 어디서 멈출 지를 깨닫는다'는 뜻이다. 마흔 후반에 명나라에 다녀와서 출세길이 더욱 활짝 열렸으니, 그의 팔자에는 '먼 여행을 다녀와야 운세가 펴는' 어떤 암시가 깃들여 있었던 듯하다.

그리고, '멈출 곳을 잘 안다'는 아호에서 나타나듯 그는 말년에 지난날을 되돌아보며 스스로 자신의 죄 많은 과거를 지워 없애기 시작했다. 역사나 과거는 반드시 되돌아오기 마련이라는 그 엄연한 철칙을 확연히 깨닫고 있었던 것 같다. 그는 정말 이름과 자와 아호의 의미에 걸맞게 한 세상 잘 경영하다 그런 대로 괜찮은 임종을 맞았던 것이다.

유숭조의 경우를 한번 살펴보자. 반도에 성리학이 들어와 교육과 국가운영과 인재선발의 기틀이 되었지만, 도학정치를 실현하고자 진정으로 자신의 한 몸을 던진 이는 별로 없었다. 아마도 유숭조라는 인물이 도학정치를 실현하고자 했던 최초의 성리학자였었는지도 모른다.

그는 인륜이나 천륜에도 어긋나고 왕도정치를 가르친 옛 성현들의 가르침에도 안맞는 폭군 연산군의 악정, 폭정을 보며 무척이나 분개했을 것이다.

그러나, 그는 절이 싫으면 중이 절을 떠나야지 어떻게 절을 떠나라 할 수 있느냐며 훌훌 다 털어 내버리고 책이나 읽고 글이나 쓰며 한 세상 조용히, 편안히 살고자 했던 남들과 달리 끝까지 관직을 고수하며 오로지 학문에만 정진했다.

연산군 치하에서는 감찰업무를 담당하는 사헌부의 장령(정4품)으로 임금의 실정失政을 극간極諫하다가 원주로 유배형을 당하기도 했다. 중종반정으로 유배에서 풀려났지만 그는 도학정치 실현을 위해 조정의 정신적 지주로 남고자 했다.

공조참의, 황해도관찰사로서 목민관 체험과 관료경험도 쌓았지만, 관직생활의 대부분에 해당되는 18년간을 오로지 성균관에만 재직하며 성리학을 토착화시키고 생활화시키는데 진력했다.

그가 오십대 후반일 때 30살 아래의 趙光祖조광조*가 28세의 좀 늦은 나이에 진사시를 장원으로 통과하고 성균관에 들어와 공부했으니, 따지고 보면 사림의 태산준령으로 통하는 조광조도 그의 제자에 해당한다고 보아야 할 것이다.

그의 도학정치에 대한 비전은 결국 조광조를 비롯한 수많은 성균관 유생들을 중심으로 중종 초에 꽃이 피게 되었으니, 그의 한결같은 집념이 마침내 응답을 얻은 셈이었다.

그가 뿌린 씨앗이 조광조라는 독특한 '도학자'를 만나 꽃이 피었는데, 그의 가르침을 받은 성균관 유생들이 거름을 주고 전국의 향교를 중심으로 한 사림에서 열심히 물을 뿌린 셈이다.

'국왕을 가르쳐 왕도정치를 펴게 한다, 성리학의 바른 이념을 전파시켜 나라의 정신을 바로 잡고 향촌의 질서를 뜯어고친다, 전국 사림의 유능한 인재들을 대거 등용하여 새로운 중흥을 도모한다, 공신을 남발하고 왕과의 인척을 내세우며 파벌을 일삼는 훈구파들 중심의 훈구정치를 과감히 혁파한다'는 목표를 내걸고, 국가를 새롭게 고쳐 백성의 행복을 증진하려 노력했다.

조광조는 자신의 이상을 현실정치에 접목시키려 애쓰며 자신의

*조광조 : 30대 초반에 200여 명에 이르는 성균관 유생들과 이조판서 안당의 천거로 종이 만드는 조지서造紙署의 종6품 벼슬인 사지司紙로 관직을 시작하여 36세에 홍문관 부제학을 거쳐 대사헌에 올랐으나 1519년 11월의 기묘사화로 37세에 무수한 선비들과 함께 처형됐으나, 선조 초에 신원됨.

125

이념과 목표를 '도학을 높이고 인심을 바르게 하며, 성현을 본받고 지치를 일으킨다'는 말로 '지치至治'가 곧 도학정치 구현의 지향점임을 명백하게 밝혔다.

유숭조(崇높을 숭 祖조상 조)는 '우러름 받는 웃어른'이 된다는 뜻이니, 결국 조광조를 제자로 두어 성균관 유생들을 중심으로 실현된 조선조 도학정치의 주춧돌이 될 수 있었을 것이다.

자는 '웃어른이 되어 우러름 받는다는 의미인 종효(宗마루 종 孝효도 효)이다. 아호는 둘이 있는데 하나는 '타고난 대로 오로지 경건하고 공손하게 행동한다'는 진일재(眞참 진 一한 일 齋재계할 재)이고, 다른하나는 '돌로 쌓아올린 집'을 뜻하는 '돌 석헌(石돌 석 軒추녀 헌)이다. 결국 경건하고 공손한 도리를 가르치고 몸소 보여 도학정치라는 새로운 집을 짓고 새 길을 닦은 셈이다.

마지막으로 유자광이라는 실로 찰거머리 같은 벼슬아치를 살펴보지 않을 수 없다. 연산군 치하에서 온갖 권력을 누리며 출세가도를 달리더니, 폭군 연산군을 몰아내고 새 임금을 세우는 반정에도 앞장을 서서 정난공신 1등에 올랐다. 예종 시절과 연산군 시절에 그가 앞장서서 저지른 참화는 실로 입에 담기조차 부끄러울 정도이다.

18세 어린 나이로 즉위하여 겨우 13개월 동안 왕 노릇을 한 예종 임금 치하에서 그는 27세에 병조판서를 지낸 南怡남이 장군과 78세의 영의정 康純강순을 역모죄로 엮어 죽게 하고 말았다.

그는 영웅들을 죽게 한 공로로 신숙주, 한명회 등과 함께 익대공신(翊戴功臣38명을 1, 2, 3등으로 나눴음) 1등에 올랐다. 연산군 치하에서는 이극돈을 앞세워 무오사화(1498년 연산군 4년)를 일으켜 무수한 선비들을 죽게 하고 귀양보냈다.

야릇하게도 사화의 발단이 된 이극돈이 '너는 어째서 그릇된

『조의제문』이 사초에 들어가는 것을 일찍 발견해 내지 못했느냐는 힐책을 듣고 파면되었기 때문에 그는 용케도 출세가도를 독주할 수 있었다.

양반 중추부지사 柳規유규의 첩 자식으로 인생을 시작하여 건춘문建春文*이나 지키던 그의 보잘것없는 출발로 보면 참으로 천우신조의 기회였을 것이다.

*건춘문: 경복궁 동문으로 왕족, 척신, 상궁들만 출입. 대궐에 열병식이 열릴 때는 임금을 직접 모시는 신하들이 모여 명령을 기다렸음. 안에는 왕세자의 거처인 춘궁이 있었음.

그는 국가재정을 다 탕진하고 텅 빈 돈궤를 채우려 공신들의 가산을 뺏고 싶어 안달이 나있던 폭군 연산군이, 외할머니 신申씨와 임사홍의 고자질로 24년 전에 폐출廢黜된 서인으로 사약을 받고 죽은 제 어미의 복수극을 펼칠 때도 그는 59세의 임사홍을 도와 한 몫을 단단히 했다.

폭군 연산군 밑에서 승승장구하며 건춘문 갑사甲士출신이 종1품인 숭록대부가 되었다면, 그가 과연 폭군 밑에서 무엇을 했는가를 확연히 알 수 있을 것이다.

*갑사 : 군역에 의해 의무적으로 소집된 병졸이 아니라 특기에 의해 특채된 하급 무인

하지만 새 임금 중종 치하에서는 조정이 제법 살아있었기 때문에 그의 피비린내 나는 전과를 모른 척 넘길 리가 없었다. 주제넘게도 정국공신 1등(총 103명 중 1등은 겨우 8명 핵심인물들인데 그 속에 끼였음)에 올라 다시 한번 출세가도를 이어가려 했지만 반정 다음 해에 탄핵을 받아 훈작이 취소되고 귀양을 가야만 했다.

결국 그는 경상도 어느 변두리에서 치욕과 탐욕으로 얼룩진 일생을 총총히 마감했다.

유자광(子아들 자 光빛 광)의 자는 우복(于어조사 우 復돌아올 복)이고, 무령(武군셀 무 靈신령 령)군이라는 군호도 받았다. 이름과 자와 군호가 '빛난다, 되돌아 다시 온다, 귀신처럼 기이하다'는 의미이니 외줄 타기 곡예와 음흉한 꾀'로 가득 찬 그의 일생과 너무도 많이 닮았다.

중종반정 이후 반정에 공로가 있는 이들을 포상하기 위해 정

공신 103명을 선정하며 1등에는 겨우 8명만 올렸는데, 유일하게 그 족적이 그렇게 상세하게 드러나지 않은 인물이 있다. 바로 수원부사를 지내고 반정에 참여하여 큰 공을 세우고 정국공신 1등에 오른 張珽장정이라는 인물이다.

정(珽옥홀 정)이라는 이름 뜻에 걸맞게 그는 아마도 그리 큰 욕심을 안내고 비록 1등 공신으로 토지와 재물과 노비를 많이 받았지만 말년을 명예 하나로 만족한 채 조용하게 보냈는가 보다.

흥미로운 인물이 또 있다. 홍문관에 재직할 때 연산군의 실정을 논하다가 전라도로 귀양을 가게 되었던 인물인데, 유배지에서 병졸을 모아 폭군 연산군을 몰아내고 진성대군을 추대하려했던 인물이다.

그의 그런 의도가 후일 조정에 알려져 공신 반열에 올랐지만 곧이어 벼슬이 낮다며 불평을 늘어놓다가 새 임금이 된 중종을 몰아내고 견성군甄城君* 惇돈을 추대하려고 역모를 꾀하다 32세에 처형당한 인물이다.

*견성군 : 성종과 숙의 홍씨 사이에서 출생. 1507년 사사되었다가 이듬해에 무혐의로 드러나 신원됨

이름은 이과(顆낱알 과)이고, 자는 과지(顆낱알 과 之갈 지)이다. 정국원종공신靖國原從功臣이 된 후 전산군全山君이라는 군호를 받았다.

이름이나 자 모두 낱알 과顆를 지니고 있어 '한 알의 밀알이 되겠다'는 소신으로 살았는지도 모를 일이다. 31세에 유배지에서 거병擧兵하여 폭군을 몰아내고 새 임금을 세우려 할 정도였으니, 아마도 성정이 단순하면서도 대단히 거칠고 미련했던 것 같다. 결국 그는 한 알의 밀 알이 되어 흙으로 돌아가고 만 것이다.

'산처럼 반듯하고 늠름해라'는 군호가 이색적이다. 아마도 너무 쉽게 발끈하는 성정 때문에 주위에서 그의 사주팔자를 풀이한 후 그런 식으로 누르고 덮어주려 했는지도 모를 일이다. 그의 그런 섣불리 덤벼대는 기질과 설익은 야심 때문에 공연히 애꿎은 인물

(견성군)만 저승길에 동행하고 말았다.

많은 선비들이 폭군에서 현군으로 뒤바뀌는 난세를 살며 운명이 엇갈리고 말았다. 어떤 이들은 새 임금 밑에서 승승장구하며 몇 차례 영의정까지 지내고 행복한 노후를 보내기도 했지만 많은 이들이 가짜 공신으로 비아냥거림의 대상이 되거나 새 임금 밑에서 변변히 출세도 못한 채 스타일만 왕창 구기고만 경우도 많이 있었다.

李綎이정이라는 이는 반정에 공로가 있다고 해서 공신명단에 당당히 올랐지만 45세에 金銀김은이라는 이가 상소를 올려 스캔들에 휘말리고 말았다.

즉, 8년 전에 폭군을 몰아낼 때 尹璋윤장, 曺繼衡조계형 등과 함께 입직승지入直承旨로서 반정군에 가담하여 공을 세운 것처럼 가장했으니 이제라도 그 내막을 가려 처벌해야 마땅하다고 문제를 제기했던 것이다.

그 결과 맞다고 판명이 나 그는 녹권祿權이 박탈되고 말았다. 후일 안동부사를 지내며 수령 중 모범이 되었다 하여 1계급 특진을 받기도 했으니 가까스로 명예회복을 이루고 48세로 죽을 수 있었다.

이름은 '작은 배를 타고 간다'는 정(艇거룻 배)이고, 자는 '그저 둘째에 만족하자'는 명중(明밝을 명 仲버금 중), 아호는 '소나무 숲 속에서 경건한 마음으로 공손히 기다린다'는 의미 의 송재(松소나무 송 齋재계할 재)이다.

공신에 오른 후 받은 군호가 청해(靑푸를 청 海바다 해)군인데, 즉, '파란 바다로 멀리 나가라'는 의미인 셈이다. 배를 타고 항해하듯 기우뚱거리며 살았지만 소나무 숲에서 경건히 기다릴 줄 아는 성품이기 때문에 마흔 중반에 큰 고비를 만났지만 다시 일어나 죽기 몇 해 전에 겨우 겨우 명예를 회복할 수 있었던 것이다.

李坤이곤이라는 인물도 반정에 가담하여 정국공신 4등에 올랐지만 공로가 없으면서 반정 주모자에게 청탁하여 공신에 올랐다는 평을 들었다. 아니나 다를까, 조광조를 비롯한 사림파에서 103명 정국공신 중 자그마치 76명을 삭제할 때 당연히 그의 이름도 지워지고 말았다. 조광조 등 사림파들이 훈구파에 의해 대대적으로 숙청 당하는 기묘사화(1519년) 이후 다시 공신에 올랐지만, 여주 목사 시절 너무 갑자기 죽어 정부에서 검시를 하게 되었다.

결국 노비들이 공모하여 독살했다고 판명이 났으니, 60세로 끝이 난 한 평생이 그렇게 떳떳하지만은 않았던 것 같다.

곤(坤땅 곤)의 자는 자정(子아들 자 靜고요할 정)이다. 이름과 자를 합하면 '땅처럼 고요해라!'는 의미도 되지만 다시 풀어보면 '땅으로 돌아가 잠잠해라'는 의미도 된다.

54세에 반정이라는 정변을 만나 다시 한번 출세가도를 달리려 애를 쓴 탓에 가파르고 힘든 말년을 보내다 끝내 노비들에게 독살당했으니, '땅처럼 고요해라'는 이름이나 자의 의미가 실로 딱 들어맞는 암시였던 게 아닌가.

具壽永구수영이란 자는 정말 희한한 사람이었던 것 같다. 집안은 쟁쟁해서 증조할아버지 具成老구성노는 태조 이성계와 함께 위화도 회군에 가담한 이후 줄곧 이성계파에 속했던 인물이고, 큰아버지 具致寬구치관은 강직하고 올곧은 신하로 정평이 난 탓에 처음에는 낮은 벼슬에만 머물렀으나 후일 세조의 총애를 받아 환갑의 나이로 영의정을 지냈던 유명인사였다.

할아버지 具揚구양은 광주 목사를 지냈고 아버지 具致洪구치홍은 중추부지사를 지냈다. 실로 막강한 집안 배경인 셈이다.

집안 배경이 대단했던 탓인지 그는 12세에 세조의 아우인 영응대군의 사위가 되었다. 40대에 이미 종1품 돈령부판사가 되더니 곧 이어 의금부 최고직인 판사벼슬에 올랐다.

하지만 연산군 말기에 49세의 적지 않은 나이로 장악원掌樂院(궁중의 음악과 무용을 담당) 제조提調를 맡아 연산군의 변태적인 음욕과 나라 망치는 방탕을 적극적으로 채워주고 도와주고 키워주었다.

즉, 2천명 이상의 흥청興淸, 운평運平, 광희光熙를 양성하여 폭군의 여자 사냥과 섹스 파티를 열심히 도와주었다. 여러 대신들과 함께 채홍준사採紅駿使, 채청녀사採靑女使로 전국을 다니며 홍녀紅女(미녀)와 청녀靑女(시집 안간 여자들), 그리고 정력에 좋다는 백마를 거둬들이게 했을 테니, 실로 폭군의 입맛을 맞추기에 급급했을 것이다.

50세의 나이에 반정에 가담하여 정국공신 2등에 올랐지만, 곧이어 폭군의 충복이었던 인물이 간교하게 공신명단에 올랐다는 탄핵을 받고 53세에 파직 당했다. 실로 잘나가던 생애에 갑자기 먹구름이 끼고 만 것이다.

그래도 이름이 수(壽목숨 수 永길 영)인 탓에 53세에 파직되어 한가로이 보내다가 68세로 생애를 마감했다.

자는 미숙(眉눈썹 미 叔아재비 숙)인데 어딘가 아귀가 좀 안맞는 것 같다. 즉, '노인의 흰 눈썹에 젊은 기질을 뿜낸다'는 의미로 풀어볼 수 있으니, 어딘가 불안정하게 느껴지는 의미인 셈이다.

나이나 배경*을 생각해서라도, 수천 명의 여자들을 궁궐에 모아다 놓고 매일 주지육림酒池肉林에 빠져 있던 폭군 연산을 목숨을 걸고라도 막았어야 했지 않았을까. 그는 아마도 헛된 야심에 눈이 어두워 폭군을 위해 너무 많은 충성을 바쳤던 것 같다.

*임금의 사위이며 청백리의 본보기로 널리 알려진 영의정 구치관의 조카. 할아버지 구양은 세조 13년에 일어난 이시애의 난을 평정하고 나서 이시애, 이시합 형제의 목을 가지고 서울로 와 효시하게 한 인물

과도기의 줄 바꿔 타기에 실패한 이들과 달리, 정국공신에 간신히 올라 연산군 때의 과오를 지우고 승승장구하며 말년을 그런대로 잘 보낸 인물들이 많다.

金克成김극성이란 이는 32세에 반정에 가담하여 정국공신 4등에 올랐는데, 대사헌을 지낸 후 한 때 권신權臣 金安老김안로의 횡포로 유배를 당하기도 했지만 관직에 복귀하여 영의정까지 지내고 66세로 생애를 마감했다.

이름은 극성(克이길 극 成이룰 성)이고, 자는 성지(成이룰 성 之갈 지), 아호는 청라(青푸를 청 蘿무 라)와 우정(憂근심할 우 亭정자 정)이다.

이름이나 자에 모두 '이룬다, 적극적으로 이뤄간다'는 의미이니 과도기의 험난한 파도를 무난히 넘어서서 긴 항해를 이뤄낸 것 같다. 두 가지 아호는 각각 '무나 미나리 같은 파란 푸성귀'와 '걱정을 함께 토로하는 나그네 숙소'를 의미한다.

파란 푸성귀에서 암시되듯 될 수 있는 한 큰 욕심 안내며 살고, 걱정을 나누는 길가 숙소가 암시하듯 될 수 있는 한 걱정거리나 화근이 될 소지를 안만들며 산 탓에 난세를 잘 넘어간 것 같다.

연산군 밑에서 이조판서를 지낸 송질이란 이는 52세에 반정에 가담하여 정국공신 3등에 올랐지만, 환갑의 나이에 영의정을 지냈다.

간관諫官들이 일제히 나서서 무능하고 탐욕스럽다며 탄핵했지만 그런 대로 잘 지내다가 66세로 생애를 마감했다.

자가 가중(可옳을 가 仲버금 중)이니, '둘째로 만족한다'는 의미인 셈이다. 아마도 전면에 잘 나서지 않는 약간은 소극적이고 신중한 성품이었을 것이다. 난세에는 그저 가만히 죽치고 앉아서 중간만 가려고 노력하면 그럭저럭 목숨과 자리를 부지할 수 있는 것이 아닐지….

연산군 때 형조판서를 지낸 이손이란 이는 67세에 폭군이 물러나고 새 임금이 들어서는 것을 보게 되었지만, 죽마고우 柳洵유순*과 함께 반정에 가담하여 함께 정국공신 리스트에 올랐다.

반정 당시 친구 유순이 65세였으니 그야말로 노익장들의 대활약이었던 셈이다.

이손은 벼슬길을 정리하고 죽마고우 유순, 安琛안침*과 더불어 친목회인 '구로회九老會'를 만들었다.

안침이 71세로 먼저 죽고 2년 있다가 유순이 76세로 죽은 후 3년 있다가 이손이 81세로 죽었으니, 실로 대단한 운세들이었던 셈이다.

이손(蓀향풀 이름 손)의 자는 자방(子아들 자 芳꽃방울 방)이고, 군호는 한산(漢한수 한 山뫼 산)군이다. 이름이나 자에 모두 '향기로운 풀'이라는 뜻이 들어있다. 군호는 '큰 물과 큰 산'을 의미하니 이름이나 자에 들어있는 '향기로운 풀'과 궁합이 척척 들어맞는 셈이다.

성격이 느긋하고 온유한 탓에 폭군과 현군을 오가며 입신양명하다가 산과 물가에 피어난 풀꽃처럼 오래오래 장수한 것이 아닐까.

다음으로 광해군을 몰아낸 인조반정의 주역들을 한번 살펴보자.

폭군 연산군을 몰아내고 새로운 강토를 만든 지 꼭 102년만에 또 다시 폭군 광해군이 등장했으니, 개인에게는 '9'수가 고비라더니 나라에는 결국 '100'이라는 숫자가 고비인 모양이다. 연산군을 몰아낸 중종반정과 광해군을 몰아낸 인조반정 사이에는 눈에 안 보이는 일정한 끈이 이어져 있는 것 같다.

즉, 광해군의 아버지가 바로 중종의 손자인 선조 임금이니, 광해군은 결국 중종의 증손자가 되는 셈이다. 중종과 창빈 안씨 사이에서 중종의 7남으로 태어난 덕흥군*의 3남이 후에 선조 임금이 된 하성군河城君이고, 선조와 공빈恭嬪 김씨 사이에서 선조의 3남으로 태어난 이가 바로 광해군이다. 쉽게 말해 폭군을 몰아내고 새로이 들어선 혈통에서 정확히 100년 뒤

*유순 : 1441-1517; 연산군 때 60초반에 이미 영의정을 지냈고 새 임금 밑에서도 73세에 영의정을 다시 한번 지냈음. 서거정과 『연주시격聯珠詩格』을 한글로 번역했음

*안침 : 1444-1515; 연산군 때 평안도관찰사를 지냈고 70세에 공조판서를 지냈음

*덕흥군 : 아들 선조 즉위 8년 전에 죽어 아들의 즉위 후에 대원군으로 바뀜. 부인은 정세호의 딸

에 다시 폭군이 나온 셈이다.

선조 임금의 내면에 포악한 구석이 감춰져 있었던지, 이상하게
도 아들들이 거의 다 성정이 포악하다는 이유로 조정 대신들의
배척과 탄핵을 받았다.

광해군의 한 살 위 친형인 임해군臨海君이 성정이 너무 거칠어
왕이 될 재목이 못 된다는 대신들의 총평에 의해 세자 책봉에서
제외되고 그 대신 광해군이 세자의 자리를 차지했던 것이다.

그리고 광해군의 이복형인 순화군順和君(선조와 순빈 김씨 소생)은 임
해군보다 한 술 더 떠 툭하면 사람을 죽이고 재물을 강탈한 탓에
순화군이라는 군호마저 죽기(광해군 즉위 한 해 전에 죽음) 6년 전에
박탈되었다가 죽은 후 한참 되어 복원되었을 정도이다. 이렇게 놓
고 보면 광해군의 몸 속 어딘 가에도 분명히 포악한 성정이 감춰
져 있었을 것이다.

형 임해군과 어린 동생(영창대군), 그리고 그 어린 동생의 외조부
와 외삼촌들을 죽이고, 계모이자 죽은 어린 동생의 생모인 인목대
비를 폐출하려 온갖 노력을 기울이다가 결국은 수년간 서궁에 가
택연금(유폐)시켰을 정도이니, 그만하면 숨겨져 있던 포악한 성격
을 어느 정도 드러낸 셈이다.

폭군 광해군은 그래도 인복이 많았던지 아버지 선종 대의 현신
賢臣들을 많이 거느려 주위에 인재만은 말 그대로 쟁쟁했었다.

52세의 이항복, 57세의 이덕형, 61세의 이원익이 '나를 통해 세
상을 경영하시오'하며 도열해 있었는데도, 성정이 포악, 야비했던
탓인지 그만 폭군으로 흐르고 말았다.

죽마고우로 알려진 이항복과 이덕형은 광해군이 즉위하고 나서
도 각각 10년과 5년을 더 살았고, 오리悟里대감으로 알려진 李元翼
이원익은 자그마치 26년이나 더 살았다.

백사白沙 李恒福이항복과 한음漢陰 李德馨이덕형은 세상이 다 아는 절친한 친구사이였지만 사실은 이덕형이 다섯 살 위였다. 한데도 둘이 힘을 합쳐 임진, 정유의 왜란에서 나라를 구하고 난리로 피폐해진 강토와 백성을 어루만지며 여생을 보내다, 다섯 살 위인 이덕형이 5년 먼저 세상을 하직했다.

둘이 태어나고 죽은 해는 서로 다르지만 똑같이 62세로 영면했다. 나이는 달라도 같은 해(1580년)에 과거에 급제하여 관직생활을 함께 시작했다.

이항복은 왜란으로 어지러운 조정에서 다섯 차례나 병조판서를 지내며 전란으로부터 나라와 조정을 구했다. 이덕형은 명나라에 달려가서 원병을 얻어왔고 한성부판윤을 지내며 李如松이여송 장군과 명나라 군사들을 열심히 도왔다.

광해군은 33세에 왕이 되었으니 그래도 철은 좀 들었었던 가보다. 초기에는 환갑이 지난 이원익대감을 영의정으로 모시고 있었으니 그나마 첫 출발은 상궤를 든든히 밟고 있었던 것 같다.

하지만 그 놈의 폐모론*으로 인해 아버지 선조가 육성한 인재 중의 인재들을 다 잃고 말았다.

*폐모론 : 계모인 인목대비를 궁궐에서 내쫓아 서인으로 강봉시키려는 획책

이항복과 이덕형이 모두 폭군 광해군의 영창대군 살해와 인목대비 학대를 앞장서서 반대하다가 둘 다 삭탈관직된 채 유배를 가서 죽었다. 이원익 마저 홍천으로 유배를 가야 했으니, 그 당시 조정의 분위기가 과연 어떠했는지 대강 짐작할 수 있는 일이다.

그래도 이들 세 사람의 현신 중에서 오리 대감 이원익만 살아남아 광해군이 쫓겨나고 새 임금 인조가 들어서는 것을 회한에 젖어 지켜볼 수 있었다. 단순히 지켜보는 것으로 끝나지 않고 77세의 노구를 이끌고 李适이괄의 난(반정 이듬해인 1624년 2월)을 앞장서

서 진압했다. 그는 87세로 영면할 때까지 오로지 나라와 백성을 위해 마지막 열정을 다 바쳤다.

이제 폭군 광해군을 몰아낸 충신들의 면면을 살펴보자.

우선 거론되는 인물이 바로 이귀이다. 65세에 폭군 몰아내기에 앞장섰지만, 그는 25세에 관직을 시작한 이후 전국을 누비며 많은 일을 했던 사람이다. 임진왜란이 일어나자 그는 군졸과 우마牛馬와 군량미를 징발하여 당시 '도체찰사'로서 전군을 총지휘하고 있던 유성룡에게 수송했다. 하지만 광해군 시절에는 운이 따르지 않아 고생을 했다.

광해군 초기에는 숙천부사로 있으면서 죄수로 옥에 수감되어있는 해주목사 崔沂최기를 만났다는 이유로 이천으로 귀양을 가야했다. 그때 그의 나이는 52세였다. 귀양에서 풀려 나오자마자 14살 아래인 김류를 만나 폭군을 몰아낼 계책을 은밀히 논의했다.

반정에 성공한 이후 계해癸亥 정사공신靖社功臣* 1등에 책록되고 69세 때는 병조판서, 이조판서를 지냈다.

*정사공신 : 인조반정 이후 공로가 있는 53명을 선정하여 1등 10명, 2등 15명, 3등 28명으로 나누어 훈호를 줌

70세에 맞게 된 정묘호란 때는 인조 임금을 강화도로 호종하고 후금이 점점 커져 중원의 맹주(1632년에는 북경을 공격)로 떠오르자 최명길과 함께 '화의'를 주장하다 탄핵되기도 했다. 하지만, 그는 병자호란(1636년 12월부터 1637년 2월까지)으로 임금이 야만족의 괴수(후금 혹은 청 태종)에게 언 땅에 이마를 부딪혀 피를 흘리며 항복하는 꼴을 보지 않고 76세로 영면했다.

'귀한 사람이 될 운세'란 이귀(貴귀할 귀)의 자는 옥여(玉옥 옥 汝너 여)이고, 아호는 '과묵하고 공손한 사람'이라는 의미인 묵재(默묵묵할 묵 齋재계할 재)이다.

귀한 자리에 올라 귀티나게 살 사람이라는 운세였기 때문에 반

정에 앞장서서 새 임금을 세우고 장수할 수 있었던 것 같다. 아마
도 그리 욕되게 살지 않았을 것이다.

이귀와 짝꿍을 이루며 등장하는 인물이 바로 金瑬김류이다. 52세
에 광해군을 몰아내고 광해군의 조카인 능양군綾陽君을 옹립하여
인조 임금 시대를 열어놓았다.

집안 내력에서 벌써 무골武骨 기품이 물씬 묻어난다. 그는 임진왜
란 초기에 申砬신립 장군과 함께 충주 탄금대에서 44세로 투신 자
결한 김여물 장군의 아들이다.

거사 3년 전부터 자신보다 14살 위인 이귀와 폭군 몰아낼 계책
을 의논했다니, 지략도 뛰어나고 병사를 모을 재간과 실력도 있었
던 모양이다.

무엇보다도 목숨을 걸고 비밀을 지킬만한 배포와 신의를 겸비
했던 것 같다. 반정에 성공한 이후 1등 공신에 올랐고 뒤이어 이
조판서, 좌의정, 도체찰사를 거쳐 영의정을 역임했다.

그러나 난리 통에 사람 됨됨이 알아본다고 그는 병자호란이 발발
하자 주화와 척화 사이에서 우유부단하다는 평판을 들었을 뿐만
아니라, 전쟁을 책임진 도체찰사로서 나라를 보전하기보다 오히
려 제 가족과 재물을 지키는데 휘하 군관을 동원했다.

설상가상으로 인조반정에 공을 세우고 2등 공신에 오른 후 도
승지와 한성부판윤을 지낸 아들 慶徵경징이, 방어책임을 지고 있던
강화도가 청의 수군에 함락되자 탄핵을 받고 48세로 처형당하고
마는 끔찍한 일이 생겼다.

병자년 섣달에 후금을 청이라 부르며 그 수령인 태종이 쳐들어
오자 조정에서는 봉림대군을 비롯한 왕족과 많은 대신들이 강화
도로 피난을 했는데 강화도 방어 총책을 맡고 있던 경징은 매일
술만 마시며 '원나라가 고려를 다 유린할 때도 강화만은 끄떡없었

던 이유를 아느냐? 북방의 야만족들은 본래 물에 약하기 때문이다라고 억지 주장을 늘어놓았다.

청의 수만 수군水軍이 저들의 구왕九王을 총지휘자로 앞세우고 삼판선三板船과 홍이포紅夷砲로 공략하자 조선의 수군은 도망치기에 급급했다. 하는 수 없이 봉림대군이 병졸을 모아 싸워보았지만 결과는 항복 후 포로로 잡힌 이들을 구해오는 쪽 뿐이었다. 그래도 후에 청에 끌려가 십여 년 가까이 볼모생활을 하다 후일 효종 임금이 되는 봉림대군은 꽤나 용맹스러웠던 것 같다.

강화에서 항복을 하고 뭍으로 나와서는 다시 남한산성에서 분투 중인 아버지 인조 임금 곁으로 달려가 함께 싸우다가 나중에 항복할 때서야 비로소 성을 나왔다. 그때 대군의 나이 겨우 18세였다. 그만하면 그 긴 인질생활 속에서도 어떻게 그리 기죽지 않고 훗날에 '북벌계획'을 세울 배짱이 있었는지, 가히 짐작이 가고도 남는다.

아들이 처형되었으니 아버지인 김류도 마땅히 탄핵될 수밖에 없었다. 사임하고 물러나 죽은 아들의 혼령을 위로하며 지낼 수밖에 없었다. 하지만 반정의 핵심인물인 탓에 7년 뒤에 영의정으로 다시 복귀하여, 갑자기 불거져 나온 역모사건*을 잘 처리하여 다시 공신 반열에 올랐다.

*역모사건 : 유생 신분으로 반정에 참여하여 혁혁한 공을 세우고 1등 공신에 올랐던 심기원이란 자가 역모를 꾀한 일

봉림대군이 효종으로 즉위하기 한 해 전에 77세로 죽었지만, 노老 대신의 마지막 과업으로 봉림대군의 세자 책봉을 강력히 주장하여 효종 시대를 일찍 열어놓았다. 즉, 청나라 심양에서 돌아온 후 2개월만에 갑자기 죽은 소현세자의 빈 자리를 서둘러 봉림대군으로 채워야 한다며 봉림대군을 세자로 책봉할 것을 주장하여, 결국 십대 후반에 청나라에 끌려가 이십대 중반에 돌아온 26세의 대군을 차기 왕이 될 왕세자로 세워놓았다.

류(瑬면류관 류)라는 이름이 참으로 특이하다. 자기가 왕관을 쓰거나 남이 왕관을 쓰게 할 운세인 셈이다. 폭군 광해군의 머리 위에서 능양군綾陽君의 머리 위로 왕관을 옮겨 인조 임금으로 만들었으니, 이름 뜻대로 면류관 옮기는 일을 마침내 성사시킨 셈이다.

인조의 본래 군호가 능양(綾비단 능 陽볕 양)군이니, '비단 옷을 입고 햇빛 아래 나선다'는 의미가 아닌가, 실로 면류관과 비단 옷은 찰떡궁합인 셈이다.

자는 '옥으로 만든 갓을 쓴다'는 관옥(冠갓 관 玉옥 옥)이고, 아호는 '북 쪽 물가로 나아간다'는 북저(北북녘 북 渚물가 저)이다. 공신에 오른 후에는 승평(昇오를 승 平평평할 평)부원군이라는 칭호가 봉해졌다. 귀하게 된다는 의미와 방향을 바꿔 놓고 물러선다'는 의미가 깃들어 있는 이름과 자와 칭호가 신기하다.

비록 아버지(44세에 자결)와 아들(48세에 처형됨)이 모두 40대에 비참하게 죽었지만, 그는 이름과 자와 아호, 그리고 반정에 성공한 이후 오십 대 초반에 받은 부원군 칭호 덕분에, 가문의 비극과 치욕을 딛고 일어나 영의정을 두 차례나 역임하며 77세의 긴 생애를 살 수 있었을 것이다.

다음으로 각각 장단과 이천에서 군사를 일으켜 반정에 가담한 李曙이서와 李重老이중노의 경우를 살펴보자.

이들 두 사람은 각각 자기 군대를 이끌고 홍제원弘濟院*에서 김류와 만나, 능양군(인조)을 앞세우고 창의문彰義門*으로 진격했다.

하지만 훈련대장으로 있던 李興立이흥립이 내응內應해 주어 손쉽게 중요거점을 차지할 수 있었다. 밖에서 밀고 안에서는 잡아끄는데 와르르 무너지지 않을 담벼락이 어디 있고, 옹기장수의 지게 작대기처럼 쿵하고 힘없이 넘어지

*홍제원 : 서울 홍제동에 조선 말 고종 때까지 있었던 국영여관으로 중국 사신이 오면 서울로 들어오기 전에 묵었음

*창의문: 태조 때 서울성곽을 쌓으며 만든 4소문의 하나로 북문 혹은 자하문으로도 부르는데 태종 이후 풍수지리상 사람이 왕래하면 왕조에 안좋다고 하여 폐쇄했다가, 중종 즉위 후 개방. 인조반정 이후 공신들의 명단을 새겨 다락에 걸어놓았음.

지 않을 울타리가 어디 있겠는가.

李曙이서는 반정 성사 후 정사공신 1등에 올라 완풍完豊부원군에 봉해졌다. 마흔 중반의 나이에 날개를 달고 호조판서, 호위대장을 지냈다. 병자호란이 발발하자 남한산성에서 싸우다 57세로 진중에서 병사했다.

이중노는 반정 성공 이후 정사공신 2등에 올랐는데 애석하게도 이듬해에 일어난 이괄의 난 때 반란군 장수인 **李守百**이수백에게 피살되었다.

이서(曙새벽 서)의 자는 인숙(寅셋째 지지 인 叔아재비 숙), 아호는 월봉(月달 월 峰봉우리 봉)이다. 이름이 새벽을 의미하니 새로운 왕조를 열 운세인 셈이다. 그는 결국 그의 이름과 아호의 뜻대로 새벽 별과 새벽 달을 보며 폭군을 몰아내고 43세에 새 임금을 세운 것이다. 자는 '삼가다, 크다'는 의미를 지닌 인寅자를 지니고 있지만 12지지地支를 동물로 바꿔보면 범에 해당한다. 무인기질을 지닌 사람임을 알 수 있다.

그는 결국 범처럼 굴속에서 박차고 나와 새 임금을 옹립하여 새 시대를 열고, 외적이 침입하여 왕조 자체가 풍전등화의 운명에 놓이자 지금이 바로 내가 죽을 때라고 여겼던 것이다.

그는 57세의 결코 적지 않은 나이로 앞장서서 싸운 후 진중陣中에서 전우들인 후배 병사들이 지켜보는 가운데 죽었다. '선비는 책상머리에 머리를 쳐 박고 죽어야 하고, 무인은 싸움터에서 나라를 위해 피흘려 싸우다 죽어야 마땅하다'고 입버릇처럼 말하던 그였다.

'노쇠한 늙은이와 무거운 짐'을 뜻하는 이중노(重무거울 중 老늙은이 노)의 이름은 누가 보아도 어딘가 좀 어색하다. 결국 그는 새 임금을 세워 새 시대의 주역이 되었음에도 살아서 누리지 못하고 반란군 괴수에게 목숨을 잃고 말았다.

하지만 그가 죽은 뒤 꼭 10년 뒤에 두 아들이 아버지의 원수를 갚아주었다. 이괄에게 생포되었지만 끝까지 버티다가 46세로 참살된 풍천부사 朴榮臣박영신의 세 아들과 도모하여 이수백을 죽였던 것이다.

이수백은 반란이 실패로 돌아갈 것을 알고 제가 상관으로 받들고 있던 이괄의 목을 베다가 관가에 바치고 항복했는데, 조정에서는 그를 외딴 섬에 유배 보냈다가 세상이 잠잠할 때쯤 슬쩍 풀어준 후 여주에 살게 했다.

그런데 박영신의 큰아들인 30대 중반의 朴之屛박지병이 之垣지원, 之蕃지번 두 동생과 방어사로 이수백에게 죽은 이중노의 두 아들 文雄문웅, 文偉문위와 합세하여, 여주에 숨어 있는 이수백이 벼슬자리를 구하러 제 발로 서울로 오게 한 뒤 기습하여 아버지의 원수를 갚았던 것이다.

조정에서는 당연히 격론이 벌어질 수밖에 없었다. 즉, 사람을 죽였으니 마땅히 살인죄에 해당된다는 측과 역적을 죽였으니 충신이 아니냐는 쪽으로 팽팽하게 갈렸다. 金時讓김시양 등은 벌을 주라고 했고 吳允謙오윤겸 등은 용서하라고 주장했다. 결과는 잠시 의성으로 귀양을 보냈다가 이듬해에 풀어주는 쪽으로 끝이 났다.

복수극을 진두지휘한 박지병은 조정에서 참봉 벼슬 등을 내렸지만 사양하고 고향에서 평생 근신하며 지내다 83세로 조용히 영면했다.

박지병의 자는 여장(汝너 여 障가로막을 장)이고, 아버지 박영신의 자는 인보(仁어질 인 輔덧방나무 보)이다. 그리고 아들의 이름은 지병(之갈 지 屛병풍 병)이고, 아버지의 이름은 영신(榮꽃 영 臣신하 신)이다.

정말 기가 막히는 이름들이고 자이다. 아버지의 이름은 '수레바

퀴를 받쳐주는 나무가 되어 꽃처럼 향기로운 신하가 된다는 의미
이니, 역적에게 항복하여 대대로 치욕을 떠안게 되느니 깨끗이 죽
어 후손과 나라에 본보기가 된 것이다.

　아들은 병풍이 되어 아버지의 억울한 혼령과 명예를 지켜주고,
가로막는 담벼락이 되어 집안과 나라의 수치를 단 한번의 칼질로
꽉꽉 틀어막은 것이다.

　조선이 명나라에서 청나라로 사대事大의 대상이 바뀔 무렵 주화
파로서 일찌감치 청의 실체를 인정한 최명길의 경우를 살펴보자.

　영흥부사 崔起南최기남의 아들로 백사白沙 李恒福이항복과 申欽신흠
에게서 배우고 20세에 과거에 나가 관직생활을 시작했다. 그는 스
승을 잘 둔 탓인지 아니면 본인 스스로 처신도 잘하고 재주도 출
중했는지 승문원, 예문관을 거치며 가장 화려하게 관직에 데뷔했
다. 28세에 병조좌랑을 지내다 북인의 견제로 삭직削職되어 잠시
쉴 수밖에 없었다.

　하지만 37세에 이귀의 반정에 계획에 참여하여 그때부터 자신
의 실력을 아낌없이 발휘했다. 점술이 프로급이라 반정을 앞두고
길흉을 점쳐 거사시기를 결정짓는데 결정적인 역할을 하기도 했
다. 기억력이 뛰어났는지 그는 점술만이 아니라 양명학(장유 등과
양명학을 후대에 전수함)과 병법과 풍수지리에도 조예가 깊었다.

　반정에 성공한 이후 정사공신 1등에 책록되고 직위가 올라 50
세였던 병조호란 당시에는 병조판서를 맡고 있었다. 남한산성에
서 만여 명이 약간 넘는 병사로 이십만에 육박하는 청태종의 군
사와 맞설 때, 항복문서를 직접 쓰고는 그걸 빼앗아 찢는 김상헌
등의 척화파 대신들에게「싸우자니 힘이 부치고… 감히 화의하자
고 못하다가 하루아침에 성이 무너져 위 아래가 어육魚肉이 되면
종묘사직宗廟社稷을 어디에 보존하겠소?」하며 갈기갈기 조각이 난

항복문서를 주섬주섬 모았다고 한다.

50대 초반에 우의정, 좌의정을 거쳐 영의정에 올랐다. 실로 난리가 나서 수십만 명이 청에 붙잡혀 가고 수천 필의 우마가 만주족의 손으로 넘어가는 그런 위기 상황 속에서, 오히려 그는 인생의 전성기를 맞았던 것이다.

하지만 전성기는 잠시 한 때일 뿐 반정의 핵심세력인 김류, 김자점과 뜻이 안맞아 54세에 사직하지 않을 수 없었다. 2년을 쉬고 나서 56세에 영의정으로 다시 복귀했지만 환갑 이전에 죽을 고비를 넘겨야 했다.

즉, 임경업 장군을 통해 승려 獨步독보를 명나라에 보내 비공식 외교관계를 유지한 일이 발각되어 이듬해인 57세 때에 청나라에 끌려가 수감되고 말았다. 2년 후 영구 귀국하는 소현세자 일행과 귀국하여 61세로 죽기까지의 마지막 몇 년은 별로 좋지 않았다.

대신들과 세상에서 불길한 일을 자초하는 소인배로 비난했기 때문이다. 하지만 손자 崔錫鼎최석정이 숙종 임금 밑에서 영의정을 지내며 할아버지 최명길의 불명예를 말끔히 씻어주었다.

최명길이 청나라에 항복하도록 앞장선 후 청의 후광을 입어 일신의 출세만을 도모했다는 후세의 평판을 듣더라도, 한 가지 반드시 짚고 넘어가야 할 점이 있다. 즉, 이괄의 난이 일어나 새로 세워진 인조 임금(서울이 점령되어 공주로 피난을 가야했음)의 위치가 마구 흔들릴 때, 그는 죽음을 무릅쓰고 임진강을 건너 원수 張晩장만*을 찾아가 계책을 세워 안현 전투에서 대승을 거두게 했다.

장만이 이끄는 관군은 안현 전투 승리로 그동안 승승장구하던 반란군의 예봉을 꺾고 진압의 전기를 마련할 수 있었으니, 최명길이 장만에게 가르쳐준 비책秘策이 바로

*장만 : 1566-1629. 자는 호고好古, 아호는 낙서 洛西. 광해군 시절에 형조, 병조판서 역임. 반정 성사 뒤에 8도 도원수 맡아 평양에 머물며 이괄의 난을 평정한 공로로 옥성부원군에 봉해짐. 1627년 정묘호란 시 적에 대한 대처를 잘 못했다 하여 삭탈관작되고 부여에 유배갔다가, 과거 전공이 참작되어 복관됨.

효자노릇을 한 것이다. 그때 최명길은 38세였고 장만은 58세였다.

1636년 청의 기동대가 급습했을 때도 최명길은 50의 나이로 자원하여 적장을 직접 찾아가 목숨을 걸고 침략행위에 항의했다. 그의 그런 엉뚱하고 무모하기까지 한 행동은 다 계산된 것이었다. 즉, 왕과 세자를 비롯한 왕족, 대신들이 남한산성으로 피신할 시간을 벌어주기 위한 어쩔 수 없는 모험이었다.

그는 비록 주화파로 몰려 후세의 비난을 한 몸에 받았지만 그의 확실한 색깔 짓기로 그는 청나라 조정을 오가며 온갖 난제들을 앞장서서 해결했다. 그리고 사족士族들에게 청에 끌려갔다가 '속전'을 주고 풀려나 귀국한 부녀들과 혼인관계를 계속 유지해야 옳다고 주장했다.

개인적으로도 그는 덕스러운 사람이었다. 아들이 생기지 않자 조카를 양자로 들였는데 뒤늦게 그만 부인이 아들을 낳게 되었다. 하지만 그는 한번 양자로 맺은 조카를 그대로 후사後嗣 삼게 해달라고 조정에 탄원하여 허락을 받아냈다.

39세 때는 관직체계, 토지제도, 군사제도 등 국정전반에 걸친 개혁안을 올려 병자호란 이후 국정혁신의 기본 청사진이 되게 했다. 재상의 권한을 확대하여 행정의 능률을 기하고 호패법을 실시하여 백성의 부담이 균등하게 되도록 했다. 또한 관료들의 분란을 최소화할 수 있도록 업무 추진 절차와 권한의 한계를 명확히 했다.

본래가 명분보다 실용과 실리를 중요시하는 현실론자였던 탓에 인조가 생부 정원군定遠君을 왕으로 추존하고자 할 때 임금의 지극한 효심을 따라 찬성한 탓에 대신들로부터는 탄핵을 받았다. 기회주의자가 아니라 분명한 실용주의적 원칙을 고수했던 것이다.

죽기 한 해 전에는 인조가 한 해 전에 급사한 소현세자의 부인 세자빈 강씨를 왕과 왕비를 저주하고 독살하려 했다는 죄목으로 사사하려 하자, 나라가 청의 압제 아래 어려울 때 남편 소현세자를 따라 청에 끌려가 십여 년 가까이 고생하다 왔으니, 제발 급서한 소현세자의 혼령을 생각해서라고 용서해 주십시오 라고 왕에게 간청했다.

최명길(鳴울음소리 명 吉길할 길)의 자는 자겸(子아들 자 謙겸손할 겸), 아호는 지천(遲늦을지 川내 천)이다. 공신 리스트에 오른 후 완성(完부완전할 완 城성채 성)군에 봉해졌는데, 이름과 아호가 참으로 신기하다. 이름은 '소리를 내 기쁜 소식을 전한다'는 의미이고 아호는 '느리게 흐르는 냇물' 혹은 '게으른 물귀신'을 뜻한다. 30대 후반에 얻은 군호가 '나라를 완전하게 해 놓는다'는 뜻이다.

울음소리로 길흉을 알린다는 이름처럼 그는 평생 나라를 위기에서 구하는 일에 매달렸다. 폭군 광해군을 몰아내고 인조 임금을 세운 일, 곧 이어 터진 이괄의 난을 평정한 일, 정묘호란과 병자호란을 실용노선, 실리외교로 대처하여 나라를 구한 일들이 모두 그의 이름 속에 내포되어 있다.

30대 후반에 받은 군호의 의미(나라를 완전하게 해 놓는다)대로 그는 61세의 전 생애 중 마지막 10년을 가장 활발하고 화려하게 보냈다. 또한 아호의 의미대로 그는 '늦게 꽃을 피우는' 운세였던 것이다. 52세에 맞이한 병자호란으로 그는 일생 중 그 어느 때보다도 더 혁혁한 족적을 남기며, 정말 늦게 찾아온 관운과 일복을 아낌없이 소화해 냈다.

반정으로 폭군을 몰아내고 다들 공신 리스트에 올랐지만 몇 사람은 아주 비극적인 최후로 끝나고 말았다. 이괄, 심기원, 김자점이 바로 그들이다.

먼저 이괄의 경우를 살펴보자. 30대 중반에 폭군을 몰아내고 새 임금을 세우려는 거사계획을 접하게 되었다. 함경도 병마절도사로 부임하기 직전에 반정에 가담하여 큰 공을 세웠지만, 계해정사 공신 1등 10명에 못 들어가고 2등 15명 중 한 사람으로 끼였다.

거기에다 중앙관직을 원했음에도 후금이 침략할지 모르니 북방을 방어하는 일이 중요하다며 그를 평안도 병마절도사로 임명하여 영변에 머물게 했다. 이런저런 일로 부아가 치밀어 오르는 판에 집안에 큰 일이 터지고 말았다.

아들 旃전이 지식인들과 교류하며 '무식한 공신들이 권력을 독점하여 그 횡포가 너무도 극심하다'며 크게 개탄했는데, 그만 그 일이 반역을 꾀한 것으로 조정에 밀고되어 영변 군영을 향해 이미 의금부도사가 출발했다는 불길한 소식이 들려왔다.

잘못하다가는 정말 멸문지화滅門之禍를 당할 참이었다. 이괄은 부하 이수백, 기익헌, 그리고 구성부사 한명련을 앞세워 1만여 군사로 서울을 향해 진격했다. 그의 투정과 아들의 개탄이 前敎授전교수 文晦문회에 의해 반역을 꾀하고 있다는 식으로 조정에 밀고되었던 것이다.

조정에서는 재빨리 한양에 있던 이괄의 아들을 체포하고 뒤이어 77세의 영의정 이원익을 도체찰사로 삼아 반란군 토벌에 나섰다. 반란군과 내응할지도 모른다며 억울하게 낀 사람들도 분명히 있었을 텐데도 35명 이상을 처형했다.

그 중에는 영의정을 지낸 奇自獻기자헌도 있고, 임진왜란 때 20대 후반의 나이로 趙憲조헌과 의병을 일으켜 싸우고 명나라에 찾아가, 쌀 10만 석은 너무 많으니 조선의 사정을 감안하여 감량해 달라고 요청하여 실제 감량되게 한 全有亨전유형(58세로 처형된 후 4년 뒤에 '죄 없다'하여 신원됨)도 끼어 있었다.

이괄은 초전박살의 기세로 남하하여 서울을 점령한 후 임금이 공주로 피난 가고 없는 도성에서 선조 임금의 열 번 째 왕자인 흥안군興安君 瑅제를 왕으로 추대하고 3일 천하를 열었다.

1623년 2월 11일이었다.

흥안군은 말 그대로 뭔가가 단단히 씌워 죽으려고 환장을 했던 것 같다. 그렇지 않아도 흥안군(온빈 한씨 소생)이 역모를 꾀한다는 소문이 나돌아 걱정한 인조 임금이 이괄의 난을 피해 공주로 피난 갈 때 그를 데리고 갔었다.

그런데 무슨 정세판단을 그런 식으로 했던지 그는 도중에 도망쳐 이괄의 진중으로 들어가고 말았다. 공연한 욕심만 있고 용기나 지혜는 전혀 빵점이었던 것 같다. 이괄이 도망치자 그도 소천으로 도망을 쳐 민가에 몰래 숨었는데 그 쪽 현감으로 있던 安士誠안사성이 체포하여 서울로 압송하자 도원수 심기원 등이 처형했다. 참으로 희한한 일생이다. 헛된 야망이 난세를 만나 마치 부나비나 하루살이처럼 허망하게 사라지고 만 것이다.

그날 밤 58세의 노장군 張晩장만은 패잔병을 모아 전선을 가다듬은 후 안령에서 이괄의 반란군을 대파했다. 이괄은 황급히 광희문을 빠져나가 이천으로 도주했다. 그 뒤를 임진왜란 때 권율 장군 휘하에서 싸우며 의주로 피난간 임금과 이항복에게 권율 장군의 장계狀啓를 전달하기도 했던 48세의 鄭忠信정충신 장군이 맹렬히 추격했다.

일이 잘 안 풀리면 내부 분란이 생기기 마련인 법, 이괄이 쫓기는 신세가 되자 그 부하들이 가만히 있을 리가 없었다. 부하 장수인 기익헌과 이수백 등이 대장인 이괄과 구성부사였던 한명련 등 총 9명의 목을 베어 들고 관군에게 항복했던 것이다. 이괄의 나이 겨우 37세였다.

이괄(适빠를 괄)의 자는 백규(白흰 백 圭홀 규)이다. 이름대로 그는 빨리

가려다 그만 서른 후반에 목숨이 끊어지고 말았다. 자의 의미가 특히 신기하다. 흰 백白에는 '날이 새다'는 의미가 있는데, 그는 정말 말 그대로 이미 위엄이 사라진 껍데기 '흰' 관작官爵의 심볼을 들고 나라를 집어먹으려 반란을 일으켰던 것이다. '홧김에 뭐 한다'는 말이 있지만 궁지에 몰리게 되었다고 함부로 목숨을 내걸 일이 결코 아니라는 것을 이괄의 최후에서 쉽게 깨달을 수 있다.

이괄의 난과 함께 꼭 기억해야 할 인물들이 있다.

한 사람은 이괄의 친한 친구로, 이괄이 절대 반란을 꾀할 사람이 아니다며 변호하다가 정작 반란이 일어나자 그만 35세로 참살된 사람이고 다른 한 사람은 의주부윤을 협박하러 온 이괄의 부하를 죽이고 그 길로 병사를 이끌고 한양으로 들어와 안현전투에 참가한 사람이다.

金元亮김원량은 金長生김장생*의 문인으로 스승의 아들인 열 다섯 살 위인 金集김집*과 함께 학행學行으로 천거된 인물이다.

비록 죽은 뒤 37년만(1661년 현종 대)에 훈작이 복구되어 명예회복을 이뤘지만 실로 친구 따라 강남 간다고 그야말로 역적인 친구를 변호하다 죽은 몇 안되는 케이스일 것이다.

그의 일생은 어쩌면 인조 임금이 들어설 때부터 꼬이기 시작했던 것 같다. 李時白이시백의 권유로 반정 모의에 참가하긴 했으나 정작 거사 당일에는 두문불출하고 전혀 움직이지 않았다. 심지어 임금이 될 능양군을 맞이하는 그 중요한 모임에도 불참했다. 그런 탓에 반정의 핵심인물들이 모여 논공행상을 할 때, 스승 김장생 밑에서 동문수학한 이후원과 함께 공이 전혀 없으니 공신 리스트에 들 자격이 없다며 극구 사양했다.

하지만 운명의 장난인지 그는 정사공신 3등에 당당히 올려지고 말았다.

金泰巖김태암은 워낙 용맹스럽고 무예가 출중하여 일찍이 유명세를 단단히 치르던 인물이다. 정묘호란이 일어나기 5년 전에 후금에 쫓긴 명나라 장수 毛文龍모문룡이 평북 지방에 무단히 들어와 양민을 노략질하며 혼란을 조성했다.

김태암은 명나라 군사 수십 명을 죽이는 것으로 화끈하게 분풀이를 했고, 화가 난 모문룡은 300명의 군사를 보내 김태암의 집을 포위했다. 김태암은 말을 타고 일단 포위망을 뚫은 후 뒤쫓아오는 명나라 군사들을 모조리 죽였다.

이에 감탄한 모문룡은 조선에는 정말 날아다니는 장수, 비장군飛將軍이 있구나 하며 한번 만나고 싶다고 말했다. 실로 대단한 무용담인 셈이다.

김태암은 이괄의 난을 평정한 후 진무공신振武功臣에 책록되었다. 3년 후 정묘호란 때는 의주성을 수비하다 적군이 겹겹이 에워싼 것을 알고 전세가 기운 것을 직감한 뒤 장렬히 자결했다.

친구를 변호하다 죽은 김원량(元으뜸 원 亮밝을 량)은 명숙(明밝을 명 叔아재비 숙)이라는 자와 미촌(蘪천궁 미 村마을 촌), 율촌(栗밤나무 율 村마을 촌)이라는 두 개의 아호가 있다. 기질이 밝고 다정다감한 탓에 친구를 멋모르고 옹호한 것이다. 실로 저 죽을 줄 모르고 앞뒤 안가린 채 앞장서서 구명에 나서 준 것이다.

이름과 자에 모두 밝다는 의미와 명석하다, 돕다는 의미가 깃들여 있다. 두 개의 아호는 각각 '풀이 우거진 마을'과 '밤나무 우거지고 알곡이 여물어 가는 마을'을 뜻한다.

명석하고 온유하나 기질이 너무 소박하고 순수하다보니, 뒤로 물러서서 관망할 때에 그만 앞장서서 속을 드러냈다가 서른 중반에 목숨을 잃고 만 것이다.

김태암이란 사람에 대해 살펴보자.

그의 이름 태암(泰클 태 巖바위 암)에는 '넉넉하고 아늑하다'는 의미와 '바위로 장식된 험준한 낭떠러지'라는 의미가 함께 들어있다. 이름에 위태로워야 오히려 편안함을 느끼는 대단히 용맹스러운 기질을 암시하고 있다. 용맹스럽지만 명예욕, 또한 그 용맹 못지 않게 대단함을 은근히 드러내고 있는 것이다. 불타는 의협심과 수치를 혐오하는 명예심이 그의 대표적인 특징이라고나 할까….

자반(子아들 자 盤소반 반)이라는 자의 의미가 참으로 신기하다. '주춧돌이 될 사람'이라는 의미인 셈이다. 목숨을 초개같이 여기는 그의 본성 탓에 그는 국난이 있을 때마다 최전선을 지키며 후손을 위해 나라를 지켜 준 것이다.

끝내 자결로 생애를 마감하여 항복이라는 수치를 피했고, 후일 그의 집 앞에 충신열사를 상징하는 정문旌門이 숙종 임금 때에 세워져 그가 목숨 걸고 지키려 했던 명예가 보란듯이 지켜진 것이다.

다음으로는 沈器遠심기원이란 사람을 눈여겨보자.

특이하게도 유생儒生신분으로 반정에 참여하여 1등 공신에 올랐으니 그 공로가 실로 대단했던 모양이다.

반정이 나던 해에 그의 나이가 36세였으니, 이팔 청춘도 아니고 이십 대 피끓는 청년도 아닌데 어떻게 그리 화끈하게 자신의 운명을 개척했는지, 되돌아보면 그저 운명이라고 말할 수밖에 없을 것 같다.

스승이 權鞸권필*이니, 이미 그 제자인 심기원의 성향을 가히 짐작할 수 있는 게 아닌가?

*권필: 1569-1612. 자는 여장, 호는 석주. 정철의 문인으로 과거에 뜻이 없어 시와 술로 소일하던 중 강화도로 건너가 제자들을 양성. 명나라 대문장가로 알려진 고천준이 사신으로 오자 접빈을 맡은 이정구가 사신과 교류할 문사를 엄선할 때 야인 신분으로 뽑혀 문명을 떨침. 임진란 때는 주전론主戰論을 폈고 광해군 때는 권신 이이첨이 교제를 청해도 거절. 광해군의 비인 유씨의 아우 유희분 등 척족이 방종하게 굴자 그는 시를 지어 이를 비방. 대로한 광해군이 비방한 시의 출처를 찾던 중 김직재의 옥에 연루된 조수운의 집을 수색하다가 그의 시를 발견. 그는 친국을 받은 후 유배형에 처해졌는데 동대문밖에 이르자 사람들이 술을 가져와 그에게 마시게 하자 폭음한 후 이튿날 43세를 일기로 죽음. 반정 후 정5품 사헌부 지평에 추증됨.

심기원의 30대 후반은 말 그대로 날개를 달고 훨훨 나는 기세였다. 형조좌랑, 동부승지, 병조참판을 거치며 파격적인 승진을 거듭했다. 이괄의 난 때는 도원수로 반란진압을 지휘했다.

불혹의 나이에 맞은 정묘호란 때는 경기, 충청, 전라, 경상도 도검찰사로 소현세자를 수행했다. 강화유수, 공조판서를 지내다 49세에 맞은 병자호란 때는 유도대장으로 서울을 방어했다. 패전 뒤에는 우의정, 좌의정을 지냈는데, 일생일대의 고비가 바로 좌의정으로 남한산성 수어사를 겸직하고 있던 57세 때에 생기고 말았다.

역모를 꾀한다는 보고가 조정에 들어온 것이다. 심복장수들을 호위대扈衛隊에 두고 지사를 지낸 이일원, 광주부윤 권억 등과 짜고 회은군懷恩君* 德仁덕인을 추대하고자 한다는 밀고였다.

그의 부하인 황헌, 이원로 등이 훈련대장 구인후에게 일러바쳤다니, 단순한 뜬소문이 아니었던 모양이다. 결국 심기원과 그 충복들은 처형되고 회은군은 사사되었다.

명나라로 망명하여 명나라 군대의 총병總兵으로 청나라와 싸우다 청의 포로가 되어 있던 林慶業임경업도 연루되었다고 밀고되었다. 인조 임금의 요청으로 청나라가 그의 본국 송환을 허락하자 그는 죄수로 송환되어 고문을 받다가 52세를 일기로 비참하게 죽었다.

*회은군 : 사은사로 중국 심양에 가 종실 포로들의 본국 송환을 교섭하여 많은 이들을 구해냈는데, 후일 우의정과 경상감사를 지내며 선정을 베풀어 청송이 자자했던 '이숙이란 이도 그가 주선하여 귀국한 사람임

그가 워낙 골수 반청파反淸派라, 청나라의 힘에 빌붙어 조선반도의 정세와 조정의 일거수일투족을 청에 은밀히 알려주고 있던 김자점이 형리刑吏를 매수하여 그를 장살杖殺시켰다는 설이 있다.

24세에 무관으로 관직에 나가 30세에 48세의 鄭忠信정충신 장군 휘하에서 이괄의 난을 진압하고 '진무공신 1등'에 올랐다.

그 후 정묘, 병자의 호란을 연거푸 맞아 나라를 지키는 일에 온몸을 불살랐지만, 이상하게도 40대에는 명나라와 청나라 사이에

서 곡예를 하며 파란만장한 10년 세월을 보내야 했다. 그는 조선의 충신열사로 자리매김하다가 말년에는 명나라의 충신열사로 자신을 국제화시켰던 것이다.

심기원(器그릇 기 遠멀 원)의 자는 수지(遂이를 수 之갈 지)이고, 반정공신으로 받은 군호는 청원(靑푸를 청 原근원 원)부원군이다.

이름은 '스스로 그릇이 되어 그 쓰임새를 멀리 퍼뜨린다는 뜻이니, 한낱 유생의 신분으로 폭군을 몰아내고 새 임금을 세우는 일에 불쑥 앞장서서 1등 공신 리스트에 올랐던 것 같다.

자는 '반드시 이루고야 만다'는 의미이니, 비록 서른 후반부터 벼슬길에 나섰지만 승승장구하며 실로 눈부신 승진을 거듭할 수 있었을 것이다. 그리고 '파란 관복을 입고 우두머리가 된다'는 군호처럼 그는 확실히 오로지 용맹과 기백만으로 30대 후반에서 50대 중반까지 멋지게 살다가 마지막 단계에서 그만 삐끗하고 만 것 같다.

그는 자신보다 한 살 위인 최명길과 한 살 아래인 김자점의 으르렁거리는 반목과 대립의 사이에서 최명길에 동조했기 때문에 김자점의 반감을 사게 되었다.

그가 57세로 역모죄를 뒤집어쓰고 처형되고 난 후 김자점의 전성시대가 열린 것만 보아도 그를 죽음으로 내몬 역모사건의 내막에 뭔가가 숨겨져 있다는 것을 쉽게 짐작할 수 있다.

이제 문제의 인물인 김자점의 일대기를 뜯어보자.

정적인 최명길보다 겨우 2년 더 살고 63세로 생애를 마감했지만 참으로 많은 잡음과 피비린내 나는 족적을 남겼다. 마치 중종 임금 대에 자신에 반기를 들면 종친宗親이던 공경公卿이던 가리지 않고 죽여 없애야 직성이 풀렸던 金安老김안노(1481-1537)의 일생과 아주 흡사하다.

광해군 대에 병조좌랑을 지내고 새 임금(인조)을 세우는 반정에 적극 가담하여 1등 공신에 올라 서른 중반부터 출세가도를 달리기 시작했다. 한성부판윤을 맡아 조선의 서울을 관장할 때는 대단히 강직하다는 평판을 얻기도 했다.

아마도 스승 成渾성혼*의 제자로 글공부 하나는 제대로 배웠을 테니, 40대 중반까지는 그런 대로 괜찮은 관료로 자리매김될 수 있었을 것이다.

하지만 48세에 맞은 병자호란 때부터 본색을 드러내기 시작했다. 도원수로서 밀려오는 청나라 군대를 임진강 이북에서 막았어야 하는데 싸움을 회피한 채 서울로 진격하는 청군을 그저 방관만 하고 있었다.

조정에서 이를 알고 처형해야 한다고 목소리를 높였지만 반정 공신인 탓에 유배형에 처해지고 끝이 났다. 4년 뒤인 52세에 재기용되어 강화유수와 호위대장을 지내며 슬금슬금 자신의 실추된 이미지를 회복하기 시작했다.

반정의 동지이자 자신보다 한 살 위로 거칠 것 없이 승승장구하던 심기원이 마침 역모를 꾀한다는 귀띔을 듣고 기회는 바로 이 때다 하며 쾌재를 불렀다. 결국 그는 심기원과 회은군이 연루되고, 청의 포로로 잡혀있던 임경업 장군마저 관련이 있다고 판단, 대대적인 숙청을 가했다.

그 결과 그는 전보다 더한 기세로 용오름을 보이며 조정의 핵심실세로 급부상했다. 2년 뒤에 58세로 영의정이 된 것만 보아도 그가 단기간 내에 얼마나 권력기반을 확고하게 잘 다졌는지 쉽게 짐작할 수 있는 일이다.

소현세자와 함께 패전한 조국을 등진 채 승전국 청나라의 초기 수도 심양으로 끌려가 남편과 함께 8년간이나 인질생활을 하다가

*성혼 : 1535-1598. 좌의정이 추증된 성수침과 파평 윤씨 사이에서 출생. 같은 고을에 살던 이이와 1572년부터 6년간 사단칠정론四端七情論과 이기론理氣論을 주제로 서신왕래하며 이황의 이론을 지지. 이이, 정철과 함께 서인 진영에 속해 북인인 정인홍의 심한 견제를 받음. 조헌, 황신, 이귀, 정엽 등이 제자들임.

153

귀국한 세자빈 강姜씨가 인조의 후궁인 소의昭儀 조趙씨의 모함(인조 임금을 저주하고 음식에 독약을 넣어 죽이려 했다는)을 받아 죽게 되었을 때 환갑을 내다보는 정승임에도 그는 죽여야 한다고 주장했다.

그 결과 1645년 3월에 세자빈은 사사되고, 두 해 전에 중추부영사로 있다가 63세로 죽은 친정아버지(강석기 : 1580-1643)는 관작이 추탈되었다. 그리고 친정어머니와 친정의 네 형제들, 그리고 소현세자의 세 아들들도 모두 참화를 당하고 말았다.

9년 뒤 효종 임금 대에 황해도 관찰사로 있던 金弘郁김홍욱 (1602-1654)이 억울하게 죽은 강씨를 명예회복 시켜야 한다고 상소했다가 그만 더 이상 언급하지 말라는 효종의 엄명을 어긴 죄로 친국親鞠을 받고 장살杖殺되고 말았다.

뒤늦게 후회한 효종이 죽고 없는 그를 용서했지만, 정작 세자빈 강씨와 친정아버지는 숙종 대(1717년, 영의정 김창집이 발의)에 이르러서야 신원되었다.

김자점의 본색은 효종 대에 와서 더욱 적나라하게 드러나기 시작했다.

산림山林세력으로 불린 송시열, 송준길 등이 효종*()과 더불어 북벌계획을 추진하자 그는 청의 앞잡이인 역관 정명수를 시켜 청의 조정에 알리도록 했다. 하지만 부메랑은 오히려 김자점 자신에게 돌아오게 되고 급기야는 탄핵을 받아 광양으로 유배를 가게 되었다.

김자점의 청나라에 빌붙기는 거기에서 끝나지 않았다.

송시열이 지은 장릉지문長陵誌文(장릉은 인조와 인조비 인열왕후 한씨의 능)에 청나라 연호대신 명나라 연호가 기록되어 있는 것을 알아내고 원본 자체를 청의 조정에 보냈다. 청은 대군을 국경에 배치해 놓고 어찌된 연유냐며 힐난하기 시작했다.

*효종 : 왕자시절 형 소현세자와 함께 청에 끌려가 8년여 간 인질생활을 한 탓에 청에 대한 증오심이 컸음

*이경석 : 1595-1671. 정종 임금의 후손으로 22세 때는 과거급제 했으나 인목대비 폐모론에 반대하여 급제가 취소됨. 예문관 제학으로 있

영의정 李景奭이경석*이 나서서 가까스로 수습했지만, 김자점의 청나라에 대한 충신 짓으로 나라 자체가 위태로운 상황이었다.

그때 마침 진사 신호 등이 김자점의 역모를 상소로 고발했다. 효종이 직접 김자점의 아들 金鈗김익을 인정문仁政門에서 심문하니 그는 공모한 무장들의 이름을 낱낱이 실토했다. 김자점은 아들, 손자 金世龍김세룡와 함께 역모죄로 처형되었다.

인조의 후궁이자, 김세룡(효명옹주의 남편)의 장모인 귀인貴人 趙조씨는 큰아들 숭선군을 왕으로 추대하려고 꾸몄을 뿐만 아니라, 큰 며느리 신申씨(큰아들 숭선군의 아내)를 저주한 일이 발각되어 마침내 사사되고 말았다.

조귀인의 두 아들(숭선군, 낙선군)과 효명옹주는 유배형에 처해졌는데, 인조의 여섯째 왕자이자 막내인 낙선군 潚숙만 5년 뒤에 석방되어 현종과 숙종의 총애를 받으며 정2품인 중추부판사를 지냈다.

무엇이 김자점의 63년 생애를 그렇게 얼룩덜룩 만신창이로 만들어놓았는가?

김자점(自스스로 자 點점 점)의 이름 뜻은 '몸소 일어나 하나하나 점검한다'는 뜻이고, 자는 '이루고야 만다'는 성지(成이룰 성 之갈 지), 아호는 '강물을 이용해 종착점에 이른다'는 낙서(洛강이름 낙 西서녘 서)이다.

이름과 자에서 '스스로 꼼꼼히 헤아린다'와 '기필코 이루고야 마친다'는 치밀하고 굳센 의지를 엿볼 수 있다. 아호에서는 '큰물에 배를 띄워서라도 반드시 이를 곳에 이르고야 만다'는 똥고집이 물씬 풍겨난다.

35세에 인조반정을 만나 출세길이 열렸지만, 기회를 엿보며 출세를 위해 수단방법을 가리지 않는 근성 탓에 그는 그만 엉뚱한 길로 빠지고 만 것이다. 즉, 마흔 후반에 맞게 된 전란(1636년의 병자호란) 속에서 너무 재빨리 실리와 현실 쪽에 기울고 만 것 같다.

망해 가는 명나라와 떠오르는 청나라 사이에서 청나라를 택해 빌붙고자 한 것은 이해가 되나, 그는 한 걸음 더 나아가 조선을 버리고 청을 택하는 데까지 이르고만 것이다. 강 위에 배를 띄우고 어디로 갈까 망설이다가 그는 엉뚱한 곳으로 배 머리를 돌리고'만 것이다.

그래도 인조반정의 1등 공신이고 성혼이라는 학계의 거물 밑에서 같은 반정 공신인 이귀와 함께 배운 탓에 '후금'이 청으로 바뀌기 이전까지는 그런 대로 자신의 실력을 발휘하며 이루고 또 이루는 일에만 매달렸었다.

하지만 그는 초강대국 청의 위용 앞에서 그만 넙죽 엎드러지고만 것이다. 환갑이 넘은 나이에 제 나라 임금과 자기 나라 조정이 청나라를 쳐들어가려는 비장한 책략을 적국에 고스란히 고자질하여, 또 한번의 굴욕을 준 일은 참으로 백 번 죽어 마땅한 대역죄임이 확실하다고 볼 수밖에 없다.

그는 아마도 고려가 원나라의 속국이 되었던 것처럼 조선도 청의 속국이 되어야 한다고 생각했는지도 모른다. 아니면, 병자호란 초기에 물밀 듯이 몰려오는 청나라 십만 대군을 보고 놀라 길을 선뜻 내주고 만 일을 정당화시키기 위해, 청나라와의 좋은 관계를 지상과제로 여겼는지도 모른다.

청에 굴복하는 것은 역적질이 아니라 현실을 직시한 실리외교 노선이라는 식으로, 자신의 전과前過와 현재의 빌붙기를 항변했을 것이다.

반정과 더불어 여러 사람들의 팔자가 뒤바뀌고 말았지만 다음의 두 사람이 겪은 과도기는 남보다 더 특이한 데가 있다. 우선 **李德泗**이덕형(1566-1645)의 경우를 보자. 30세에 과거에 급제하여 반정 당시에는 57세의 적지 않은 나이로 정7품 벼슬인 예문관 봉교奉敎를 맡고 있었다. 직급은 그리 높지 않아도 승지와 더불어 왕의 측근에서 일하며 임금의 교칙을 마련하는 일을 하기 때문에 근시近侍로 불렸던 중요 직책이다.

그는 광해군이 내몰리고 새 임금이 될 능양군이 대궐로 들어서자마자 쏜살같이 인목대비에게 달려가 반정 상황에 대해 상세히 보고했다. 그리고 뒤이어 능양군에게 '어보御寶(임금의 도장인 옥새와 옥보)를 내리셔야 하옵니다'라고 조언했다.

반정 후 뒤늦게 출세길이 환하게 열려 형조판서, 의금부판사, 우찬성을 역임했다. 실로 중요한 시기에 중요한 장소에서 중요한 역할을 한 덕택에 말년(57세에서 79세까지)을 화려하게 꽃피울 수 있었던 것이다.

이덕형(德덕 덕 洞멀 형)이란 이름은 '어질면서도 차가운 성품'이란 뜻이고, 자는 '벼슬이 높아 우러름 받는 어른'인 원백(遠멀 원 伯맏 백), 아호는 '샘물 가에 자라는 무성한 대나무 숲을 의미인 죽천(竹대나무 죽 泉샘 천)이다.

늦게 관직에 나가 임금 곁에서 오래 일하다보니 굽실거리는 몸가짐만 늘어났는데, 환갑 직전에 임금의 어보御寶가 그에게 날개를 달아주어 벼락을 맞은 듯 활활 타오른 것이다.

정말 멀게만 느껴졌던 종1품 우찬성을 늦은 나이에 맡아보았으니 비록 3정승(정1품인 영의정, 좌의정, 우의정)에는 못 이르렀으나 실로 소원 성취한 셈이다.

반정을 통해 특이한 운명반전을 겪었던 이가 또 한 사람 있다.

임진, 정유의 왜란 이전과 이후에 두 차례나 영의정을 지내고 70세로 장수까지 한 李山海이산해의 아들 李慶全이경전(1567-1644)이 바로 그 사람이다.

　　23세 때에 이미 아버지의 코치를 받고 송강 정철을 탄핵하여 유배형에 처해지게 했고, 41세 때는 정인홍과 더불어 세자로 있는 광해군을 폐위시키고 대신 어린 영창대군을 세자로 옹립하려는 영의정 유영경을 탄핵하다가 도리어 자신이 강계에 위리안치圍籬安

*위리안치 : 집 주위에 가시나무 울타리를 쳐 죄인을 가두어 둠

置*되기도 했다.

　　하지만 광해군의 등장으로 대북파가 정권을 잡자 자연히 풀려나게 되었다. 덕분에 광해군 치하에서는 관찰사를 두루 거치며 나름대로 한산 이씨의 집안 배경을 적절히 활용했다. 45세 때는 아버지(이산해)와 이이첨이 합세하여 소북파를 몰아내려는 음모에 깊숙이 개입하기도 했다. 즉, 봉산군수가 병조문서를 위조하여 들고 다니는 김경립이란 자를 취조하게 되자, 이를 역모사건으로 꾸미고자 획책했다.

　　성균관 학유學儒인 김직재, 김백함 부자가 광해군의 이복형인 순화군의 양자 진릉군晉陵君을 왕으로 추대하려 역모를 꾀하고 있다는 식으로 단순한 문서 위조범을 전형적인 역모사건으로 뒤바꿔 놓았던 것이다.

　　이를 통해 조정에서는 역모사건을 잘 처리했다며 이이첨, 이산해 등 대북파에게 형난공신亨難功臣의 훈호를 내렸다. 그런 덕인지 이경전도 51세에 정2품인 좌참찬에 이르렀다.

　　이경전의 잔재주는 인조반정 이후 그 진가를 톡톡히 발휘했다. 반정의 핵심세력인 서인에게 아첨하여 목숨을 부지한 후 주청사奏請使로 명나라에 달려가 새 임금, 인조의 임금 책봉을 요청했다.

　　일을 마치고 돌아오니 고생했다'며 한평韓平부원군이란 군호를 내려주었다. 70세에 병자호란에 패하고 항복하게 되자 청의 승전을 기념하는 '삼전도비'를 쓰라는 명령이 떨어졌지만 그는 예의 그 꾀를 내, 몸이 늙고 아파 도저히 글이 안 써진다며 거절했다.

후일 치욕이 될 것을 미리 내다보고 '내가 안하면 남이 하겠지' 하며 '고난의 십자가를 옆으로 슬쩍 밀어낸 것이다. 결국 예문관 제학으로 있던 **李景奭**이경석*대감이 대신 '삼전도비'를 쓰고 후에 송시열 등의 학자들로부터 혹독한 비판을 받았다.

*이경석 : 1595-1671; 효종 즉위 후 영의정으로 북벌 정책을 트집 잡는 청의 협박을 홀로 막아냄

이경전은 요리조리 몸을 피하며 요령을 피운 덕택에, 77세로 죽기 4년 전에도 형조판서의 자리에 있었다.

이경전(慶경사 경 全온전할 전)의 이름은 '좋은 일이 겹쳐 매우 흡족하다는 뜻이고, 자는 '앞장서지 않고 최대한 실속을 찾는다'는 중집 (仲버금 중 集모을 집), 아호는 '돌을 쌓아 만든 다락에서 안심하고 편히 지낸다'는 의미인 석루(石돌 석 樓다락 루)이다.

영의정을 지낸 아버지와 십 수년간 대궐을 함께 드나들며 아버지의 후광을 최대한 누렸으니 남들에 비해 경사가 겹친 격인 셈이다. 아들이 과거에 막 급제하여 본격적으로 관직생활을 시작할 때 아버지 이산해는 이미 영의정의 자리에서 광해군을 옹립한 대북파의 우두머리였다.

앞장서기 보다 약간 뒤에 쳐져 오히려 실속을 크게 차리는 성격이니 광해군 때 막강한 실세(소북파의 우두머리였던 영의정 유영경)를 탄핵하여 유배보다도 더한 형벌(외딴 집에 가택연금 상태로 방치되는 위리안치)을 받았지만 용케 광해군이 즉시 즉위하게 되어 오히려 핵심 실세로 재등장하게 되었다.

그때 그의 나이 41세였으니 마흔 고개에 접어들자마자 출세길이 활짝 열린 것이다. 그리고 56세에 자신이 충성을 다 바치며 출세가도를 신나게 달렸던 광해군 시대가 가고 새 임금이 들어서게 되자 그는 '좋은 일을 확실히 거머쥔다'는 자신의 이름이나 '실속파로 살아간다'는 자신의 자가 지닌 의미처럼, 잽싸게 반정의 실세들인 서인들에게 빌붙어 당당히 재기했던 것이다.

광해군의 심복이 새로 들어선 인조임금의 왕 계승을 사후 결재를 맡으러 명나라로 가게 되었으니, 이미 갑자기 들이닥친 새 시대에서도 재빨리 핵심 실세로 옷을 바꿔 입은 셈이다. 가장 절묘하게 자신의 계산대로 실속을 챙긴 경우가 바로 인조의 왕위 책봉을 요청하러 주청사로 명나라를 다녀온 케이스일 것이다.

그리고, 뭐니뭐니 해도 그저 안전이 제일이니 함부로 앞장서지 말자는 처세술은 그의 자나 아호가 이미 분명하게 암시하고 있다. 70세에 맞이한 야만족 괴수*의 침략과 조선의 항복, 그리고 적군의 승전을 기념하는 '삼전도비' 제작 등이 일생일대의 도전과 위기로 다가왔을 것이다.

*본명이 홍타이지인 청 태종 : 1592-1643; 후금을 건국한 누르하치의 8남

하지만 그는 실속이 없으면 덤비지 않는다는 그의 자가 암시하는 의미처럼 그는 병이 깊어 쓸 수 없다고 핑계를 대는 것으로 그 도전과 위기를 가까스로 모면했다.

사약을 들고 갈 책임을 진 이가 훗날 멸문지화를 당할 수도 있다고 판단하여 출근길에 일부러 말에서 떨어져 다리를 부러뜨리고 다시 집으로 돌아가며 급히 조퇴하게 되었다고 말하게 되는 경우와 아주 흡사하다. 연산군의 생모인 폐비 윤씨의 경우와 경종의 생모인 장희빈의 경우가 그런 케이스에 속할 것이다.

어머니를 잃은 왕자가 나중에 왕이 되면 보복의 일대 싹쓸이가 자행될 것은 너무도 자명한 일이 아닌가. 아마도 사도세자가 뒤주에 갇혀 죽도록 방치하거나 적극적으로 조장한 이들도 죽은 이의 아들이 왕이 될 경우에 들이닥칠 일대 보복을 반드시 염두에 두고, 자나 깨나 전전긍긍했을 것이다.

이경전이 삼전도비 쓰기를 회피한 것은 공인답지 않은 치사한 처세술이고 약아빠진 소인배 짓이지만, 개인적으로 생각하면 가문의 안녕과 일신의 치욕방지를 위해 꼭 필요했던 핑계이고 거절

이었던 셈이다.

폭군 광해군의 실정에 크게 실망하며 은거하거나 그저 마지못해 국사에 참여하는 식으로 지내다가 인조반정 모의에 깊이 가담하여 반정공신에 녹훈錄勳된 후 비로소 본격적으로 관직생활을 한 사람들이 있다.

우선 48세에 반정의 선봉장으로 활약하여 공신 리스트에 당당히 오른 사람이 있다. 임진왜란 초기에 충주 탄금대에서 자결한 申砬신립 장군의 아들인 申景禛신경진이 바로 그 사람이다.

병자호란이 일어나 나라가 풍전등화의 처지에 있을 때는 병조판서로서 3대장을 겸하고 남한산성을 지켰다. 65세에 평성平城부원군에 봉해지고 68세로 죽기 한 해 전에는 영의정이 되었다. 17세에 아버지 신립 장군이 왜적을 무찌르지 못하고 46세로 자결했다는 소식을 접했던 아들이, 영의정에까지 오르며 남다른 관운을 누리다가 68세의 나이로 생애를 마감한 것이다.

신경진(景볕 경 禛복받을 진)의 자는 군수(君임금 군 受받을 수)이다.

그는 자신의 이름 뜻대로 '최선을 다해 찬연히 빛나는 복을 받아낸 것'이다. 폭군 광해군 밑에서 한심한 나날을 보내다가 마침내 새 임금을 맞아들여 큰 복을 누리며 대운을 올라탔으니 그만하면 그의 자가 의미하는 대로 임금을 받아들여 이익을 본 셈이 아닌가.

아버지 신립(砬돌소리 립) 장군의 자는 입지(立설 립 之갈 지)이니, '돌 무너지는 소리를 들으며 넘어지지 않고 일어서려 무진 애를 쓰는' 운세를 타고났던 셈이다. '왜 하필 배수진을 치고 왜적을 맞아 싸웠느냐는 식의 논의도 중요하지만, 일단은 그 자신의 운세가 뜻대로 잘 안되어 거꾸러지고 마는 쪽이었음을 인정할 필요가 있다.

그래도 29세의 늦은 나이에 낳은 아들 신경진이 폭군을 몰아내고 새 임금을 세운 후 영의정에까지 오른 것과 일흔이 다 된 나이로 장수한 것으로, 아버지가 못다 피운 꿈이 성공적으로 실현되었다고 보아야 할 것이다.

나라가 무너지는 국난을 당해 장수로서 침략군을 물리치고자 최선을 다하다, 끝내 46세로 자결했으니, 신립 장군은 자신의 이름과 자에서 암시된 팔자대로 살다간 셈이다.

신경진과 함께 金長生김장생*에게 수학한 張維장유는 비록 인조반정에 가담하여 2등 공신이 되었지만 늘 광해군을 몰아낸 것을 죄스럽게 여겼던 인물이다.

*김장생 : 1548-1631; 선조 때 서인 중진 김계휘의 아들. 효종 대에 북벌계획 입안한 김집의 생부

비록 75세의 노구였지만 33세로 왕위에 올라 왕 노릇 15년만에 48세로 강화도로 쫓겨가는 광해군을 보았을 때 왠지 눈물이 앞을 가렸다.

그는 주周나라의 곡식을 먹느니 차라리 수양산首陽山의 푸성귀나 뽑아먹으며 살겠다며 불사이군不事二君을 온 몸으로 실천했던 은殷나라의 마지막 충신 형제 백이伯夷, 숙제叔齊를 생각했다. 그리고 무엇보다도 어린 임금 단종의 자리를 빼앗은 삼촌(수양대군; 세조)을 결코 왕으로 섬길 수 없다며 절의가節義歌 혹은 충의가忠義歌를 지어 읊고, 38세의 나이로 형장의 선홍빛 이슬비로 사라진 성삼문(1418-1456)을 생각했다.

그는 「수양산 바라보며 백이, 숙제를 한스러워 한다. 굶어죽으면 죽었지 무엇 하러 고사리는 캐먹었느냐? 비록 저절로 나는 풀일망정 그게 대체 어느 땅에 난 것이더냐」고 보다 극렬하게 불사이군을 외쳤었다.

장유는 선비는 모름지기 두 임금을 섬기는 불충不忠을 범하면 안 되는데… 다 늙어 언제 죽어도 미련이 없는 몸으로 대체 무슨 욕심을 더 낸다는 건가'라며 스스로 부끄러워하고 죄스러워 했다.

판서를 지낸 **張雲翼**장운익의 아들이고 우의정을 지낸 **金尙容**김상용의 사위인데다, 정작 자신의 딸은 후일 효종비(인선왕후)가 되었으니, 실로 대단한 배경을 타고났던 셈이다. 하지만 그는 호가호위狐假虎威하지 않고 늘 청렴과 공평이 강조되는 깨끗한 직책만을 단골로 맡았다. 병자호란 이후에는 최명길의 화의주장에 동조하여 현실에 대한 책임을 지기도 했다.

최명길이 우의정을 맡아달라고 했지만 그는 극구 사양하고 오로지 학문연구에만 진력했다. 양명학의 체계를 세워 후학들의 길잡이가 되었고 많은 저서를 남겨 후진의 귀감이 되었다.

장유(維밧줄 유)의 이름에는 '받쳐주다'라는 의미가 들어 있고, 자는 신기하게도 '나라를 보전하다'라는 의미가 있는 지국(持가질지 國나라 국), 아호는 계곡(谿시내 계 谷굴 곡)이다.

이름과 자의 뜻대로 그는 확실히 자신의 사사로운 입신양명보다도 '나라를 바로 지키고 세우는 일'에 더 큰 관심과 열정을 보이며 살았던 것 같다.

남들이 영양가 있다, 영향력을 발휘할 수 있다, 제 세력을 키울 수 있다, 재물을 끌어 모을 수 있다고 생각하는 소위 노른자위 자리를 일부러 피한 채 그는 오로지 나라와 백성을 위해 일만 열심히 하는 그런 청직淸職만을 원했다.

아호에서 드러나듯 '산골 물이 졸졸 흐르는 좁은 골짜기'를 가장 이상향으로 여기는 스타일이니, 그는 타고난 관료가 아니라 타고난 학자였던 셈이다.

沈命世심명세는 광해군 시절에는 아예 세상이 싫어 거의 은둔에 가까울 정도로 세상일에 관여하지 않으며 살았다. 하지만 36세에 새 임금을 세우는 반정에 합류하여 2등 공신에 올랐다. 청운군靑雲君이란 군호도 받았으니 비로소 새 임금 밑에 진짜 실력을 발휘할 수 있게 되었던 것이다.

이괄의 난 때는 공주로 피난 가는 임금을 호종했고, 40세 때는 정묘호란을 맞아 임금을 강화도로 호종했다. 공조참판을 지내고 45세로 생애를 마감했다.

그는 결국 마지막 10년의 세월을 새 임금 밑에서 일했지만, 연거푸 터지는 난리로 인해 피난 가는 임금을 곁에서 모시며 보내야 했다. 그 일로 건강을 잃고 마음이 깊이 상했던지 그는 마흔 중반에 죽고 말았다.

심명세(命목숨 명 世세대 세)의 자는 덕용(德덕 덕 用쓸 용)이니, '때를 만나 목숨을 걸고 결행한다'는 이름이나, '어진 이에게 등용된다'는 자나 모두 반정 공신에 올라 새로운 전기를 마련할 운세인 셈이다.

군호의 의미마저도 '푸른 빛이 감도는 구름'이라는 뜻이니, 타고난 성정 자체에 은둔적이고 소극적인 데가 있었던 것 같다. 비록 새 임금을 맞았어도 전란이 계속되어 피난 떠나는 임금을 자주 보게 되었을 테니, 세상살이가 너무도 부질없음을 통감했을 법하다.

폭군 광해군을 몰아내고 새 임금이 된 인조의 외가는 능성綾城 구具씨 가문이다.

*인헌왕후 : 1578-1626; 아들이 임금이 된 후 3년 더 생존하다 48세로 타계
*구사맹 : 1531-1604; 외손자가 왕이 되는 것을 못 본 채 선조 말년에 타계

어머니 인헌왕후*의 친정아버지가 바로 具思孟구사맹*이니 반정의 공신 중에는 당연히 구씨들이 많이 있었을 법하다.

우선 인조의 생모인 인헌왕후의 친정 오빠인 具宏구굉 (1577-1642)이 있다. 김장생의 문인으로 31세에 무과에 급제하여 선전관과 장연 현감을 지내다가 폭군 광해군을 몰아낼 모의에 가담하게 되었다. 결국 46세에 반정에 성공하여 1등 공신에 오르고, 이괄의 난 때는 공주로 왕을 호종했다. 병조호란 때는 공조판서로서 남한산성을 지켰다.

병자호란이 끝나고 병조판서에 올라 흐트러진 국방을 바로 잡기 위해 애썼다. 의금부판사, 훈련대장, 어영대장, 포도대장 등을 두루 걸치며 참으로 많은 관직을 섭렵했다.

평생동안 형조판서 3번, 공조판서 4번, 병조판서 2번을 지냈으니 그야말로 조카인 인조 임금에게는 믿고 의지할 유일무이한 외삼촌이었던 셈이다.

구굉(宏클 굉)의 자는 인보(仁어질 인 甫클 보), 아호는 군산(群무리 군 山뫼 산)이다. 이름 뜻대로 그는 국정운영의 요직이란 요직을 두루 다 거치며 폭넓은 역할을 한 것이다.

자와 아호의 의미도 참으로 심상치 않다. '어질고 배포와 아량이 크다'는 자나 '첩첩산중에 머문다'는 아호는 그의 타고난 성품과 생애의 중요한 시기에 관한 운세를 점쳐볼 수 있게 만든다. 그는 확실히 자신의 이름이나 자나 아호의 암시처럼, 다들 부러워하는 요직들을 두루 섭렵한 후, 권세와 명예와 임금의 두터운 총애를 듬뿍 받으며 65세로 영면했다.

대사성大司成을 지낸 **具宬**구성 아들로 인조의 외종형인 구인후의 경우를 살펴보자.

그는 아저씨 되는 구굉과 같이 김장생 밑에서 수학했다. 25세에 무과에 급제하여 33세에 갑산 부사를 지냈다. 반정이 일어나기 한 해 전인 43세 때는 진도 군수로 재직했다.

광해군의 폭정에 울분을 품고 일찍부터 반정모의에 가담했지만 막상 그 중차대한 거사일에는 서울에 도착할 수 없었다. 하지만 그는 일찍부터 큰 뜻에 합류했다는 인정을 받고 2등 공신에 책록되고 능천군綾川君에 봉해졌다.

45세에 수군통제사가 되고 49세에 맞은 정묘호란 때는 임금이 피난 가 있는 강화도를 지켰다. 50세에는 자헌資憲대부에 올라 한

성부윤, 전라도관찰사, 포도대장을 역임했다.

58세 때에 병자호란이 일어나자 그는 3천 군사를 이끌고 남한산성에 들어가 임금을 지켰다. 66세 때는 반정공신이기도 한 심기원이 역모를 꾀한다는 고변이 들어오자 은밀히 내사하여 역모사실을 적발해 내고 그 공로로 영국寧國공신 1등에 책록되고 능천부원군에 봉해졌다.

75세에 효종 밑에서 우의정이 되고 76세 때는 사은사로 청나라를 다녀왔다. 그 해에 황해도 관찰사로 있던 52세의 金弘郁김홍욱 (1602-1654)이 인조 임금 때에 임금을 저주하고 독살하려 했다는 귀인 조씨의 무고로 억울하게 사사된 소현세자빈 강씨와, 유배되었다가 죽은 어린 자식들의 명예회복을 주장하다가 장살될 때 김홍욱을 옹호하다가 76세의 노구로 관직을 박탈당했다.

하지만, 곧 복관되어 좌의정을 지낸 후 80세로 타계했으니, 여러 차례의 고비에도 불구하고 입신양명에 오복五福*의 하나인 장수長壽까지 누린 셈이다.

*오복 : 유교에서 말하는 수壽, 부富, 강령康寧, 유호덕(攸好德 도덕 지키기를 낙으로 삼음), 고종명(考終命- 영종 혹은 고종; 제 명대로 살다 편히 죽음)을 말함.

구인후(仁어질 인 厚두터울 후)의 자는 중재(仲버금 중 載실을 재)이고, 아호는 유포(柳버들 유 浦개 포)이다. '어질고 후하다'는 이름 뜻대로 그는 온후하고 도량이 커 많은 이들로부터 흠모를 받았던 것 같다. 80이 다 된 고령에도 정승을 지내고, 가고 오는 데만 몇 개월이 걸리는 명나라에도 사신으로 다녀온 걸 보면 건강과 인품이 실로 타의 추종을 불허할 만 했던 것 같다. 76세의 나이로 목숨을 잃게 될 지도 모르는 일(관찰사 김홍욱의 소현세자빈 강씨 신원 요청 상소건)에 팔 걷고 달려들 정도로 청년 같은 의협심도 자타가 공인할 정도였던 것 같다.

자에서 풍기듯 그는 '될 수 있는 한 제일 좋은 자리는 남에게 양보하는' 성품이라, 임금의 외가 쪽 형임에도 불구하고 비교적 말년에 가서야 관복이 터졌던 것 같다. 환갑의 나이 때까지는 전쟁터를 오가며 청년처럼 살다가 환갑이 지나고 나서야 비로소 관운이 꽃피기 시작했다.

아호는 '버드나무 우거진 포구나 물가'를 의미한다. 말년이 좋고 수명이 길 것을 암시하는 아호인 셈이다. 그는 결국 버드나무의 그 낭창낭창한 유연성처럼 76세에 스스로' 뒤집어쓴 올가미(김홍욱을 옹호하다 삭탈관직된 일)를 곧 바로 벗고 재기할 수 있었다.

구씨 가문에서 나온 반정공신이 또 한 사람이 있다. 인헌왕후의 친정 조카인 구인기이다. 그는 어릴 때부터 두 살 위인 능양군 종(倧후에 인조임금이 됨)과 함께 공부를 하여 아주 친했다.

그는 아버지와 함께 반정 모의에 가담하여 반정공신 3등으로 책록되었다. 공조판서를 거쳐 77세 때는 종1품인 돈령부敦寧府* 판사判事를 지내고 능풍綾豊부원군에 봉해졌다. *돈령부 : 왕실의 친인척을 관리하는 부서

구인기(仁어질 인 墍매흙질할 기)의 '어질어 벽을 깨끗이 수리한다'는 이름의 의미가 아주 신기하다. 그의 이름에 나타난 대로 폭군을 몰아내고 새 임금을 세우는 일에 부친과 함께 뛰어들었을 것이다. 그리고 어릴 때부터 친하게 지낸 형 능양군을 위해 26세의 젊은 나이로 흔쾌히 목숨을 걸었을 것이다.

자는 후경(厚두터울 후 卿벼슬 경)으로 '벼슬한 이력이 높이 쌓인다'는 기가 막힌 의미를 지니고 있다. 여러 요직을 두루 거치며 79세까지 장수할 수 있었을 것이다. 부자로 건강하고 편안하게 오래 살며 학문과 수양을 즐기다가 천수를 다하고 편히 임종을 맞이했을 테니, 그는 실로 오복을 다 누렸다고 보아야 할 것이다.

이름은 그의 후덕하고 헌신하는' 성품을 암시하고, 자는 그의 꺾이지 않고 마르지 않는 벼슬 운을 암시하고 있다. 죽은 후에 영의정에 추증되었으니 그는 죽어서 관직이 더욱 높아졌다.

환난을 용케 피하고 목숨을 건진 행운아들

*박순 : 523-1589;   서경덕의
문하생으로 선조 5년 49세에
영의정에 올라 14년간 재직
*서익 : 1542-1587; 의주목사
때 탄핵받은 이이를 변호하
다 파직됨
*이제신 : 1536-1584; 진주목
사 때 병부를 잃어버려 파직
되기도 했고 함경북도 병마
절도사 때는 여진족 우두머
리 이탕개를 막지 못해 의주
에 유배되었다 그 곳에서 죽
음. 이듬해에 신원되어 병조
판서로 추증 됨
*박충간 : 1589년   재령군수
때 한준, 이축, 한응인 등과
함께 정여립의 모반을 고변
하여 평난공신 1등에 책록되
고 형조참판으로 특진 됨.
임진왜란 때 순검사로 적병
과 교전하다 도주하여 파직
되었으나 후에 영, 호남에
파견되어 군량미 조달 책임
맡음. 임란 중에는 진휼사로
백성 구호에 노력함. 1600년
에는 붕당의 폐해를 상소하
다 실력자 남이공 등에게 수
차 탄핵받음

광해군 5년(1613년)에 희한한 사건이 일어났다.

권세가의 핏줄로 태어났지만 첩 자식 이른바 서얼庶
孼이라는 이유로 출세길이 막힌 이들이 모여 당을 짓
고 도적질을 일삼은 희한한 일이 있었다.

朴淳박순*의 아들 朴應犀박응서를 비롯해 徐益서익*의
아들 徐羊甲서양갑, 沈鉉심현의 아들 沈友英심우영, 李濟臣
이제신*의 아들 李耕俊이경준, 商山君상산군 朴忠侃박충간*의
두 아들 朴致毅박치의, 朴致仁박치인, 許弘仁허홍인, 金平孫김
평손 등 모두 일곱 명이었다.

이들 7인은 중국 위魏(225-265; 조조의 아들 조비가 헌제의
선양을 받아 세운 국가) 나라 말기, 진晉(265-419; 서진, 동진의
시대에 위나라 권신인 '사마'씨들이 왕위 계승)나라 초기의 '죽
림칠현竹林七賢'*이나 고려 후기에 있었던 강좌칠현江左七
賢*을 저희의 선배쯤으로 생각했다. 그래사 자기네 패
거리도 정확히 일곱 명의 숫자에 일치시켰다. 그리고

대선배님들의 명칭을 흉내 내어 동아리 명칭을 '강변칠우江邊七友'로 결정했다.

그들은 여주의 북한강가에 멋들어진 정자를 짓고 무륜당無倫堂이라는 편액을 달았다. 그리고는 낮이고 밤이고 간에 강이 훤히 내려다보이는 정자에 질펀히 앉아 시도 짓고 거문고도 타며 술과 시로 일거리를 삼았다.

첩의 자식으로 태어난 것을 원망해 보았자 이미 하늘이 정해준 팔자인지라 아무 소용이 없었다. 차라리 술에 취해 있는 시간이 행복 그 자체였다.

그런데 쾌락이 도를 지나치면 악행으로 흐르듯이 그들의 신분 자각과 파괴적인 폭발욕구는 급기야 살인강도 짓까지 서슴지 않게 만들었다. 이들은 경상도를 오가며 은을 사고 파는 소위 은상인銀商人들을 습격하여 목숨을 빼앗고 은 6, 7백 냥을 강탈하기까지 했다.

이때 광해군을 옹립하여 제 세상을 만난 대북파의 이이첨, 정인홍 등은 이 은 상인 강탈사건과 살해사건을 정략적으로 활용하고자 했다. 정치 10단으로 자처하는 이들인지라 그 무엇이든 손에 잡히면 일단 꺼리가 되어야 했다.

즉, 광해군이 늘 눈엣가시처럼 여기며 공연히 제자리 뺏길까봐 걱정하는 것을 알아차린 대북파는 왕권을 확립, 강화하는 것이 곧 나라를 반석 위에 올려놓는 일이라는 섣부른 신념에 집착하기 시작했다.

영창대군을 옹립하여 새 임금으로 세우고자 혁명자금이 필요해 은 상인을 죽이고 은을 빼앗은 것이라는 식으로 붙잡혀온 첩의 자식(서얼)들에게 허위자백을 받아냈다.

음흉한 음모가들의 꼬드김에 넘어간 풍류객이라는 자칭하는 이

*죽림칠현 : 친구사건에 휘말려 39세로 처형된 혜강, 낙양 최고의 갑부로 진나라 왕의 측근으로 출세한 막내 뻘의 지독한 구두쇠 왕융, 53세에 죽은 거문고를 잘 탄 맏이 뻘의 완적, 그리고 벼슬길에 나간 산도 및 완함, 향수, 유영을 지칭.

*강좌칠현 : 의기투합하여 망년지우로 뭉쳐 시와 술을 즐긴 이인로, 오세재, 임춘, 조통, 황보항, 함순, 이담지를 지칭.

들 술주정뱅이들은 그만 목숨이라도 건지고 보자는 일념에서 그만 고단수의 정치꾼들의 꼬임과 속임수에 홀딱 넘어가고 말았다.

목적을 향해 수단방법을 안가리고 집요하게 덤벼들면 악인에게도 반드시 전화위복만 아니라 전복위화轉福爲禍의 기회가 생기는 법이었다. 이이첨, 정인홍에게는 광해군의 총애와 신임을 단번에 거머쥘 수 있는 절호의 기회였던 것이다,

처음부터 단순 살인 강도사건을 정략에 이용하려 했던 것이므로 결과는 뻔한 살육전일 수밖에 없었다. 공권력을 활용한 합법적인 살인이 자행되고만 것이다.

영창대군의 외조부이자 인목대비의 친정아버지인 김제남과 단순 살인 강도짓을 자행한 서얼들은 무참히 처형당하고 정략적 음모의 한가운데에 서 있던 일곱 살의 영창대군은 강화도로 내쫓았다.

특히 대비의 친정식구들이 날벼락을 맞아야 했다. 친정의 세 형제들이 죽고 환갑이 된 친정어머니와 어린 막내동생 天錫천석이만 구사일생으로 목숨을 부지했다.

광해군 시절은 말 그대로 혈육지친血肉之親을 죽여 없애는 골육살해骨肉殺害의 시대였다. 즉위 이듬해에 35세인 형 임해군臨海君을 진도에 유배 보냈다가 죽였다. 서얼들의 강도 살인사건을 악용하여 배다른 막내 동생이자 아버지 선조 임금의 유일한 정실 자식인 영창대군을 강화도에 위리안치시켰다가 강화부사 정항을 시켜 구들장 열에 익혀 죽게 만들었다.

*능창대군 : 정원군과 인헌왕후의 아들로 인조의 친동생)

영창대군을 죽인 이듬해에는 조카인 16살의 능창대군을 강화도에 위리안치시켰다가 죽여 없애고 말았다. 명분은 왕권 강화를 통한 정치 안정, 정국 안정이었지만, 사실은 주도면밀한 살인이고 왕실의 씨를 말리려는 무참한 도살이었다.

여기서 꼭 꼬집고 넘어가고 싶은 일이 하나 있다.

즉, 권문세도가의 첩 자식으로 태어나 불우한 신분에 울분을 품고 술과 시와 강도질로 소일하던 일곱 명의 철부지들이 살인 강도짓과 정략적인 함정에 의해 다 죽거나 귀양*가고 말았는데, 딱 한 사람이 용케도 살아남아 연기처럼 홀연히 사라졌던 것이다.

바로 박충간의 서자이자 함께 붙잡혀 처형당한 박치인의 형인 朴致毅박치의가 바로 그 사람이다.

아버지 박충간(忠충성 충 侃강직할 간)의 이름 뜻은 '충성스럽고 강직하다'이고, 자는 '아재비 숙정(叔아재비 숙 精정미한 쌀 정)'이니, 아버지는 전형적인 관료였던 것 같다. 즉, 그저 나라에 충성하며 나라가 주는 대로 받아먹는 그런 관료의 생애를 암시하고 있다.

용케 도망쳐 목숨을 부지한 그의 서자 치의(致보낼 치 毅굳셀 의)는 '모든 걸 하늘과 운에 맡기고 과감하게 행동하는' 독불장군식의 기질 때문에 목숨이 촌각에 달린 그 위급한 상황에서도 무사히 도망을 칠 수 있었던 것이다.

형리를 뇌물로 꼬드겼을 수도 있고, 아니면 강탈한 보물을 어디어디에 감춰두었으니 함께 나눠 갖자고 홀렸을 수도 있다. 그는 결국 이름 뜻대로 과감한 성격, 내던지는 기질 때문에 호랑이 굴에서 도망쳐 하나뿐인 목숨을 건진 것이다.

행운을 거머쥐고 죽을 고비를 잘 넘겼을 뿐만 아니라, 네 임금을 섬기며 줄기차게 출세가도를 달린 인물이 있다.

중종 임금 때에 간신 김안로 일당의 온갖 악행과 횡포에서도 잘 살아남았을 뿐만 아니라, 명종 임금 때의 '사화'에서도 잘 살아남아 영의정과 정1품인 중추부영사를 지낸 후 73세로 장수한 李浚慶이준경이 바로 그런 부류에 속한다.

32세의 늦은 나이로 과거에 급제하여 종6품인 부수찬副修撰에 올

*박순의 서자인 박응서만이 귀양갔다가 7년 후인 1622년에 사면되어 관직을 가졌으나 이듬해 인조반정 때 붙잡혀 주살당함

171

랐지만 34세에 당대의 세력가였던 18세 위의 김안로에게 밉게 보여 파직되었다.

*정유3흉 : 명종의 생모인 문정왕후의 폐위를 모의하다 죽은 김안로, 허항, 채무택을 지칭

4년여의 공백기간을 와신상담하며 보낸 후 정유3흉丁酉三凶*으로 불렸던 김안로 일당이 사사되자 38세의 나이로 관직에 복귀했다.

정4품인 응교應教와 정3품 당상관堂上官인 승정원承政院(국왕의 비서실) 승지承旨를 거쳐 부제학副提學(정3품)이 되었다. 44세로 문신정시에 나가 장원하여 한성부우윤漢城府右尹과 대사성을 지냈다. 45세에 중종이 붕어하자 고부부사告訃副使로 명나라에 다녀와 형조참판이 되었다.

*을사사화 : 1545년 중종의 아들이자 재위 8개월만에 죽은 인종의 이복동생 명종이 즉위하자 명종의 모친인 문정왕후와 그 친정 형제인 윤원로, 윤원형이 인종의 모친인 장경왕후 쪽 일가들과 수많은 선비들에게 화를 입힌 일.

이듬해 명종이 즉위하자 을사사화乙巳士禍*가 생겼을 때는 요행히도 평안도관찰사로 외지에 나가있었기 때문에 화를 면할 수 있었다.

수틀리면 잡아 죽이는 난장판에서 구사일생으로 살아난 것과 진배없을 정도로 문정왕후의 수렴청정 기간은 목숨을 부지하기가 대단히 어려운 난세 중의 난세였다.

출세는 둘째 치고 그저 목숨만 잘 부지해도 본전치기는 되는 그런 막가는 세상이었다. 막가파, 지존파 권력가들이 눈에 쌍심지를 켜고 다니며 희생양을 찾고 먹음직스러운 사냥감을 찾느라 늘 바쁜, 그런 무시무시한 세상이었다.

모두들 이구동성으로 '벼슬아치의 운명이란 저승과 이승 사이에 놓인 높은 담장 위를 걷는 것'이라고 말했다. 삐끗 잘못 디디면 순식간에 저승으로 직행하고 마는 것이 곧 벼슬아치의 파리 목숨이라고 했다.

이준경은 49세에 병조판서와 한성부판윤을 지내고 51세에는 대사헌이 되었다. 하지만 '죽음의 그림자'는 다시 한번 그를 괴롭히

기 시작했다. 李無彊이무강이란 자의 탄핵으로 을사사화에서 죽은 尹任윤임의 일파로 몰려 보은으로 귀양을 가야 했다.

그나마 주위의 평판이 좋은 탓에 이듬해에 풀려나 중추부지사가 되었다. 54세 이후 2년간은 함경도 순변사와 전라도 순찰사로서 왜적을 격퇴하고 병조판서에 재 등용되었다.

59세 이후에는 3정승을 두루 거치며 66세에는 드디어 영의정 자리에 올랐다. 72세에는 영의정을 그만두고 같은 정1품인 중추부영사가 되었다. 죽을 때, 붕당이 일어나 그 폐해가 참으로 어지러울 것입니다 라는 유소遺疏를 남기기도 했다.

임진왜란이 일어나기 꼭 20년 전에 73세로 영면했지만 그가 죽으면서 남긴 예언은 불행하게도 그 뒤에 적중하고 말았다.

준경(浚기쁠 준 慶경사 경)이라는 이름 뜻은 '기쁜 일, 좋은 일을 늘려간다'이고, 자는 '길한 운세를 타고났다'는 뜻의 '근원 원길(原근원 원 吉길할 길)이다. 이름과 자만 보아도 그가 얼마나 대단한 관운을 타고났는지 쉽게 짐작해 볼 수 있다.

아호는 '해 뜨는 쪽에서 부르는 소리를 듣는다'는 동고(東동녘 동 皐부르는 소리 고), '양지바른 남향 집'이라는 남당(南남녘 남 堂집 당), '집을 넓게 키운다'는 양와(養기를 양 窩움집 와), '귀한 열매를 가려먹는 고귀한 신분'이라는 홍련(紅붉을 홍 蓮연밥 련)거사 등이다.

아호는 네 개나 있어서 약간 헷갈리지만, 동고와 양와에서 나타나듯 그는 아예 처음부터 양지를 타고난 길한 운세였던 것이다. 그리고 양와와 홍련거사 라는 의미에서 풍기듯, 그는 본래 뻗어나가는 운세, 복을 누리는 운세였다.

하지만 아무리 좋은 운세, 쭉쭉 앞으로 뻗어나가는 팔자를 타고났다 해도 모함과 적대가 판을 치는 권력싸움에서는 누구나 죽거나 다칠 수밖에 없었을 것이다.

　그도 34세와 46세, 그리고 51세와 사후에 큰 고비를 넘겨야 했
다. 30대 중반에는 김안로라는 무지막지한 공격수로부터 피해야
했고, 40대 중반에는 왕실의 외척들 싸움에 그야말로 새우등이 완
전히 박살이 날 뻔했다.

　그리고 50대에 들어서자마자 정말 죽을 고비를 만났지만, 그나
마 몇 단계 낮은 귀양 정도로 간신히 액땜을 하는 것으로 끝낼 수
있었다. 하지만 죽기 직전에 임금에게 올린 상소로 인해, 살아 있
는 후손들이 멸문지화를 당하거나 자칫 잘못했다가는 이미 죽은
자신이 부관참시를 당할 뻔했다.

　당파 싸움이 뭔지도 모를 뿐만 아니라 아직 그런 유행어도 생
기지 않은 판에, '멀지 않은 날에 반드시 붕당이 생겨 조정과 나
라가 크게 어지러울 것'이라는 식으로 감히 임금에게 경고도 하고
겁도 잔뜩 주었으니, 재수 없는 말이고 불길한 저주라는 식으로
트집을 잡으면 어마어마한 화근이 될 수도 있었던 일이다.

　무엄하게도 상감마마의 총기聰氣를 흐려 나라를 위태롭게 할 전
형적인 참언讒言이라고 집중 공격했으면 분명히 큰 화근이 되었을
것이다.

　맞는 예언이든 틀린 예언이든 사람들은 왠지 두려워하며 무조
건 꺼린다. 앞을 내다보는 예언을 곧 저승사자의 입바른 소리 정
도로 아는 것이다. 눈이 앞에 달려있는 탓에, 나는 너의 뒤통수를
보았다, 나는 너의 엉덩이를 보았다고 하면 무조건 기분 나쁘게
여기는 것이다. 제대로 앞을 내다보는 예언 치고 세상 사람들로부
터 흔쾌히 접수된 적이 없었던 것은 바로 이런 특이한 인간심리
때문이다.

10

고자질의 명수들

'낮 말은 새가 듣고 밤 말은 쥐가 듣는다'는 말처럼 사람의 수다스러움과 그로 인한 화근을 경계한 옛 사람의 지혜는 없다고 본다.

남녀를 막론하고 누구나 자기 입에서 나온 말로 인해 해를 입고 때로는 하지도 않은 말로 인해 영혼이 갈기갈기 찢기고 하나뿐인 목숨을 잃을 수도 있는 것이다.

자기가 한 말이 밖으로 새어나가 해를 입는 경우가 더 치명적일 수 있다고 본다. 하지 않은 말이야 '나는 떳떳하니 믿든 말든 네 맘대로 해라' 하며 아예 신경을 끊으면 될 일이지만 정작 제가 쏟아낸 말이 부메랑이 되어 돌아올 때는 실로 빼도 박도 못하는 궁지에 빠지고 마는 것이다.

조선의 519년 긴긴 역사를 다시 들여다보면 분명히 고자질로 사람의 목숨을 빼앗은 고수들이 있었다.

임금과 나라의 입장에서 보면 충신'일 수도 있지만 누군가를 해치기 위해 일부러 꾸민 일이라면 그보다 더 악한 일은 아마 없을 것이다. 세 치 혀와 한 줌 두뇌 소프트웨어로 사람의 생목숨을 **빼**앗는다면, 그 얼마나 살기 힘든 세상이 되겠는가.

믿음이 없어진 사회, 언제 누군가에 의해 개죽음을 당할 지도 모르는 세상이라면, 그건 세상이 아니라 바로 지옥일 것이다. 누가 말했던가. 이웃이 사라진 세상이 곧 지옥이고 불에 타 없어진 소돔과 고모라라고….

고자질은 어느 때고 일이 있을 때마다 판을 쳤었다. 조선의 건국을 전후할 무렵에도 고자질이 무척 범람했었다. 왕씨*에서 이씨로 왕족이 뒤바뀌는 대대적인 지각변동의 시기였으니 개개인의 치열한 생존전략 중에서 가장 손쉬운 고자질이 **빠**질리가 없었을 것이다.

하지만 여기서는 실록 등에 기록된 고자질의 명수들만을 집중적으로 살펴보고자 한다.

성종 임금 때인 1489년 1월(성종 20년), 일개 병졸에 불과한 김방이란 자가 '역모가 있습니다' 라며 밀고했다가 의금부의 정밀한 조사로 출세를 위한 무고임이 드러나 참수된 사건이 일어났다.

보초나 순찰이 임무인 파적위破敵衛*에 소속된 일개 병사가 판서 李封이봉, 申浚신준, 盧公弼노공필, 李沆이항 등이 공모하여 성종 임금이 문소전文昭殿*에서 제사 지내는 날에 거사하기로 했다고 일러바쳤다.

하마터면 죽을 뻔했다가 살아난 사람들의 면면을 보자.

먼저 李封이봉*이란 인물을 뜯어보자.

이봉(封봉할 봉)의 이름 뜻은 '북돋워진다, 벼슬과 명예에 오른다'이니 반드시 벼슬길에 나가야 될 팔자인 셈

---

*왕씨 : 사실은 왕건 자체가 이름일 뿐인데 후에 이름을 둘로 나누어 아예 왕을 성씨로 했음

*파적위 : 5위의 하나로 충좌위에 소속된 정원 2500명인 부대. 하층 평민과 천민이 주로 입대. 5교대 근무로 한번에 4개월씩 500명 복무. 연중 3회에 걸쳐 각종 시범으로 선발하며 근무 일수로 녹을 주는 대신, 평민에게 부여된 군역 중 정규 군사인 호도를 뒷받침하는 봉족 2명과 토지 1결, 즉 <1 보>로 지급.

*문소전 : 태조 이성계의 첫 부인으로 정종, 태종 등 6남 2녀를 낳고 조선건국 1년 전에 54세로 타계한 신의왕후 한씨의 사당

*이봉 : 1441-1493; 대제학 지낸 이계전의 아들로 52세에 형조판서 지내고, 문장이 뛰어나 어세겸, 이극돈과 함께 성종이 직접 논제 내고 채점한 시험에서 공동 합격하기도 했음

이다. 자는 '두 번 째 순번을 택한다'는 번중(番갈마들 번 仲버금 중)과 아호는 '한해살이 야생초처럼 납작 엎드린다'는 소은(蘇차조기 소 隱숨길 은)이니, 좀 소극적이고 은둔적인 측면이 엿보인다.

그리고 될 수 있는 한 앞장서지 않고 한발 늦게 나간다는 안전 위주의 처세술과 신중한 성격을 암시한다.

그런 모나지 않게 살고 미움받지 않고 살려는 기질 덕분에 그는 역모의 모함에서도 아무 탈 없이 잘 넘어갈 수 있었던 것이다. 48세에 엉뚱한 병졸의 무고로 큰일을 당할 뻔했지만 무난히 고비를 넘기고 52세로 영면했다.

세조의 등극에 공을 세우고 정난공신 1등과 좌익공신 2등에 올라 한성漢城부원군에 봉해지고 55세로 작고한 아버지 李季甸이계전(1404-1459)의 이름과 자와 아호를 한번 참고삼아 살펴보자.

계전(季끝 계 甸경기 전)의 이름 뜻은 '맨 끝자리에 놓인 밭뙈기'이고, 자는 '큰 병풍을 쳐 보호한다'는 병보(屛병풍 병 甫클 보), 아호는 '안전하게 지켜주고 잘 보살펴주는 경건하고 공손한 사람'이라는 존양재(存있을 존 養기를 양 齋재계할 재)이다.

아버지의 이름이 암시하듯, 아들의 안전위주 처세와 신중한 몸가짐은 이미 아버지의 '변두리에 서 있을 수 있는 인내심'에서 이어받은 셈이다.

그리고, 무고사건이 있기 30년 전에 타계한 아버지가 조상 귀신이 되어 병풍 역할을 해주고 지키고 기르는 역할을 맡아주었기 때문에, 아무 변고 없이 천수를 다 누릴 수 있었을 것이다.

특히, 광란적인 폭군 연산군이 등장하기 직전에 죽었으니, 어려운 시절에 벼슬길에 나간 사람 입장에서는 그보다 더 큰 행운이 없었다고 보아야 하는 게 아닌가.

申浚신준*과 盧公弼노공필*도 과대망상증에 걸린 한 병졸

*신준 : 1444-1509; 성종 때에 이조, 공조판서와 대사헌을 지내고 연산군 때는 공조, 형조판서를 지냄. 중종반정에 참여하여 고양부원군에 봉해짐

*노공필: 1445-1516; 6조
의 판서를 두루 지냈으
나 갑자사화가 있던 59
세는 유배형을 당하기도
했음. 중종반정으로 우
찬성에 특진되고 62세
때는 1차 사절이 실패했
던 중종의 승습 즉, 중종
의 왕위 계승에 관한 승
인을 명에 가서 얻어내
고 귀국하여 중추부영사
에 오름.

의 돌발적인 무고로부터 간신히 벗어나 벼슬길에 잘 적
응했지만, 두 사람 모두 폭군 연산군의 등장을 보며 먹구
름이 몰려오고 피비린내가 풍겨오는 것을 몸소 목격해야
만 했다.

신준에 대해 알아보자.

이름 준(浚깊을 준)의 뜻은 '빼앗아 채운다'는 의미이니,
성종과 연산군과 중종을 두루 섬기며 40대와 50대에 주
요부서의 판서를 오래 오래 섭렵할 수 있었을 것이다.

자는 '후덕한 선비체질'이란 의미의 언시(彦선비 언 施베풀 시), 아호
는 나헌(懶게으를 나 軒추녀 헌)이다.

자와 아호에서 암시되었듯이 그는 후덕한 선비 체질과 게으른
건달 기질을 함께 지니고 있었기 때문에, 강약과 완급을 교대로
활용할 수 있었을 것이다.

따라서 그는 45세에 맞닥뜨린 역모사건을 무사히 넘기고, 50대
에 맞이한 폭군의 광란과 60대 초반에 있었던 반정의 소용돌이를
적절히 타고 넘으며 일신의 명예와 안전을 보전하다가, 65세로 영
면할 수 있었던 것이다.

다음은 노공필에 대해 알아보자.

공필(公공변할 공 弼도울 필)의 이름 뜻은 '공개적으로 알려 바로 잡도
록 한다'는'이고, 이름처럼 그는 환갑을 넘긴 나이에 명나라에 찾
아가, 중종 임금이 폭군 연산군을 몰아내고 왕위를 승계했으니 이
를 공식적으로 승인해 주시오 라고 설득하여 마침내 공인을 받아
냈다. 또한 '흰 활을 틀 속에 넣고 다들 보는 앞에서 원래대로 편
다'는 이름이니, 앞서서 시도했지만 실패하고 돌아왔던 왕위 승계
공인을 마침내 얻어낼 수 있었던 것이다.

자는 '밝은 곳을 지향한다'는 희량(希바랄 희 亮밝을 량), 아호는 '향기로운 꽃 뒤로 숨어 더럽고 험한 꼴을 되도록 안본다'는 의미의 국일재(菊국화 국 逸달아날 일 齋재계할 재)이니, 출세는 가문과 일신을 위해 하되 매사에 앞장서지 말고 자신이 꼭 해야하는 일만 잘 맡아 열심히 이뤄낸다는 신념으로 일생을 경영했을 것이다.

그의 그런 실용주의 노선으로 인해, 그는 폭군과 현군을 교대로 섬기면서도 6조의 판서를 두루 지내고 정1품인 중추부영사로 관직을 마칠 수 있었을 것이다.

44세에 휘말릴 뻔한 역모사건과 59세에 겪은 장배형杖配刑으로 일생 일대의 위기를 맞았지만, 환갑 이후에는 새 임금 중종 시대를 만나 명예롭고 안정된 말년을 보낼 수 있었다.

최고위 직인 정1품 중추부영사를 지내고 71세로 생애를 마감했으니, 그만하면 '밝은 데로 나간다'는 자의 의미와 '국화 향기 그윽한 곳에 숨어 세상을 관조한다'는 아호의 의미에 잘 들어맞은 셈이다.

끝으로 이항(沆넓을 항)은 이니, 아닌 밤중에 홍두깨처럼 들이닥친 역모의 모함을 깊은 물 속에 빠뜨려 없었던 일로 한 후 무사히 벼슬길을 계속 걸어갈 수 있었을 것이다.

의정부 관노官奴로서 엄청난 밀고를 한 사람이 있었다. 바로 鄭莫介정막개라는 사람이다.

연산군을 몰아내고 반정공신에 오른 사람들 중에는 무인들이 많다보니 공신 칭호를 받고 벼락출세를 해도 당시의 지배계층인 문신들의 눈에 안찬 이들이 많았을 것이다.

아니나 다를까, 7년여의 세월이 흐르자 슬슬 탈락자가 생기기 시작했다. 반정 당시에 폭군 연산군의 측근들을 살해한 공로로 공신 리스트에 당당히 올랐던 박영문과 신윤무가 먼저 문제를 일으켰다. 그들은 군기시 첨정을 지내다 반정에 참여했었다.

그런데 문신들의 탄핵으로 파직된 후 술로 지새우며, 전부 목을 쳐 죽일 놈들이라며 조정대신들을 싸잡아 저주하다가 정막개라는 귀밝은 노비에게 들켜 교수형을 당하고 만 것이다.

박영문은 연산군 때 군기시 첨정을 지내다 반정에 참여했다. 반정 이후 당연히 출세길이 뻥 뚫렸다. 경상도 도순찰사都巡察使를 지내고 柳順汀유순정*과 함께 부원수로서 삼포왜란을 평정한 이후에는 공조판서에 올랐다.

그런데 그 자 역시 병조판서를 지내다 문신들의 반대로 파직 당한 신윤무의 집을 드나들며 함께 울분을 토했다.

말이 길어지면 일이 꼬이게 마련인 법. 둘은 술김인지 진심인지, 정말 역모에 해당하는 일을 모의하게 되었던 것이다. 영산군寧山君(성종과 숙용 심씨의 둘째 아들) 전恮을 추대하여 무신난武臣亂을 일으킨 후 다시 권력실세로 등장해 보자는 모의였던 것이다.

정막개에게 그 사실이 발각되어 두 사람은 결국 함께 목숨을 잃고 말았다.

정막개(莫없을 막 介끼일 개)의 이름 뜻은 '지워 없애고 뚜껑을 덮어 감춘다'인데, 그런 기이한 이름 뜻 때문인지 그는 천민인 주제에 감히 역모사건을 밀고하여 반정공신 두 사람을 죽게 만들고 말았다.

처마 밑에서 엿듣다가 나중에는 마루 밑으로 숨어들어 두 무인의 걸죽한 입담을 숨죽인 채 귀담아 들었던 그는 술김에 늘어놓은 푸념과 황당하기까지 한 취중 헛소리를 꼬투리로, 큰 공을 세우고 팔자 한번 멋지게 고칠 수 있었던 것이다.

인조 임금이 광해군을 몰아내고 새 시대를 연지 꼭 7년 째 되던 해에 참으로 괴상한 일이 생기고 말았다. 즉, 내쫓긴 광해군을 다

시 왕으로 추대하여 연산連山을 새 서울로 삼고 전혀 다른 성격의
조선왕조를 건국하겠다는 황당무계한 음모가 있었던 것이다.

전에 훈도訓導(종9품)를 지낸 任慶思임경사는 도감초군都監哨軍* 河義
生하의생, 金龍林김용림, 朴春南박춘남, 孫大順손대순, 李善信이선신
등과 작당하여 그런 엄청난 거사계획을 짰다는 것이다.

모의에 함께 참여했던 훈국포수訓局砲手 김예정이란 자가
이를 고발하여 세상에 드러나게 되었다.

그들의 마스터플랜에 의하면 임경사는 우선 내포에서 해운을
차단하고 이선신 등은 서울에서 훈련대장 등을 살해한 후 종묘와
도문都門을 불태우기로 했다는 것이다.

결국 김예정의 고변으로 모두 붙잡혀 참형을 당하고 김예정은
고변을 한 공로로 당상관堂上官*에 올랐다.

기껏 종9품 정도의 하급 벼슬아치들이 이미 폐위된 지
7년이나 되는 광해군을 다시 왕으로 섬기고 벼락출세를
해보려고 했다니, 참으로 그 발상이 발칙하기도 하고 기
이하기도 하다. 서울의 보초병들 몇몇이서 종묘 등 주요건물에 불
을 질러 혼란을 조성하고 훈련대장 등 주요 인사를 암살하여 공
포분위기를 만들면 나라가 통째로 굴러 들어온다고 생각했으니,
당시의 흐트러진 세상 공기를 엿볼 수 있는 좋은 예인 셈이다.

용기라기보다는 전형적인 과대망상증인 듯하다. 하기야 오죽
답답했으면 나라를 도박 판돈으로 삼고 인생역전을 꿈꾸었을까.

주인공 김예정이란 인물의 한자 이름은 알 수 없지만, 나머지
희대의 도박꾼들의 이름은 다 알려져 있으니 하나하나 살펴보기
로 하자.

먼저 주모자 임경사(慶경사 경 思생각할 사)의 이름 뜻은 '기쁜 일을
생각한다'이니, 공상적이고 망상적인 기질이었을 것이다. 그리고

*도감초군 : 도감은 국상,
궁궐 건축 등 중대사를
관장하는 임시 관청
*훈국포수 : 훈련도감의
장기 근속 병졸

*당상군 : 정3품 이상의
품계로 문신은 통정대
부, 무신은 절충장군 이
상을 의미. 조정의 대청
에 앉아 임금과 함께
정사를 논의할 수 있고
각종 특권이 주어졌음.

워낙 달변이고 신용이 두텁다보니 아마도 숱한 동료들이 그의 말을 듣고 고개를 끄덕이며, '우리가 해낼 수 있다, 우리가 나라를 바꿀 수 있다'고 호언장담하게 되었을지도 모른다.

아마도 훈도를 지낸 인물이니 다른 하급 무관들보다 말주변도 좋고 아는 것도 많았으리라. 이름부터가 뭔가 좋은 일을 만들어낼 것 같은 암시를 강하게 주고 있지 않은가.

망상에 빠져 꼬드김에 훌딱 넘어간 추종자들의 이름은 '옳다고 여기면 아이처럼 달려든다'는 의생(義옳을 의 生날 생), '임금을 에워싼 숲이 된다'는 용림(龍용 용 林수풀 림), '봄에 남쪽으로 달려가 따사로운 햇볕을 쬔다'는 춘남(春봄 춘 南남녘 남), '남이 하자는 대로 선뜻 따라나선다'는 대순(大큰 대 順순할 순), '심성이 순수해서 남의 말을 그대로 믿는다'는 선신(善착할 선 信믿을 신)이다.

젊음은 항상 단순 솔직한 에너지로 분수처럼 용솟음치기 쉽다. 깊은 사색이나 성찰이 없이 그저 단순히 보고 듣는 것만 많으면 세상이 호두알 만해 보이고, 이 일 저 일이 그저 아이들 장난이나 배고플 때 식은 죽 후루루 마셔버리는 것 정도로 인식되기 십상이다. 한 사람 한 사람의 이름에서 느껴지듯 다들 남의 말 잘 듣는 단순한 성격인데다, 한번 약속하면 끝까지 지키려는 무모한 기질들이니, 종9품의 낮은 처지에서도 묵은 임금을 받들어 새 임금 밑에서 못 누린 대운과 대박을 멋지게 터뜨려 보고자 꿈꾸었을 것이다.

어쩌면 권력놀음이 놀음 중 제일 수지맞는 것이라고 생각했을지도 모른다. 아니면 권력을 차지하는 것이 그 어떤 장사치 노릇보다도 몇 십 배, 몇 천 배 수지맞는 장삿속이라는 다음과 같은 옛 이야기를 어디서 주워들었는지도 모른다.

趙조나라의 억만장자인 呂不韋여불위(BC 235년에 자살)가 어느 날 자기 아버지에게 물었다.

"권력입니까, 돈입니까?"

아버지는 '몇 배나 몇 십배 버는 장사보다 몇 백배, 몇 천배 버는 권력이 더 낫다고 말했다. 여불위는 그때부터 권력에 투자하겠다고 결심했다.

그는 우선 진秦나라 태자 안국군의 20명이 넘는 서자들 중의 하나로 조나라에 인질로 와 있던 子楚자초를 눈여겨보았다. 아버지로부터 미움을 받아 그 많은 형제들 중에서 하필 인질감으로 뽑히고만 이른바 왕재수였다.

돈으로 물건 한번 제대로 만들어 보고자 결심한 여불위는. 한심한 처지에 놓여 있는 자초에게 접근하여 '내 재산의 절반을 줄 테니 먼저 때 빼고 광 낸 후 조나라 명사들을 적극적으로 구워 삶으라고 일렀다. 그리고 조나라 여론을 한 손에 거머쥐어야 한다고 신신당부했다.

자신은 나머지 절반의 재산을 무기로 진나라 수도 함양을 공략했다. 안국군의 정실부인인 화양부인에게 아이가 없는 것을 주목하고 우선 그녀의 언니에게 접근했다. 언니의 도움으로 화양부인을 만난 여불위는 조나라 수도 한단邯鄲에 인질로 가 있는 자초를 양자로 삼아 태자의 적자로 세우면 장차 왕후도 되고 태후도 될 수 있지 않느냐고 말했다.

여불위의 꼬드김에 넘어간 안국군은 '조나라에서 들리는 소문에도 자초가 대단하다고 하더이다. 부인이 정 그리 원하면 마음대로 하시오'라며 흔쾌히 승낙하고 징표로 옥장식을 만들어 주었다.

여불위는 재빨리 조나라 수도로 달려와 호화찬란한 파티를 열었다. 자초의 안국군 적자됨을 축하하기 위한 파티였던 것이다.

파티가 끝날 무렵 그는 자기가 기적妓籍에서 많은 돈을 주고 빼내 첩으로 삼았던 주희란 여인을 자초에게 소개했다. 그러자 주희의 미색에 홀린 자초는 '나에게 주시면 안됩니까'라고 물었다. 주희 와 미리 짜놓았던 하나의 플랜이고 시나리오였으므로 흔쾌히 허 락하였다.

주희는 이미 여불위의 씨앗을 뱃속에 넣고 있었다. 정확히 여덟 달 후면 남아든 여아든 어김없이 여불위의 아이가 태어나게 되어 있었던 것이다.

이듬해 정월에 주희는 아들을 낳았다. 정월에 태어났다고 하여 이름을 政정으로 지었다. 여불위의 씨가 자초의 마누라가 된 주희 를 대리모로 하여 당당히 세상 빛을 보게 된 것이다.

자초와 여불위가 진나라 수도 함양에 입성한지 6년 뒤에 소양 왕이 죽고 드디어 안국군이 효문왕으로 즉위했다. 하지만 재위 1 년여 만에 죽고 마침내 어벙벙한 자초가 장양왕으로 즉위했다. 29 세의 주희는 당연히 왕비가 되고 9살 먹은 정은 태자가 되었다. 그리고 여불위는 승상이 되어 실권을 장악하게 되었다.

장양왕이 된 자초는 3년의 재위 후 죽고 13살 먹은 어린 정이 진시황 즉 시황제로 즉위했다. 여불위는 재상이 되어 섭정을 하게 되었다. 그런데 주희의 유별난 색기色氣가 문제였다. 여불위는 모 든 걸 비밀에 붙이고 힘이 좋고 정력이 센 노애라는 자를 환관이 라 속여 태후가 된 주희의 침실에 붙여주었다.

남녀 관계는 모름지기 비밀을 지키기가 참으로 힘들었다. 30대 중반의 태후가 임신을 하게 되었던 것이다. 큰일이었다. 장양왕(자 초)이 죽고 없는데 무슨 놈의 임신이란 말인가.

이에 여불위는 이사할 점괘가 나왔다며 태후의 거처를 멀찍한 곳에 새로 잡아 주었다. 하지만 하나도 아니고 둘씩이나 태어나자

진시황(BC 259-BC 210)이 금방 눈치를 채고 말았다. 그러자 노애는 태후의 백을 믿고 기고만장하여 가신과 식객 수 천 명을 거느린 채 반란을 일으켰다.

결과는 노애의 완패였다. 22세의 기운찬 황제가 된 진시황은 노애와 태후의 두 아들을 죽이고 태후의 거처를 부양궁으로 옮기게 했다. 이듬해에는 여불위를 재상에서 해임하여 '황제의 진짜 아버지는 여불위'라는 세상의 소문을 잠재웠다. 뿐만 아니라 여불위를 문신후文信侯로 봉한 후 주었던 낙양의 10만 호 봉토를 몰수했다.

이로써 10여 년 가까이 중부仲父로 불리며 실권을 장악했던 여불위의 시대가 막을 내리고만 것이다. 그의 자살은 역시 그 다운 최후였다고 할까. 여불위는 자신의 친자식인 진시황이 25세 되던 해(BC 235년)에 자결했지만, 주朱태후는 여전히 뜨거운 밤을 보내다 50세로 병사했다.

하지만 1만 가신과 3천의 식객 중에서 제법 글께나 아는 자들을 추리고 모아 26권에 이르는 『여씨춘추呂氏春秋』를 펴냈는데, 그것만은 그 누구도 지울 수 없었다. 그리고 후일 사마천이 10여 년간의 고생 끝에 완성한 『사기史記(BC 90년 완성)』에 '진시황은 여불위의 친자식'이라고 적어놓는 것을 결코 막지 못했다.

1680년(숙종 6년) 4월에 영의정 許積허적의 서자인 許堅허견이 인조 임금의 아들인 인평대군*의 세 아들들(복창군, 복선군, 복평군으로 '3복'으로도 부름)과 짜고 역모를 꾀한다는 고변이 들어왔다.

체찰부體察府* 병방장교인 李光漢이광한이란 자가 서인西人인 金益勳김익훈*의 심복이 되어 남인의 영수인 영의정 허적의 서자 허견의 집을 여러 차례 정탐했다.

*인평대군 : 인조와 인열왕후의 소생으로, 소현세자, 봉림대군의 친동생이고 용성대군의 친형임

*체찰부 : 전란, 내란 등 국가 비상시에 설치하는 임시 관청

*김익훈 : 1619-1689; 김장생의 손자로 후일 남인 제거를 위해 김석주와 결탁하다, 고문 받고 죽음

정탐을 통해 허견을 제거함으로써 남인 세력에 결정적인 일격을 가할 수 있다고 생각한 이광한은 정원로, 강만철을 데리고 '허적의 서자 허견이 역모를 꾀하고 있습니다'라고 일러바쳤다. 이로써 서인은 남인을 몰아내고 소위 경신환국庚申換局을 맞아 재차 득세하게 되었던 것이다.

이를 통해 허적 이후 영의정이 된 **金壽恒**김수항*은 허견의 역모를 해결한 8명의 공로자들을 '보사保社공신'에 올리도록 제안했다.

이광한, 정원로 등을 뒤에서 부추긴 김석주*는 두 명뿐인 1등에 책록되고 김익훈은 네 명뿐인 2등에 책록되었다.

그리고 염탐꾼으로 활약하여 대어를 낚은 이광한은 두 명뿐인 3등 공신에 올랐다. 염탐꾼 치고는 꽤나 높은 공신 칭호를 얻은 셈이다. 큰 공로에만 정正 공신을 주고 작은 공로에는 원종공신原從功臣을 주는 것이 원칙이던 시절이었다.

이광한, 정원로 등이 염탐한 바에 따르면 허견이 인조의 손자이자 숙종의 5촌인 복선군을 보고 엄청난 건수를 하나 이렇게 제안했다.

"주상께서 몸이 약하고 형제나 아들*도 없으니 만일 불행한 일이 생기면 대감께서 왕이 되실 것입니다. 혹시라도 서인들이 임성군臨城君*을 추대하면 대감을 위해 제가 병력을 동원하여 뒷받침하겠습니다."

결국 그 엄청난 건수라는 것은, 단 한번 모험으로 대박을 터트려 당신이니 나나 진짜 인생역전 한번 단단히 이뤄보자는 이야기였던 것이다. 당신은 왕이 되니 좋고 나는 최고 실세가 될 테니, 실로 누이 좋고 매부 좋은 격이 아니냐는 말이었다.

이에 대해 복선군은 가타부타 아무 말이 없었다는 것이다. 그 좋은 걸 한다는데 굳이 말을 해야 하는 거냐는 강한 암시를 주었다는 꼭 오해받기 알맞게 된 셈이다.

결과는 과연 어떻게 되었을까. 아버지를 배경으로 삼고 황해도에서 수천 그루의 거목들을 도벌하여 대궐 같은 집을 짓고 아무 유부녀나 제 맘에 들면 욕을 보였던 당대의 망나니 허견은 당연히 귀양갔다가 사사되었다. 그리고 복선군 역시 나머지 두 형제와 더불어 귀양을 갔다가 훗날 다시 붙들려와 사사되었다.

못된 서자를 둔 영의정 허적은 처음에는 몰랐다고 하니 눈감아주자고 했으나, 훗날 악한 아들을 옹호하며 은근히 역모를 두둔했다는 죄목으로 사사되었다. 그때 그의 나이 70세였다.

환갑을 넘기고서도 두 차례나 영의정을 지냈지만, 엉뚱한 일로 임금의 미움을 사 벼슬길이 막히고 급기야는 숨통마저 끊어지게 되고 말았으니 실로 억울하기 짝이 없었을 것이다.

조부 **許潛**허잠이 시호를 받은 것을 축하하는 잔치인 연시연延諡宴을 집에서 치르며 임금의 허락도 없이 용봉차일龍鳳遮日을 무단히 가져다 쓴 것도 큰 잘못이었을 뿐만 아니라, 서인은 그저 임금의 장인(김만기)과 신여철이란 자뿐이고, 나머지는 모두 남인들로 저희끼리 한데 모여 잔치를 벌였으니, 임금 입장에서 여간 괘씸하지 않았을 것이다.

'파당을 짓지 말라'는 어명을 우습게 여기고 자기네 당파끼리만 모여 정적인 서인을 잡아 죽일 궁리나 했다고 오해받기 좋게 되었던 것이다.

허적은 결국 그 해 3월의 조부 연시연과 4월의 서자 역모사건

으로 꼼짝없이 죽고만 것이다. 호사다마라고, 좋은 일에는 반드시
마魔가 끼게 되어 있는 것인지….

역모 사건을 일러바친 자들에 대해 살펴보자.

염탐의 명수 이광한(光빛 광 漢한수 한)은 '강물 가득히 빛을 드리운
다'는 거창한 뜻을 지니고 있고, 나머 두 동역자인 정원로(元으뜸 원
老늙을 노)는 '늘그막에 운이 튄다'이고, 강만철(萬일만 만 鐵쇠 철)은 '돈
이 가득히 들어온다'는 의미이니, 아마 벼락출세는 못했어도 한
밑천 단단히 잡았을 것이다. 그리고 셋이서 의기투합하여, 횡재한
큰돈을 밑천으로 떼돈 벌 궁리를 짜냈을 것이다.

특히, 우두머리 역할을 한 이광한이 당대의 실력자들과 함께 당
당히 공신 리스트(총 8명밖에 안되는 보사공신에 올랐음)에 책록되었고
용계군龍溪君이라는 군호까지 받았으니 한동안 실력을 발휘하며 살
았을 것이다. 영변 부사로 나가 성을 보수했으니, 그는 염탐의 대
가를 톡톡히 받아낸 셈이다.

9년 뒤 기사환국己巳換局으로 국면이 전환되어 남인이 재집권하자
고문 끝에 참형되었지만, 5년 뒤 다시 재주넘기로 목숨대신 명예
만은 되찾았다. 갑술환국甲戌換局으로 서인이 재집권하자 박탈되었
던 공훈이 다시 회복되었던 것이다.

일개 하급 무관의 관운官運치고는 실로 쇠심줄보다 더 질겼던 셈
이다. 어느 때는 죽은 뒤의 명예가 살아생전의 입신양명이나 부귀
영화보다 더 소중하고 비중 있는 법이 아닌가.

이광한은 살아서도 천당과 지옥을 오갔지만, 죽어서도 천당과
지옥을 오갔던 셈이다. 염탐으로 공신이 된 후 받은 용계군이라는
군호의 의미가 실로 거창하다. '용이 사는 물'이니, 아무리 그 물
이 좁고 얕아도 큰 강이나 망망대해가 전혀 부럽지 않았으리라.

공연히 함부로 날뛰다가 충신이 되기는커녕 도리어 제가 던진

칼이 제 목에 꽂혀 죽고만 경우가 있다.

金煥김환이라는 자가 바로 그런 인물이다. 경신환국(1680년 숙종 6년)으로 서인이 힘을 얻자 그는 서인의 강경파를 자임하며 남인의 저격수로 자신의 역할을 스스로 자리매김했던 것이다.

기패관旗牌官(훈련도감에 배속된 종9품 무관직)으로 있는 韓壽萬한수만 등과 같이 李德周이덕주, 許璽허새, 許瑛허영, 崔鼎鉉최정현, 柳命堅유명견 등 남인들이 역모를 꾀하고 있다고 고자질했던 것이다.

이로 인해 허새, 허영 등은 처형되고 그 외에 다수의 남인 인사들은 파직되거나 유배되었다. 그 공로로 김환은 정2품 자헌대부資憲大夫에 올라 한동안 잘 나갔지만 7년 뒤의 기사환국 때 무고로 사람들을 죽게 했다고 밝혀져 목이 잘리는 참형을 당했다.

사실은 김석주와 김익훈이 짜고 김환과 金益戴김익대를 꼬드겨 남인들이 역모를 꾀하고 있다고 고자질하게 한 후, 다른 한 편으로는 남인인 이덕주, 허새, 허영, 최정현, 유명견 등을 부추겨 역모를 꾀하도록 했던 것이다.

아이들 장난 같은 짓에 불과한 것 같아도, 당시에는 그런 음모와 엉터리 사기극이 제법 통했던 모양이다. 그만큼 출세하기가 힘들고 신분 상승이 어려웠다는 단적인 사례일 것이다.

김석주와 김익훈에 의해 스스로 제가 묻힐 구덩이를 판 사람들의 면면을 살펴보자.

김환, 한수만, 김익대는 상소를 올려 고자질하는 역할을 맡았고, 이덕주, 허새, 허영, 최정현, 유명견 등은 가짜 역모극을 꾸미도록 부추김당한 이들이다. 아마도 양 쪽 다 허황된 망상을 가능한 꿈 정도로 착각하고 있었을 것이다.

김환(煥불꽃 환)은 이름에서처럼 '스스로 제 몸에 기름을 바르고 불길 속으로 뛰어드는' 무모한 기질을 타고 났을 것이다. 그리고

189

한수만(壽목숨 수 萬일만 만)은 '목숨 따위를 우습게 보는' 묘한 기질이니, 황당무계한 계략에 함부로 제 목숨을 내던졌을 것이다.

김익대(翊날개 익 戴덤받을 대)는 '날개를 달고 높이, 멀리 날아간다'는 뜻이니, 항상 공상과 망상 속에서 오로지 입신양명할 길만을 호시탐탐 노리고 있었을 것이다.

반대로, '덕을 두루 베푼다'는 김덕주, '임금님의 옥새를 보관한다'는 허새, '옥빛으로 찬란하게 빛날 날을 그린다'는 허영, 그리고 '솥단지를 걸고 쌀과 장작을 구한다'는 최정현과 '목숨이 질겨 어떤 위기라도 거든히 감당한다'는 유명견 등은 저 죽을 줄 뻔히 알면서도 이상하게 엄청난 모험을 하고만 것이다. 야심은 큰데 현실이 너무 갑갑하고 아득해서 그런 엄청난 꾐에 빠져들었을 것이다.

자살 폭탄 테러범처럼 역모 사건을 조작하여 무수한 사람들을 죽여 없앤 이가 있다.

36세의 **睦虎龍**목호룡(1684-1724)이란 자는 노론의 영수인 김창집, 조태채, 이이명, 이건명을 앞세우고 자기를 포함한 60여명의 노론파 관료들이 현재 왕에 올라 계신 경종을 시해하고 연잉군을 추대하고자 역모를 꾸몄다며 고발했던 것이다.

당연히 경종을 지지하는 소론들이 '봐라, 노론파의 흉계가 백일하에 드러났지 않느냐? 노론파에 속한 목호룡이란 자가 직접 자기 죽을 줄 다 알면서도 고발했으니 이 참에 깨끗이 정리하고 넘어가야 나라가 제대로 선다'며, 대대적인 피의 숙청을 단행했다.

노론 4대신으로 불리는 **金昌集**김창집*, **趙泰采**조태채(1660-1722), 이이명*, **李健命**이건명(1663-1722)이 한결같이 외딴

*김창집 : 1648-1722; 영의정을 지낸 김수항의 아들
*이이명 : 1658-1722; 숙종이 붕어하자 고부사로 청에 갔다가 귀로에 천주교, 천문 관련 책자 가져 옴

섬에 유배되었다가 사사되고, 노론파 수 백명이 살해되거나 추방 되었다.

이를 두고 후세에서는 신임사화辛壬史禍*로 부르며 붕당의 폐해가 극명하게 드러난 대표적인 사례로 손꼽고 있다.

*신임사화 : 소론이 노론을 숙청한 1721년의 신축옥사와 1722년의 임인옥사를 합쳐서 부름

목호룡은 자신의 무모한 자살 테러를 인정받고 벼락출세하기 시작했다. 부사扶社공신 3등에 책록되고 동성군東城君에 봉해졌으니 왕족에 버금가는 귀족 중의 귀족이 된 셈이다.

종2품 벼슬인 중추부中樞府 동지사同知事에까지 이르렀으니 실로 대단한 출세였다.

하지만 경종*이 36세로 재위 4년여만에 죽자 경종을 에워싸고 출세가도를 달리던 소론의 시대가 지나고 연잉군延礽君*을 왕세제王世弟(경종 즉위 후 1년 지나 27세에 책봉됨)에서 대리청정으로 그리고 다시 영조로 즉위하게끔 목숨을 걸고 뒷받침했던 노론의 전성기가 도래했다.

*경종 : 숙종과 장희빈 사이에서 출생
*연잉군 : 숙종과 화경숙빈 최씨 사이에서 출생

영조 즉위 후 노론이 힘을 얻자 노론 출신으로 소론에 빌붙어 노론 저격수 노릇을 해온 목호룡은 당연히 천당에서 지옥으로 직행할 수밖에 없었다. 옥중에서 급사했지만 악질 죄인이라 하여 당고개唐古介*에서 효수梟首*되었다.

*당고개 : 현 서울특별시 용산구 원효로2가에 해당
*효수 : 죄수의 목을 베어 높이 매달아 놓는 것

아마도 한강의 까마귀떼가 한동안 식곤증食困症에 시달렸거나 식중독食中毒으로 고생깨나 했을 것이다.

물론 모든 일에는 항상 뒤에서 조종하는 자가 있듯이 목호룡을 뒤에서 부추기며 물심양면으로 뒷받침한 이가 있었다. 경종의 비서실격인 승정원에 근무하는 승지 金 鏡김일경이란 자가 목호룡을 앞세워 노론 말살을 획책했던 것이다. 경종 대에는 당연히 대사헌, 형조판서를 지내며 승승장구했지만 60세에 영조가 즉위하자 지옥행 열차를 타야 했다.

청주 유생 宋載厚송재후가 '신임사화는 무고로 조작된 것이니 배후세력을 찾아 처단하여 주십시오' 라는 상소를 올렸던 것이다. 그는 결국 62세의 노구로 참형을 당했다. 왕이 친국을 하며 공모자를 다 불라고 호통을 쳤지만 끝내 '아무 말도 안한 채 홀로 죽었으니 대단한 의리파거나 독종이었던 모양이다.

왕세제 연잉군의 대리청정을 극구 반대하여 다시 원점으로 되돌려놓은 소론의 거물정치인들이 한동안 오줌을 지리며 안절부절했을 법하다. 흐르는 물이 아무리 내 자리라며 버틴들 뒤에서 무섭게 밀어내는데, 무슨 수로 더 아래로, 더 아래 쪽으로 자리를 바꾸지 않을 수 있겠는가.

趙泰耉조태구(1660-1723)는 노론 제거 뒤 62세로 영의정을 지내다 영조 즉위 후 삭탈관직削奪官爵되었을 뿐이고, 崔錫恒최석항(1654-1724)은 노론 제거 뒤 60대 후반에 우의정, 좌의정을 지내다 재직 중 70세로 타계했다.

李光佐이광좌(1674-1740)는 신기하게도 영조 즉위 후에 오히려 더 관직이 높아져 51세와 63세에 연거푸 영의정을 지냈다. 하나 朴東俊박동준이란 자가 노령의 자신을 모함하자 분통을 터트리며 단식하다 66세로 죽었다.

사후 15년 뒤에 소위 '나주 벽서사건'이 일어났을 때 관직이 추탈追奪되었지만 살아생전에는 대체로 순탄한 생애를 보냈던 셈이다. 살아서 배부르면 제일이지 죽고 나서 배터진들 무슨 소용인가. 서너 뼘 소반 위에 놓인 찬밥 한 그릇과 묵은 간장 한 종발이, 상다리가 부러지도록 질펀하게 차려진 제사음식보다 몇 억 배 더 참 맛이고 꿀맛인 것이다.

목호룡(虎범 호 龍용 용)의 이름 속에는 '호랑이와 용'을 모두 지니고 있으니 실로 강골형이었던 모양이다. 들켜도 절대 불지 말고 죽더라도 반드시 혼자 죽는다는 밀약을 지킬만하다고 여겼기 때문에, 간교한 김일경에게 포섭되었을 것이다.

38세에 한판 도박판을 벌여 2년 남짓 급부상 하다가, 짧고 굵게 산다며 독하게 맘먹고 죽은 것이다. 감옥에서 급사했다니, 누가 몰래 찾아와 죽였거나 스스로 제 숨을 멎어 죽음을 재촉했는지도 모른다.

목호룡의 상소에 의하면 '3수手' 즉, 무사를 시켜 직접 왕을 시해하는 대급수大急手, 독약을 음식에 넣어 왕을 독살하는 소급수小急手, 숙종의 전교를 위조하여 경종을 폐출시킨다는 평지수平地手를 동원해 경종을 제거하려 했다.

왕세제 연잉군을 대리청정 시키자고 요청한 것은 삼수三手의 하나인 '평지수'의 일환이었다는 것이니 그는 나름대로 비장한 사생관死生觀을 지니고 있었을 법하다.

개똥철학이던 아니면 독특한 신념이던, 나름대로 죽을 고비에 놓이면 혀를 깨물고 스스로 숨을 끊는다는 식의 비장한 생각을 갖고 있었을 것이라는 말이다.

호랑이와 용이 드잡이 하는 형상이 바로 그의 타고난 기질이라면, 저돌적이고 무모한 반면에 깨끗이 체념하는 냉혹함도 겸했을 것이라는 말이다.

목호룡을 철저히 뒷받침한 김일경(一한 일 鏡거울 경)의 자는 인(人사람 인 鑑거울 감), 아호는 아계(丫가장 귀 아 溪시내 계)이다.

60이 다 된 나이에 자신보다 22세 연하의 목호룡을 부추겨 거짓 상소를 올리게 하여 대대적인 옥사와 처단을 조작해 냈으니, 허허벌판에 발가벗겨 내놓아도 뭔가 꾸밀 대단한 배짱이고 지독한 기질이었을 것이다.

이름과 자에 모두 거울이 들어가 있다. 이름은 '거울 한 개'이고 자는 '사람을 비추는 거울'이다. 사람을 꿰뚫어보는 안목이 있었기 때문에 많은 소론파 대신들을 대신하여 총대를 메고 목호룡을 골랐을 것이다.

본래 송시열, 김수항 등과 함께 노론에 속해 연잉군(영조)의 왕세제 책봉을 적극적으로 지지했던 인물인데도, 김일경이 수작을 부려 낮에는 노론, 밤에는 소론이라는 식으로 이중 플레이를 하게 했던 것이다.

누가 보아도 노론에 속한 인물이 저 죽을 줄 다 알면서도 나도 역모에 가담했다고 상소를 올렸으니, 김일경의 음모와 조종을 모르면 잘못을 뉘우친 충성스러운 신하로 보였을 게 너무도 뻔하다.

새떼에 끼여 네 발 짐승 떼와 싸우기도 하고 네 발 짐승들에 섞여 새떼에 덤비기도 했다는 그 어렵고 힘든 팔자의 박쥐들과 너무도 흡사한 둔갑술이고 변신술인 셈이다. 변장술은 거의 로빈 훗과 조로 수준이지만, 심보가 워낙 사악했기 때문에 마치 꼭꼭 덮어두어도 악취가 솔솔 풍겨 나오는 오물단지처럼 제 정체를 끝까지 숨길 수는 없었던 모양이다.

아호는 '하나로 흐르다 두 갈래로 나뉜 물줄기'를 의미한다. 그것도 급하게 흐르는 계곡 물이 급히 변한 산세를 따라 두 갈래로 우렁찬 소리를 내지르며 내려 꽂히는 형세인 것이다. 두뇌 회전이 워낙 빠르고 판세를 읽는 안목이 대단해 일을 억지로 꾸미는 재주도 뛰어날 뿐 아니라 일이 잘 못 될 경우 뒷수습을 하는 데도 타의 추종을 불허할 정도로 잔혹하고 날렵했을 것이다.

환갑을 전후하여 엄청난 흉계를 꾸미고 2, 3년 마지막 영화를 누리다가 결국 62세로 목이 잘려 죽었지만, 아마도 소론 일각에서나 정적인 노론 속에서조차도 독하고 무서운 놈이라는 말이 오랫동안 떠돌았을 것이다.

하여튼 목호룡과 김일경으로 인해 무수한 노론 인사들이 태어나기는 각자 다르게 태어났어도 같은 해(1722년)에 죽고 말았다. 노론 4대신으로 불리는 이이명, 이건명은 각각 66세와 59세로 죽었고 조태채와 김창집은 각각 62세와 54세로 죽었다. 특히, 김창집의 경우는 참으로 애석하기 이를 데 없다.

아버지 김수항, 큰아버지 김수흥이 모두 김창집이 41세 되던 해에 나란히 죽었기 때문이다. 51세에 영의정을 지낸 아버지는 외딴 섬에 유배되었다가 60세로 사사되었고, 48세와 62세에 두 번이나 영의정을 지낸 큰아버지는 유배지에서 63세로 죽었다.

목호룡과 김일경에 의해 똑 같이 외딴 섬에 유배되었다가 사사되고만 노론 4대신의 자와 아호를 한번 살펴보자.

이름 뜻이 '햇빛을 한데 모은다'는 김창집(昌창성할 창 集모을 집)의 자는 '네 것을 먼저 이뤄준다'는 여성(汝너 여 成이룰 성), 아호는 '초라한 집에 누워 꿈같은 일생을 뒤돌아본다'는 몽와(夢꿈 몽 窩움집 와)이다.

그의 아호에서 보듯이 41세 때 목격한 아버지의 죽음과 백부의 죽음에서 그는 이미 피 바람을 불러오고야 마는 당쟁의 폐해를 직감했을는지도 모른다. 결국 그는 나를 잃고 어울리는 붕당 놀이에 깊이 빠져 있다가 끝내 아버지와 백부의 전철을 고스란히 밟고 만 것이다. 그는 거제도 어느 움막에서 사약을 받고 54세의 결코 길지 않은 생애를 마쳤다.

'큰 걸 붙잡는다'는 이름 뜻을 지닌 조태채(泰클 태 采붙잡을 채)의 자는 '아침에 맞는 햇살'이란 뜻의 유량(幼어릴 유 亮밝을 량)이고, 아호는 '두 가지 근심을 지닌 집'이라는 이우당(二두 이 憂근심할 우 堂집 당)이다. 아침 햇살처럼 화려한 관직 생활을 했지만, 끝은 근심을 잔뜩 안고 귀양길에 나서서 남쪽 끝 진도로 향했던 것이다.

'모닥불처럼 환하게 피어오르는 운세'라는 의미의 이름을 지닌 이이명은 양숙(養기를 양 叔아재비 숙)이라는 자와 소재(疏트일 소 齋재계할 재)라는 아호를 지니고 살았다.

'북돋아 주는 어른'이라는 자에 맞게 그는 최연장자로서 노론 계열을 이끌었다. 그리고, '막힌 곳을 뚫어 놓는다'는 아호의 의미에 걸맞게 그는 소론의 온갖 음모와 술수에 맞서서 자신이 이끄는 노론의 생존과 활로를 활짝 열어놓기 위해 안간힘을 쏟았을 것이다.

그는 노론의 보스로서 뚝심과 지혜를 발휘하며 의리와 동지애를 앞장서서 보이다가, 결국 남해로 유배길을 떠나 66세로 죽고 말았다. 전주 이씨 집안이니 어찌 보면 종친과 근거리에 있었겠지만, 싸움 중에서 최고로 악질인 당파 싸움에는 아마도 이길 장수가 전혀 없었던 모양이다.

'운세를 거듭 일으켜 세워 결코 무릎꿇지 않는다'는 이름 뜻을 지닌 이건명(健건강할 건 命목숨 명)의 자는 중강(仲버금 중 剛굳셀 강)이고, 아호는 한포재(寒찰 한 圃밭 포 齋재계할 재)와 제월재(霽갤 제 月달 월 齋재계할 재)라는 두 개를 갖고 있었다.

'거듭 일어선다'는 이름처럼 자 또한 '부러지지 않을 정도로 적당히 강하다'는 의미이다. 두 개의 아호는 각각 '한기가 느껴지는 늦가을 밭에 나가 하늘을 우러른다'와 '구름이 걷힌 밤하늘의 둥근 달을 보며 옷깃을 여민다'이다.

대단히 종교적인 의미를 지닌 아호들이다. 뭔가 천명을 알고 그 천명에 순응하는 경건한 내면을 지니고 있었던 것 같다. 아마도 그는 비록 외딴 섬에서 59세로 죽으면서도 임금이 내린 사약을 하늘이 내려준 마지막 양식 정도로 여겼을지 모른다. 찬기가 서린 채마밭과 구름 걷힌 밤하늘에 뜬 달에서 이미 그의 쓸쓸하나 미련을 거둔 비장하고 엄숙한 최후를 엿볼 수 있을 것 같다.

崔奎瑞최규서(1650-1735)는 39세에 대사간을 지냈고 40세에는 장희빈의 왕비책봉을 반대했던 인물이다.

49세 이후 대사헌, 대제학과 형조, 이조판서를 역임하며 승승장구, 마침내 소론이 뒷받침하던 경종이 즉위하자 71세에 우의정에 올랐다. 이듬해에는 좌의정을 지내고 73세에는 드디어 영의정에 올랐다. 하지만 고령으로 인한 건강을 이유로 곧 낙향하여 한가로이 소일하고 있었다. 한데 이곳저곳의 지인들로부터 속속 정보가 들어오기 시작했다.

즉, 자신이 총대를 메고 적극 옹호하며 이끌었던 소론 중 몇몇 과격파들이 '우리가 반대하던 연잉군이 새 임금(영조)으로 즉위했으니 이제 우리 일파는 벼슬은 둘째고 아차 잘못하다가는 목숨마저 보전하기 어렵게 되었다'며 군사를 모아 반란을 일으키려 한다는 것이었다.

영의정을 지낸 최규서는 정보를 낱낱이 입수하여 상세하게 조정에 알렸다. 조정은 최규서가 제공한 정보를 근거로 신속하고 은밀하게 반란을 진압할 계획을 세우게 되었다.

이로써 전주 이씨 일파인 李麟佐이인좌의 난*이 세상 밖으로 드러나게 된 것이다. 이인좌는 태조 이성계의 3남이자 태종 이방원의 형인 익안益安대군 李芳毅이방의의 후손이다.

*이인좌의 난 : 무신년에 일어났기에 '무신난'이라고도 함

무신戊申년에 일어났기에 '무신난戊申亂'이라고 하는 이인좌의 난은 1728년(영조 4년) 3월 15일부터 본격화되어 전국을 뒤흔들며 한바탕 요동을 치다 3월 24일을 기해 소멸되고 말았지만, 지방 호족들과 일부 관군, 소상인, 유민들이 대거 반란에 참여하여 조선왕조의 뿌리인 양반 중심의 관료 봉건체제 자체가 얼마나 허약한지를 극명하게 드러내고 말았었다.

조선왕조가 서서히 불그레한 낙조를 보이기 시작했던 것이다.

이인좌는 감사를 지낸 **李雲徵**이운징의 손자로 남인에 속했지만 사실상 출세길이 막혀 있었다.

노론을 박멸시킨다며 노론에서 소론으로 말을 바꿔 탄 목호룡을 앞세워 노론 토벌을 추진했지만 2, 3년만에 사기극임이 드러나 비참하게 죽고만 목호룡과 김일경의 측근 및 가속들도 이래 죽으나 저래 죽으나 죽기는 매일반이라며 이인좌의 반란모의에 적극 참여했다.

간신 아들이라고 탄핵받아 태인 현감으로 좌천된 소론 과격파 준소峻少 **朴弼顯**박필현(1680-1728)과 형제들(필우, 필기, 필용-), 그리고 이인좌의 친척인 **李有翼**이유익 등은 이인좌를 우두머리로 삼고 은밀히 반란을 모의했다.

이들은 모두 소론을 위해 목숨을 바친 김일경과 목호룡의 원수를 갚아야 한다는 일념을 가지고 있었다. 추종자들이 많은 걸로 보아 영조의 초기 이미지가 별로 안좋았다는 것을 알 수 있다. 아니면, 양반 사대부 계층이 많아져 출세 기회가 줄어들었을 뿐만 아니라 설상가상으로 당쟁이 지속되어 대립과 반목이 상상외로 급격히 깊어진 탓도 있었을 것이다. 유언비어의 날조와 악의적 확산도 영조의 지지기반을 뒤흔드는데 한 몫을 단단히 했을 것이다.

궁중에서는 이하河, 민관효觀孝, 윤덕유德裕 등이 동조하고, 지방에서는 정준유遵儒, 나만치晩致, 조덕규德奎, 조상鏛, 임서호瑞虎, 정세윤世胤, 권서인瑞麟, 이호岵, 민원보元普, 민백효百孝, 김홍수弘壽, 이일좌日佐 등이 가담했다. 그리고, 평안병사 이사성思晟과 종군별장 남태징泰徵도 적극 동조했다. 특히, 훈민정음의 창제와 세조의 등극에 공을 세운 정인지의 후손인 정세윤은 6, 7백 명의 지지자들을 모아 반란주동세력들의 기를 한껏 올려 주었다.

하지만, 영조와 그 측근들은 분위기가 심상치 않은 것을 알고 당파에 상관없이 인물 본위, 실력 본위로 기용하는 탕평책을 서둘러 구체화했다. 노론의 일부를 솎아내고 대신 남인 일파와 소론 일파를 적극 기용하여 일단 소외되었던 사대부층과 영조의 즉위로 불안을 느끼고 있던 세력들을 끌어안았다.

그러나, 이인좌는 정세윤, 韓世弘한세홍 등 지방 사대부들과 준비를 착착 진행시켰다. 영남 쪽 거병은 정희량, 김홍수에게 맡기고 호남은 박필현 등에게 맡긴 후 군자금을 모아 관군의 조총을 사들였다.

비록 영조와 노론에 의해 기용된 온건파 소론 (완소緩少)이 최규서를 통해 반란의 내막을 이미 조정에 알린 상태였지만, 이인좌를 대원수로 한 반란군은 초기에는 그런 대로 세가 대단했었다. 충청병사 이봉상, 영장 남연년, 군관 홍림 등이 반란군에 죽고 청주성이 함락되는 등 기세를 올렸다.

하지만 박필몽과 박필현이 호남의 장정들을 모아 반란군을 보강하는데 실패한 뒤 잡혀 처형되고, 영남에서 반란을 주도한 鄭希亮정희량과 이인좌의 동생 李熊輔이웅보도 관군에게 패해 그 세가 꺾이고 말았다. 조정에서는 반란에 동조할 가능성이 높은 탁남濁南세력과 尹鑴윤휴, 李義徵이의징 등의 자손과 김일경, 목호룡의 가속을 체포했다.

병조판서 吳命恒오명항은 소론 계열이지만 반란군의 도성 진출을 막는데 혁혁한 공을 세웠다. 충청일원에서 세를 확장한 반란군이 영남과 호남으로부터 지원을 받지 못하게 영남의 반란군 괴수들과 호남의 반란 조짐을 미리 차단하였다.

즉, 영남의 봉기를 초기에 진압하고 호남의 봉기를 사전에 막아 충청일원을 거머쥔 반란군이 서울로 진격하는 것을 철저히 차단했던 것이다.

*외기내응 : 지방이 먼
저 봉기하여 세를 굳히
면 서울 쪽에서 합류한
다는 것

이인좌의 외기내응外起內應* 전략을 최규서의 상세한 상
소 내용으로 미리 파악한 덕분에 지방과 중앙의 연결고
리를 철저히 분쇄할 수 있었던 것이다.

영남과 호남의 반란군은 현지에서 진압하고 안성, 죽산에서 충
청 일원의 반란군이 도성으로 진격하는 것을 막아, 반란군의 총지
휘자인 이인좌를 비롯하여 권서봉과 睦涵敬목함경을 생포했다. 청
주에 남아 있던 반군 잔존 세력인 신천영과 이기좌는 창의사인
박민웅에게 체포되었다.

이인좌의 반란을 미리 막도록 상세한 정보를 수집해 준 사람은
바로 영의정을 지내고 낙향해 있던 78세의 최규서였다.

최규서(奎별이름 규 瑞상서로울 서)의 이름 뜻은 '별을 보고 길흉을 점쳐
길한 쪽을 가르쳐 준다'이니, 나라가 어려울 때 꼭 필요한 사람이
다. 자는 '생각이 깊고 글 재주가 많아 언제나 어른 구실을 한다'
는 의미의 문숙(文무늬 문 叔아재비 숙)이니, 소론의 우두머리로서 매사
에 솔선수범 했을 것이다. 그리고 장희빈의 왕비책봉을 반대한 일
과 왕세제가 된 연잉군의 대리청정을 철회시킨 일 등은 목숨을 담
보로 하지 않고는 결코 앞장서기 어려운 일들이었을 것이다.

세 개나 되는 아호는 각각 소릉(少적을 소 陵큰 언덕 릉), 간재(艮어긋날
간 齋재계할 재), 파릉(巴땅이름 파 陵큰 언덕 릉)이다.

아호의 의미대로, 그는 언덕 넘어 고향으로 낙향해 있으면서도
그릇된 일로 나라가 어려움에 처한 것을 알고 78세의 노구로 반
란의 상세한 내막을 파악하여 조정에 알려 주었다.

'고향 언덕'에 세워진 그릇되고 어긋난 것을 내려다보는 망루에
서 나라와 임금의 앞날을 심히 걱정하고 있는데, 때마침 자신이
이끌던 소론 진영에서 과격한 소론 일파의 반란 모의를 세세하게
알려 주었던 것이다.

반란의 주모자들은 과연 어떤 인물들인가. 이인좌, 김영해領海, 목시룡 등이 밀풍군密豐君* 坦탄을 추대하여 새 왕조를 만들고자 했으니, 단순한 울분 폭발이거나 무용담 만들기가 아니었을 것이다.

이인좌(麟기린 인 佐도울 좌)의 이름 뜻은 '빛나는 일을 부추긴다, 빛나는 것을 북돋운다'이다.

하여튼 뭔가 어마어마한 일을 꾸미고 주위 사람들을 그 일 속에 묶어 넣는 식의 암시가 깃들여 있는 이름이다. 그에 의해 왕에 추대된 밀풍군 탄은 군호가 밀풍(密빽빽할 밀 豐풍성할 풍)이고 이름은 탄(坦평평할 탄)이다.

'더 이상 담을 수 없을 정도로 가득하기를 원하는' 군호의 의미이니, 참으로 그 야심이 실로 하늘을 찌를만하지 않은가. 이름마저도 '평정한다'는 뜻이다. 가득 차야 만족하는 성격인데다 다스려야 보람을 느끼는 기질이니, 이인좌의 망상에 꼬드김 당해 3월 초봄 며칠 동안 왕으로 불린 것이다.

이인좌의 환상에 동조한 이들을 살펴보자.

김영해(領옷깃 영 海바다 해)의 이름 뜻은 '세상의 가장 중요한 곳'이고, 목시룡(時때 시 龍때를 만난 용)은 '때를 만난 용'이니, 두 사람의 이름만 보아도 얼마나 야심에 부풀어올라 있는지 훤히 알 수 있을 것 같다.

자기 배포에 맞는 자리에 앉으면 멋지게 일을 처리하겠다며 뻥뻥 헛소리, 신소리를 막 늘어놓을 그런 대포 기질, 거품 기질임을 쉽게 알 수 있다.

형의 반란에 동조했다가 죽고만 이인좌의 아우 이웅보(熊곰 웅輔덧방나무 보)는 '빛나는 야심을 갖고 핵심역할을 한다'는 뜻이다.

반란이 결국 그가 좇은 빛나는 대상이고, 형의 음모가 그 자신

*밀풍군 : 인조의 장자 소현세자의 증손으로 청나라에 사은사로 다녀왔음. 이인좌에 의해 왕으로 추대되었으나 반란이 실패하자 자결함

201

이 지렛대가 되어 지지해 준 수레바퀴였던 것이다. 형보다 나은
아우가 나오기가 그렇게 어려운 법이다. 형을 따라 재수 없이 개
죽음을 당하는 예는 많아도, 형이 잡은 지휘봉을 빼앗거나 훔쳐내
서 새로운 곡조를 만들어 내는 예는 별로 없다.

반란을 일으키기 직전에 잡혀 처형된 박필현은 전주감사 鄭思
孝정사효의 돌변으로 봉기에 실패했는데, 아들과 함께 상주로 도피
했다가 붙잡혀 참수되고 말았다.

박필현(弼도울 필 顯나타날 현)의 이름 뜻은 '도우러 나타난다'는 의미
이다. 그는 자신의 이름 뜻대로 일생일대의 큰 계획을 현실로 옮
기기 위해 호남을 책임지겠다고 호언장담했지만 도우러 나타나지
못한 채 초기에 붙잡혀 죽고 말았다. 불리하게 여겨 반란에 동조
하지 않은 정사효(思생각할 사 孝효도 효)는 '마음만 있고 행동은 안하
는' 아주 소극적이고 우유부단한 성격이었던 것이다.

반란군에게 일찌감치 붙잡혀 죽은 관원들의 이름을 보자.

충청 병사 이봉상(鳳새 봉 祥상서로울 상)의 이름은 '큰 새가 너무 멀
리 날다가 바다에 떨어지거나 너무 높이 날다가 햇빛에 타 죽는'
형국으로 끝날 수도 있는 것이다. 상서로울 상祥은 복을 의미하기
도 하고 재앙을 뜻하기도 한다.

영장 남연년(延끌 연 年해 년)은 '나이나 세월을 늘린다는 뜻으로
도중에 막히고 마는 어떤 위기나 고비를 만난다는 의미이기도 하
다. 그는 결국 반란군을 만나 일찍 죽게 됨으로써 나이를 더 늘리
지 못한 채 마침표를 찍고 만 것이다.

그리고 군관 홍림(霖장마 림)이라는 '장마비 속에서 오도 가도 못
하게 된다는 이름은 진퇴양난의 위기를 맞는 운세임을 암시한다.
이상하게도 세 사람 모두 '이루기 힘든 일을 도모하게 되거나 빠
져 나오기 힘든 수렁에 빠지게 되는 운명을 암시하는 이름을 지

니고 있다.

반대로 반란을 진압한 사람들의 이름을 살펴보자.

창의군倡義軍(의병)을 이끌고 청주 상당성을 되찾은 박민웅(敏재빠를 민 雄수컷 웅)은 '뛰어나고 뛰어나다'는 뜻이니, 54세의 나이에 충청도와 영남의 의병들을 거느리고 난을 평정했던 것이다. 누가 시킨 것이 아니라 그저 자신이 원해서 목숨을 걸고 반란을 토벌했다. 재빠른 것이 흠인지 그는 반란의 잔당을 토벌하자마자 그 길로 고향으로 내려가고 말았다.

아니나 다를까, 그는 공은 공대로 세우고도 무단 이탈이라는 죄를 뒤집어쓰고 유배형을 당했다. 하지만 워낙 진솔하고 담백한 기질인지라 곧 풀려나 55세에는 해미 현감을 지내고 58세로 죽기 직전에는 강계 부사를 지냈다. 낭중지추囊中之錐*가 너무 늦게 세상에 드러났지만 말년에 나라를 위해 참으로 큰 공을 세우고 3년여 동안 후한 보답을 받았던 셈이다.

*낭중지추: 주머니 속의 송곳처럼 인재는 결국 세상에 알려진다는 고사성어

소론파 출신으로 이인좌의 난이 있기 한 해 전(1727년 정미환국)에 병조판서를 지낸 오명항은 난이 일어나자 의금부판사 겸 4도 도순무사都巡撫使로 임명되어 반란군 토벌의 총책임을 맡았다. 그의 나이 이미 55세로 생애 마지막 해였다.

난을 진압한 후에는 분무奮武공신 1등에 책록되고 해은海恩부원군에 봉해졌다. 곧이어 우찬성에 임명되었지만 그는 반란의 괴수 이인좌가 속했던 소론파 인물이니 마땅히 죄를 함께 지고 물러나야 옳다며 사임하겠다는 상소를 올렸다.

하지만 도리어 그는 우의정에 발탁되었다. 고향에 효자 정문이 세워졌다니 성정이 본래 후덕하고 충직했었던 것 같다. 생애 마지막 해에 그처럼 많은 공로를 한꺼번에 세운 경우는 아마 찾아보기 어려울 것이다.

장장 한 달여에 걸쳐 전국을 뒤흔든 반란을 깨끗이 진압하고 공로를 다 인정받은 후 미련 없이 눈을 감았으니, 실로 대단한 말년 운세이고 마지막 불꽃이었던 셈이다.

오명항(命목숨 명 恒항상 항)은 '생애의 마지막까지 한결같이 정진한다'인데, 그는 과연 이름 뜻대로 55세의 전 생애 내내 오로지 국가의 명령에만 복종하고 순종하며 자신의 생애를 이끌다가, 병석에 누울 새도 없이 깨끗이 임종을 맞이한 것이다.

그의 자도 '한결같이 유능하여 쓸모 있는 사람이 된다'는 의미인 사상(士선비 사 常항상 상)이니, 실로 비가 오나 눈이 오나 한결 같은 자태를 지니고 살았을 것이다.

아호는 각각 모암(慕그리워할 모 菴풀이름 암)과 영(永길 영 慕그리워할 모 堂집 당)이다. 두 개의 아호에는 똑같이 그리워한다는 의미가 들어가 있다. 즉, '풀이 햇빛과 비를 바라듯이 그렇게 간절히 그리워한다'는 의미와 '항상 잊지 않고 자나 깨나 변함없이 그리워한다'는 의미로 이루어져 있다. 임금과 나라를 향한 그리움과 부모님의 은혜를 사무치게 그리워하는 마음이 절절이 배어있는 아호들이다.

조정에 나가서는 충신이고 집에 돌아와서는 효자였으니, 그는 실로 사랑이 넘치는 멋진 인품을 타고났던 것 같다. '한결 같다'는 이름이나 자, '그리움이 넘친다'는 아호가 바로 그의 일생을 이끈 나침반이 되고 북극성이 되었던 것이다.

난세에는 늘 사람의 팔자가 엇갈리게 되어 있다. 용기를 가지고 과감히 위기에 맞서는 이와 그렇지 못한 이로 극명하게 나뉘고 마는 것이다. 예를 들어 金在魯김재로(1682-1759) 같은 이는 이인좌의 난이 났을 때 마침 충주 목사로 있었는데, 46세의 나이로도 과감하게 반란에 맞서 나라를 지킨 후 벼슬이 더욱 높아져 58세에는 영의정에까지 올랐다.

우의정을 지낸 金構_{김구}의 아들이니 이미 든든한 배경을 지니고 태어난 셈이지만, 그는 오로지 자신의 소신대로 밀고 나가 운명을 스스로 개척한 케이스에 속한다고 보아야 할 것이다.

34세에 부수찬으로 재직할 때 그는 이미 자신의 강골 기질을 유감없이 과시했다. 즉, 선현을 무고한 소론의 우두머리에 속하는 柳鳳輝_{유봉휘}와 鄭栻_{정식}을 탄핵하여 파직시켰다. 그리고 소론 과격파인 金一鏡_{김일경}이 노론 대신들을 무고하여 죽게 한 일을 자신의 상소로 명명백백히 밝혀, 그 장본인인 김일경을 사형에 처하게 했다.

그는 그렇게 강골형의 선비 정치인이었음에도 입신양명한 후 77세까지 잘 살았다.

재노(在_{있을 재} 魯_{아둔한 노})라는 이름 뜻은 '멋대로 하는 기질이 있지만 세심하게 살피는 우직함도 지니고 있다는 의미이고, 자는 '복잡한 예의규범을 남에게 강요하지 않고 매사에 좀 너그럽게 처신한다'는 중예(仲_{버금 중} 禮_{예도 예})이다.

이름과 자에 이미 실용주의적인 성격과 좀 손해 보는 듯하게 살아가는 현명한 처신이 함께 암시되어 있다. 그리고 타고난 기질은 약아터지지 못하지만 어떻게 해서든 현명하게 살고자 하는 노력이 깊숙이 배어 있다.

아호는 각각 '깨끗한 모래'라는 청사(淸_{맑을 청} 沙_{모래 사})와 '빈 배를 젓는 사람'이라는 허주자(虛_{빌 허} 舟_{배 주} 子_{아들 자})이다.

두 개의 아호에는 왠지 세상으로부터 좀 멀어져 보려는 소원이 배어 있다. 되도록 욕심을 내지 않고 아옹다옹하는 속세로부터 약간 떨어져서 보다 더 중요한 것을 바라보려는 소망을 내포하고 있다. 모두 세상을 관조하는 듯한 은둔적이고 고립적인 기질을 암시하고 있는 셈이다.

58세에 영의정을 지냈으니 그의 말년은 아마도 다급한 정치현

안을 뒤로 한 채 한가로이 글이나 읽고 시문이나 지으며 보냈을 것이다. 또한 자신의 인생을 되도록 잘 경영하고 운영하여 말년을 미리 미리 예비하려는 철저한 준비성을 지니고 있었을 것이다.

金聖鐸김성탁(1684-1747)이란 인물은 44세의 나이였음에도 이인좌의 난으로 나라가 온통 뒤죽박죽이 되자 일단 서둘러 의병을 모집하는 일에 매달렸다.

일필휘지一筆揮之로 '나라가 위태로우니 전국의 유문儒門은 의병을 이끌고 반란의 괴수들을 처단하자'는 글귀를 써서 전국의 향교와 마을에 알렸다.

열혈 청년이 따로 있을 수 없었다. 난리가 나 사직이 위태로워지면 중년, 노년도 당연히 열혈 청년으로 통일되고 마는 거였다.

난이 끝나자 참봉벼슬이 내려졌지만 "벼슬이나 하자고 목숨 걸고 싸운 것이 아닙니다"라며 극구 사양했다. 얼마 있다가 하도 주위에서 천거하는 통에 약간의 벼슬생활을 했지만, 53세에 일생일대의 위기를 맞고 말았다.

난리 통에도 죽지 않은 쇠심줄 같은 팔자인데 그는 엉뚱한 상소를 올린 탓에 그 길로 귀양을 가서 결국 불귀의 객이 되고 말았다. 그는 호好, 불호不好가 극명하게 갈리는 한 인물을 변호한 죄로, 말년(53세부터 63세로 죽기까지)을 불행하게 만들며 아까운 목숨을 재촉하고 말았다.

경상도를 중심으로 한 이황의 학맥을 대표하는 대 학자로, 33년 전에 죽은 李玄逸이현일*이란 인물을 두둔하다가 유배형을 당했던 것이다.

당쟁의 한 가운데 있었던 인물이라서 인지, 죽은 후 6년 뒤(1710년 숙종 36년)에 명예회복 되었다가 다시 환수되고, 사후 167년 뒤(1871년 고종 8년)에 또 다시 명예 회복과 환수가 연이어 생겼던 인물이다.

자그마치 사후 205년만인 1909년에서야 완전히 명예회복 되었을 정도로, 그는 학문은 높았을지 모르나 세상의 평판은 극명하게 엇갈렸던 것 같다.

김성탁(聖성스러울 성 鐸방울 탁)의 이름 뜻이 '소리가 멀리까지 퍼지는 뛰어난 방울'이니 그는 44세의 나이에 반란을 진압한다며 감연히 일어났던 것이다. 토역문討逆文을 손수 지어 방방곡곡에 붙인 뒤 전국의 지식인들에게 '궐기합시다' 라고 외쳤으니, 실로 대단한 방울소리, 풍경소리였던 셈이다.

자는 진(振떨칠 진 伯맏 백), 아호는 제산(霽갤 제 山뫼 산)이다.

자와 아호는 각각 '자리를 박차고 일어나 먼저 앞장서는 기질'과 '비가 멎고 구름이 걷힌 시원한 산'을 의미한다. 합하면 분연히 일어나 먼저 외치며 먹구름이 덮인 난세를 평정한다는 의미인 셈이다.

그는 자신의 이름이나 자나 아호의 암시대로 44세에 나라를 위해 목숨을 내던지기로 작정했을 뿐만 아니라 전국의 지식인들과 백성들에게 함께 나서자며 앞장서서 외쳤던 것이다. 그리고 50이 넘은 나이로 관직에 나가서도 문과 과거 급제자들 중 특별히 강직한 선비들을 골라 앉히는 자리에만 앉아있었다. 즉, 조선시대 선비 관료사회를 지탱시켜준 양대 축인 사헌부 지평持平(정5품)과 이조의 전랑銓郎* 중에서 그는 지평을 역임한 후 홍문관弘文館* 수찬修撰(정6품)을 맡았었다.

*전랑 : 정5품 정랑과 정
6품 좌랑을 합하여 부
르는 말
*홍문관 : 옥당, 옥서, 혹
은 영각으로도 불렀음

그의 앞장서는 기질은 결국 그의 마지막 10년의 생애를 완전히 망가뜨리고 말았다. 왜 그렇게 되었을까. 자신이 20세 되던 해에 죽은 대학자를 흠모해서 목숨을 걸고 명예 회복(신원伸寃)을 요청한 것일까.

그는 영조 임금에게 『치국평천하治國平天下의 도道』를 건의할 정도로 의견 개진에 용맹스러웠다. 옳다고 여기면 물불을 가리지 않는 기질이었던 것이다.

그가 앞장섰다가 귀양을 가고만 대학자는 '멀리 달아나 숨는다는 뜻의 현일(玄검을 현 逸달아날 일)이란 도피적이고 은둔적인 이름 덕분에 학문에 매달리며 되도록 관직을 갖지 않으려 애썼던 것이다. 그리고 당파싸움 때문에 67세에 유배형을 당하는 등 잠시 어려움을 겪기도 했지만 그런 대로 평탄한 생애를 보내며 77세로 장수할 수 있었을 것이다.

자와 '보잘 것 없는 날개로 날지만 정확히 계산해서 날아간다는 익승(翼날개 익 升되 승)이니, 학문에 깊이 빠져들어 학문 속에서 마음껏 기개와 이상을 펴는 그런 운명인 셈이다.

아호는 '칡넝쿨이 에워싼 초막'을 뜻하는 갈암(葛칡 갈 庵암자 암)이니, 산야에 묻혀 자연을 벗 삼고 살아가는 '산중 학자'로서의 팔자를 강하게 암시하고 있는 셈이다.

이인좌의 난 때 어중간한 처신을 하다가 일생을 망친 예가 있다. 權詹권첨(1664-1730)이란 자가 바로 그런 사례에 속한다. 58세에 대사간을 지내고 63세에는 충청도 관찰사로 있었는데 이듬해 3월에 이인좌가 난을 일으켜 청주성을 공격했던 것이다.

그는 64세의 노구를 이끌고 마지막으로 나라를 위해 목숨을 바친다고 마음을 먹고 용기를 냈으면 좋았을 텐데 노욕이 지나쳤는지 그는 출병을 미룬 채 관망하다가 그만 청주성을 반란군에게 빼앗기고 말았다.

당연히 역심逆心을 가졌던 게 분명하지 않느냐는 질책을 듣고 투옥되어 그만 옥사하고 말았다. 환갑을 넘겨서까지 높은 관직을 지닌 채 잘 살다가 그만 마지막 1, 2년을 망치고 만 것이다. 64세에

옥에 갇혀 66세로 옥에서 죽고 말았으니 그 얼마나 한심한 말로 인가.

권첨(詹이를 첨)의 이름 뜻은 '뜻한 곳에 이른다'이고, 자는 '마음씨 좋은 어른'이거나 '팔자 좋은 어른'을 뜻하는 숙량(叔아재비 숙 良좋을 량)이다.

이인좌의 난만 일어나지 않았으면 편안한 말년을 보냈을 팔자 인데 갑자기 자신이 근무하는 장소에서 난이 일어나 큰 죄를 짓 게 된 것이다.

나라 전체가 난리에 휩쓸린 판국인데, 한낱 개인의 좋은 게 좋 은 거라는 식의 평범한 팔자로 어떻게 위기를 모면할 수 있었겠 는가? 평상시라면 아무 문제없을 팔자라도 난리가 나 전체 판이 뒤흔들리게 되면 죽을 고비를 맞게 되어 있는 것이다.

영조의 개인적 비극이자 조선왕조 519년 역사 속의 비극으로 통하는 사도세자의 뒤주 속 죽음(1762년 영조 38년) 뒤에는 흉악한 밀고자가 있었다.

사도세자*의 장인 洪鳳漢홍봉한(1713-1778; 파평 윤씨)이 사돈 인 임금 영조의 후광을 업고 막강한 권력을 누리자 자연 히 반대세력에서 세를 꺾고자 하는 움직임이 있을 수밖에 없었다.

金漢耉김한구, 洪啓禧홍계희*, 尹汲윤급* 등이 홍봉한을 몰아 내고자 홍봉한의 사위이자 차기 임금이 될 세자를 영조 임금으로부터 떼어놓기로 작전을 짰던 것이다.

참으로 우습게도 형조판서 윤급의 청지기(종)로 있는 羅 景彦나경언이란 자가 「세자의 10가지 죄과」라는 식의 내용 을 적어 형조에 고발했던 것이다.

나경언은 별감別監(궁정의 잡직) 나상언의 형으로 그는 '자신의 빈 인 혜빈 홍씨를 죽이려 했고, 비구니를 궁중에 끌어들여 풍기를

*사도세자 : 이복형 효령 세자가 10살에 요절하 자 세자에 책봉되었음

*홍계희 : 1703-1771; 남 양 홍씨. 죽은 후 6년이 지나 정조가 즉위하자 아들 述海와 손자 相 簡이 반역을 꾀하다 처 형되자 관작이 추탈됨
*윤급 : 1697-1770; 영조 를 비판한 노론의 峻論 에 가담. 1599년에 영의 정을 지낸 尹斗壽의 5 대 손

어지럽혔으며, 왕의 허락도 없이 평양으로 몰래 놀러 다녔고, 북방 성들을 마음대로 나가 돌아다녔'며 세자의 비행을 고발했던 것이다.

당연히 68세의 영조*는 노발대발했다.

27세의 세자는 '나경언과 대질하게 해 주소서'라며 간청했지만 영조는, 대신들에게 그동안 세자의 비행을 알고도 임금에게 알리지 않은 이유가 대체 무엇이냐며 특히 3정승을 무섭게 질책했다.

세자가 만일 삐끗하여 죽게 되면 왕의 진노가 금방 자신들에게 폭발될 것이 너무도 뻔했다. 고민하던 영의정 李天輔이천보(1698-1761), 우의정 閔白祥민백상(1711-1761), 좌의정 이후(1694-1761)는 왕의 진노에 겁을 먹고 연이어 음독 자결했다.

나경언과의 대질을 영조가 거절했지만 세자는 몰래 포도청을 통해 나경언의 가족을 심문해 보았다. 아니나 다를까, 경상감사를 지낸 尹東度윤동도*의 사주로 고발하게 되었다는 것이었다.

영조는 세자를 미워한 나머지 세자의 비행을 고발한 나경언을 충신으로 볼 정도였다. 하지만 南泰齊남태제(1699-1776), 洪樂純홍낙순 등이 세자를 모함한 나경언을 '대역죄인으로 처단해야 합니다'라고 주장했다. 나경언은 결국 처형되고 말았다.

세자는 그 해 5월에 뒤주 속에 갇혀 11살 어린 아들이 통곡하는 속에서 9일만에 숨을 거두고 말았다. 영조는 곧 자신의 일을 후회하고 '사도思悼'라는 시호를 내렸다.

밀고자 나경언(景볕 경 彦선비 언)의 이름 뜻은 '환한 곳을 지향하는 충직한 일꾼'이니, 누가 분명히 꼬드겼을 텐데도 아무 말 않고 혼자서만 벌을 받고 말았다. 그의 상전인 윤급도 아무 탈 없이 출세 길을 밟다가 나경언이 죽은 뒤로도 8년을 더 살다가 73세로 죽었다. 그리고 홍계희도 온갖 요직을 두루 거친 후, 나경언이 죽고 나서도 9년을 더 살다가 68세로 죽었다.

사도세자의 죽음이 어찌 그렇게 외롭기만 했겠는가. 어릴 때 개미굴을 호미로 파헤치며 개미를 밟아 죽인 것은 포악한 성깔의 한 단면을 보여준 것이고, 자신에게 마구 짖어대며 덤비는 외국산 개를 칼을 뽑아 그 자리에서 죽여 없앤 일은, 부왕이 좋아하는 개인 줄 알고도 죽였으니 역심의 한 단면을 보여준 것이라는 비난이 세자를 따라다니고 있었다.

옷 갈아입기를 완강히 거절하는 이상한 편벽증, 집착증으로 인해 옷을 갈아입히려는 궁녀를 냅다 떠밀어 그만 죽게 했다는 소문, 밤에 궁 밖으로 몰래 빠져나가 여승들과 잠을 자고 왔다는 소문, 부왕 몰래 평양에 가서 기생들과 한 달여간 진탕 놀다왔다는 소문, 북방의 성들을 오가며 은밀히 반란을 꿈꿨다는 소문, 부인 혜빈 홍씨를 칼로 죽이려 했다는 소문 등등 이런 저런 흉악한 소문들로 인해 스물일곱 살이나 된 성인 세자는 왕이 되기를 기다리기는커녕 지레 죽지 않을 수 없었다.

그런데도 세자 시강원侍講院 설서說書(정7품)로 세자의 총애를 받은 바 있는 권정침이란 자는 세자 시강원 사서司書(정6품) 任珹임성, 예문관 검열檢閱(정9품) 林德躋임덕제와 더불어 세자의 무고함을 주장하여 처음에는 별 탈 없이 지나가는 듯했다.

하지만 한 달 뒤에 임금은 세자를 폐하여 서인으로 강등시킨 후 뒤주 속에 가두어 초여름 햇볕 아래 방치했다. 결국 더위와 굶주림에 일주일 만에 죽고 말았다. 사람들은 세자가 15살로 부왕의 명령에 의해 대리기무代理機務를 볼 때 이미 화근이 생겼었다고 수군거렸다.

즉, 부왕의 후궁인 숙의 문씨가 자신의 남동생(문성국)을 병조참의에 등용시켜달라고 부왕을 졸랐는데, 15살 세자가 결벽증이 있어 부왕의 은근한 지침을 완전히 무시해 버렸다는 것이다.

그 일로 대리기무 명령은 즉시 철회되고 다시 부왕 영조가 친정을 재개하게 되었다는 것이다. 그 일이 있은 뒤 숙의 문씨는 남편인 임금과 더불어 세자를 못 잡아먹어 항상 기회만 엿보고 있었다는 것이다.

한 달 후 세자는 풍전등화의 목숨이 되어 뒤주 속에 간히고 말았다. 權正忱권정침(1710-1776)은 죽어 가는 세자를 목숨 걸고 옹호한 죄로 마침내 형장으로 끌려가 죽을 수밖에 없었다. 그때 그의 나이는 이미 52세였다. 그는 자신의 목숨이나 앞길보다도 자신보다 25세 아래인 젊은 세자의 처참한 처지를 더 깊이 생각했다.

*특지 : 임금의 특별한 명령. 특교, 혹은 특명 이라고도 함

다행히 어명인 특지特旨*으로 석방되자 그는 고향으로 내려가 두문불출하고 말았다. 세자의 아들이 임금이 되어 여러 차례 불렀지만 끝내 움직이지 않고 고향에서 66세로 여생을 마쳤다.

문집(평암문집 등)과 저술(중용총론, 사단칠정변 등)을 많이 남겼으니, 새삼스레 벼슬에 나가 소란스러운 나날을 보낸 것보다 오히려 더 알찬 말년이 되고 의미 있는 생애가 되었던 셈이다.

권정침(正바를 정 忱정성 침)의 자는 자성(子아들 자 誠정성 성)이고, 아호는 평암(平평평할 평 庵암자 암)이다. 이름이나 자에 모두 정성스럽다, 참되다는 의미가 들어 있다.

그는 자신의 이름과 자가 암시하는 대로 정성스럽고 참된 마음으로 50평생을 살다가 자신을 알아준 한 사람(사도세자 혹은 장헌세자)이 처참하게 죽자 나머지 생애는 아호가 암시하듯 평화스러운 초막에서 글이나 쓰고 사색이나 하며 세월을 보다 깊이 있고 알차게 보낸 것이다.

尹光裕윤광유의 사주와 나경언의 앞잡이 노릇으로 세자는 억울하게 죽고 많은 대신들이 자결하거나 은둔했지만, 역사란 바로 밀고 자들에 의해 앞으로 굴러가게 되어있는지도 모를 일이다. 어둠 속에서 인형극을 연출하여 궁궐 안에 괴기한 죽음의 그림자를 드리우게 한 이의 이름이 참으로 신기하다.

광유(光빛 광 裕넉넉할 유)란 이름은 '따스한 한낮 햇살'이란 뜻이다. 인형극의 인형이 되어 줄에 대롱대롱 매달렸다가 그만 시궁창 속에 빠져 영영 사라지고만 나경언은, 빛을 향해 머리를 든 충직한 일꾼이라는 이름 뜻대로 윤광유의 그럴듯한 입발림 소리에 홀딱 속아 넘어가고만 것이다.

사주한 이의 '넉넉한 빛'이 사주당한 자의 '빛을 갈망하는 속마음'을 꿰뚫어보고 은밀히 접근한 것이다. 빛이 빛을 향한 얼굴을 사로잡은 형상이다. 윤광유의 그럴듯한 말이 나경언의 욕망을 냉큼 낚아챈 셈이다.

당직을 볼 때 어찌하여 세자가 평양으로 몰래 빠져나가는 것을 파악하지 못했느냐는 불호령에 그만 53세의 나이에 파직되었다가 후에 복직되어 대사성을 지낸 후 62세에 도승지를 지낸 인물이 있다. 俞彦民유언민(1709-1773)이 바로 그 인물이다.

반면에 26세 된 사관史官으로서 세자의 처형에 극구 반대하다가 결국 세자가 죽고 말자, 신하로서 몸으로 맞서 막지 못하고 뱃놀이를 하며 아예 모른 척한 자들이 있었다며 영의정 申晚신만과 세자의 장인인 좌의정 洪鳳漢홍봉한을 격하게 성토하다가 강진으로 유배를 간 사람이 있었다.

바로 尹塾윤숙(1734-1797)이란 인물이다.

당연히 세자의 아들이 정조로 등극하자 벼슬길이 보다 넓게 열려 49세에 대사간을 지내고 말년에는 중추부판사에 이르렀다. 63

213

세로 죽기까지 아마도 그는 자신의 이름인 숙(塾글방 숙)처럼 학문에 조예가 깊고 온갖 역사자료 이해에도 대단한 전문성을 지니고 있었을 것이다.

자는 여수(汝너 여 受받을 수)이니, '남들한테 받아서 유익하게 활용한다'는 의미이다. 배우고 익혀 써먹는 재주가 실로 대단했을 것 같다. 글방에서 얻은 지식을 바탕으로 공격을 가했을 테니 아마도 조정 노 대신들의 간담이 서늘했을 것이다.

이름이나 자가 임금 곁에서 전혀 치우치지 않고 역사를 바로 기록하는 사관史官에 알맞고, 억울하게 죽어 가는 세자를 목숨 걸고 옹호하는 그 의협심과 기개에 걸맞다. 글방에서 터득한 기개이고 지혜인데, 그 대쪽같은 처신에 무슨 하자가 있으며 잇속을 저울질하는 속된 흑심이 숨겨져 있었겠는가.

정말 웃기는 사람들

방랑시인 김삿갓의 할아버지는 **金益淳**김익순이다. 선천 부사였던 그는 홍경래가 난을 일으키자 순순히 항복하고 말았다.

4개월 여(1811. 12. 18~1812. 4. 19)에 걸친 난이 반란군의 마지막 본 거지였던 정주성의 함락으로 마침내 끝나게 되자 그는 한 가지 살아날 계책을 궁리했다.

즉, 농민인 **趙文亨**조문형에게 반군 장수 **金昌始**김창시의 목을 가져 오면 일천 냥을 주겠다고 제안했다.

김창시의 목을 관군에게 들고 가서 '봐라, 내가 이래도 역적이 냐'며 공을 내세우고 살길을 찾기 위함이었다.

하지만 김익순은 치사하게도 목을 가져온 조문형을 철저히 따 돌리고 말았다. 자기 계획대로 김익순은 김창시의 목 덕분에 살 길이 잠시 열리는 듯했다. 하지만 약속한 돈을 받지 못한 조문형 이 가만히 죽치고 있을 리 만무했다. 그의 고소로 모든 내막이 드 러나고 김익순은 처형되고 말았다.

김창시는 진사로서 워낙 재물이 많아 홍경래에게는 더할 수 없는 우군이었다. 10여 년간 함께 반란을 모의했을 뿐만 아니라, 운산 금광에서 일할 광산 근로자를 뽑는다며 반란군을 대대적으로 모집해 주었다.

초기에는 金士用김사용과 함께 가산, 곽산, 정주, 용천 등지를 점령하며 기세를 한껏 올렸지만, 시간이 지나며 조직된 관군의 토벌 앞에 그만 세가 꺾일 수밖에 없었다. 함종 부사 尹郁烈윤욱렬에게 쫓겨 철산에 머물다가 농민인 조문형에게 살해되고 말았다.

하여튼 김익순은 우스운 일을 꾸미다가 정말 우습게 들통이 나 죽고 말았지만, 그의 아들 金安根김안근과 손자들(김병하와 김삿갓으로 알려진 김병연)은 황해도 곡산으로 피신하여 나중에 사면 받고서야 고향인 경기도 양주군 회천면으로 돌아올 수 있었다.

우리가 '김삿갓'으로 부르는 김병연은 평생 방랑을 하며 술과 시로 살았다. 아들이 애타게 '아버지, 이제는 좀 집에 오셔서 편히 계십시오' 라고 애원해도 끝내 방랑자의 길을 멈추지 않다가 전남 화순(동복同福)에서 객사함으로서 59세의 한 많은 일생을 마감했다.

김병연은 3월 13일, 봄기운이 완연한 가운데 태어났지만 조부의 치욕이 유전되어 남의 손가락질을 받는 집안 분위기에 눌리고 질려 평생 거지 아닌 거지, 방랑자 아닌 방랑자로 살다가 길바닥에서 생애를 마쳤다.

시골 간이역에서 58세로 객사했다는 러시아의 대 문호 톨스토이(1817. 9. 5-1875. 10. 10)와 거의 동시대에 살다 갔으니, 김삿갓은 어찌 보면 조선의 톨스토이였던 셈이다.

아무개 하면 다들 알만한 신분이고 재산도 먹고 살만큼 있는데도, 자신의 융통성 없는 옹고집에 실리고 태워져 정처 없이 떠돌다가 흔히 말하는 개죽음을 당하고만 것이다. 더욱이나 아내와 자식들이 멀쩡히 다 있었지 않은가.

아마도 조선의 톨스토이나 러시아의 톨스토이나 제 고집대로 집 밖으로 떠돌다가 끝내 호젓한 곳에서 외롭게 삶을 마감하는, 잡초 같은 하팔자(흔히 말하는 상팔자의 반대되는 말)를 타고났었던 모양이다.

김익순(益더할 익 淳순박할 순)은 '인심이 후해서 마른 논에 물을 듬뿍 대 준다'는 뜻이지만, 용력과 담력이 미치지 못해 그만 반란군 괴수에게 항복하고만 것이다.

그가 사기 친 농부 조문형(文무늬 문 亨형통할 형)은 '바쳐서 일을 풀어준다'는 의미이니, 그는 단 며칠 동안이지만 김익순의 처지를 죽을 길에서 살 길로 살짝 옮겨주었던 것이다.

그러나, 약속한 돈을 주지 않는 탓에 그는 바칠 곳을 순식간에 바꾸고만 것이다. 이름 속에 있는 '형통할 亨'에는 '제사 지낸다'는 의미도 있으니, 그는 아마 그런 연유로 사람의 목을 베다가 바치는 기괴한 일을 떠맡게 되었을 것이다.

그에게 목숨을 잃은 반란군 괴수인 김창시(昌창성할 창 始처음 시)는 이름 뜻처럼 무슨 일을 하든 초기에는 승승장구하다가 끝판에는 시들해지는 그런 기이한 운세였던 것 같다.

재물과 재주와 담력과 리더십까지 타고났고 또한 흔치 않은 카리스마까지 지녔는데도 그는 첫 끗발이 셀뿐인 이름을 지닌 탓에, 끝은 처음의 처지와 완전히 딴 판이 되고 말았다. 재물욕에 눈이 먼 하찮은 일개 농민에게 살해되어 목이 베어지고 만 것이다.

삿갓시인 김병연(炳밝을 병 淵못 연)은 '달빛이 비친 연못'이라는 이름 뜻부터가 왠지 지나치게 낭만적이고 은둔적이다. 환한 연못이라면 분명히 낮에 보는 연못이 아니라 밤에 달빛 아래서 보는 연못일 것이다.

'성품이 심오하다'는 뜻의 성심(性성품 성 深깊을 심)이라는 자와 '풀 꽃이 핀 물가나 언덕'인 난고(蘭난초 난 皐부르는 소리 고)라는 아호에서 알 수 있듯이 김병연은 천성이 문학적이고 목가적인 자연 탐닉형이었던 것 같다. 특히 아호를 글자 그대로 풀이하면 '꽃이 부른다는 의미가 아닌가.

결국 그는 자신의 내면에서 끊임없이 외쳐대는 어떤 미지의 소리를 들으며 살아야 했을 것이다.

그는 살아가면서 '역적의 자손이야! 비겁한 자의 후손이야! 더러운 핏줄이야! 나라도 없고 백성도 없는 짐승 같은 조상이야' 라는 식의 비웃음과 손가락질을 끊임없이 당하고 또한 들어야 했을 것이다.

천성이 자연으로 돌아가기를 간절히 바라는 데다 집안 내력마저 부끄럽고 더럽기 그지없으니, 그는 천상 방랑자의 생애를 살 수밖에 없었을 것이다.

이미 대여섯 살 때에 고향이 너무 무서워 타향의 산 속으로 도망쳤어야 했으니, 어떻게 얼굴을 남에게 환히 내보이며 살 수 있었겠는가.

본능적으로 얼굴 없는 사람으로 살 수밖에 없었고 이름 없이 떠돌아다니며 "나는 유령이다! 그래, 나는 태어났어도 사람이 아닌 유령이다!"라며 홀로 울부짖고 남몰래 피눈물을 뿌렸을 것이다.

그는 아마도 어릴 때 함께 도망쳐야 했던 형 金炳河김병하와 집안 머슴 金聖秀김성수를 몇 안되는 얼굴로 기억하며 살았을 것이다. 그리고 아버지 金安根김안근을 항상 그리워하며 고향 밖 하늘과 땅을 헤매고 다녔을 것이다.

형 병하(炳이밝을 병 河강이름 하)가 그의 발걸음을 인도하는 물줄기가 되고 아버지에 대한 추억이 그의 잠자리를 챙겨주는 아늑한 보금자리가 되었을 것이다. 신기하게도 아버지의 이름에 들어가 있는 '뿌리 근根'에는 '뿌리를 박다'는 뜻도 있지만 반대로 '뿌리째 뽑다'라는 뜻도 있다.

아버지, 어머니의 얼굴은 그에게 든든하고 아늑한 뿌리가 되기고 하고, 때로는 뿌리 뽑힌 자신의 가련한 처지를 절절이 느끼게 하는 슬픈 꼬투리가 되기도 했을 것이다.

춥다고 울고, 배고프다고 울고, 다리 아프다고 우는 어린 자신을 업고 황해도 산골로 도망쳤던 머슴 아저씨의 얼굴은 그에게 믿음직한 벽이 되고 피곤한 몸을 기댈 우람한 아름드리나무가 되었을 것이다.

성수(聖성스러울 성 秀빼어날 수)라는 이름에서 암시하듯, 그는 대단히 특이한 사람이었을 것이다. 쉽게 배신하지 않을 뚝심과 의리, 그리고 목숨을 바쳐 충성하는 그런 출중한 기질을 타고났었을 것이다.

이름에서 이미 '빼어나고 빼어나다'는 뜻이 물씬 묻어난다. 머슴으로 살기 아까울 정도의 나름대로 난 사람이었던 게 분명하다. 그러기에 우리가 기억하는 김삿갓 시인이 역적 조상과 동시대에 태어날 수 있었지 않았을까.

할아버지의 흐물흐물한 기질이 아버지의 깊이 박힌 뿌리를 만나 안동 김씨 집안이 다시 일어서게 되었다고 보아야 한다.

그 덕에 우리는 김삿갓이라는 창의적이고 은둔적인, 아주 독특한 삶을 볼 수 있게 된 것이다. 연약한 나무가 뿌리를 내린 덕에 삿갓을 걸 나뭇가지와 방랑자의 몸을 맡길 지팡이가 생긴 것이다.

조상을 빛낸 자랑스러운 얼굴들

장장 4개월 간(1811. 12. 18 봉기~1812. 4. 19 진압)에 걸쳐 평안도를 중심으로 조선반도를 뒤흔들어 놓았던 '홍경래의 난'은 조직적인 면과 그 치밀한 준비성, 그리고 오랜 세월에 걸친 철저한 보안성에 실로 경탄하지 않을 수 없을 정도이다. 비밀을 지킬 줄 아는 사람이야말로 가장 믿고 따를 만한 존재가 아닌가.

10여 년간에 걸쳐 전국의 장사들과 부호들, 그리고 몰락한 귀족들을 규합하고 금광에서 일한 사람을 뽑는다며 군사를 모았는데도 고발자 하나 없이, 변절자 하나 없이 그렇게 오랫동안 함구緘口되었다는 것이 그저 놀라울 뿐이다.

살아도 함께 살고 죽어도 같이 죽는다는 각오가 뼛속 깊이 들어박히지 않고는 도저히 불가능한 일이 아닐 수 없다. 함께 나누고 지킬 것이 있으면 그 어떤 비밀도 끝끝내 잘 지켜지는 법이다. 그리고 더 이상 잃을 것이 없다고 여기는 이들의 배수진이 바로 무적의 철옹성이다.

홍경래는 가난한 일개 평민이었는데도 스스로 성리학과 풍수지리학, 그리고 병법에 이르기까지 거의 통달했었던 것 같다. 십여 년 동안 전국 각지를 다니며 자신과 처지가 엇비슷한 지방 명사들과 유력자들을 포섭하고 다녔어도 일절 말이 새나가지 않았다는 것이 정말 신기하기만 하다.

양반 출신의 지식인 김사용과 김창시, 그리고 역노驛奴 출신의 갑부로 무과에 급제한 이희저, 지식과 돈을 겸비한 우군칙, 평민 출신 장사 홍총각, 양시위, 김운룡, 향족 출신의 이제초, 상인인 김혜철, 나대곤, 권력과 행정력을 겸비한 정경행, 유문제 등이 흔쾌히 가담했으니, 그렇게 단순한 명분으로 울컥하며 덤벼들었던 것이 절대 아니었던 것 같다.

일종의 쉐도우 캐비닛(shadow cabinet) 멤버들이고 예비 내각 진용이었던 셈이다. 결약을 맺고 서명한 우두머리 급 인사만 해도 60여 명에 이르렀다고 하지 않는가. 본부를 대정강大定江 인근의 다복동多福洞으로 삼았다는 것부터가 뭔가 대단한 희원希願을 지니고 있었던 것 같다.

관군이 땅굴을 파고 들어가 정주성을 무너뜨릴 때 반란의 우두머리 급들은 모조리 싸우다 죽었고, 생포된 자들은 당연히 서울로 압송되어 처형되었다. 관군이 무자비하게 진압하는 과정에서 많은 백성들이 차라리 성에 들어가 반란군을 편드는 게 낫겠다며 성으로 몰려간 탓에 진압이 끝나고 체포하니 자그마치 2,938명이었다고 한다.

여자와 아이들만 제외하고 1,917명 전원을 일시에 처형했다니, 평안도 일대가 한동안 텅텅 비었을 법하다. 한날 한 시에 제사를 지내는 이들이 부지기수였을 테니 매년 음력 4월 하순만 되면 사방에서 곡소리가 끊이지 않았을 것이다.

홍경래의 후손인 洪基兆홍기조(1865~1938)는 반란의 괴수였던 조상의 피와 한이 서린 평안남도 용강龍江에서 남양 홍씨 집안에서 태어났다. 일찍이 한학을 배운 후 21세 되던 해에 동학에 가입했다.

그가 태어나기 5년 전인 1860년 4월 5일 崔濟愚최제우가 창도하여 6월 이후 포교로 싹이 자라기 시작한 '동학'은 이미 상당한 교세를 지니고 있었다.

*대접주 : 1893년 4월에 손병희, 박인호, 손화중, 김덕명, 김개남 등을 합쳐 전국에 26명이었음

30대에 대접주大接主*를 지냈으니 조상 홍경래처럼 대단한 담력과 능력을 지니고 있었던 모양이다.

그는 그 후 3.1독립운동에 적극 가담하여 동학운동을 독립운동으로 이어가고자 했다. 독립선언서에 서명한 죄로 징역 2년을 선고받기도 했다.

출옥하자마자 고향에 내려가 천도교 도사道師와 장로長老를 지내며 청년 교육에 힘을 쏟았다. 교육이 바로 독립 역량을 키우는 지름길이라고 여겼던 것이다. 독립된 나라를 보지 못한 채 73세로 생애를 마감했지만 반쪽으로 나뉜 조국에 묻혀 그는 독립 후 17년이 지나서야 '건국훈장'을 받았다.

홍기조洪基터 기 兆조짐 조)의 이름 뜻은 '터를 잡고 새 일을 계획하며 앞일에 대해 점을 친다'이니, 동학을 통해 새 세상을 열어보고자 했고 빼앗긴 조국에서 자유와 독립을 갈망하다 죽었으니, 그의 일생과 그의 이름 뜻은 실로 절묘하게 한 짝을 이루고 있는 셈이다. 그러나 앞이 안보이는 상황에서 자신의 좌표를 정해야 했으니 터를 잡고 일을 도모하면서도 늘 조짐을 살피며 불안해했을 것이다.

아호는 유암游헤엄칠 유 菴풀이름 암)으로 '물 위에 떠내려가는 초막을 뜻한다. 이미 40대부터 조국이 없이 살아야 하는 팔자를 절실하게 느꼈을 테니, 물 위에 떠있는 지푸라기 같은 신세였던 셈이다. 어찌 그리 이름이나 아호가 자신의 생애와 자신이 속한 시대

상황에 딱 들어맞는지….

누가 뭐라 해도 삿갓시인 김병연이야말로 조상의 치욕을 단숨에, 그것도 아주 특이한 방법으로 회복시킨 사람일 것이다.

즉 할아버지 김익순이 저지른 반역과 치욕을 36년여 의 방랑생활로 단번에 지워 없앤 셈이다. 국법보다 더 무서운 것이 세상 사람들의 시선이고 평판임을 어릴 때에 이미 뼈저리게 통감했던 그가 아닌가.

머슴의 등에 업혀 황해도 산골로 도망칠 때부터 그는 어째서 자신의 얼굴과 이름을 아는 동네 사람들이 가장 무서운지를 확실하게 알아차렸던 것이다.

그는 철이 들자마자 집과 가족과 고향을 떠나 세상의 밑바닥 훑고 다니는 것으로 조상의 대역죄, 사기죄를 속죄하고자 했을 것이다.

자신을 속죄의 제물로 바치며 수십 년간에 걸쳐 방랑생활, 거지 생활을 한 탓에 세상 사람들은 '그만하면 죄 값을 치렀다'며 덥석 안아주었던 것이다.

'빛으로 온다'는 희대稀代의 망상가 홍경래에게 항복한 할아버지의 유약함과 비겁함을 삿갓시인 김병연은 달빛에 드러난 연못에 빠뜨린 후 세상의 맨 밑바닥으로 내려가 지옥 맛이 과연 어떤 지를 철저하게 맛보기로 작정했던 것이다.

성심(性성품 성 深깊을 심)이라는 자를 가슴 속에 지니고, '그래, 본질을 파고들자! 본성이 대체 뭐 길래 용맹과 비겁으로 나뉘고 역신과 충신으로 갈라지느냐?'고 스스로 반문했을 것이다.

"세상에서 입신양명하여 대체 무엇을 어떻게 바꿔놓는다는 말이냐? 차라리, 내가 누군지나 철저하게 파고들자! 나나 알고 죽어야 후회가 덜 되는 것 아니냐?"고 결론짓고 스스로 세상의 거지

중으로 자임했는지도 모른다.

'풀꽃이 부르는 대로 떠돌다'라는 아호의 의미를 가슴 밑바닥에 깊이 새기며 그는 말 대신 시로 속을 드러내고 유희를 즐기며 뜬구름처럼 56년의 생애를 경영했던 것이다.

삿갓시인 김병연 때문에 사람들은 안동 김씨 김익순의 후손들을 반역자의 핏줄이 아니라 시인의 후예로 불러주었던 것이다.

세상 사람들은 이제 한과 설움을 시문과 풍자로 승화시킨 문장가로 그를 기억하며, 집안의 치욕을 그런 식으로 승화시켜 세상에 새롭게 드러낼 수도 있구나 하고 감탄사를 자아냈다. 가슴 속 한을 어떤 식으로 풀어내느냐에 따라 향기로운 꽃송이가 되기도 하고 악취 나는 시궁창 속 썩은 흙이 되기도 하는 것이다.

13

조상 덕에 살아난 행운아들

조상의 '음덕蔭德'이라는 말이 있다. 흙 속에 묻힌, 말 못하는 조상이 펄펄 살아 있는 후손들을 열심히 뒤에서 도와주고 밀어주고 챙겨준다는 이야기이다. 실제로 그런 황당무계한 일이 일어날 수 있는가.

내 노력이나 내 복으로 이루어진 것이 아니라 미지의 손길과 힘이 나를 도와주었기 때문에 가능했던 일이라는 식으로 해석하고 마는 것이, 바로 '조상의 음덕'이라는 식으로 굳어진 것인가.

좋은 일이 있을수록 남의 덕으로 돌리는 것이 더 많은 복을 받는 지름길이라는 일종의 자기 최면 때문일지도 모른다. 아니면 지적 위선의 일종인 알면서도 왠지 그렇게 하는 것이 세상 사람들의 고정관념에 더 잘 부합할 것 같아서 이유 불문하고 으레 그렇게 조상 덕으로 미루게 되는 것인지도 모른다.

복도 더 받고 겸손한 척 꾸미기도 하고 세상의 관습과 상식에 맞추기도 하려는 일종의 이기적 메커니즘 때문에 조상 운운게 된다는 것이다.

하지만 왜 불가능하기만 하겠는가. 사람들이 아무개의 후손임을 소상하게 기억하고 있는데 어째서 조상의 음덕이 효력을 발휘할 수 있겠는가.

아무개의 자손이 아니냐, 아무개와 가까운 자가 아니냐며 굳이 뿌리를 캐고 주위를 돌아보려 하는 것이 세상 사람들의 버릇인데, 그 누군들 그런 울타리 넓게 치기와 그물 멀리 던지기를 피할 수 있겠는가. 나는 나일뿐이니 제발 나 하나만 갖고 생각하시오 라며 아무리 자기 독자성을 강조해도 아무 소용이 없다.

뒤를 한번 찬찬히 돌아보라! 역사의 페이지마다에 조상 덕에 목숨을 건진 행운아들이 즐비하게 널려 있을 것이다. 세상의 구석구석에 조상 덕에 횡재하고 조상 덕에 구사일생으로 살아난 케이스가 실로 즐비할 것이다.

趙貞喆조정철이란 자는 26세에 대역죄인으로 몰려 목이 달아날 뻔했었다. 24세에 정시문과에 급제하여 별검別檢*이 되어, 이제부터 출세길이 열리는가보다 라며 한참 꿈에 부풀어 있는데 그만 청천하늘에서 날벼락이 떨어지고만 것이었다.

*별검 : 전설사(典設司)에서 행사에 쓸 천막을 관장하거나 빙고(氷庫)에서 얼음을 저장하거나 혹은 사포서(司圃署)에서 왕실의 채마밭을 관리하는 직책으로 종8품이나 정8품에 해당.

정조가 즉위하고 나서 몇 개월밖에 안된 시점인데, 강용휘라는 이가 '조정철이란 자도 임금을 시해하려는 모의에 가담했다'며 갑자기 죽음의 그림자를 드리운 것이다.

새 임금이, 그것도 뒤주 속에 갇혀 죽은 사도세자의 아들이 임금이 되었으니 얼마나 유언비어가 극심했겠는가. 여기저기에서 불분명한 말들이 우후죽순처럼 솟아났을 것이다.

52년간이나 왕 노릇 잘 하다가 84세까지 장수한 할아버지(영조)의 그 길게 드리운 그림자를 겨우 24세로 왕이 된 손자(정조)가 어떻게 단번에 냉큼 거둬낼 수 있었겠는가.

더욱이나 아버지가 27세로 뒤주 속에 갇혀 죽었고, 아버지를 죽음으로 내몬 벽파僻派는 자그마치 14년간이나 세손(정조)의 목숨을 호시탐탐 노리고 있는 터였다.

할아버지마저도 장차 세손이 당할 정치적 어려움을 훤히 알고 있었다. 그런 이유로 할아버지는 세손의 정통성을 더 강화시켜주고자 23세(1755년 12월)의 세손을 47년 전에 9살로 요절한 당신의 맏아들 효장세자孝章世子*의 양자로 입적시켜 세손의 종통宗統을 확고하게 못박아 놓았던 것이다.

*효장세자 : 1719-1728: 경의군 정조 즉위 후 진종으로 추존

즉 '세손은 이제부터 내 맏아들의 아들이니 왕통을 이을 적임자가 아니더냐'라고 세상을 향해 강하게 반문한 셈이다.

할아버지는 그런 식으로 세손의 위치를 강화시킨 뒤, 내친 김에 나를 대신하여 국정을 운영하라며 대리청정을 명령했다. 그러자, 이러다간 우리 모두 목숨을 부지하기 어렵겠다고 느낀 벽파 일당이 거세게 반대를 하고 나섰다.

세손의 외가 친척 풍산 홍씨인 洪麟漢홍인한(1722-1776)이 鄭厚謙정후겸(1749-1776)과 짝짜꿍이되어 우리가 힘을 합쳐 사도세자를 죽여 없앴듯이 이제 그의 아들인 세손을 망가뜨리자며 집요하게 물고 늘어졌다.

홍인한은 영조가 세손에게 대리청정을 명하노라고 말하는 것을 일필휘지로 받아 적는 승지承旨를 제 몸으로 떠밀며 53세 답지 않게 마구 앙탈을 부리기까지 했다.

인천에서 고기를 잡던 평민 출신의 어부였다가 재수가 좋아 영조의 서녀인 화완옹주和緩翁主의 양자가 된 정후겸은 아예 한 술 더 떠 세손의 측근들을 제거하고자 했다. 워낙 무식하고 방자한 데다 26세의 경거망동한 청년인지라 그는 물불을 안 가리고 덤벼댔다.

제 심복인 沈翔雲심상운을 앞세워 세손의 최측근인 세자시강원의 홍국영을 해치고자 했고, 세손을 모함하기 위해 있지도 않은 비행

을 조작해 내기도 했다. 세손이 왕이 된 후 제 일차로 귀양을 갔다가 사사되고 말았지만, 홍인한과 정후겸은 한동안 세손의 주위에 죽음의 그림자를 드리우려 별의별 잔꾀를 다 짜냈던 원수 같은 자들이었다.

앞에서 거론했던 조정철이란 행운의 주인공으로 되돌아가 보자. 이제는 꼼짝없이 죽게 되었구나 하며 모든 걸 체념하고 반쯤 지레 죽어 있는데, 갑자기 조상의 '음덕'이 사시나무처럼 와들와들 떨고 있는 그를 슬그머니 감싸주기 시작했다.

조정에서는 55년 전에 사약을 받고 죽은 증조할아버지를 들먹이며 그를 구해보겠다고 나서는 사람이 생기고, 임금은 그런 일이 있었느냐며 파리목숨에 불과하게 되고만 그를 잠시 눈여겨보게 되었다.

증조할아버지 조태채 대감이 그의 수호신이 되어 감옥 안팎을 철통같이 지켜주고 있었던 것이다. 경종*을 옹호하며 출세가도를 달리던 소론들이 노론의 씨를 말리고자 목호룡이란 자를 앞세워 일대 살육전을 벌였을 때 진도에 귀양 가서 그 곳에서 사사된 사람이 바로 그의 증조할아버지였던 것이다.

*경종 : 장희빈과 숙종 사이에서 태어난 사람으로 영조가 된 연잉군의 이복형임

세상 사람들은 증조할아버지 조태채와 함께 외딴 섬으로 귀양 가서 사약을 받고 죽은 노 대신들(김창집, 이이명, 이건명 등)을 '노론 4대신'으로 불렀다. 그만큼 한 시대를 대표했던 걸출한 정치인들이고 당대의 실세들이었다는 뜻일 것이다.

증조할아버지의 음덕으로 간신히 참형을 면한 후 제주도로 유배되었다. 그래도 언제 상황이 변해 죽을지 모르는 일이었다. 귀양 가다가 죽기도 하고 귀양 장소가 바뀌어 새 불모지에 적응하다가 죽기도 했다. 도중에 사약이 내려지기도 하고 올라오라고 해서 다시 조사한 후 사약을 내리기도 했다.

사약을 마시고 죽는 것은 고급스러운 죽음에 해당되었다. 종친宗親이나 대단한 위치에 올랐던 이들에게나 주는 최고급의 자살약이었던 셈이다. 전주 이씨라고 다 종친으로 불리는 것이 결코 아니었다. 임금의 3대손(서자 자손의 경우)이나 4대손(적자 자손의 경우)은 되어야 했다. 그래도 대단히 인간적인 제도라서 천민 출신의 첩 자식들(여느 종친보다 품계를 2단계 낮추어 정함)과 양민출신의 첩 자식들(품계를 여느 종친보다 한 단계 낮추어 정함)까지 종친의 범주에 넣었다. 실권이 별로 없는 돈령부의 명예직에 오르거나, 정기혐인 식년과(3년마다 봄) 다음 해에 실시하는 종친과宗親科(1484년 성종 15년 이후부터 실시)를 통해 정계에 당당히 입문할 수도 있었다.

59세에 귀양에서 풀려날 때까지 실로 33년간 언제 죽을지 모르는 사형수로 지냈으니, 조정철은 실로 기구하기 짝이 없는 인생을 살았던 셈이다. 그래도 조상 덕에 풀려나 80세로 죽을 때까지, 꿈 같은 이십여 년 세월을 보낼 수 있었다.

동래 부사(59세)와 충청 관찰사(62세)를 거쳐, 65세 이후에는 병조 판서와 좌참찬을 지냈다. 말 그대로 그는 화려한 컴백으로 복 터진 말년을 보낼 수 있었던 셈이다. 80세에 중추부지사에 올라 임종을 맞았으니 이십 대 중반에 맞았던 일생일대의 위기가 도리어 한 세대 이후 큰 복으로 되돌아온 셈이다.

조정철(貞곧을 정 喆밝을 철)은 '곧고 바른 성품'이라는 이름 뜻대로 그는 첫 직장으로 궁궐의 허드렛일을 도맡아 하는 별검직에 있었다. 조상을 들먹이며 좋은 자리, 힘센 자리로 옮기고자 일부러 노력하지 않았다. 별 볼일 없는 한직에 앉아 있는 젊은 선비로서 이미지가 심어진 것이 오히려 그에게는 도움이 되었을 것이다. 채마밭이나 돌보고 텐트나 손질하는 별검 주제에 무슨 임금 시해 음모냐는 식으로 인식되었을 법하다.

두개의 자는 '벼슬길에서 꼭 성공한다'는 뜻인 성경(成이룰 성 卿벼슬 경)과 '도시를 밝혀주는 별빛'이라는 의미의 태성(台별 태 城성 성)이다. 24세에 정시문과에 급제한 것으로 보아 과거시험 준비에 일찍부터 전력투구했던 것 같다. 이십대 후반이나 삼십대에 과거를 치르는 경우도 비일비재한데 그런 늦깎이들에 비하면 그는 벼락출세가 바로 눈앞에 있는 형국이었을 것이다.

두 개의 아호는 각각 '적막한 집'이라는 정헌(靜고요할 정 軒추녀 헌)과 '아주 큰 언덕'을 의미하는 대능(大 큰 대 陵언덕 능)인데, 첫 번째 아호에서 30년 이상의 궁궐 밖 귀양살이를 짐작할 수 있다. 그리고 두 번째 아호에서는 초기나 중기의 어렵고 고달픈 생애와 전혀 다른 썩 괜찮은 말년을 짐작할 수 있다.

다시 말해 이름에서는 그의 곧고 성실한 성품을 읽을 수 있고, 두 개의 자에서는 벼슬길에 나서서 나름대로 큰 포부를 펴려는 마음가짐을 읽을 수 있다. 그리고 두 개의 아호에서는 외롭고 불안하고 답답한 귀양생활과 귀양에서 풀려난 이후의 벼슬생활을 읽을 수 있다.

특히, '크고 큰 언덕'인 대능大陵이라는 아호에서는 오랜 귀양생활에서 터득한 지혜와 통찰로 다시 한번 벼슬길을 열어가는 노년과 말년을 훤히 엿볼 수 있다. 누구든 와서 기댈 큰 언덕이 된다는 것이 그 얼마나 큰 행운이고 보람인가.

그를 살려준 증조할아버지에 대해 살펴보자.

조태채(泰클 태 采일 채)의 이름 뜻은 '큰 것을 캐낸다'이고, 자는 '아침 첫 햇살'이라는 유량(幼어릴 유 亮밝을 량)이고, 아호는 '두 번 근심하는 집'이라는 이우당(二두 이 憂근심할 우 堂집 당)이다. 이름이야 자신의 성품이나 기질을 암시하는 것이니 일단 접어두고 자와 아호를 다시 한번 살펴보자. '아침 첫 햇살'이라는 자는 아마도 자신의 지향하는 바와 꿈꾸는 일에 관한 어떤 암시일 것이다. 그리고 '두 차례 근심거리가 생기는 집'이라는 아호가 참으로 신기하기만 하다. 결국 그는 자신이 62세로 먼 외딴 섬에서 사약을 마시고 자결한 지 꼭 55년 뒤에 들이닥칠 집안의 비운을 미리 내다보고 있었는지도 모른다.

'큰 것을 캐낸다는 그의 이름처럼 그의 벼슬길은 실로 질풍노도의 기세였다. 43세에 호조판서, 53세에 중추부지사, 55세에 공조판서, 56세에 이조판서, 57세에 우의정, 58세에 중추부판사 등등….

그는 53세와 60세 때에 두 차례나 청나라를 다녀왔다. 비록 목호룡을 앞세운 소론의 중상모략에 마지막 한두 해는 대역죄인이 되고 말았지만 그 이전의 전 생애는 세상사람 누구나가 부러워할만한 승승장구였다.

그런데도 아호에 두 차례 근심한다고 하였으니 참으로 신기하기만 한 의미인 셈이다. 자신에게 불어닥칠 죽음의 그림자와 증손자에게 들이닥칠 죽음의 그림자를 어떻게 그리 훤히 꿰뚫어볼 수 있었던 것인지….

증조할아버지는 죽은 지 3년(1725년 영조 1년)만에 복권되어 명예를 회복했지만 증손자는 더욱 극적인 생애를 살아야 했다.

26세의 벼슬 초년에 대역죄인이 되어 구사일생으로 목숨을 부지한 뒤, 임금이 정조에서 순조로 한 차례 바뀌고 나서야 벼슬길이 다시 열렸다. 환갑을 내다보는 59세의 결코 적지 않은 나이였다.

허약하고 운 나쁜 사람 같으면 벌써 생애를 접고 흙 속에서 제 삿날이나 셈하고 있을 나이였다. 하지만 증조할아버지의 두 차례 근심거리가 삼십여 년의 지옥 체험으로 종료되자, 그는 뒤늦게 벼슬길이 활짝 열리고 목숨 또한 덧대지고 다시 이어져 여든 살을 살았다. 꽉 막혔던 복 주머니가 한꺼번에 터지고 목이 조였던 운수 보따리가 단번에 자유를 얻은 셈이다.

결국은 '곧은 성격'이라는 자신의 이름 뜻대로 항상 변함없이 곧은 마음으로 기다리고 또 기다리며 건강과 학문과 사색을 다지고 있었던 탓에, 엄청나게 늦은 늦깎이로도 남보다 나은 성공적인 인생을 만들어 낸 것이다.

그리고 '벼슬을 하고야 만다'는 자의 뜻에 맞게 그는 단순히 장수하기만 한 것이 아니라 타고난 관운도 다 사용하고야 끝냈다. 결국 벼슬을 하고야 만 것이다.

또 하나의 자 태성台城이 지닌 '도시 위에 환하게 떠오른 별빛'이라는 의미나, 또 하나의 아호 대능大陵이 지닌 '아주 아주 큰 언덕'이라는 의미에 걸맞게, 그는 환갑의 나이에도 불구하고 기어이 나라를 경영하는 일에 나서서 지방 목민관*과 중앙의 고위 관직*을 두루 거쳤다.

*지방 목민관 : 동래 부사, 충청 관찰사 등
*고위관직 : 이조참의, 병조판서, 좌참찬, 중추 부지사 등

조상의 얼굴에 먹칠을 한 후손들

먼저 金益勳김익훈(1619-1689)의 예를 들어보자.

조선의 내로라하는 학자들 치고 그 이름 석자를 모를 이가 없는 金長生김장생의 손자이니, 실로 대단히 자랑스러운 가문에서 태어난 것이다.

김장생(1548-1631)→김집(1574-1656)으로 이어지는 광산 김씨 가문은 일개 성씨의 자존심이기 이전에 조선 성리학과 예학의 대표급 브랜드였다.

학문에 더 큰 뜻을 두고 관직에 나가 입신양명하는 것은 별로 대단하게 여기지 않았던 사람들이다. 결코 과거시험을 치르기가 은근히 겁이 나 무조건 공부만 해댄 것이 아니다. 한낱 그깟 시험에 합격했다고 더 높은 벼슬자리나 눈 빠지게 바라보며 죽치고 사는 것이 스스로 생각해도 부끄럽게 여겨졌던 것이다.

그래서 아예 큰 중이 도 닦듯이 학문을 통해 뭔가 더 심오한 비밀을 캐보고자 책과 씨름을 하며 보내고 있었던 것이다. 하지만 일단 나라에 변고가 생기면 건강과 처지를 불문하고 분연히 일어나 국난을 함께 해결했다.

광해군의 실정에 일찌감치 염증을 느끼고 부자가 함께 낙향하여 있다가도 새 임금 인조가 들어서서 어려움을 겪거나 북으로부터 외적이 침입(정묘호란, 병자호란)하면 서둘러 임금 곁으로 달려가 국난의 한 가운데서 맡은 몫 이상으로 헌신했다.

김익훈의 할아버지인 김장생은 과거를 포기하고 학문에만 정진했으나 천거 절차를 거쳐 벼슬길에 나가기도 했다.

임진왜란 때는 호조정랑으로 명나라 원군의 군량을 조달했고, 왜란이 끝난 이후에는 여러 지방(단양, 남양, 양근, 안성, 익산, 철원 등)의 목민관이 되어 전쟁으로 피폐해진 백성들의 생활터전을 함께 일으켜 세웠다.

광해군 시대에는 벼슬을 그만두고 낙향하여 후진 양성과 예학 연구에만 전념했다. 하지만 정묘호란이 터지자 79세의 고령임에도 양호호소사兩湖號召使의 직함으로 의병을 모으고 우왕좌왕하는 민심을 수습하기에 여념이 없었다.

그렇게 목숨을 내걸고 국사에 임하다가도 인조가 자신의 생부인 정원定遠대원군을 원종元宗으로 추숭하려 하자 극구 반대하고는 낙향하여 83세로 영면했다.

80이 넘은 나이에도 임금과 대신들이 극성스럽게 '어서 올라와서 나 좀 도와주시오, 어서 오셔서 우리 좀 도와주십시오' 라는 말을 진심에서 우러나 거듭 거듭 했다니, 실로 대단한 인품이었던 모양이다. 만인의 스승이고 만인의 사표였음이 틀림없을 듯하다.

그의 아들 김집은 어떠한가. 광해군이 형제(임해군, 영창대군 등)를 죽이고 계모(인목대비)를 궁 밖으로 내쫓으려 하자 아버지와 함께 훌쩍 낙향했다. 아버지야 이미 환갑이 지난 나이였지만 자신은 삼십 대 중반으로 한참 물이 오를 나이였다. 자칫 잘못하면 광해군 시대와 함께 자신의 공적인 생애도 다 끝이 나고 말 그런 중차대한 시기였다.

그래도 49세가 되자 광해군이 쫓겨나고 새 임금이 들어서서 자신에게도 다시 한번 기회가 생기게 되었다. 아버지는 그때 이미 75세였지만 그래도 50 고개에 접어든 아들 이상으로 국정참여에 대단히 적극적이었다. 아들 김집은 중추부판사로 재직하다가 82세로 타계했다.

김익훈의 생부이자 김집의 아우인 金槃김반(1580-1640)은 또 어떤 인물인가. 25세에 성균관 유생이 되어 학문에 정진하다가 광해군이 들어선 지 5년 째 되던 해(1613년 광해군 5년)에 겁나는 일이 생기고 말았다. 광해군을 옹립한 대북파들이 피바람을 일으키는 것을 목격했던 것이다.

여주 강변에 무륜당이라 이름하는 정자를 짓고 세상을 한탄하며 못된 짓을 일삼던 일곱 명의 서얼庶孽들이 은銀장사를 죽이고 엄청난 양의 은을 강탈한 일이 벌어졌는데, 그 일을 얼토당토않게 역모죄로 옭아맨 것이다.

즉, 인목대비의 친정아버지이자 영창대군의 외조부인 金悌南김제남이 어린 외손자를 왕으로 세우기 위해 거사자금 마련의 일환으로 서얼들을 앞세워 은을 강탈했다는 식으로 소설을 써댄 것이다.

김반은 계축옥사로 통하는 그 피바람을 보고 오금이 저려 그 길로 그만 낙향하고 말았다. 목숨을 부지하는 일이 무엇보다도 중요하다고 느꼈던 것이다. 그는 10여 년간 은거하다가 인조반정으로 새 세상이 열리자 다시 관직에 나갔다.

얼음 창고를 지키는 빙고별제氷庫別提에 임명되었지만 나가지 않다가 이괄의 난이 일어나 임금이 공주로 피신할 때 44세의 나이로 호종했다.

그 이후 형조좌랑과 대사간이 되고 병자호란이 일어나자 56세 나이로 임금을 남한산성으로 호종했다. 이후 대사헌과 이조참판을 지내다가 60세로 생애를 마감했다.

광산 김씨 김익훈의 윗대들은 실로 대단한 관운과 인품으로 광산 김씨 일문의 브랜드 가치를 현격하게 높이고, 나라의 안정과 번영을 위해 일신의 안녕을 뒤로 한 채 몸 바쳐 일했다.

그런데 김익훈은 어떤 인물이었던가.

조상의 음덕蔭德으로 과거 대신 음보蔭補*로 관직에 나가 의금부도사, 사복시첨정, 수원 부사를 거쳐 59세에는 광주 부윤이 되었다.

한데 이상하게도 그는 환갑 이후에 아주 사악한 정치 역정을 걷게 되었다. 당쟁의 전방위 저격수가 되어 남인 박멸에 앞장섰던 것이다. 또 다른 못 말리는 저격수인 15세 연하의 金錫胄김석주 (1634-1684)와 한 패가 되어 참으로 웃기는 짓을 밥 먹듯이 한 것이다.

즉, 남인인 허새, 허영, 유명견 등에게 반역음모를 꾸미라고 조종해 놓고는 전익대를 사주하여 남인들이 역모를 꾀하고 있다고 고발하게 했던 것이다. 이런 황당한 짓으로 오히려 출세에 엔진을 달기는커녕, 그는 서인 내부를 둘로 갈라놓고 말았다. 저런 못된 작자와는 당을 함께 할 수 없다며 젊은이들과 양식 있는 이들이 크게 반발하게 되었다. 결국 서인이 노론과 소론으로 갈려 저희끼리 피비린내 나는 싸움질을 하게 되는 독기 서린 토양을 제공해 놓고 말았던 것이다.

당쟁의 사악한 측면을 과시하는데 앞장섰던 김석주는 50세로 죽은 후 9년이 더 지나고 나서야 남인들의 보복을 받아 누리던 모든 혜택을 박탈당했지만, 김익훈은 목숨이 더 긴 탓에 70세의 노구로 모든 권리와 명예를 박탈당한 채 강계로 유배를 갔다. 그 뒤

*음보 : 공신이나 현직 당상관의 자제를 과거 거치지 않고 관직에 임용하던 일로 2권 2책으로 된 <음보>에는 1,235명의 이름이 기록되어 전함

다시 불려와 고문을 받다가 죽었으니 참으로 욕되고 한심한 생애가 아닌가.

그 좋은 가문에서 자라나고 그 좋은 배경을 바탕으로 출세길에 나섰는데 왜 그리 못되게 굴며, 오로지 피비린내를 더 못 맡아 안달복달했는지…. 전생에 아마도 흡혈귀의 아류였던 모양이다.

61세 때(1680년 숙종 6년)는 체찰부體察府* 병방장교인 이광한을 시켜 남인의 우두머리인 영의정 허적의 서얼인 허견의 집을 여러 차례 염탐하게 하여 기어이 역모죄가 될 건더기를 집어 올리는데 성공한다.

*체찰부 : 비상시에 설치하는 임시 관청

즉, 아버지 백만 믿고 허랑방탕하던 허견이 인조의 손자이자 숙종의 5촌인 인평대군의 세 아들 중 가운데 아들인 복선군福善君을 추대하여 역모를 꾀하고자 한다는 밀고였다.

그 일로 51세인 영의정 김수항(1629-1689)은 나라를 구했으니 보사保社공신에 올려야 한다고 제안하고, 김석주는 1등, 김익훈은 2등, 밀고자인 이광한은 3등에 각각 올랐다.

화무십일홍花無十日紅이라고 했던가. 기사환국(1689년)으로 남인이 다시 집권하자 서인 저격수로서 그때까지 목숨을 부지하고 있던 김익훈은 당연히 보복을 당할 수밖에 없었다.

서인의 거물급 정치인들이 줄줄이 끌려와 죽는 판인데 김익훈 정도야 얼마나 죽여 없애기가 용이했겠는가. 서인들마저도 '저 놈하고는 당을 같이하기가 창피하다'고 했으니, 언제 어떤 식으로 때려잡든 별로 이의를 제기할 사람이 없었을 것이다.

자기가 앞장세워 밀고하게 하고 출세길도 열어주었던 이광한(영변 부사를 지냄)처럼 그도 고문을 받다가 죽고 말았다. 일흔 살 노구였으니 뒤틀고 후려치는 그 무시무시한 고문을 이겨내지 못하고 아마 비명도 제대로 못 지른 채 들이 쉰 숨을 다시 내뱉지 못하고

237

숨이 멎었을 것이다.

김익훈(益더할 익 勳공 훈)의 이름 뜻은 '공을 거듭 세워 더욱더 명예롭게 된다'이고, 자는 '무엇을 하든 끝장을 보는 성격을 지닌 사람'이라는 무숙(楙힘쓸 무 叔아재비 숙)이니, 타고난 기질자체가 아주 별나고 극성스러웠던 모양이다. 그러다 보니 서인의 강경파, 서인 속의 남인 저격수가 되어 당쟁을 마치 전쟁이나 살육전으로 알고 남의 목숨 뺏는 일을 우습게 여겼던 것 같다.

아호는 광남(光빛 광 南남녘 남)으로 '빛을 따라 빛이 더 밝고 따스한 곳으로 자꾸만 좇아간다'는 뜻이다.

자에서는 그의 끈질긴 아집과 편벽성을 읽을 수 있고, 아호에서는 그의 해바라기성 권력욕과 출세욕을 엿볼 수 있다. 그의 일생이 그토록 요란하고 시끄러웠던 것은 오로지 그의 유별난 승부수 근성과 멈출 줄 모르는 출세욕 때문이었을 것이다.

할아버지나 아버지나 큰아버지의 낙향 습관과 은둔 기질을 조금이라도 본받았더라면, 칠십 고령에 고문을 받다가 죽는 부끄럽고 우스운 모습만은 피할 수도 있었지 않았을까.

할아버지와 아버지의 음덕마저도 아무 소용이 없었던 이유는 대체 무엇인가.

할아버지 김장생(長길 장 生날 생)의 자는 희원(希바랄 희 元으뜸 원)이고, 아호는 사계(沙모래 사 溪시내 계)이다.

'목숨을 길게 늘여준다'는 할아버지의 이름 뜻은 자신의 수명인 83세와 손자의 70세 생죽음으로 입증이 된 셈이다. 하지만 할아버지의 '으뜸이 되기를 바란다'는 자의 의미와 '모래가 하얗게 드러난 시냇물'이라는 아호의 의미로는 손자의 치욕스러운 죽음을 막아줄 수 없었을 것이다.

특히, 모래와 시냇물이라는 아호의 낭만적인 의미로 어떻게 손자의 죽을 운수를 막아줄 수 있었겠는가. 고문으로 숨이 끊어지며 잠시 위로가 되었을지는 모르나, 그 정도의 흐물흐물하고 한가로운 의미로 어떻게 불꽃 튀는 정쟁의 소용돌이 속에서 손자를 구할 수는 없었을 것이다.

아버지에 대해 살펴보자.

김반(槃쟁반 반)의 자는 사일(士선비 사 逸달아날 일)이고, 아호는 허주(虛빌 허 州고을 주)이다.

이름인 '쟁반 반槃'에는 '머뭇거리다, 빙빙 돌다는 뜻이 들어 있다. 타고난 성품이 어딘가 유약하고 우유부단한데가 있었던 모양이다. 그런 성격이라 25세에 관직에 나갔다가도 33세에 불쑥 낙향하여 43세가 넘어서야 본격적인 벼슬생활을 재개했는지도 모른다.

광해군이 양반 세도가의 서얼들의 살인과 도적질을 빌미로 형제들을 제거하며 일대 피비린내를 요란하게 풍기는 것을 보고, 그만 겁이 덜컥 나 그 길로 고향으로 도망치다시피 낙향하고 말았던 것이다.

인조반정 이후 김장생의 후손이요 김집의 동생이라는 사실이 익히 알려지게 되었는지 그는 벼슬을 하나 받아내게 되었다. 한데 그 벼슬이라는 게 참으로 별 볼일 없는 것이었다.

43세의 명문가 후손에게 내린 벼슬이 얼음 창고 관리직인 빙고별제氷庫別提였으니 김반이란 인물에 대한 대신들의 인식이 어떠했는가 대강 짐작이 가고도 남는다.

그래도 학문이 높고 성격이 온유했던지 44세(이괄의 난 때 공주로 호종)와 56세(병자호란 때 남한산성으로 호종)에 두 차례나 임금의 피난을 호종하여, 그 공으로 벼슬이 높아졌다. 대사간과 대사헌을 지낸 것으로 보아 개성은 강하지 않았어도 어딘가 외유내강형에 걸맞은 기질이 숨겨져 있었던 모양이다.

자의 뜻은 '달아나 숨는 선비'이니 그가 33세부터 43세까지 자의적으로 은둔을 자초했던 것과 너무도 잘 들어맞는 셈이다.

아호는 '인적이 드문 한적한 고을'이라는 의미이니, 그가 언제나 고향에 묻혀 살기를 바랐기 때문에 그런 아호가 주어졌을 것이다. 한 마디로 말해 그는 그리 큰 장점은 없었지만 공부를 많이 하고 워낙 유명한 대학자의 집안인지라 주위에서 여러모로 챙겨주었던 것 같다.

아버지의 우유부단한 기질이 싫었던지 아들 김익훈은 의도적으로 그런 아버지와 정반대로 나아가려 애썼던 것 같다.

명예욕이 강하다는 이름인 益勳익훈, 끈질기게 도전하는 굳센 기질을 뜻하는 자 懋叔무숙, 그리고 빛을 따라 고개를 돌리는 해바라기성 야망을 의미하는 아호 光南광남에서 읽을 수 있듯이, 아들은 아버지와 정반대 되는 목표를 지향했던 것 같다.

정인지의 후손인 鄭世胤정세윤은 재산과 학식이 높고 리더십과 카리스마도 제법 지녔던 것 같은 데도 웬 일인지 李麟佐이인좌의 반란(1728년 3월. 영조 4년)에 핵심인물로 가담했다. 700명 이상의 장정을 모아 반란에 합류한 것으로 보아 배짱이나 설득력, 그리고 재물이 상당한 수준이었음을 짐작해 볼 수 있다.

"경종은 억울하게도 연잉군과 그 주위 인물들에 의해 독살당했다. 우리는 경종의 원수를 갚고자 일어난 것이다. 연잉군은 숙종의 친아들이 아니다. 임금을 죽이고 정체나 신분도 불분명한 연잉군이 임금이 된 것은 여러모로 절대 용납할 수 없는 일이다."

라는 식으로 세상을 호도하며 반란 세력을 늘려갔던 것이다.

겉으로 내건 명분이 어떠하든 실제로는 영조의 등극으로 노론이 득세하자 '이제는 평생 벼슬 한번 제대로 못 하게 생겼다'라는 비관과 절망 때문에 소론 강경파들이 반란을 일으킨 것이었다. 죽음 그 자체보다도 죽게 되었다는 절망과 다 망했다는 좌절이 더 두렵고 겁나는 법이다.

장희빈의 아들인 경종이 즉위하자 소론 강경파들은 김일경과 목호룡을 앞세워 노론을 짓밟았는데, 경종이 갑자기 죽고 이복동생 연잉군이 영조로 즉위하자 소론 강경파들이 저희 나름대로 위기의식을 느껴 무력으로 왕을 갈아치우려 했던 것이다.

정세윤의 조상인 **鄭麟趾**정인지(1396-1478)는 정세윤보다 250년 전에 자그마치 7명의 왕(태종, 세종, 문종, 단종, 세조, 예종, 성종)을 섬기며 온갖 벼슬을 두루 거친 인물이다. 세종 말년에는 52세로 이조판서와 공조판서를 지냈고 문종 초에는 54세로 병조판서를 지냈다. 실로 좋다는 것은 다 해본 전혀 부족할 것이 없는 화려한 벼슬길을 걸었던 사람이었다.

59세 되던 해에는 어린 조카 단종을 내쫓은 수양대군이 우여곡절 끝에 세조로 즉위하자, 곧 재상인 영의정에 임명되었다. 74세 되던 해에는 어린 성종 임금(13세)을 도와 국정을 운영하는 원상院相*이 되어 다시 한번 시시콜콜 간섭하기도 했다.

*원상 : 어린 왕 즉위 시에 섭정이 이뤄지면 3정승이 승정원에 나와 왕을 보좌하고 6조를 통할했음

15세에 생원이 되어 18세에 과거(식년문과)에 급제했으니, 그는 실로 어릴 적부터 신동이고 수재였던 셈이다.

40세에 부친상을 당해 잠시 쉰 것과 62세(1458년)에 불교서적 간행을 반대하다 부여로 귀양을 갔던 일을 제외하면 82년 전 생애가 대체로 순탄하고 복된 세월이었다. 남들 같으면 평생 한번도 어려운 공신 칭호만 해도 자그마치 네 개나 된다. 그만큼 기회를 잘 포착하며 모나지 않게 처신했다는 뜻일 것이다.

57세에 수양대군이 조카(단종)를 두둔하는 인사들을 제거(계유정난)할 때 협력한 공로로 정난공신靖難功臣 1등에 책록되고, 59세 때는 세조의 등극으로 좌익공신佐翼功臣 2등에 책록되었다. 그리고, 72

세 때(예종 즉위)는 남이 장군의 반역죄를 잘 처리했다는 공로로 익대공신翊戴功臣 3등에 책록되었다. 75세 때(성종 2년)는 좌리공신佐理功臣 2등에 책록되었다.

성삼문, 신숙주 등과 집현전을 무대로 훈민정음 창제에 참여했고 40대 후반에는 명나라를 갔다 와서 천문과 역법에 관련된 책들을 집필했다. 安止안지 등과 『용비어천가』를 지었을 뿐만 아니라 『고려사』를 편찬하기도 했다.

정세윤과 함께 반란을 주도했던 인물이 바로 이인좌와 한세홍인데, 신기하게도 반란의 괴수인 이인좌의 이름에 '기린 인麟' 자가 들어가 있고 韓世弘한세홍의 이름에는 '대 세丗' 자가 들어가 있다. 정세윤의 250여 년 전 조상인 정인지의 이름에도 '기린 인麟' 자가 들어가 있다.

그저 단순히 '기린' 정도가 아니라 아예 麟趾인지라는 이름 속에는 '기린의 발'을 뜻하고 있다. 조상의 이름에 들어간 기린의 발이 250여 년 뒤에 반란군의 괴수가 지닌 이름으로 되살아나 후손과 엉뚱한 인연을 맺게 된 것이다.

정세윤의 이름이 참으로 거창하다. '대를 이어 가문을 일으킨다'는 의미이니 비록 몰락한 양반으로 벼슬길이 막혀 있었지만 가산家産이 대단하여 한 지역의 우두머리 역할을 충분히 할 수 있었을 것이다.

반란만 일으키지 않았어도 '하동河東 정씨' 가문을 이어가며 한 지역의 씨족을 잘 이끌었을 운세인데 그만 나라를 다 집어삼키려 하다가 역적 집안으로 전락하고 만 것이다.

그는 아마도 250년 전에 죽은 자신의 자랑스러운 조상(정인지)을 닮아보고자 역적질을 선택했는지도 모른다. 입신양명이 너무도 그리워 이인좌의 그럴 듯한 꾐에 쏙 빠져들고 말았을 것이다.

나는 이제 희망이 없다고 생각하면 아무 소용없는 지푸라기라도 목숨 걸고 붙잡게 되어 있다. 약한 사람이 무모한 법이고 약한 사람이 한 순간에 백 팔 십 도로 표변하는 법이다. 언제든 나는 약하다는 그 생각이 자기 자신의 온갖 행동을 다 커버해 주는 것이다.

후손의 역적질을 막지 못한 정인지의 이름은 '기린의 발'을 뜻하는 셈이니, 결국 '귀한 존재의 수족'이 된다는 뜻이기도 하고 스스로 열심히 봉사하여 귀하게 된다는 의미이기도 하다. 윗사람에게 힘써 봉사하여 벼슬길을 여는 운세였던 셈이다.

자는 백저(伯맏 백 雎물수리, 혹은 징경이 저)인데 그 의미가 자못 신기하다. '우두머리 독수리'라는 뜻이니, 온갖 세파에도 쓰러지지 않고 멀리, 높이 날아 반드시 우두머리가 되는 그런 굉장한 팔자였던 셈이다. 또한 학문이 높고 재주 또한 출중했으니 출세는 이미 보장되었던 것이다.

그는 성격이 아주 고상하고 공정했던 것 같다. 함부로 적을 만들지 않고 어떤 직책이든 열심히 하며 공정하게 처리했으니 일곱 임금을 섬기며 네 차례나 공신 반열에 올랐을 것이다.

임금이 바뀌는 시기를 여섯 차례나 겪었는데도 별 탈 없이 승승장구한 것으로 보아 운도 대단하고 전환기를 타고 넘는 처세술 또한 남달랐으리라. 40세 이전에는 주로 연구와 집필에 종사하고 40세 이후에는 지방 목민관(충청도 관찰사)을 잠시 거친 후 줄곧 중앙관서의 요직이란 요직을 거의 모두 섭렵한 것을 보면, 리더십과 현안 처리 능력이 타의 추종을 불허할 수준이었을 것으로 짐작된다.

아호는 학역재(學배울 학 易바꿀 역 齋재계할 재)로, '배울 뿐만 아니라 그 배운 것을 바꾸고 고쳐 새롭게 활용한다'는 의미이니 그는 학문과 실천을 겸비한 대단한 실용주의자였던 것 같다.

결국 정세윤은 역적질을 자청하여 대를 잇지 못한 채 멸문지화를 자초했고, 250년 전에 죽은 자랑스러운 조상 정인지는 자신의 이름이나 자나 아호가 지닌 의미대로 승승장구하며 입신양명하여 하동 정씨 가문을 반석 위에 우뚝 세운 것이다.

아마도 250년을 흘러오며 가문이 기울어져 그저 가산이나 겨우 지탱할 정도였던 모양이다. 학문이 높은 인재가 줄줄이 나와야만 벼슬을 이어가며 집안을 일으켜 세울 텐데, 애석하게도 벼슬 운이 꽉 막혀 인재도 끊기고 명예도 자연히 떠나게 되었다. 그러다 보니 사리사욕에 눈이 먼 후손이 반란을 주도하여 가문을 일으켜 세우기는커녕 도리어 역적의 집안이라는 치욕과 멸망만을 초래하고 만 것이다.

하지만 씨가 안 뿌려졌는데 어떻게 잎이 나고 꽃이 피며 열매가 맺겠는가. 선행이든 악행이든 일단 씨가 뿌려져야만 후일에 발복發福하든 발화發禍하든 하는 것이다.

조상인 정인지도 알고 보면 못할 짓을 참으로 많이 저질렀다. 단종을 내쫓고 수양대군을 세조로 섬기며 오로지 입신양명과 부귀영화에만 매달렸던 것도 따지고 보면 화를 부를만한 씨앗이었겠지만, 그보다 더 분명하고 두드러진 것이 하나 있었다.

즉, 74세에 원상이 되어 어린 성종을 도와 국사를 처리할 때 애꿎은 충신의 가슴에 비수를 꽂고 말았던 것이다. 세종 임금의 손자인 구성군龜城君(1441-1479)을 모함하여 경상도로 유배를 보낸 뒤 그곳에서 울화병으로 죽게 하고 말았던 것이다.

자신보다 45세나 연하인 한 유능한 장수를 38세의 그리 많지 않은 나이에 억울하게 죽어가게 만든 셈이다. 그는 아마도 한 해 전에 49세로 죽은 구성군의 아버지이자 세조의 친동생인 임영대군臨瀛大君(세종의 4남)을 생각했을 것이다. 그는 본래 무기 제조에 전문적인 식견을 갖고 있던 터라 화차나 화포 제작을 감독했었는데, 형 수양대군이 어린 조카를 몰아내고 왕이 되려하자 형의 살기등등한 기세가 겁이나 경기도 의왕에 있는 모락산에 칩거하고 말았었다.

구성군 浚준은 어떤 사람이었던가.

한 마디로 영웅호걸에 견줄만한 인물이었다. 비록 지엄한 종친이지만 25세에 무과에 급제하여 26세에는 4도道 병마도총사兵馬都摠使가 되어 이시애의 난을 평정하고 적개공신 1등에 올랐다. 3개월에 걸친 내전을 끝낸 1등 공신이었다.

어린 나이지만 병조판서에 오르고 곧이어 영의정으로 특진했다. 27세에는 자신과 동갑내기이며 같은 종친인 남이 장군(태종의 외손)의 역모사건을 무난히 처리하여 익대공신 2등에 올랐다.

한데 74세의 노 대신(정인지)이 자신을 모함한 것이다. 단순한 모함이 아니라 역적질을 앞장서서 했다는 무시무시한 모함이었다. 목숨이 열 개, 백 개라도 도저히 살아남기 어려운 그런 덫이고 올가미고 함정이었다. 즉, '어린 임금(13세 성종)을 몰아내고 자기가 왕 노릇 하려 한다'는 것이었다.

그래도 종친이고 국가 유공자라 위리안치로 형벌이 낮추어지고 말았지만 언제 다시 불려와 죽을지 모르는 판국이었다. 더욱이나 어린 왕을 대신해 정인지 등이 원상院相이랍시고 왕의 비서실인 승정원承政院에 상근하며 국정을 마음대로 주무르고 있는 터였다. 또한 세조 임금의 정비였던 52세의 정희대비 윤씨(파평 윤씨)가 수렴청정을 하며 국정을 멋대로 좌지우지하던 시절이었다. 어린 임금의 어머니인 43세의 인수대비(소혜왕후) 한씨는 전혀 실권이 없었다.

만일 세조비 정희대비가 형인 세조의 집권에 손톱만큼도 협조

하지 않은 임영대군의 아들이니 죽여도 좋다는 식으로 어떤 시그
널만 보내면 언제든 사약이 내려질 판이었다. 그는 결국 홧병으로
유배지에서 9년을 더 버티다 탈진 상태에서 죽고 말았다.

정인지에서 정세윤으로 이어지는 그 250여 년의 기나긴 세월의
어느 마디엔가는, 정인지의 해코지가 씨앗으로 변해 남모르게 콕
쳐 박혀 있었을 것이다. 아니 땐 굴뚝에서 연기가 난다면 그 거야
말로 이변이고 기적이다. 아무리 오래 묵어도 원한의 씨앗은 절대
로 썩거나 영원히 잠들지 않는다. 언젠가는 반드시 일어나고 돋아
나고 피어나게 되어 있다.

해평海平 윤씨 尹汲윤급과 파평坡平 윤씨 尹光裕윤광유는 똑같이 한
시대에 태어나 사도세자를 뒤주 속에 가둬 죽이도록 단초端初를 만
든 장본인이 되었다.

윤급은 영의정을 지낸 윤두수(1533-1601)의 5대 손이고, 윤광유는
영의정을 지낸 尹東度윤동도(1707-1768)의 아들이다.

사도세자가 죽게 된 이유야 물론 세자 자신에게 있었겠지만 죽
도록 조장한 장본인들은 윤급과 윤광유였다. 윤급의 청지기인 나
경언이란 자가 윤광유의 조종을 받아 <세자의 용서받지 못할 10
가지 죄>를 형조에 고발하여 세자의 죽음을 재촉한 것이다.

1762년(영조 38년) 4월에 고발장을 내서 부왕(영조)의 진노를 자아
냈고 그 일이 원인이 되어 결국 그 해 5월에 뒤주 속에 갇혀 죽고
말았으니, 두 윤씨(윤급, 윤광유)의 계획대로 된 셈이다.

나경언이란 자를 세자를 죽이려 한 못된 역신으로 보는 대신
오히려 충성스러운 자로 상을 내리려 했으니, 영조의 속마음도 세
자를 없애고 대신 세자의 장남인 세손을 후계자로 삼는 것이 낫
겠다고 여기고 있었던 것 같다.

그래도 선비들의 선비정신이 살아있던 탓에 남태제와 홍낙순

등이 들고일어나 나경언을 세자를 모함한 대역죄인으로 몰아 죽게 하고 말았다.

윤급(1697-1770)은 李縡이재와 朴弼周박필주에게 수학하고 28세 되던 해에 과거에 응시하여 당당히 급제했지만 답안지에 나이와 본관을 적지 않아 격식을 위배했다는 이유로 불합격되었다. 다행히 헌납獻納(사간원의 정5품 벼슬) 蔡膺福채응복이 상소를 올려 그를 구제해 주도록 요청한 탓에 그는 관직에 나갈 수 있게 되었다.

37세에 이조좌랑이 되었지만, 임금이 탕평책의 일환으로 이조 낭관郎官의 인사 추천권을 폐지하고 그 대신 이조판서 宋寅明송인명이 인사권을 독점하게 되자 이를 강하게 비판하다가 파직되었다. 이후 그는 임금을 비판하는 노론의 준론峻論에 속하게 되었다.

이후 윤급은 이조판서, 형조판서를 거쳐 좌참찬에 이르렀다. 하지만 여러 차례 현감으로 좌천되기도 하고 유배 명령을 받기도 했을 정도로 시시비비를 분명히 가리는 성격이었다.

특히, 그는 鄭羽良정우량*을 공격하다가 좌천되었다.

윤급(汲물길을 급)의 자는 경유(景볕 경 孺젖먹이 유)이고 아호는 근암(近가까울 근 庵암자 암)이다.

'물길을 급汲'에는 분주하다는 의미도 곁들여 있으니 아마도 그의 급한 성격을 암시하는 이름인 듯하다. 매사에 서두르는 편이지만 그래도 빈 두레박을 들고 다니는 게 아니라 항상 어느 정도로 물을 채우고 다니는 편이었던 것 같다.

자의 의미가 심상치 않다. '햇볕에 나선 젖먹이'로 아무나 졸졸 따라다닌다는 뜻이 아닌가. 아호는 '가까운 암자'라는 뜻이니, '물을 길어 올려 목을 축인다'는 이름대로 그는 좌천과 유배 등의 큰 고비를 넘겼지만 나름대로 성공적인 벼슬생활을 한 것이다.

73세로 죽었으니 남들에 비해 장수한 셈이다. 자에 '젖먹이 유

*정우량: 1692-1754; 왕의 교서를 지어 한글로 번역한 뒤 각 도에 전하는 일을 했고, 이황, 이이의 문집을 간행하게 했음. 57세에 병조판서를 지내고 그 후 우의정과 중추부판사를 역임

孺자가 들어 있는 것으로 보아 그는 의외로 성정이 아이처럼 급하고 경망스러운 데가 있었던 모양이다.

서른이 다 된 나이에 과거를 보았는데도 답안지 격식을 위반하여 완전히 수포로 돌아갈 뻔하기도 했다. 蔡膺福채응복이란 이가 아니었다면 꼼짝없이 허사로 끝날 일이었다. '가슴 속에 숨긴 복 주머니' 응복(膺가슴 응 福복 복)을 열어 어려움에 처한 윤급을 적극적으로 살려낸 것이다.

윤급의 5대조 할아버지인 윤두수는 과연 어떤 인물이었던가.

이황과 이중호에게 수학하고 25세에 과거에 급제했다. 하지만 30세에 이조정랑으로 있으며 당대의 권력가였던 이량의 아들 廷賓정빈을 천거하지 않은 탓에 파직되고 말았었다. 이량이 물러나자 복직되어 수찬修撰을 지내고 명나라에도 다녀왔다.

하지만 45세에 자신의 이종제姨從弟인 李銖이수의 옥사에 연루되어 다시 파직되었다. 50대 후반에는 정철의 '건저建儲' 문제에 연루되어 유배를 당하기도 했다. 그에게는 59세에 당한 임진왜란이 오히려 나라를 위해 큰 공을 세우는 좋은 기회가 되었다.

선조를 호종하고, 세자와 왕비를 시종하여 난리 중에 오히려 자신의 진가를 발휘했다. 두 차례의 왜란이 끝난 후 66세에 영의정에 올랐지만 곧 사직했다. 68세로 죽은 후 4년 있다가 호성공신扈聖功臣 2등에 책록되었다.

윤두수(斗말 두 壽목숨 수)의 이름 뜻은 '한 말이나 되는 수명'이니, 그의 '말로 재는 듯한 곧은 성품'과 '모든 걸 포용하는 너그러운 성품'을 암시하고 있다.

즉, 엄격한 성격이지만 포용력이 뛰어나기 때문에 속을 바글바글 썩히지 않고 매사에 느긋할 수 있었을 테니, 그나마 일흔 가까이 장수할 수 있었을 것이다.

말로 재는 엄격함 때문에 권력가의 미움을 받아 파직되기도 했고 이종사촌 동생의 잘못을 이유로 벼슬을 잠시 떠나기도 했을 것이다. 30세 젊은 선비로서 권력가의 비위를 거스른 일은 너무도 당연하다 해야 할 것이다. 공자 같은 대 성현도 나이에 걸맞은 처신을 할 수밖에 없었지 않은가. 그가 만년에 나이에 따라 재단하고 기획했던 삶을 회고한 줄거리가 『논어』의 위정편爲政篇에 적혀 있지 않은가.

오십유오 이지우학吾十有五, 而志于學, 삼십이입三十而立, 사십이불혹四十而不惑, 오십이지천명五十而知天命, 육십이이순六十而耳順, 칠십이종심소욕불유구七十而從 心所欲不踰矩

즉, 나는 15세에 학문에 뜻을 두었고, 30세에는 뜻을 확고하게 세웠다. 그리고 40세에는 그 어떤 유혹에도 흔들리지 않았고, 50세에는 하늘이 뭘 바라는지 알게 되었다. 또한 60세에는 귀로 들으면 세상이치가 다 이해되었고, 70세에는 마음 내키는 대로 행동해도 전혀 어긋남이 없었다고 회고했던 것이다.

공자 같은 대 성현이 이럴진대 하물며 평범한 범인들이야 최소한 40세, 50세에 철이 약간 들어도 실로 굉장한 게 아닌가. 30대이면 아직도 천방지축, 경거망동, 혈기왕성을 밥 먹듯이 할 나이가 아닐는지….

윤두수의 자는 자앙(子아들 자 仰우러를 앙)인데, '아들을 우러른다'는 그 의미가 특이하다. 해평 윤씨 가문을 위해 특별히 많은 정성을 기울였다는 뜻일지도 모른다.

어찌 되었건 그는 난리 통에 더욱더 공을 세우고 벼슬이 점점 높아져, 결국 영의정에까지 올라감으로써 가문에 크나큰 영광을 안겨주었다.

가문을 빛내는 여러 방법 중에서 입신양명보다 더 좋은 게 과

연 어디 있겠는가. 더욱이나 대개의 경우 벼슬이 높아지면 자연히 재물도 얼마만큼 쌓이게 되어 있는 게 세상 이치이고, 입신양명이 곧 부귀영화로 통하던 시대는 의외로 많았다.

아호는 오음(梧벽오동 오 陰음달 음)으로, 오동나무 그늘 아래서 편히 쉰다는 의미이니, 그의 말년은 참으로 좋았던 것 같다. 65세에 난리(임진왜란, 정유재란)가 완전히 끝나고 뒤이어 좌의정과 영의정에 올랐으니, 실로 아무 여한이 없었을 것이다.

나무 그늘에 편히 누워 쉴 만큼 세상도 나아졌고 물러나 모든 걸 마무리해도 괜찮을 만큼 입신양명했으니 그보다 더 괜찮은 팔자가 어디 있었겠는가.

윤급은 '햇빛 아래 내놓은 젖먹이'라는 자신의 자처럼 급한 성격으로 당쟁에 앞장섰지만, 그래도 5대조 할아버지 윤두수의 자손을 애지중지하며 귀히 여긴다는 자양子卬이라는 자의 의미 덕분에, 좌천과 유배를 겪었어도 73세의 천수를 누리며 생애를 마감할 수 있었을 것이다.

나경언을 시켜 사도세자의 비행을 고발하게 했던 파평 윤씨 윤광유(光빛 광 裕넉넉할 유)이다. '천성이 밝고 너그럽다'는 뜻인데도 왜 그처럼 기이한 짓을 했는지 모르겠다.

영의정을 지낸 그의 아버지 윤동도는 54세에 우의정을 지내고 55세에 한 차례 파직된 적이 있다.

함경남도 병마절도사였던 尹九淵윤구연의 처벌을 반대하다가 파직당했던 것이다. 하지만 관운이 워낙 좋아 59세에 영의정을 지낸 후 61세로 타계했다.

윤동도(東동녘 동 度법 도)는 '원칙대로 하는 성격'이라는 이름 탓에 그는 함경남도 병마절도사를 두둔하다가 파직 당했을 것이다.

그 어떤 것이든 이치에 안 맞으면 목숨을 걸고라도 가로막는 성격을 뜻하는 '해뜨는 동쪽의 법도'이니 그가 원칙을 바로 세우면 아무도 그의 결연한 의지를 꺾을 수 없었을 것이다. 해를 넘볼 수 있는 빛이 어디 있겠는가. 해와 법이 만났으니 그 강직함이나 확고한 신념이 실로 물오른 대쪽같고 날선 장검 같았을 것이다.

윤동도의 자는 경중(敬공경할 경 仲버금 중)이고, 두 개의 아호는 각각 남애(南남녘 남 厓언덕 애)와 유당(柳버들 유 塘못 당)이다.

그는 자에 나타난 '남을 앞세우고 자신은 뒤로 물러서는' 성품이라 대체로 순탄한 생애를 살 수 있었을 것이다. 그리고 아호에서처럼 남녘의 동산과 버드나무 우거진 연못을 그리면서도 끝내 관직을 훌훌 털고 훌쩍 떠나지 못한 채 영중추부사領中樞府事의 자리에서 순직했다. 동산과 연못을 그리는 그의 아호는 그저 한낱 꿈으로 끝나고 만 것이다.

윤동도의 아버지는 판서를 지낸 분으로 이름은 '덕스럽고 학문이 높다'는 뜻을 지닌 혜교(惠은혜 혜 敎가르침 교)이다.

못된 짓을 하여 조상의 얼굴에 먹칠을 했지만 아버지의 곧은 성품과 할아버지의 후덕한 성품 덕에 최소한 그의 천성만은 넉넉하다는 뜻의 유裕라는 이름 속 글자처럼, 아마도 미워하기 어려운 점이 있었는지도 모른다.

밀양密陽 부사(5품 이상 관직)를 지냈다는 기록이 남아있는 것으로 보아 아버지나 할아버지의 벼슬에는 못 이르렀어도 그런 대로 벼슬을 누렸던 것 같다.

잘난 조상에 못난 후손보다는 아무래도 시원찮은 조상에 빼어난 후손이 훨씬 더 바람직한 방향이지만, 그런 순서와 조합을 어찌 사람의 마음대로 만들어낼 수 있겠는가.

깡으로 산 사람들

윤두수(1533-1601)와 같은 시대에 산 文愼幾문신기라는 이는 참으로 그 성질이 속된 말로 지랄 같았던 모양이다.

경기도 임진강 변의 장단長湍 출신인데, 과거를 보러 가서 급제는 했지만 성질을 못 이기고 날뛴 탓에 하마터면 참형을 당할 뻔했다. 합격자 명단을 써 붙였는데 제 이름 석자가 맨 끝에 적혀 있다고 성질을 발칵 내며 즉석에서 시험관으로 나온 윤두수 대감을 비방하는 글을 지었던 것이다.

방랑시인 김삿갓처럼 제 딴에는 유머로 그렇게 했다고 말했는지 몰라도 분명히 비난하는 투의 글이었던 것이다.

이에 선조 임금은 감히 재상을 모독하여 국가의 기강을 흐트러뜨렸으니 참형에 처하라며 불호령을 내렸다. 문신기라는 그 선비는 글줄께나 아는 터라 과거에 응시했는데 조상님이 지어주신 고귀한 이름 석자를 함부로 더럽혔다며 화를 내다가 그만 꼼짝없이 죽게 되고 만 것이다.

그런데 마음이 너그러운 윤두수 대감은 '젊은 혈기가 아직 남아

그렇게 했겠지' 하며 용서하기로 마음먹고 우선 사람을 살려놓고
보자는 뜻에서 임금에게 급히 색다른 제안을 했다.

즉, 다시 시험을 치게 한 뒤 재주가 출중하면 살려주시고 시원
찮으면 어명대로 죽이십시오 라고 청을 드렸던 것이다.

문신기는 다행히도 글 실력이 괜찮아 목숨을 건질 수 있었다.
예로부터 '남자는 모름지기 세 뿌리를 조심하지 않으면 큰 화를
당할 수 있다' 라는 말을 하며 혀와 발과 생식기를 들먹였다는데
그는 붓을 잘못 놀리고 심보를 잘못 관리하여 그만 지옥으로 직
행할 뻔했던 것이다.

죄를 용서받고 참봉參奉*에 임명되었다니, 아마도 크게
뉘우치고 이후로는 신중하게 처신했을 것이다.

문신기(愼삼갈 신 幾기미 기)는 '조심한다'는 의미와 '어떤 위
험한 조짐이 느껴진다'는 의미가 뒤섞여 있는 이름이다. 신중하게
처신하겠다고 늘 마음을 먹지만 욱하는 버릇으로 인해 목숨을 위
태롭게 할 수 있다는 이름 뜻인 셈이다. 그의 타고난 기질이 어떠
한가를 극명하게 보여주는 이름이기도 하다.

그를 살려준 시험관 윤두수는 앞에서 살펴본 대로 '목숨을 더
큰 그릇에 담아준다'는 이름과 '젊은 세대를 존중한다'는 자와
'오동나무 그늘에 숨겨준다'는 아호를 지니고 있다.

문신기라는 괴팍한 성질의 젊은 선비는 저 죽을 줄 모르고 함
부로 굴다가 어진 이를 만나 목숨 수壽를 지켜내고 앞길 앙仰도 열
리고 안식 음陰도 누리게 되었던 것이다.

임진왜란 3대첩 중 하나인 진주성 싸움을 승리로 이끌고 38세
로 전사한 진주 목사 金時敏김시민(1554-1592.10)의 이십대는 정말 깡
으로 똘똘 뭉쳐진 열혈청년이었다.

25세에 무과에 급제하여 훈련원 주부主簿(종6품)를 거쳐 판관判官(종

*참봉 : 종9품의 최 말단
관직이나 정실로 임용
되는 예가 많아 1472년
이후로는 왕명에 의해
임명

253

4품)에 이르렀다. 그때 김시민은 병조판서에게 긴급건의를 하게 되었다.

"무기고를 보니 무기는 모두 녹이 잔뜩 쓸어 무나 배추를 자르기도 힘들 지경입니다. 훈련원에 들어온 신병들이나 그 신병들을 훈련시켜야 하는 노병들이나 온통 기가 다 빠져 헬렐레 하기는 마찬가지입니다. 정말 큰 일 났습니다. 판서께서 상감마마께 건의를 드리시지요. 예산을 긴급히 수혈하여서라도 무기고를 재정비하고 군사들의 기를 다시 결집시키지 않으면 마치 도둑이 들어와도 짖거나 덤비지 못하는 멍청한 개와 똑같을 것입니다. 제발 제 건의를 진지하게 들어주십시오. 판서께서 먼 후일 국방을 소홀히 한 선배로 찍히지 않으려면 서둘러 맡은바 책임을 다해야 할 것입니다."

병조판서는 두 눈을 치뜨고는 부하의 당돌한 문제 지적과 경고성 제안을 무척 못마땅하게 여겼다. 대뜸 목청부터 높여 꾸짖듯이 일갈했다.

"무슨 소리야! 이 태평성대에 대제 무슨 잠꼬대 같은 소리야! 상감께서 아시면 역적질하려고 무기를 정비하고 군사를 강하게 만드느냐고 엄청 화내실 일이야! 뭘 알기나 하고 지껄이는 거야? 태평성대를 망가뜨려 평지풍파를 만들면 목숨이 열 개라도 안돼. 저의가 의심받으면 그 누구라도 뼈도 못 추려. 권력이 얼마나 무서운지 몰라서 마구 지껄여대는구먼. 좋을 때야, 좋을 때…. 모르고 지껄이고 모르고 두 눈 부라릴 때가 참으로 좋은 거야. 못 들은 걸로 할 테니 다시는 그런 위험한 큰 소리 좀 작작해! 자네와 나만 아는 이야기로 해두자고! 알아들었어? 이 하룻강아지 범 무서운 줄 모르는 친구야!"

김시민은 정말 기가 막혔다.

생각 같아서는 당장 멱살을 붙잡아 훈련원 안마당에 패대기를 치고 싶었다. 벼슬 단맛만 알지 나라 걱정은 손톱만큼도 안하는 늙은이들이 정말 미웠다.

김시민은 자신의 군모를 벗어 발로 마구 짓밟았다.

판서는 그의 그런 갑작스러운 행동에 깜짝 놀라며 말을 더듬기만 했다.

"아니, 이게 대체 뭐 하는 짓이야! 이래도 되는 거야? 목숨이 대체 몇 개라고 이러는 거야! 그만두지 못해!"

김시민은 그 길로 사직서를 내고 충청도 목천으로 낙향하고 말았다. 그런데 그가 29세 때에 난리가 나고 말았다.

조선의 벼슬을 얻어 호의호식하던 여진족 추장 尼蕩介니탕개가 제 부족의 반란을 막기는 고사하고 아예 합세하여 함경도 지방을 침략하며 세력을 불리기 시작했던 것이다.

그러자 김시민은 경기 관찰사를 지내고 우찬성 겸 도순찰사都巡察使로 난을 진압하러 가는 56세의 鄭彦信정언신(1527-1591)을 따라나섰다.

李舜臣이순신(1545-1598), 申砬신립(1546-1592), 李億祺이억기(1561-1597; 전주 이씨) 등 쟁쟁한 장수들이 함께 출정했다.

이순신과 신립은 김시민보다 각각 9세, 8세 연상이고 이억기는 7세 연하였다. 이억기는 후일 이순신과 원균 사이에서 전쟁과 인간관계로 얽히고 설키다가 결국은 원균과 함께 전사하게 된다. 17세에 내사복시內司僕寺(말과 수레를 담당) 내승內乘(종9품에서 정3품이 맡음)을 거쳐 무과에 급제한 뒤 경흥, 온성에서 부사로 있었으니 여진족의 생리에 대해서는 이미 훤히 다 꿰고 있었을 것이다.

임진왜란 때는 전라 우수사로서 이순신(전라 좌수사)을 도와 함께 종횡무진 바다를 누비며 강토를 지켰다. 이순신이 元均원균의 모함을

*이항복 : 1556-1618; 경주 이
씨; 권율의 사위; 임란 때 병
조판서, 정유재란 직전에는
이조판서를 지냄; 1598년에
좌의정을 지냈으나 광해군의
인목대비 폐모 추진에 반대하
다 삭탈관직되어 유배지에서
죽음.
*김명원 : (金明元: 1534-
1602; 경주 김씨; 이황의 제
자로 임란 때는 팔도도원수
를 지내고 정유재란 때는 병
조판서를 지냄; 죽기 한 해
전에 좌의정을 지냄.*3대 대
첩 : 1592년 7월 8일의 한산도
대첩과 1593년 3월 14일 전라
감사 권율의 행주성 대첩과
더불어 진주성 싸움.
*곽재우 : 1552-1617; 33세에
문과에 급제했으나 왕의 뜻
에 거슬리는 글귀로 파방,
즉 발표가 취소됨

받아 죽게 되자 李恒福이항복*, 金明元김명원* 등과 같이 이순신의 무죄를 변론했다. 그는 끝내 이순신이 없는 남해 바다에서 원균의 좌익군을 지휘하다가 장렬히 전사했다.

김시민은 여진족 정벌에서 공을 세운 덕에 다시 벼슬에 나서서 군기사軍器寺(군기 제조 담당), 판관을 지내고 임란 직전에는 진주 판관을 지냈다.

임진왜란 초기에 진주 목사가 죽자 그를 대신해 무기고를 정비하고 성을 보수한 공로로 진주 목사로 특진했다.

그후 경상우도 병마절도사를 맡아 금산 싸움에서 왜적을 무찌르고 대승을 거두었다. 곧이어 진주 목사로 되돌아와 임란의 3대 대첩*중 하나인 진주성 싸움을 진두지휘했다.

1592년 10월 5일 나가오카 다다오키의 2만여 군사가 대나무 사다리로 성을 공격하자 김시민은 3천 800여 군사로 일주일간 격전을 벌여 10월 10일 일본의 대군을 패퇴시켰다.

의병장 郭再祐곽재우*의 활약과 진주 목사 김시민의 의연한 항전이 목숨을 걸고 진주성을 지키는 조선 군사들과 백성들의 사기를 한껏 북돋워 주었던 것이다.

그러나 김시민은 총탄이 비오듯 하는 격전의 순간에 장렬히 전사했다. 그의 나이는 한창 때인 38세였다.

안동 김씨 김시민(時때 시 敏민첩할 민)의 이름 뜻은 '때에 맞춰 타고난 기질을 발휘하여 어려움을 이겨낸다'이고, 자는 '자신을 채찍질하여 항상 모범이 되게 한다'는 의미의 면오(勉힘쓸 면 吾나 오)이다.

누가 시키지 않아도 자신의 할 일을 찾아내어 열심히 헌신, 봉사하는 스타일이었던 셈이다. 난리를 만난 나라에 그 얼마나 할 일이 많았겠는가. 더욱이나 누구보다도 용맹스럽고 근면, 성실한 무인이었으니, 그 얼마나 할 일이 태산 같았겠는가. 나라와 백성, 그리고 시대와 역사가 그를 만나 함께 멋진 승리를 맛보게 되었던 것이다.

비록 20대에는 깡으로 살며 반항아적인 기질을 보였지만, 그의 그러한 다혈질이 외적을 무찌르고 나라를 지키는데 자양분이 되고 총알과 칼날이 되어준 것이다.

元裕男원유남(1561-1631)이란 무인은 어찌나 성깔이 불같았는지, 자기 실책으로 처벌을 받아 신상에 어려움이 닥치자 갑자기 이상한 돌출행동을 감행한 사람이다.

그는 권율 장군에게 꾸지람을 듣고 처벌을 받자 갑자기 적진에 뛰어들더니, 단신으로 놀란 왜적을 마구 죽이고는 살아 돌아와 기어이 용서를 받기도 했다. 31세의 팔팔한 젊은 장교였으니 개인적인 위기를 그런 돌출행동으로 전화위복시킬 수 있었을 것이다.

원유남은 22세에 무과에 급제하고 25세에 승진시험인 무과 중시에 합격했다. 권율 장군 휘하에서 이상한 돌출행동으로 위기를 모면한 그는 4년 뒤인 35세에 강원, 충청을 커버하는 군대의 조방장助防將이 되고 정유재란 때는 장령將領이 되었다.

중추부지사中樞府知事(종2품)를 거쳐 62세에는 인조반정에 적극 가담하여 공신 리스트에 올랐다. 70세를 일기로 생애를 마쳤지만 큰 어려움 없이 순탄한 말년을 보냈다.

원유남(裕넉넉할 유 男사내 남)의 이름 뜻은 '너그럽고 온화하여 날카롭거나 거칠지 않다'이고, 자의 의미 또한 '너그럽고 느긋하여 출렁거리거나 함부로 얼굴 붉히지 않는다는 관보(寬너그러울 관 甫클 보)이다.

아마도 성격이 급하고 거친 편이라 일부러 넉넉하고 느긋하고 너그러워라는 의미를 이름과 자에 붙이고 살게 된 것 같다.

그가 31세 때 권율 장군 휘하에서 감행했던 돌출행동은 순조 (1800년 6월 10세로 즉위하여 1834년 44세로 타계) 임금 때에 일어난 일로 추정되는데, 그 나름의 계산이 있어서 그렇게 했을 것이다. 우발적이거나 갑작스럽다기보다 냉철히 계산하여 위기 타개책의 일환으로 선택한 전략, 전술적인 행동이었을 것으로 본다.

아니면, 군인은 군인의 행동으로 평가받고 심판 받아야 한다는 자기 나름의 신념에 의해 일부러 그렇게 행동했을 수도 있다. 난리가 나서 나라와 백성이 왜적에게 짓밟히는 마당에 무슨 잠꼬대 같은 좀스러운 처사냐는 생각이 불쑥 들었을는지도 모른다. 그래서 그는 갑자기 화가 치밀고 창피스러워 죽기로 작정하고 감히 혈혈단신으로 적진에 뛰어들었을 것이다.

27세 된 許滉_{허황}이라는 깡 좋은 이가 무과에 응시했는데 시험과목마다에 합격점을 받아 당연히 급제할 줄 알았는데 뭐가 잘못되었는지 그만 합격자 명단을 발표하는 방_榜에서 빠지고 말았다.

성격이 불같은 그는, 왜 내 이름은 빠졌느냐, 뭐가 잘못돼서 내 이름이 빠졌는지 명명백백히 밝혀지기 전에는 절대 물러설 수 없다며 그 길로 궁궐로 뛰어들었다.

훈련된 몸이고 무예에 능한 사내대장부라 대궐문을 지키는 금군 3청*에 속한 갑사_{甲士} 등의 병졸들마저 도저히 손을 쓸 겨를이 없었다. 방어망이 일순간에 뚫리고 만 것이다.

*3청: 왕의 친병(親兵)격인 금군삼청(禁軍三廳), 내금위(內禁衛), 겸사복(兼司僕), 우림위(羽林衛)에 속한 금군(禁軍)과 오위(五衛)인 의흥위, 용양위, 호분위, 충좌위, 충무위.

당연히 "어느 놈이 감히 궁궐 내로 난입했느냐? 당장 생포하여 주리를 틀어라. 역모가 있었다면 마땅히 그 패거리를 모조리 색출하여 능지처참시켜라"는 군령이 내려지게 되었을 것이다.

결국 그는 우르르 몰려든 병사들에 의해 생포되어 궁궐 내에 있는 감옥에 갇히게 되었다. 꼼짝없이 죽게 된 것이다. 성깔 한번

잘못 부렸다가 서른 해를 살기도 전에 이승을 하직하게 될 판이
었다.

위기에 처한 그는 다급했다. 출세도 중요하지만 우선 살고 봐야
했다. 임금님이 가까이 있을 테니 목청껏 외치면 혹시 들을지도
모르는 일이었다. 이래도 죽고 저래도 죽는다면 차라리 하소연이
나 해보고 싶었다.

그는 온몸의 힘을 다 모았다. 젖 먹던 기운까지 몽땅 모아 감옥
창살을 와락 잡아당겼다. 지성이면 감천感天이고 최후의 발악을 하
면 득천得天인 것인지, 감옥 문이 와르르 무너지고 말았다.

그는 궁궐을 마구 뛰어다니며 외치기 시작했다. 미쳐 날뛰어서
라도 용케 살아나면 그게 바로 대수였다. 다들 저녁밥을 마치고
하루 일과를 정리하는지 궁궐 안은 너무도 조용했다. 그가 내지르
는 목소리가 마치 대포소리처럼 온 궁궐 안을 뒤흔들고 천둥소리
처럼 대궐 지붕을 마구 후려쳤다.

"억울하오, 억울하오! 나만큼 무예에 능한 자가 없다고 여겨 무
과에 응시했는데 이렇게 죽이려고만 하면 어떻게 하오? 나라를
위해, 임금을 위해 바칠 하나뿐인 목숨인데 이렇게 영문도 모른
채 개처럼 죽을 수는 없소! 억울하오! 정말 무지무지하게 억울하
오!"

목청껏 외쳐대는 그의 소리를 듣고 드디어 뭔가 청신호가 켜지
기 시작했다. 임금님의 지시를 받은 승지가 등불을 들고 급히 달
려와 카랑카랑한 목소리로 불호령을 내렸다.

"네 이놈 당장 그 자리에 무릎을 꿇지 못할까! 여기가 어디라고
감히 광기를 부리느냐? 대체 목숨이 몇 개나 되기에 그리 방자하
게 구느냐? 어서 땅에 엎드려 지엄한 어명을 받아라!"

그는 정말 대단한 행운아였다. 임금님이 직접 급제한 것으로 하

라고 지시하여 그는 목숨도 건지고 출세도 하게 된 것이다.

실로 호박이 덩굴 채 굴러 들어온 격이었다. 깡이 되게 센 사내로 불리며 맡은 일을 열심히 해나갔다. 생각할수록 자신을 살려주고 벼슬길도 열어준 임금님이 그렇게 고마울 수 없었다. 죽도록 충성하자, 충성으로 은혜를 갚자고 기회 있을 때마다 다짐하고 또 다짐했다.

그 이후 얼마나 지났을까. 병조판서로 있던 환갑이 지난 **韓晩裕**한만유는 "기골이 장대하고 용력이 출중하니 임금님을 경호하고 궁궐을 수비하는 충장위장忠壯衛將(정3품 당상관)에 임명하는 것이 좋겠다"며 자신만만하게 허항을 천거했다.

그 자리는 궁중의 숙직(입직入直)을 책임진 막중한 위치였다.

전사자의 자손들과 전투에서 훈장을 받은 이들의 후손들, 그리고 나라가 어려울 때 곡식을 바친 납속納粟 사족士族이나 평민의 자손들이 대부분인 특수 친위부대였다.

1811년(순조 11년)에 홍경래가 난을 일으켜 평안도, 함경도, 경기도 북부를 위협하고 있을 때였다. 깡 중의 깡으로 통하는 허항은 이번에는 금군 3청(내금위, 겸사복, 우림위)의 하나인 우림위장羽林衛將(종2품)에 임명되어 반란군의 거점인 평안도로 향했다.

무인은 싸움터에서 죽어야 제격인지라 그는 평안북도 정주定州 전투에서 장렬하게 전사했다. 신기하게도 그를 천거했던 한만유도 66세로 그 해에 영면했다. 두 사람은 아마도 전생에 한 형제였거나 최소한 불알친구이었던 모양이다.

조선의 대 깡이었던 허항(沆넓을 항)의 자는 원숙(元으뜸 원 淑맑을 숙)이다.

이름 뜻이 '드넓은 저수지에 담겨진 큰 물'이지만, 일단 터지면 그 누구도 감당할 수 없는 것이다. 그래서 그는 '물보다 더 맑은 정신으로 한 점 부끄러움이 없이 살고자 한다는 의미를 지닌 자를 통해 그 언제 터질지 모르는 큰물을 보완하고자 한 것이다.

다시 말해서 불안해 보이는 큰물을 어떻게 해서든 잘 막아보고자 했던 것이다.

무엇이든 으뜸이 되고자 하다보면 자칫 넘칠 수도 있고, 그만 아차 실수하여 적정선을 살짝 넘어버릴 수도 있는 것이다. 하지만 '출렁거리는 큰 물'인 자기 자신을 어떻게 해서든 잘 관리하고 훈련하여 반드시 으뜸이 되고자 하기 때문에, 결국은 잠잠해져 제 본래의 천성과 장점을 마음껏 발휘할 수 있는 것이다. 으뜸이라는 말속에는 오만불손함과 끈기 있게 잘 참아내는 신중함이 함께 들어 있다.

허항을 저 죽을 줄 모르는 눈 먼 깡에서 구해내 나라와 임금을 위해 충성을 다하는 '공공의 깡'으로 변신시켜준 한만유(晚저물 만 裕넉넉할 유)는 '늦도록 너그럽게 기다려준다'는 이름 뜻에 걸맞게 그는 한 예비 무인의 숨은 능력 발휘가 가능하도록 길을 시원하게 터준 것이다.

그의 너그러운 마음씨가 임금과 여러 신하들의 신망을 모은 탓에, 저 죽을 줄 모르고 지엄한 대궐 안에서 함부로 날뛰며 제 깡을 마음껏 부린 한 무인을 당상관으로까지 끌어올릴 수 있었던 것이다.

'너를 일으켜 세워 바로 서게 해주마'라는 의미의 여성(汝너 여 成이룰 성)이라는 한만유의 자에서는 따스한 메시지가 전해지고 있다.

허항과 한만유는 칼과 방패처럼 실로 잘 어울리는 한 쌍이고 떼려야 뗄 수 없는 한 세트였던 셈이다.

한만유는 영조 임금이 81세이던 해에 27세로 과거에 급제하여 여러 관직을 거쳤다. 정언, 지평, 현감을 지낸 후 48세(정조 임금이 42세 되던 해) 이후에는 이조참의, 예방승지, 강화유수, 형조판서, 의금부지사, 한성부판윤, 병조판서를 지내며 마치 관직 백화점 같은 이력을 쌓아갔다.

순조 임금이 16세이던 해1806년 순조 6년)에는 의금부판사로서 소임을 다하려다 상을 받기는커녕 오히려 자신이 파면당하고 말았다.

경상우도 병마절도사인 趙文彦조문언이 군량미를 도적질하고 백성을 착취하자 '중죄인이니 중벌로 다스려야 합니다'라며 고집을 피웠던 것이다. 그때 그는 이미 환갑의 나이였다. 33년간의 화려한 벼슬생활이 한 순간에 물거품이 되고만 것이다.

하지만 이듬해에 다시 병조판서로 복직한 후 곧 이어 이조판서로 옮기게 되었다. 한데 다시 한번 이상한 일이 생기고 말았다.

안주사 李海淸이해청과 중화 부사 李一愚이일우 등이 암행어사의 현지 비밀 감찰로 탐관오리로 지목받아 처벌을 받게 되었던 것이다. 부하직원이 비행으로 처벌을 받았으니 당연히 지휘 감독을 맡은 이조판서도 응분의 책임을 질 수밖에 없었다. 결국 다시 한번 파면되고 말았다.

그러나 오뚝이처럼 이듬해에 다시 재기했다. 의금부판사, 병조판서를 거쳐 예문관제학, 한성부판윤, 이조판서 등을 역임하며 마지막 관운을 불태웠다.

이상하게도 환갑 이후 두 차례나 파직과 복직을 되풀이했지만 그것은 결국 액땜으로 끝나고 뒤이어 다시 한번 용오름을 화려하게 이뤄낼 수 있었다. 확실히 그의 66년 생애와 39년의 벼슬길은 눈부시고 멋졌다.

아마도 '너를 먼저 세우마'라는 자의 의미에서 나타나듯, 그는 결코 적을 만들지 않고 살았던 것 같다.

'늦게까지 넉넉하다'는 晩裕만유라는 이름처럼 그는 환갑이 지나서 다시 한번 청년이 결코 부럽지 않은 멋들어진 비상飛上을 이뤄냈다.

중국 대륙이 명나라에서 청나라로 그 지배 권력이 뒤바뀌자 조선은 당연히 실용주의 외교노선과 명분론적인 외교노선으로 극명하게 갈리게 되었다. 이후 실용주의 노선은 주화론主和論으로, 명분론적인 노선은 척화론斥和論으로 불리게 되었던 것이다.

주화론은 崔鳴吉최명길(1586-1647)로 대표되고 척화론은 金尙憲김상헌(1570-1652)으로 대표되는데, 대개의 경우 명분론자가 더 완강하듯이 김상헌도 일생을 깡으로 살다가 갔다고 볼 수 있을 것이다. 청에 끌려가 협박과 회유를 당하면서도 '차라리 죽으면 죽었지 너희가 내 뜻을 어떻게 꺾겠느냐'며 끝끝내 자신의 기개와 신념을 지켰던 인물이다.

최명길을 비롯한 주화론자들이 늘 주장했던 것처럼 양쪽 다 애국 애족하자는 목표만은 똑 같았던 것 같다.

일례로 최명길의 경우를 보자. 그는 52세에 영의정을 지낸 뒤 청나라의 앞잡이 노릇을 하며 방자하기 이를 데 없던 金自點김자점(1588-1651)의 미움을 사 잠시 관직에서 물러났다가 66세에 다시 영의정에 복귀했다.

그는 우선 청나라라면 이를 득득 가는 林慶業임경업을 통해 승려獨步독보를 명나라에 보냈다. 한참 기세등등하던 청나라의 위세에 눌려 중국 대륙의 남쪽으로 멀찍이 밀려나 있던 명나라와 비공식 비밀 외교관계를 유지하려는 목적에서였다.

하지만 청에 빌붙어 출세하고 있던 친청파 대신들이 청나라에 밀고한 탓에 그만 들통이 나고 말았다.

그는 결국 67세의 노구로 청에 붙잡혀가 수감되었다가 2년 뒤 69세의 나이로 돌아왔다. 9년여 간 인질생활을 하던 소현세자가 영구 귀국할 때 함께 귀국했던 것이다.

주화론자로 지목되어 척화론자들이 마치 외세에 빌붙은 간신쯤으로 손가락질하던 최명길이지만, 그가 한 행동을 보면 청과 잘 지내자는 주화론이나 청을 때려부수고 왜란에서 나라를 구해준 명과 의리관계를 지속해야 한다는 척화론이나, 나라를 잘 이끌어 보자는 목표에서만은 똑 같았던 것이다.

제 아무리 동전의 양면이고 지폐의 앞뒤라 해도 그 모양이나 느낌은 보는 이에 따라 너무도 확연히 다른 게 아닌가. 문제는 그들이 다르다고 여기면 다를 수밖에 없다는 세상살이의 속성이다. 내 눈에는 분명히 다르다는 인간의 그 주관적인 고집과 우리가 다르다고 보면 누가 뭐라 해도 틀림없이 다른 것이다 라는 집단 주의적인 편향과 쏠림이 바로 문제인 것이다.

병자호란으로 조선이 청에 항복했을 때 김상헌은 청과 화평하게 보내자는 최명길보다 자그마치 열여섯 살이나 위인 66세였다. 결국 50세의 최명길은 화해하자는 쪽이었고 66세의 김상헌은 끝까지 싸우자는 쪽이었던 셈이다.

나이로만 보면 공격조와 방어조가 완전히 뒤바뀐 셈이다. 즉, 김상헌이 좋게 좋게 지내자는 주화론자가 되어야 마땅하다는 말이다. 오히려 최명길 쪽이 야만족과 손을 잡는 대신 중국 대륙의 진짜 정통세력인 한족漢族 중심의 명나라를 내팽개치는 것은 근본과 말단을 혼동하는 것이고, 제 것과 남의 것을 구별하지 못하는 맹꽁이나 숙맥菽麥과 같은 짓이다 라며 척화론자로 자리매김되어야 사람들의 상식에 더 걸맞을 것 같다는 말이다.

김상헌(1570-1652)은 26세에 문과에 급제하여 벼슬을 시작했지만 북인을 대표하는 鄭仁弘정인홍(1535-1623)과의 대립으로 지방으로 좌천되는 등 오랫동안 별 볼일이 없었다. 광해군 시대의 정치적 사부師父였던 정인홍은 김상헌보다 자그마치 35세 연상이었다.

53세에 광해군이 쫓겨나고 새 임금(진성대군; 인조)이 들어서자 다시 관운이 트이기 시작했다. 그를 괴롭히던 장애물(예 : 정인홍)이 반정으로 일거에 모조리 제거되었기 때문이다.

대사간, 도승지를 지내며 한 때는 잘 나갔지만 워낙 강직한 탓에 반정 주체들과의 관계도 썩 좋지 않았다. 낙향했다가 57세에 정묘호란이 일어나 온 나라가 야단법석이 되자 그는 명나라로 달려가 구원병을 요청하고 돌아왔다.

이 때부터 그는 야만족인 후금과의 관계를 끊어야 한다고 완강히 주장하기 시작했다. 인조가 생부인 정원대군을 왕으로 추숭하려 하자 '공과 사를 명백히 구별하십시오'라며 극구 반대하다가 찬성론자들에게 밀려 다시 낙향했다.

63세 이후 2년여 간 다섯 차례나 대사헌에 임명되었지만 워낙 강직하여 무능하고 야비한 대신들을 막무가내로 공격했기 때문에 여러 차례 사직과 복귀를 되풀이했다.

66세에 병자호란이 발발하자 예조판서로서 인조를 남한산성으로 호종하고, 우선 싸우고 나중에 강화하자고 주장했다. 대세가 기울자 최명길이 작성한 항복문서를 발기발기 찢으며 대성통곡을 했다.

항복하고 난 뒤 너무도 분하여 식음을 전폐하고 차라리 굶어 죽고자 했으나 실패하고 안동의 학가산鶴駕山으로 들어가 두문불출했다.

68세 때는 사헌부司憲府 장령掌令(정4품)인 柳碩유석으로부터 '혼자만 깨끗한 척하며 임금을 팔아 제 명예만 추구한다'는 탄핵을 받았지만 그는 '와서 국정을 보살피라'는 조정의 명령을 끝까지 거절했다.

청의 외압에 눌린 조정에서는 울며 겨자먹기로 하는 수 없이 조선의 군대를 청에 보내 청이 명을 칠 때 연합군으로 활동한다고 결정하고 말았다. 당연히 김상헌은 쌍수를 들고 극구 반대하다가 청에 위험인물 제 1호로 꼽히고 말았다. 결국 71세의 노구로 심양에 붙들려가 4년여 간 죄수노릇을 해야만 했다.

*효종 : 형인 소현세자와 함께 청에 인질로 붙들려가 있다가 돌아온 봉림대군

79세 때에 효종*이 즉위하자 좌의정으로 임명되었다. 실로 82세의 전 생애를 왕 고집쟁이로 산 셈이다. 요즘말로 하면 전 생애를 깡으로 살았던 셈이다.

그래도 그 강직하고 완강한 기질을 잘 지켜내며 장수했으니, 실로 대단한 운세를 타고났다고 보아야 할 것 같다.

김상헌(尙오히려 상 憲법 헌)의 '세상 그 어느 것보다도 법도를 우선한다'는 이름 뜻에서 대단한 원칙론자이고 명분론자임을 확실히 알 수 있다.

또한 '법도를 바로 세우는 사람'이라는 뜻의 숙도(叔아재비 숙 度법 도)라는 자에서도 김상헌이란 인물의 강직하고 완강함이 대체 어디서 나오는가를 확연히 알 수 있다.

아호는 '티 한 점 없는 그림자'라는 청음(淸맑을 청 陰응달 음)과 '돌 굴로 들어가 홀로 생각에 잠긴다'는 석실산인石室山人이 있는데, 그의 첫 번째 아호에서는 청렴하고 강직한 성품이고 행적이었음을 물 속 들여다보듯이 훤히 알 수 있다. 그리고 두 번째의 아호에서조차도 추호도 변함이 없는 왕 고집쟁이임을 엿볼 수 있다. 한 마디로 깡으로 똘똘 뭉친 사람임을 쉽게 알 수 있는 것이다.

누가 뭐라 해도 이름 속에 타고난 천성이 고스란히 들어 있고, 자와 아호 속에는 꿈꾸는 바와 지향하는 바가 그대로 똬리를 틀고 있다.

*임오군란 : 1882년 6월 5일 이후 일주일 정도에 걸쳐 일어난 구식군대의 폭력시위

임오군란*을 촉발시킨 金春永김춘영과 柳卜萬유복만을 보자.

1881년에 일본의 힘을 빌려 군제를 개혁한답시고 별기군을 만들자 당연히 구식 군대의 불만이 커질 수밖에 없었다.

더욱이나 13개월씩이나 봉급에 해당하는 쌀 배급을 끊고는 오히려 핫바지 같은 구식 군대를 왕창 줄이겠다며 무기를 반납하라고 하니, 상처에 소금을 뿌린 격이 되고 말았던 것이다. 지렁이도 밟으면 꿈틀하게 되어 있다며 울화통을 터트릴 수밖에 없었다.

그러자 험악한 분위기를 귀찮게 여긴 병조판서 민겸호(선혜청 당상)는 예전의 훈련도감 군병들에게만 우선 한 달치 봉급에 해당하는 쌀을 주라고 지시했다.

한데 쌀 배급을 맡은 민겸호의 하인은 말을 시건방지게 하며 구식 군대들을 마치 비렁뱅이 다루듯 했다.

어디 그 뿐인가. 겨와 모래를 듬뿍 섞어 아예 쌀 반 모래 반이었다. 마침내 군인들이 웅성거리기 시작했다. 이런 개, 돼지의 먹이는 안받겠다며 배급받기를 거부했다.

이 때 김춘영이 나서서 주먹질을 하기 시작했다.

"이 못된 놈, 민대감의 하인이면 다냐! 네 눈에는 우리가 무슨 거지로 보이느냐? 우린 당당한 정규 군인들이야, 이 죽일 놈아! 너 같은 하인놈은 한 주먹에 죽일 수도 있어. 너 어디 우리 주먹맛 좀 볼래!"

유복만, 정의길, 강명준이 김춘영과 합세하여 쌀 창고 지키는 고리廏吏들을 마구 두들겨 팼다.

병조판서 민겸호가 가만히 있을 리 만무했다.

"국가의 기강을 우습게 여기는 놈들이니 모두 잡아들여라. 군대가 아니라 아예 야만족이나 깡패 같은 놈들이 아니냐! 법이 있다는 걸 확실하게 보여야 한다. 더욱이나 군법이 얼마나 준엄한지를 똑똑히 보여야 한다!"

결국 훈련도감 포수砲手들인 김춘영, 유복만을 비롯한 너 댓 명
의 주모자들이 감옥에 갇히게 되었다. 하지만 난리가 나 뒤숭숭해
지면 유언비어가 군중심리를 좌지우지하게 되어 있다.

'김춘영과 유복만을 마구 고문해서 거의 죽게 되었다더라, 두
사람은 곧 사형에 처해진다더라, 구식 군대는 모조리 시골로 내쫓
아 다시는 서울에 발을 못 들여놓게 한다더라, 일본에서 군대가
들어와 구식 군대를 무장해제 시킨다더라, 민씨 세도가들이 앞장
서서 중국 천진에 영선사로 나가있는 김윤식에게 청나라 군대를
조선에 끌어들이도록 지시했다더라, 고종 임금과 흥선대원군은
여전히 구식 군대를 두둔하고 있지만 왕후 민씨와 그 일족들이
별기군을 앞장세워 구식 군대를 탄압하려 한다더라 등등의 소문
이 꼬리에 꼬리를 물고 퍼져나갔다.

마침내 유복만의 동생인 柳春萬유춘만과 金長孫김장손이 앞장을 섰
다. 우선 구식 군대의 정신적 지주인 포도대장과 형조판서를 지낸
무위대장武衛大將 李景夏이경하*를 찾아가 해결에 나서 줄 것
을 요청했다.

그런데 이경하는 구식 군대의 불만이 폭발하게 된 전후
사정을 나름대로 적어 일종의 해명을 대필해 주었다. 이
걸 들고 당사자인 민겸호에게 직접 찾아가 보라는 거였다.

소문은 더 악화되고 있었다.

흥선대원군의 형인 李最應이최응*이 군대를 끌고 와 구
식군대를 진압한다는 소문이 장안에 쫙 퍼져 있었다.

6월 9일 구식 군대는 다짜고짜 병조판서 민겸호의 집을 찾아갔
다. 쌀 배급을 주며 시건방을 떨던 하인이 집을 지키다가 삼십육
계 줄행랑을 쳤다. 약삭빠른 민겸호는 벌써 몸을 피하고 없었다.
집안을 박살낸 후 우르르 운현궁으로 달려갔다. 흥선대원군에

*이경하 : 1811-1891; 전
주 이씨; 신정왕후 조대
비의 인척으로 대원군
의 신임을 받음; 임오군
란에 책임을 지고 고금
도로 유배되었다가 2년
뒤에 석방되어 포도대
장 역임
*이최응 : 1815-1882; 대
원군이 실각하자 승승
장구하여 1878년 영의
정을 지내고 총리대신
에 오름; 임오군란 때
돈령부영사로 살해됨

게 통사정하기 위해서였다. 홍선대원군은 우물우물 딴소리를 했지만 속으로는 '너희 뒤에는 내가 버티고 있다'는 식의 강한 메시지를 담고 있었다.

겉으로는 무위영武衛營 군졸 장순길을 시켜 '밀린 봉급을 다 주도록 할 테니 어서 해산하라. 해산하지 않으면 국법으로 엄단하겠다고 했지만, 뒤로는 김장손과 유춘만을 불러 은밀한 지령을 내렸다. 그리고 집사인 許煜허욱(군란의 주모자로 지목되어 처형당함)을 군복 입혀 2백여 군졸을 지휘하여 군란을 더욱 부채질했다.

용기백배한 군인들은 감옥을 습격하여 김춘영, 유복만을 구하고 의금부 감옥을 부숴 쇄국론으로 투옥된 白樂寬백낙관을 비롯하여 많은 죄수들을 풀어주었다.

閔台鎬민태호*와 개화파 관료들의 집을 습격하여 박살낸 후 일본공사관을 습격하여 일본군 장교 등 13명을 살해했다.

이어 돈령부敦寧府 영사領事(정1품) 홍인군興寅君 이최응(1815-1882)과 호군護軍(정4품) 閔昌植민창식(1841-1882)을 살해했다. 흥분이 극에 달한 군인들은 돈화문을 박차고 들어가 명성황후를 나라를 망치는 사악한 여자로 지목하여 죽여 없애려 했다.

궁녀로 변장한 왕후는 일단 윤태준*의 집에 피신했다가 무예별감 洪在羲홍재의의 도움을 얻어 충주목사 閔應植민응식*의 집으로 쏜살 같이 피신했다. 왕후를 놓친 군인들은 민겸호(1838-1882)를 붙잡아 죽였다.

고종(1852-1919.1.21)은 자신보다 일곱 살 연상인 큰 형 李載冕이재면*을 무위대장武衛大將으로 앉힌 후 군란을 진압시키려 했다. 그리고 권력욕이 대단한 아버지 홍선대원군에게 '대신 결재해 주시지요' 하고는 모든 권한을 넘겨주었다.

*민태호 : 1834-1884; 2년 뒤 갑신정변 때 민영목, 조영하 등과 살해됨
*윤태준 : 1839-1884; 파평 윤씨. 갑신정변 때 윤경순에게 살해됨
*민응식 : 1844년 생; 42세에 이조, 병조판서; 50세에 예조판서. 53세 갑오개혁 때 고금도로 유배됨
*이재면 : 1845-1912; 1910년 홍친왕에 봉해짐

명성황후 민씨(1851-1895.10.8)는 청나라 천진에 영선사로 가 있는 金允植김윤식*에게 지령을 내렸다. 청나라 군대를 이끌고 들어와 군란을 진압해 달라는 왕후의 공식 요청이었다.

*김윤식: 1835-1922; 청풍 김씨. 갑신정변 실패 뒤에 병조판서. 52세에 민영익과 함께 대원군 복귀를 모의하다 유배됨; 명성황후 시해 음모를 알고도 방치했다는 탄핵을 받고 61세에 제주도로 귀양가서 72세에 특사로 석방됨; 75세에 일본 자작이 되었으나 84세, 3.1운동 때 이용직과 함께 조선 독립 청원서를 일본과 총독부에 제출했다가 작위가 삭탈되고 3년 집행유예를 받음.

청나라 오장경은 4천 5백여 군사를 이끌고 조선에 들어와 왕후에 의해 배후 조종자로 지목된 시아버지 흥선 대원군을 생포하여 천진으로 보내고 서울 도성을 완전 장악했다. 한편, 일본은 군함 4척과 1개 대대 병력을 제물포에 보내 모든 책임을 조선에 돌리며 제물포조약을 체결했다.

김춘영과 유복만의 성깔 부림이 직접적인 발단이 되어 일어난 군란으로 왕비가 지방 먼 곳으로 도망을 가야 했고, 왕비의 친정 세도가들이 무참히 살해되었으며, 세도가들, 개화파들의 집이 일제히 박살이 났다.

또한 일본군 장교를 비롯하여 일본 사람 십수 명이 살해되었을 뿐만 아니라 일본 공사관 전 직원들이 인천을 통해 본국으로 줄행랑을 쳐야 했다. 실로 일주일만에 세상이 발칵 뒤집히고 말았던 것이다.

김춘영(春봄 춘 永길 영)의 이름 뜻은 '봄볕을 더 오래 쬐고 싶다'이고, 또는 '오직 길한 일만 일어나라'는 기원이 담겨 있다.

그런데 온 나라를 발칵 뒤집어 놓은 것으로 보아 자신들의 처지에 비해 야심과 의욕이 실로 대단했었을 것이다.

변두리에 놓여 중심을 추구하는 전형적인 한계 인간들인지라 격변기에 단단히 한 몫을 했던 것이다. 이들은 李永植이영식 등과 함께 군기시 앞에서 참형에 처해졌다. 이영식은 '뭔가 오래 꾸민다, 오래 가도록 단단히 심는다'는 뜻을 지니고 있는 이름이다. 뭔가 좀 색다른 계기를 만나 벼락출세라도 해야만 직성이 풀릴 이름들이다.

이들에게는 단순한 불평, 불만이 시발점이 된 임오군란이 절호의 계기였던 셈이다. 더욱이나 흥선 대원군의 은밀한 지원을 업고 있었으니 사실 청나라 군대만 쳐들어오지 않았으면 한 동안은 꽤나 세월이 괜찮았을 것이다.

청나라 대군이 들어와 유일한 백인 흥선 대원군을 붙잡아 갔으니 일이 제대로 풀릴 리가 없었다.

비록 시간은 짧았지만 일주일 만에 대권의 근처에까지 다가갔었으니, 그만하면 각자의 이름값을 제법 한 셈이다. 성깔 한번 부려 깡이 얼마나 센 지를 만천하에 과시했으니, 깡치고는 실로 대단했다.

조선시대의 세계주의자들

우선 여진족의 추장급에 속했던 퉁 쿠룬투란 티무르(고륜두란첩목 아古倫豆蘭帖木兒)가 여기서 말하는 첫 세계주의자에 속한다.

부하 100호를 이끌고 고려 땅에 들어와 이李씨 성과 청해靑海라는 본관을 공민왕으로부터 하사받았다. 이로써 그는 李之蘭이지란 (1331-1402)으로 성과 이름이 바뀌고 '청해 이씨'의 시조가 된 것이다.

그는 고려 말에는 이성계의 휘하에서 왜구 등의 외적에 맞서 싸우기도 했다. 네 살 아래의 상관上官 이성계가 조선을 건국할 때는 그야 말로 물심양면으로 제 일처럼 도왔다. 개국공신 1등에 책록되어 청해군靑海君에 봉해지고 경상도 절제사節制使(정3품)와 동북면 도안무사都按撫使를 지냈다.

67세 때와 69세 때에 1, 2차 왕자의 난이 나자 후에 태종으로 즉위하는 이성계의 다섯 째 아들 방원을 도와 골육상잔骨肉相殘의 참극을 잘 해결한 공로로 정사공신定社功臣 2등과 좌명공신佐命功臣 2등에 책록되었다.

벼슬이 좌찬성에 이르렀지만, 자식들의 골육상잔에 치가 떨린 태조 이성계가 함경남도 영흥으로 떠나자 그를 시종했다. 태조 이성계가 둘째 아들 芳果방과(1357-1419; 정종)에게 양위하고 휘적휘적 북쪽으로 떠날 때, 그의 나이는 65세였고 전우이자 친형 같은 이지란은 69세였다.

이지란(之갈 지 蘭난초 난)은 '난초 피어난 땅으로 간다'는 뜻이니, 만주 벌판을 버리고 식솔들과 부하들을 이끈 채 압록강 이남의 반도 땅으로 귀화한 사람에게 아주 잘 어울리는 이름인 셈이다.

그의 자는 식형(式법 식 馨향기 형)으로 '정해진 길을 따라 반듯하게 살지만 늘 너그럽게 살아 남들의 모범이 되고 우두머리가 된다'는 암시를 지니고 있으니, 한 나라를 세운 임금을 의형제로 삼을 수 있었을 것이다.

金忠善김충선(1571-1642)은 원래 본명이 '사야가沙也可'로 임진왜란 때 가토 기요마사(가등청정加藤清正)이 이끄는 군대의 선봉장으로 조선을 침략했던 인물이다. 하지만, 조선의 문물이 우수함을 흠모하여 경상도 병마절도사 朴晉박진*에 의해 조선에 귀순하였다.

사야가는 귀순 이후 공을 많이 세워 가선대부嘉善大夫에 올랐다.

이어 도원수 權慄권율*과 어사 韓浚謙한준겸*의 요청을 받아들여 김충선이란 이름을 하사下賜받고 자헌대부資憲大夫를 제수除授받았다. 성씨는 처음에는 우록友鹿 김씨였다가 김해 김씨를 하사받고 본관을 고쳤다.

왜란이 끝난 뒤 북방의 만주족이 국경을 침범하자 자청하여 10여 년간 국경 방어 임무를 맡았다. 그 공로로 정헌正憲대부에 올랐다.

53세 때는 이괄의 난을 진압하며 반란군의 부장副將인 徐牙之서아지를 죽여 반란군의 기세를 꺾어 놓았다. 그 공로로 땅을 하사받았으나 그는 극구 사양하고 그 땅을 수어청守禦廳(조선시대 5군영의 하나)

*박진 : 경주 부윤 박의장과 함께 경주성 탈환. 참판을 지낸 후 1597년에 타계
*권율 : 1537-1599; 영의정을 지낸 권철의 아들
*한준겸 : 1557-1627; 인조의 장인으로 인열왕후의 생부. 정3품 경성판관 지낸 한효윤의 아들

273

의 둔전屯田으로 기부했다.

65세 때에 병자호란(1636년)이 발발하자 따로 명령을 기다리지 않고 광주廣州 쌍령雙嶺 싸움에 출전하여 500여 명의 청나라 침략군을 죽였다.

하지만 조선이 항복하고 말자 그는 대성통곡하며 대구 녹리鹿里(우록마을)로 돌아갔다. 목사 張春點장춘점의 딸과 결혼하여 살면서 가훈과 향약을 만들어 확산하는 등, 주위 마을의 교화에 힘썼다.

일본인 사야가에서 조선인으로 귀화한 김충선(忠충성 충 善착할 선)의 자는 선지(善착할 선 之갈 지)이고, 아호는 모하당(慕그리워할 모 夏여름 하 堂집 당)이다.

'충성스럽고 착한 성품'이라는 이름, '착한 성품을 끝까지 이어 간다'는 자가 바로 귀화인歸化人 김충선의 타고난 천성과 지향하는 인생목표를 암시하고 있다. 그리고 '아늑한 보금자리를 만들고 그 속에서 복되게 살기를 바란다'는 아호의 의미에서 그의 마음 속에 숨겨져 있던 간절한 소망이 대체 무엇이었던가를 대강 짐작해 볼 수 있다.

그가 21세에 새롭게 택한 조선 땅에서 65세 때까지 온갖 풍상을 다 겪으며 바라던 것은 한 곳에 조용히 머물며 독서와 사색과 창작을 하는 여유 있는 생활이었을 것이다.

65세에 북방 야만족의 대군에게 항복한 조선과 조선의 임금을 보며 대성통곡한 그였지만, 다행히도 마지막 6년의 세월은 평생 꿈꾸던 대로 책과 글쓰기와 가르치기에 몸 바칠 수 있었다.

김충선에게는 평생 중요한 사람들이 아주 많았다. 우선 그의 귀순을 받아준 병마절도사 박진을 생각해 볼 수 있다.

박진(晉나아갈 진)의 이름에는 '꼼짝 못하게 억제한다, 사이에 끼워 가로막는다'는 의미도 함께 들어 있다.

박진은 21세 된 적군의 선봉장(그는 일본의 봉건영주로서 군사 3천 명을 거느린 선봉장이었음)을 받아들여 어엿한 장수로서 대접하며, 조정에 급히 알려 적절히 예우하고 국난 해결에 적극 내세울 것을 요청했다. 박진의 결단과 수고로 실제로 김충선은 조선에 귀화하자마자 종2품 가선대부嘉善大夫를 제수 받았다.

박진의 자는 명보(明밝을 명 甫클 보)이니, '시원시원한 기질이라 선뜻 받아준다'는 의미로 풀이할 수 있다. 아니면, '빛이 아주 밝아 뭇 생명이 모여든다'는 의미로도 해석해 볼 수 있다.

하여튼, 늠름하지만 아직 어려 보이는 적장을 흔쾌히 맞아들여, 말 그대로 제 2의 조국인 조선을 위해 충성을 다하게 한 인물에게 잘 어울리는 이름이고 자인 듯하다.

그는 일본인 사야가에 대해 분명히 용력이 대단하고 인품이 괜찮아 보이니 잘 쓰면 큰 공을 세울 인물이라는 식으로 조정 대신들과 임금에게 보고했을 것이다.

김충선에게 딸을 준 그의 장인의 이름은 진주 목사를 지낸 장춘점(春봄 춘 點점 점)은 '봄에 찾아온 사람을 점찍어' 사위로 맞이했으니 그야말로 이름대로 된 셈이다.

사야가 즉 김충선은 1592년 4월 18일 제 2군 가토 기요마사(가등청정으로 부름)이 이끄는 제 2군의 2만 2천의 병사중 3천명을 지휘하는 선봉장으로 부산에 상륙했으니, 장인의 이름대로 봄에 점찍어 둔 사람이었던 셈이다.

당시 첫 번 째로 4월 13일 부산에 상륙한 제 1군은 1만 8천 명으로 고니시 유키나가 즉, 소서행장小西行長이 대장이었고, 제 3군은 1만 1천 군사로 구로다 나가마사 흑전장정黑田長政이 대장이었다.

다음으로는 1628년(인조 6년)에 일본으로 가던 중에 제주도에 표착漂着한 朴淵박연, 혹은 燕연을 들 수 있다.

그는 네덜란드 사람으로 본명이 J. J. Weltevree인데, 동료들(히아베르츠, 피에테르츠)과 물을 구하러 배에서 내렸다가 그만 붙들리고 말았다.

세 사람은 서울로 압송되어 훈련도감에서 신기술과 신지식을 전수하는 역할을 맡았었다.

병자호란 때는 셋이서 출전하여 둘은 전사하고 박연만 살아남았다. 그때 그는 생포된 왜구를 감시하고 통솔하는 일을 맡았다. 또한 1653년(효종 4년)에 일본 나가사키 즉 장기長崎로 가던 중에 제주도에 표착 하멜(Hendrik Hame)*을 비롯한 36명의 네덜란드 선원들을 서울로 호송했다.

*하멜 : 13년간 억류생활을 하다가 1666년 현종 7년, 동료 7명과 탈출하여 1668년에 귀국. 『하멜 표류기』 등을 출간하고 1672년에 타계

조선 여자와 결혼하여 남매를 기르며 조선인으로 살았으니, 그는 아마도 조선 땅을 좋아하며 어디서 살든 세계는 하나가 아닌가 라는 생각을 지니고 있었을 것이다.

박연(淵연못 연, 혹은 燕제비 연)의 이름에는 '많이 모여드는 곳'이란 뜻이 들어 있다. 그리고 '燕연'에는 편안하다는 의미도 들어 있다.

네덜란드인 벨테브레 즉, 박연은 자신이 조선에 도착하여 살게 된 것을 자신의 운명으로 받아들였을 수도 있다. 탈출하려고 온갖 위험을 무릅쓰지 않고 오히려 편안하게 생각하며 되도록 이역만리 머나먼 이국땅의 문물을 적극적으로 즐기고자 노력했을 것이다.

李元鎭이원진(여주 이씨)은 제주 목사였는데 우연히 하멜 일행을 심문하고 서울로 압송시킨 인물이다.

그는 이미 젊은 날에 광해군이 계모 인목대비를 폐출하고자 할 때 극구 반대하다가 왜란 종료 후와 광해군 즉위 시에 영의정을 지낸 李元翼이원익(1547-1634; 전주 이씨)과 함께 귀양을 갈 정도로 패기만만하고 의협심이 강한 사람이었다.

박연이 동료 두 사람과 같이 훈련도감에서 명나라의 홍이포紅夷

砲혹은 불랑기라고도 불렀음)를 제작하고 있을 때, 영의정을 지낸 노대감 이원익과 어떤 식으로든 인연이 닿았을 것이다.

이원익 대감이 병자호란 발발 2년 전, 87세로 죽기 전에 훈련도 감訓練都監(5군영 중 가장 먼저 설치됨. 훈국으로도 부름) 도제조都提調(정1품)를 마지막으로 관직생활을 접었으니, 훈련도감에서 무기 제작을 돕다가 병자호란에도 참전했던 박연을 왜 몰랐겠는가.

박연과 직, 간접으로 인연이 있었던 제주 목사 이원진(元으뜸 원 鎭진압할 진)의 '소란을 억눌러 고요하게 한다'는 이름 뜻에서 문제 해결사로서의 그의 소임을 짐작해 볼 수 있다.

자는 승경(昇오를 승 卿벼슬 경)으로 '높은 벼슬에 오른다'는 뜻이니, 광해군 때부터 두각을 나타내기 시작한 그의 강직한 인품과 뒤로 쳐지거나 애매모호하게 어영부영하지 않고 화끈하게 앞장서는 그의 적극적인 기질을 엿볼 수 있다.

그는 인조반정 이후 새롭게 벼슬길을 열기 위해 36세의 나이로 별시문과別試文科*에 급제하고 동래 부사로 부임했다.

이원진의 아호인 태호(太클 태 湖호수 호)는 '큰 호수를 의미하니 실로 신기하기까지 하다. 큰 호수란 곧 바다인 셈이 아닌가.

그는 이미 자신의 아호에서 바다 건너 큰 섬에서 목민관 노릇을 하고 싶은 소망을 암시하고 있다.

환갑을 앞둔 나이로 자그마치 36명의 백인 선원들을 국가 재산으로 올려놓았으니, 자신의 말년 관운에 커다란 느낌표를 하나 더 추가해 놓은 셈이다.

그때까지 조선이 모르고 있던 새로운 문물과 온갖 지식정보들을 그들을 통해 채집할 수 있었을 테니 조선으로서는 실로 크나큰 수확이요, 횡재였을 것이다.

*별시문과 : 초시, 전시 두 단계가 있는데 초시初試에서는 보통 3백 명에서 6백 명을 선발했고 殿試에서는 보통 3명에서 30명까지 선발했음. 別試는 문과, 무과가 있는데 이미 과거를 보고 당하관堂下官(정3품 이하의 벼슬로 문관은 통훈대부通訓大夫 이하, 무관은 어모장군禦侮將軍 이하에 해당) 벼슬에 오른 이들을 위해 격려차원에서 특별히 치르던 부정기 시험에 해당함.

277

이원익(元으뜸 원 翼날개 익) 대감의 이름 뜻은 '앞장서서 돕는다'는 의미로 풀어볼 수 있다. 자는 공려(公공변될 공 勵힘쓸 려), 아호는 오리(悟깨달을 오 里마을 리)이다. '다들 보는 앞에서 정정당당하게 노력한다'는 자의 의미에서 자신의 능력과 자질에 대한 자신감을 읽을 수 있다. 또한, '무엇을 하든 나라를 위해 힘쓴다'는 의미로도 해석될 수 있다.

즉, 공과 사를 구분하되 언제든 사사로운 잇속보다 공적인 이익에 더 비중을 둔다는 뜻이다. 공인정신과 공인으로서의 자세를 명명백백하게 내세운 셈이다.

'향리에 묻혀 깨달음을 얻는다'는 아호는 여러모로 이원익 대감 자신의 생애를 암시한다. 남들 같으면 벌써 은퇴하고 낙향했을 나이인 77세의 노구로도 그는 이괄의 난으로 임금(인조)이 공주로 피신하자 자청하여 호종했다.

80세 때 겪은 정묘호란(1627년)으로 후금後金의 무서운 상승세를 직감한 노 대신은 스스로 원하여 훈련도감 도제조를 맡아 자주국방의 원대한 프로젝트를 앞장서서 추진했다.

향리로 돌아가 더 좀 깊이 깨닫기를 바라던 노 대신의 간절한 소망이 그의 아호 속에 일찍부터 담겨져 있었던 셈이다. 그는 결국 여든을 훨씬 넘긴 고령으로 낙향하여 여생을 향리에서 더 좀 깊이 깨달으며 보낼 수 있었다.

마흔에 孔有德공유덕 등 명나라 반도叛徒를 토벌한 공로로 명나라로부터 총병總兵 벼슬을 받고, 49세에 명나라로 망명했던 林慶業임경업(1594-1646)이야말로 진정한 세계인이었다고 보아야 할 것 같다. 그는 철저한 친명배청親明排淸의 소신파였기 때문에 심양에 도읍지를 정한 청나라*에서는 위험인물 제1호로 지목했지만, 명나라에서는 그를 조선의 최고의 우군友軍으로 극

*청나라 : 1636년 내몽고의 대원제국을 멸망시키고 옥새를 차지한 청 태종이 후금에서 '大淸'으로 국호 변경

진히 대접했다.

그러나 명나라는 1664년에 李自成이자성이 이끄는 농민 반란으로 북경이 점령되자 명의 마지막 황제인 의종毅宗이 자살함으로써 명의 시대는 실질적으로 끝났다. 한편, 반란군 괴수인 이자성은 순치제가 호북으로 몰아내 활로 쏴 죽였다.

임경업이 명과 청 사이에서 한창 이른바 셔틀(shuttle) 외교에 분주할 때, 중국 대륙은 지는 제국 명나라에서 떠오르는 제국 청나라로 급격히 옮겨가고 있던 전환기였다. 그가 42세에 겪은 병자호란(1636년)을 분수령으로 중국 대륙의 역사는 완전히 다시 씌어지고 있었다.

49세(1643년)로 그가 망명하기로 결심했던 명나라는 이미 전국 도처에서 일어난 농민의 반란으로 그 주춧돌부터 급격히 허물어져 가고 있었던 것이다. 이듬해에는 북경을 청나라 황제가 지배하게 될 정도로 명의 시대는 완전히 막을 내리고 있었다.

즉, 지역별 지배자들인 '3번藩'을 중심으로 한 명나라 지배 계급이 청나라와 강화를 맺고 농민 반란군 괴수 이자성에게 점령된 북경을 함께 탈환하자고 했던 것이다.

이에 청의 3대 황제인 순치제順治帝*는 합법적으로 북경을 차지하게 되었다. 그 후 청나라는 순치제의 3남이 강희제康熙帝*가 되어 명의 마지막 왕인 영명왕永明王을 미얀마에서 붙잡음으로써 중국통일을 완수하였다.

*순치제 : 청 태종의 9남으로 5세에 즉위하여 23세로 1661년에 죽음
*강희제 : 7세에 즉위하여 1722년까지 61년간 통치

임경업은 겉으로는 청나라에 복종하는 듯하면서도 뒤로는 명나라와 늘 내통했다. 그러한 그의 행적을 조선 조정의 친청親淸 세력들이 모를 리 없었다.

그는 청에 붙잡혔으나 금교역金郊驛에서 구사일생으로 탈출에 성공했다.

인조반정의 1등 공신인 **李貴**이귀(1557-1633)의 사위 **金慶餘**김경여 (1596-1653)는 대간臺諫에 임명했음에도 여러 차례 거절하여 금교역에 유배되었다 풀려난 적이 있었다. 하지만, 그의 사랑하는 아내 (정경부인 전주 이씨)와 가족은 꼼짝없이 청의 포로가 되어 감옥에 갇히고 말았다. 결국 그의 부인은 남편에게 욕보일 수 없다며 칼을 뽑아 자살하고 말았다.

그의 망명 뒤에는 그의 행적에서 유래된 이러한 개인적 비극이 숨겨져 있었던 것이다. 잠시나마 그는 국제적 미아가 되고 말았던 것이다. 그는 결국 명나라 군사를 이끌고 청나라를 공격하는데 앞장섰다가 마침내 청의 포로가 되고 말았다.

그의 운세는 이미 30세를 넘어서자마자 서서히 꺾이기 시작하고만 것 같다.

30세에 이괄의 난(1624년 인조 2년)이 일어나자 정충신의 휘하에 들어가 난을 진압하는데 혁혁한 공을 세우고 진무원종振武原從공신 1등에 책록되었을 때가 일생의 피크 타임이었다.

이후 33세에 일어난 정묘호란(1627년)에서나, 42세에 일어난 병자호란(1636년)에서도 변변히 공을 세우지 못했다. 정묘호란 시에는 좌영장左營將으로 급히 강화도로 달려갔으나 이미 화의가 맺어진 직후라 할 일 없이 주저앉아야 했다.

또한 9년 뒤의 병자호란 시에는 백마산성에서 청나라 군대의 진로를 차단하고 원병을 요청했지만 임진강 이북의 국방을 책임지고 있던 김자점이 물밀 듯이 몰려오는 청나라군대의 위세에 눌려 그만 방어할 생각을 아예 하지 않았기 때문에 혼자서 어떻게 해 볼 도리가 없었다.

북방 방어의 총책임자인 김자점이 청나라 군대의 거침없는 남진이 가능하도록 길을 터 주었기 때문에 자신이 39세에 수축한

백마산성과 의주성마저도 자연히 용도 폐기되고 말았던 것이다.

이로써 남한산성이 포위되고 마는 단초를 제공했기 때문에 그도 상관의 역적질을 막지 못한 대역죄를 짓고 만 셈이었다. 그저 주먹으로 가슴을 치며 분통을 터뜨릴 수밖에 없었다.

30세 이후 꺾이기 시작한 그의 운세는 마침내 그의 가족에게도 참극을 불러오고 말았고, 자신에게도 죽음의 그림자를 짙게 드리우고 말았다.

명나라에 망명하여 청나라 군대와 싸우다가 원수 같은 청나라의 포로가 되고 말았는데 갑자기 역적모의에 가담했다는 오해를 받게 되었던 것이다. 김자점을 중심으로 한 친청파 세력들이 임경업 같은 배청排淸, 반청反淸의 기수들을 제거하고자 일을 꾸몄을 수도 있지만, 하여튼 역적모의에 가담한 일로 조선 조정으로 끌려와 조사를 받게 되었다.

일개 유생 신분으로 인조반정에 가담하여 반정의 1등 공신에 책록된 후 파격적 승진을 거듭하던 沈器遠심기원(1587-1644)에게 역모죄가 덮어씌워지고 심기원을 상관으로 섬기고 있던 숱한 장수들이 조사를 받는 사건이 터지고 말았던 것이다.

36세에 인조반정의 1등 공신이 된 이후 이괄의 난 때는 세자를 수행하여 공을 세우고, 정묘호란과 병자호란 때는 무장으로서 공을 세웠으니, 그는 확실히 난리와 사건 속에서 벼락출세의 길을 다졌던 셈이다.

55세에는 삼정승에 올라 입신양명의 최정점을 정복했다. 56세에 청나라에 다녀온 후 이듬해인 57세 때는 좌의정으로서 남한산성 수어사를 겸직하고 있었다. 자연히 장수들과 시간을 보내며 국제 정세와 조정의 은밀한 소문들을 두고 토론이 활발했을 것이다. 정적의 예리한 염탐질이 이런 사정을 그냥 놓아둘 리가 만무했다.

심기원이 수하의 여러 장수들을 꼬드겨 회은군懷恩君 德仁덕인을 추대하는 역모를 꾀하고 있다는 소문이 나돌 수밖에 없었다.

지사를 지낸 李一元이일원과 광주부윤 權憶권억 등이 심기원과 함께 모의한 사실을 심기원의 부하인 黃瀗황현, 李元老이원로 등이 훈련대장 具仁厚구인후에게 밀고하여 사건이 드러나고 말았던 것이다.

심기원의 역모사건은 李厚源이후원* 등에 의해 신속히 마무리되었다.

역모에 가담한 이들을 모두 처형하고 추대의 대상이 되었던 회은군은 사사되었다.

이 때가 1644년으로, 역모의 우두머리로 지목된 심기원은 57세였고, 사건을 해결한 이후원은 46세였다. 한 사람은 50대 후반에 죽을 운명에 처하고, 다른 한 사람은 40대 후반의 나이로 나라를 혼란스럽게 하는 또 하나의 역모 사건을 처리하며 권력의 무상함을 뼈저리게 느꼈을 것이다.

권력의 모닥불을 향해 날아들다 지지직거리며 타 죽고 마는 숱한 야망꾼들을 지켜보며 권력과 인간의 그 묘한 관계를 속속들이 알게 되었을 것이다.

2년 후, 임경업도 역모에 가담했다며 청나라에 포로로 잡혀 있는 국제 미아인 그를 청나라 감옥에서 서울로 압송했다. 그때 임경업의 나이는 52세였다. 조사를 받는 중에 김자점의 밀명을 받은 형리刑吏가 고의적으로 꽁꽁 묶인 채로 정신을 잃고 있는 임경업을 마구 때려 결국 장살杖殺시키고 말았다.

모든 일을 뒤에서 조종한 김자점은 그때 58세로 영의정의 자리에 앉아 있었다. 그는 청나라의 후광을 업고 있는 막강한 영의정으로 실로 무소불위 권력을 휘두르고 있었던 것이다.

하지만 그 막강한 김자점도 임경업이 죽은지 5년 후에 아들 金

鈊김익과 손자 金世龍김세룡*의 역모에 얽혀 63세로 처형되고 말았다.

*김세룡 : 인조의 후궁인 조귀인의 딸 효명옹주와 결혼. 효명옹주의 오빠이자 인조의 5남인 숭선군을 왕으로 추대하려는 역모에 가담

그와 함께 아들과 손자도 처형되고, 손자며느리(인조의 후궁 조귀인의 딸인 효명옹주)는 유배되고 손자며느리의 친정 어머니 조귀인趙貴人은 사사되었다.

임경업(慶경사 경 業업 업)의 이름 뜻은 '기뻐할 일을 만든다'이니, 52세로 매 맞아 죽을 때까지 아주 특이한 역정을 밟으며 명나라와 청나라, 그리고 조선 땅을 오갔을 것이다. 그저 가만히 죽치고 앉아 차려주는 밥이나 먹고 있을 팔자가 아니었던 것이다. 조용히 물러나 채마밭이나 일구며 책이나 읽고자 하는 그런 목가적이고 은둔적이지 않았다는 말이다.

망해 가는 명나라 편을 들어 생고생을 했지만 그가 만일 명나라 융성기에 태어났더라면 아마도 조선 땅에서도 결코 무시할 수 없을 정도로 막강한 영향력을 발휘할 수 있었음 당연한 일이다. .

임경업의 자는 영백(英꽃부리 영 伯만 백)인데, '영웅 중의 으뜸'이라는 의미로도 풀어볼 수 있다. 또 '꽃부리 영英'에는 열매가 열리지 않는 꽃이라는 의미도 있으니, 우두머리가 되고자 노력했으나 헛수고로 끝나고 말았다는 식으로 좀 엉뚱한 해석을 붙여 볼 수도 있을 것이다.

고송(孤외로울 고 松소나무 송)이라는 그의 아호가 참으로 특이하다. '외로운 소나무'라는 의미에서 그의 말년이 얼마나 처절하고 고독할 것인가를 어렴풋이 짐작해 볼 수 있다. 그는 자신의 아호대로 가족마저 야만족(청나라)에게 붙잡혀 있었던 탓에, 매 맞아 죽은 그의 주검을 정성 들여 거두어 묻을 가까운 핏줄이 남아있지 않았다.

이름이나 자에서는 그의 용맹과 웅비하고자 하는 원대한 포부

를 읽을 수 있고, 아호에서는 그의 처참하고 외로운 말년과 쓸쓸한 죽음을 내다볼 수 있다.

그는 결국 '스스로 점을 찍어 불가능을 가능하게 만든다'는 뜻을 지닌 **金字點**김자점의 음모에 의해 목숨을 잃고 말았던 것이다.

임경업은 실로 전설적인 코스모폴라이트(cosmopolite)였다. 그가 32세부터 34세까지(1626년 5월부터 1628년 3월까지) 군수로 있었던 낙안에서는 하룻밤 사이에 낙안성을 쌓은 신출귀몰한 기인奇人으로 소문나 있었다.

그가 47세 되던 해(1641년)에는 명나라 장사가 자기 나라 화가를 데리고 조선에 와서, 명나라 황제에게 보여드릴 장군의 모습이 필요하다며 그의 모습을 화폭에 담아가기도 했다. 그는 확실히 여러모로 조선의 가장 대표적인 '세계인'이었던 것이다.

조선에 신문이 있었다면 사회면을 채웠을 이름들

　인조반정으로 광해군의 폭정이 막을 내렸지만, 반정이 성공적으로 끝나기 전에 거사계획을 미리 누설했던 이가 있었다. 자칫 잘못 했으면 거사 날짜를 변경하거나 아니면 계획 자체를 완전히 바꿔야 했을 뻔했다.

　崔鳴吉최명길(1586-1647)이 점을 쳐 잡아준 날짜(1623년 3월 21일)는 여러모로 상서롭고 크게 길한 날짜였던 것이다.

　반정 계획은 예정대로 결행되어 대성공을 거두고 폭군 대신 새임금(능양군; 인조)을 세울 수 있었다. 이로써 광해군을 감싸며 악정에 협력한 이이첨, 정인홍, 이위경 등 수십 명이 참수되고 많은 이들이 귀양을 갔다. 그리고 반정에 앞장선 33명은 정사공신靖社功臣에 책록되었다.

　거사 계획을 누설하여 자칫 잘못했으면 반정 자체를 수포로 돌아가게 할 뻔했던 이는 李而放이이반이다.

　이반(而말이을 이 放나눌 반)이란 이름은 '말을 퍼뜨려 남에게 알린다는 의미인 셈이다. 문자 그대로 말을 이어 남에게 나눠준다는 이름 뜻이 참으로 기가 막히다. 그는 결국 이름대로 비밀을 누설했다가 반정 주체세력들에게 붙잡혀 죽거나 병신이 되었을 것이다.

광해군이 왕으로서 보여준 그 마지막 모습이 참으로 코믹하다. 1623년 3월 21일 밤에 궁궐에서 도망쳐 나와 의관醫官 安國臣안국신의 집에 숨어 있다가 반정 세력에게 생포되었던 것이다.

광해군의 이름은 琿혼으로 '아름다운 옥'이라는 뜻이다. 옥이니 아마도 숨어 있을 수밖에 없고 어딘가에 묻혀 있어야 될 팔자였던 모양이다.

그는 33년간이나 왕궁에 묻혀 있다가 15년간 왕 노릇을 했다. 48세에 왕궁에서 쫓겨난 후 강화도와 제주도로 유배지를 바꿔가며 18년을 섬 주민으로 살다 66세로 죽었다. 흙 속에 묻혀 남의 눈에 띄지 않아야 할 정도로 특이한 옥돌이었던 모양이다. 그의 부인인 유씨(판윤 유자신의 딸)는 원래 몸이 약했는지 아니면 치욕감으로 인한 스트레스가 너무 컸던지 강화도로 쫓겨나던 해에 죽고 말았다.

도망쳐 나온 왕을 잠시 숨겨 준 안국신(國나라 국 臣신하 신)은 자신의 이름 뜻대로 나라의 실질적인 주인인 임금을 모신 신하가 되었던 것이다. 그것도 홀로 왕을 붙들어 앉혀놓고 있었으니 실로 굉장한 기회였었지 않았겠는가.

반정이 실패로 끝났더라면 그는 아마도 특등 공신에 올라 여생을 떵떵거리며 살았을 것이다. 어쩌면 중인 신분인 의관에서 처음으로 정승에 올라 가문을 빛낼 수도 있었을 것이다.

韓浚謙한준겸(1557-1627)이란 이는 유배지에서 중추부지사 겸 5도 도원수를 맡아 국경을 수비하게 되었던 인물이다.

광해군을 몰아내고 임금이 된 인조의 장인이기도 하지만, 그가 유배지에서 높은 관직을 받고 어명에 의해 국경을 수비한 일은 광해군 시대에 있었던 일이다.

경성판관을 지낸 **韓孝胤**한효윤의 아들로 풍채가 늠름하고 기질이 호방하여 주위 사람들의 신뢰와 칭송을 듬뿍 모았다고 한다. 하지만 56세에 목숨을 잃을 뻔한 일이 터지고 말았었다.

광해군은 31세나 연하인 이복동생 영창대군을 본능적으로 미워했다. 아마도 자신의 위치가 수시로 흔들렸던 과거의 경험 때문에 제 주변을 완벽하게 만들어놓아야 한다는 중압감을 지니고 살았을 것이다. 한 살 위인 큰 형(임해군) 때문에 세자나 왕이 된다는 것은 꿈도 꿀 수 없었다. 그러나 난리 통에 인물 난다는 옛말처럼 갑자기 임진왜란이 터지자 여러 가지가 불안해진 아버지(선조)는 부랴부랴 광해군을 세자로 책봉했던 것이다. 선조는 40세, 의인왕후 박씨(반남 박씨)는 37세였다. 광해군은 결국 17세에 18세인 형을 제치고 마침내 세자가 된 것이다.

하지만 전쟁 중이라도 명나라의 재가가 필요한 일이라 1594년에 윤근수를 보내 '광해군을 세자로 책봉했으니 부디 승낙하소서'라고 간청했다. 하지만 명나라 조정은 큰 아들 임해군이 엄연히 살아있는데 무슨 뚱딴지같은 소리냐며 거절했다.

어디 그 뿐인가. 선조가 병이 위중하여 세자인 광해군에게 왕권을 물려주노라며 선위禪位교서를 내렸다. 그런데 영의정 **柳永慶**유영경이 그 교서를 살짝 감추고는 꿀 먹은 벙어리 행세를 했다. 결국 광해군을 옹립한 대북파의 우두머리격인 **鄭仁弘**정인홍이 눈치로 때려잡고 유영경의 엉큼한 수작을 밝혀냈으니 망정이지, 아차 잘못했으면 한 순간에 모든 꿈이 물거품이 될 뻔했던 위급한 순간이었다. 그가 33세 때에 일어난 일이다. 유영경은 58세였고, 정인홍은 73세였다. 이 일로 형인 임해군은 강화도로 귀양가고 유영경은 사사되었다.

만일 그 누구라도 광해군이 눈엣가시처럼 여겨 못 잡아먹어 안
달을 하는 이복동생 영창대군과 한편으로 찍히면 쥐도 새도 모르
게 죽을 판이었다. 그런데 무슨 조화인지 한준겸이 바로 영창대군
을 후원하는 대부들 중의 한 사람으로 지목 당하게 되었던 것이다.

그나마 귀양을 가게 되었으니 망정이지, 아차 잘못 했으면 꼼짝
없이 죽을 뻔했다. 일단 임금과 그 측근들의 블랙 리스트에 올라가
면 꼼짝없이 죽게 되는 것이, 바로 증명이 필요 없는 공리公理였다.

광해군의 비위를 맞추며 실세 역할을 하던 이이첨 등이 선조
임금이 죽기 전에 일곱 대신들을 은밀히 불러 '어린 영창대군을
끝까지 잘 보호해 주시오'라고 간절히 부탁했다고 광해군에게 일
러바쳤던 것이다.

한준겸은 소위 그 유교7신遺敎七臣 중의 한 사람으로 찍히고 말
던 것이다. 단순히 찍히고만 것이 아니라, 아예 사형수 명단에 올
라있던 朴應犀박응서*를 협박하여 한준겸을 '유교7신'으로
몰아 죽이라고 말했던 것이다.

*박응서 : 영의정 박순
의 서자로 귀족의 서자
들과 '강변7우'를 형성

주위에서 누군가가 붙잡혀 온 그에게 귀엣말로 연흥군延興君을
모른다고 하면 살 길이 열릴지 모른다고 하자 그는 죽고 사는 것
은 천명天命이니 남을 팔아서 스스로 위기를 벗어나는 짓은 하지
않겠다고 말했다.

그는 결국 충주, 여주 등지를 돌며 유배생활을 해야 했는데, 자
그마치 그 험난한 세월이 8년 이상이나 계속되었다. 그런데 웬일
인지 폭군 광해군이 귀양 가 있던 그를 중추부지사 겸 5도 도원수
로 임명하여 국경을 튼튼히 수비하라고 지시했다. 아마 한준겸의
강직하고 용맹스러운 성정을 인정했던 모양이다.

그가 66세에 사위가 새 임금이 되고 자신의 딸은 인열왕후가 되
었지만 더욱 몸가짐에 조심하였다고 한다. 그리고 67세 때에 이괄

이 난을 일으키자 그는 노구를 이끌고 사위인 왕을 공주로 호종했다. 죽던 해에 정묘호란(1627년)이 발발하자 그는 70세로 소현세자를 전주로 배종陪從했다. 그는 결국 그 해 7월 17일에 타계했다.

한준겸(浚깊은 준 謙겸손할 겸)의 이름에 들어가 있는 '깊을 浚준'에는 '남의 것을 빼앗다'라는 의미도 들어 있다. 이름 탓인지 그는 박응서라는 날강도의 엉뚱한 고발로 하마터면 죽을 뻔했다. 결국 8년여의 유배생활로 이어지게 되었지만 56세부터 64세까지의 귀양생활은 거의 지옥을 헤매는 고통이고 좌절이었을 것이다. '깊다라는 뜻의 浚준이라는 이름 속 글자로 인해 그는 정말 끝을 알 수 없는 나락으로 떨어졌다가 구사일생으로 살아났던 것이다.

익지(益더할 익 之갈 지)라는 자는 '유익을 끼친다'는 의미인데 그는 어디를 가나 백성들을 위해 반드시 뭔가를 하나 정도를 완수하고 돌아왔다. 가례家禮와 소학小學을 한글로 번역하여 백성에게 나눠주기도 했고, 의례儀禮를 모방하여 향음주례鄕飮酒禮와 향사례鄕射禮를 제정하기도 했다.

유천(柳버들 유 川내 천)이라는 아호는 '버드나무 우거진 개천'이란 뜻이다. 더위에 지친 이를 쉬게 해 주고 마음 상한 이에게 안식을 주는 고상한 인품임이 그의 아호에서 물씬 풍겨난다.

아니면, 임진, 정유의 왜란이 끝난 후 관찰사, 체찰부사, 안찰사로서 경상도를 돌아보며 鄭仁弘정인홍(1535-1625)의 집 앞을 누차 그냥 지나쳤다가, 그의 무리에게 모함을 받아 파직되어 낙향했을 때와, 50대 후반부터 60대 중반까지 귀양생활을 한 것이, 그런 한가로운 의미를 지닌 아호로 미리 암시되었던 것인지도 모를 일이다.

權鑊권확(1568-1638)이란 이는 광해군 시대의 세도가인 李爾瞻이이첨(1560-1623)과 대단한 악연이 있었던 모양이다.

광해군 시절에는 모든 것들이 엉망진창으로 타락해서 과거시험마저도 엉터리였다. 실세인 朴承宗박승종(1562-1623), 이이첨, 許筠허균(1569-1618.8), 曺倬조탁(1552-1621) 등이 고시관이 되어 저희의 아들, 조카, 사위 등을 편법으로 합격시키곤 했다. 이 일로 허균이 귀양가고 그의 조카가 합격자 명단에서 삭제될 정도로 당시의 과거시험은 이미 그 권위를 잃고 있었던 것이다.

특히 이이첨의 횡포가 극심하여 그는 자기 무리들에게 아예 시험 볼 제목을 미리 알려주고 자기 무리들에 속한 이들만 합격시키곤 했다. 이를 눈치 챈 유생들이 시험 장소에서 데모를 하여 다들 보따리 싸들고 퇴장하는 소동이 벌어지기도 했다. 시험관들이 사정사정하여 몇 사람만 남아 시험을 보게 되었다니, 참으로 희극적인 풍경이 아닌가.

권확은 이를 한탄하며 권신 중의 괴수인 이이첨을 공격하기로 했다. 그가 43세의 나이로 별시 문과에 합격하여 검열檢閱(정9품)에 천거되었으나 이이첨이 기각하여 수포로 돌아가고만 일이 있었다. 그는 이이첨의 아들인 李弘燁이홍엽이 대리시험으로 과거에 급제한 일을 폭로하고 말았다.

하지만 이이첨의 위세가 워낙 하늘을 찌를 듯했기 때문에 도리어 그가 파면당하고 말았다.

성질 깐깐한 권확은 결국 인조반정 이후 빛을 보기 시작하여 50대 후반부터는 나름대로 잘 나가게 되었다. 58세에 길주 목사, 61세에 승지가 되었고, 64세 때는 좌부승지, 동부승지에 올랐다.

권확(鑊가마솥 확)의 자는 사중(土선비 사 重무거울 중)이고 아호는 석계(石돌 석 溪시내 계)이다.

이름이 '다리 없는 큰 솥단지로 고기 삶는 데 쓰이는 가마솥'이니, 일단 성격이 매우 화통하고 급했을 것이다. 성질이 급한 탓에 자에는 일부러 '신중한 선비'라는 의미를 넣었을 법하다. 성질이 워낙 급하고 격한 탓에 무게를 더해 주는 '무거울 重중' 자를 넣었을 것이다.

아호는 '산골짜기를 흐르는 계곡 물에 잠겨 있는 돌멩이'를 의미한다. 다시 한번 무게를 더 실어준 셈이다. 결국 그의 급하고 깐깐한 기질은 '무거울 重중'과 '돌 石석'으로 어느 정도 억제되어, 수차례 파직되고 복직되는 어려운 고비를 겪으면서도 목숨을 잘 부지하며 나름대로 입신양명할 수 있었을 것이다.

선비의 중후함을 뜻하는 士重사중이라는 자, 계곡 물에 푹 잠겨 있는 큰 돌멩이'임을 의미하는 石溪석계라는 아호로 그는 가마솥처럼 펄펄 끓어오르는 심정을 가까스로 다스릴 수 있었을 것이다.

1623년 3월 21일, 광해군이 쫓겨나고 능양군이 새 임금(인조)이 되자 부자가 자결한 사건이 있었다. 손녀가 광해군의 세자빈인 탓에 그와 그의 아들은 물론이고 그의 일족(밀양 박씨)이 모두 크게 호강했다. 그는 인조반정이 성공했다는 소식을 듣자마자 '폭군 아래서 오랫동안 호강한 것이 바로 죄라면 죄다'라며 아들과 함께 목을 매달아 자결했다.

朴承宗박승종(1562-1623)이란 자가 바로 그 사람인데 일찍이 병조판서와 중추부지사를 지낸 朴啓賢박계현(1524-1580)의 손자였다. 할아버지 박계현은 30대 후반의 나이에 당시 나는 새도 떨어뜨린다는 권세가였던 尹元衡윤원형* 집안의 청혼을 딱 부러지게 거절할 정도로 빳빳한 선비였다.

박승종 자신도 이이첨과 이이첨의 사주를 받은 尹訒윤인 (인조반정 후 주살됨) 등의 끈질긴 인목대비 폐출 작전을 앞장서서 반대할 정도로 나름대로 깐깐했던 사람이다.

박승종(承받들 승 宗마루 종)의 이름 뜻은 '남을 섬겨 그 덕으로 윗자리에 올라 선다'이니, 아마도 큰 변화보다는 가능한 한 있는 자리

*윤원형 : 중종의 제2계비인 문정왕후의 친정동생으로 명종 임금의 외삼촌. 1563년에 영의정 지냄

에서 안주하려는 성격이었을 것이다.

하지만 그래도 배운 선비이고 꽤나 괜찮은 집안의 후손이었으니, 경우에 벗어난 일이나 천륜과 인륜을 일탈한 행동은 극구 거절했을 것이다. 평온한 태평성대에서는 아무 탈이 없을 운세이지만 광해군 같은 폭군을 만났을 경우에는 이래저래 그 혼탁한 흐름에 휩쓸릴 수밖에 없었을 것이다.

61세의 나이에 중년을 넘긴 자식과 함께 자결을 할 정도로 양심의 고통을 심히 느꼈다면 그 자신도 광해군의 폭정이 과연 어떠했던가를 익히 잘 알고 있었다는 말이 아닌가. 스스로 잠시 편히 지내기 위해 온갖 더럽고 치사한 짓을 일삼았다고 생각했던 셈이다.

박승종의 자는 효백(孝효도 효 伯맏 백)이고 아호는 퇴우당(退물러날 퇴 憂근심할 우 堂집 당)이다.

'효성스럽다'는 자나 '근심을 없애려 멀찍이 물러선다'는 아호의 의미가 실로 심상치 않다. 그는 자신의 자나 아호에서 묻어나는 의미처럼 '조상의 명예에 먹칠하지 않기 위해 스스로 목숨을 끊자, 죄인으로 처형당해 멸문지화를 당하느니 차라리 스스로 죄값을 치르자'는 결심에서 중년의 자식과 함께 목을 매달아 숨을 스스로 끊었을 것이다.

그의 유별난 효심은 결국 스스로 죽어 조상의 명예를 구하고 후손의 목숨을 건지는 데로 귀결되고만 것이다. '물러나 근심을 없앤다'는 아호의 의미대로 그는 스스로 마지막 순간을 결정하여 타인에 의한 이런 저런 간섭과 시시비비를 아예 원천적으로 없애고 모든 근심과 후환을 한꺼번에 몽땅 거둬들인 것이다. 그는 아마도 자신의 말년이 아주 비참할 것임을 대강 짐작하고 살았던 것 같다.

병자호란(1636년)으로 조선이 청에 항복하자 청은 당연히 11개의 조항을 요구했다. 그 중에 세자와 다른 왕자 그리고 대신들의 적자를 인질로 보낸다는 조항이 들어 있었다. 왕은 항복조건대로 25세의 소현세자*와 18세의 봉림대군*을 먼저 떠나게 했다.

그리고 이듬해(1638년)에 대신들의 적자를 보내게 되었는데 혹자는 적자를 뒤로 빼돌리고 대신 첩 자식이나 먼 친척을 보냈다. 가짜 인질을 보낸 사건이라 해서 이를 '가질假質 사건'이라 불렀다.

결국 이런 속 보이는 사기극은 1640년에 모조리 들통이 났는데, 申景禛신경진(1575-1643; 1642년에 영의정 지냄)은 얼손孽孫을 보내고 沈悅심열(1569-1646; 1643년에 영의정 지냄)은 서자를 보낸 것으로 드러났다.

이 일로 영의정 최명길과 이조판서 李景奭이경석(1595-1671)이 파면되고, 병조판서 李時白이시백(1581-1660), 李貴이귀(1557-1633)의 아들, 李時昉이시방(1594-1660)의 형과 전 판서 洪寶홍보(1585-1643), 南以恭남이공(1565-1640)은 귀양을 보냈다.

사람을 바꿔 보내 이른바 국제 협약을 어긴 신경진과 심열은 과연 어떤 사람들인가.

인질을 엉뚱한 사람으로 바꿔치기 했는데도 그 둘은 앞서거니 뒤서거니 하며 영의정을 지냈다. 신경진은 1952년 충주 탄금대에서 46세로 자결한 申砬신립(1546-1592) 장군의 아들로, 67세에 영의정을 지내고 68세로 타계했다. 그리고 심열은 74세로 영의정을 지낸 후 77세로 타계한 사람이다.

신경진(景볕 경 禛복받을 진)의 이름에는 '볕으로 나가 음지를 피하고 복을 듬뿍 받을 상팔자'임을 암시하고 있다.

자는 군수(君임금 군 受받을 수)이니, '임금 곁에서 총애를 받아 입신양명을 이룰 운세'임을 노골적으로 드러낸다.

*소현세자 : 1612-1645; 1645년에 귀국하여 2개월 안에 갑자기 죽음
*봉림대군 : 1619-1659; 1645년 귀국하여 인조의 붕어 후 1649년에 효종으로 즉위

293

그는 48세에 인조반정의 공신에 올라 격변기를 잘 넘겼을 뿐만 아니라, 죽기 한 해 전에 영의정을 지낼 정도로 관운과 말년 또한 남들이 부러워할 정도로 무지개 빛이었다.

심열(悅기쁠 열)의 이름에는 '기꺼이 따른다'는 의미가 들어 있다. 자는 학이(學배울 학 而말이을 이)이고, 아호는 남파(南남녘 남 坡고개 파)이다.

순종하고 충성하는 기질 때문인지 그는 인조반정 이후 호조판서를 역임하는 등 당대의 재무통(財務通)으로 통했다. 69세의 노인으로 청나라 수도인 심양으로 가 염철사(鹽鐵使)로서 물물교환을 주도했을 정도로 무역에도 남다른 수완을 발휘했다.

74세에 영의정을 지내고 77세로 타계했으니, 실로 장미 빛 말년이고 대단한 관운이었다. '배우고 또 익힌다'는 學而학이라는 자의 의미대로 그는 아마도 늙었다고 뒤쳐지거나 포기하지 않고 늘 배우고 익혀, 젊은이 못지않은 왕성한 두뇌 회전력을 끝까지 유지했을 것이다.

아호가 '남쪽에 우뚝 선 언덕'으로 해석되는 南坡남파이니 아침 저녁으로 해를 받아, 가파른 전환기 속에서도 노년에 더욱 더 승승장구했을 것이다.

초년 운세보다 말년 운세가 더 좋아야 다들 죽거나 아프거나 물러나 있을 때 그 왕성한 운세가 더욱 더 돋보이는 법이다. 심열은 전형적인 말년 대운이고 노년 대박형이다.

유교로 절어 있던 조선시대에도 카사노바가 있었다

　허난설헌의 남동생인 허균은 여러모로 한 때 온갖 추문으로 유럽 귀족사회를 뒤흔들어 놓았던 카사노바를 쏙 빼닮았다.

　카사노바가 감옥에서 탈출한 31세 이후 유럽의 여기저기를 떠돌아다니며 갖가지 모험과 연애와 사기극을 연출한 것을 늘그막에 『회상록』으로 엮어놓았기 때문에 오늘날 카사노바의 이야기가 알려지게 되었다.

　그의 사후 30여 년 뒤에 그의 원고가 출간되어 빛을 보자 유럽 전체가 왁자지껄 떠들어대고, 수군수군 귓속말을 하며 책의 내용을 여기저기로 흩어놓고 이 대륙 저 대륙으로 퍼뜨리기 시작했던 것이다.

　허균도 양반 세도가의 후손으로 주위 사람들의 주목을 한껏 받고 있는 처지임에도 불구하고 자신이 여기저기 돌아다니며 합방을 한 여인들에 대해 보란 듯이 자신의 일기나 문집 속에 낱낱이 적어놓았다.

　카사노바의 『회상록』이 자신의 연애 모험과 성적 편력을 낱낱이 적어놓았기 때문에 저속한 외설 내지 표현과 출연자만 그럴 듯한 포르노로 낙인찍힐 수밖에 없었던 것이다. 카사노바가 성직 자나 군인이나 외교가나 바이올린 연주가가 되기를 꿈꾸다가 타고난 천성이 워낙 성적 취향에 강하게 이끌리는 까닭에 그만 천하의 호색한 내지 플레이보이로 변신하고 말았던 것처럼, 허균 자신도 워낙 유별난 자유인이요 파격과 변화를 선호하는 취향 때문에 많은 성적 삽화를 글로 적어놓게 되었던 것이다.

그렇다면 허균은 과연 어떤 인물이었던가.

28세에 문과 중시에 장원으로 급제하여 이듬해에는 종5품 벼슬인 황해도 도사가 되었는데, 그만 제 버릇이 다시 도져 탄핵을 받아 파직되고 말았다. 서울에서 소위 놀 줄 아는 기생을 불러다가 촌놈들과 함께 질펀히 놀아난 것이 그만 문제가 되고만 것이었다.

"나는 성적욕구를 철저히 억제하고 에헴 하며 점잔이나 떠는 성인聖人이 되기 싫다. 차라리 보통사람으로 성적인 쾌락에 빠져 잠시 세상만사를 잊고 싶다"고 말할 정도였으니, 그 고루한 시대에 어떻게 무사할 수 있었겠는가.

부모 상喪을 치르면서도 아내와 합방하여 임신을 시켰는데 그 일로 주위에서 도리에 어긋난 처신이라며 비난하자, 부부관계는 인륜이고 자식과 부모관계는 천륜인데, 나는 천륜보다 인륜을 따른 것이라며 뻔뻔스럽게 대든 사람인데, 어지간한 잡음이나 소란을 그가 두려워했겠는가.

실로 시대를 잘못 태어난 독불장군이고 이단아異端兒였다. 하지만 그는 머리가 대단히 명석하고 가슴이 뜨겁고 사색이 심오했던 전형적인 수재급 인물이었던 것 같다. 특히 이십대 후반에 요절한 여섯 살 위인 누이 허난설헌(1563-1589.3.19)에 대한 애정과 평가가 대단했다.

28세 때에 정유재란의 명나라 원병과 함께 조선에 온 명나라 문장가 吳明濟오명제를 집으로 불러 누이 허난설헌의 시 200여 편을 건네주며 교류했고, 37세 때는 종3품 임시직인 '의흥위대호군'이 되어 명나라 사신들이자 대 문장가들로 알려진 정사 朱之蕃주지번*과 부사 梁有年양유년에게 누이의 시를 보여주며 교류했다.

*주지번 : 대동강 연광정(鍊光亭) 현판에 '天下第一江山'이라고 쓴 사람

그의 그러한 노력으로 오명제는 허균이 30세 되던 해에 조선을 다시 방문하여 허난설헌의 시 58편을 골라 조선 땅에서 책으로 엮어냈다. 즉, 『조선시선』을 간행하여 중국으로 가져가 중국 문단에 정식으로 데뷔시켰던 것이다. 문인들이 앞 다투어 찾아와 허난설헌의 시를 보고 감탄했다고 할 정도였으니 1600년 초엽의 중국 문단에 일대 충격을 주었던 것 같다.

1606년 3월 27일에 조선을 방문했던 주지번과 양유년은 2년 뒤인 1608년에 북경에서 『난설헌집蘭雪軒集』을 책으로 펴냈다. 허균은 1607년 4월에 『난설헌집』을 목판본으로 출간했다.

누이가 26세로 요절하고 난 이듬해에 허균은 누이의 시가(15세에 출가)인 매부 金誠立김성립*의 집으로 찾아가 장롱을 가득 채운 원고를 주섬주섬 모아왔다.

*김성립 : 과거에 급제하여 벼슬에 나갔으나 임진왜란에 출전하여 전사했음
*유성룡 : 1542-1607; 남인 강경파인 이산해와 달리 남인의 온건파에 속했음

200여 편 이상을 정성 들여 묶은 뒤 『난설헌집』으로 이름 붙여 당대 최고의 유명인사인 우의정 柳成龍유성룡*의 서문을 받아 책으로 펴낼 만반의 준비를 갖췄다.

허균의 지극한 누이 사랑 덕분에 누이의 작품은 조선에서보다도 중국 대륙과 일본에서 더 유명하게 되었다. 동래를 드나들던 일본상인 본다이야 지로베에가 1711년 『난설헌집』을 일본에서 간행하였던 것이다.

허균은 41세에 사신으로 명나라에 가서 조선 최초의 천주교도

가 되어 귀국하기도 했다. 그는 이미 3년 전인 38세 때에 불경을 읽는다는 탄핵을 받고 삼척 부사 자리에서 파직되기도 했었다. 파직되었다는 이야기를 전해 듣고 쓴 시『문파관작聞破官作』에서 그는 "오랫동안 불경을 읽어온 것은 내 마음 머물 곳이 없었음이라. 여태껏 아내를 버리지 못했거든 고기를 금하기는 더욱 어려웠어라. 내 분수 벼슬과는 이미 멀어졌으니 파면장罷免狀이 왔다고 내 어찌 근심할 건가. 인생은 천명에 따라 사는 것, 돌아가 부처 섬길 꿈이나 꾸리라"고 공개적으로 당대의 편협한 분위기에 도전했다.

파직되고 나서도 그는 홍문관 월과月課에서 아홉 번이나 연달아 장원하여 결국 정3품 벼슬인 공주 목사에 임용되었다.

하지만 충청도 암행어사의 장계에 '성품이 경박하고 무절제하다'는 내용이 들어 있어 끝내 8개월만에 파면되고 말았다. 이 시기를 전환점으로 하여 그의 운명은 이미 조선의 역사 순환에 의해 백 팔십 도로 뒤바뀌어가고 있었다. 즉, 그를 이해해 주던 선조 임금이 붕어하고 광해군이 즉위했던 것이다.

그가 명나라에 사신으로 간 길에 조선 최초의 천주교인이 되어 온 것은 이미 광해군이 왕이 된지 2년 째 되는 해였다.

그가 44세 되던 해에는 그와 친하던 영의정 朴淳박순*의 서자 박응서가 대역죄인으로 붙들려와 그의 운명에 결정적인 타격을 주게 되었다. 앞에서 설명한 대로 '강변칠우' 사건으로 박응서와 잘 아는 사이로 소문이 나면, 그야말로 열 번 죽어도 시원찮을 대역죄인이 되고 마는 판국이었다.

*박순 : 1523-1589; 1572년에 영의정에 올라 14년간 재직

허균은 서둘러 당대의 실세 중의 실세인 이이첨을 찾아가 충성을 맹세할 테니 제발 나를 보호해 달라고 애걸했다. 그 결과 그는 아무 탈 없이 살아남아 벼슬길을 계속 잘 걸어갈 수 있었다. 친구인 박응서도 혼자만 잘 살아남아 벼슬까지 얼마간 하다가 인조반

정으로 세상이 뒤바뀐 다음에야 처형되고 말았다.

하지만 허균에게는 광해군이 쫓겨나고 새 세상이 되기 전에 이미 또 하나의 큰 일이 터지고 말았다. 49세 되던 해에 그를 잘 아는 이들이 남대문에 임금과 시국을 비판하는 대자보를 붙였던 것이다.

역적으로 몰릴 불온벽보를 붙였으니 당연히 "누가 무슨 목적으로 그런 못된 짓을 했느냐? 글씨나 내용은 어떤 자가 도와주었느냐? 뒤에서 조종한 자는 대체 누구냐?"는 식으로 조사가 진행될 수밖에 없었을 것이다.

결국 河仁俊하인준, 金宇成김우성, 金闓김개 등이 허균의 조종을 받아 그런 못된 짓을 한 것으로 드러나고 말았다. 허균은 그의 심복으로 분류된 그들과 함께 저잣거리에서 능지처참陵遲處斬*을 당했다.

*능지처참 : 죄인을 일단 죽인 다음 온 몸을 여섯 토막 내어 전국의 저잣거리에 걸어놓던 극형으로 연산군과 광해군 때 특히 많이 사용했으나 인조 이후에는 금지했음

성격이 좀 유별난 것은 아마도 집안 내력이었던 모양이다. 두 형님이나 누이와 더불어 중국과 일본에 널리 알려진 문장가들이었으니, 아마도 작가 정신에 투철했다고 해야 할지도 모르겠다.

하여튼 머리좋은 사람 치고 평범한 사람이 없다는 속설을 증명이라도 하듯이 허균의 부친이나 형제들 모두 기복이 심한 일생을 보냈다.

조선 땅에서보다는 오히려 중국이나 일본에서 더 유명한 인재들이었으니, 당연히 그만한 유명세를 치를 수밖에 없었는지도 모른다.

아버지 許曄허엽(1517-1580)은 청백리에 꼽혔을 정도로 검소한 생활을 했지만 30대 초반에는 '재물을 너무 탐한다'는 죄목으로 감찰 업무를 담당한 사헌부 장령掌令(정4품)에서 파면된 적도 있었다.

하지만 43세에 대사성大司成(성균관의 으뜸벼슬로 정3품 당상관)에 올랐으니 젊어서 겪은 홍역은 일종의 오해이거나 모함이었다고 보아도 좋을 듯하다.

허엽이 45세 되던 해에는 동부승지로 경연經筵*에 나가 趙光祖조광조와 尹根壽윤근수의 신원을 요청하고 許磁허자와 具壽聃구수담의 무죄를 논하다가 파직되고 말았다.

*경연 : 임금에게 유교 경서와 역사를 가르치던 교육제도였으나 왕과 신하들 간에, 그리고 다른 관청들 간에 특별한 정책 협의기구가 없었기 때문에 경연이 끝나면 대개 국정을 함께 논의하는 것이 관례였음, 정1품에서 정9품까지 약 30여 명이 참석하며 조강(朝講), 주강(晝講), 석강(夕講)이 있었으나 주로 아침에 하는 조강(朝講)에 비중을 두었음. 강의는 주로 홍문관이 맡았음.

그가 46세(1563년) 때에 삼척 부사로 다시 기용되었으나 언사가 너무 과격하다는 사헌부의 탄핵을 받고 파직되었다. 아들 허균도 후에 38세 되던 해(1607년)에 삼척 부사로 부임했으나 부처를 섬긴다는 사헌부의 탄핵을 받고 파면된 바 있다. 꼭 54년을 사이에 두고 아버지와 아들이 똑같이 삼척 부사의 자리에서 서로 다른 이유로 파면을 당한 셈이다.

허엽은 51세에 명나라를 다녀와 대사간大司諫(사간원司諫院의 으뜸벼슬로 정3품)에 이르렀다가, 중추부中樞府 동지사同知事(종2품)로 재직 중 상주 객관에서 63세로 타계했다. 이 때(1580년) 큰 형 許筬허성은 32세, 둘째 형 許篈허봉은 29세, 누이 난설헌蘭雪軒 허초희許楚姬는 17세, 그리고 허균 자신은 11살이었다.

큰 형 허성(1548-1612)은 성균관 전적典籍(종8품)으로 있을 당시인 42세 때(1590년)에 정사 黃允吉황윤길, 부사 金誠一김성일과 함께 서장관書狀官(정사, 부사와 함께 '3사使'로 불렀음)으로 일본을 함께 다녀왔던 사람이다.

그는 김성일과 같은 동인이었음에도 황윤길의 편에 서서 '일본의 준비 태세로 보나 괴수 풍신수길의 하는 꼴로 보아 분명히 조선을 침략할 분위기였다고 임금에게 직보直報했다. 임진왜란이 일어나자 그는 자청하여 강원도 소모어사召募御使가 되어 군병을 모집했다. 대사간, 예조판서, 병조판서, 이조판서를 역임하고 64세로 타계했다.

둘째 형 허봉(1551-1588)은 여러모로 천재형이자 풍류형이었던 것 같다. 23세에 명나라에 가서 자신의 아호를 딴 문집인 『하곡조천기荷谷朝天記』를 썼다.

24세의 젊은 나이였음에도 **金孝元**김효원(1532-1590; 김종직 계통의 신진사류新進士類 출신) 등과 함께 동인의 핵심인물이 되어 **沈義謙**심의겸(1535-1587; 구세력을 대표) 등 서인 계열에 맞섰다.

허봉은 결국 19세 위인 김효원과 함께 조선 정치사의 특징이자 망조亡兆였던 당쟁의 첫 단추를 푼 셈이다.

그는 32세에 창원부사를 지냈지만 이 시기에 병조판서로 있던 **李珥**이이(1536-1584)를 탄핵했다가 도리어 자신이 갑산甲山(현재의 양강도에 위치)으로 유배를 가야 했다.

허봉이 34세 되던 해(1585년)에 영의정 **盧守愼**노수신*이 천거하여 재기용되었으나 그는 이를 거절하고 유랑생활을 떠났다. 그는 결국 37세로 금강산에서 병사했다.

둘째 형의 부음을 들었을 때, 허균은 19세였고 누이는 죽기 일년 전인 25세 때였다.

*노수신 : 1515-1590; 32세부터 52세까지 귀양생활하고도 70세에 영의정을 역임. 죽기 한 해 전인 74세 때 그가 천거했던 정여립의 모반사건으로 생겼던 기축옥사 때 중추부영사에서 파직됨

허균은 어디를 가나 그 지방의 명기名妓로 소문난 기생들과 어울렸는데 그 어울리고 잠자리를 같이한 것을 일일이 글로 적어놓았다. 특히 자신보다 네 살 아래인 부안扶安(전라북도에 위치) 명기 **李梅窓**이매창(1573-1610)과의 플라토닉 러브에 대한 기록이 많다.

시와 거문고 연주에 뛰어나 허난설헌과 더불어 조선의 대표적인 여류문인으로 통하는 이매창은 본래 부안의 아전이던 **李湯從**이탕종의 서녀庶女였는데 어머니가 기생이었던지 어려서 시문과 거문고를 익혀 기생이 되었다.

그녀는 한창 좋을 나이인 열여덟 살 때에 당대의 유명 시인이던 **劉希慶**유희경(1545-1636)과 서로 28세의 나이 차이가 있음에도 연인 사이로 사귀기도 했다. 그러다 그녀가 19세 되던 해에 임진왜란이 일어나자 쓰라린 아픔을 안고 첫 사랑을 가슴 속으로만 삭여야 했다.

애인 유희경이 47세의 나이로 의병을 모집하여 관군을 돕느라 그녀와 시간을 함께 할 수 없었던 것이다. 두 사람은 두 차례의 왜란이 다 끝난 후 1607년에 각각 34세의 원숙한 여인과 62세의 노인으로 재회했다.

이매창은 유희경과 헤어진 후 10여 년간 정을 줄 남자를 만나지 못하다가 참으로 우연히 두 번째 연인을 만나게 되었다.

이웃 고을 김제의 군수로 부임한 열여섯 살 위의 **李貴**이귀(1557-1633)를 만나 잠시 정분을 쌓은 것이다. 이귀가 파직되어 김제를 떠난 것이 1601년 초엽이니 결국 44세의 이귀와 28세의 이매창이 불꽃같은 정분을 나눈 셈이다.

이매창이 두 번째 연인인 이귀와 헤어진 지 서너 달 뒤인 1601년 6월에 조선의 카사노바인 허균이 드디어 이매창이 살고 있는 부안을 방문하게 되었다. 허균은 그 당시 충청도와 전라도를 돌아다니며 세금을 거둬들이는 '해운판관'이 되어 잠시 부안을 들르게 되었던 것이다.

하지만 이십 대 후반의 원숙한 여인으로 변한 이매창은 32세의 허균을 심히 경계했던지 아예 합방은 하지도 않고 그저 문학동아리 정도로 만족하려 했다.

어쩌면 내로라하는 플레이보이인 허균의 눈에 이매창은 그저 이 사람 저 사람이 지나쳐간 시골의 유식하고 재주 많은 일개 기생에 불과했는지도 모른다.

이매창을 처음 만난 뒤에 그 느낌을 적은 허균의 『조관기행漕官紀行』의 한 대목을 보자.

「신축년(1601년) 7월 23일(음력), 부안에 도착했다. 비가 몹시 내려 객사에 머물렀다. 기생 계생癸生(이매창이 계유년에 태어났으므로 그렇게 불렀음)은 이귀의 정인情人이었는데 거문고를 끼고 와서 시를 읊었다. 얼굴이 비록 아름답지는 못해도, 재주와 정취가 있어 함께 이야기를 나눌만했다. 온 종일 술을 마시며 서로 시를 주고받았다. 저녁이 되자 자신의 조카딸을 나의 침실로 보내주었는데, 이는 나를 경원하며 꺼렸기 때문이다.」

위의 내용으로 보면 이매창은 허균을 뭔가 마음이 통하는 괜찮은 벼슬아치로 본 대신 허균 스스로 그녀에 대해 별로 큰 매력을 못 느꼈던 것 같다.

아니면 얼굴이나 몸매나 교태 정도로 여자를 쉽게 골라 하룻밤 정분을 나누는 전형적인 플레이보이라, 허균 스스로 유식하고 재주 많고 사색이 여느 학식 높은 선비 이상이라, 괜히 콤플렉스를 느끼고 거리를 두었는지도 모른다.

즉, 여자는 그저 하룻밤 데리고 노는 대상이지 골치 아프게 시나 읊고 노래나 해서 대체 무슨 소용이란 말인가 라고 자조 섞인 결론을 내리고 그리 깊이 생각하지 않았는지도 모른다.

그는 일찍이 "남녀의 정욕은 본능이다. 예법에 따라 행동하는 이는 성인이다. 나는 본능을 좇고 성인을 따르지 않겠다"라고 버젓이 적어놓은 적이 있다.

그가 하룻밤 정분을 나눈 기생들의 이름이나 스토리를 일일이 적어 놓은 것만 보아도 그가 여성을 단순히 성적 유희의 대상으로 보는 편이지 그렇게 높게 보고 있지 않다는 것을 대강 짐작할 수 있다.

어쩌면 그의 "농을 할 정도로 서로 터놓고 말을 하지만 지나치지 않은 탓에 오래도록 우정이 식지 않았다"라는 이야기대로, 몸이나 섞는 하룻밤 여자가 아니니, 아름다운 인연으로 남겨놓자 라고 스스로 다짐했는지도 모른다.

하여튼 허균은 그 해(1601년) 12월에 형조정랑이 되어 서울로 돌아왔다. 33세 되던 이듬해에는 병조정랑과 사복시정을 지냈다.

하지만 35세 때는 수안 군수로 나갔는데 그 지역 토호 이방헌과 사이가 벌어져 그만 파직당하고 말았다.

38세 때는 삼척 부사로 발령받았으나 '불경을 읽는다'는 사헌부의 탄핵을 받고 또 다시 파면당했다. 워낙 시재詩才가 출중한 탓에 그는 그해 12월에 정3품 벼슬인 공주 목사로 발령받았지만 이듬해(1608년) 광해군이 즉위하자 충청도 암행어사의 '경박하고 무절제하다'는 장계로 인해 다시 한번 파면되었다. 발령을 받은 지 겨우 8개월 여만의 일이었다.

허균은 '인생은 천명을 따라 사는 것'이라고 홀로 중얼거리며 이매창이 사는 부안으로 내려왔다. 늘 자연으로 돌아가고픈 마음이 있었지만 뜻을 이루지 못했다고 주위 사람들에게 말하고는 평소에 보아두었던 풍광이 뛰어난 부안의 우반愚磻이란 골짜기로 향했던 것이다.

그때 마침 부안 출신으로 부사를 지낸 金淸김청이란 자의 아들이 허균을 찾아와 "제 아버님이 전에 지어놓으신 정사암靜思菴이란 정자가 하나 있습니다. 공께서 수리하신 후 머물러주시면 좋겠습니다"라고 제안했다.

허균이 정사암을 처음 대하고 과연 어떤 감흥에 젖었는지 그의 『중수정사암기重修靜思菴記』를 통해 살펴보자.

「포구에서 비스듬히 나 있는 작은 길을 따라 골짜기로 들어가자 시냇물이 구슬 부딪히는 소리를 내며 졸졸 흘러 우거진 풀덤불 속으로 쏟아졌다. 시내를 따라 몇 리 들어갔더니 산이 열리고 넓은 들판이 펼쳐졌다. 좌우로 가파른 봉우리들이 마치 학이 나는 것처럼 치솟았고, 동쪽 등성이로는 수많은 소나무와 전나무들이 하늘을 찌를 듯 서 있었다.

시냇물을 따라 동쪽으로 걸어 올라가다가, 늙은 당나무를 지나서 정사암에 이르렀다. 암자는 겨우 네 칸 남짓 되었는데, 낭떠러지 바위 위에 지어졌다. 앞으로는 맑은 연못이 내려다 보였고, 세 봉우리가 우뚝 마주 서 있었다. 폭포가 푸른 바위벽 아래로 깊숙하게 쏟아지는데 마치 흰 무지개가 뻗은 것 같았다.」

마흔을 바라보는 플레이보이 허균에게는 그만한 도피처가 없었을 것이다. 세상 사람들의 시시비비에 얽혀 여러 번 파직을 당한 처지이니 세상 자체가 먼지 구덩이로 보이고 세상 삶 자체가 이전투구로 여겨졌을 것이다.

피곤한 심신을 쉬며 세상과 좀 거리를 둘 장소로서는 정사암이 아마도 최상의 적지였을 것이다. 더욱이나 말귀가 통하고 시적 교류가 가능한 이매창이 있지 않은가 라고 생각하고 오랜만에 무릎을 치며 감격했을 것이다.

그 해 12월에 정3품 승문원 판교判校로 발령을 받고 다시 귀경으니 겨우 서너 달 남짓 정도의 도원경 나들이였던 셈이다.

이매창이 정분을 나눈 어떤 사또가 떠나자 마을 사람들이 송덕비를 세워주었는데 이매창이 그만 떠난 사또가 그리워 그 송덕비 곁에서 거문고를 뜯으며 노래를 불렀던 모양이다. 이를 보고 사람들은 '허균을 사모하며 울었다고 소문을 냈다.

결국 이 소문은 서울에 있는 허균의 귀에까지 들렸고 허균은 이를 꼬투리 삼아 은근히 질책하는 편지를 보냈다. 허균이 40세 되던 해로 1609년 정월이었다. 그리고 이매창은 죽기 한 해 전인 36세 때였다.

*계랑 : 이매창이 계유년 생이라 계생, 혹은 계랑이라 불렀음

「계랑癸娘*은 보시오. 그대가 달빛 아래서 거문고를 뜯으며 산자고새를 불렀다는 말을 들었소. 어째서 그윽하고 한적한 곳에서 부르지 않고 부윤의 비석 앞에서 불러 남들의 놀림거리가 되었소?

석 자 비석 앞에서 시를 더럽혔다니, 이는 그대의 잘못이오. 그리고 그 놀림이 나에게 돌아왔으니 정말 억울하오. 요즘도 참선을 하오? 그리움이 몹시 사무치오.

―기유년 정월. 허균」

그 해 9월에 보낸 편지 내용은 그녀를 그리워하는 마음이 더욱 절절하다.

"계랑은 보시오

봉래산의 가을빛이 한창 짙어가니, 돌아가고픈 생각이 문득문득 나오. 내가 자연으로 돌아가겠다는 약속을 어겼다고 그대는 반드시 웃을 거요. 우리가 처음 만났을 때

만약 조금이라도 다른 생각이 있었다면 우리의 사귐이
어떻게 십년 동안이나 친하게 이어질 수 있었겠소.

이제는 진회해秦淮海를 아시는지요? 선관禪觀을 지니는
것이 몸과 마음에 이롭소. 언제나 이 마음을 다 털어놓을
수 있을지…. 편지지를 대할 때마다 서글프기만 하오."

기유년 9월. 허균

이듬해(1610년) 여름에 이매창이 37세로 죽었다는 소식을 듣고
허균은 자신의 누이(허난설헌)가 죽었을 때처럼 아마도 가슴이 미어
졌을 것이다.

이십대 후반의 나이로 요절한 재주 많은 누이에 대한 그리움과
슬픔이 워낙 남달랐는데, 누이동생이자 플라토닉러브의 대상이던
이매창을 만나 10여 년이나 우정과 연정을 나눴으니, 그 아픔이
얼마나 진하고 깊었겠는가.

허균은 두 편의 시를 지어 이매창의 죽음을 슬퍼했다. 다음은
그 두 편의 시 중 하나이다.

매창의 죽음을 슬퍼하며

애매창哀梅窓

묘구토심금금妙句土甚擒錦
　아름다운 글귀는 비단을 펴는 듯하고
청가해주운淸歌解駐雲
　맑은 노래는 머문 구름도 풀어헤치네
유도래하계偸桃來下界
　복숭아를 훔쳐서 인간세계로 내려오더니

약거인군藥去人群

　불사약을 훔쳐서 인간무리를 두고 떠났네

등암부용장燈暗芙蓉帳

　부용꽃 수놓은 휘장엔 등불이 어둡기만 하고

향잔비취군香殘翡翠裙

　비취색 치마엔 향내 아직 남아있는데

명년소도발明年小桃發

　이듬해 작은 복사꽃 필 때쯤이면

수과설도분誰過薛濤墳

　누가 설도의 무덤을 찾으리

　허균(筠대나무 균)의 이름은 '반들반들해 보이는 대나무 껍질'을 뜻한다. 윤택하다는 뜻도 들어가 있으니 문장력이 뛰어나다, 문학적 기질이 농후하다, 문학적 감상이 남다르다는 의미로도 풀어볼 수 있을 것이다.

　자는 '진실된 사람'이라는 의미의 단보(端바를 단 甫클 보)이다. 입신양명을 하찮게 여기는 마음, 자연으로 돌아가 한가로이 보내고 싶은 욕구가 특별히 강했으니 마음이 진실하여 잇속과 거리가 멀다라는 자의 속뜻과 매우 가까운 셈이다.

　세 개의 아호는 각각 교산(蛟교룡 교 山뫼 산)과 성소(惺영리할 성 所바 소), 白月居士백월거사이다.

　'물 속에 사는 용의 새끼와 산을 뜻하는 첫 번째 아호 蛟山교산은 '은 세상과 동떨어진 신비로운 장소를 꿈꾸는' 허균의 마음속 지향을 암시한다. 참선하며 신선이 되고자 했고 한 때는 불경에 깊이 빠져 파직까지 당했으니, 전설의 동물과 산을 꿈꾸는 그의 은둔적이고 몽상적인 일면이 이미 남들 앞에 훤히 드러났던 셈이다.

청아한 소리를 찾아내는 남다른 청력과 특별한 사람을 골라내는 별난 통찰력을 지녔던 허균의 일생은 이미 '별난 사람으로 별난 삶을 살기 바란다'는 惺所성소라는 아호에서 잘 드러난다.

그리고 그의 신선 지향과 이상향 지향은 白月居士백월거사라는 그의 아호에서 쉽게 가늠해 볼 수 있다. 빛을 사모하는 사람치고 잇속에 눈이 멀고 세상 삶에 집착하여 모든 걸 포기하는 경우가 어디 있겠는가.

더욱이나 해도 아니고 달을 사모하는 사람인데, 어떻게 세상의 자질구레한 온갖 굴레들을 단추와 옷고름과 이런저런 장식으로 걸치고, 지니고, 뒤집어쓴 채, 쥐 죽은 듯이 가만히 엎드려 있을 수 있었겠는가.

허균이 기생들과 보낸 밤의 이야기들을 일일이 적어놓아 소인배들의 공격을 받고자 작심한 것도 어쩌면 세상 삶을 우습게 여기는 그의 별난 사상 때문이었을 것이다.

자연으로 돌아가고 싶다, 자연으로 반드시 돌아가고야 말겠다는 그의 반복된 이야기는 세상의 굴레를 벗고 뭔가 좀 신비롭고 자유롭고 짜릿짜릿한 체험을 하고자 했던 그의 끊임없는 지향을 엿보게 한다.

그는 마음속에 숨긴 자신만의 꿈을 그런 식으로 내뱉은 셈이다. 그 역시 먹물이 듬뿍 밴 지식인이었기 때문에 그런 식으로 점잖게 표현할 수밖에 없었을 것이다.

조선의 카사노바였던 허균이 하룻밤 합방하는 여인으로 보지 않고 애지중지 아껴 두었던 여인인 이매창은 과연 어떤 사람이었던가.

당호堂號 본채와 별채에 따로 붙인 이름)를 지닌 귀족 여성이나 이름만 지닌 기생이 있었던 그 고루한 봉건시대에, 이매창은 한낱 기생인 주제에도 이름과 자와 아호를 지니고 있었다. 대단한 여인이었던 모양이다.

한낱 지방 고을 아전의 첩 자식으로 태어나 기껏해야 아버지에게서 한학을 약간 배운 것에 불과한데도 수백 편의 시를 지어 고을 사람들이 외고 다니게 했다니 실로 대단한 문인이고 시인이었던 셈이다.

그리고 당대의 문장가들인 유희경, 이귀, 허균 등과 깊이 교제할 수 있었다니, 지식과 기품과 배짱이 여느 선비들이나 남정네들을 훨씬 뛰어넘었던 게 분명하다.

18세 이후부터 37세로 죽을 때까지, 자존심 높고 까다로운 권문세도가의 자제들과 대 문장가들을 상대하며 조금도 뒤쳐지거나 얕잡아 보이지 않았다는 것부터가 실로 경이롭기 짝이 없다.

벼슬아치들의 궁궐 생활과 국정 경험, 그리고 전국 곳곳을 누비고 다닌 다양한 체험과 명나라를 드나든 해외 경험 등을 한낱 시골의 기생으로 어떻게 다 감당할 수 있었는지….

유희경은 양명학자 南彦經남언경에게서 周文公주문공의 가례家禮를 배워 온갖 예법에 통달했던 인물이다. 국상이 있을 때 국가에서마저 그에게 문의했을 정도였다. 뿐만 아니라 성격이 강직하여 당대의 권세가인 이이첨이 인목대비의 폐모廢母를 주장하는 상소를 올리라고 간청했을 때도 단호히 거절하고 그와 절교했던 사람이다.

인조반정 후 78세의 나이에도 종2품 가의대부嘉義大夫에 오를 정도로 주위의 신망을 받는 영향력 있는 중앙 정치인이었다.

이귀는 66세의 나이에도 광해군을 몰아내고 인조를 세우는데 앞장설 정도로 조직력과 정치력이 대단했던 인물이다.

이매창의 첫 애인인 유희경은 92세까지 장수했고 두 번 째 애인인 이귀는 76세까지 장수했다.

플라토닉 러브의 대상이던 허균만 49세의 나이에 역적으로 몰려 능지처참을 당했지만 나머지는 실로 대단한 건강체질이었던 셈이다.

이매창의 본명은 향금(香향기 향 今이제 금)이고, 자는 천향(天하늘 천 香향기 향), 아호로는 매창(梅매화나무 매 窓창 창), 癸生계생과 癸娘계랑이 있으나 계생과 계랑은 자신이 계유년 생이라 그렇게 붙였으니 별 다른 뜻이 없었을 것이다.

우선 이름과 자를 살펴보자.

둘 다 '향기 향香'을 지니고 있는 것으로 보아 그녀는 천성이나 지향하는 바가 모두 아름답고 완벽하고 고상한 것에 대한 끊임없는 소망이었을 것이다. '향기 향香'은 단순히 좋은 냄새가 아니라 소리나 맛이나 모양이나 빛깔까지를 아우르는 보다 포괄적인 글자이다. 하여튼 멋지다, 아름답다, 뛰어나다는 의미가 깃들여 있는 셈이다.

이름은 '현세의 멋과 뛰어난다'는 뜻이고, 자는 '내세의 멋과 뛰어남'이니, 그녀는 욕심도 실로 대단하였던 셈이다. 자에 감히 '하늘 천天'자를 썼으니 아마도 사람들은 기생치고는 정말 시건방지다고 숙덕거리며 온갖 험담을 늘어놓았을지도 모른다.

아호는 '매화나무를 내다볼 수 있는 창문'이니, 방 속에 갇혀 지내며 바깥 세상으로 훨훨 날아가기를 바라는 그런 소망이 깃들여 있다. 부안 기생으로 노예처럼 한 곳에 묶여 살아야 하는 천민의 처지를 그런 낭만적인 소망으로 표현해 냈을 것이다.

이매창의 첫 애인이었던 유희경(希바랄 희 慶경사 경)의 자는 응길(應응할 응 吉길할 길)이고, 아호는 촌은(村마을 촌 隱숨길 은)이다.

'좋은 일, 기쁜 일을 바란다는 이름 뜻은 그가 낙관적인 성격임

을 알게 한다. 인조반정과 이괄의 난, 그리고 두 차례의 왜란과 정
묘호란이 있었던 혼란한 시대였는데도 그는 자그마치 91세까지
장수했다.

성격이 온화하고 낙천적이라, 스트레스를 되도록 적게 받고 가
능한 한 남들과 원수지지 않으며 그토록 오래 장수할 수 있었을
것이다.

자는 '좋은 일을 맞는다, 좋은 일이 있게 된다'는 뜻이고 아호는
'마을에 숨는다'는 뜻이다. 둘을 합쳐보면 입신양명을 원하면서도
지저분한 세속에서 벗어나 신선처럼 유유자적悠悠自適하려는 욕구
가 얼마나 강한 가를 암시한다.

시골에 숨고자 하는 그의 목가적인 성향 탓으로 잠시 부안에
들러 꽃다운 나이의 이매창과 연분을 맺었을 것이다. 하지만 나라
에 난리(임진왜란)가 나자 남아 대장부로서의 책무가 따로 있다며
훌쩍 부안을 떠나, 지원병을 모집하여 관군을 충원하는 고된 일을
자청했을 것이다.

이매창과 유희경은 두 차례 만났는데 각각 18살과 46세, 그리고
34세와 62세로 만났다. 십대에 만나고 중년이 되어 만난 이매창과
마흔 중반에 만나고 육십 초반에 만난 유희경. 세대와 신분을 초
월한 두 사람의 두 차례의 만남은 과연 어떠했을까. 마치 한 편의
드라마 같았을지, 아니면 두 사람 다 나름대로의 회한에 젖어 그
저 펑펑 울기만 했을지 재미있는 상상을 해볼 수 있다.

결국은 두 사람만 알고 있을 텐데 그 애틋한 마음을 토로한 글
귀가 남아있지 않으니 그저 미루어 짐작해 볼 수밖에 없다.

이매창과 이귀는 각각 28세와 44세로 만났다.

두 사람의 만남은 실로 농염濃艶이란 말에 딱 들어맞는 경지였을
것이다. 이십대 후반의 남자를 잘 아는 여인과 사십대 중반의 세

상과 여자를 제법 많이 체험한 남자로 만났으니, 그 경지가 실로 뜨겁고도 차고, 차고도 뜨거웠을 것이다. 척하면 척이고 툭하면 툭이라, 말이 별로 필요 없었을 것이다.

이매창과 조선의 카사노바 허균은 직접적으로는 비록 두 차례 정도만 만났지만 실질적으로는 가장 오랫동안 사귄 특별한 연인 사이였다.

각각 28세와 32세, 35세와 39세로 만났지만 허균의 실토대로 십여 년 동안이나 동성간의 우정보다 더 깊고 은밀하고 아주 특별한 정분을 나눴다.

어찌 보면 조선의 카사노바 허균이 육체적 쾌락에 못지않은 정신적 교제가 있을 수 있다는 사실을 처음이자 마지막으로 깨달은 계기가 되었을 수도 있다. 한편으로 한낱 기생에 불과했던 이매창이 가장 행복한 생애를 보냈는지도 모른다.

비록 부안에 붙박이로 처박혀 살아야 했지만 부안을 거쳐가는 갖가지 색깔의 선비들을 대하며 그 누구보다도 더 깊고 넓은 세상을 개척해 냈는지도 모른다.

여하튼 최후의 승자는 바로 이매창이었다. 그녀가 죽은 후 45년만에 그녀의 무덤 앞에 비석이 세워졌고 그녀가 죽은 지 꼭 58년만에 부안의 아전들이 십시일반으로 재물을 모아 그녀의 작품집을 간행했으니, 그녀보다 더 행복한 여인이 과연 어디에 있었겠는가.

그녀가 남긴 수백 편의 시들 중에서 그때까지 마을 사람들이 외우고 다니던 그녀의 시 58편을 모아 개암사開巖寺*에서 목판으로 『매창집梅窓集』을 펴낸 것이다.

*개암사 : 조계종 선운사의 말사로 백제 때인 634년에 묘련이 창건하고 원효와 의상이 머물며 676년에 중수

어찌 보면 어엿한 양반집에서 태어나 양반 댁으로 시집 갔던 허난설헌보다, 최소한 문학적으로는 더 행복한 여인이었는

지도 모른다.

허초희는 자신을 알아주는 여섯 살 아래의 동생 허균이 있어서, 그녀가 죽은 후 장롱을 뒤져 원고를 주섬주섬 모아 200여 편을 필사본으로 다시 엮어놓았기 때문에 후일 조선과 중국과 일본에서 책으로 소개될 수 있었다. 그것도 워낙 수단이 좋고 문장이 뛰어난 동생이 중국의 대 문장가들(오명제, 주지번, 양유년)과 친밀히 교류하며 누이를 적극적으로 홍보해 준 덕분에 그들의 공감을 이끌어낼 수 있었던 것이다.

하지만 이매창은 부안 고을의 주민들이 자진해서 그녀의 시를 외우고 전승시켜, 결국 그녀가 죽은 지 58년만에 58편의 시들을 모아 부안의 개암사에서 『매창집』을 간행했던 것이다. 하필이면 절터가 부안의 상서上西 감교甘橋에 있으니 '윗동네와 이어진 아름다운 다리'라는 의미를 지닌 장소인 셈이다.

한양에서 온 양반들과 연분을 쌓으며 잠시 한 때의 기쁨과 나머지 긴긴 세월의 아픔을 주옥같은 시로 승화시켜 놓았으니, 그녀의 시가 바로 한양에서 온 양반들과 그녀를 이어주는 아름답고 달콤한 다리였던 것이다.

19

얽히고 설킨 인연으로 고래싸움에 새우등 터진 예들

임진왜란 초기 왜장 가토 기요마사*가 회령에 쳐들어오 *가토 기요마사 : 가등청
자 여러 사람들의 운명이 완전히 뒤바뀌게 되고 말았다. 정(加藤淸正)1562 - 1611;
도요토미 히데요시와 6
촌간

평소에 시국에 대해 불만이 많았던 회령부 아전이던 **鞠景仁**국경인
은 '때는 이 때다' 하며 숙부 **鞠世弼**국세필과 함께 반란을 일으켰다.

마침 그곳에 피난 와 있던 두 왕자(18세의 임해군과 이복동생 순화군)
와 대신들을 모조리 포박하여 30세의 왜장 가토 기요마사에게 선
물로 넘겨주었다.

이 일로 순화군의 황씨 부자가 한꺼번에 참화를 당하게 되었던
것이다. 순화군의 장인인 **黃赫**황혁(1551-1612)과 그의 아버지 **黃廷彧**
황정욱(1532-1607)이 두 왕자와 함께 왜장의 포로가 되어 안변의 토굴
에 갇히게 되었는데, 왜장은 임금에게 '항복 권유문'을 쓰지 않으
면 두 왕자를 먼저 죽이겠다고 협박했다.

그러자 아버지 황정욱이, 살만큼 살았으니 차라리 나를 죽이시
오 하며 결사적으로 거절했다. 하지만 아들인 황혁은 사위인 어린
순화군과 열여덟 살 임해군(광해군의 형)을 번갈아 보며 결심을 군

혔다.

뒷날에 참화를 당하더라도 우선 두 왕자를 구하고 보자는 뜻에서 선조 임금에게 '상감마마, 차라리 항복하소서'라는 글을 써서 보내고 말았다.

후일 멸문지화를 당할 것을 내다 본 당황한 아버지 황정욱은 부랴부랴 또 하나의 글을 썼다. '상감마마, 용서하소서! 제 미련한 아들녀석이 잠시 이성을 잃고 적장이 시키는 대로 마음에도 없는 항복 권유문을 썼나이다. 용서하시고 없던 일로 하여 주소서.'라는 글이었다.

하지만 그 지역에 나와 있던 체찰사體察使*가 아버지의 글은 찢어버리고 아들의 항복 권유문만을 의주에 피난 와 있던 임금에게 전달했다.

명나라 사신 沈惟敬심유경*과 왜장 고니시 유키나가*가 평양에서 만나 포로 교환 협상에 성공한 덕택에, 이듬해에 부산에서 두 왕자와 함께 풀려났지만, 황혁 부자 앞에는 오로지 죽음만이 남아 있을 뿐이었다.

황혁은 처음에는 동인의 탄핵을 받아 귀양을 가게 되었지만, 광해군 초기의 죽고 죽이는 살벌한 정치놀음에 끼여 61세로 옥사하고 말았다.

외손外孫인 진릉군晉陵君1607년에 죽은 순화군의 양자) 泰慶태경을 왕으로 옹립하려 한다는 무고로 그만 역적으로 몰려 고문을 받고 옥에 갇히게 되었던 것이다.

완전한 조작극이었다. 대북파(이이첨, 이창준 등)가 소북파를 제거하려 일부러 꾸민 사기극이었던 것이다. 즉, 봉산 군수 申㦸신율이 병조문서 위조범인 金景立김경립을 문초하는데 그만 고문을 못이긴 그의 입에서 대어大漁가 낚이고 만 것이다.

*체찰사 : 비상시에 설치하는 임시직으로 종1품에서 정2품 벼슬아치들이 맡았음
*심유경 : 일본에 건너가 도요토미 히데요시를 만나 협상했으나 실패하고 귀국하여 매국노로 1597년에 처형됨
*고니시 유키나가 : 소서행장(小西行長) ; 약종상의 아들로 태어나 장수가 되었으나 왜란 종료 후 도쿠가와 이에야스에게 저항했다가 1600년에 참수됨. 독실한 기독교 신자였음

그는 신율이 시키는 대로 "사실은 성균관 학유學諭인 金直哉김직재 부자와 함께 대북파를 제거하고 순화군의 양자인 진릉군을 왕으로 추대하려는 역모를 꾀했다. 병조문서 위조도 사실은 병사들의 현황을 파악하여 거사 계획을 구체화하려는 것이었다"라는 식으로 순순히 자백했다.

그 결과 왜란 때에 협박에 눌려 하는 수 없이 쓰고만 항복 권유문으로 유배를 갔다가 9년 뒤에 다시 불려와 역모죄로 결국 옥사하고 말았던 것이다.

아버지 황정욱은 아들과 함께 동인의 탄핵을 받아 61세의 몸으로 길주에 유배되었다. 65세 되던 해에 풀려났지만 명예회복을 이루지 못한 재 75세로 타계했으니, 결코 편한 마음으로 눈을 감지 못했을 것이다.

그는 임진왜란이 일어나기 직전에 이미 병조판서를 지낸 사람으로, 왜란이 터지자 말자 순화군을 보호하며 피난길에 나서서도 강원도에서 "싸울 수 있는 이는 모두 의병으로 나서시오. 나라와 백성을 구하러 다함께 일어섭시다"라는 격문을 지어 조선 8도에 돌렸다.

하지만 왜군의 진격에 쫓겨 회령으로 들어간 것이 그만 큰 화근이 되고 말았다. 국경인이란 자의 반란에 휩쓸려 꼼짝없이 왜장의 포로가 되고만 것이었다.

황씨 부자와 함께 가토 기요마사의 포로가 되었다가 애꿎게 큰 죄를 뒤집어쓰고만 이가 또 있었다.

金貴榮김귀영(1520-1593)이란 사람인데 그 화려한 경력을 잠시 살펴보면 실로 혀가 내둘러지고 입이 다물어지지 않을 정도이다.

27세에 알성 문과에 급제하여 벼슬에 들어선 이후 이조판서를 8번, 대제학을 6번 역임했고, 명나라 사신으로 자그마치 9차례나

*기로소: 70세 이상으로 정2품 이상의 벼슬을 한 문신들을 예우하려 만든 기구. 왕 및 조정원로의 친목과 연회를 주관하고 왕의 자문에도 응했음.
*조헌 : 1544-1592; 백천 조씨; 금산 전투에서 의병 7백여 명과 함께 48세로 전사
*행재소 : 임금이 임시로 머무는 별궁으로 지방관청이나 지방 부호의 집을 빌리거나 임시 막사를 짓기도 했음

다녀왔다. 61세에 우의정을 지내고 기로소耆老所*에 들어갔지만, 옳고 그름을 가르는 일에 우유부단하다는 이유로 24세 연하의 趙憲조헌*으로부터 심하게 탄핵을 받았다.

그런데 72세의 노인에게도 왜란은 조용히 지나가 주지 않았다. 중추부영사로 임해군을 배종하여 함경도에 피난을 가 있던 중에 국경인의 반란에 휩쓸려 두 왕자와 함께 왜장의 포로가 되고 말았던 것이다.

젊은 왜장 가토 기요마사는 영리한 사람이었다. 노대신을 그냥 가만히 놓아두지 않고 밀명密命을 안겨주었다. "임금에게로 달려가서 전쟁을 그만두고 강화하자고 임금에게 말하시오"라며 그를 의주 용만龍灣의 선조 임금 행재소行在所로 보냈던 것이다.

대신들은 할일도 되게 없었던지 그를 적과 내통한 것 아니냐며 희천으로 유배를 보냈다. 하지만 73세의 노구로는 아무래도 무리였다. 그는 도중에서 그만 죽고 말았다.

성공적인 화려한 경력이 왜란의 소용돌이로 한 순간에 물거품이 되고만 것이다.

황혁(赫붉을 혁)의 자는 회지(晦그믐 회 之갈 지)이고, 아호는 독석(獨홀로 독 石돌 석)이다.

'붉은 모습으로 활활 타오르는' 형상을 묘사하는 이름이니, 왕자(순화군 : 광해군의 이복형)를 사위로 맞아 외척이 될 수 있었을 것이다. 사위인 순화군이 워낙 포악하여 많은 이들의 빈축과 비난을 샀지만 그래도 왕자는 왕자가 아니었던가.

자의 의미나 아호의 의미가 참으로 신기하다. '캄캄하다'는 자, '외롭게 홀로 서 있는 돌'이라는 아호에서 이미 비참하고 손을 쓸 수 없는 말년을 짐작하게 한다.

41세 때에 맞은 위기가 결국 말년 20년을 지배하고만 셈이다.

41세까지 잘 쌓아올린 공든 탑이 왜란으로 몽땅 물거품이 되고만 것이다. 그는 이상하게도 41세 때나 61세 때에 거의 똑같이 글 때문에 위기를 맞았다.

41세 때는 아버지 대신 '항복 권유문'을 써서 임금에게 올린 것이 문제가 되었고, 61세 때는 자신이 얼마 전에 썼던 풍자시(광해군 시대 최고의 실세였던 이이첨을 빗대어 공격한 내용)로 인해 대북파의 조작극 속에 휘말려 죽게 되었던 것이다.

글재주가 그를 죽음의 길로 안내하고만 것이다. '캄캄한 그믐밤에 홀로 서 있는 돌'이라는 그의 자나 아호의 의미가 그대로 그의 운명이 되고만 셈이다.

황혁의 아버지 황정욱(廷조정 정 或문체 욱)의 이름은 '관청에 나가 문장 실력으로 승부 한다'는 의미이니, 왜장 앞에서 '항복 권유문'을 쓰도록 강요받았을 것이다. 환갑의 나이에 문장으로 죽을 수밖에 없는 상황에 처하여 글을 써도 죽고, 안 써도 죽을 그런 진퇴양난에 처하고만 셈이다.

황정욱의 자는 경문(景볕 경 文무늬 문)이고, 아호는 지천(芝지초 지 川내천)이다.

'빛을 받은 글'이라는 자에서 이미 그가 얼마나 글재주가 뛰어난지를 짐작해 볼 수 있다.

'신기한 풀이 무성한 시냇물'이라는 아호에서는 그의 낙천적이고 낭만적인 기질이 엿보인다. 그는 결국 이름과 자에 들어 있는 '문장이 뛰어나다'는 의미로 인해 60세에 글 때문에 문제가 생겨 결국 말년 15년을 풀이 무성한 시골 냇물이나 벗하며 살 수밖에 없었던 것이다. 죄인이 아니면 낙원일 수도 있었겠지만, 죄인으로 사는 이에게는 그 어떤 대자연의 모습도 그저 한낱 덧없는 구름처럼 보이게 마련이었을 터이다.

김귀영(貴귀할 귀 榮꽃 영)의 자는 현경(顯나타날 현 卿벼슬 경)이고 아호는 동원(東동녘 동 園동산 원)이다.

'귀한 존재가 되어 영화를 누린다'는 이름, '벼슬이 높아져 많은 이들의 부러움을 산다'는 자에서 드러나듯, 그의 관운이나 입신양명은 이미 타고난 거였다.

'해 뜨는 쪽에 위치한 동산'이라는 아호의 의미에서도 그의 탄탄대로인 벼슬길을 엿볼 수 있다. 죽기 한 해 전에 맞게 된 왜란으로 말년이 비참하게 끝나고 말았지만 자신이 왜장이 시키는 대로 한 죄 값이라고 생각하면, 그의 전 생애는 그런 대로 괜찮았다고 보아야 할 것이다.

辛慶晉신경진(1554-1619)은 황혁과 사돈간이란 이유로 대사헌의 자리에서 파면당하고 다시는 벼슬길을 되돌아보지 않았다. 조정에서 억울하게 물러났으니 다시 와서 나라 일에 참여하라며 권했지만 그는 끝내 거절하고 총총히 사라졌다.

사돈인 황혁이 61세로 역모죄에 연루되어 옥사하자 그는 58세의 나이로 낙향하여 65세로 타계할 때까지 입신양명에 대한 미련을 완전히 버리고 살았다. 사돈 때문에 그의 마지막 7년여의 세월이 완전히 망가뜨려지고 말았던 것이다.

신경진(慶경사 경 晉나아갈 진)의 자는 용석(用쓸 용 錫주석 석)이다.

이름에는 '경사스러운 일을 위해 나아간다'는 의미도 있고 '경사스러운 일을 가로막는다'는 뜻도 함께 들어 있다.

자는 '쓸모 있는 도구나 용기가 된다'는 뜻이기도 하고, '주고 또 준다'는 의미이기도 하다.

이름이나 자가 모두 이중적이고 모순적인 의미들로 채워져 있으니, 말년의 날벼락(사돈인 황혁이 역모죄로 고문 받다 죽은 일)은 아마도 그의 이름이나 자에 들어있는 이러한 모순적이고 충돌적인 의미들 때문인지도 모른다.

전라도 관찰사, 예조참의, 대사간 등을 역임한 신경진의 부친은 신응시(應부응할 응 時때 시)인데, 자는 군망(君임금 군 望바랄 망)이고, 아호는 백록(白흰 백 麓산기슭 록)이다.

'때에 부응한다'는 이름 뜻, '임금을 우러른다'는 자의 의미, '햇빛을 듬뿍 받은 눈 덮인 산기슭'을 뜻하는 아호에서 아버지 신응시의 남다른 겸손과 신중함을 읽을 수 있다.

비록 53세로 타계했지만 큰 시비에 휘말리지 않고 관직 생활을 순탄하게 하다가 생애를 편안히 마쳤으니, 그만 하면 때에 맞춰 부드럽고 따뜻하게 살다 간 셈이다.

아들인 신경진은 아차 잘못했으면 사돈과 함께 역적죄에 얽혀들 수도 있었는데, 그래도 아버지 신응시의 '임금을 우러른다'는 자 때문에 그 정도로 끝났는지도 모른다.

대신들은 함께 처벌해야 한다고 우겼는데도 임금이 그만하면 되었다하며 파면 정도로 끝나게 했는지도 모른다. 더욱이나 아버지의 이름이 때맞춰 나선다는 뜻이니 아들이 어려울 때 때맞춰 도와주었을 것이다.

아들이 58세로 생애 최대의 고비를 맞게 되자, 27년 전에 53세로 생애를 마감한 아버지의 혼령이 홀연히 나타나 위로하고 후원해 주었을 것이다.

高彦伯고언백이란 자는 일찍이 무과에 급제하여 무신의 길을 걸었다. 임진왜란 때는 영원 군수로 양주에서 왜병 42명을 참살했다. 그 후 양주 목사와 경기도 방어사를 지내며 명나라 원병과 함께 서울을 탈환하는데 혁혁한 공을 세웠다.

경상좌도 병마절도사를 지낸 후 정유재란 때는 다시 한번 경기도 방어사가 되어 왜적과 맞서 싸웠다. 왜란이 다 끝난 후 1604년에는 선무공신宣撫功臣 2등에 책록되고 제흥군濟興君에 봉해졌다.

그런데 5년 뒤에 광해군이 자신의 위치를 위협한다고 생각한 형(임해군)과 이복동생(영창대군)을 숙청할 때 그는 그만 애꿎게도 임해군의 심복이라는 이유로 함께 처형되고 말았다. 참으로 억울하고 애석한 일이었다.

하지만 어찌하는가. 하늘이 준 운세가 거기서 끝나게 되었다면 이런저런 이유야 다 거추장스러운 군더더기에 불과한 것이 아닌가.

고언백(彦선비 언 伯맏 백)의 '선비 중의 선비'인데, 이름 뜻에서 임금의 운세에 맞물려 갈 수밖에 없는 그의 운명을 엿볼 수 있다.

임해군이 누구인가. 선조 임금이 정실 아들(선조가 54세, 인목왕후가 22세 때 낳은 아들인 영창대군)을 두기 전까지는 비록 서자이지만 명실공히 선조의 첫째 아들이었던 사람이다.

성격이 거칠다는 이유로 한 살 아래인 동생(광해군)에게 세자 자리를 뺏기고 말았지만, 선조가 56세로 타계하자 명나라에서는 첫째인 임해군을 왕으로 삼으라고 압력을 가했다.

명나라의 압력과 이를 비중 있게 생각하는 대신들을 의식한 광해군은 왕이 되자마자 왕권 확립에 방해가 되는 주요 인물로 친형(광해군과 함께 공빈 김씨의 소생)인 임해군과 어린 이복동생을 점찍었을 것이다.

결국 임해군은 한 살 아래의 동생에게 35세의 나이로 죽음을 당하고 말았다. 진도에 유배되었다가 강화도로 옮겨진 후 사사되었던 것이다.

고언백은 왕이 될 뻔한 임해군을 따라 죽을 팔자였던 셈이다. '선비 중의 선비'라는 이름 뜻대로 그는 임해군을 위해 순사殉死(따라죽음)하여 임해군의 충신이 되고만 것이다.

임해군의 이름은 진(珒옥이름 진)이고, 어릴 때 사용했던 초명初名은 진국(鎭진압할 진 國나라 국)이었다. 부인은 참의(參議6조에 속한 정3품 당상관직)를 지낸 許銘허명의 딸이다. 임해군은 아마도 자신의 초명인 '나라를 평정한다는 그 거창한 의미 때문에 죽었을 것이다.

아버지 선조 임금이 여러 차례 명나라에 사신을 보내 "둘째인 광해군을 세자로 책봉하게 윤허하여 주시오"라고 간청했지만 번번이 거절당했다. "첫째가 버젓이 살아있는데 왜 둘째로 내려오려느냐"는 것이 명나라의 반대 이유였다. 그리고 1604년경에 영의정을 지낸 柳永慶유영경(1550-1608) 등이 은근히 임해군을 마음에 두고 선조 임금의 마음을 돌려보려 애썼었다.

결국 金悌男김제남*과 유영경 등은 영창대군을 옹립하려 했다는 죄목으로 죽고, 고언백은 임해군의 심복으로 임해군을 왕으로 옹립하려 했다는 죄목으로 죽었던 것이다.

*김제남 : 1562-1613; 인목대비의 친정아버지이자 영창대군의 외조부

김제남은 공언(恭공손할 공 彦선비 언)이라는 자를 갖고 있고, 유영경은 선여(善착할 선 餘남을 여)라는 자를 갖고 있었다.

김제남의 자는 '섬기는 선비'라는 뜻이고, 유영경의 자는 '너무 착해서 저 죽을 줄 모른다'는 정도의 의미로 바꾸어 생각해 볼 수 있다.

고언백의 '선비 중의 선비'라는 이름 뜻, 김제남의 '공손히 섬기는 선비'라는 자의 의미, 유영경의 '너무 선해서 철철 넘칠 정도이다'라는 자의 의미에서 뭔가 공통점을 찾을 수 있지 않은가. 따라 죽는다는 그 순사殉死의 의미에 가장 잘 부합하는 이름이고 자인 셈이다.

붓을 잘못 놀렸다가 죽음을 당한 사람들

鄭文孚정문부(1565-1624)는 임진왜란 초기에 회령에 피난 온 임해군과 순화군, 그리고 대신들을 포박하여 왜장 가토 기요마사에게 포로로 갖다 바친 국경인과 그의 숙부 국세필 등의 반역을 해결한 사람이다.

그는 스스로 의병을 모집하여 회령으로 진격, 반역을 꾀한 국경인과 국세필을 참살하였던 것이다. 그의 격문을 읽고 일어선 유생 申世俊신세준과 吳允迪오윤적 등이 두 국鞠씨를 붙잡아 목을 베어 죽였던 것이다.

그때 그의 나이는 겨우 27세였다. 그는 28세에 영흥 부사가 되고 32세 때는 길주 목사가 되었다. 한데 59세 되던 해에 일어난 이괄의 난으로 그의 목숨은 바람 앞의 촛불이 되고 말았다. 그가 전에 쓴 시가 바로 이괄의 난을 부추기거나 한 패가 된 것으로 오해받게 만들었던 것이다.

초楚나라 회왕懷王을 풍자하여 쓴 시가 역모의 저의가 있는 것으로 이상하게 해석되고만 것이다.

전국시대의 초나라 회왕은 '이소離騷', '어부사漁父辭' 등으로 잘 알려진 屈原굴원(BC343-BC277; 원原은 자, 이름은 평平)과 동시대인이다.

제齊나라와 동맹하여 진秦에 대항하자는 합종파合縱派에 속해 회왕으로 하여금 제나라와 가까워져야 한다고 했으나, 왕은 연형파連衡派의 모략에 빠져 진나라를 향했다가 그만 객사하고 말았다. 왕의 막내 왕자인 子蘭자란이 아버지를 독살했다는 소문이 돌았지만, 그는 맏형을 경양왕頃襄王으로 세우고 자신은 재상에 올랐다. 추방된 굴원은 장사長沙에 있는 멱라수湸羅水에 빠져 자살함으로 자신의 최후를 장식했다.

어쨌거나 정문부는 자신이 쓴 시 때문에 역모죄에 연루되어 고문을 받다 죽었다.

마치, 괴산 유생으로 趙憲조헌과 함께 임진왜란에서 혁혁한 전공을 쌓고 국가에 헌신하다가, 이괄의 난 때 이괄과 내통한다는 모함을 받고 참형 당한 全有亨전유형(1566-1624)의 뒤틀린 팔자 같다.

鄭文孚정문부는 옥천에서 1700여 의병을 모집한 22세 연상의 조헌과 합동작전을 펴 왜적에 점령당한 청주성을 탈환했다.

그는 39세에 문과에 당당히 급제하여, 명나라가 일방적으로 제시한 '쌀 10만석 요청'을 너무 많으니 줄여달라고 하여 감량을 허락받아 오기까지 했다. 한데 58세 되던 해에 반란군 대장 이괄과 내통한다는 모함을 받고 목이 베어지는 형벌을 당한 것이다. 그것도 成哲성철 등 자그마치 37명과 함께….

죽은 후 4년이 지나, 공연한 무고로 그는 죄가 전혀 없었다며 명예회복 시켜주고 이조판서를 추증했지만 그깟 무덤 속 벼슬이 대체 무슨 소용이란 말인가.

후에 정문부는 함경도 주민들의 요청으로 명예가 회복되었지만, 역모죄로 고문을 받다 죽은 그의 원혼을 무슨 수로 달랠 수

325

있겠는가.

정문부(文무늬 문 孚미쁠 부)의 자는 자허(子아들 자 虛빌 허)이고 아호는 농포(農농사 농 圃밭 포)이다.

'천성이 믿음직스럽다'는 이름에 걸맞게 그는 왜란으로 나라가 풍전등화의 처지에 놓이자 의병장으로서 종횡무진하며 왜적과 싸웠다.

그런데 자의 의미가 왠지 심상치 않다. '자녀가 드물다, 손이 귀하다'는 의미이니, 자신의 후손에 대한 암시뿐만 아니라 자신의 앞날에 대한 암시도 함께 내포되어 있다고 보아야 할 것이다. 즉, 제 명대로 못 살게 되어 조상에게 누를 끼친다는 의미도 되고, 큰 죄를 뒤집어쓰거나 스스로 짓게 되어 멸문지화를 당할 수도 있다는 어떤 암시로도 해석해 볼 수 있는 것이다.

그는 결국 명대로 못 살고 죽었을 뿐만 아니라 역적죄에 연루되어 가문에 치욕을 남긴 것이다. 그는 자신의 아호가 지닌 의미대로 '농사나 지으며 한가로운 말년을 보내고자' 꿈꾸었지만, 글한 줄 잘못 써놓았다가 그 모든 소박한 소망이 그만 물거품이 되고만 것이다.

21

조선시대에도 과거에 계속 낙방한 만년 재수생이 있었다

權紀권기(1546-1624)라는 사람을 살펴보자. 초시에서 16차례나 합격하고도 정작 대과에서는 계속 낙방했다.

만년에 모시, 직물, 인삼 등의 진상과 포화布貨를 관할하는 제용감濟用監의 최 말단직인 종9품 참봉에 천거되었지만 그것마저도 맡을 수 없었다.

하필이면 바로 그 당시에 부친상을 당해 하찮은 참봉 벼슬마저 취임이 불가능했던 것이다. 하지만 6경經(시경詩經, 서경書經, 예기禮記, 악기樂記, 역경易經, 춘추春秋)에 통달하고 예문, 법률, 지리 등에 워낙 박식했기 때문에 안동 일원의 유명 선비로 후학을 가르치는 일에 전념하며 살았다.

그리고 유성룡의 부탁을 받고 안동 읍지邑誌인 『영가지永嘉志』 8권을 편찬했다. 또한 자신의 문집인 『용만龍巒문집』 2권을 남겼다.

참으로 신기한 일이다. 그를 가르친 스승들이 당대의 대표적인 학자들이자 권세가들이었는데도 이상하게 그만 낙오자가 되어 그저 하는 수없이 시골 선비로 머물 수밖에 없었다.

우선 **權好文**권호문(1532-1587)을 보자. 19세에 진사가 되었지만 연이어 부모상을 입고 각각 3년씩 시묘侍墓를 했으니 꼬박 6년여의 세월을 초야에 묻혀 있어야 했다. 그는 관계 진출을 아예 포기하고 청성산靑城山 기슭에 무민재無悶齋를 짓고 학문에만 전념했다.

그의 말년은 전국 각지에서 문인, 학자들이 찾아오는 통에 오히려 번잡하기 이를 데 없었고, 이런저런 인연으로 집경전集慶殿 참봉과 내시교관內侍敎官에 임명되었으나 사퇴하고 고향을 떠나지 않았다.

권호문 자신은 조선의 대표적인 학자들인 이이와 이황에게서 공부한 사람이다. 특히 이황의 맏형인 이잠의 외손자라 스승인 이황의 총애를 듬뿍 받았다.

37세 이후에는 관물당觀物堂을 짓고 학문을 강론하며 여생을 보냈다. 55세로 생애를 마감했지만 관직에 나간 그 누구보다도 더 한가롭고 알찬 생애를 보냈다고 보아야 할 것이다.

그는 '빈부귀천은 하늘에 맡기고 한가로이 지내는 나만의 멋이나 즐기자'는 식의 메시지를 담아 『독락팔곡獨樂八曲』이라는 노래를 지어 불렀다.

권기는 아마도 벼슬 운이 없었던 스승 권호문의 팔자를 고스란히 물려받았던 것 같다. 그를 가르친 **柳成龍**유성룡(1542-1607)이나 **金誠一**김성일(1538-1593)은 당대의 가장 영향력 있는 학자이자 행정가이며 정치가였다.

유성룡은 영의정과 군의 총지휘관인 도체찰사都體察使를 맡아 임진왜란으로 풍비박산이 난 나라를 그런 대로 잘 수습했다.

권율과 이순신 등, 난리로부터 나라를 구한 영웅호걸들을 많이 등용하여 조선 최대의 위기를 잘 극복해 냈다. 육지의 맹장이던 권율은 유성룡보다 5세 연상이었고, 바다의 영웅이던 이순신은 유성룡보다 3세 연하였다.

1592년 임진왜란이 일어나자 50세의 유성룡, 55세의 권율, 47세의 이순신이 구국救國의 트리오가 되어 종횡무진으로 눈부시게 활약했던 것이다. 실로 환상적인 콤비였던 셈이다.

권율은 평화가 찾아온 직후 62세로 병사했고 이순신은 전란의 마지막 순간에 53세로 장렬하게 전사했다. 유성룡은 자신이 섬기던 선조가 병사하기 한 해 전에 65세로 천수를 다 했다. 광해군이 33세로 왕이 되는 꼴을 보지 않고 타계했으니, 그것 또한 축복이 아닐는지….

50세에 맞이한 왜란을 앞장서서 막았던 유성룡은 자연스럽게 50대 후반으로 접어들었던 것이다. 하지만 56세 되던 해(1598년)에 북인 일파의 탄핵을 받아 삭탈관직되고 말았으니, 난리를 온 몸으로 막으며 6년여의 세월을 보낸 그로서는 여간 서글프지 않았을 것이다.

이유는 명나라의 경략사經略使*로 조선을 방문한 丁應泰 정응태가 자기 나라에 허무맹랑한 보고를 올렸는데, 그 내용인즉 '조선과 일본이 연합하여 명나라를 공격하려 한다'는 것이었다.

*경략사 : 왕의 특명으로 일정한 임무를 맡은 임시직이나, 권한은 막강했음

북인 일파는 유성룡을 지목하며 "일이 이 지경에 이르렀는데 어째서 직접 명나라에 달려가 전후사정을 해명하지 않느냐"고 탄핵했던 것이다.

2년 뒤인 1600년, 그의 나이 58세 때에 완전히 명예 회복이 되었지만, 그는 관직에 다시 나가지 않고 7년여의 여생을 조용히 보낸 후 65세로 영면했다.

권기를 가르친 또 다른 스승인 김성일은 18세에 직접 도산서원을 찾아가 이황에게서 글을 배운 후 26세에 진사가 되고 29세에 대과에 급제했다.

유생 신분이던 24세 때는 수렴청정을 하도 오래하여 당대의 여황제女皇帝로 치부되던 명종* 임금의 모친 문정왕후 (1501-1565)가 승려 普雨보우(1515-1565)의 말을 따라 희릉禧陵* 을 이장하려 하자 "한낱 중의 말을 듣고 희릉을 옮기려 함은 천부당만부당한 일입니다"라고 상소를 올렸다.

*명종 : 1534-1567; 인종의 이복형. 중종과 문정왕후의 2남
*희릉 : 1491-1515; 24세에 세자 인종을 낳고 산후병으로 요절한 장경왕후 윤씨의 능

그로부터 3년 뒤, 그가 27세 되던 해(1565년)에 문정왕후가 죽자 왕후와 왕후의 친정 남동생 윤원형의 막강한 백이 갑자기 사라진 보우는 결국 제주도로 유배되고 말았다.

*선종과 교종으로 나눠 양종제로 운영한 일, 과거에 승과를 설치한 일, 300여 사찰을 나라의 공인 사찰로 정한 일, 4천여 승려를 뽑아 정식으로 자격증을 준 도첩제 실시 등

보우가 추진했던 불교 중흥을 위한 모든 일들*이 물거품이 되고 그도 결국 제주 목사 邊協변협에 의해 참형을 당하고 말았다.

김성일이 세상 여론의 흐름이나 정치 기상도를 제대로 읽고 있었던 셈이다. 그가 34세 때(1572년 선조 5년)에는 "충신 중의 충신이었던 사육신을 명예 회복시켜야 합니다. 그리고 종친을 소외시키지 말고 적재적소에 등용하여 국정운영의 한 축이 되게 해야 합니다"라고 상소문을 올려 기어이 관철시키고 말았다.

39세 때(1577년)는 태조 이성계의 출생에 관한 명나라 측의 그릇된 기록인 대명회전*을 정정하고자 종계변무宗系辨誣 주청사奏請使의 서장관으로 명나라를 다녀왔다. 비록 완전히 정정된 것은 그가 명나라를 다녀온 후 11년이 지나서이지만 (1588년 선조 21년), 숱한 정정 노력에 그도 한 몫을 했던 셈이다.

*대명회전 : 조선국 관련 기록에 태조 이성계를 고려 우왕 때의 권신이자 이성계의 정적이던 이인임의 아들로 기록)

김성일이 41세 때는 사헌부 장령으로 종실 비리를 단호히 탄핵하여 대궐의 호랑이라는 뜻의 '전상호殿上虎'라는 별명을 얻기도 했고, 45세 때는 나주 목사로 나가 술 취한 채 한밤중에 관아에 들른 순무어사 김여물을 크게 꾸짖은 후 아예 문을 열어주지 않기

도 했다.

또한 51세 때(1589년)는 풍신수길이 보낸 玄蘇현소와 平義智평의지를 만나 일본과의 외교문제 등을 논의했다. 그리고 52세 때는 정사 黃允吉황윤길, 서장관 許筬허성*과 함께 통신사절의 부사로서 일본을 다녀왔다.

*허성 : 허균의 맏형이자 허난설헌의 친정 큰오빠

이듬해(1591년 2월)에 부산을 통해 귀국했는데, 황윤길이나 허성과 달리 '일본이 조선을 침략할 가능성은 별로 없다'는 식으로 보고했다. 후에 그는 정사 황윤길과 같은 의견이었으나 전쟁의 공포로 온 나라가 동요할까 염려되어 일부러 반대의견을 낸 것이라는 식으로 변명했지만 막상 왜란이 일어나자 그는 집중적인 공격을 받아야 했다.

安邦俊안방준 등은 김성일이야말로 왜란을 불러온 장본인이라며 세차게 공격했다. 결국 그는 파직될 수밖에 없었지만, 위급한 전쟁 중이라 다시 등용되어 경상도 일원의 의병장들과 관군 사이의 원활한 협동작전을 진두지휘하게 되었다.

곽재우, 김면, 정인홍 등은 각자 개성이 강하여 김성일의 원만한 조율이 없이는 일사불란한 협동작전이 매우 어려웠다. 특히 곽재우와 경상감사 金睟김수(1547-1615) 사이의 갈등은 조정의 골칫거리였다. 김성일은 영남 초유사招諭使로서 두 사람 사이의 갈등을 원만하게 해결하여 곽재우를 처벌하고자 하는 조정의 격앙된 분위기를 무마했다.

권기(紀벼리 기)의 자는 사립(士선비 사 立설 립)이고 아호는 용만(龍용 용 蠻뫼 만)이다. '벼리'는 그물의 코를 꿰어 오므렸다 폈다하는 벼릿줄을 뜻한다. 매사에 중심이 된다는 좋은 뜻이다. 그는 비록 출세는 못했지만 평생 고향 주위의 많은 이들에게 이것저것을 가르치고 일러주며 향리 생활의 중심에 서 있었다.

자는 '선비로서 확고한 위치를 차지한다'는 의미이니 그의 일생
이 그런 식으로 자리매김되었을 법하다. 그는 명실상부한 재야의
대학자요 초야에 묻힌 큰 선비였던 것이다.

아호의 의미가 참으로 기이하다. '용이 사는 산'을 뜻하니 비록
작은 산골에 놓인 낮은 산이라 해도 전혀 부러울 것이 없는 것이
다. '작은 물이라도 용이 살면 큰 물이요, 작은 산이라도 용이 살
면 큰 산'이라는 중국의 옛 문장도 있지 않은가.

그는 결국 이름대로 세상의 한 중심을 이루며 살았고, 자의 의
미처럼 큰 선비로 우뚝 서 있었던 것이다. 그리고 아호의 의미처
럼 그가 머무는 곳이면 그 어디든 용이 사는 산이 되어 사람들을
주위에 빼곡히 모여들게 했던 것이다.

온갖 서책과 세상 이치, 그리고 가정과 사회와 나라의 예법을
통달하고 있었을 테니, 주위에 사는 그 누군들 그의 가르침과 깨
우침을 덕 입지 않을 수 있었겠는가.

실로 그는 세상의 그물코를 한데 꿰고 있던 진정한 벼릿줄이고
세상의 선비들이 다 인정하는 큰 선비였을 터이다. 그리고 사람들
은 그가 사는 집이나 마을을 신비스러운 기운이 감도는 곳, 존귀
한 이가 사는 곳으로 알고 진심으로 우러러보았을 것이다.

과거시험에 얽힌 희한한 이야기들

홍의紅衣장군으로 통하던 임진왜란의 영웅 곽재우의 이력을 살펴보면 참으로 이상야릇한 대목이 나온다.

의령에서 태어나 과거공부를 열심히 한 후 33세의 약간 늦은 나이에 과거에 급제했다. 그런데 이상한 문제가 터지고 말았다. 즉, 임금의 뜻에 심히 거슬리는 글귀가 들어 있어 그의 이름은 그만 합격자 명단 발표에 의도적으로 빠지고 말았다.

자칫 잘못했으면 역적으로 몰려 죽을 수도 있었던 고루한 봉건 왕정시대였다. 귀양을 가거나 매를 맞지 않으면 최소한 영원히 과거를 못 보게 하는 정도의 처벌이 따랐을 것이다.

그러한 쓰라린 낙방의 경험을 겪은 후, 7년 뒤 40세의 나이에 의병장으로 세상의 전면에 다시 등장했던 것이다. 4월에 조선을 침략하여 승승장구하던 왜적을 5월에 함안 등지에서 격파함으로써 왜적의 보급로를 차단하는데 성공했던 것이다.

하지만 왜적을 피해 도망쳤던 감찰사 김수는 자기의 비겁한 도주와 싸웠다하면 지고 마는 번번한 실패의 원인을 곽재우를 모함함으로써 만회하고자 했다.

결국 김수의 무고로 감옥에 갇혔지만 영남 초유사로 활약하던 김성일의 장계狀啓로 석방되었다. 그 후 성주 목사를 지내고 정유재란 때는 경상좌도 방어사로 활약했다. 하지만 그는 경상우도 조방장助防將을 끝으로 자발적으로 정계를 떠나 낙향하고 말았다. 여러 차례 경상도 병마절도사와 수군통제사에 임명되었지만 그는 홀홀 다 벗어 내던지고 나가지 않았다.

후일 부총관副摠管과 한성부 좌윤左尹, 그리고 함경도 관찰사를 지냈지만, 난리 중인데도 세상 정치 돌아가는 꼴 하나하나가 너무도 더럽고 치졸하여 또 다시 낙향하고 말았다.

15세 연하이지만 권율 장군 휘하에서 절친하게 지내던 광주지역 의병장 金德齡김덕령(1567-1596)이 개죽음을 당한 일이 그의 심기를 몹시 뒤흔들어 놓았다. 난데없이 충청도에서 반란을 일으킨 李夢鶴이몽학의 난에 연루되어 고문을 받다 장독杖毒으로 그만 죽고만 것이다.

아무리 생각해도 정말 납득하기 곤란했다. 난리를 만나 와르르 무너지고 있던 나라를 목숨 바쳐 구한 충신 중의 충신인데, 밑도 끝도 없는 모함 따위에 파리목숨이 되어야 하다니…. 그리고 李舜臣이순신(1545-1598)이 죄 없이 죽을 뻔하다가 구사일생으로 살아나 권율 휘하에서 백의종군하게 되는 것을 보았다.

충신과 애국자를 박해하는 몹쓸 정치놀음에 정말 이가 북북 갈릴 정도였다. 그는 세상 돌아가는 꼬락서니를 개탄하며 세상과의 인연을 끊고 은둔생활을 택하기로 결심했다. 곽재우는 모함으로 산 사람을 마구 때려잡는 당쟁에 넌덜머리를 냈던 것이다.

김덕령의 형인 德弘덕홍(1558-1592)은 이미 34세로 임진왜란이 발발하던 해에 금산 전투에서 59세의 의병장 高敬命고경명(1533-1592)과 함께 전사했다. 결국 김덕령의 집안에는 25세의 효성이 지극한 동생 德普덕보(1571-1627)만 남게 되었던 것이다.

김덕령은 辛景行신경행이란 자가 "김덕령이 이몽학의 난을 서둘러 진압하지 않고 늑장을 부리다가 다 진압된 후 뒤늦게 출병한 것은 그가 이몽학과 내통하고 있었기 때문"이라고 뜬금없이 모함했기 때문에 매를 맞고 죽은 것이었다. 신경행이 진압하러 갔지만 도착하기 전에 이미 진압되어 중도에 되돌아왔기 때문에 그런 모함을 받게 된 것이었다. 하지만 김덕령에게는 원죄라면 원죄라고 볼 수 있는 일이 하나 있었다.

즉, 이몽학의 난이 일어나기 얼마 전에 도체찰사 尹根壽윤근수*의 노비를 장살秋殺시킨 것이 문제가 되어 김덕령은 그만 체포되고 말았는데, 임금이 친히 "의병장으로서 나라에 공을 많이 끼쳤으니 용서하라"고 하여 석방되었던 것이다. 아마도 이것이 원죄가 되어 누군가의 미움을 사게 되었는지도 모른다.

*윤근수 : 1537-1616; 왜란 후 영의정을 지낸 윤두수의 아우; 57세 때 명나라에 가서 광해군의 세자책봉을 주청했으나 거절당함

이순신은 두 차례나 백의종군을 한 사람이다. 한번은 북방의 호인胡人들이 침범했을 때 이를 제대로 못 막아 41세 때 백의종군했고, 두 번째는 元均원균의 모함으로 52세에 백의종군하게 되었다.

원균은 4년 전부터 이순신을 못 잡아먹어 안달을 했었다.

임란 초에는 1만여 해군을 해산하고 전함도 버린 채 도주하다 옥포 만호 李雲龍이운룡이 "경상우도 수군절도사라는 장수가 어떻게 그런 반역행위를 할 수 있느냐"며 강력히 항의하자 그제서야 정신을 차리고 이순신(전라좌도 수군절도사)과 협동작전을 펴 당포해전을 승리로 이끌었다. 그러나 이듬해에 이순신이 3도 수군 통제사로 부임하자 원균은 위계질서도 없이 무슨 놈의 인사를 이런 식으로 하느냐며 불복했다. 조정에서는 괘씸하게 여겨 그를 충청

도 병마절도사로 좌천했다.

　이 일이 씨가 되어 4년여 간 그는 온갖 인맥을 동원하여 이순신을 모함했다. 그 결과 정유재란* 초기인 1597년 1월에 이순신은 대역죄인이 되어 서울로 압송되고 대신 원균이 3도 수군통제사 자리에 앉았다. 하지만 그 해 7월에 원균은 크게 참패한 후 거제도에서 왜군에게 피살되고 말았다.

*정유재란 : 1596년 9월의 오사카 성 강화회담 실패로 그 해 12월에 왜군이 재 침입

　"육지보다 바다 쪽이 더 큰 일이다. 이순신은 어디 갔느냐? 싸움이 먼저니 빨리 그를 바다로 내보내라!"

　조정의 그러한 소리를 듣고 이순신은 원균이 차지하고 있던 3도 수군통제사에 다시 취임하여 겨우 12척의 전함으로 왜군에게 뺏긴 바다를 다시 찾게 되었던 것이다.

　백의종군이 두 번이었으니, 이순신은 당연히 두 번이나 은인을 만나 재기할 수 있었다.

　첫 번째 백의종군 때는 전라도 관찰사였던 네 살 위인 李洸이광(1541-1607)이 발탁하여 전라도 조방장助防將으로 등용될 수 있었다.

　두 번 째는 19세 위인 우의정 鄭琢정탁(1526-1605)의 적극적인 변호로 목숨을 건지고 여덟 살 위인 도원수都元帥 權慄권율*의 막하로 들어가게 되었다.

*권율 : 1537-1599; 1571년에 영의정 지낸 권철의 아들

　이광 자신도 용인 전투(권율도 참전)에서 참패한 죄로 탄핵을 받아 52세에 백의종군 한 후 유배형에까지 처해졌다가 53세 때인 1594년에 석방된 적이 있었다. 이순신과 이광은 같은 '덕수 이씨'였을 뿐만 아니라, 52세에 백의종군했다는 기막힌 사연마저도 신기하게 일치한다. 그 무슨 좋은 일이라고 백의종군마저도 같은 나이에 치르게 되었던 것이다.

　곽재우는 세상을 개탄하며 창암蒼巖에 자신의 아호를 딴 망우정忘憂亭을 짓고 여생을 학문과 저술로 소일했다.

마흔 중반에 정계와 세상을 등지고 남은 이십여 년을 은둔생활로 보내다가 65세로 영면했다. 역시 홍의장군 다운 결단이었던 셈이다.

곽재우(再다시 재 祐도울 우)의 자는 계수(季끝 계 綏편안할 수)이고, 아호는 망우당(忘잊을 망 憂근심할 우 堂집 당)이다.

'거듭 돕는다, 천지신명이 거듭해서 돕는다'는 이름 뜻 때문에 동에 번쩍 서에 번쩍 전쟁판을 누비고 다니면서도 끝내 목숨을 건져 여생을 편안하게 보낼 수 있었을 것이다. 한 차례도 아니고 되풀이해서 돕는데, 그것도 사람이 아니라 천지신명이 돕는 운세라면 대체 누가 감히 당해낼 수 있겠는가.

'마지막까지 남아 편안하게 된다'는 자의 의미대로 그는 스스로 결단하여 더럽고 덧없는 벼슬길을 싹둑 단념하고, 마흔 중반부터 육십 중반까지 마음이 원하고 몸이 가자는 대로 자유롭고 한가롭게 살았다.

'근심을 잊는다'는 아호의 의미도 그의 결단과 천성에 너무도 잘 맞는다. 벼슬에 미련을 두고 머뭇거렸으면 그도 평안은 고사하고 목숨마저 부지하기 어려웠을 것이다.

전쟁으로 인해 각박해지고 피폐해진 세상인심을 훤히 내다보고, 그는 전쟁에 덜 할퀴고 덜 다친 대자연의 품속으로 주저 없이 뛰어들었던 것이다.

비록 과거에는 탈락하고 말았지만 벼슬도 할만큼 했고 애국애족의 길도 어느 정도 걸어갔으니, 난리 통에 인물 난다는 말이 그대로 적중한 셈이다.

6년여의 왜란이 강산을 뒤흔들자, 의령의 한 선비가 갑자기 홍의장군으로 나타나 나라를 구한 것이다. 40세에 경상도 관찰사인 김수의 모함으로 옥살이도 했으니, 모든 액땜을 중년의 나이에 다

마친 셈이다.

李耕稙이경직(1841-1895)은 52세에 그 놈의 과거 시험장 소동으로 전라도 관찰사에서 파면되었다. 29년 전(1864년 3월)에 대구에서 사교邪敎를 통한 혹세무민惑世誣民 죄로 40세에 처형당한 제 1대 교주 **崔濟愚**최제우(1824-1864)를 명예 회복시켜 달라며 각 도 동학대표 40여 명이 과거응시를 가장하고 시험장에서 연좌데모를 했던 것이다.

사흘 밤낮을 통곡하며 대궐 주위를 마구 뒤흔들어 놓았으니, 결국 애꿎은 전라도 관찰사만 파직되고만 것이다. **朴光浩**박광호가 임금에게 올리는 교주 신원伸寃을 위한 상소를 주도했지만 사실은 제 2대 교주인 **崔時亨**최시형*이 뒤에서 다 조종하고 있었던 것이다.

*최시형 : 1827-1898; 원주에서 서울로 압송되어 처형됨

이경직은 54세에 궁내부대신으로 명성황후 민씨가 일본 낭인들에게 처참하게 시해(1895년 10월 을미사변) 될 때 함께 살해되고 말았다. 이래저래 그의 팔자는 우연히 큰 싸움이 벌어지는 장소에 머물다가 되게 봉변을 당하는 쪽이었던 것 같다. 한산 이씨 집안인데, 구한말의 이러저러한 사건에 휘말려 한 번은 파직되고 두 번째는 목숨마저 잃고만 것이다.

이경직(耕밭갈 경 稙일찍 심은 벼 직)의 자는 위양(威위엄 위 禳제사 이름 양)이고, 아호는 신부(莘긴 모양 신 夫지아비 부)이다.

'밭을 갈아 일찍 심어 일찍 수확한다'는 이름처럼 그는 35세 이후 벼슬 운이 확 트여 동몽교관童蒙敎官(아동 교육 담당)과 참의내무부사參議內務部事를 지냈다.

자의 의미가 좀 심상치 않다. '푸닥거리로 두렵게 한다'는 뜻이니, 결국 일본 낭인들에 의해 한 밤중에, 그것도 궁궐 내에서 비참하게 죽을 수밖에 없었던 것 같다. 아호의 의미 또한 마치 무덤을 연상시키듯 '풀이 무성히 자란 곳에 머물러 있는 한 남자'를 암시

한다.

그의 인생은 결국 두 차례 다 죽음과 연관되어 있다. 한 번은 29년 전에 처형당한 동학교주 최제우의 신원에 관한 사건이었다. 죄인이 되어 치욕스럽게 죽은 것을 다시 명예롭게 고쳐달라는 시위였던 것이다. 마지막은 명성황후 민씨를 죽이려는 무시무시한 시나리오에 얽혀 애꿎게 죽고만 것이다.

'밭을 갈고 올벼를 심는다'는 이름, '푸닥거리로 두렵게 한다'는 자, 그리고 '무성히 자란 풀 더미 속에 누운 한 남자'를 의미하는 아호…. 어딘가 으스스한 분위기가 느껴진다. 그 많은 한자 중에서 왜 하필이면 올벼, 즉 '일찍 심은 벼 직稙', '푸닥거리할 양禳', 긴 풀, 즉 '긴 모양 신莘' 자들을 사용했는지 모르겠다. 조금만 조심해서 정했으면 잘 나갔을 운세인데, 너무 기괴한 의미들을 붙이고 다니다가 뜻밖의 참화를 당하고만 것이다.

조선의 겁쟁이들, 누가 먼저 이들에게 돌을 던지랴

비겁과 용기 사이에서 하나를 고르라면 그 누구도 비겁을 택할리 없다. 나만은 결코 비겁자라는 오명을 뒤집어쓰지 않겠다 라며고개를 제 아무리 빳빳이 들고 활보해도 목숨이 위태로워지게 되·면 이제까지의 모든 결의와 각오를 저버리고 털썩 무릎을 꿇게되어 있다.

명종 대와 선조 대에 벼슬길에 나갔던 곽간(1529-1593현풍 곽씨)을보자. 17세에 나라에 큰 경사가 있을 때 부정기적으로 실시하던증광시增廣丙試科 문과文科의 병과丙科에 급제했으니 대단한 수재였던것 같다.

내로라하는 이들도 과거만은 대개 20대 중반이거나 후반에 통과하고 벼슬에 나섰는데, 열일곱 청소년 시절에 그것도 초시가 아니라 대과에 급제했다면 그야말로 초스피드로 벼슬길에 나섰다고보아야 할 것이다.

21세에 정5품 형조 좌랑佐郎이 되었으니 실로 벼락출세를 한 셈이다. 뒤이어 대동찰방大同察訪이 되어서는 외국에 사신으로 갔다

오는 일행이 은銀을 불법으로 소지했는지를 조사하는 수은어사搜銀御使를 겸하게 되었다.

찰방은 종6품 외관직으로 역驛을 관장하는 일을 했는데 마관馬官이나 우관郵官으로도 불렀다. 곽간의 경우에는 역을 관장하는 찰방察訪보다도 오히려 수은어사 쪽에 더 큰 무게가 실려 있었던 셈이다.

하지만 당연히 내로라하는 이들이 이런저런 명분으로 명나라에 사신으로 갔다 오게 되었을 텐데 그런 막강한 고관대작들을 수색하여 죄가 있는지 없는지를 가려야 하는 직책이니, 그야말로 살얼음 위를 걷고 있었던 것이다.

그런 차에 23세 되던 해에 악연이 하나 생기고 말았다. 좌의정 **沈通源**심통원이 명나라에 다녀오며, 아니나 다를까 바리바리 짐을 엄청나게 싣고 오는 것이었다. 젊은 초년 관료로서 실로 겁날 게 별로 없었던 곽간은 심통원의 물건들을 냉큼 들어내서 불살라버렸다. 이 사실이 조정에 보고 되자 당연히 심통원은 파직되고 말았다.

문제는 그 다음부터이다. 까마귀 날자 배 떨어진다고 정작 파면된 것은 심통원인데 멀리 도망친 것은 바로 곽간이었다. 패기만만하게 불을 지른 장본인이 벼슬을 다 버린 채 그 길로 도망을 쳤던 것이다.

한두 해라면 그리 기이하지도 않을 것이다. 자그마치 10여 년간 주소 불명, 연락 두절로 피신하며 살았다. 결국 그는 37세가 되어서야 성균관 전적典籍(정6품)으로 슬그머니 컴백하게 된다. 그래도 피해 다니는 그 십여 년의 세월이 헛되지 않았던지, 그는 뒤이어 영천 군수, 공주 목사를 거쳐 강릉 부사를 지내게 되었다.

그래도 이십대 때보다 약간 깡이 더 생겼던지 명종의 모친인 문정왕후文定王后가 수렴청정을 하며 봉은사 주지 **普雨**보우를 앞세워 불교를 대대적으로 중흥하여 아예 조선팔도를 불교 정토로 만들어 놓으려 하자, 그는 무슨 배짱에서인지 대뜸 반대표를 던졌다.

"조선은 태조 이래 유교를 근간으로 했지 않습니까? 불교를 되살리려 하심은 조선 왕국의 주춧돌을 빼내겠다는 것과 같습니다"라는 식으로 반대 상소를 올렸던 것이다.

그 결과는 너무도 뻔했다. 그는 십여 년의 긴 공백기간을 거쳐 어렵게 재기했지만 또 다시 파면되고 말았다.

53세에 임진왜란이 일어나자 그는 영남 초유사 김성일을 따라 왜적과 맞서 싸워야 했다. 하나 김성일이 55세로 죽자 그의 운명도 서서히 기울기 시작했다. 왜적의 포위망을 뚫고 간신히 탈출하여 집으로 오던 중에 54세로 객사하고 말았다.

곽간의 자는 원정(元으뜸 원 靜고요할 정)인데, '단아하고 고요하다'는 자의 의미에서 알 수 있듯이 그는 천성적으로나 지향하는 삶의 목표로나 대단히 소극적이고 은둔적인 편이었을 것이다.

협잡과 패거리 놀음과 온갖 술책이 동원되기 마련인 벼슬생활이 그에게는 그렇게 썩 잘 어울리지 않았을 것이다.

죽재(竹대나무 죽 齋재계할 재)라는 아호는 어떤가. '대나무 숲을 바라보며 대자연 앞에서 경건해 진다'는 의미로 풀어볼 수 있다. 차라리 벼슬에 나가지 말고 초야에 묻혀 학문에 정진했으면 멀고 가까운 향리에서 많은 지인들과 제자들을 모으며 더 보람 있고 멋있게 살 수 있었지 않았을까. 아무리 보아도 곽간은 벼슬길에 제대로 적응하지 못한 것 같다.

임진왜란 시, 경상도 의병장 곽재우와 사사건건 갈등을 빚다가 결국 곽재우를 감옥에 갇히게 만든 장본인인 김수는 전란의 와중에서 피폐한 삶을 살던 민초들에게조차 왜적에게 쫓겨 도망 다닌 비겁한 벼슬아치라는 비난을 들었던 사람이다.

이황에게 배우고 26세에 알성시(謁聖試) 문과에 병과로 급제했으니 벼슬길 출발은 남들과 비슷했던 셈이다.

그는 40세에 평안도 관찰사로 나갔다가 면직되었으나 곧바로 경상도 관찰사로 복직되었다. 45세 되던 해에 일생일대의 치욕을 겪게 되었다. 즉, 임진왜란이 터질 당시 경상우감사로 진주에 있었는데, 동래가 왜적에게 함락되자 그는 병졸을 모아 맞서 싸우려 하지는 않고 부랴부랴 도망을 치기에 바빴던 것이다.

밀양과 가야를 거쳐 단숨에 거창으로 도주했다. 그리고 李洸이광 *과 尹國馨윤국형(1543-1611)이 근왕병勤王兵을 모집할 때 겨우 일 백 명 정도를 이끌고 참전하여 주위 사람들의 빈축을 샀다.

*이광 : 1541-1607; 임란 당시 51세로 전라도 관찰사 지냄

근왕병이 용인에서 왜적에게 패하자 그는 얼마 안되는 패잔병을 이끌고 서둘러 경상우도로 되돌아갔다. 도중에 아홉 살 위인 54세의 영남 초유사 김성일을 만나 꾸지람을 들었다.

"도대체 이 난리 중에 소임을 다하지 못하고 그런 식으로 적에 맞서서 어떻게 이 강토를 지켜낼 수 있다는 거요?"
라는 호된 질책을 받았던 것이다.

김수는 이미 사람들로부터 난리를 만나 너무 조급하고 경솔하게 대처하다가 제대로 싸워보지도 못하고 졌을 뿐만 아니라 경상도를 지켜야 할 책임자가 왜놈에게 잔뜩 겁을 먹고 그만 전라도로 줄행랑을 쳤다는 힐난을 듣고 있던 중이었다. 그래도 그는 파면 당하기는커녕 도리어 한성부판윤으로 영전했다.

그 뒤에도 중추부지사, 우참찬, 호조판서를 거쳐 나중에는 영의정과 품계가 같은 정1품 중추부영사에 이르렀다. 그러나 66세 되던 해(1613년 광해군 5년)에 탄핵을 받고 벼슬길을 완전히 접어야 했다. 손자인 金秘김비가 옥에 갇히게 되자 그도 함께 삭탈관직되었던 것이다.

그 후 2년을 더 살다가 68세로 눈을 감았지만, 끝에는 모든 벼슬이 다 일장춘몽으로 연기처럼 허공으로 흩어지고 만 셈이다.

김수(睟바라볼 수)의 이름 뜻이 '초롱초롱한 맑은 눈길로 뭔가를 뚫어지게 바라본다'이니, 말 그대로 위기를 당하거나 뭔가 큰 결단을 해야 할 때는 좌고우면左顧右眄하며 망설이다가 정작 시기를 놓치고 만다는 의미가 아닌가.

그의 타고난 성품이 원래 결단력이 부족하고 어딘가 우유부단한 데가 있다는 뜻이니, 임진왜란 중에 그가 일생일대의 치욕을 만들고만 것을 미루어 짐작해 볼 수 있는 셈이다.

자는 자앙(子아들 자 昻바라볼 앙)으로 '머리를 들어 높은 곳을 바라본다, 높이 올라간다'는 의미이니, 여러 단점에도 불구하고 영의정의 반열에까지 승승장구할 수 있었던 대단한 관운을 암시한 셈이다.

난리 중에 겁을 잔뜩 먹고 제가 지킬 지역을 벗어나 멀리 도망친 수령인데, 그런 대단한 운세가 아니었다면 어떻게 살아남아 그렇게 높은 벼슬에까지 단숨에 올라갈 수 있었겠는가.

아호는 '꿈속에 보는 한적한 산골 마을'이란 뜻의 몽촌(夢꿈 몽 村마을 촌)이다. 모든 게 일장춘몽으로 끝난 채 삭탈관직된 백면서생의 신분으로 죽었으니, 임종을 앞둔 그의 마지막 순간들이 그런 식으로 암시된 것인지도 모른다.

그의 마지막 2년여의 여생은 꿈을 꾸는 듯한 회한悔恨의 삶이요, 후회막급인 반성의 삶이었을 것이다.

조선의 고시, 과거시험 – 그것이 알고 싶다

조선의 엘리트 관료 선발 과정인 과거를 한번 살펴보자. 양반을 중심으로 교육이 이뤄졌기 때문에 양반에 초점을 맞추고 되돌아보면 대단히 체계적인 교육제도였다고 할 수도 있을 것이다.

여덟 살이 되면 중앙에서는 사학四學에 진학하고 지방에서는 향교鄕校에 진학했다. 그리고 어느 정도 학업이 완성되어 사회에 진출할 준비가 되면 우선 소과小科(생원 및 진사과) 초시初試(보통 1,500여 명을 합격시킴)를 보게 되고 이에 합격하면 소과小科 복시覆試(생원, 진사 각각 100명씩 선발)를 보게 되었다.

소과 복시에 합격하여 생원과 진사가 되면 첫째 성균관에 진학할 자격과 둘째 문과(초시, 복시, 전시의 3단계 절차로 이뤄짐)초시를 볼 자격이 주어졌다.

먼저 문과 초시를 살펴보자.

첫째, 성균관 유생들을 위한 관시館試, 둘째, 서울의 일반 유생과 성균관 진학을 포기한 생원과 진사를 대상으로 한 한성시漢城試, 셋째, 지방 8도에 사는 일반 유생과 성균관 진학을 포기한 생원과 진사를 대상으로 한 향시鄕試로 분류되어 있었다.

*향시 140명 : 경기, 황
해, 함경도에서 각각 10
명씩, 강원과 평안도에
서 각각 15명씩, 충청과
전라도에서 각각 25명
씩, 경상도에서 30명을
선발

관시에서 50명, 한성시에서 60명, 향시에서 140명*을
뽑아 결국 문과 초시에서 250명이 선발되었다.

문과 복시는 문과 초시 합격자 총 250명을 대상으로 치
르는데 복잡한 과정을 거쳐 최종적으로 33명을 선발했다.
즉, 250명을 대상으로 구두시험인 조흘강照訖講을 치러 이에 합격하
면 비로소 등록 절차를 거치게 했다.

녹명錄名이라는 등록 절차를 마치면 초장, 중장, 종장의 3단계
시험을 치러야 했다. 그리고 최종시험인 문과 전시殿試는 합격, 불
합격을 나누는 것이 아니라 33명을 성적순으로 등급을 매기는 시

*갑과 : 3명: 1등은 종6
품, 2등과 3등은 정7품
을 줌
*을과 : 7명: 전원에게
정8품을 줌
*병과 : 23명: 전원에게
정9품을 줌
*4관 : 서적의 인쇄, 교
정, 반포를 맡은 교서
관, 교육을 맡은 성균
관, 외교문서의 작성을
맡은 승문원, 왕명의 제
찬과 사초의 기록을 맡
은 예문관을 합쳐서 부
르는 말

험이었다. 이를테면 33명을 갑과*, 을과*, 병과*로 나눠
각각에 정해진 품계를 주었다.

품계를 주되 실제 직책은 갑과 3명에게만 주었다. 나머
지 을과와 병과에게는 4관四館*에 시보(인턴) 즉 권지權知로
일정기간 근무하게 한 후 자리가 나면 충원하는 식이었다.

대과大科에는 문과文科와 무과武科가 있다.

무인을 선발하는 무과도 문과처럼 초시, 복시, 전시의 3
단계 절차로 구성되는데, 우선 초시에서는 서울과 지방을
합쳐 270명을 선발했다. 그리고 복시에서는 28명을 뽑은 다음 최
종 단계인 전시를 통해 갑과(3명), 을과(5명), 병과(20명)로 등급을 나
눴다.

중인 계급을 대상으로 한 잡과는 초시와 복시의 2단계로 되어
있기 때문에 복시가 곧 최종시험이었다.

과거시험을 정기 시험(본과本科라고도 함)과 부정기 시험(별과別科라고
도 함)으로 나누면, 우선 3년마다 정기적으로 보는 식년과式年科가
있었다.

부정기 시험으로는 증광시增廣試* 별시別試* 알성시謁聖試* 등이 있었다.

현직 관료(당하관)를 대상으로 한 중시는 이유 없이 응시하지 않으면 처벌을 받았다. 보통 3명에서 19명 정도를 선발했다.

합격 등급은 을과 제1등(제1인은 4계급 특진, 제2인과 제3인은 3계급 특진), 을과 제2등(모두 2계급 특진), 을과 제3등(모두 1계급 특진)으로 나눠, 1계급에서 4계급까지 특별 승진을 시켰다. 하지만 정3품 당하관까지로 승진의 한도를 정했다.

정7품 이하는 모두 6품*으로 승진시켰다.

무과의 경우는 문과와 많이 달랐다.

예를 들어 부정기 시험인 알성시와 정시의 경우, 문과는 단 1회로 결판을 내나 무과는 초시, 전시의 2단계 절차를 밟았다. 무과의 2차 시험인 복시에는 무예 이외에 강서*가 있었다.

정기 시험인 식년시 무과의 경우에는 문과와 마찬가지로 초시, 복시, 전시의 3단계가 있었다.

초시에는 훈련원에서 치르는 원시院試(70인 선발)와 지방 8도에서 치르는 향시鄕試(10인에서 30인까지 총 120명 선발)가 있었다.

원시, 향시를 합하여 무과 초시의 총 합격자는 190명이 되는 셈이었다. 최종 시험인 전시에서는 복시를 통해 뽑힌 28인을 갑과(3인), 을과(5인), 병과(20인)로 등급을 매겼다.

전쟁이 나서 무관이 많이 필요할 경우에는 1만여 명까지 합격자를 내는 경우가 있어 무과를 만과萬科로 낮추어 부르는 경우까지 있었다.

*증광시 : 나라에 큰 경사가 있을 때나 작은 경사들이 겹칠 때 실시; 소과, 문과, 무과, 잡과 등이 있었음; 초시에서 240명을 선발하고 복시에서 33명을 선발. 전시에서는 갑, 을, 병으로 등급만 매김.

별시: 나라에 작은 경사가 있을 때와 정3품 이하의 당하관을 대상으로 한 중시重試가 있을 때 실시; 문과와 무과만 있었음; 초시에서 300명 내지 600명을 선발하고 복시에서는 3명 내지 30명을 선발. 전시를 통해 갑, 을, 병으로 등급 매김.

*알성시: 왕이 문묘에 참배한 뒤 명륜당에서 실시; 문과와 무과만 있었음; 문과의 경우 단 한번의 시험으로 당일 날 등락 결정 후 발표 등록 절차 없이 아무나 볼 수 있었기 때문에 영조 때는 응시자가 몰려 1만 7천 명이 넘기도 했음.

*6품 : 정3품 이하의 당하관을 다시 6품 이상의 참상관(參上官)과 6품 이하의 참하관(參下官)으로 나눴음

*강서 : 사서오경四書五經 중 하나, 무경칠서武經七書 중 하나, 자치통감, 역대병요(歷代兵要), 장감박의(將鑑博議), 소학(小學), 무경(武經) 중 하나를 각각 희망대로 선택하여 경국대전과 함께 출제

이런 경우에는 문과와 병행하지 않고 무과만 단독으로 치르고 응시 자격도 완전 개방하여 천민에게도 응시 기회를 주었다. 일이 이에 이르자 사대부의 자제들은 자연히 무과를 기피하게 되었다.

기술 관료의 등용문인 잡과에는 역과譯科(한학, 몽학, 왜학, 여진학), 의과, 음양과(천문학, 지리학, 명과학), 율과 등 4가지가 있었다. 잡과는 정기 시험인 식년시와 부정기 시험인 증광시에만 치러졌다. 잡과에서 향시가 있는 것은 한어과漢語科뿐이었다.

시험과목은 각 과의 전공서적과 경서, 그리고 경국대전을 필수 과목으로 했다. 합격자에게는 종7품에서 종9품까지를 주어 해당 관청의 권지權知 시보試補로 임명했다.

부정기 시험에는 정시庭試도 있었는데 현직 관료들을 승진시키기 위해서나 성균관 유생들을 격려하기 위해 궁정에서 시험을 치렀다.

상피제相避制*가 적용되지 않아 시험관의 자제나 친인척도 볼 수 있었고 알성시처럼 단 1회 시험으로 당락을 결정지었다. 그러다 보니 부정기 특별시험인 정시는 서울 문벌 자제들의 관계 진출 통로로 활용되게 되었다.

조선 초기(세종 20년 1438년에 폐지)에는 고려 때처럼 열 번 이상 낙방한 응시자(십거부중자十擧不中者로 불렸음)에게 특별히 은전(합격자를 의미하는 출신出身을 줌)을 주는 은사급제恩賜及第가 있었다.

그리고 복시 합격자를 등급매기는 최종 시험인 전시에서 시간이 모자라 미처 답안을 완성하지 못한 경우에는 다음 전시에 다시 응시할 수 있게 했다. 또한 이런저런 이유*로 문과 초시나 복시를 면제시키는 경우, 이를 직부直赴라 불렀다.

초시와 복시를 면제받고 최종 시험인 전시로 직행하는 직부전시인直赴殿試人이 있을 경우에는, 해당자의 이름을 방에 써 붙일 때 병과 합격자의 맨 끝에 열외로 첨가했다.

그리고 문과, 무과, 잡과에 합격하고도 아직 관직에 못나간 이를 일러 출신出身이라 불렀다. 문과와 무과의 최종 시험인 전시 합격자에게는 홍패紅牌를 주고 진사와 생원 시험 합격자에게는 백패白牌를 주었다.

대역죄, 살인죄, 위조죄 등을 저지른 중죄인의 자손이나, 뇌물 수수, 관물 유용 등의 죄를 지은 자의 아들에게는 응시 자격을 주지 않았다. 또한 죄를 짓고 평생 관직에 나가지 못하게 된 자나 말썽을 피운 유생들도 시험을 치를 수 없었다. 재가한 여자나 품행이 방정하지 못한 여자의 자손도 응시 자격을 갖지 못했다.

태종 이후 서얼은 시험을 못 치게 되어있었지만 명종(1553년)은 양첩良妾의 자손에 한해 손자 때부터 문, 무과의 응시 자격을 주었고, 인조(1625년)는 천첩賤妾 자손이라 해도 증손자부터는 응시할 수 있게 했다.

향시는 시험관의 상피인을 제외하고는 타도 사람의 응시를 금지했다. 하지만 원적을 속이고 향시를 보는 자가 생기게 되자 영조(1744년)는 원적原籍에 없는 타도인他道人이 향시에 응시할 경우 3식년 즉, 9년 동안 응시 자격을 박탈했다.

두 차례의 왜란 이후 관학이 쇠퇴해지자 효종(1651년)은 재학생 일람표인 도목都目에 이름이 올려 있지 않으면 응시 자격을 주지 않았다. 즉, 서울과 지방의 유생들을 대상으로 소학과 가례, 그리고 4서書 중 1서書를 출제하여 통通, 약略, 조粗, 불不,로 채점한 후 조粗 이상을 선발하여 4학四學 혹은 향교에 귀속시켜 면역免役 특전을 주었다. 그리고 청금록青衿錄이나 유안儒案에 들어 있지 않은 자에게는 과거 응시 자격을 주지 않았다.

과거 때가 되면 서울은 4관원四館員, 지방은 수령이 학교의 재적

생 일람표인 도목을 작성하여 시험 장소로 보내 도목에 실려 있
는 자만 등록(녹명)을 받아주게 했다.

불미스러운 짓을 저지른 유생이나 성균관 유생들의 자치기구인
재회齋會에서 제적이나 유벌儒罰을 받으면 응시에 제약을 받았다.

부모의 상을 당하거나 종손이 조부모의 상을 당하면 3년상(2년 3
개월)이 끝나야 응시할 수 있었다.

초시 합격자가 상을 당했을 경우에는 거주지 수령의 공문을 받
아 예조에 제출하면 다음의 복시에 바로 응시할 수 있었는데 이를
진시陳試라 했다. 종친은 1471년 이후부터는 과거를 볼 수 없었다.

수험생은 4조단자四祖單子*와 보단자保單子*를 제출해야 했
다. 등록을 접수하는 녹명관錄名官은 수험생을 녹명책에 올
린 후 명지名紙*에 답인踏印한 뒤 시험 장소를 배정했다.

수험생은 시험지 머리에 등록시 제출했던 사조단자의
내용을 다섯줄로 적은 후 그 위를 종이로 붙여 봉해야 했
다. 이를 피봉皮封 혹은 비봉이라 하고 이런 규약을 봉미법
封彌法이라 했다.

수험생들은 시험을 볼 때 여섯자 간격으로 떨어져 앉아
야 했다. 답안지 제출은 식년시, 증광시, 별시에서는 밤 9
시(인정人定)까지 내야 했고, 당일로 합격자 발표를 하는 알성시, 정
시廷試 춘당대시春塘臺試의 경우에는 2시간(후에는 3시간으로 연장) 동안
에 완료해야 했다.

제출된 답안지는 제출한 순서대로 100장씩 묶어 책을 만들고,
시험지의 피봉(수험생의 성명 등을 적은)부분과 제문製文(답안)을 분할한
후 서리書吏에게 제문을 붉은 글씨로 베끼게 했다.

이를 역서易書라 했는데, 식년시, 증광시, 별시에서만 그렇게 하
고, 왕이 친히 동석하는 알성시, 정시, 춘당대시와 소과小科(생원, 진

*4조단자 : 자신의 성명, 본관, 거주지와 부친, 조부, 증조부의 관직, 성명 그리고 외조부의 관직, 성명, 본관을 기록
*보단자 : 6품 이상의 조관(朝官)이 서압(署押), 수결(手決)한 신원보증서
*명지 : 시험지; 수험생이 직접 구입하되 품질이 하하품(下下品)인 도련지여야 했음
*춘당대시 : 선조가 창경궁 춘당대에 나와 과거를 보게 한 데서 시작됨. 최종시험인 전시와 동일하게 취급

사시)에서는 역서를 만들지 않았다.

역서가 끝나면 우선 본초本草(본 시험지)와 주초朱草(붉은 글씨로 베낀 답안지)를 대조하여 틀린 곳이 없나 확인한 후 주초만 시험관에게 넘겨주었다.

시험관은 주초를 가지고 채점하여 과科(갑, 을, 병과)와 차次(제1인, 제2인, 제3인)를 정한 후 합격된 시험지에 대해서는 다시 한번 본초와 주초를 대조했다. 합격자 명단을 왕에게 보고한 뒤 발표했는데, 생원, 진사시와 잡과의 경우에는 합격이라 하고, 문과와 무과의 경우에는 급제及第 혹은 출신出身이라 했다.

합격하면 우선 문과와 무과의 경우에는 근정전에서 홍패를 받고 임금으로부터 어사화御賜花(모화帽花와 개蓋, 일산日傘)와 주과酒果를 하사받았다.

생원, 진사의 경우에는 예조에서 백패를 받고 모화帽花와 주과酒果를 받았다.

문과, 무과의 경우에는 조정에서 은영연恩榮宴(축하연)을 베풀어주었다. 이튿날에는 문, 무과의 경우에는 문과에 장원한 사람의 집에 모여 그의 인솔 하에 임금에게 사은례를 올렸고, 그 다음날에는 무과에 장원한 사람의 집에 모여 그의 인솔 하에 문묘文廟에 알성례를 올렸다.

생원, 진사의 경우에는 첫날에는 생원 장원 집에 모여 그의 인솔하에 사은례를 올렸고 다음날에는 진사 장원 집에 모여 그의 인솔에 알성례를 올렸다.

소과, 대과를 막론하고 시가행진인 유가遊街를 3일 내지 5일간 할 수 있었다. 지방 출신인 경우에는 고향에 내려가는 날 그곳 수령과 향리들의 환영을 받고 시가행진을 했다. 이를 영친의榮親儀라 했다.

예문관에서는 급제자를 합격 순위에 따라 성명, 본관, 거주지 및 부친의 관직과 성명 등을 적어 반포했는데, 문과와 무과는 용호방목龍虎榜目이라 부르고 생원과 진사의 경우에는 사마방목司馬榜目*이라 불렀다.

*사마방목 : 생원 진사 시험을 감시(監試) 혹은 사마시(司馬試)로도 불렸음

다섯 아들들이 모두 급제하는 5자등과五子登科의 경우에는 부모가 생존해 있으면 쌀(세미細米) 20석을 주고 작고했으면 벼슬을 내려 주었다.

합격, 불합격을 나누는 정도가 아니라 출세하느냐 못하느냐의 갈림길이었기 때문에 갖가지 부정행위가 저질러졌다. 시험장에 잡인의 접근을 금했는데도 왜란 이후 분위기가 느슨해지자 시험지를 베끼는 자, 책을 감추고 가지고 들어오는 수험생들이 왕왕 있었다.

잡인이 너무 많아 밟혀 죽는 예도 있었으니 실로 그 해이된 분위기가 짐작이 가고도 남는다.

잡인(수종인隨從人)을 붙잡으면 수험생과 함께 형조에 보내 수군水軍으로 삼기도 했지만 별로 효과가 없었다.

수험생의 숫자가 너무 많아 시험관이 채점을 건성 건성으로 하는 폐단이 생기자 응시생들도 글을 잘 짓는 사람을 몇 명 데리고 들어와 답안을 상, 하로 나누어 적게 한 뒤 이를 합쳐서 되도록 빨리 제출하고자 다투게 되었다.

일찍 낸 시험지만 정성 들여 채점한다고 보았기 때문에 그러한 폐단이 생겼던 것이다. 어떤 경우에는 시험장의 군졸을 매수하여 자기 시험지를 일찍 낸 쪽에 끼워 넣어 달라고 청탁하기도 했다.

폐단이 어찌나 심했던지 영조 때는 시험관의 허락이 있기 전까지는 제출하지 말라고 엄명을 내렸고, 정조 때는 최소한 3시간이 지나야 답안지를 낼 수 있다고 제한을 가하기도 했다.

시험장 안에 책이나 문서를 갖고 들어가면 2식년式年*즉, 6년간 응시자격을 박탈했는데도 왜란 이후에는 버젓이 책을 갖고 들어와 베껴 쓰는 이들이 있었다.

그리고 시험장 안에서 남의 답안지를 베끼거나 대리시험을 보게 하면 곤장 100대에 도徒* 3년의 형을 주도록 했는데도, 권문세도가의 자제들은 문장가 몇 명을 데리고 들어와 각자 답안지를 완성하게 한 뒤 그 중 제일 잘 된 것을 골라 제출하기도 했다.

혹은 시험장 밖에서 답안지를 쓰게 한 뒤 시험장의 서리나 군졸을 매수하여 그 답안지를 시험장 안으로 가져오게 하기도 했다. 더 심한 경우에는 수험생이 아예 제 집으로 빠져나가 집에서 답안지를 써 오기도 했다.

그 폐단이 얼마나 가관이었던지 영조 때는 면시법面試法이라 하여 합격자 발표 다음날 소과小科와 대과大科의 합격자들을 모두 전정殿庭에 모아 자기 답안지를 암송하면 합격이지만 암송하지 못하면 남이 대신 쓴 것으로 보고 불합격시키겠다고 했다.

참으로 기가 막힌 일은 시험관이 수험생과 짜고 시험문제를 미리 가르쳐주거나 아예 집에 가서 답안지를 써오게 하기도 했다. 그리고 이름이 피봉에 가려진 탓에 답안지에 시험관이 알아보도록 특별한 표시를 하는 방법을 동원하기도 했다.

심지어는 빨간 글씨로 답안지를 베껴 쓰는 서리書吏를 자기가 잘 아는 자로 미리 심어놓고는 '내가 미리 표시해둔 답안지를 잘 골라내어 베껴 쓸 때 잘 고쳐주시오'라고 당부하기도 했다.

아주 악질적인 케이스는 남의 합격을 가로채는 것이었다. 즉, 감합勘合*할 때 자기 피봉을 남의 합격 답안지에 붙이게 하는 것이다. 이를 절과竊科 혹은 적과賊科라 했다.

*2식년 : 과거보는 해로 3년마다 돌아오는데 12지(支)가 자(子), 묘(卯), 오(午), 유(酉)인 해에 해당
*도 : 5형의 하나인 도형으로 1년에서 3년의 복역을 의미

*감합 : 채점할 때 분할했던 이름 등을 적어 종이로 가린 피봉과 답안인 제문을, 채점 완료 후 합격한 답안지와 피봉을 짝을 맞춰 원래의 모습으로 복원하는 것

353

이런 개판 시험은 끝내 곪아터져 숙종 때에 두 차례의 과옥科獄 (과거시험의 부정으로 일어난 옥사)으로 드러나고 말았다.

지방의 8도에서 보는 향시鄕試의 경우에는 그 부정행위나 폐단 이 더욱 심하여 어떤 경우에는 수험생들이 작당하여 시험장을 습 격한 후 시험관을 두들겨 패기도 했다.

숙종 때(1699년 10월) 단종을 왕으로 추존하고 이를 경축하기 위 해 증광시增廣試를 실시했는데 34명이 최종 합격했다. 그런데 정언 正言* 李坦이탄이 부정행위가 있었다며 상소를 올렸다.

정언 : 사간원의 정6품 벼슬로 간관, 언관, 대 간으로도 부름

이로 인해 시험지 바꿔치기 등의 사실이 밝혀져 아예 모든 합격자들을 무효화시킨 적도 있었다.

뿐만 아니라 李濟이제와 尹貴說윤귀열 등은 3년간 병역에 근무하 게 했고, 安龜瑞안구서와 崔錫基최석기는 가족과 함께 추방되었다. 자기 주인을 도와 부정행위를 하게 한 종들은 제주도로 보내져 3 년 동안 병역에 종사하게 했다. 이 때의 일을 두고 사람들은 기묘 과옥己卯科獄(1699년 숙종 25년)이라 부르게 되었다.

이중에서 이제(1654-1724)는 전주 이씨 종친인데 33세의 늦은 나 이에 진사가 되고 45세에는 부정행위로 증광시 문과에 장원급제 했다. 즉, 공조좌랑에 재직하며 증광시增廣試 문과를 치렀는데 결과 는 장원급제였다.

그러나, 이듬해인 46세 때에 남의 답안지를 훔쳐내서 장원급제 한 사실이 들통나 그만 탄핵을 받았다. 그렇지만 얼마 안지나 승 지로 복귀한 후 그런 대로 벼슬길을 다시 잘 이어갈 수 있었다.

50세 되던 해에는 당상관인 충청도 관찰사를 지냈고, 그 후 황 해도 관찰사, 대사성을 거치며 그런대로 잘 나갔지만 55세에 다시 탄핵을 받고 말았다. 다시 이듬해에 승지로 복귀하여 전라도 관찰 사와 평안도 관찰사를 지냈다. 58세에는 대사간에 올랐는데 과거시험의 부정을 임금에게 상소했다가 도리어 자신이 그만 파직되고 말았다.

그러나 10년 뒤인 68세 때에 대사간으로 복직했다가 70세 되던 해에 소론이 실각하자 그도 개마고원이 있는 갑산甲山으로 귀양 가서 다시는 복귀하지 못하고 그곳에서 죽고 말았다.

그래도 그는 글쓰기를 좋아한 탓에 자신의 아호를 딴 『성곡유고星谷遺稿』와 『관서일기關西日記』를 남겼다.

『성곡유고』는 당대의 지인들과 나눴던 편지 등을 모은 책이고, 『관서일기』는 자신이 평안도 관찰사(56세 때부터 58세 때까지)를 지낼 때 기록한 정무일기인 셈이다.

그가 편지를 나눴던 지인들 중에는 최명길의 손자로 자그마치 8번이나 영의정을 지낸 여덟 살 위인 崔錫鼎최석정(1646-1715)도 있고, 71세에 중추부판사를 지내고 78세로 장수한 열네 살 위인 趙相愚조상우(1640-1718)도 있다.

최석정은 55세에 영의정이 되어 '장희빈을 처형하는 것은 절대 안 됩니다'라고 강력하게 주장했다가 유배를 갔었고, 조상우는 35세 때에 스승인 송준길이 삭탈관직 당하자 洪得雨홍득우와 함께 반대하는 상소를 올렸다가 유배를 갔었다.

이제 부정행위로 장원 급제한 일이 뒤늦게 들통나 탄핵을 받았음에도, 큰 탈 없이 승승장구하다가 끝내 70세로 귀양지에서 객사하고만 이제에 대해 살펴보자.

이제(濟건널 제)라는 이름은 들이닥친 위기를 무사히 잘 넘기고 얼른 다시 일어서서 끝끝내 목적한 바를 이루고야마는, 그런 적극적인 성격을 암시한다. 어쩌면 그의 과거시험 부정행위도 수단방법을 안가리고 목적을 향해 내달리는 그의 톡톡 튀는 성격에서 기인했는지도 모른다.

자는 경인(景별 경 仁어질 인)이고, 아호는 성곡(星별 성 谷골 곡)이다. '밝은 기질에 어진 마음씨'라는 자의 의미는 아마도 그가 지향하던 생활자세를 암시하고 있을 것이다. 그리고 '별빛이 가득한 골짜기'라는 아호는 그가 마음속으로 그리던 이상향을 나타내고 있다.

이름에서 암시되듯 타고난 성품은 욕심도 많고 위험을 무릅쓰는 배짱도 있는 편이다. 그러나 자에서 암시하는 자기 노력으로 고비를 넘기려는 끈기나 억척스런 기질이 별로 없었던 것 같다. 아호에서 나타나듯 가고자 하는 길은 멀고 이루고자 하는 목표는 너무 높아 휴먼 네트워킹에 주력하는 처세술에만 지나치게 의지했던 것 같다. 그 결과 가장 중요한 일생일대의 고비인 과거시험에서 그만 부정행위를 저지르고만 것이다.

金成一김성일이란 자는 과거科擧와 인연이 없어 기이하고 슬픈 일에 얽히고 말았지만, 억울하게 죽은 아버지의 혼령이 도와 그나마 벼슬길도 열리고 나라 임금의 총애도 받을 수 있었던 사람이다.

36세의 늦은 나이에 과거를 보려고 서울에 간 사이에 아버지가 숙부의 노복인 金伊김이에게 피살되셨다는 슬픈 소식을 듣게 되었다.

그는 과거시험 준비로 그 많은 세월을 죽인 것을 안타까워하면서도 아버지의 억울한 혼령을 위로해 드려야 한다는 일념으로 모든 걸 접고 고향으로 내려왔다. 동생 성구를 데리고 숙부 댁으로 찾아가 음침한 곳에 숨어 있는 노복 김이를 죽이고 그의 부모도 자식을 잘못 둔 죄를 물어 함께 없애버렸다.

형제는 그 길로 담양부潭陽府를 찾아가 부사에게 자수했다. 부사는 이를 전라도 감사에게 알리고 감사는 다시 서울의 조정에 보고했다.

담양에서 올라온 특이한 연쇄 살인사건 소식을 접한 조정 대신들과 당시 34세의 인조 임금은 형제의 효심을 높이 사 용서해 주는 것이 좋겠다고 결론을 내렸다.

더욱이 형인 성일은 후일 조정 대신들이 추천하여 관직에 나가게 되었다. 살인은 분명히 중죄로 다스려야 하나 아버지의 원수를 갚기 위해 살인한 것이니 그 효심을 살인보다 높이 보는 것이 좋겠다고 하여 기회를 준 것이다. 그리고 과거를 놓쳤으니 천거 케이스로 벼슬길을 열어주는 것이 좋겠다고 의견을 모았던 것이다.

살인을 하고도 임금의 특사를 받고 벼슬자리까지 얻었으니 김성일과 과거시험은 참으로 기이한 인연을 맺고 있었던 셈이다.

김성일은 43세에 병자호란이 일어나 나라가 풍비박산이 나자 임금을 남한산성으로 호종했다. 그 공로로 그는 선전관이 되었다.

뒤에는 중년을 훌쩍 남긴 나이임에도 무과에 응시하여 급제하기도 한 그는 오위도총부五衛都摠府 경력經歷(종4품 행정 실무직)을 역임한 뒤 영원寧遠 군수와 삭주도호부사朔州都護府使(삭주는 압록강 근처에 위치)를 지내고 65세에 생을 마쳤다.

김성일(成이룰 성 一한 일)의 자는 응건(應응할 응 乾하늘 건)이고, 아호는 세한재(歲 해 세 寒찰 한 齋재계할 재)이다.

'오로지 한 길을 걷는다'는 이름에서 단단한 각오와 동요하지 않는 단호한 결의를 엿볼 수 있다. 타고난 성격이 외곬으로 파고드는 스타일이었을 테니 어떻게 종에게 죽은 아버지의 억울한 혼령을 가만히 보고만 있었겠는가.

그의 자의 의미가 참으로 비장하다. '하늘의 뜻에 전적으로 따른다'는 의미이니 그는 머뭇거리는 동생에게 '원수를 갚는 것은 천륜이다. 법을 지키는 것은 그저 인륜일 뿐이니 너와 나는 천륜을 따르자'고 설득했을 것이다.

'하늘 건乾'에는 하늘도 있고 임금도 있으니, 그는 결국 하늘의 뜻을 좇는다며 살인을 했다가 뜻하지 않게 임금의 뜻에 따라 용서를 받고 벼슬을 시작하게 되었던 것이다.

벼슬에 나서서는 아호에서 암시되듯 그는 격한 가슴을 차게 식히고 차가운 머리, 차가운 이성으로 살자며 자신을 수없이 가다듬었을 것이다.

'세월을 차게 식히는 경건한 장소'라는 아호의 의미가 그를 잘 붙잡아준 탓에 그는 아마도 큰 탈 없이 65세의 짧지 않은 생애를 나름대로 잘 살았을 것이라 짐작된다.

그는 사람을 셋이나 죽인 손과 가슴과 눈길을 늘 붙들어 매고 억눌러 주저앉히며, 무사의 길을 걸어 나라와 임금의 은혜에 보답하고자 부단히 애썼을 것이다.

그래서 김성일은 과거시험과 맺어진 슬픈 인연을 조상의 음덕과 임금의 은혜로 해피 앤드로 끝낼 수 있었다.

조선의 해외파 인사들

명나라와 청나라를 오고간 이들이 모두 해외파에 해당된다고 볼 수 있다. 그리고 일본을 다녀온 이들이나 네덜란드인들인 박연 일행과 하멜 일행을 만나 간접적으로라도 여러 견문을 넓힌 이들이 모두 넓은 의미의 해외파에 속한다고 볼 수 있을 것이다.

그러나 여기서는 적극적으로 해외 문물을 배우고 익혀 조선에 심고 뿌리려 했던 선각자들만을 손꼽아보고자 한다. 물론 기록에 나오지 않는 수많은 해외파들이 있었을 것이다.

왜란과 호란으로 인해 포로로, 혹은 인질로, 혹은 노예로 끌려가고 붙잡혀간 이들이 그 얼마나 많았겠는가. 역사의 뒷장에 숨어 있는 이야기들이 역사의 전면에 기록된 이야기들보다 훨씬 더 많을 것이다.

명성황후 민씨의 외척인 閔泳翊민영익(1860-1914)은 여러모로 흥미진진한 이력을 가지고 있는 인물이다.

17세에 과거에 급제하여 관직에 나갔으니 보통의 양반 자제들보다 최소한 십여 년 가까이 빨리 벼슬길을 시작한 셈이다.

*임오군란: 1882년 6월 5일부터 6월 10일까지 있었던 난동. 일본식 신식 군대인 별기군 우대와 월급에 해당하는 쌀 배급이 13개월씩이나 미뤄지는 등 구식군대에 대한 푸대접으로 구식군대의 난동으로 초래.

그가 22세에 임오군란*으로 살던 집이 박살이 났는데도 군란이 수습된 후 그는 사죄사절謝罪使節로 일본을 방문하여 '군란으로 일본 공사관이 습격당하고, 별기군 교관 호리모토 레이조(굴본예조堀本禮造) 소위 등 일본인 13명이 살해된 것에 대해 심심한 유감을 표합니다'라며 극구 사죄해야 했다.

그가 23세에 전권 대신으로 미국에 갈 때 일본 게이오 의숙義塾에서 수학하고 귀국하여 외무랑관外務郎官으로 있던 27세의 **俞吉濬**유길준(1856-1914)과 도화서圖畵署(예조에 속한 탓에 예조판서가 최고 책임자인 제조를 겸했음) 화원畵員(직업화가)으로 있던 40세의 **楊基薰**양기훈이 동행했다.

양기훈은 미국 풍속 화첩을 남겼고, 유길준은 미국에 남아 보스턴대학에서 수학하고 2년 뒤인 29세에 귀국했지만 개화당의 일원이 아니냐는 공격을 받고 옥에 갇히게 되자 옥중에서 『서유견문西遊見聞』 집필(39세에 탈고)을 시작했다.

민영익의 미국 여행으로 두 사람(유길준, 양기훈)의 해외파가 역사의 전면에 등장하게 되었던 것이다.

민영익은 그 후 일본에 망명 중인 **金玉均**김옥균(1851-1894)을 죽이기 위해 자객을 밀파하는 등 개화당 탄압에 앞장서다가 고종을 폐위시키고자 음모를 꾸몄다는 공격을 받았다. 그는 홍콩으로 망명하여 일년 내내 후덥지근한 그곳에서 54세로 생애를 마쳤다.

유길준은 '아관파천'으로 친러파가 득세하자 40세의 나이로 일본으로 망명했다가 51세 되던 해에 순종 임금의 특사를 입어 귀국했다. 54세에 조선을 강제로 합친 일본제국이 '남작'에 봉했으나 그는 단호히 거절하고 빼앗긴 나라의 앞날을 걱정하며 58세로 눈을 감았다.

민영익(泳헤엄칠 영 翊도울 익)의 자는 우홍(遇만날 우 鴻큰 기러기 홍)이고, 네 개나 되는 아호는 각각 '향초 이름 운미(芸향초 이름 운 楣문설주 미), 죽미(竹대 죽 楣문설주 미), 원정(園동산 원丁네째간 정), 천심죽재(千일천 천 尋찾을 심 竹대 죽 齋재계할 제)이다.

이름에는 '헤엄친다'는 의미와 '날개로 날아간다'는 의미가 포함되어 있다. 해외파에 딱 어울리는 이름인 셈이다.

자의 의미 또한 심상치 않다. '멀리 날아가는 커다란 철새를 우연히 만난다'는 의미이니 자신이 먼저 하늘을 날아가야만 어디에선가 우연하게 만날 수 있지 않겠는가. 조선반도에 태어난 그가 어떻게 그런 범상치 않은 자를 지니게 되었는지 참으로 신기하기만 하다.

네 개의 아호들을 살펴보자. '이상한 풀로 출입구를 장식한다'는 운미芸楣, '대나무로 문설주를 댄다'는 죽미竹楣, '동산에 사는 씩씩한 사내'라는 원정園丁, '하늘에 높이 솟아 수많은 것들을 찾고 있는 대나무가 있는 곳'이라는 천심죽재千尋竹齋에서 유별나게 대나무와 문설주가 등장하는 것을 볼 수 있다.

대나무는 높이 솟는 성질과 멀리 뻗어나가는 특성이 있다. 문설주는 누가 뭐라 해도 들어오고 나가는 출입구인 셈이다.

앞의 두 아호는 결국 출입구를 특이한 풀로 장식한다, 출입구에 대나무를 덧대 리모델링한다는 의미로 풀어볼 수 있다. 그리고 뒤의 두 아호는 새로운 땅을 갈아엎고 흙을 잘 골라 아름다운 동산을 만든다는 뜻과 대나무처럼 높이 솟아올라 더 멀리 내다보고 더 많은 것들을 바라본다는 뜻을 지니고 있다.

역시 해외파다운 아호들이다. 비록 말년을 무더운 이국의 남방 홍콩에서 두렵고 외로운 가운데 살아야 했지만, 많은 것들을 새롭게 체험하며 이국적인 온갖 풍물에 흠뻑 빠졌을 것이다.

유길준(吉길할 길 濬칠 준)의 자는 성무(聖성스러울 성 武군셀 무)이고, 아호는 구당(矩굽은 자 구 堂집 당)이다.

먼저 그의 이름을 자세히 보면 '도랑을 깊이 쳐내서 새로운 일을 도모한다'는 의미이니 어떻게 일본과 미국을 넘나들지 않을 수 있었겠는가. 그저 순수하게 연구하기만을 좋아했으니, 500년을 넘겨 유지된 한 왕조가 망하는 격변기에서도 그나마 목숨을 부지할 수 있었을 것이다.

일본과 청나라와 러시아가 멋대로 넘나드는 그 세계적 혼란기에서 목숨을 부지하려면 그저 순수 해외파로 남아 신기하고 배울 것 많으니 연구한다는 자세를 지켜나가는 것이 상책이었을 것이다.

자는 '완벽하고 도도하다'는 의미이니 일본과 미국을 가장 많이 알면서도 배우고 돌아오는 그 주인 자세, 주인으로서의 자존심을 끝끝내 지키지 않았을까.

선진 이국 문물에 현혹되기보다는 어떻게 하면 내 나라에 가져다 심을까 하며 응용하고 정착시키는 쪽에 보다 큰 관심을 두었을 것이다.

'잣대로 다시 재서 새로운 아이디어를 구체화시킨다'는 뜻의 아호는 뭐든지 리모델링한다는 의미이니, 가장 바람직한 해외파 기질을 지니고 있었던 셈이다. 즉, 아이덴티티(identity)가 아주 확실한 해외파였던 것이다.

중년의 나이에 미국을 여행하고 『미국 풍속 화첩』을 그려 남긴 양기훈(基터 기 薰향풀 훈)은 '새로운 곳을 꿈꾸는 풀'이라는 이름 뜻에서 이미 해외파다운 취향이 느껴진다.

그리고 그의 치남(痴어리석을 치 南남녘 남) 자에서 보듯이 '다들 어리석다고 해도' 가보지 않은 미지의 땅인 미국을 마음속으로 그리며, 잔뜩 호기심에 부풀어 올라 흔쾌히 따라나섰을 것이다

세 개의 아호는 각각 '돌이 바람과 비와 세월에 깎이고 변하듯 그렇게 순리대로 산다'는 석연(石돌 석 然그러할 연), '강물에 누운 채 떠내려가는 인어 한 마리'라는 패상어인(浿강이름 패 上위 상 魚물고기 어 人사람 인), '물 속 바윗돌처럼 온갖 풍상에도 꿈쩍 않는 늙은 어부' 라는 석연노어(石돌 석 然그러할 연 老늙은이 노 漁고기 잡을 어)이다.

역시 해외파다운 사고의 탄력과 기이한 것을 그대로 받아들이는 생활자세가 물씬 풍겨난다. 여유를 지니려 애쓰는 스타일이니 가다가 죽을 수도 있고 가서 죽어 못 돌아올 수도 있는 그 위험하고 지루한 여행길을 스스로 택한 것이다.

마음속에 이미 가보지 않은 땅과 보지 못한 새 하늘이 생생하게 들어있었던 셈이다.

조선의 해외파라면 누가 뭐라 해도 閔泳煥민영환(1861-1905.11)과 閔泳瓚민영찬을 빼놓을 수 없을 것이다. 두 사람은 친형제임에도 형인 민영환이 여섯 살 때에 큰아버지인 閔台鎬민태호(1834-1884)의 양자로 입적되었기 때문에 생부인 閔謙鎬민겸호(1838-1884)를 떠나야 했고 친동생인 민영찬과도 헤어져 살아야 했다.

민영환과 민영찬은 다 함께 17세의 어린 나이로 과거에 급제했다. 형은 정시 문과에, 아우는 알성시 문과에 합격했는데 똑같이 병과 합격이다. 나이가 어린 탓인지 갑과나 을과에 속하지 못하고 20여 명이 넘는 병과에 속했다.

형인 영환이 21세 때, 동생인 영찬이 9세 때에 생부인 민겸호가 구식 군대 강경파에게 경우궁景祐宮* 앞에서 피살되고 말았다.

고종이 개화파의 강압에 의해 경우궁으로 옮겨 와 있었으니, 갑신정변이 일어난 밤에 개화파가 동원한 행동대원들에게 피살된 민태호, 민겸호 형제와 閔泳穆민영목(1826-1884), 趙寧

*귀순 : 순조의 생모이자 정조의 후궁인 수빈 박씨의 사당. 임금의 후궁들이 죽으면 위패를 종묘 대신 별묘를 지어 안치했음

363

*조영하 : 1845-1884; 헌종의 생모이자 순조의 정비인 신정왕후(神貞王后) 조대비의 조카
*니콜라이 2세 : 1868. 5. 18-1918.7.17; 304년간 이어진 로마노프 왕조의 마지막 황제

夏조영하*등의 수구파는 결국 임금이 묵고 있던 사당 앞에서 날카로운 비명을 남긴 채 죽어갔던 것이다.

형 영환은 비록 큰아버지인 민태호에게 입적된 처지였지만 생부가 피살되자 모든 걸 때려치우고 3년 동안 생부의 묘소를 지켰다. 26세에 예조판서, 27세와 28세에 병조판서 두 차례, 32세와 33세에 형조판서 두 차례 등등 실로 전형적인 벼락출세요, 대단한 승승장구였던 셈이다.

특명 전권 공사로 러시아 황제 니콜라이 2세*의 대관식(1894년)에 참석하여, 근대화와 자유화에 쫓기고 있는 무너져 내리는 동토凍土 제국을 엿보았다.

그 후 내친김에 미국과 영국을 둘러보고 이어 일본을 두루 살펴본 후 귀국했다. 36세에는 6개국(영국, 독일, 프랑스, 이탈리아, 오스트리아 등)의 특명을 띤 전권 공사가 되어 영국의 빅토리아 여왕*의 즉위 60주년 축하행사(1897년)에 참석했다.

그의 다양한 해외 경험은 결국 그를 외척 세력인 여흥 민씨(명성황후의 친정 식구들) 일족의 수구적 국정운영에 반기를 들고 그 대신 독립협회를 노골적으로 후원하게 만들었다. 그 결과 그는 친척들의 미움을 받아 파면당하게 되었다.

30대 중반 이후에는 그의 다양한 해외 경험이 오히려 그를 슬럼프에 빠뜨리고 말았던 셈이다. 결국 그는 일본 제국의 조선 침탈을 전면에서 막지 못하고 이후 10여 년 동안 실세의 위치에서 밀려나 허세로 머물 수밖에 없었다.

그가 44세에 일본의 노골적인 속셈을 보게 되었다. 1905년 늦가을에 '을사보호조약'이 맺어지자 그는 78세의 趙秉世조병세(1827-1905.12.1 '표훈원'에서 음독 자결)와 함께 백관을 인솔하고 대궐로 들어가 임금(고종) 앞에서 '굴욕적인 조약을 파기하기 전까지는 절

대로 물러설 수 없습니다. 통촉하옵소서'라고 간청하려 했으나 일본 헌병들의 방해로 무위로 돌아가고 말았다.

집으로 돌아와 마음을 정리한 후, 부디 조선의 독립을 지켜주소서 라고 천지신명 앞에 눈물로 빌며 자결했다.

동생 영찬은 22세 되던 해(1895년)에 명성황후의 주선으로 미국 유학을 떠났으나 그 해 가을에 황후가 일본의 낭인들에 의해 비참하게 시해 당하자(을미사변), 그는 모든 걸 접고 급히 귀국했다.

자신을 총애하던 황후의 억울한 혼령을 가슴에 품고 그는 젊은 열정을 다해 개화운동에 뛰어들었다.

그후 27세 되던 해(1900년)에는 프랑스 파리에서 열린 만국박람회 특파 대사로 임명되어 19세기 인류 문명의 발자취를 일목요연하게 정리해 놓은 파리 만국박람회를 둘러보았다.

29세에는 주 프랑스 공사가 되어 유럽의 심장부인 파리에 입성했다. 이듬해에는 적십자 회원이 되어 스위스에서 열린 국제적십자회의에 참석하여 평화와 박애를 지향하는 인류의 헌신을 체험했다.

1905년 늦가을에 을사보호조약이 체결되어 일본의 야욕으로 조선의 독립이 유명무실해지자 그는 32세의 젊은 나이로 정계를 은퇴했다. 친형인 민영환의 자결이 그를 조기은퇴로 내몰았던 것이다.

격변기를 온몸으로 헤쳐나가야 했던 형제의 이야기는, 대단원의 막을 내리고 있던 조선의 슬픈 이야기이자 급류를 타고 정신없이 흘러가던 동북아시아의 이야기였던 셈이다.

형인 민영환(泳헤엄칠 영 煥불꽃 환)은 벌써 '헤쳐나가야 길이 열리는 운세'라는 이름 뜻에서 그의 가파른 생애를 짐작할 수 있다. 그리고 '다양한 색깔을 지니되 항상 같아지고자 애쓴다'는 문약(文무늬 문 若같을 약)이라는 자에서는 그의 온유하고 겸손하나 한없이 강직하고 엄숙한 선비기질과 무인기질을 동시에 엿볼 수 있다.

생부(민겸호)와 양부(민태호)를 함께 생각해야 하고 열두 살 아래인 친동생(민영찬)과 한살 위인 이복형(민영익 ; 1860-1914)을 똑같이 아껴야 했을테니, 자연히 성격과 처세가 외유내강형으로 굳어지게 되었을 것이다.

그의 아호는 계정(桂계수나무 계 庭뜰 정)이다. '계수나무가 있는 뜰이니 겉으로는 부드러워 누구나 접근 가능해도, 속으로는 자신만의 높은 이상을 고이 간직한 채 자신의 이상을 지키기 위해 끊임없이 노력했을 것이다.

이름은 위기에 강한 야심만만한 기질을 암시하고, 자는 강한 독자성을 지니되 남과 같아지고자 노력하는 화합의 리더십, 민주적 카리스마를 보여준다. 그리고 아호에서는 세상의 너저분하고 시끌시끌한 시시비비와 잇속다툼을 벗어나 세상과 자연과 삶의 비밀스러운 이치를 깨닫고자 하는 버릴 수 없는 소망을 말하고 있다.

역사의 분수령에 놓여 고심하는 대표적인 해외파의 비장한 마음가짐까지를 어렴풋이 엿보게 한다.

동생 민영찬(泳헤엄칠 영 瓚옥으로 만든 제기 찬)의 자는 국보(國나라 국 寶보배 보)인데, '귀하게 태어났으나 세상에 잘 쓰이지 못해 결국은 이상한 결말로 끝나게 된다'는 이름에서 그의 뜻대로 잘 안 되는 답답한 삶의 발자취를 엿볼 수 있다.

하지만 특이한 자의 의미에서 그가 지향하는 바가 은근히 대단하고 거창하다는 것을 짐작해 볼 수 있다. '나라의 보배, 나라를 지키는 귀신'이라는 뜻이니, 그 얼마나 목표하는 바가 엄청났겠는가. 실로 조선의 대표적인 해외파, 조선의 마르코 폴로로서 그는 참으로 많은 계획과 포부를 지니고 있었을 것이다.

선진 각국의 문명을 두루 살피며 조선의 피폐하고 고루한 모습을 바꿔놓고자 했을 테니, 실로 혁명가적인 생각으로 똘똘 뭉쳐 있었을 것이다.

나라의 보배가 되어 나라를 더욱 보배롭게 만들어 놓고자 했지만 열두 살 위인 친형이 44세로 자결하자 조선의 운명은 이미 끝이 났다고 결론짓고 32세의 젊은 나이로 세상을 아예 등지고 살기로 마음먹게 되었던 것이다.

꼭 십 년 전에 일본 깡패들에게 무자비하게 죽고만 조선의 국모(명성황후 민씨)를 가슴에 지니고 살았던 그에게, 그가 늘 존경하며 따르던 친형의 비장한 자결은 더 이상 감당할 수 없는 슬픔으로 다가왔을 것이다.

아홉 살 때 겪은 아버지의 비참한 죽음, 스물두 살에 겪은 국모의 비극적인 최후, 그리고 서른두 살에 당한 친형의 비장한 자결…

아무리 견문이 넓고 생각과 지혜가 깊고 높아도, 더 이상 참아 넘기기 어려웠을 것이다.

무엇으로 연속적인 비극과 꼬리를 물고 이어지는 슬픔의 고리를 뛰어 넘을 수 있었겠는가? 사랑하는 이들의 죽음 앞에서는 실로 백약이 무효였을 것이다.

맨손으로 별을 딴 조선의 여인들

조선이라고 왜 신데렐라가 없었겠는가.

어느 왕조, 어느 시대에서나 신분의 벽을 뛰어넘어 급부상 한 예는 실로 부지기수일 것이다. 하지만 평범한 여인에서 왕의 부인 으로까지 그 신분과 팔자가 급변하는 경우는 아마도 열 손가락으로 꼽을 정도에 그칠 것이다.

조선 왕조의 넘볼 수 없는 둥지이자 아지트인 대궐에서 기적적 인 신분향상을 이룬 여인들이 있었다.

조선의 여인들은 두 가지 통로를 통해 품계로 표시된 벼슬을 하게 되어 있었다. 임금의 여인들은 내명부內命婦의 품계를 받았다. 반면에 임금의 아버지 쪽 친척들인 종친과 일반 문·무관의 여인 들은 외명부外命婦의 품계를 받았다.

내명부 품계에도 엄연히 두 종류가 있어서 관리직 여인들과 진 짜 왕의 여인들을 엄격히 구별했다. 즉, 관리직에 해당하는 궁관宮 官(궁녀)과 진짜 왕의 여인들인 내관內官이 있었다.

먼저 왕의 여인들인 내관을 살펴보자.

정1품 빈嬪, 종1품 귀인貴人, 정2품 소의昭儀, 종2품 숙의淑儀, 정3품 소용昭容, 종3품 숙용淑容, 정4품 소원昭媛, 종4품 숙원淑媛이 있었다.

결국 왕의 여자들은 정1품에서부터 종4품의 품계를 받은 고위직 여관女官(여성 관료)이었던 셈이다.

관리직 여성들인 궁관 즉, 궁녀에는 정5품인 상궁尚宮에서 종9품 주변관奏變官까지로 품계가 비교적 넓게 퍼져 있었다.

상궁의 우두머리가 제조상궁提調尚宮인데 그 어떤 경우이든 종4품 이상으로 그 품계가 올라갈 수는 없었다. 물론 이들 관리직 여성 관료들은 품계가 없는 하층 궁녀*들을 관리하며 내명부에 속한 모든 일들을 책임지고 처리했다. 상궁尚宮 이하의 궁녀를 상공尚功으로도 불렀다.

> *하층 궁녀 : 내명부에 속한 내인(內人) 혹은 홍수(紅袖)들의 세숫물을 담당하는 무수리

세자궁에도 내명부 품계가 주어졌는데, 임금과 마찬가지로 세자의 여인들과 세자궁의 심부름꾼들로 정확히 나뉘어졌다.

먼저 세자의 여인들에는 양제良娣(종2품), 양원良媛(종3품), 승휘承徽(종4품), 소훈昭訓(종5품)이 있었다. 그리고 세자궁을 관리하는 내명부 행정직으로는 수규守閨(종6품), 수칙守則(종6품), 장찬掌撰(종7품), 장정掌正(종7품), 장서掌書(종8품), 장봉掌縫(종8품)이 있고 종9품에 해당하는 장장掌藏, 장식掌食, 장의掌醫가 있었다. 세자궁에도 물론 품계가 주어지지 않는 하층 궁녀들이 많이 있었을 것이다.

이제 외명부의 품계(남편이나 아버지의 품계를 따라 봉작)를 받은 여인들을 살펴보자.

우선 임금의 적녀, 서녀인 공주, 옹주는 품계品階를 초월한 무계無階로 다뤄졌다.

정1품 부부인府夫人*, 종1품 군부인郡夫人*과 봉보부인奉保夫人*, 정2품 군주郡主, 종2품 현주縣主*, 현부인縣夫人*, 정경부인貞敬夫人*, 정부인貞夫人*, 숙부인淑夫人*, 숙인淑人*, 혜인惠

> *정1품 부부인 : 임금의 적자인 대군의 처와 왕비의 친정어머니
> *종1품 군부인 : 임금의 서자인 왕자 즉, '군'의 처
> *봉보부인 : 임금의 유모
> *정2품 군주 : 왕세자의 적녀
> *종2품 현주 : 왕세자의 서녀; 왕세자가 왕이 되면 옹주로 승격하고 남편은 종2품을 받음
> *현부인 : 정, 종2품인 종친의 처

*정경부인 : 정, 종1품
  문, 무관의 처; 공주, 옹
  주, 부부인, 임금의 유
  모인 '봉보부인'과 동격
*정부인 : 정, 종2품 문,
  무관의 처
*숙부인 : 정3품 문, 무
  당상관의 처
*숙인 : 종3품 문, 무 당
  하관의 처
*혜인 : 정, 종4품 종친
  의 처
*순인 : 정6품 종친의 처

人*, 순인順人*….

남자들의 품계 못지않게 여성들에 대한 품계 또한 대단히 체계적임을 알 수 있다. 일단 첩의 소생이나 남편이 살아 있을 때 개가한 여자는 품계에서 제외시켰다.

또한 남편의 사후에 개가를 하면 남편이 살아있을 때 주었던 봉작을 박탈했다. 그리고 2품 이상의 외명부는 본관本貫과 읍호邑號를 붙이도록 허락했다. 예를 들면 '여흥 민씨 부부인府夫人'으로 부르는 식이다.

종친에 대한 관리도 대단히 체계적이었다. 임금의 부계父系 친척을 이르는데, 적자 자손의 경우에는 4대 손까지, 서자 자손의 경우에는 3대 손까지 '군君'으로 봉하여 종친으로 예우했다.

3, 4대 손을 지나 종친의 한계를 벗어나면 일반 문, 무관의 자손들과 똑같이 취급했다.

양민 출신의 첩에서 난 종친은 품계를 1등급 낮추고 천민 출신의 첩에서 난 종친은 품계를 2등급 낮추었다.

조선의 품계는 의외로 복잡해서 한번에 선명하게 꿰기가 그리 수월하지 않았다. 정1품부터 종9품까지 퍼져 있으니, 18품계로 이뤄진 듯해도 사실은 종6품부터 정1품을 다시 상계와 하계로 양분했으니 정확히 말하면 30품계였던 셈이다.

정3품 상계 이상은 당상관, 정3품 하계부터 종6품까지는 당하관 참상參上으로 불렀다. 정7품부터 종9품까지는 참하參下 혹은 참외參外로 불렀다.

이제 조선의 신데렐라를 골라보자. 먼저 후궁에서 중궁(중전)으로 올라간 임금의 여인들을 살펴보자. 조선의 519년 역사에서 단 여섯 명만이 그런 식의 샛별운세를 타고났었다.

제5대 문종文宗비인 현덕왕후 권씨, 제8대 예종睿宗의 계비인 인순왕후 한씨, 제9대 성종成宗의 두 번째 계비인 정현왕후 윤씨, 제 10대 중종中宗의 계비인 장경왕후 윤씨, 제19대 숙종肅宗의 후궁인 희빈禧嬪 장씨가 그런 기적의 운세에 해당된다.

먼저 문종(1414-1452; 재위=1450-1452)비 현덕顯德왕후 권씨(1418-1441) 의 스토리를 풀어보자.

열네 살에 세자궁의 궁녀로 들어와 세자의 눈에 들어 승진을 거듭했다. 우선 종4품 승휘承徽가 되었다가 곧 이어 종3품 양원良媛 이 되었다.

당시 어진 임금님으로 통하던 세자의 아버지 세종은 이미 두 명의 세자빈을 내쫓은 상태였다. 김오문의 딸인 휘빈 김씨는 세자 가 15세 때인 1429년에 폐위되고 봉여의 딸인 순빈 봉씨는 세자 가 22세 때인 1436년에 폐위되었다. 투기가 심하다는 이유와 행실 이 방정하지 못하다는 이유로 대궐에서 쫓겨난 것이다.

권씨는 결국 한창 때인 19세에 23세의 세자와 짝꿍이 되어 꿈 에 그리던 세자빈에 책봉되었다. 하지만 호사다마好事多魔인지, 권 씨는 23세에 요절하고 만다. 아들(단종)을 낳고 산후병으로 죽고 말 았던 것이다. 9년 뒤에 세자가 문종으로 즉위하자 왕비로 추봉되 었지만 그녀의 불행은 거기서 끝나지 않았다.

아들이 11살에 왕(단종)이 되었지만 14살에 38세의 삼촌(수양대군) 에게 쫓겨나 허수아비 신세인 상왕으로 물러앉아야 했다.

임금으로 올라앉은 삼촌은 신하들의 매서운 눈치가 두려워 어 린 조카를 다시 상왕上王에서 노산군魯山君으로 강등시키고 말았다. 사육신, 생육신의 불사이군不事二君의 충성서약에 겁을 잔뜩 집어먹 고 말았던 것이다. 그후 수양대군보다 아홉 살 아래인 작 은삼촌 금성대군*이 유배지인 경상도 순흥에서 순흥부사 이보흠과 함께 어린 조카(단종)의 복위를 모의하다 들통나

*금성대군 : 1426-1457; 세종의 6남으로 11살에 제1차 왕자의 난에 희 생당한 방석芳碩의 후 사로 입적됨

371

자, 다시 한번 서인庶人으로 강등되고 말았다.

그 뒤로도 여러 차례 차라리 자결하라는 강요를 받다가 16살 되던 해에 억지로 인연이 닿게 된 '영월'에서 쓸쓸히 죽고 말았다. 그래도 그의 부인(정순왕후 송씨 : 1440-1521)은 소생이 없는 상태로 81세까지 장수했다.

자그마치 세 임금들(세조, 예종, 성종)이 연이어 바뀌고, 한 폭군(연산군)이 12년만에 쫓겨나는 것을 지켜본 후 또 다시 새 임금(중종)이 들어와 15년간 통치하는 것을 보았다.

단종이 왕에서 쫓겨나자 예조판서로 있던 친정 동생 권자신도 '조카를 다시 왕에 앉혀야 한다'며 사육신과 은밀히 모의하다 처자와 함께 고문을 받았다.

그는 쫓겨난 왕의 외삼촌이라는 이유로 사지가 찢기는 거열형車裂刑을 당했다. 도대체 그녀의 무엇이, 한 때는 그녀를 왕비의 자리에까지 밀어 올렸다가 얼마 뒤에는 획 몸을 돌려 그녀와 그녀 주위의 피붙이들을 모조리 비참한 지경으로 내몰았는가. 친정 현덕황후 권씨의 친정아버지의 이름은 전(專오로지 전)이다.

일체의 사심이 없이 오로지 맏딸의 행복만을 위해 살았던 친정아버지였을 것이다. 그러기에 어린 딸을 세자궁으로 들여보내 일찌감치 대궐의 내명부에 올려놓았을 것이다.

임금의 여인이 되어 타고난 고귀한 운세를 마음껏 펼쳐보라며 어린 딸의 가녀린 등을 마구 떠밀었을 것이다.

남편인 문종은 이름이 향(珦옥 이름 향)이고, 자는 휘지(輝빛날 휘 之갈 지)이다.

이름은 문종의 '단아한 성품'을 의미하고, 자는 겨우 2년 3개월로 왕의 자리에서 사라지는 덧없는 운세를 암시한다.

자는 '빛을 길게 늘어뜨리며 사라지는 혜성'을 생각하게 하는 의미이니, 곧 큰 이변이 생길 조짐을 미리 엿보게 해 준 셈이다.

결국 진평晉平에서 함평咸平으로, 다시 함양咸陽에서 수양首陽으로 대군大君 칭호가 바뀐 동생(수양대군, 세조 : 1417-1468)의 야심과 패기에 부부(문종과 현덕왕후 권씨)가 함께 단단히 주눅이 들었던 셈이다.

수양대군의 자는 수지(粹순수할 수 之갈 지)이니, 불순물이 전혀 없는 순수함을 유지한다는 의미인 셈이다.

결국, 순수함을 고집하는 살아 있는 동생(수양대군)이 빛나고자 꿈꾸다가 죽은 형(문종)을 날름 통째로 삼켜버린 것이다. 분명히 살아 숨쉬고 있다는 것 자체가 바로 힘이고 백이다.

예종의 부인이 된 안순安順왕후 한씨의 경우를 살펴보자.

세자의 후비로 뽑혀 소훈昭訓(세자궁 내명부로 종5품)에 책봉되었다가 정비인 장순章順왕후*가 인성仁城대군을 낳고 요절하자 세자빈에 간택되었다.

*장순왕후 : 1445-1461; 한명회의 딸로 성종비 공혜왕후의 11세 위 언니

세자로 있던 해양海陽대군 晄황이 18세에 왕(예종 : 1450-1469)이 되자 그녀도 당연히 안순왕후에 봉해졌다. 하지만 왕이 13개월만에 요절하자 그녀 앞에는 갑자기 먹구름이 몰려들기 시작했다.

그녀는 51세 된 시어머니 정희貞熹왕후(세조비) 윤씨(1418-1483)가 당대의 권력 실세인 54세 된 韓明澮한명회(1415-1487)와 짜고 이상야릇한 게임을 했던 것이다.

겨우 스무 살에 불과한 그녀는 속수무책으로 그저 지켜보고만 있어야 했다. 시어머니는 38세 된 남편(수양대군, 세조)을 도와 어린 조카를 몰아내고 왕이 되게 했던 맹렬 여성이었다. 1455년 10월 10일 밤으로 거사일자를 잡았지만 그만 비밀이 누설되고 말았다.

남편은 뒤로 미루고자 했지만 그녀는 오늘밤에 해치워야 한다며 머뭇거리는 남편에게 손수 갑옷을 입혀주며 성공을 빌어 주었던 것이다. 실로 대담한 여장부였던 셈이다.

시어머니는 결국 그녀의 세 살 된 아들인 제안齊安대군(1466-1525)을 건너 뛰어 완전히 새 판을 짜고 있었던 것이다. 그녀는 그러한 시어머니의 엉뚱한 게임을 속절없이 지켜보고만 있어야 했다.

의경懿敬세자*와 소혜昭惠왕후* 한씨 사이에는 월산군月山君(1454-1489)과 자산군者山君(1457-1494)이 있었다.

그런데 시어머니는 겨우 12세 된 둘 째 자산군(성종)을 새 임금으로 앉혔던 것이다. 실세 정객이었던 한명회는 자신의 딸이 이미 자산군의 부인(공혜왕후)*이었기 때문에 15세 된 월산군을 건너뛰어 열두 살 된 어린 자산군을 적극적으로 밀었던 것이다.

시어머니는 그녀의 둘째 아들(예종)을 대신해 조선왕조 최초로 수렴청정을 했던 야심만만한 여성정치가였다. 아니나 다를까, 그녀는 어린 손자를 새 임금(성종)으로 앉힌 후에도 7년간이나 수렴청정을 하며 막강한 실세로 군림했다.

안순왕후 한씨의 외아들인 제안대군(1466-1525)은 17세에 평원대군*의 양자로 입적되었다.

그는 金守末김수말의 딸과 朴仲善박중선의 딸을 각각 본처와 재취로 맞았지만, 32세 되던 해에 어머니가 40대 후반의 나이로 타계(1498년 연산군 4년)하자 평생 여색女色을 멀리하고 오로지 학문에만 전념했다.

친정아버지 韓伯倫한백륜(1427-1474)은 17세의 어린 나이로 과거에 급제하여 다양한 관직을 거치며 승승장구했다. 35세에 딸이 예종 비로 책봉되는 것을 지켜보았고, 42세에는 우의정에 올라 어린 나이로 임금이 된 성종을 열심히 보필했다.

비록 47년간의 길지 않은 생애였지만, 사위(예종)가 왕으로 있던 13개월 동안이 그나마 가장 긴장되고 위급한 순간이었다.

*의경세자 : 예종의 형으로 1457년 9월에 요절; 후일 덕종으로 추존
*소혜왕후 : 1437-1504; 남편이 덕종으로 추존되자 인수仁粹왕비에 진책(進冊)됨. 손자 연산군이 폭력을 가해 그 후유증으로 죽음
*공혜왕후 : 1456-1474; 자산군이 열 살 때 열한 살로 부부가 되었으나 소생 없이 18세로 요절
*평원대군 : 1427-1445; 세종과 소헌왕후 심씨의 8남 2녀 중 하나로 18세에 천연두로 죽음

27세에 병조판서를 지낸 영웅 남이 장군과 영의정 강순 등이 연루된 역모사건을 해결할 때가 가장 힘들고 괴로웠다.

친정아버지 한백륜(伯맏 백 倫인륜 륜)의 자는 자후(子아들 자 厚두터울 후)이고, 아호는 의암(毅굳셀 의 菴풀이름 암)이다.

'인륜을 가장 중요시하는 사람'이라는 이름 뜻에서 알 수 있듯이 그는 아주 반듯하고 올곧은 인품을 지니고 있었을 것이다. 아마도 융통성이 약간 부족한 아주 고지식한 사람이었는지도 모른다.

자의 의미는 '후손이 잘 되기를 간절히 바라고 죽은 뒤에도 후손을 돕는 혼령이 된다'는 식으로 풀어볼 수 있을 것이다. 그리고 아호는 '여간한 비바람에도 결코 꺾이거나 눕지 않는 억센 풀처럼 산다'는 의미로 해석해 볼 수 있을 것이다.

후손을 지극히 생각하는 자와 강인한 의지를 과시하는 듯한 아호에서, 시집간 딸에 대한 친정아버지의 한없는 사랑을 읽을 수 있다.

스무 살 전에 청상과부가 되어 세 살 난 어린 아들을 보살피게 된 딸을 생각하며, 마흔 두 살의 친정아버지는 수많은 밤을 긴 한숨으로 지새웠을 것이다. 친정아버지의 애끓는 염려 덕분에 그녀도 오십 가까이 살 수 있었고, 그녀의 외아들 또한 59세까지 잘 살 수 있었을 것이다.

그녀의 큰동서인 덕종비 소혜왕후*는 스무 살에 청상과부가 되어 67세로 장수했지만, 며느리 윤씨를 폐위시켜 사사한 탓에 폭군 중의 폭군인 손자(연산군)의 주먹질과 욕설에 그만 욕된 목숨을 단축하고 말아야 했다.

*소혜왕후 : 1537-1504; 성종의 생모로 인수대비로 불림

하지만 그녀(안순왕후)는 친정아버지의 음덕으로 폭군 연산군이 아직 제 정신을 잘 차리고 있을 때(1498년 연산군 4년)에 생애를 마쳐, 천만다행으로 핏빛으로 물든 붉은 진흙탕에 몸과 마음을 마구

더럽히지 않아도 되었다.

연산군의 생모인 폐비 윤씨도 사실은 전형적인 신데렐라였다.

*봉상시 : 시호, 제사 등
을 담당하는 관청
*숙의 : 종2품 내명부 후
궁 작호
집현전集賢殿 교리敎理와 봉상시奉常寺* 판사判事를 지낸 함안 윤씨 尹起畎윤기견(기무起畝라는 기록도 있음)의 딸로 태어나 친정아버지가 작고한 뒤 성종의 후궁인 숙의淑儀*가 되었다.

성종은 16세였고 윤숙의는 그보다 몇 살 위였다. 성종의 정비인 공혜왕후(1456-1474; 한명회의 딸)가 아이를 못 낳은 채 18세로 요절한 터라 윤숙의에게는 실로 별을 딸 수 있는 절호의 찬스였던 셈이다.

*중전 : 왕비의 거처인
중궁전中宮殿의 준말
로 곤전坤殿 혹은 중궁
中宮이라고도 부르는
데, 왕비를 높여 부를
때 중전中殿이라 했음.
중전中殿*이 죽고 없는 무주공산無主空山 상태의 내명부에서 방금 막 성년에 이른 임금의 사랑을 독차지하며 후궁에서 당당히 중전마마의 자리로 냉큼 뛰어 오를 수 있었다.

곧 이어 떡두꺼비 같은 아들까지 낳고, 말 그대로 인생역전을 이룬 '임금의 여자'가 되었다. 숙의가 된지 3년만에 중전(왕비)마마도 되고 아들 㦕융(연산군)도 낳았으니, 아무리 지엄한 대궐 분위기라 해도 그녀를 가로막을 장애물은 사실상 거의 없어진 셈이었다.

그 때 성종은 19세의 팔팔한 예비청년이었고, 윤씨는 스무 살이 약간 넘은 여러모로 원숙한 여인이었다. 하지만 아직 젊은 탓인지 아니면 타고나기를 그렇게 타고난 것인지, 중전 윤씨는 안하무인이었다. 질투가 워낙 심해 후궁들을 공연히 못살게 굴었다.

임금이 자신보다 몇 살 아래라고 친정 동생 다루듯이 했다. 그녀에게는 실제로 후일 참판을 지낸 尹濯윤구라는 친정동생이 있었다.

그러한 그녀를 가리켜 '후궁들을 독살하고 임금까지 죽이려는 악독한 계집이다. 독약을 왜 지니고 있겠느냐? 상감마마의 몸에 할퀸 자국을 내놓고도 전혀 뉘우칠 줄 모르는 못된 계집이다. 왕비감이 전혀 아닌데 왕위를 이어갈 왕자가 없던 터라 공연히 서둘러 왕비에 책봉한 것이 크나큰 불찰이었다는 것이 대궐 한 구석의 중론이었다.

그녀와 늘 부딪치는 이들은 그렇게 문제 있는 여자로 보았지만, 나머지 대다수 대신들은 좀 달랐다. 즉, 그녀를 잘 모르는 명분론자들은 '왕위를 이어갈 왕자를 낳은 왕자의 생모가 아니냐? 작은 실수나 과오는 일시적인 흠이지만 장차의 일을 생각하면 그렇게 속전속결로 단순하게 처리할 일이 절대 아니다'라며 폐비 결정을 최대한 미루거나 막아보려 했다.

비상(독약)을 숨겨둔 일은 그런 대로 변명의 여지가 있었다. 자기는 전혀 모르는 일이라며, 누군가가 자기를 모함하려고 일부러 자기의 소지품 속에 숨겨놓은 것이라고 극구 부인하면 왕자를 낳은 중전이라는 이유만으로도 중전에서 빈嬪으로 강등되는 모욕을 모면할 수 있었던 것이다.

그러나 임금의 얼굴을 할퀸 일은 물증이 너무도 확실하고 알리바이도 아무 소용이 없었기 때문에 결국은 인정할 수밖에 없었다.

성종은 어머니(소혜왕후였던 인수대비 한씨 : 1437-1504)의 단호한 반대에 부딪쳐 어찌해 볼 도리가 없었다. 내명부 품계를 모두 떼어내고 일반 서민으로 바꿔 일단 친정으로 내보내는 수밖에 없었다.

중전마마에서 폐비 윤씨로 처지가 급전직하急轉直下하고 말았던 것이다. 하지만 왕자를 낳은 아주 특별한 임금의 여자였기 때문에 대궐 분위기가 호전되고 시어머니(인수대비 한씨)의 진노가 누그러지면 다시 제 자리로 돌아갈 가능성은 아직 열려 있었다.

더욱이나 시어머니 자신도 일개 수빈 한씨에서 죽은 남편 의경세자懿敬世子*가 아들(성종)의 즉위 후 덕종德宗으로 추존되자 덩달아 인수왕비로 승격된 처지였다.

*의경세자 : 아들이 왕이 되기 12년 전인 1457년 9월에 20세로 요절

하지만 분위기가 이상하게 흘러갔다. 폐비 윤씨를 다시 왕비로

복위시키느냐, 아니면 죄인으로 다스려 사약을 내려야 하느냐의 문제를 놓고 대궐 대신들의 의견이 점차 시끄러워지기 시작했던 것이다.

그 일로 국론이 분열되고 민심도 흉흉해져가는 분위기였다. 성종은 결단을 내려야 한다고 생각했다. 조정 대신들의 명분론, 동정론도 일리가 있지만 그보다는 스무 살에 청상과부가 되어 세 살 위의 형 월산군과 자신만을 믿고 살아온 홀어머니의 반대를 먼저 생각해야만 했다. 그리하여 3정승과 6조 판서들과 대간을 두루 다 모아놓고 결론을 짓고 넘어가자며 단호한 자세를 내보였다.

결론은 '사가에 나가서도 좀처럼 뉘우치거나 바로잡지 못하고 여전히 방자하게 굴고 있다니 복위를 운운할 때가 아니다. 사약을 내려 자결하도록 함으로써 해묵은 문제와 시비를 매듭짓고 넘어가는 것이 좋겠다. 어린 왕자를 위해서나, 나라를 위해서나, 임금의 심적 고통을 덜어주기 위해서 일은 빨리 처리하는 것이 좋겠다는 쪽이었다.

좌승지 李世佐이세좌로 하여금 사약을 폐비 윤씨의 사가로 가지고 가 어명을 속히 집행하도록 했다.

숙의 윤씨에서 중전마마로 승격되었던 신데렐라 윤씨는 자신의 칼칼한 성깔과 짧은 인내심 때문에 끝내 남편이 내려준 사약을 마시고 피를 토하며 죽고 말았던 것이다. 결국 역사 속에 폐비 윤씨로 기록되고만 것이다.

비록 죽은 후 십수 년이 지나 왕이 된 아들이 아버지 성종 임금의 유훈을 깡그리 무시한 채 무덤을 옮겨 회릉懷陵이라 고쳐 짓고 제헌왕후齊憲王后로 부르게 했지만, 그 억지로 만든 역사는 잠시 한때로 끝이 나고 진짜 역사는 여태껏 '폐비 윤씨'로 기록해 놓고 있지 않은가.

그리고 아들이 왕이 된 지 정확히 십년(1504년 연산군 10년 ; 갑자사화)만에 윤시를 죽도록 방관하거나 적극적으로 분위기를 만들었던 대신들이 모조리 도륙당하게 되었지만, 그런 뒤늦은 복수의 살육전이 대체 무슨 소용이란 말인가.

공연히 무수한 주검들을 무덤에서 다시 깨워 부관참시함으로써 떠돌이 귀신들만 양산하고, 부랑 귀신과 노숙 귀신만 많이 만들어낸 것이 아닌가. 도대체 무엇이 신데렐라 윤씨를 폐비 윤씨로 전락시켜 놓은 것인지 궁금하다.

친정아버지의 이름 때문인가?

윤기견이건 윤기문이건 '일어날 기起'와 '밭고랑과 밭이랑을 뜻하는 '밭도랑 견畎'과 '밭이랑 무畝'로 이뤄진 이름이다. 우선 앞의 글자는 벌떡 일어나 급히 달려나가는 모습을 연상시킨다.

또 다른 글자는 '너른 밭을 일궈 풍요로운 들판으로 바꿔놓는' 그 억척스러운 팔뚝과 끝이 다 닳아서 햇볕에 번쩍 번쩍 빛나는 농기구를 떠올리게 한다.

친정아버지의 이름에는 새 지평을 여는 패기와 욕심을 내다 스스로 피로해지는 운세가 함께 깃들여 있다. 급한 성격과 여간해서 차지 않는 욕망이 같이 들어있다는 뜻이다. 아마도 그는 자신의 삶도 그런 식으로 이끌었을 테고 딸에게도 은근히 그런 식으로 살기를 원했을 것이다.

패기와 욕망! 칼과 방패를 들고 나간 것이 아니라 한 손에는 칼, 다른 손에는 창을 들고 나간 꼴이다. 공격에는 쓸모가 있는 기질이지만 막상 방어하게 될 때는 무용지물이 되고 마는 기질인 것이다. 일개 궁녀에서 종2품 숙의로, 그리고 품계가 아예 없는 무품계의 왕비로 올라서기까지는 양날의 공격력이 꽤나 쓸모 있었을 것이다.

그러나 상황은 그렇게 녹녹하지가 않았다. 우선 젊고 예쁘고 섹시하기까지 한 엄嚴숙의, 정鄭숙의 등의 후궁들이 임금을 에워싸고 있었다. 그리고 무엇보다도 스무 살에 청상과부가 되어 왕비가 못된 채 영원한 세자빈으로 머물게 된 40세의 시어머니도 어디 얼마나 잘하나 두고 보자며 날을 세우고 있었지 않은가.

보통의 시어머니가 아니었다.

대국인 명나라에도 든든한 백이 있던 특이한 가문 출신이었다. 친정아버지도 좌의정을 지낸 韓確한확(1403-1456)이지만, 특이하게도 고모가 명나라 황제인 성조(영락제)*의 비(여비麗妃)가 된 터라 조선 조정에서도 아주 어려워하는 가문이었다.

덕분에 친정아버지는 14살의 어린 나이로 명나라에 가서 '광록시光祿寺 소경少卿'이라는 벼슬까지 달고 왔고, 그 이후에도 어려운 일이 있을 때마다 명나라에 가서 남달리 공을 많이 쌓았다.

수양대군이 어린 조카 단종을 몰아내고 스스로 왕이 되었을 때는 찬탈이 아니라 양위를 받아 왕이 된 것입니다 라고 해명하고 귀국하다가 도중에 53세로 객사했다. 실로 막강한 친정(청주 한씨)을 배경으로 업고 있던 유별난 시어머니였다.

그녀의 친정아버지 이름이 '굳을 確확'이니, 그 단단히 박힌 바윗돌을 무슨 수로 파낼 수 있었겠는가.

속으로는 단단하되 겉으로는 부드럽게 하라는 친정아버지의 신신당부 덕분에, 시어머니는 자신의 시어머니(1418-1483.3: 정희왕후 윤씨 ; 세조비)가 대단히 유별난 여인이었음에도, 별 탈 없이 잘 적응했던 것 같다. 남편 없이 두 아들(월산군과 후일 성종이 된 자산군)을 키우면서도 65세로 타계할 때까지, 아마도 며느리 역할을 잘 해냈을 것이다.

시어머니는 또 67세로 죽었으니, 자신의 시어머니보다

*성조(영락제): 1360. 5. 2 - 1424.8.5; 주원장 즉, 명 태조 홍무제의 4남으로 북경에 자리잡은 연 왕燕王이었으나 16세로 제 2대 황제가 된 조카 '건문제'를 3년에 걸친 내전으로 제거하고 42세에 제 3대 황제에 올라 수도를 남경에서 북경으로 천도 만주, 베트남, 티베트, 일본, 몽골, 타타르, 동아프리카에 이르는 광활한 지역에 영향력 미침. 5차례나 직접 군대를 이끌고 원정에 나섰다가 끝내 64세로 진중에서 죽음.

정확히 두 해를 더 산 셈이다. 그래도 52세에는 35살 먹은 큰아들(월산군 정)이 먼저 죽고 57세에는 35살 먹은 둘째 아들(성종)이 먼저 타계했으니, 비록 67년의 결코 그렇게 길지 않은 생애였지만 가슴에 못을 많이 박으며 고달프게 살았던 셈이다.

조선의 신데렐라를 꿈꾸던 윤씨는 끝내 폐비 윤씨로 종치고 말았지만 '까마귀 날자 배 떨어진다'고 남의 불행 속에서 또 하나의 행운이 싹을 틔우기도 하는 법이다.

윤씨가 중전의 자리에서 쫓겨나 폐비 윤씨가 되자 파평 윤씨 집안에서 새로운 신데렐라가 떠오르게 된 것이다.

11세 때에 다섯 살 위의 세자(성종)를 만나 내명부 숙의淑儀로 들어와 있던 아가씨인데, 그녀가 17살 되던 해애 중전(함안 윤씨)이 사가로 폐출되자 곧이어 왕비로 떠오르게 되었다.

마침내 파평 윤씨 집안의 그녀는 이듬해 18살로 23세의 임금(성종)을 섬기는 중궁전, 즉 중전(정현왕후貞顯王后 ; 1462-1530)이 되었다.

마음이 얼마나 따뜻했던지 세자(연산군)가 비록 자신보다 14살 어렸지만, 자신의 친아들처럼 애지중지 아껴 주었다. 성격이 본래 포악했던 연산군마저도 후일 정현왕후 윤씨를 친어머니로 알고 지냈다고 했을 정도이니, 그녀의 현명함과 성격을 익히 미루어 짐작해 볼 수 있을 것이다.

그녀의 외아들(1488-1544; 진성대군; 중종)이 세자(연산군)가 12살 되던 해에 태어났으니, 최소한 12년간은 친아들처럼 돌볼 수 있었을 것이다. 아마도 그녀의 그런 현명함 때문에 폭군 중의 폭군인 연산군도 12살 아래의 이복동생(진성대군)을 견제하지 않고 잘 지낼 수 있었을 것이다.

친정아버지의 이름이 '성채를 에워싼 깊은 도랑처럼 철저히 보호해 준다는 의미인 호(壕해자 호)이고, 자는 숙보(叔아재비 숙 保지킬 보)

이다.

참으로 신기하지 않은가. 이름에는 둘레를 에워싸 함부로 접근하지 못하게 보호해 준다는 의미가 들어있고, 자에는 항상 젊음을 유지하며 끝끝내 잘 보살펴 주고 잘 도와준다는 의미가 들어있다. 친정아버지 윤호는 딸이 11살 어린 나이로 내명부 숙의가 되자 느닷없이 과거볼 생각을 했었던 것 같다. 딸이 14살이 되던 해에 52세로 과거를 보아 급제했다.

하지만 이듬해에 정3품 벼슬인 병조의 참지參知가 된 것으로 보아 아마도 그는 과거보기 이전부터 관직에 나와 있었던 것 같다.

*돈령부 : 종친과 왕실의 외척을 예우하기 위해 만든 관청

곧 이어 종2품인 공조참판이 되고 64세에는 정1품인 돈령부敦寧府* 영사領事가 된다.

70세에 우의정을 지내고 왕비가 된 딸이 34세 일때 72세로 타계했다. 사위인 성종이 이 년 전에 37세의 젊은 나이로 죽고 나서 그의 첫 아들인 연산군이 18세로 새 임금이 되어 있을 때였다.

뒷날 연산군을 몰아내고 임금이 되는 외손자는 겨우 여덟 살이었다. 그는 결국 자신이 눈을 감기 전에 보았던 8살의 외손자와 34세의 딸의 앞날을 비록 혼령이 되어서라도 정말 완벽하게 지켜주고 있었던 것이다.

그 덕에 딸은 조선의 신데렐라(정현왕후)가 되었고 외손자는 임금(중종)이 될 수 있었을 것이다.

딸은 비록 32세에 과부가 되었지만 44세 되던 해에 18세 아들이 임금(중종)이 되는 것을 보고, 그 이후 24년 동안 임금이 된 아들의 효도를 받으며 잘 살다가 68세로 신데렐라의 멋진 인생역전을 마무리 지었다.

친정아버지의 완벽한 보호가 얼마나 탄탄하고 든든했던지 친정오빠 尹湯老윤상로(1508년에 사망)마저도 죽을 고비를 무사히 잘 넘길

수 있었다. 자신의 어처구니없는 바보짓으로 하마터면 죽을 뻔했는데도 아무 탈 없이 잘 넘기고 곧 재기할 수 있었다.

훈련원訓練院 부정副正(종3품)으로 있을 때 매제인 성종이 37세로 타계했는데 그는 무관의 괄괄한 기질 때문인지 그만 기생을 끼고 술을 마시며 흥청망청 놀았던 것이다.

아니나 다를까, 그는 대간臺諫*의 탄핵을 받고 파면당해 4년여 동안 참으로 별 볼일 없이 지내야 했다. 칼자루에 녹이 시뻘겋게 쓸도록 할 일 없이 세월만 흘려보내고 있었던 것이다.

하지만 완벽하게 보호해 준다는 아버지의 이름과 자의 든든한 뒷받침에 의해 4년 후에는 세자익위사世子翊衛司(세자 경호 및 호위를 책임짐)의 우익위右翊衛(정5품)로 복직되었다. 그리고 7년 뒤인 연산군 말기(1505년)에는 공조 참의參議(정3품)에 올랐다.

그는 여동생의 아들이 희대의 폭군인 연산군을 몰아내고 18세로 당당히 왕(중종)이 되는 것을 보고 나서 2년 뒤에 타계했다.

철저히 보호한다는 尹壕윤호의 이름과 자가 결국 딸과 외손자를 각각 왕비와 왕으로 세우고, 아들을 죽을 고비에서 살려내 끝까지 벼슬길을 잘 걸어가게 만들어 준 것이다.

매제가 죽었을 때 기생을 끼고 놀다가 탄핵받은 아들은 과연 어떤 기질의 사람이었을까.

이름이 윤상로(湯물흐를 상 老늙은이 로)의 뜻은 '물이 흘러가듯이 느긋하게 산다'이고, 자는 '제대로 관리를 안 해 허름해지고 더러워진 집'을 의미하는 상경(商헤아릴 상 卿벼슬 경), 아호는 '제대로 관리를 안 해 허름해지고 더러워진 집'을 의미하는 나헌(懶게으를 나 軒추녀 헌)이다.

무과시험에 장원급제한 무관인 탓인지 이름이나 자나 아호가 모두 안정감보다는 그저 개성과 독특한 취향만 물씬 묻어난다. 풍류와 여유를 좋아하면서도 다른 한편으로는 벼슬에 대한 집착과 의욕이 실로 대단하다.

아무 것에도 매이고 싶지 않으면서도 다른 한편으로는 잔머리를 굴려 잇속을 챙기고자 하니, 매제의 상 즉, 국상을 당한 신하의 처지에서 무엄하게도 기생과 놀아나고만 것이다.

다행히도 32세의 여동생은 죽은 임금의 정비이고, 70세인 아버지는 우의정의 자리에 있었다. 정말 살아서는 한없이 든든한 아버지였고, 죽어서는 눈물겹도록 고마운 조상귀신이었다. 홀로 된 딸(정현왕후)과 못난 아들(윤상로)과 폭군의 위태로운 그림자 속에 있는 외손자(진성대군, 중종)를 완벽하게 보호해 준 대단한 조상귀신이었다.

연산군의 이복동생인 진성대군(1488-1544)은 일단 18세에 반정에 성공하여 왕이 되었지만 개인적으로는 아주 복잡한 문제를 안고 있었다.

그 여러 가지 문제들 중에서도 가장 큰 고민거리는 조강지처 신씨에 대한 반정공신들의 부정적인 의견이었다.

신씨의 고모는 연산군의 부인이고 좌의정이던 친정아버지 愼守勤(신수근)은 '당신의 사위인 진성대군을 새 임금으로 옹립하려 하니 반정에 함께 참여합시다'라는 박원종의 제안을 거절했다가 자신의 형제들과 함께 반정세력들에 의해 살해되고 말았다.

반정에 성공하여 남편인 진성대군이 왕이 되자 곧 이어 왕비(단경왕후 ; 1487-1557)에 책봉되었지만 조정 분위기가 워낙 험악하게 돌아가 이듬해에 그만 친정으로 쫓겨나야 했다.

이런 비극적인 스토리를 딛고 새로운 신데렐라가 탄생했으니, 그녀가 바로 장경왕후 윤씨였다. 그녀는 15세의 나이로 폭군을 몰아내고 새 임금이 된 중종의 후궁(종2품 숙의)이 되었다.

그런데 이듬해에 그녀는 용꿈을 꾸게 되었다. 입에 여의주를 물고 눈물을 흘리는 용을 가녀린 손으로 어루만져 위로해 주는 한 소녀를 꿈속에서 보게 된 것이다. 그리고 그녀는 조강지처를 내쫓고 한숨과 눈물로 지새는 젊은 임금을 위로하는 어린 왕비가 되었다. 용꿈이 적중한 것이다.

19세의 젊은 왕은 20세의 조강지처를 궁궐 밖 친정으로 내보내고 하루하루를 먼 하늘만 쳐다보며 울적한 마음으로 보내고 있었다. 그 때에 조선의 신데렐라가 된 16세의 그녀는 너무도 짧은 행복을 차지하고 말았다. 24세의 젊은 나이에 불쌍한 핏덩이만 달랑 남겨둔 채 27세의 사랑하는 임금님과 영영 헤어져야 했던 것이다.

비록 그녀가 죽은 지 꼭 29년 뒤에 외롭게 자란 왕자가 임금님(인종)이 되었지만 겨우 8개월 동안의 왕이었다. 30세로 요절했으니 생모보다는 6년 더 살았지만 참으로 짧기 만한 생애였던 것이다.

그래도 자신이 없던 사이에 친정아버지 尹汝弼윤여필(1466-1555)과 네 살 위인 친정오빠 尹任윤임(1487-1545)이 어린 왕자를 지성으로 감싸주고 있었으니, 비록 저승을 떠도는 혼령이지만 안도할 수 있었을 것이다.

특히 친정아버지의 놀라운 장수야말로 가장 큰 버팀목이 되었다. 91세까지 살았으니 실로 어린 나무를 보호해 주는 전설의 낙락장송落落長松이었던 셈이다.

같은 파평 윤씨 집안이지만 그녀의 주검을 딛고 16세의 꽃다운 나이로 새 왕비가 된 문정왕후와 그녀의 친정 형제들(소윤으로 불린 윤원로, 윤원형)은 사사건건 각을 세우며 못 잡아먹어 안달이었다. 그녀의 친정아버지와 친정오빠들(대윤大尹이라 부름)은 윤가들의 10년 벼슬 전쟁에 혈안이 되어 있었던 것이다.

윤가를 뜻하는 그 윤尹자에는 분명히 벼슬아치에 대한 끝없는 욕망이 숨겨져 있었던 모양이다. 나라를 다스릴 생각은 아니하고 벼슬다툼에 나서기만 서둘렀으니 어떻게 친족의식, 피붙이 생각이 났겠는가.

그녀의 아들(인종 ; 29세에 왕이 되어 8개월만에 타계)이 죽자 소윤小尹으로 통하던 문정왕후 세력이 조선의 마지막 참극(1545년 명종 즉위년의 을사사화)을 일으켜 조정 대신들과 그녀의 친정 식구들을 빗자루로 쓸어내듯이 깡그리 쓸어 없애려 했다.

결국 돈령부敦寧府 판사判事(종1품)를 지낸 친정아버지는 80세 고령이라 간신히 목숨을 건진 채 용인으로 귀양을 가야 했다. 5년을 객지에서 고생하다가 85세로 풀려나 91세로 긴 생애를 마감했다.

무관으로 급제하여 왜구를 쳐 없애는 일에 앞장섰던 늠름하고 씩씩한 친정오빠는 자신의 세 아들들과 함께 58세로 사사되었다. '소윤'에 의한 '대윤'의 말살이고 대 숙청이었다.

단순한 복수극이나 정권 쟁탈전이 아니었다. 역모죄로 몰아 멸문지화를 당하게 했던 것이다. 친정오빠가 중종의 8남으로 희빈 홍씨(반정공신 홍경주의 딸) 소생인 봉성군鳳城君을 왕으로 삼으려 했다.

인종 승하 뒤에는 '성종의 3남 계성군桂城君의 양자인 계림군桂林君을 왕으로 세우려 했다고 억지 주장을 늘어놓았으니, 걸리기만 하면 모두가 그저 파리 목숨이 되고 마는 지경이었다.

결국 애꿎은 계림군은 겁이나 안변으로 도망쳤다가 현지 현감: 李坎男이감남에게 생포되어 서울에 압송된 후 군기시軍器寺(병기 제조 관장) 앞에서 효수되고 말았다. 한편 봉성군은 유배지를 옮겨 다니다가 끝내 사사되고 말았다.

24세로 신데렐라의 꿈을 접은 장경왕후의 친정아버지 윤여필(汝너 여 弼도울 필)의 이름 뜻은 '네 운세가 휘거나 꺾이지 않도록 든든하게 붙잡아 주겠다'이다. 친정아버지의 그런 이름 때문에 그녀는 비록 너무 짧게 신데렐라의 꿈을 접고 말았지만, 핏덩이였던 아들만은 온갖 어려움을 딛고 임금님이 될 수 있었을 것이다.

병약한 가운데도 잘 성장하여 비록 8개월여의 짧은 기간이지만 어엿한 왕이 될 수 있었으니, 그깟 장단이 뭐 그리 대단하겠는가.

친정오빠의 이름인 尹任윤임이나 자는 문정왕후의 친정아버지 이름 尹之任윤지임을 고스란히 닮아냈다.

참으로 신기한 일이 아닌가. 친정오빠의 자는 문정왕후의 친정아버지 이름을 완전히 뒤집어 놓은 '임지任之'이다. '맡겨 놓은 행운을 다시 맡긴다'는 뜻이라 결국은 들이닥친 불행을 최대한 연장시키는 역할을 한 셈이 아닐지…. 방패에 방패로 맞서고 보자기를 보자기로 오므려 싼 셈이다.

친정아버지는 돕는 힘, 버티는 힘이 되어주고, 친정오빠는 죽이려 덤비는 자를 눈 가리고 발목을 묶어 최대한 그 위급한 순간을 지연시킨 힘이 되어준 것이다. 두 남자의 그런 특별한 역할 분담 때문에, 그 집안에서 왕비가 나오고 왕이 나오게 되었던 것이다.

조선의 마지막 신데렐라는 너무도 유명한 장희빈이다. 그녀는 숙종의 후궁에서 잠시 동안이지만 왕의 사랑을 독차지하며 중궁(왕비)의 자리에까지 올라갔었다.

장희빈은 숙원淑媛(종4품)에서 소의昭儀(정2품)가 된 후 왕자 昀윤을 낳았다. 그녀의 애교나 미모가 어찌나 대단했던지 남편인 숙종(1661-1720)은 이듬해(1689년 1월)에 왕자 '윤'을 노 대신들의 반대에도 불구하고 원자元子(아직 어린 임금의 맏아들)로 책봉했다.

아직 왕세자로 책봉한 상태는 아니었지만 임금의 맏아들임을 내외에 선포한 셈이니, 왕세자로 책봉된 것이나 다를 바 없었다. 어머니 소의昭儀(정2품) 장씨는 당연히 희빈禧嬪(정1품) 장씨로 승격되었다.

82세의 **宋時烈**송시열(1607-1689)이나 60세의 **金壽恒**김수항(1629-1689) 같은 노 대신들은 목숨을 걸고 극렬하게 반대했다. 조선왕조의 정통성이 그 뿌리에서부터 흔들릴지 모른다고 생각했던 것이다.

　"아니 되옵니다. 중전(제1계비 ; 인현왕후 민씨)께서 아직 젊으시지 않습니까? 중궁전에서 후계자가 나오시는 게 너무도 당연합니다. 더욱이나 작년에 얻으신 왕자께서는 아직 너무 어리시지 않습니까? 제발 너무 서두르지 마옵소서."

라고 간청했던 것이다.

송시열은 이미 73세에 중추부中樞府 영사領事를 지낸 후 제자 **尹拯**윤증(1629-1714)과의 갈등으로 서인이 노론과 소론으로 갈라지는 것을 보자 일찌감치 은퇴하고 청주 화양동으로 내려가 있던 터였다.

하지만 장희빈의 농간에 의해 나라가 흔들리고 있다고 생각하고 '아니 되옵니다'라는 격렬한 내용의 상소를 두 차례나 올려 숙종의 심기를 심하게 뒤흔들어 놓았다.

김수항은 51세에 영의정을 지낸 후 남인의 부침과 서인의 진퇴에 가랑잎처럼 실려 다니다가, 장희빈의 미인계에 놀아나고 있는 임금의 동태를 심히 걱정하여 '무엇이 급해 벌써 후계자 결정을 거론하십니까?'라고 입바른 소리를 해댔었다.

이상하게도 남인 세력은 임금의 눈치만 살피며 '전하의 뜻이 대충 옳다고 여겨집니다. 모른 척할 테니 뜻대로 하시지요. 안 보고 못 들은 걸로 하겠습니다'라는 식으로 나왔다.

80을 넘긴 송시열은 제주도로 유배를 갔다가 재조사를 받으러 서울로 압송되어 오는 중에 정읍에서 사사되고 말았다. 워낙 특이 체질이라 약발이 잘 안받아, 지켜보는 이들이나 마시는 이나 무척 애를 먹었다는 일화가 입 소문으로 퍼져 아직껏 회자되고 있을 정도이다. 나이는 비록 여든을 넘겼지만 몸속의 정기나 마음가짐은 실로 열혈청년보다 더 강하고 뜨거웠던가 보다.

60세의 김수항은 진도로 유배를 가서 그 곳에서 사약을 받았다.

28세의 임금과 장희빈의 완승이고, 19년 전 경신대출척庚申大黜陟에 집권에 성공한 서인들의 완패였다.

일은 거기서 끝나지 않았다.

장희빈의 아들 '윤'이 세자로 책봉되고 꼭 4개월만(1689년 5월)에 인현왕후 민씨가 왕비의 자리에서 쫓겨나 친정으로 거처를 옮기게 되었다. 22세의 젊디젊은 여인이 하루아침에 임금의 곁으로부터 일반백성의 자리로 그 신세가 돌변하고만 것이다. 이로써 희빈 장씨의 신데렐라 꿈은 새로 깔아놓은 아스팔트처럼 시원하게 뚫리고 말았다.

하지만 세상은 의외로 시끄러웠다. 이씨 왕조가 선 지 이미 3백여 년이 되는 시점이니 웬만한 진동과 바람에는 눈 하나 깜짝 하지 않는다고 하나 학문과 명분으로 똘똘 뭉친 선비사회가 아닌가.

이치에 맞지 않고 천륜과 인륜에 어긋나면 목숨을 걸고 저항하는 것이 하나의 미덕이고 원칙이었던 사회였다. 당연히 희빈 장씨의 농간에 의한 일련의 사태인 것을 뻔히 아는 선비, 대신들이 가만히 있을 리 없었다. '아니 되옵니다. 그렇게는 못하옵니다'라는 상소와 항의가 빗발치듯했다.

임금은 자신의 고집을 꺾지 않기 위해 먼저 19년 전에 실각한 남인 세력을 자신의 주위에 포진했다. 이로써 세력 판도가 확 뒤바뀌고만 것이다.

경신년庚申年(1680년)에 쫓겨난 남인 세력이 기사년己巳年(1689년)을 만나 꼭 19년만에 화려하게 컴백한 것이다. 해가 지고 달이 뜨자 당연히 망해가고 쫓겨가는 세력이 생기게 되었다. '아니 되옵니다' 로 버티던 80여 명의 서인들이 죽거나 귀양을 가거나 벼슬에서 쫓겨났다.

의리의 대쪽 선비로 통하던 朴泰輔박태보(1654-1689; 실학 원조인 박세당의 아들) 같은 이는 되게 두들겨 맞으며 고문을 당하고는 유배길을 떠나던 중에 노량진에서 숨이 끊어지고 말았다. 그의 나이는 결코 많다고 할 수 없는 35세였다.

훗날 아버지 朴世堂박세당(1629-1703)도 74세의 나이로 '주자를 반대한 사문난적'으로 몰려 유배를 가는 도중 옥과玉果(전남 곡성)에서 죽었으니, 참으로 기구한 부자였던 셈이다.

남녀의 정분도 막기 어려운 법인데 임금님의 바람기를 무슨 수로 막을 수 있었겠는가. 더욱이나 아직 서른도 채 안 된 임금이 워낙 술수가 뛰어나 카멜레온처럼 색깔을 요리조리 바꾸는 판에, 노 대신들과 책상머리에 붙어 앉아 책 읽기나 좋아하는 선비들이 무슨 수로 시시각각으로 조화를 부리는 상황 변화에 기민하게 대처할 수 있었겠는가.

희빈 장씨는 중전마마가 되어 임금을 곁에 끼고 생글생글 잘도 웃던 시절을 싹둑 끊어 정리하고는 갑자기 아주 표독스럽게 굴기 시작했다.

그녀는 '내가 왕통을 잇도록 해 주지 않았느냐? 내가 해 준 것은 이 만큼인데 어째서 내게 주어지는 것은 이리도 작으냐'는 식으로 혀를 함부로 놀리며 마구 멋대로 굴었다. 그녀의 행동은 조강지처를 흉내 내는 수준이 아니라 아예 한술 더 떠 임금의 상투 끝에 올라서려 했다.

임금은 서른을 넘기자 생각이 많이 달라지기 시작했다. 이게 아닌데 하며 자주 고개를 갸우뚱거리기 시작했다.

왕은 드디어 33세가 되던 해에 결심을 굳혔다. 사저로 쫓겨간 인현왕후 민씨가 그립기도 하고 자신의 철딱서니 없는 짓이 무척이나 부끄럽기도 했다.

눈치 빠른 대신들이 임금의 그러한 심경 변화를 눈치 못 챌 리 없었다.

"폐비 민씨는 잘 지낸다더냐? 반찬거리라도 좀 갖다주면 좋으련만…"

숙종은 가끔 혼잣말처럼 그렇게 중얼거리기도 했다. 대궐 내에서 평생 눈칫밥을 먹는 내명부 궁녀들은 눈치도 잽싸고 입도 어지간히 빨라, 척하면 삼천리고 쿡 찌르면 구만리였다.

서인들이 먼저 '이제는 사저에 나가 계신 폐비 민씨를 다시 중궁으로 불러들이시지요'라며 임금의 속마음을 떠보기 시작했다. 아니나 다를까, 임금은 못 이긴 척하며 따라나서기 시작했다.

金春澤김춘택*이 앞장서서 '폐비 민씨를 복위시키소서'라 *김춘택 : 1670~1717; 숙종의 첫 번째 장인인 김만기의 손자
고 제안했다.

결국 숙종은 인현왕후를 복위시키고 왕후 장씨를 희빈 장씨로 강등시켰다. 숙종대의 대표적 신데렐라였던 장씨는 4년여 만에 다시 정1품 희빈으로 내려선 것이다.

하지만 신데렐라 장씨에게는 아직도 갈 길이 많이 남아 있었다. 자신이 낳은 왕자가 13세 되던 해(1701년)에 저승사자가 꿈에 자주 나타나 어서 오라며 손짓을 하고 죽은 조상들이 차례로 나타나 기이한 몸짓을 하는 것이었다.

공연히 불안해 몸을 떨면서도 그녀는 어린 왕자를 든든한 백으로 믿으며 떨리는 가슴을 어루만지고 있었다. 그런데 폐비에서 다

시 중전으로 들어앉았던 인현왕후 민씨가 34세의 나이로 한 많은
생애를 마감하자 날벼락이 떨어지고 말았다.

취선당就善堂 서쪽에 신당神堂을 짓고 인현왕후를 저주한 일이 들
통나고 말았던 것이다. 소문은 너무도 무서웠다. '희빈 장씨가 중
전을 저주하여 불쌍한 중전마마가 일찍 죽고 말았다'며, 다들 그
녀를 저승에서 막 올라온 추악한 귀신으로 여기기 시작했다.

결국 그녀는 신데렐라의 꿈을 접고 마흔 살의 임금과 열 세 살
의 어린 아들(경종)을 남긴 채 무고죄로 사약을 받고 말았다. '꿈은
반드시 이루어지지만 그 끝은 항상 장밋빛일 수 없는 것인가'라는
한 마디 말을 남기고, 짧은 생애를 총총히 거둬들여야 했다.

희빈 장씨에게는 오빠 張希載장희재가 있었다. 인현왕후를 함께
해치려하다가 유배를 가기도 했지만 한 때는 잘 나가는 어엿한
실세였다.

종2품인 금군별장禁軍別將과 총융청摠戎廳 총융사摠戎使를 지낼 때는
여동생으로 인해 대궐 안을 마구 휘젓고 다녀도 누구 하나 시비
를 거는 이가 없을 정도였다.

*남구만 : 1629-1711; 58세
와 65세에 영의정 지냄

여동생보다 먼저 죽을 수도 있었지만 南九萬남구만* 등이
'어린 세자의 외삼촌이니 세자가 상처받지 않도록 처형보
다는 유배가 더 낫겠다'고 하여 가까스로 목숨만을 부지할 수 있었
던 것이다. 그러나 여동생이 중전 저주사건으로 사약을 받고 죽자
그도 중전 저주에 관련된 무녀, 궁녀들과 함께 처형되고 말았다.

인동 장씨 집안의 두 히어로는 저주와 무고로 왕비를 죽게 한
못된 남매로 뭇 사람들의 마음속에 깊이 각인되고 말았다.

오빠의 이름이 특이하다. 희재(希바랄 희 載실을 재)이니, '희망을 싣
고 가는 마차'를 연상시키는 이름이다. 하지만 그놈의 희망이 지
나치게 부풀어 올라 그만 여러 사람들의 목줄을 누르고, 끝내는

자신들의 숨통도 누르게 되었던 것이다.

그래도 미움보다는 사랑이 더 위대한지, 그나마 사랑의 열매인 아들을 둔덕에 희빈 장씨는 죽은 후 꼭 19년이 지나서 임금이 된 어린 왕자를 지하세계에서 4년여 간 마음을 졸이며 바라볼 수 있었다.

22세에 임금님이 된 어린 왕자는 26세를 일기로 요절했으니, 결국 희빈 장씨와 오빠 장희재의 '희망 실어 나르기'는 4년간의 왕 노릇으로 끝이 나고만 셈이다.

어린 왕자(경종 ; 1688-1724)의 이름은 윤(昀햇빛 윤)이고, 자는 휘서(輝빛날 휘 瑞상서 서)이다.

'햇빛처럼 빛을 발한다'는 이름과 '환하게 빛나는 상서로운 상징'이라는 자에서 드러나듯 어린 왕자는 빛을 발하는 운세를 타고 났던 것이다.

어머니 희빈 장씨와 외삼촌 장희재의 희망 실어 나르기가 어린 왕자의 햇빛 같은 신비한 기운에 접목되어, 비록 4년여의 짧은 기간이지만 어엿한 임금님을 세워낸 것이다.

결국, 의지하고 기댈곳은 오로지 자신의 애교와 미모뿐이던 장씨 아가씨의 신데렐라의 꿈은 어린 왕자의 머리 위에 올려진 멋들어진 금빛 왕관을 통해 대신 이루어진 셈이다.

빈궁한 가정형편을 인생역전의 기회로 바꾼 사람들

金成輝김성휘(1535-1629)는 광산 김씨 집안 중에서도 이름만 대면 다 아는 훌륭한 조상들을 많이 둔 명실상부한 명문가의 아들이었다.

고조부 金國光김국광(1415-1480)은 26세에 과거에 급제한 뒤 말년에 우의정, 좌의정을 지내기까지, 실로 다들 부러워할 정도의 화려한 경력을 쌓아올린 사람이다.

그가 43세 때는 崔玉山최옥산이란 자의 아버지 살해사건이 허무맹랑한 무고였음을 만천하에 명명백백히 밝혀 임금(세조)의 신임을 톡톡히 받았다. 또한 45세 때에는 함경도를 침략한 오랑캐들을 잘 회유하여 그 공으로 병조참판에 이르고, 52세에는 병조판서로서 '이시애의 난'을 성공적으로 평정하고 적개공신敵愾功臣 2등에 책록되기도 했다.

사은사로서 명나라를 다녀오기도 했고, 56세 때(1471년 성종 2년)는 신숙주, 한명회 등과 함께 좌리공신佐理功臣* 1등에 책록되었다.

62세에 다시 우의정이 되었으나 대간臺諫*의 탄핵이 워

*좌리공신 : 1등 9명, 2등 11명, 3등 18명, 4등 35명
*대간 : 사헌부와 사간원을 합쳐서 부르는 말

낙 심한 탓에 홀홀 털고 사직한 후 65세로 타계했다.

아버지 金鈞김균은 병절교위秉節校尉(종6품 무관직)를 지냈다. 아버지 대에도 나름대로 벼슬을 했는데 어째서 그토록 곤궁했을까. 할아버지가 노름이나 바람기로 다 들어먹었다는 말인가? 혹은 아버지가 병마절도사를 도와 외지로 돌아다녔기 때문에 자연히 집안을 돌볼 사람이 마땅히 없었다는 말인가?

집안 여성들이 잔병치레를 자주 하거나 재산을 증식하는 재주가 없으면 농사거리가 점점 줄어들어 자연히 빈궁해 질 수도 있을 것이다. 하여튼 김성휘는 자신의 야심을 비정통적인 방법으로 달성해 보고자 결심했다. 그리고 다음과 같이 자문자답해 보았다.

"학문으로 과거에 급제해도 별 볼일 없는 팔자가 될 수 있다. 공연히 역모에 휘말려 멸문지화를 당할 수도 있지 않은가. 내 사주팔자에 재물 운이 별나게 많이 들어있고 수명도 무척 길다니 차라리 부자가 되는 길이나 개척하자. 예나 지금이나 부귀영화라는 말을 자주 쓰지 않는가. 입신양명도 중요하지만 무엇보다도 재산이 있어야 한다. 보란 듯이 잘 살게 되면 결국 정승 대접도 받을 수 있고 판서 대접도 받을 수 있는 것이 아닌가. 자, 책을 덮고 길거리로 나서자. 공연히 찬물 마시고 이 쑤시느니 차라리 고기 실컷 씹어 먹고 트림이나 마음껏 해보자!"

그가 열 살부터 32세까지 살던 시대는 명종 임금 대였다. 24세 때는 황해도와 경기도 일원에서 의적義賊이 일어나고 있다는 소문이 파다했다.

관군들은 도적놈을 잡겠다며 자못 서슬이 시퍼랬지만 백성들은

'꼭꼭 숨어라! 머리카락 보일라'라고 노래를 부르며 오히려 산도 적떼를 응원하고 있었다.

두목은 임꺽정*이라고 했다. 3년 동안이나 서울 북방을 뒤흔들던 산적떼 이야기는 결국 구월산에서 끝이 나고 말았다. 한성부판윤을 지내고 3도 토포사討捕使가 된 무신武臣 南致勤남치근의 집요한 추격전과 심복이던 徐霖서림의 배신이 결정적인 패인이었다.

*임꺽정 : 명종실록에는 임거질정(林巨叱正)으로 기록됨

이름을 嚴加伊엄가이로 바꾸고 숭례문 밖에 숨어있던 심복이 하필이면 본격적인 활동 단계에 들어가던 시기(1560년 11월)에 관군에게 생포되어 모든 비밀 계획을 모조리 실토했던 것이다.

관군에게 붙잡혀 있던 임꺽정의 처를 구하려던 계획과 산적을 많이 토벌한 공로로 특진한 풍산군수 李欽禮이흠례(1549년에 무과급제)를 살해하려는 계획을 관군에게 자백하여 모든 모의가 그만 수포로 돌아가고 말았던 것이다.

어디 그뿐인가. 임꺽정의 형인 가도치의 얼굴을 알고 있던 터라 붙잡힌 자들 중에서 정확히 골라낼 수밖에 없었다.

관군에게 협력하고 살아나기로 마음먹은 심복은 결국 두목인 임꺽정이 달아나자 '바로 저 자가 두목입니다'라며 지목하여 1562년 1월에 붙잡혀 처형되고 말았다.

서림도 같은 산적이니 처벌해야 마땅하다는 여론에 밀려 꼼짝없이 죽을 뻔하다가 좌의정 李浚慶이준경(1499-1572; 66세에 영의정 지냄)이 귀순한 자를 죽이는 법은 없다며 살려줄 것을 강력히 주장하여 결국 상을 받고 풀려나 자유의 몸이 되었다.

의적 임꺽정이 잡혀 죽었다는 말을 들은 때가 김성휘에게는 바로 27세 되던 해였다. 그가 32세의 나이로 한참 열심히 돈을 벌고 있을 때 선조 임금이 등극했다.

그가 50대에 들어가자 이미 세상에서 '갑부'라며 그를 알아주기 시작했다. 개처럼 벌어 정승처럼 쓰자며 길바닥, 시장바닥으로 나서기 시작한지 꼭 30여 년만이었다.

55세가 되자 일본에서 이상한 말이 들려오기 시작했다. 풍신수길이란 자가 전국을 거의 통일하고 그 늘어난 세력을 조선과 명나라로 뻗어보고자 한다는 불길한 소문이었다.

전국의 장사치들이 드나들며 온갖 소문, 풍문을 늘어놓는 통에 가만히 앉아있어도 온 세상이 훤히 다 내다보였다.

결국 그가 57세 되던 해에 난리가 나고 말았다. 수십만의 왜병들이 조총으로 무장한 채 부산에서 쳐 올라오고 있었다. 준비가 제대로 안 된 문약한 조선은 내전으로 낮과 밤을 보낸 일본의 병사들과 장수들을 도저히 당해 낼 수 없었다.

전국의 선비들이 들고일어났고, 선조는 명나라가 가까운 북쪽 압록강 방면으로 피난을 갔지만 선비들과 백성들은 각각 붓과 삽 대신 칼과 창을 들고 왜적에 맞서 강토를 지켰다.

그는 자신보다 열일곱 살 아래인 마흔 살의 임금을 원망하고 싶지 않았다. 내우도 아니고 외환인데 임금인들 무슨 뾰족한 수가 있었겠는가라며 육십을 내다보는 나이로 자리에서 벌떡 일어났다. 우선 조상귀신들 앞에서 '피땀 흘려 벌었으니 값지게 쓰겠습니다'라고 보고한 뒤 재산을 풀어 군량미를 준비했다.

그리고 굶고 있는 의병들과 관군들에게 아낌없이 나눠주었다. 사람들은 역시 명문가의 후손다운 고귀한 인품이라며 칭송을 아끼지 않았다.

"광산 김씨 집안에 복 덩어리가 왜 생겼는가 했더니 결국 좋은 일에 쓰려고 미리 예비했었구먼!"이라며 이구동성으로 칭찬을 늘어놓았다.

나라에서는 '그런 기특한 일이 있는가. 정말 본받아야 할 사람이군' 하며 여러 차례 벼슬을 내렸다. 한 계급 한 계급 그 품계가 올라가 나중에는 정3품 형조참의가 주어졌다.

명예에 지나지 않는 상징적인 벼슬이지만 나라와 백성이 위급할 때 아무도 못할 훌륭한 일을 혼자서 거뜬히 해낸 사람이라는 일종의 칭송이었던 것이다.

그는 결국 배곯기 싫어서 돈벌이에 나섰다가, 꽤 높은 벼슬자리도 얻고 94세로 장수하는 엄청난 복도 누렸다. 굶어죽거나 못 먹어 부황浮黃 걸려 죽느니 차라리 책을 덮고 돈이나 벌자며 독한 마음먹고 나섰다가, 갑자기 전란을 만나 영웅으로 떠오른 것이다.

결국 김성휘는 가난하게 산 이십여 년을 제외하면, 나머지 칠십여 년은 다 알아주는 갑부로 산 셈이다.

그의 이름은 성휘(成이룰 성 輝빛날 휘)이고, 자는 입부(立설 립 夫지아비 부)이다.

'반드시 꿈을 이루어 영광을 한 몸에 모은다'는 이름이니, 사농공상士農工商으로 등급을 매기던 그 고루한 신분사회 속에서 명문가의 갑옷과 투구를 모조리 다 벗어 내던지고 감히 벌거숭이로 돈벌이에 나섰을 것이다.

그만큼 야망이 크고 타고난 에너지와 끈기가 대단했을 터이다. 하지만 어디 그것들만으로 단숨에 거부가 될 수 있는가. 남다른 판단력과 통찰력으로 돈이 오는 길목을 미리 나가서 지키고 있어야만 비로소 입에 풀칠이라도 할 수 있는 것이, 그 치열한 시장바닥, 길바닥 삶이 아니던가.

그는 분명히 뛰어난 지략과 엄청난 정열을 지니고 살았을 것이다. 반드시 뜻한 바를 이루고 그 어떤 흔들림이나 비바람에도 끄떡 않을 우람한 나무, 산 같은 바위가 되겠다는 대단한 각오가 느져지는 자의 의미를 찬찬히 살펴보면, 굶어 죽지 않기 위해 책을 덮고 시장터로 나섰던 그의 비장한 각오와 피 끓는 젊음을 함께 엿볼 수 있다.

반드시 내 발로 서고야 말겠다는 이를 어느 누가 함부로 무릎 꿇릴 수 있겠는가.

아버지의 이름이 김균(鈞서른 근 균)이니, 아들의 어려움이나 좌절을 지긋이 눌러 안정시켜 주었을 것이다. 마구 뒤흔들린 심기를 다시 고르게 안정시킨 후 돈벌이에 나서도록 세심하게 뒷받침해 주었을 것이다.

고조할아버지의 이름은 국광(國나라 국 光빛 광)이고, 자는 '관경(觀볼 관 卿벼슬 경), 아호는 서석(瑞상서 서 石돌 석)이다.

고조부의 이름을 보라. '나라를 빛나게 한다'는 뜻이다. 자는 또 어떠한가. '벼슬자리를 보여준다'는 의미이다. 참으로 4대 손의 앞길을 손바닥 들여다보듯이 훤히 들여다보고 있었던 것이다.

'길조를 보여주는 주춧돌'이라는 아호의 의미는 거부가 될 고손자를 미리 내다본 것이다. 광산 김씨 집안을 다시 한번 일으켜 세우게 된다는 확실한 예언이었던 셈이다.

조상 없는 후손이 어디 있고 조상의 음덕을 덧입지 않은 후손이 과연 어디에 있겠는가.

조선시대의 환관들

　성기를 일부러 잘라내고 환관宦官이 되는 이도 있었지만 그보다는 태어날 때부터 부실하게 지어진 이들이 환관으로 나가는 경우가 더 많았다.

　멀쩡한 성기를 싹둑 잘라내고 그 대신 평생 사용할 괴상한 대롱을 박아 넣는다는 그 못된 궁형宮刑은 최소한 여기서는 지극히 예외적인 특수 케이스로 치부해둬야 할 것 같다.

　모든 문물이 대개 중국에서 발원하게 마련인 터라 성기가 부실한 이들에 대한 기록도 마땅히 중국에 기대야 할 테지만 여기서는 조선의 특별한 케이스를 중점적으로 들추어보고자 한다.

　즉, '거시기' 없이 벼슬길에 나섰어도 '거시기' 자랑하는 놈들보다 더 '거시기'답게 산 사람을 들추어내고자 한다.

　이조吏曹의 6개 속아문屬衙門 중 하나인 내시부內侍府는 모조리 환관으로만 채워지는 특수 부서였다. 궁궐에 상주하며 청소에서부터 왕명의 퀵 서비스까지 온갖 잡일을 도맡아 했던 특수직이었다. 요즘으로 보면 궁궐의 전형적인 '3 D 업종'이었던 셈이다.

문지기, 숙직, 식사 감독 등, 그저 손에 잡히는 대로 눈에 띄는 대로 몸이 부서져 라고 움직여야 하던 정말 눈코 뜰 새 없던 자리였다. 잠시 쉴 참이면 「소학」과 「삼강행실」을 공부하지 않고 도대체 뭘 하는거냐 라는 불호령이 떨어지기 십상이었다.

가장 서럽고 슬픈 꾸중은 거시기 없는 놈인 주제에 왜 그리 요란하게 흔들고 다니느냐는 다분히 '속이 있는' 큰 소리였다. 또한 거시기가 없다고 혀바닥만 날름대느냐는 말을 들을 때도 종종 있었다.

환관에게도 문·무관과 같은 품계를 주어 '중인'에 상당하는 신분을 보장해 주었고, 심지어는 환관의 부인들에게도 사대부의 부인들처럼 남편인 환관이 정, 종 1품에 오르면 외명부의 으뜸 자리에 해당하는 정경부인貞敬夫人 칭호를 붙여주었다.

3품 이상은 왕의 특별한 배려(특지特旨)로서만 가능하지만 4품 이하의 품계는 여느 문, 무관처럼 근무연한이나 특별 공로에 의해 승진되었다.

선발도 대충 주먹구구식으로 하거나 '거시기'의 길고 짧음이나 실하냐, 부실하냐로 결정하지 않고 문강門講이라 하여 「사서」「소학」, 「삼강행실」등의 시험과목을 치렀고, 어느 때는 궁궐의 각 건물 이름이나 대문 이름을 외우게 하여 우열을 가리기도 했다.

또한 번갈아 근무하는 순번番제도가 있어서 임금의 거처인 대전에는 42명, 왕비의 거처인 중궁전(혹은 중궁)과 세자궁에는 각각 12명, 빈궁(세자빈의 처소)에는 8명을 배치하도록 제도화되어 있었다.

임금의 경우에도 정무에 관련된 중요사항은 비서실격인 승정원承政院에서 담당했지만 여타의 잔심부름은 상전尙傳 혹은 승전색承傳色으로 임용된 환관들이 도맡아 했다.

왕비의 경우에는 상책尙冊이나 승전색承傳色으로 임용된 환관이 잔심부름을 도맡아 했다. 이들 중 최고 관직은 승전관承傳官으로 불렀다.

환관 중의 으뜸 벼슬은 상선尙膳(종2품)으로 2명이 있었는데 왕과 비빈, 그리고 대비와 왕세자의 식사를 관장하며 내시부 전체 직무를 지휘, 감독했다.

다음으로는 정3품인 상온尙醞이 있어 술 빚는 일을 했다. 그리고 상다尙茶, 상약尙藥, 상전尙傳, 상책尙冊, 상호尙弧, 상탕尙帑, 상세尙洗, 상촉尙燭, 상훤尙烜, 상설尙設, 상제尙除, 상문尙門, 상경尙更, 상원尙苑 등이 있었다.

각각의 직책이 맡아 하는 일은 이미 직책의 이름에서 확실하게 드러나고 있다. 예를 들어 근무일수를 따져 녹祿(녹봉)을 받고 승진 기회도 막혀 있는 체아직遞兒職에 해당하는 상설尙設과 상촉尙燭은 각각 휘장이나 여타의 시설관리와 등촉을 관리하는 일을 맡아 했다.

조선의 실록 기록을 보면 종1품 숭록대부崇祿大夫에 올라 영내시부사領內侍府事와 판내시부사判內侍府事를 지낸 이들도 있고 정2품 자헌대부資憲大夫에 올라 승전관承傳官을 지낸 이도 있다. 물론 내시부 최고 관직인 종2품 상선에 오른 이들은 아주 많았다.

환관들도 보통의 자녀들을 입양해 대를 이었는데 성씨는 서로 달랐다. 예를 들면 李似文이사문의 증손자로 광해군 때 정2품 자헌대부를 지낸 이는 金忠英김충영이다. 그리고 내시부 최고위 직인 종2품 상선尙膳에 오른 이들 중 朴滉박황, 林成翼임성익, 金成輝김성휘, 朴敏采박민채, 吳浚謙오준겸은 모두 金忠英김충영의 후예들이다.

형벌로 멀쩡한 '거시기'를 잘라내고 대롱을 찔러 넣어 비오는 날 빗물을 모아 흘려보내는 홈통처럼 해 놓는 소위 궁형宮刑을 일컬을 때마다 들먹여지는 이름이 있다.

바로 중국의 전한前漢 시대에 살며 광무제武帝(BC 156-BC 87)를 섬기던 司馬遷사마천이란 인물이다.

아버지 司馬談사마담이 쓰던 『사기』를 아버지의 유언에 의해 30

세에 인수인계 받은 후 아버지의 직책인 태사령太史令을 고스란히
물려받아 도서관을 드나들며 열심히 옛 기록들을 뒤져보고 있었다.

그런데 46세에 일이 터지고 말았다. 무인武人 친구 李陵이릉이
상관인 李廣利이광리를 따라 5천 군사를 이끌고 흉노를 정벌하러
나갔다가 돌아오는 길에 그만 8만이나 되는 흉노족 침략군에게
포위되고 말았다. 친구 이릉은 목숨을 부지하려 항복하고 말았다.

당연히 한나라 조정에서는 격론이 벌어졌다. 항복은 곧 역적질
이니 그 망할 놈의 어미와 처자식을 모조리 죽여 없애야 한다는
것이 왕과 대신들의 결론이었다.

그러나 사마천은 한번 더 기회를 주자며 친구를 적극적으로 옹
호했다. 왕이 좋아할 리 만무했다. 저 놈을 당장 끌어내서 사내 구
실을 못하게 만들어버리라는 어명이 떨어졌다.

이름하여 거시기를 싹둑 잘라내고 대나무 대롱을 찔러 넣어 오
줌 홈통을 만드는 '궁형'이라는 형벌이었다. 사마천은 '차라리 죽
자! 차라리 이 수치스러운 몸을 죽여 없애자!'고 수도 없이 마음을
굳혔지만 아버지의 유언이 목에 걸리고 마음에 걸려 치욕 당한
몸뚱이를 함부로 할 수조차 없었다.

그의 죽지 못한 이유는 '보임안서報任安書'에서 소상히 밝히고 있
다. 일단 아버지의 유언을 다 이루고 죽자고 마음을 고쳐먹고 이
를 갈고 영혼을 찢으며 아버지가 대강 준비해 놓은 『사기史記』를
한 장 한 장 마무리지어갔다.

그의 그러한 모습을 지켜보던 임금(무제)도 스스로 미안하게 느
껴 사마천을 불러다 자주 곁에 두려했다.

임금의 총애를 회복한 50세 때부터는 쓸거리, 참고할 거리가 손
쉽게 얻어져 책을 쓰기가 훨씬 용이해졌다. 그는 치욕스러운 '궁
형'을 당한지 9년여 만인 55세(BC 90년)에 드디어 『사기』를 완성했

다. 그리고 환관의 최고위 직인 중서령中書令에 올랐다. 하지만 온갖 감회가 한꺼번에 몰려와 감정을 추스르기조차 힘들었다.

그는 아무 표정도, 변화도 없는 하늘을 바라보았다. 그리고 『사기』의 '열전편列傳篇' '백이숙제열전伯夷叔齊列傳'에서 '하늘이 정한 도리나 원칙이라는 게 도대체 있기나 한 겁니까'라고 꼬집고 있다.

그는 다음과 같이 소리쳤다.

*백이숙제 : 은(殷)나라 고죽국(孤竹國)의 왕자들. 서로 왕위를 사양하다가 주(周) 무왕(武王)이 은(殷)의 주왕(紂王)을 쳐 없애고 주나라를 세우자 신하가 임금을 친 것은 옳지 않다. 더욱이나 아버지의 상중(喪中)에 전쟁을 일으킨 것이 아니냐며 주나라 곡식을 먹느니 수양산(首陽山)에 들어가 고사리나 캐먹겠다며 불사이군(不事二君)을 지키다 굶어 죽음.

*공자 : BC 552-BC 478; 50세 때 중용 되었으나 56세에 실각한 후 14년간 여러 나라를 여행. 69세에 귀향하여 74세로 타계할 때까지 3천 제자를 양성함

*도척 : 장자(莊子)에는 공자 친구 유하계(柳下季)의 동생으로 9천 명을 끌고 다니며 도둑에게도 도리가 있다고 훈계하려는 공자를 도리어 모욕했다고 함

"백이숙제伯夷叔齊*는 분명히 세상이 다 아는 충신들인데도 그들은 굶어죽고 말았지 않은가.

노魯나라(주나라 건국공신인 주공周公이 세운 나라) 사람 공자 孔子공자*가 가장 아끼던 顏回안회 또는 顏淵안연(BC 521-BC 490)은 또 어떠했는가. 뒤주가 텅 비어 지게미나 쌀겨도 제대로 못 먹고 31세로 요절했지 않은가. 그런데도 도척*이란 놈을 보라.

수천의 도적 떼를 끌고 다니며 온갖 죄악을 저지르고 사람의 간을 회치는 천인공노할 만행을 일삼았는데도 호의호식하다 천수를 다 누리고 죽었지 않은가.

고로 나는 의심한다. 하늘의 도리(천도天道)는 과연 있는가, 없는가? 하늘의 도리는 언제나 공평무사하여 착한 사람만 편들어주는가를 나는 의심한다. 하늘의 도리는 과연 공평무사한가?"

이를 두고 후세 사람들은 천도시비天道是非라며 '사람이 이해할 수 없는 세상의 조화'를 빗대어 말하게 된 것이다.

특히 불공평하다고 느끼게 될 때마다 하늘을 향해 원망을 쏟아 놓으며 사마천의 그 하늘을 향한 빈 주먹질을 흉내 내게 된 것이다.

이제 조선의 내시들 중에서 가장 극적으로 살았던 **金處善**김처선이란 인물을 살펴보자.

전의 김씨 집안에서 출생하여 내시로 궁궐에 들어갔는데 워낙 성격이 강직하고 매사에 적극적이라 의외로 많이 부대끼며 살아야 했다.

문종 임금 때에도 유배를 간 적이 있고 단종 임금 때도 파면되어 유배형에 처해진 적이 있을 정도로 젊은 시절부터 무척 가파른 생애를 살았다.

세조 임금 초에 복직되어 임금이 43세 되던 해(1460년 세조 6년)에는 원종공신原從功臣 3등에 책록되기도 했다.

큰 공을 세운 자에게 주는 '정正 공신'에 비해 '정 공신'을 도와 작은 공로를 세운 자에게 주는 일종의 '등외 공신'인 셈이지만 노비와 전토田土를 상으로 받는 어엿한 공신이 분명했다. 하지만 임금의 미움을 받아 자주 장형杖刑에 처해져 매를 많이 맞았다.

김처선은 의술에 조예가 깊어 성종 임금 때에는 어머니(인수대비 ; 소혜왕후 한씨; 1437-1504)와 할머니(세조비 정희왕후 윤씨; 1418-1483.3)를 정성껏 돌봤다. 특히 임금의 어머니가 신병으로 항상 괴로워했기 때문에 전적으로 매달려 치료에 힘을 쏟았다.

그 공로로 그는 '정2품 하계'에 속하는 자헌대부資憲大夫에 오르고 우참찬右參贊이란 직책을 지니게 되었다.

하지만 폭군 연산군이 들어서자 문제가 커지고 말았다. 처음 3년여 동안은 잠잠하더니 이십대에 들어서자마자 완전히 망나니로 돌변하고 말았다.

왕이 된지 4년이 지나서는 무오사화를 일으켜 많은 선비들을 처형하더니 28세 되던 해에는 갑자사화를 일으켜 어머니의 원수를 갚는다며 많은 선비들을 죽이고, 급기야는 아버지(성종)의 후궁들(예 :

엄숙의, 정숙의)을 제 손으로 직접 죽여 뒷산에 내다 버리기까지 했다.

대낮부터 술에 취해 계집들에 둘러싸여 지내는 것을 심히 못마
땅하게 여긴 할머니(인수대비 즉 소혜왕후 한씨)는 병석에 누워 있는
67세의 노인임에도 온 힘을 다해 냅다 고함을 내질렀다.

"네 이놈! 이 임금 같지도 않은 놈! 국사는 아예 뒤로
한 채 허구헌날 술이나 퍼마시며 감히 입에 담지 못할
추악한 짓거리만 일삼으니 대체 이 나라, 이 백성은 누굴
믿고 살아야 하는가!"

연산군은 눈에 살기를 띤 채 한 동안 씩씩거리고 있더니 제 분
을 못이겨 발광을 하기 시작했다. 제 가슴을 쾅쾅 내려치며 맞고
함을 질러대기 시작했다.

"임금을 대체 뭘로 보느냐! 늙은이라고 그렇게 입을
함부로 놀리고도 제 정신이 들었다고 할 수 있느냐! 목숨
이 대체 몇 개나 된다고 그렇게 방자하게 구느냐!"

아니나 다를까. 제 할머니의 가슴을 밀치며 몇 차례 위협을 가
하더니 급기야는 제 머리로 할머니의 가슴을 냅다 들이받았다.
꼭 발정난 황소 같고 독 오른 뱀 같았다. 28세의 힘센 손자에게
가슴을 받힌 칠십을 내다보는 할머니는 쿵하고 나무토막처럼 그
자리에 쓰러지고 말았다.

할머니는 결국 그 날의 부상과 충격으로 얼마 안지나 67세의
한 많은 일생을 마감하고 말았다.

스무 살에 과부가 되어 서른두 살에 아들이 왕(성종)이 되는 것

을 보았지만, 그렇게 행복하기만 한 세월이 결코 아니었다. 19세에는 친정아버지 한확이 53세로 사하포에서 객사했다는 비보를 접하기도 했다.

스무 살 되던 해 가을(1457년 9월)에는 사랑하는 남편(의경세자)*을 영영 떠나보내야 했다. ^{*의경세자 : 후일 덕종으로 추존된 세조의 장남}

31세 때는 시아버지(세조)가 51세로 운명하는 것을 지켜보아야 했다. 43세 되던 해에는 전 년(1479년)에 폐비가 되었던 며느리 윤씨(연산군의 생모)가 사사되는 것을 보아야 했다.

46세 때는 시어머니(세조비 정희왕후 윤씨)가 65세로 운명하는 것을 보았고, 57세 되던 해(1494년)에는 서른일곱 살로 타계하는 아들(성종)을 지켜보아야 했다.

실로 한 많은 '여자의 일생'이었다. 김처선은 비통하기 이를 데 없었다. 자신이 직접 약을 달여 병구완을 했기 때문에 특별히 정이 많이 들었던 대비마마였다. 숨을 거두면서도 한결같이 왕통을 걱정하고 있었다.

> "저 원수 같은 놈이 천벌을 받는 것을 꼭 보고 죽어야
> 할 텐데, 내가 먼저 가는 구나! 제발 현군이 나와 저 놈의
> 폭군을 몰아내 줘야 할 텐데, 그 게 걱정이구나!"

그런 말을 남기고 대비마마가 타계한지 한 해가 지났어도 연산군의 광기는 조금도 잦아들 줄을 몰랐다. 아니, 잦아들고 줄어들기는커녕 오히려 나날이 더 심해지는 것 같았다.

그러던 어느 날, 왕은 자신이 손수 만든 괴상한 춤판을 벌여놓고는 뭐가 그리 좋은지 혼자서만 마구 낄낄거리고 있었다. '처용희處容戲'라는 음란하기 이를 데 없는 춤판이었다. 김처선은 더 이

상 참을 수 없어 속으로 비장한 결의를 다졌다.

"그래, 여기서 죽자! 이 한 목숨을 버려 왕을 바로 잡을
수 있다면 그보다 더 큰 보람이 어디 있겠느냐. 선왕의 은
혜를 입어 내시치고는 자못 큰 벼슬을 했으니 더 이상 바랄
것이 뭐가 있겠는가. 죽자, 이 자리에서 생을 마치고 말자!"

생각이 여기에 미치자 그는 상감의 턱 밑으로 가까이 다가가
카랑카랑한 목소리로 호소했다.

"이 늙은이는 이제까지 참으로 많은 은혜를 입었습니
다. 네 분이 넘는 상감마마를 모시며 오늘처럼 비통한 적
이 일찍이 없었습니다. 내시 주제에 이토록 오래 살다보
니 다른 것은 미련하여 잘 모르지만 지난 역사에 대해서
만은 대강 알고 있습니다. 고금의 군왕 중에서 상감마마
처럼 문란한 군왕은 그 어느 시대에도 없었습니다. 제가
상감을 업어서 키운 신하가 아닙니까? 저를 죽이고 타고
난 천성을 되찾아 현군으로 다시 태어나신다면, 열 번이
고 백 번이고 제 이 천한 목숨을 바치겠습니다. 제발 저
를 죽이고 새로 태어나십시오! 제발 이 늙은 신하를 죽이
시고 본성을 되찾아 군왕의 위엄을 되찾으십시오!"

연산군은 분을 이기지 못해 마구 발길질을 해대기 시작했다. 늙
은 김처선은 29세의 건장한 임금의 폭력 앞에 순식간에 피투성이
가 되고 말았다. 그러나 가까스로 다시 일어나 가슴에 갇혀있고
입 속에 웅크리고 있던 말을 계속 이어갔다. 아니, 차라리 그는 새

끼 잃은 짐승처럼 흐느끼며 괴상한 소리로 울부짖고 있었다.

　　"변하십시오! 제발 변하십시오! 선왕들이 내려다보고
　　계시지 않습니까? 하늘이 내려다보고 있지 않습니까? 제
　　발 변하십시오!"

　너무도 분한 나머지 파랗게 질린 왕은 시퍼렇게 날이 선 칼을
단숨에 빼들었다. 그리곤 맨 먼저 김처선의 비쩍 마른 두 다리를
잘랐다. 피범벅이 된 채 몸통만 남아 버둥거리면서도 '제발 변하
소서! 제발 변하소서!'라고 신음 섞인 간청을 해대자, 왕은 다시
김처선의 혀를 두 조각으로 갈라놓았다. 그래도 분이 채 안 풀린
왕은 김처선의 목을 잘라 몸통에서 떼어놓고 말았다.

　　"네 이놈! 여기가 감히 어디라고 주둥아리를 놀리느냐!
　　네가 얼마나 지껄여대는지 어디 두고 보자! 내시놈이 이
　　제는 상감까지 능욕하려 하는구나! 이 못된 늙은 내시놈!
　　이 못된 내시놈!"

　연산군은 김처선의 부모 무덤도 헐어버리라고 지시했다. 완전
히 파헤쳐서 그 누구도 되찾을 수 없게 하라고 했다. 그리고 전국
의 정자나 건물 이름에 만일 김처선의 이름에 들어간 '살 處' 자
가 끼여 있으면 모조리 다른 글자로 바꿔치라고 지시했다.
　책이건 이름이건 간에 '처處'자를 모두 다른 글자로 바꿔놓으라
고 엄명을 내렸다. 자신이 고안해 낸 음란한 '처용무處容舞'도 당장
'풍두무豊頭舞'로 바꿔 부르도록 어명을 내렸다.
　과연 어떤 이름이기에 그토록 대단한 최후를 마쳤는가.

처선(處살 처 善착할 선)이라는 지극히 평범한 이름이다. 하지만 아무리 평범한 이름이더라도 누가 지니고 있느냐에 따라 백 팔 십 도로 그 의미나 암시가 달라질 수 있다.

그의 이름을 '마땅히 있어야 할 곳에 단단히 뿌리를 내리고 본성 맨 밑바닥에 있는 성정을 바로 세운다는 식으로 풀이해 볼 수 있다. 가장 중요한 것은 '머물 곳을 알고 마칠 곳을 알아 자신을 그 각각의 장소에 편안히 머무르게 한다는 의미와 '원래 타고난 본성을 되찾는다'는 의미가 함께 들어있는 셈이다.

그는 비록 내시로 태어나 내시로 살다가 내시로 죽을 수밖에 없었지만, 이 못된 폭군을 바로 잡을 마지막 기회는 바로 이 때뿐이고, 그 바로 잡을 책임 또한 오직 내 한 몸에 달려있다고 비장하게 결심한 것이다. 그리고 '여기 이 자리에서 죽자고 각오한 것이다. 자신의 본성으로 폭군의 이지러지고 뭉개 뜨려진 본성을 되찾아 보겠다고 굳게 마음먹었던 것이다.

죽을 장소를 알고 본성 되찾기라는 목표도 분명하게 정해져 있는데 뭘 더 머뭇거리겠는가. 그는 바로 여기다라고 정해놓고 폭군의 찌그러진 본성을 자신의 가슴 밑바닥 본성, 영혼 맨 밑바닥 본성으로 마구 두들겨 패 쓰러뜨리고 마구 찍어 넘어뜨리려 했던 것이다.

김처선이 폭군 연산군의 마지막 발악에 갈기갈기 찢기고 난 이듬해(1506년) 새 임금(진성대군 ; 중종)이 들어서자마자 그의 고향 입구에는 빨간 선혈 빛 정문旌門(작설綽楔 혹은 홍문紅門으로도 불렀음)이 세워졌다.

비록 혀는 낡은 짚신처럼 문드러지고 사지는 넝마처럼 조각조각 흩어졌지만, 멈출 곳을 정확히 알고 타고난 천성을 지키기 위해 불끈 일어서서 신령스러운 외마디와 외침으로 남은 그의 기개와 충혼은 그 빨간 문설주와 문지방과 우람한 기둥으로 남아 후세를 위한 크나큰 가르침이 되고 빛나는 샛별이 된 것이다.

29

저승사자보다 더 무서운 무고꾼들

성종 임금 때의 일이다. 오위五衛 중 하나인 충좌위忠佐衛에 소속된 파적위破敵衛*의 일개 병사가 대신들이 임금을 죽이려한다며 엉뚱한 고발장을 냈다.

*파적위 : 정원 2500명으로 하층 평민과 천민이 주로 입대

김방이란 자의 고변은 다음과 같았다.

"판서 이봉과 신준, 노공필, 신부, 이항 등이 역모를 꾀하고 있습니다. 거사 날짜도 이미 정해져 있습니다. 장수들과 병사들의 동원 계획도 이미 마련되어 있습니다. 바로 임금께서 태조 임금의 왕비인 신의왕후神懿王后* 한韓씨의 제사를 모시려 문소전文昭殿에 들르는 날에 거사하기로 했습니다. 서둘러 이를 다스리지 않으면 무슨 일이 날지 모릅니다."

*신의왕후 : 1337-1391; 정종, 태종 등 6남과 2녀를 둠

의금부에서 철저히 조사해보니 완전히 황당무계한 괴변이고 사악하기 이를 데 없는 무고였다.

김방은 참수되고 관련된 인사들도 모두 '액땜 한번 단단히 한 것으로 칩시다'라며 안도의 숨을 내쉬었다.

무고에서 살아난 이들은 과연 어떤 운세이기에 액땜만 하고 무

사할 수 있었는가.

형조판서를 지내고 52세의 천수를 누린 이봉(封봉할 봉)의 이름은 '북돋워 힘을 더해 준다'는 뜻이다.

자는 '차례는 지키되 먼저 나서지 않고 나중에 나선다'는 의미의 번중(番갈마들 번 仲버금 중)이고, 아호는 '소생시켜 아무도 모르게 숨겨준다'는 뜻의 소은(蘇차조기 소 隱숨길 은)이다.

공조, 이조판서를 지내고 65세의 천수를 누린 신준(浚깊을 준)의 이름 뜻은 '깊이 바닥을 파 물길을 터 준다'이다.

자는 '선비행세를 착실히 한다'는 언시(彦선비 언 施베풀 시)이고, 아호는 '누추해 보이는 허름한 거처'라는 의미의 나헌(懶게으를 나 軒추녀 헌)이다.

그의 이름과 자, 아호에서는 하나같이 남의 눈에 잘 안 띄는 곳으로 숨어드는 조심스런 행동거지를 엿보게 한다.

신부(溥넓을 부)의 이름 뜻은 '강의 하구처럼 광대한 모습'이나 '광활한 포구'를 암시한다. 시원하게 펼쳐져 있으니 가히 막힘이 없다. 불행을 피해 잠시 몸을 피하기에 실로 안성맞춤인 셈이다.

이항(沆넓을 항)의 이름은 앞의 申溥신부와 그 이름 뜻이 아주 흡사하다. 물길이 넓게 퍼져 여유 있게 흘러가는 모습을 떠올리게 한다. 얽매이지 않는 자유로움을 강하게 암시한다.

끝으로 盧公弼노공필은 어떤 사람인가.

연산군 때 유배를 갔으나 중종반정 후 다시 대운을 타기 시작했다. 62세 때는 명나라에 가서 '연산군을 몰아내고 새로 임금이 된 중종은 왕통을 이은 승습承襲입니다'라고 설명하고, 그 말이 맞다는 승인을 받아 돌아왔다. 그는 중추부 영사를 지낸 후 71세로 영면했다.

노공필(公공변될 공 弼도울 필)의 자는 희량(希바랄 희 亮밝을 량)이고, 아호는 국일재(菊국화 국 逸달아날 일 齋재계할 재)이다.

'드러내 놓고 말하여 도움을 이끌어낸다'는 이름, '항상 소망을 버리지 않는 밝은 성품'을 의미하는 자, '향기로운 자연에 묻혀 세상일을 잊고 사는 곳'이란 뜻의 아호…. 한 마디로 대단히 활달하고 거침없는 기질이 엿보인다. 아주 낙천적이고 매사에 적극적인 성품이라 어지간한 중상모략에도 끄떡 않고 태연하게 지냈을 것이다.

노공필은 62세 되던 해에도 역모를 고자질하는 무고에 다시 한번 연루되었었다. 서자 출신의 의원인 金公著김공저와 서예가인 朴耕박경 등이 괴상한 모의를 했던 것이다. 즉, '박원종, 유자광, 노공필을 죽이고 정미수를 실권자로 받들어 한번 멋진 세상을 열어보고자 무수한 사람들이 힘을 모으고 있는 중이다'라는 것이었다.

그런데 이들은 어수룩하게도 저희의 모의를 정미수와 유숭조에게 상의한답시고 모조리 나발을 불고 말았다.

마침 그때 공조참의로 있던 55세의 유숭조는 중종반정의 핵심 실세들인 남곤, 심정 등과 함께 의금부에 소상하게 알려주었다.

조사 결과 너무도 황당한 역모였지만 일단 엄벌하기로 하고 김공저와 박경 등을 사형에 처했다. 노공필은 얼마 안 되는 생애 동안에 두 차례나 역모에 직, 간접으로 연루되고 말았던 것이다.

한번은 역모의 주동자로 고자질되고 또 한번은 역모 주동세력들에게 제일 먼저 살해될 표적인물로 거론된 것이다.

김공저(公공변될 공 著분명할 저)의 이름 뜻은 '공개적으로 뭔가를 확실하게 꾸민다'이니, 한약이나 짓고 침이나 놓아야할 주제에 그만 이상한 몽상을 꾼 듯하다.

박경(耕밭갈 경)은 '고랑과 이랑을 가지런하게 만들어 농사 한번 잘 짓는다'는 이름 뜻에 맞게 붓글씨나 잘 쓰면 될 텐데, 무엇에 홀렸는지 그만 제 무덤을 제 손으로 파고 말았다.

정치를 확 바꿔보자! 우리와 코드가 맞는 자들만 똘똘 뭉치면 이 까짓 나라 하나 못 말아먹겠느냐! 할 수 있다! 꿈은 반드시 이루어진다며 함부로 날뛰다가 자기의 천수마저 그만 싹둑 잘라먹고 말았다. 정말 못 말릴 몽상가들이다.

조선의 카인(Cain) 李洪男이홍남(1515년 출생; 광주廣州 이씨)이란 자는 참으로 인간성이 나쁜 사람이었다.

23세와 31세에 각각 별시 문과와 문과 중시에 급제했으니 공부로 제법 많이 하고 머리도 아주 영특했던 모양이다. 하지만 32세 (1547년)에 양재역 벽서壁書사건*이 터져 아버지가 그만 사사되고 말았다.

당연히 그도 영월로 유배되었는데 자기 처지가 불행했던지 그는 그만 '물귀신 작전'을 펴고 말았다. 즉, 평소에 자기가 미워하던 친동생 李洪胤이홍윤을 죽여 없앨 궁리를 한 것이다.

동생이 '정치 돌아가는 꼴이 영 못마땅해'라며 비난을 일삼자 형인 그는 '옳거니, 때는 이 때다'하며 동생 죽일 꾀를 짜냈다. 역모죄가 제일 좋다고 여겼다. 지독한 고문을 받다가 고통을 못 이겨 허위자백을 하게 되면 결국은 깨끗이 죽고 말 것이라고 여겼기 때문이다.

그는 친동생과 미운 털이 박힌 몇 몇 사람들을 함께 엮어 역모를 꾀하고 있다고 고발했다.

평소 알고 지내던 사간원司諫院에 있는 李無彊이무강이란 자는 형이 동생을 모함하는데도 반역사건으로 처리하겠다며 순순히 다 받아주었다.

그는 소윤小尹 尹元衡윤원형* 패거리들을 모조리 요절내자고 은밀히 대윤 씨 말리기 작전을 꾸미고 있었던 것이다.

*양재역 벽서 사건 : 문정왕후 윤씨가 아들 명종을 대신하여 수렴청정을 하며 중 보우를 앞세워 숭불정책을 펴자 이를 비난하는 벽보가 붙음

*윤원형 : 문정왕후의 친정 동생) 일파에 속한 자였기 때문에 이걸 빌미로 대윤(大尹) (인종의 생모인 장경왕후 윤씨의 친정 오빠인 윤임 일파

동생을 죽이려는 사악한 조선의 카인은 본의 아니게 거대한 살육 프로젝트, 숙청 플롯(plot)에 실려 가랑잎처럼 둥둥 떠내려가게 되었던 것이다.

결국 동생은 처형되고 친척 아저씨뻘인 李有成이유성, 李允成이윤성, 李遂成이수성 3형제는 자신의 노비가 되고 말았다.

그는 모반을 밝혀낸 공로로 2년만에 유배에서 풀려나 장단 부사가 되었다. 하지만 제 버릇 개 못 준다고 그는 백성을 학대한 죄로 장단 부사 자리에서 10년만에 파면되고 말았다. 그러나 무슨 영문인지 2년 뒤인 46세에 다시 정3품 당상관 직인 공조참의에 기용되어 전보다 더 좋게 되고 말았다.

그러나 결국 그는 자기 친동생을 무고하여 죽게 한 뒤 꼭 20년만에 그 사악한 전과가 낱낱이 세상에 드러나게 되었다. 그런데도 형벌은 기껏 삭탈관직(혹은 삭직)에 그치고 말았다.

20년 동안 조카뻘인 이홍남의 노비로 천한 신분을 곱씹던 이윤성 형제들은 그제 서야 억울함이 세상에 알려져 노비에서 양반으로 회복되고 벼슬길도 열리게 되었다.

이윤성의 경우, 28세에 억울하게 원수 같은 놈의 노비가 되어 48세에 원래의 신분으로 되돌아왔던 것이다. 그는 빌어먹을 세상과 빌어먹을 팔자를 원망하며 모든 기회를 포기하고 아예 산 속에 묻혀 글이나 읽으며 살았다. 그래도 72세로 장수했으니 그만하면 하늘의 특혜를 덧입었다고 해야할지….

무고로 동생을 죽인 이홍남(洪큰물 홍 男사내 남)의 자는 사중(士선비 사 重무거울 중)이고, 아호는 급고자(汲물길을 급 古옛 고 子아들 자)이다.

'큰 물에 노는 사내'라는 이름 뜻 때문인지 그는 34세에 작은 물인 영월에 유배가서 큰 물인 서울의 궁궐을 꿈꾸다가 그는 역모죄를 고발하면 공신에도 오르고 벼락출세도 얼마든지 가능하다

고 결론을 내린 것이다. 그리고 '이대로 인생 종치기는 싫다. 내가
어떻게 살아나는지 두고 봐라'하며 역적으로 몰려 죽은 제 아버지
를 떠올리게 되었던 것이다.

그는 동생이 얄밉기 짝이 없었다. 아버지가 억울하게 죽었는데
도 녀석은 털 한 오라기도 다치거나 으스러지지 않고 아주 멀쩡
했던 것이다.

그는 평소에도 늘 제 형을 업신여기던 얄미운 동생을 반드시
제 손으로 죽여야겠다고 생각했다. 그래서 그는 '봐라, 우리 아버
지도 아무 죄 없이 벽보사건에 휘말려 죽지 않았느냐. 나라고 그
런 개 같은 역모사건을 꾸미지 말란 법이 있느냐? 나만 조용히 죽
으라고? 대체 어느 놈이 그런 식으로 조용히 죽어준다던?'하고 혼
자 이를 갈며 동생에 대한 복수를 계획했던 것이다.

'유능하지만 뭔가에 억눌리고 만다'는 자의 의미, '고여 썩은 물
을 길어 나른다'는 아호의 의미를 곱씹어보며 그는 '비상한 방법
이 아니면 도저히 살 길이 열리지 않을 것'을 직감했다.

역적의 아들이 무슨 수로 벼슬길을 열 수 있나 라며 자조하기
도 했지만, 이열치열以熱治熱이라고 역적죄는 역적죄로 엎어버려야
비로소 살 길이 열린다고 확신했다.

자신을 '얽어매는 인연의 줄을 싹둑 자르고, 고여 썩는 물을 길
어 졸지에 바싹 말라붙은 제 처지를 흠뻑 적셔놓고자 했다.

카인의 아벨에 대한 린치에 맞물려 20년간 형제 살인자 카인의
노비생활을 해야 했던 이윤성(允진실로 윤 成이룰 성)의 자는 희신(希바랄
휘 信믿을 신)이다.

'진실 하나를 무기로 삼고 살아간다'는 이름과 '바라는 바를 얻
게 되리라 굳게 믿는다'는 자의 의미에서 어딘가 소극적이고 의타
적인 기질을 읽을 수 있다.

너무 순하고 어둡다보니 3형제가 모조리 엉뚱한 악연에 휘말려 우습지도 않은 자의 노비로 전락하고만 것이다. 예나 지금이나 '일어설만하면 마구 밟아 죽이는 것'이 어두운 쪽에 속한 세상의 대원칙인 듯하다.

조선의 아벨인 이홍윤(洪큰물 홍 胤이을 윤)의 이름에는 '조상의 뒤를 이어 큰 꿈을 이룬다'는 암시가 배어 있다. 아마도 야심이 너무 크다보니 본의 아니게 제 형을 업신여긴 적이 있었을 것이다. 형보다 뭐를 하든지 나으면 결국 형의 미움을 사게 되는 것이 아닌가.

카인의 뒤에는 고도의 음모를 짜던 이무강(無없을 무 疆지경 강)이란 자가 있었다. 그의 이름 뜻은 '남의 밭으로 마구 들어가 씨를 없앤다'는 의미이다. 정말 무시무시한 이름이고 천하의 도적 같은 이름이 아닌가. 카인을 만나 아벨을 비롯한 수다한 사람들을 죽여 없애기로 꼬드긴 셈이니, 그 얼마나 악독한 기질인가.

'정유3흉丁酉三凶'으로 불린 대신들이 있었다. 어쩌나 밑도 끝도 없이 모함을 잘 해대는지 누구든 걸리기만 하면 왕실이나 권문세도가와 아무리 가깝더라도 목숨을 잃거나 귀양을 가야 했다.

김안로를 보스로 하여 무수한 아첨꾼들, 출세꾼들이 모여 있었지만 특별히 두 사람이 가장 뛰어났다는 뜻일 것이다. 즉, 채무택과 허항을 합하여 세 명의 걸출한 무고꾼들로 부르고 있는 것이다. 온갖 모함질, 고자질, 탄핵질을 하다가 셋이서 똑같이 중종 임금의 미움을 사 사약을 마시고 자결할 수밖에 없었다.

채무택은 과거에 급제한지 십여 년 만에 대사간과 부제학을 지냈지만 대궐을 제 안마당으로 여기는 김안로에게 바싹 들러붙어 무고와 이간질과 해코지에 골똘해 있었다.

허항은 채무택과 같은 해(1524년)에 과거에 급제하여 '우리가 남이가?'하며 늘 붙어 다녔다. 급제한 지 십여년 만에 부제학과 동부승지를 보내고 김안로의 백으로 나중에는 대사간과 대사헌을 지냈다. 하지만 채무택에게 뒤질세라 무고와 이간질에 이골이 나 있었다.

삼흉三凶의 두목인 김안로(연안 김씨)는 여러모로 특이한 작자였다.

"나에게 한번 씹히면 반드시 죽는다. 나에게 해를 입히면 누구든 반드시 죽여 없애고 말겠다. '이에는 이, 눈에는 눈'이란 말은 바로 나를 두고 한 말이다. 오른 뺨을 때렸으면 나머지 왼뺨도 반드시 때리되 더 세게 때린다."

남들이 들으면 피에 굶주린 미친놈이라고 할만한 그런 말을 공공연히 지껄이고 다녔다.

단순히 공갈이나 허풍으로 그런 말을 하고 다니는 게 아니었다. 아예 두 눈에 불을 켜고 다니며 해코지할 대상을 찾느라 늘 분주했다. 그의 꼬붕인 채무택이나 허항보다 꼭 18년 먼저 25세에 과거에 급제했으니 아마도 스무 살 가까이 연상이었을 것이다. 38세(1519년 훈구파가 사림파를 박해한 기묘사화)에는 신진사류의 우두머리격인 조광조 등과 함께 유배형에 처해졌다.

아마도 사림파의 칼칼한 성깔과 모든 걸 뒤엎어 새로 짜놓으려는 그 혁신적이고 위태위태한 도발정신에 꽤나 매료당했었는지도 모른다.

43세 때에는 이조판서에까지 올랐지만 중종의 맏사위(효혜공주 남편)가 된 자기 아들 金禧(김희)를 든든한 배경으로 오만방자 하게 굴다가 영의정 남곤과 대사헌 이항 등의 탄핵을 받아 경기도 풍덕으로 유배를 가야 했다.

46세 되던 해(1527년)에 남곤이 죽자 그는 2년 뒤인 48세에 풀려났다. 50세에 이조판서에 재 등용되어 다시 한번 작심하고 자기 일파들로 주요 자리를 채워나갔다.

53세에는 우의정이 되고 이듬해에는 좌의정에 올라 그는 자기 손에 걸리기만 하면 벼슬길을 콱콱 틀어막았다.

하지만 드디어 악인에게도 다 종칠 때가 있는 것인지 그에게 죽음의 그림자가 다가오기 시작했다. 친정 형제들윤원로, 윤원형 형제)과 짜고 사사건건 제 발목을 잡는 문정왕후를 몰아내고 제 구미에 딱 들어맞는 왕비감을 간택하려 참으로 무서운 흉계를 꾸미고 있을 때, 중종 임금이 더 이상은 못 봐 주겠다며 은밀히 체포령을 내렸다.

대사헌 梁淵양연의 상소를 시작으로 尹安任윤안임 등에게 '세 놈의 무고꾼을 붙잡아 오라'고 비밀 지령을 내렸다. 다들 이제야 소화가 제대로 된다며 반가워했다. 그리하여 세 무고꾼의 최후로 오랜만에 밝은 세상이 보란 듯이 반짝 그 얼굴을 내밀었던 것이다.

김안로의 아들 김희는 아비를 잘못 둔 죄로 제 아버지보다 6년 먼저 세상을 하직했다. 한때는 귀양간 제 아버지를 임금에게 직접 탄원하여 구해 줄 정도로 막강했었지만, 꼬리가 너무 길다보니 주위의 탄핵을 받기 전에 제 손으로 제 무덤을 파는 데까지 이르고 말았다.

김안로는 자신을 귀양 보냈던 沈貞심정(1471-1531)을 어떻게 해서든 죽여 없애야겠다고 결심했다.

43세 되던 해(1524년)였다. 대사헌을 거쳐 이조판서로 잘 나가던 때였는데, 꼭 10살 위인 남곤과 심정이 뱁새눈을 뜨고 김안로를 미운 오리새끼처럼 미워하기 시작했다.

"저 놈이 임금의 맏사위가 된 제 아들만 믿고 지나치

게 방자하게 구는구나. 제 직분 이상으로 대궐을 뒤흔들
어 놓고자 하니 이런 못 된 놈은 당장 갈아치워야 한다!"

남곤과 심정은 그런 말을 입버릇처럼 했던 것이다.

두 사람(남곤, 심정)은 두 차례에 걸쳐 김안로를 '못 살게' 굴었었
다. 남곤, 심정을 중심으로 한 소위 훈구파*가 조광조를
우두머리로 한 사림파를 대대적으로 숙청할 때(1519년 기묘
사화), 김안로 자신도 사림파와 함께 귀양을 가게 되었었다.

*훈구파 : 중종반정에
공을 세운 공신들 중심
의 정치세력

그리고 그 후 다시 43세 때에 '권력을 남용한다'며 탄핵하여 다
시 한번 귀양을 가게 만들었으니 실로 철천지원수 같은 작자들이
었던 셈이다.

결국 김안로는 두 사람에게 단단히 미운 털이 박혀 끝내 자리
에서 쫓겨나야 했다. 단순히 자리만 뺏긴 것이 아니라 중년의 나
이로 유배지를 향해 기약 없이 떠나야 했다. 그에게는 그 때가 자
신의 인생에 있어 가장 중요한 시기였다. 용이 되어 승천하느냐,
아니면 이무기가 되어 땅에 떨어져 잡초처럼 썩어가야 하느냐의
중대한 갈림길이었던 것이다.

김안로는 두 사람을 역모죄로 엮어야 죽일 수 있다고 결심했다.
하지만 다행인지 불행인지, 46세 되던 해에 '원수 같던' 남곤이 56
세로 먼저 죽고 말았다. 그러자 그는 속으로 쾌재를 부르며 죽일
놈은 이제 아둔한 심정 한 놈뿐이다 라고 결론지었다.

이제는 심정만 죽이면 된다. 약아 빠진 남곤은 자기가 죽은 후에
맞게 될지도 모르는 후환이 두려워 제가 쓴 책과 원고까지 모두
불태워 없앤 자가 아닌가. 김안로는 스스로 자기의 지략이 심정보
다 한 수 위라고 생각했다.

김안로는 임금의 맏사위라 왕실을 자유자재로 드나드는 아들(김

희)을 이용하기로 마음먹고 잔머리를 굴리기 시작했다.

병약한 세자(후일 인종이 되는)의 열두 번째 생일날(1527년 2월)을 기해 끔찍한 음모를 꾸몄던 것이다. 쥐를 잡아 주둥이와 귀와 눈을 불로 지지고 사지와 꼬리를 잘라 징그럽고 더러운 모습으로 바꾼 후 세자의 거처인 동궁의 북쪽 정원에 서 있는 은행나무 위에다 보란 듯이 걸어놓았다.

소위 '작서灼鼠의 변變'으로 불리는 조선왕조판 '할로윈 무비 (Halloween Movie)'의 서막이 올려지기 시작했던 것이다.

조선판 부두교(Voodooism) 의식의 서막이었다. 아니나 다를까, 금방 야단법석이 나고 말았다. 누군가가 세자를 저주하여 죽게 하고자 그런 끔찍한 일을 저질렀다는 소문이 순식간에 쫙 퍼지고 말았다. 김안로는 아들 김희를 시켜 임금에게 거짓 정보를 올리도록 했다.

즉, 중종의 후궁인 경빈 박씨가 자신의 아들인 복성군을 세자로 삼고자 못된 짓을 꾸몄다고 일러바쳤다. 오랫동안 떠돌던 소문이 사실로 드러나고 말았다고 주장했다.

후일 인종이 되는 장경왕후 소생의 12세 세자는 이미 7년 전에 세자로 책봉되고 3년 전인 9살에 세자빈 박씨까지 맞아들인 상태였다. 그런데 태어나자마자 어미를 잃은 불쌍한 세자를 죽여 없애고자 계모인 경빈 박씨가 감히 저주 주문을 외우고 있다는 것이 아닌가.

임금은 당장 인두로 지지고 주리를 틀어 자백을 받아내라고 불호령을 내렸다. 세자의 생모인 장경왕후 윤씨가 산후병으로 24세에 일찍 죽자 늘 가슴 한 쪽에 죄책감을 안고 살던 임금이었다.

39세의 임금(중종)은 회갑을 막 넘긴 세자의 외할아버지 尹汝弼윤여필을 생각해서라도 병약하고 늘 외로움을 잘 타는 세자를 완벽하게 보살펴주지 않으면 안 된다고 생각하고 있었다.

김안로는 '때는 바로 이 때다' 하며 56세로 좌의정의 자리에 올라있던 심정을 탄핵하여 강서江西로 귀양을 가게 만들었다.

　"정승의 자리에 앉아 녹봉만 축내며 자기 일파를 챙기는 일에나 혈안이 되어있으니, 세자가 위급한 지경에 빠지는 것을 막을 재간이 있었겠습니까? 전형적인 안일무사의 표본이니 본보기로 처벌함이 마땅합니다!"

라는 식으로 탄핵했던 것이다.

이듬해에 임금은 자신이 그토록 총애하던 경빈 박씨와 그녀의 소생인 복성군을 평민으로 강등시켜 궁궐 밖으로 내쫓았다. 김안로의 심정에 대한 원한은 귀양 정도로 풀릴 리가 없었다. 그는 다시 꾀를 냈다.

　"경빈 박씨를 음탕한 눈으로 바라보며 욕심을 내던 심정이란 놈이 무엄하게도 경빈 박씨에게 접근하여 '복성군을 왕으로 만들 기막힌 시나리오가 내게 있으니 나만 믿어달라'는 식으로 꼬드겼습니다. 급기야는 경빈 박씨의 정치적 야욕과 심정이란 놈의 음욕이 장단을 맞추어 그렇고 그런 스캔들을 만들게 된 것입니다"

라는 식으로 일러바쳤다.

귀양을 갔던 심정은 4년 뒤인 60세에 사약을 받고 자결하게 되었다. 그리고 경빈 박씨와 복성군도 그 후 2년 뒤에 사약을 받고 죽을 수밖에 없었다.

사필귀정事必歸正이라 했던가. 결국 경빈 박씨와 그녀의 외아들 복성군이 죽고 난지 8년 뒤(1541년)에 김안로의 아들 김희가 꾸미고 김안로가 뒤에서 조종한 전형적인 무고사건으로 판명이 나 모든 신분과 명예를 회복할 수 있었다.

하지만 김희는 꼭 10년 전에 이미 죽었고 아버지 김안로는 4년 전(1537년)에 임금이 보낸 밀사(대사헌 양연과 윤안임 등)에게 붙들려 사약을 받고 그 사악한 놀부 같던 56년의 지긋지긋한 생애를 마감했다.

김안로에게 빌붙어 76세에 영의정을 지내고 77세에 타계한 張順孫장순손과 54세에 도승지를 지내고 58세에 죽은 형 金安鼎김안정도 이미 7년 전(1534년)에 자연사하고 현세에 남아있지 않았었다.

김안로, 김안정의 부친인 金訢김흔도 연안 김씨 일문을 나름대로 빛낸 사람이었다.

김종직에게 수학 한 후 23세에 별시 문과에 장원급제하여 공조참의를 지냈다. 비록 병이 나서 중도에 되돌아오고 말았지만 30세에는 일본 통신사의 서장관이 되어 쓰시마섬에까지 다녀오기도 했고 사신으로 명나라를 다녀오기도 했다.

하여튼 김안로라는 한 개인이 죽자 많은 대신들이 안도의 숨을 내쉬었다. 김안로에게 한번 찍히면 벼슬은 둘째 치고 목숨을 잃기 십상인지라 다들 숨을 못 쉬고 있었던 것이다.

趙宗敬조종경이란 자는 29세에 이조정랑에 천거되었으나 김안로가 반대하여 취임을 못했다. 32세 때는 심정의 일당이라고 김안로의 탄핵을 받아 파면되었다. 결국 과천에서 은둔생활을 하다가 40세로 죽었지만 그가 죽은 지 2년 후 김안로가 사사되자 그도 비록 사후이지만 명예 회복이 되었다.

任虎臣임호신은 28세에 아버지의 서장관으로 명나라를 다녀온 후

봉교奉教가 되었는데 김안로의 모함을 받고 황간 현감으로 좌천되었다. 40대에 한성부 좌윤과 중추부 동지사를 지내고 49세에는 병이 너무 깊어 형조판서에서 물러났다. 이듬해에 죽었지만 세상에서는 그를 청백리로 추앙했다.

兪汝霖유여림은 28세에 과거에 '갑과'로 급제하여 부제학을 거친 후 53세에 형조판서, 55세에 호조판서에 이르렀으나 김안로의 탄핵을 받고 삭탈관직되었다. 61세 되던 해에 김안로가 죽자 그도 다시 예조판서에 올랐다가 이듬해에 타계했다.

陳寔진식이란 이는 28세에 과거에 급제하여 33세에 이조좌랑을 지내고 47세에는 대사간을 지냈다. 부제학을 지낸 후 49세로 생애를 마감했지만 그는 38세 위인 김안로를 평생 원수로 삼고 지냈다.

그가 18세 되던 해에 형 陳宇진우가 김안로에게 모함을 받아 죽었는데, 그는 형을 살려볼 결심으로 궁궐 밖에 홀로 엎드려 "제 형 진우를 살려주옵소서! 상감마마, 제 불쌍한 형을 살려주옵소서!"라며 통곡으로 상소를 올렸던 것이다.

그 일로 그는 세상 사람들로부터 의리가 대단한 대장부 중의 대장부라는 말을 들었다. "보통 사람이 아니다. 형을 살리기 위해 어린 나이에 그런 식으로 '1인 시위'를 했다는 것은 보통의 의리가 아니다"라며 이구동성으로 칭송을 아끼지 않았다.

張玉장옥이란 자는 22세에 과거에 급제하여 28세에는 시강관侍講官이 되었으나 신사무옥辛巳誣獄에 연루되어 유배를 가야 했다. 33세에 풀려나 문과중시에 급제한 후 병조정랑에 올랐으나 39세에 그만 김안로와 그 일당의 탄핵을 받아 또 다시 유배형에 처해졌다. 하지만 44세 되던 해에 김안로가 죽자 그의 벼슬길은 다시 열려 54세에는 정3품 봉상시奉常寺(시호 등을 관장) 정正을 지냈다.

蔡無逸채무일은 잘 나가다가 38세에 김안로의 미움을 사 유배형에 처해졌다. 하지만 41세 되던 해에 김안로가 죽자 그는 다시 벼슬길이 열려 44세에는 늦은 나이에 다시 과거에 급제하기도 했다. 48세 때에는 부모 봉양을 위해 부안 현감을 자청하여 지방으로 내려갔다. 60세로 타계할 때까지 취미로 그림을 그리며 소일했다.

여주 이씨 李彦迪이언적은 본래 이름이 李迪이적이었는데 중종 임금이 '선비 언彦'을 넣어 '언적彦迪'이라 하라고 명령하여 그대로 이름이 굳어진 사람이다.

39세 되던 해에 김안로의 재등용 문제가 등장했는데 그는 사간원司諫院의 사간司諫(종3품)으로 '아직은 안됩니다'라고 반대하다 오히려 자신이 관직에서 쫓겨나 귀양을 가게 되었다. 그는 귀양에서 풀려나자 고향에 독락당獨樂堂을 짓고 학문에만 열중했다. 43세 되던 해에 김안로가 죽자 그는 다시 벼슬길에 나와 홍문관 응교와 직제학을 지낸 후 노모 봉양을 위해 외직外職을 자청하여 안동 부사와 경상도 관찰사를 지냈다.

의금부 판사를 지내며 윤원형 일파가 주도한 사림파 숙청(1545년 을사사화)에 깊이 관여하다, 56세 때는 양재역 벽서壁書사건에 연루되어 다시 강계로 유배되었다. 62세로 타계할 때까지 오로지 성리학 연구에만 몰두했다.

이언적의 세 살 아래 동생인 李彦适이언괄은 참봉과 찰방察訪을 지냈지만 백성들로부터 칭송을 받아 그의 송덕비가 세워지기도 했다. 그는 형이 유배를 갈 때마다 "제 형은 정말 억울하게 된 겁니다."라며 상소를 올렸다. 형제가 기이하게도 각각 62세와 59세를 일기로 같은 해(1553년)에 영면했다.

김안로(安편안할 안 老늙은이 로)의 '늙은이처럼 홀로 평안히 머물기를 바란다'는 이름 뜻은 그의 천성을 암시하는 셈이다. 본래 성격은 대단히 이기적이고 소극적이었을 것이다.

　전형적인 호가호위형이고 아무리 쥐꼬리만한 권한이나 권세가 생겨도 그 걸 몇 배로 불려서 휘두를 줄 아는 스타일이었을 것이다. 큰 꿈이나 큰 배포보다는 잔꾀와 잔머리 굴리기에 아주 이골이 나있었을 것이다.

　그의 자는 이숙(頤턱 이 叔아재비 숙)인데, '아래, 위턱으로 모조리 씹어 삼킨다'는 의미가 자못 소름끼친다. 턱의 힘처럼 강력하고 집요한 근성과 독기가 있으니, 누구든 그에게 미움을 사면 결코 성할 수 없었을 것이다. 실로 무시무시하리만치 지독한 성깔이었던 것 같다.

　그는 세 개의 아호를 지니고 있었다. 희락당(希바랄 희 樂즐길 락 堂집 당), 용천(龍용 용 泉샘 천), 퇴재(退물러날 퇴 齋재계할 재)이다.

　'기쁜 일을 만들며 소망을 품고 세상을 즐겁게 산다'는 희락당의 의미에서 소인배인 주제에 뭔가 과시해 보려는 욕구가 물씬 풍겨난다. 아마도 과시욕이 대단했던 것 같다.

　'용이 사는 샘'이라는 아호에서는 그의 남다른 과시욕과 과대망상적인 기질이 드러난다. 그리고, '물러나 잠잠하게 머문다'는 퇴재라는 아호에서는 그의 이중적인 성격이 엿보인다. 칼을 뽑아 휘두르고는 스스로 자책하며 보복을 두려워하기도 하고, 제가 저지른 소행을 잘 알기에 항상 모든 사람들을 의심의 눈으로 보아야 했던 그의 이중적인 심리상태가 어렴풋이 드러난다.

　김안로 주위에서 알랑거리고 굽실거리며 단물을 잘도 빨아먹던 허항과 채무택을 살펴보자.

　허항(沆넓을 항)이란 이름은 '물이 고여 큰 웅덩이를 이루고 있다'는 뜻이니 욕심이 많아 일단 차지하기는 해도 제대로 관리하지는 못했을 것이다.

　벼슬이 높아지고 녹봉이 많아지기만을 끈질기게 바랄 뿐 스스로 노력하거나 정정당당히 겨루려는 의욕은 별로 없었을 것이다. 그저 머리가 영리하고 기억력이 좋고 응용하는 능력이 뛰어나다 보니 자연히 출세는 어느 정도 할 수 있었지만, 더불어 사는 세상에 대한 훈련이나 마음가짐이 제대로 안 갖춰져 주위 사람들의 빈축과 조롱을 많이 받았을 것이다.

그의 자는 청중(淸맑을 청 仲버금 중)'이다. '너무 깨끗하면 물고기가 못 산다'는 의미이니, 겉으로는 꽤나 청렴 강직한 척하면서도 속으로는 대단히 이기적이고 탐욕적이었을 것이다. 적당히 청렴하고 적당히 강직하게 군다는 생각을 지니고 살았을 테니, 어찌 보면 대단히 실용적이고 실리적인 처세훈 같지만 일단 공직사회에 나가서는 부도덕한 행실과 탈법적인 처신으로 곧잘 주위 사람들의 눈살을 찌푸리게 했을 것이다.

채무택(無없을 무 擇가릴 택)의 자는 언성(彦선비 언 誠정성 성)이다.

'이것 저것 가리지 않는다'는 이름에서 '출세를 위해서라면 뭐든지 한다'는 눈먼 출세지상주의를 엿볼 수 있다. 그리고 자의 의미인 '정성을 다하는 선비'는 그가 마음속으로 꿈꾸거나 최소한 남들로부터 그런 칭송을 듣고 싶어했다는 것을 암시한다.

목적을 위해 수단방법을 가리지 않는 사람임인데도, 학문으로 혀를 감싸 그럴듯한 궤변을 일삼으니 세상 사람들이 피해야 할지 가까이 다가가야 할지, 정말 헷갈리게 되어 있는 것이다.

언제든 표변하여 인륜에 어긋난 짓을 일삼을 수 있는 비열한 기질이 엿보이는 이름이고, 제 추악한 심보와 행실을 적당히 잘 얼버무리는 재주를 숨긴 자인 셈이다.

사간원 정언을 지내고 57세에는 성주목사를 지낸 **曹世虞**조세우(1483년 생)는 네 차례(1537년 10월 27일에 한 차례, 28일에 두 차례, 29일에 한 차례)에 걸쳐 김안로와 그에 빌붙어 못된 짓을 일삼는 채무택, 허항을 즉시 참살하라며 강력한 상소를 올렸다.

김안로를 일컬어 생김새는 여우나 쥐와 같고 마음씨는 불여우 같다고 했으니, 선비들의 상소질이 너무 주관적이고 겁 없이 함부로 쓰여진 부분이 많았다고 보아야 할 것이다. 더욱이나 '간신들을 참살하소서'라며 구체적으로 이름을 거명하는 식이었으니 어찌 보면 상소는 곧 살생부가 되는 셈이고 당한 자와 가해자 사이에는 대를 이어 원한이 쌓일 수밖에 없었을 것이다.

조세우의 상소에도 대단히 주관적이고 황당무계한 주장이 많이 들어 있었다. 예를 들면 이런 내용이었다.

"연산군의 아우인 주계군朱溪君도 김안로의 문장을 보고 소인기질이 농후하다고 했습니다. 김안로의 동서 李耔이자*도 자질을 비판했고, 중국 사신도 요초妖草 같다고 했습니다. 김안로를 제대로 모르는 분은 오직 상감마마 한 분뿐입니다.

*이자 : 1480-1533; 형조 판서, 우찬찬 지낸 후 1519년 기묘사화 때 파직되어 음성에 낙향

풍덕에서 유배살이 할 때는 지역 문사文士인 閔壽千민수천과 교제하며 조정을 속이고 결탁하면 날개를 마음껏 펼칠 수 있을 것이라고 꼬드겼습니다. 또한 제 집을 지으며 사치롭게 꾸며 객청客廳을 마치 대궐의 정전正殿처럼 흉내냈습니다.

간절히 요청합니다. 김안로를 참살하지 않고는 왕권을 바로 세울 수가 없습니다. 김안로의 손톱, 발톱 같은 허항과 채무택도 참살해야 합니다. 허항은 간교하고 음흉하여 허풍과 공갈로 협박을 일삼고 있습니다. 채무택은 간사하고 편파적이라 김안로의 지시에 따라 움직이며 조정을 경시하고 사람들을 속이기만 하고 있습니다."

상소의 요점은 빨리 죽이지 않으면 저희가 간교한 술책을 부려 역모를 꾸미게 될 것이 너무도 자명하다는 것이다.

상소의 내용이 어떠하든 사실 여부를 확인하면 드러날 일이긴 하지만 몇 가지 흠과 세상에 퍼진 악평을 근거로 '참살하소서!'라고 줄기차게 상소를 올리는 것은 아무래도 뭔가 좀 이상하다.

어찌되었건 하나뿐인 사람의 목숨인데 어떻게 그렇게 집요하게 빨리 쳐죽이지 않으면 큰 일이 난다고 할 수 있는 것인가?

중종 16년에는 서자출신인 宋祀連송사련(1496-1575)이란 자가 출세에 환장하여 10여 명이 참형을 당하는 무고를 저지르고 말았다. 25세 된 송씨 한 사람의 야욕으로 순흥 안씨 일문에 날벼락이 떨어지고 말았던 전형적인 무고사건이었다.

47세에 '이과의 옥사'를 무난히 해결하여 정난공신 3등에 책록되고 이후 6조의 판서를 두루 거치며 관록을 쌓은 安瑭안당은 50대 후반에 우의정, 좌의정을 지냈다. 59세에 좌의정으로 있으면서 기묘사화로 싹쓸이 당하는 조광조 등의 사림파 선비들을 구하려고 적극적으로 노력하다가 그만 자신이 파면당하고 말았다.

61세 되던 해에 목숨을 재촉하는 송사련의 무고가 있을 때는 한가로이 말년을 정리하고 있던 때였다.

송사련은 안당과 사이가 나쁜 沈貞심정*에게 아부하여 관상감觀象監 판관判官(종5품)으로 있었는데, 어느 날 자기의 출세를 완벽하게 보장해 줄 밀담을 듣게 되었다. 안당의 아들인 安處謙안처겸이 李正淑이정숙, 權磌권전 등과 더불어 입을 함부로 놀리고 있었던 것이다.

그들이 말한 내용은 '기묘년(1519년)에 사림파 선비들을 박해한 남곤과 심정을 죽이고 경명군景明君*을 왕으로 추대하자'는

*심정 : 1471-1531; 기묘사화를 주도하여 사림파 숙청. 김안로로부터 중종의 후궁인 경빈 박씨와 통정했다는 모함을 받아 60세로 사사됨
*경명군 : 성종과 숙의 홍씨 사이의 7남 3녀 중 다섯째로 성종의 10남에 해당

429

것이었다.

가슴이 마구 뛰는 것을 간신히 진정시킨 후 송사련은 처조카인 鄭鑌정상과 은밀히 상의했다. 둘은 우선 안처겸의 모친상 때 온 조문객들의 방명록을 훔쳐 그것을 증빙자료로 하여 고변할 서류를 만들었다.

송사련의 무고로 안당과 그의 두 아들인 처겸, 처근, 처인, 그리고 이정숙, 권전, 안형, 황현, 조광좌, 봉천상, 이충건, 이약수, 김필 등이 모두 처형당했다.

安珽안정이란 자는 두 차례나 죽을 고비를 무사히 넘긴 특이한 행운아였다. 25세 때는 숙직을 하다가 위기를 맞았었다. 마침 훈구파에 의해 사림파가 대대적으로 숙청당할 때였는데 그는 마침 입직入直(숙직)을 하고 있었다. 사림파로 몰려 일단 투옥되었는데 혐의가 없음이 밝혀져 이튿날 바로 석방되었다.

27세 때는 송사련이 순흥 안씨 집안을 쑥대밭으로 만들 때 하필 그의 이름이 송사련의 고발장에 섞여 있는 탓에 심하게 고문을 당한 후 유배형에 처해졌다. 하지만 천만다행으로 16년 뒤인 43세 때 사면되었다.

양성 현감을 지낸 후 스스로 관직을 버리고 낙향하여 거문고와 글짓기와 그림 그리기로 소일했다. 특히 매화꽃과 대나무를 잘 그려 많은 묵객들의 존경을 받았다.

송사련(祀제사 사 連잇닿을 연)의 이름이 참으로 신기하다. '제삿날 받아준다'는 의미가 아닌가. 결국 그는 순흥 안씨 일족과 숱한 선비들을 죽음의 골짜기로 밀어 넣은 후 그 공로로 정3품 당상관이 되어 50대 중반까지 30여 년간 호강하다가 79세로 장수했다.

사건의 진정한 내막은 사건이 있은 지 자그마치 75년이 지나서야 세상에 드러났다.

선조 임금 대(1586년 선조 19년)에 와서야 무고임이 밝혀져 송사련에게 주어졌던 모든 벼슬과 녹봉이 박탈되었다.

송사련과 함께 무고에 가담한 처조카 정상(鏡바퀴 테 상)은 송사련이 물고 들어온 대수롭지 않은 험담과 시국비판을 조문객 방명록과 엮어 위급한 역모사건으로 수레에 태워 보낸 것이다.

그의 이름 뜻대로 굴러온 건수를 잘 살리고 꾸미고 바람을 집어넣어 굉장한 물건으로 바꿔치기 한 것이다.

심정과의 정치적 알력 때문에 역모죄로 잡아넣기에 속수무책으로 걸려들고만 안당은 이미 47세 때(1507년 중종2년)에 역모죄에 걸려들면 뼈도 못 추린다는 것을 속속들이 다 알았던 사람이다. 李顆이과(1475-1507)의 역모죄를 처리하며, 누구든 역모혐의에 걸려들면 죽을 수밖에 없다는 사실을 뼛속깊이 느끼게 되었던 것이다.

32세 때에 역모혐의에 걸려든 이과는 실로 대단한 사람이었다. 16세에 과거에 급제한 뒤 29세에 벌써 대사성을 지냈다. 하지만 연산군의 문란한 국정운영을 비판한 것이 꼬투리 잡혀 그는 그만 전라도로 유배를 가게 되었다. 그는 유배지에서조차 진성대군(중종)을 옹립하여 폭군 연산군을 몰아낼 역모를 꾸미고 있었다. 배짱이 좋은 건지, 아니면 매사를 너무 쉽게 보고 엄벙덤벙 덤벼대는 기질인지, 도무지 분간하기 어려운 사람이다.

그런데 애석하게도 한양에서 반정에 성공하여 진성대군이 왕이 되고 연산군은 강화도로 쫓겨갔다는 소식이 들려왔다. 하지만 그의 반정 모의는 기특하게 여겨져 원종공신*에 책록되고 전산군釜山君에 봉해졌다.

*원종공신 : 큰 공로를 세운 공신을 도와 작은 공로를 쌓았다는 등외 공신

그런데도 그는 벼슬이 낮은 것에 불만을 느껴 애꿏은 견성군甄城君 惇돈(성종과 숙의 홍씨 소생)을 왕으로 추대하려는 역모를 꾀하게 되었다. 결국 역모죄로 처형되고 알지도 못한 사이에 역모 시나리오

에 올려지고만 견성군은 사사되었다.

바로 이듬해에 견성군은 가담한 적이 없다는 사실이 드러나 명예회복은 되었지만 정말 앞으로 넘어지고 뒤통수가 터진 꼴이 되고만 셈이다. 무모한 망상가 한 사람 때문에 애꿎은 생목숨이 그만 불귀의 객이 되고만 것이다.

안당은 '이과의 옥사'를 처리하며 평생 역모에 휘말리지 않고 살아야 한다고 여러 번 다짐했었다. 그런데 한데 자식놈의 가벼운 입 때문에 멸문지화를 당하고만 것이다. 죽어가면서도 그는 3년 전의 기묘사화 때를 생각했을 것이다.

셀 수 없이 많은 선비들이 죄도 없이 일사천리로 처단되는 것을 보며 정치가 얼마나 겁나는 것인가를 뼈저리게 느꼈을 터이다.

35세로 죽어 가는 큰아들(안처겸)은 제 동생(안처근)과 함께 2년 전에 현량과에 급제하고 성균관 학유(學諭최말단 직)로 있었다. 함께 처형당한 奉天祥봉천상은 생원 시절에 벌써 '시정책 10조'를 올려 국가정책에 일부 내용이 채택되도록 했었다.

안당(塘못 당)의 자는 언보(彦선비 언 寶보배 보)이고, 아오는 영보당(永길 영 慕그리워할 모 堂집 당)이다.

환갑을 넘기자마자 '자신이 파놓은 갈등의 연못'에 3형제가 다 빠져죽고만 것이다. '보배 같은 선비'였고 '오래 사모하는 마음'을 지녔으면 대체 뭘 하는가. 적을 만들지 않는 것이 바로 상위 개념의 정치라는 것을 미처 깨닫지 못하고 11살이나 아래인 심정이란 자와 갈등관계를 유지한 것이, 그만 멸문지화의 단초가 되고 말았던 것이다.

아들인 안처겸(處살 처 謙겸손할 겸)의 자는 백허(伯맏 백 虛빌 허)이다. 3개나 되는 아호는 겸재(謙겸손할 겸 齋재계할 재), 근재(謹삼갈 근 齋재계할 재), 허재(虛빌 허 齋재계할 재)이다.

'제 자리에 머물며 몸을 낮춘다'는 본성은 다 어디로 가고 그렇게 함부로 발설하여 제 아버지와 형제들과 지인들을 모조리 죽게 했는지….

자와 아호에 유별나게 '빌 허盧' 자가 많이 들어 있다. 그리고 이름과 아호에 모두 '겸손할 겸謙' 자가 들어 있다. 아호에 있는 '삼갈 근謹'이란 것도 따지고 보면 '겸손할 겸謙'에 매우 가깝다고 보아야 한다.

성격이 본래 급하고 직선적이라 여간해서 잠자코 있지 못하는 편이라, 겸손이라는 의미와 삼간다는 뜻을 일부러 골라 넣었을 것이다.

'먼저 비운다, 먼저 제 안위를 잊고 당당히 나선다'는 자의 의미에서 시시비비를 명확히 가려야만 직성이 풀리는 성격임을 엿볼수 있다. 3개의 아호에서 나타나듯 '겸손할 겸謙'과 '삼갈 근謹' 그리고 '빌 허盧'는 어떤 식으로 서로 조화를 이루고 있는가?

아마도 야심만만하고 솔직 담백한 기질이라 스스로 억누르기 위해 서로 충돌하는 듯한 의미들을 아호에 집어넣었을 것이다. '겸손하자. 매사에 신중하자. 너무 앞서나가지 말자. 욕심을 먼저 내보이지 말자'는 스스로의 다짐 때문에 그런 식의 조합을 만들어 냈을 것이다.

구사일생으로 살아나 거문고와 그림 그리기로 여생을 잘 보낸 안정의 경우는 어떤가.

안정(珽옥 홀 정)의 이름 뜻은 '옥으로 만든 고귀한 상징'이니, 비록 이승의 티끌을 뒤집어쓰고 살아도 마음과 영혼은 '신선에 가까운 경지'였을 것이다.

송사련의 고발 노트'에 이름이 적혀 있던 탓에 자그마치 16년간이나 대역죄인으로 살아야 했지만, 그는 본래 고귀한 성품이고 자세라 결국 죄는 있으나 용서한다는 임금님의 사면을 덧입을 수 있었을 것이다.

'박힌 것을 뽑아내서 원래대로 흘러가게 한다'는 정연(挺뺄 정 然그러할 연)이라는 자가 자못 심상치 않다. 세상의 온갖 진흙 던지기 게임에서 벗어나 훨훨 날아갈 수 있다'는 강한 운세가 느껴진다. 그 어떤 불행이나 위기에도 전혀 동요하지 않고 항상 평상심을 유지하는 신선 같고 도사 같은 구석이 있었던 것 같다.

'대나무 창문'이라는 의미의 아호인 죽창(竹대 죽 窓창 창)에서도 대단히 적극적인 일면이 엿보인다. 잘 굽어지지 않고 잘 꺾이지 않는 대나무로 창문을 만들려면, 어지간한 끈기나 고집으로는 아마도 지레 포기해야 할 것이다.

졸지에 역모죄에 얽혀져 능지처참을 당하고만 봉천상(奉받들 봉 天하늘 천 祥상서로울 상)의 이름 뜻은 '하늘이 낸 길한 운세'이다. 그리고 자는 '상서로운 기운을 타고 기세 좋게 잘 나간다'는 뜻의 상지(祥상서로울 상 之갈 지)이다.

그런데 '상서로울 상祥'에는 복도 있고 반대로 재앙도 있다. 쉽게 말해 하늘이 하는 일에는 늘 양날의 칼처럼 위태로운 구석이 있다는 뜻이다.

기묘사화(1519년)로 죽고만 조광조 밑에서 학문을 하고 재야 학자들을 등용하려는 현량과에 의해 천거되어 벼슬을 시작했으니, 일단 극심한 견제와 감시를 받고 있었을 것이다.

스승이 죽을 때 자신도 결국 삭탈관직되었지만 2년 후 역모죄에 끼어들어 능지처참을 당할 줄은 꿈에도 몰랐을 것이다. 복과 재앙이 함께 들어있는 '상서로울 상祥' 자이니, 세고 빠른 물살에 가랑잎처럼 떠내려가고만 것이다.

나무에 달려 있을 때는 아름답고 싱그러운 생명이지만, 물살에 급하게 떠내려 갈 때는 이미 죽음을 향한 줄달음질일 수밖에 없었던 것이다.

무고誣告가 얼마나 사악한지는 당해본 이가 가장 잘 알고 다음으로는 곁에서 지켜본 이가 잘 알 것이다. '무고할 무誣'에는 '사실을 일부러 비비꼬아 엉뚱한 방향으로 뒤바꿔놓는다'는 말밖에는 없다. 하지만 사람들이 꾸미고 저지르는 무고행위에는 반드시 해치고자 하고 죽이고자 하는 사악한 악령이 끼여 있기 마련이다.

더욱이나 저 놈이 역적모의를 했다는 식으로 까발리면 결국은 생트집을 잡을 수밖에 없고 또한 굶고 겁나고 뒤흔들어진 상태에서 허위자백을 하게 마련인 것이다.

고문이 얼마나 손쉽게 인간을 뒤바꿔놓을 수 있는가. 유혹이 얼마나 쉽게 사람의 고정관념과 신념 따위를 뒤흔들어놓는가.

겨우 열 살 때 아버지 사도세자가 무고로 죽는 것을 낱낱이 지켜본 정조는 생사람 잡는 무고에 대해 본능적으로 진절머리를 낼 수밖에 없었다.

25세에 왕이 되었으니, 아버지의 뒤주 속 죽음을 본 후 이미 15년의 세월이 지나 웬만한 전후 스토리는 소상하게 꿰고 있었을 것이다.

남인南人 계열의 시파時派는 아버지를 살리려 했지만 서인西人 계열의 노론老論은 장차 왕이 되면 나라를 망칠 것이라며 독버섯은 일찍 뽑아버려야 한다고 단호하게 나왔다.

그리고, 형조판서로 있던 65세의 윤급과 경기관찰사로 있던 59세의 홍계희가 김한구와 짜고 윤급의 청지기로 있던 나경언이란 자를 충동질하여 세자의 열 가지 비행을 고발하라고 시켜 할아버지(영조)를 격노하게 만든 일도 소상하게 알고 있었다.

뿐만 아니라 세자시강원世子侍講院 설서說書(정6품)를 지낸 **權正忱**권정침이란 자가 사서司書(정6품) **任珹**임성과 검열檢閱(예문관, 춘추관의 정9품직) **林德躋**임덕재를 앞세워 '세자는 분명히 모함을 받은 것입니다. 모함 뒤에는 여러 대신들의 해묵은 당파싸움이 있었습니다'라고 사건의 진상을 규명한 일도 알고 있었다.

또한 아버지 사도세자가 직접 포도청을 시켜 나경언의 가족을 심문하게 한 뒤 우의정 윤동도의 아들 윤광유 형조판서 윤급의 청지기인 나경언을 꼬드겨 고발장을 내게 했다는 사실을 밝힌 것까지도 알게 되었다.

정조는 똑똑히 보았었다.

할아버지는 고변자인 나경언을 충신으로 예우하려 했지만, 남태제와 홍낙순이 나서서 목숨을 걸고 반대했다.

    "세자를 모함한 일은 역적죄에 해당됩니다. 저런 자를 살려두면 나라가 뒤흔들리고 인륜과 천륜이 땅에 떨어지게 될 것입니다. 당장 목을 베어 세상 사람들을 위한 경고의 메시지가 되게 하십시오!"

라고 강력히 주장했던 것이다.

결국 두 사람의 반대 때문에 사필귀정의 대원칙이 제대로 지켜졌던 것이다. 졸지에 충신으로 둔갑할 뻔했던 나경언은 순리대로 참형에 처해졌다.

정조는 이 모든 사실을 어제 일처럼 생생하게 기억하고 있었다. 특히 권정침이란 자를 참으로 특이한 인물이라고 생각하고 있었다. 52세의 결코 적지 않은 나이였는데도 아이처럼 울부짖으며 간청했다.

"세자를 뒤주 속에 가두면 안 됩니다. 어린 세손이 있는데 장차 어떻게 하려고 천륜에 어긋나고 인륜에 맞지 않는 골육지친骨肉之親을 죽이려 합니까? 절대로 안 됩니다. 차라리 저를 대신 죽여주십시오! 하찮은 제 목숨을 대신 거두어 가십시오!"

권정침은 너무 극렬하게 간청하다가 그만 할아버지(영조)의 진노를 사 형장으로 끌려가게 되었었다. '충신을 죽이면 안 됩니다'라는 간언을 듣고 특지特旨를 내려 살려주었지만, 그는 그 길로 낙향하여 57세로 타계할 때까지 아예 그날의 그 무심했던 하늘을 바라보지 않고 살았다고 한다. 생각할수록 고맙고 기특한 충신 중의 충신이었다.

왕위에 오른 지 11년 째 되던 해(1787년 정조 11년)에 정조는 한 가지 대단히 중요한 훈령을 내렸다. '이제 후로는 무고로 생사람 잡는 악습을 반드시 뿌리뽑겠다는 실로 획기적인 지침이었다.

말 가지고 벌어먹는 선비들이라 사람을 살리고 죽이는 짓도 꼭 세 치 혀를 앞세웠다. 먹을 갈아 글을 쓸 줄 아는 선비들이라 누군가를 해코지 할 때도 반드시 붓과 먹물과 종이를 이용해서 그렇게 했다.

선전관宣傳官(3품에서 9품까지 있었음)으로 있는 具純구순이란 자가 제 동료인 李潤彬이윤빈을 무고하여 매를 맞고 유배를 가게 한 사실이 밝혀지자 '구순을 처벌하라'고 명령한 후 병조판서 金履素김이소 (1735-1798)에게 시켜 '구순처분전교具純處分傳教'를 선전관청宣傳官廳(왕을 위한 무관 중심의 비서실인 셈)에 새겨놓게 했던 것이다. 다시는 사악한 자가 나타나 무고질로 억울한 희생자를 만들지 않도록 하라는 분명한 경고의 메시지였던 것이다.

구순이란 자는 어찌나 사악했던지 제 상관인 **曺學信**조학신을 위협하여 '당신은 그저 모른척하고 가만히만 있으면 된다'고 미리 입을 틀어막았다.

그 사실을 안 정조는 제 부하가 무고로 억울한 일을 당했는데도 잠자코 있었다면 그게 무슨 상관이냐며 당장 곤장을 매우 쳐서 귀양을 보내라고 명령했다.

구순(純생사 순)의 이름 뜻은 '이물질이 안 섞여 순수하다'는 뜻인 셈이다. 아마도 제 비위에 맞지 않으면 도저히 용서가 안 되는 스타일이었을 것이다. 자기 딴에는 완벽주의자인데 그만 그런 기질이 타인에게 적용되면 모두 쓰레기처럼 보일 수 있는 일종의 결벽증으로 발전하고 극렬한 심판자로 둔갑할 수도 있는 것이다. 누구나 내면적으로는 일종의 극단주의자이지만 남을 심판하여 벌을 주기까지 악랄하게 나아가지는 않는다. 그런데 자신에게 엄격하고 경건하고 극렬하다 보면 어느새 남에게까지 그런 식으로 처신하게 되어, 자칫하면 사소한 감정대립이나 이견 노출 때문에 증오와 살기로까지 발전할 수 있는 것이다.

구순이란 자는 한 순간의 극단적인 증오로 인해 동료를 정도 이상으로 보복하게 되었을 것이다. '밉다, 나하고는 안 맞는다, 왠지 그저 싫다'는 이유 하나 만으로, 급기야는 '죽이고 싶다, 저 놈 망하는 꼴을 반드시 봐야만 내 속이 시원하게 뚫릴 것 같다'는 데까지 생각의 고리가 그만 확 변질되고만 것이다.

무고로 크게 봉변을 당하고 귀양까지 간 이윤빈(潤젖을 윤 彬빛날 빈)은 '흠뻑 적셔야 제 빛이 난다'는 기이한 의미를 지니고 있다. 결국 그는 흠씬 두들겨 맞고 외딴 물가로 귀양을 가서야 임금님과 조정대신들의 주목과 관심과 동정을 받게 된 것이다.

얼마나 특이한 운세인가. 무관 중심의 상감마마 비서실인 선전관청宣傳官廳에 근무하면서도 별로 눈에 안 띄었는데, 흠씬 매맞고 먼 곳으로 유배를 가니 그만 온 나라 안이 발칵 뒤집히게 된 것이다.

한 부하의 못된 무고질과 다른 한 부하의 억울한 누명 뒤집어 씀을 모른 척한 조학신(學배울 학 信믿을 신)은 '진실을 믿어야 하는데 도 그는 엉뚱한 무고를 믿는 척 한 것이다.

무엇이 옳고 무엇이 그른지를 배워야 하는데도 그는 진실보다 더 무서운 것이 바로 세상을 사는 요령이라고 여기며 나 몰라라 눈을 감고만 것이다.

정조 임금의 이름은 산(祘셀 산)이고 자는 형운(亨형통할 형 運돌 운)이 고, 아호는 홍재(弘넓을 홍 齋재계할 재)이다.

'수를 세어 정확히 알아낸다'는 이름, '원활히 돌게 하여 세상의 도리가 막힘이 없이 흐르게 한다'는 자, '널리 전파하여 세상을 바로잡는다'는 아호…. 역시 정조 임금다운 이름이고 자이며 아호 다. 시시비비를 잘 가려 반드시 바로잡아 놓겠다는 각오와 세상을 제대로 다스려보려는 결심을 엿볼 수 있다.

임금님의 백(배경)에 관한 이야기

독불장군으로 혼자 살 수도 있지만 아무래도 뒤섞여 서로 돕고 이끌어주며 사는 것이 더 살맛 날 수 있다. 흔히들 백이라고 하면 무조건 알레르기 반응부터 보이지만, 따지고 보면 누군가의 도움을 받지 않고 무인도에 떨어진 듯 홀로 사는 경우는 그리 많지 않을 것이다.

남의 우연한 도움도 감격스러운 법인데 하물며 임금님의 특별한 배려를 덧입는다면 그 얼마나 큰 행운이겠는가. 임금님의 직접적인 관심표명을 임금님의 백이라고 불러보자.

李延慶이연경(1484-1548)이란 자는 35세 되던 해에 훈구파의 역공으로 사림파가 대대적으로 숙청당할 때 꼼짝없이 죽을 수밖에 없었다. 이미 왕에게 올려진 대역죄인 명단에 그의 이름 석자가 보란 듯이 들어가 있었기 때문이다.

그런데 이게 웬 행운인가? 31세 된 중종 임금이 그의 이름을 죄인 명단에서 슬쩍 빼 준 것이다. 단순히 빼 준 정도가 아니라 임금이 재가할 때 사용하는 선홍빛 물감으로 그의 이름 위에 동그라미를 큼지막하게 그려준 것이다.

"임금이 살려준 사람이니 아무도 재론하지 말라. 나에게 꼭 필요한 인재이니 죄가 있더라도 왕명으로 살려주는 것이다."

그의 이름 위에 그려진 붉은 색 동그라미는 그러한 메시지를 담고 있었던 것이다.

이연경은 충청도 관찰사를 지낸 광주 이씨 李守元이수원의 아들이다. 어머니는 남양 방房씨 집안이다. 너무 일찍 벼슬길에 나섰는지 그는 20세에 갑자사화(1504년)에 연루되어 섬으로 귀양을 갔다. 22세에 중종반정으로 폭군 연산군이 쫓겨나자 그도 자연히 석방되어 자유의 몸이 되었다.

23세에 진사시험(사마시)에 합격했다. 하지만 억울하게 죽은 조상의 후손이라는 이유로 그는 선릉 참봉에 제수되었다. 자신보다 2세 연상인 조광조와 교류하며 학문적인 토론을 많이 했다. 35세에는 조광조 등이 사림 세력의 등용을 위해 만든 현량과에 급제하여 지평, 교리 등을 지냈다.

하지만 서른 중반에서 그만 팔자가 와장창 일그러지고 말았다. 사림파가 대역죄인으로 몰려 다 죽게 되자 현량과도 자연히 폐지되었다. 그러자 현량과를 통해서 관직에 나섰던 많은 선비들이 삭탈관직되고 말았다.

중종 임금은 어떤 인연으로 이연경의 이름을 처벌자 명단에서 슬쩍 빼 주었을까? 아마도 학문의 깊이가 남다른 임금이었던지라 평소에 이연경의 학문적 깊이가 대단함을 알고 스스로 흠모했는지도 모른다. 이연경은 그 길로 벼슬을 정리하고 공주에 칩거하며 학문 연구와 제자 양성에만 매달렸다.

"스승님, 저를 제자로 받아주십시오. 선생님의 가르침

으로 눈을 뜨고 싶습니다. 어둠 속에서 헤매고 있는 저를
이끌어내셔서 저로 하여금 빛을 보게 해 주십시오!"

　공부하겠다고 찾아온 盧守愼노수신(1515-1590)과 康維善강유선(1520-1549)
은 이연경의 높은 인품에 반해 그만 그의 사위가 되고 말았다. 노
수신은 16세에 이연경의 사위 겸 제자가 된 것이다. 그리고 그는
28세에 과거에 장원급제했다.

　하지만 30세에 파직되고 32세에는 유배형에 처해져 자그마치
19년간이나 귀양살이를 했다. 양재역 벽서사건*에 연루되
었다는 모함을 받은 것이다. 인종을 옹립한 대윤*에 속해
있던 탓에 문정왕후와 명종을 중심으로 한 소윤* 일파에
게 역공을 당하고만 것이다.

　그래도 워낙 쇠심줄 같은 관운인지라 그는 선조 임금이
등장하자 52세의 나이에 교리로 재 등용되었다. 부제학,
대사헌, 이조판서, 대제학을 거쳐 58세에는 우의정에 올
랐다. 63세에 좌의정, 70세에는 드디어 영의정에 올랐다.

　비록 74세에 31세 연하인 鄭汝立정여립*을 천거한 일이
있다 하여 파직되고 말았지만 용오름을 그대로 빼닮은 승
승장구였던 셈이다.

　휴정休靜대사나 선수善脩대사와 교류하며 '사람은 어디서
와서 어디로 가는가'라는 선문답도 참으로 많이 했던 그
의 75세의 생애는 실로 파란만장 그 자체였다.

　제자 겸 사위가 된 또 한 사람은 강유선인데, 17세에 진사가 되
어 성균관 유생이 되었다. 한 때는 宋麟壽송인수* 등에게 글을 아주
잘 쓰는 사람이라는 칭찬을 들었다.

　그런데 25세에 성균관 유생들과 같이 '26년 전 기묘사화(1519년)

*양재역 벽서사건 : 문
정왕후의 지나친 국정
간섭과 왕후의 백으로
불교 중흥을 꾀하던 승
려 보우를 비난하는 대
자보
*대윤 : 인종의 외삼촌
인 윤임이 보스였음
*소윤 : 명종의 외삼촌
인 윤원로, 윤원형이 보
스였음
*정여립 : 1546-1589; 동
래 정씨; 불평분자들을
모아 대동계(大同契)를
만들고 무술훈련을 시
켜 41세 때는 왜구를 격
퇴하기도 했으나 43세
게 진안, 죽도 등지에서
반역을 꾀하다 아들과
함께 자살
*송인수 : 1487-1547; 성
리학의 대가로 인정받
았으나, 60세에 청주 은
거 중 윤원형 등에게
사사됨

로 희생된 조광조를 명예회복 시켜주십시오'라며 합동으로 상소를 올렸다.

조광조는 선조 초에나 신원이 되었으니, 자그마치 이십 수년 전에 조광조를 신원해 주시오 라고 간청했던 것이다. 분위기가 무르익지 않았을 때 신원 운운하면 자칫 목숨을 잃을 수도 있었다.

효종 때 金弘郁김홍욱 같은 이는 8년 전에 사약을 받고 죽은 소현세자의 부인 강빈姜嬪*을 신원해달라고 간청했다가 효종이 직접 고문하여 그만 장살시키고 말았지 않은가.

*강빈 : 1646년 3월, 인조 후궁 소용昭容 조趙씨의 무고로 그녀의 세 아들과 친정의 네 형제들 그리고 친정어머니가 함께 희생됨

숙종 임금 대(1717년)에 와서 영의정 김창집의 요청으로 비로소 신원되었으니 자그마치 63년이나 앞서서 신원해 주기를 호소했던 것이다.

강유선은 결국 29세에 李洪胤이홍윤의 옥사에 연루되어 장살되고 말았다.

이연경(延끌 연 慶경사 경)의 이름 뜻은 '좋은 일, 기쁜 일을 끌어들인다'이니, 제자 겸 사위를 두 명이나 얻게 되었을 것이다. 비록 자신은 크게 출세하지 못했지만 사위 중에서 영의정이 나온 것은 그 얼마나 영광인가.

장길(長길 장 吉길할 길)이라는 자의 의미 또한 이름과 비슷하다. '좋은 일을 되도록 오래 가게 한다'는 뜻이니 비록 사위 한 사람(강유선)은 이른 나이에 죄인이 되어 죽었지만, 다른 사위(노수신)를 통해 그 소망이 다 이뤄진 셈이다.

75세까지 장수하며 19년간의 길고 지루한 귀양살이를 완전히 극복하고 영의정에까지 올랐으니 그만하면 장인의 이름 석자에 금실을 엮어준 것이 아닐까.

두 개의 아호는 각각 탄수(灘여울 탄 叟늙은이 수)와 용탄(龍용 용 灘여울 탄)이다. 두 개의 아호에 '여울 탄灘' 자가 들어 있는 것이 어딘가

좀 수상쩍다. 급한 물살에서 잘 살아남아 용이 되라는 축원이 깃
들여 있는 아호다.

한 딸은 비극적인 최후를 맞은 남편을 그리며 청상과부로 살았
지만 다른 한 딸은 정경부인貞敬夫人(정1품)에 올라 주위의 부러움을
듬뿍 샀다.

한 딸은 여울에 발이 삐끗하여 그만 넘어지고 말았지만, 다른
한 딸은 여울을 잘 이용해 남편과 더불어 용으로 승천한 것이다.

어떤 사람과 함께 있었느냐가 대단히 중요한 의미를 갖는 경우
도 아주 많다.

崔適최적이란 이른 후일 세조로 등극하는 수양대군과 깊은 인연
이 있었기 때문에, 누가 보아도 별 볼일 없는 처지였음에도 입신
양명과 함께 임금들의 특별한 백을 덧입은 사람이다.

귀화인의 서자였으니 누가 보아도 이중적인 악조건을 지니고
있었던 셈이다. 국적을 조선으로 바꿨지만 엄연한 외국인인데다
하필 첩 자식이었으니, 누가 보아도 출세하기는 아예 처음부터 거
의 불가능해 보일 수밖에 없었을 것이다.

그런데 무술을 제법 잘 했던지 최 말단 무관인 갑사甲士가 되어
별군別軍*에 소속되었다.

그러한 그에게 큰 행운이 찾아왔다. 사은사로 명나라에
가는 수양대군을 호위하게 되었던 것이다. 단종이 즉위하
자 큰삼촌인 수양대군이 명나라에 신고하러 가던 셈이었다.

*별군 : 조선 건국에 공
이 컸던 함경도 군사들
중심의 특수부대로 서
울을 방어하게 했으나,
후일 군기시에 속해 총
포제작 담당

수양대군과의 특별한 인연으로 그의 품계는 장마철 잡초처럼
쑥쑥 올라갔다. 2년 뒤 수양대군이 세조로 즉위하자 그는 사직司直
(오위에 속한 정5품 무관직)으로 좌익원종공신佐翼原從功臣 1등에 녹봉되
었다.

그후 11년 뒤에는 무과시험에 장원하여 상호군上護軍(정3품)으로 특진되었다. 이어 길주 목사가 되고 이듬해에는 이시애의 난을 평정하는데 전공을 세웠다. 2년 뒤에는 대호군大護軍(정3품)에 승진하고 5년 뒤(1474년 성종 5년)에는 오위장五衛將(종2품)에 올랐다. 그 후 3년 뒤(1477년)에는 중추부 첨지사가 되었다.

하지만 조정 대신들의 시기, 질투가 그의 승승장구를 너그럽게 보아줄 리가 없었다.

"귀화인의 첩 자식인데 너무 중용하는 것 아니냐. 조선 조정에는 그렇게도 인재가 없다는 말이냐. 제 놈이 무예를 알면 대체 얼마나 알겠느냐. 우리말도 제대로 모르고 사서삼경이니 뭐니 하는 그 기본적인 소양도 전혀 갖춰지지 않은 무식한 놈을 그런 식으로 출세길을 활짝 열어주면 결국 권력을 너무 쉽게 보고 역심을 품을 것이 아니냐?"

조정 대신들은 그렇게 시기하면서 사방에서 탄핵이 올라오고 상소가 줄을 이었다. 그 결과 여러 차례 좌천과 삭탈관직을 반복해야 했다.

하지만 세조 임금을 곁에서 늘 호위한 공로로 갖은 어려움을 가까스로 극복하고 그는 1486년에는 중추부지사中樞府知事(정2품)에 올랐다. 궁술대회만 열렸다하면 장원은 그가 단골로 차지했다. 정신력과 시력이 타의 추종을 불허했던 모양이다. 무식했지만 유순하여 여러 임금들의 신임을 받았다는 것이 그에 대한 조선 조정의 총평이다.

귀화한 외국인의 첩 자식으로 보초나 서고 잡일이나 거드는 일개 갑사였지만, 수양대군(세조)을 호위하고 명나라에 다녀오는 그 수개월 동안에 그의 충직하고 기민한 헌신이 돋보이게 되었던 것이다. 그 결과 주위의 온갖 입방아와 탄핵과 상소에도 불구하고 끝까지 잘 살아남아 죽기 한 해 전에는 정2품 벼슬에까지 당당히 올랐다. 실로 눈부신 출세길이었다. 임금님의 백이 있었기에 비로소 가능했을 것이다. 본인의 특기라고 해야 그저 활 잘 쏘는 사람이었을 정도인데도, 워낙 충직하고 헌신적이라 권력의 온갖 소용돌이 속에서도 끝끝내 승승장구할 수 있었던 것이다.

최적(適갈 적)인 그의 이름에는 비록 한 글자에 불과하지만 참으로 복잡한 의미가 뒤섞여 있다. '우연히 귀한 사람과 만나게 된다'는 뜻도 있고, '끝끝내 잘 되어 원하던 것을 차지하게 된다'는 의미도 들어 있다.

결국 그는 장차 임금이 될 수양대군을 호위하고 명나라를 오고 가며 깊은 인연을 쌓았기 때문에 자신의 온갖 악조건을 이겨내고 벼락출세를 이뤄낼 수 있었던 것이다. 우연히 귀인을 만나 깊은 인연을 만들어 낸 것이다. 그 결과 출세길이 열리기는 했지만 경력을 잘 관리하고 품성을 잘 가다듬어 반드시 벼락출세를 달성해내고 말겠다는 본인 스스로의 다짐이 없었다면 결코 그 높은 벼슬에까지 이르지 못했을 것이다.

그가 권력의 사다리를 올라가던 시기는 참으로 험난하고 복잡하던 때였다. 그가 10대 때는 세종 임금 말년으로 1441년 7월 23일에는 장차 단종 임금이 될 어린 왕자가 태어났다. 어머니 되는 현덕왕후 권씨는 출산 후 3일만에 산후병으로 요절했다. 어린 왕자는 결국 할머니(세종의 후궁인 혜빈 양씨) 손에 자라나야 했다.

1448년(세종30년)에는 그 어린 왕자가 어느새 만7세가 되어 왕세손에 책봉되었다. 말년의 세종은 왕세손을 데리고 집현전을 자주 방문하여 집현전 학사들에게 어린 세손을 잘 부탁한다고 당부했다.

1450년(세종32년) 2월에 현군 중의 현군인 세종 임금이 승하했다. 崔適최적은 그 때 피끓는 청년으로 한창 무예수련에 여념이 없었다. 비천한 신분에서 탈출하는 데는 무인이 되어 국가를 위해 전공을 쌓는 일밖에 없다고 결심하고 말타기, 칼쓰기, 활쏘기 등 온갖 무예를 익히는데 비지땀을 흘렸다.

뒤이어 왕이 된 문종은 2년 3개월만에 승하하고 1452년 5월 14일 경복궁 근정전에서 단종 임금이 즉위했다. 9월에는 명나라 사신들이 명나라 황제의 임명 조칙과 즉위 축하 선물(비단)을 가져왔다. 1453년 10월에는 한바탕 난리가 나 영의정 황보인과 우의정 김종서를 비롯한 정계 거물들이 일시에 제거당하고 말았다.

한명회와 권람 등이 만든 살생부에 의해 홍달손, 양정, 임운, 유서를 비롯한 30여 장사들이 단숨에 죽여 없앤 것이다. 형의 야심에 반대하던 안평대군도 강화로 귀양을 갔다 사사되고 말았다. 하룻밤 사이에 수양대군이 조선의 실권을 장악하게 되었던 것이다.

수양대군은 영의정부사와 판이병조와 내외병마도통사를 겸하게 되었다. 정인지는 좌의정에 한확은 우의정에 올라 수양대군을 보좌하게 되었다. 정인지는 허수아비가 된 단종에게 계유정난에 가담한 40여 명을 정난공신으로 책봉하도록 강요했다.

1454년에는 만 13세가 된 단종 임금이 정인지의 손녀를 제치고 송현수의 딸을 왕비로 맞았다. 단종의 증조부 격인 효령대군(세종의 둘째 형)이 중간에서 혼사를 도와주었다.

그러나 어린 임금은 왕권을 탐내는 삼촌 때문에 도저히 제 자리를 잡을 수 없었다. 수양대군을 편드는 대신들이 노골적으로 왕위를 삼촌에게 넘기라며 은근히 협박을 했다.

단종은 결국 매부(경혜공주의 남편인 정종)가 영월로 귀양 가던 날인 1455년 6월 11일에 삼촌인 수양대군에게 왕위를 양위하고 상왕으로 물러났다. 6월 20일에는 창덕궁으로 거처를 옮겼다. 겉으론 평온한 정권 인수인계인 듯해 보였어도 속으로는 일촉즉발의 위태로운 기운이 잠복해 있던 시기였다.

왕(세조)이 된 수양대군은 새 임금으로서 여러 가지 은전을 베풀었다. 일주일 뒤에는 귀양을 보냈던 단종의 매부를 석방시켜 서울로 올라오게 했다. 그리고 매월 3회(1일, 12일, 22일)에 걸쳐 문무백관과 함께 상왕인 단종을 알현했다.

그런 식으로 1년여 간은 매사가 순탄하게 돌아가는 것 같았다. 그러나 곧이어 1456년 6월에 엄청난 참화가 빚어지고 말았다. 세종과 문종으로부터 어린 홍위弘暐(단종의 이름)를 잘 부탁한다는 고명顧命(임금이 임종시에 당부한 일)을 받은 고명지신顧命之臣들이 세조를 죽이고 단종을 복위시키려는 계획을 추진했던 것이다.

집현전 학사 출신인 金礩김질이 겁을 낸 나머지 거사계획을 속속들이 일러바쳐 사육신(박팽년, 성삼문, 유성원, 유응부, 이개, 하위지 등)을 비롯한 여러 충신들(김문기, 권자신 등)과 그 가족들이 모조리 참화를 당하고 말았다.

실로 비극적인 참극이었다.

상왕으로 물러앉아 있던 단종은 모든 책임을 한 몸에 지고 노산군魯山君으로 강등되어 영월 창령포로 유배생활을 떠나야 했다. 무수한 충신들이 무서운 형벌로 모두 불귀의 객이 되고 말았으니, 외롭고 서럽게 귀양 가는 열다섯 살의 단종을 환송할 신하도 거의 남아 있지 않았다.

그래도 인심은 살아 있고 선비의 기개는 여전했던지 엄흥도, 원호, 조여, 이수형, 김시습 등은 허름한 촌부로 변장한 후 한밤중에 다녀가기도 했다. 하지만 왕이 바뀌자 일은 계속 터져 참화의 연속이 되고 말았다.

사육신의 참화가 있은 지 얼마 안되어 다시 한번 비극적인 사건이 일어나고 말았다. 영월에서 얼마 멀지 않은 순흥으로 유배를 가 있던 세조의 동생인 금성대군*이 순흥부사 이보흠과 *금성대군 : 세종 비 소 헌왕후 심씨의 8남 중 여섯째 다시 한번 단종 복위를 계획했던 것이다. 이보흠의 사위 이자 집현전 박사 출신인 손서륜은 '의거에 가담할 사람을 모집한 다'는 격문檄文을 여기저기에 붙이기까지 했다.

이보흠의 참모인 급창과 금성대군의 몸종이 역모를 고자질하자 기천현감이 이 사실을 낱낱이 조정에 알렸다. 결국 다시 한번 피 비린내 나는 참화가 일어나고 말았던 것이다.

엎친 데 덮친 격으로 김정수라는 점쟁이 또한 색다른 역모사건 을 만들어내 다시 한번 섬뜩한 피비린내를 풍기게 되었다. 김정수 는 제 누이가 송현수(단종의 장인)의 집 침모에서 쫓겨나자 앙심을 품고 돈령부판사 宋玹壽송현수와 돈령부 판관 權完권완이 단종 복위 를 노리고 있다고 모함한 것이다.

결국 단종은 '숙부인 금성대군과 장인이 처형당했다'는 비보에 접한 후 노산군에서 서인으로 강등된 채 '자결하라'는 협박에 시 달리게 되었다.

영월 창령포에 겨울을 재촉하는 서릿발 같은 바람이 불어오던 10월 하순이었다. 아무런 신분도 없었다. 완전한 대역죄인일 뿐이 었다.

결국 단종은 상왕에서 노산군으로, 노산군에서 서인으로 처지 가 백팔십 도로 뒤바뀌다가 1457년을 넘기기 전에 16세로 생애를 마감했다.

세조 임금이 다스리던 13년은 그렇게 피비린내가 진동했다. 1461년에는 단종의 매부인 鄭悰정종(문종의 딸인 경혜공주의 남편)이 승 려 性坦성탄과 역모를 꾀했다 하여 능지처참을 당했다. 단종 때에 형조판서를 지냈던 그는 사육신의 참화 이후 귀양을 가서 그 때 이미 5년여의 유배생활을 하고 있던 중이었다.

세조 말년인 1467년에는 이시애가 난을 일으켜 서울 북방이 온통 쑥대밭이 되기도 했다. 함길도 절도사 康孝文강효문 같은 이는 관내를 순시하다가 이시애가 보낸 자객에게 피살되기도 했다.

예종이 다스린 1년 1개월 동안에도 피비린내가 진동했다. 27세의 남이 장군이 역적질을 하려한다는 모함을 받고 죽자, 영의정 강순도 78세의 노구로 형장의 이슬로 사라지고 말았다. 두 사람은 이시애의 난을 평정하여 나라를 평온하게 만들었고, 명나라를 도와 건주위 전투에 참전하여 조명朝明간의 공조 관계를 더욱 공고히 했던 당대의 영웅호걸이었다.

최적이 살았던 성종 임금 시절의 18년 세월도 폐비 윤씨 사건으로 뒤숭숭하기는 마찬가지였다. 폐비 윤씨는 후궁에 책봉된 지 3년만에 왕비가 된 조선의 신데렐라였지만, 성격이 모난 탓에 네 살 아들(후일의 연산군)을 남겨둔 채, 왕비 된지 4년만인 1480년에 사약을 받고 죽고 말았다.

성종은 그 당시 23세의 팔팔한 청년이었다. 그 또한 자신이 19세 때 낳은 어린 왕자의 장래를 걱정하지 않을 수 없었다. 폐비 윤씨 사건으로 온 나라가 시끄러웠지만 세월이 흐르자 서서히 잠잠해지기 시작했다.

어느 덧 7년의 세월이 지나고 말았다. 어머니가 비극적으로 죽었다는 것을 까맣게 모른 채 어린 왕자(연산군)는 계모인 정현왕후 윤씨(성종의 계비로 중종의 생모)를 어머니로 알며 잘 자라고 있었다. 정현왕후 윤씨는 자신보다 14살 아래인 어린 왕자를 친자식처럼 애지중지했다.

최적은 11세가 된 세자(연산군)를 보며 '장차 어머니가 사약을 받고 죽은 줄 알면 한바탕 피비린내가 나겠구나'라며 크게 걱정하면서도 모든 걸 운명에 맡길 수밖에 없다고 생각했다.

그 자신도 마침내 임종을 맞이하게 되었던 것이다. 스스로 되돌아보니 실로 기적 같은 생애였다. 여러 임금들의 백으로 미천한 신분에서 정2품 벼슬에까지 올랐으니, 모든 게 그저 고마울 따름이었다.

연산군을 몰아내고 임금이 된 중종은 신하들 한 사람 한 사람에 대해 아주 특별한 애착을 보였던 것 같다. 아마도 어머니 정현왕후貞顯王后 윤씨(파평 윤씨)의 자애로움을 본받았기 때문일 것이다.

어머니 정현왕후는 폐비 윤씨(연산군 생모)가 사사된 후(1480년 11월)인 18세에 왕비가 되어 26세에 후일 중종이 될 진성대군을 낳았다. 진성대군을 낳기 전에는 네 살로 어머니 없이 자라던 연산군을 친자식처럼 소중하게 키웠으니, 그녀는 이미 스무 살이 되기 전부터 현모양처의 모든 특질을 다 갖추고 있었던 셈이다.

평양 이씨인 **李希輔**이희보(1473-1548)는 연산군 때인 28세에 과거에 급제하여 벼슬생활을 시작했다. 내수사內需司* 별제別提(정, 종6품)를 지내다가 33세에 중종 반정을 맞게 되었다. *내수사 : 왕궁의 재산, 토지, 노비 및 미곡, 포목, 잡화 등을 관리

반정이 성공한 해에 중종 임금의 배려로 직제학直提學(정3품)에 올랐다. 그런데 연산군의 후궁(숙원淑媛; 종4품)으로 국사에 관여하며 온갖 사치로 국가 재정을 파탄으로 이끌던 **張綠水**장녹수의 최측근이라 하여 탄핵을 받고 파면되었다.

장녹수가 누구인가. 성종 임금의 9세 연하 4촌 동생인 제안대군齊安大君*의 여종에서 임금의 후궁으로 변신한 여인이다. 성악과 연주에 조예가 깊었던 주인(제안대군)을 닮아 가무에 능한데다 인물까지 반반했다니, 실로 연산군의 구미에 딱 들어맞았던 셈이다. *제안대군 : 1466-1525; 예종의 계비 안순왕후 한씨 소생

얼마나 백성의 원성과 조정 대신들의 평판이 안 좋았으면 반정으로 연산군이 강화도로 쫓겨나자마자 목이 잘리는 참형을 당했

겠는가. 그녀가 욕심껏 얻어낸 가산家産도 몰수되고 말았다.

이런 장녹수에게 아부했다는 죄명으로 파직을 당했으니 그 얼마나 창피스럽고 모욕적이었겠는가. 아무도 두둔해 주지 않았을 것이다. 그런데 중종 임금이 용서해 준 탓에 36세에 연서도延曙道 찰방察訪(종6품으로 역참을 관리)으로 재기용되었다. 그 후 선산부사, 여주 목사를 거쳤다.

중종 임금이 이희보를 얼마나 총애했던지, 왕은 여러 차례 그를 대사성에 임명하고자 시도했었다. 한데 사헌부가 그 때마다 반대를 하고 나섰다.

"일개 계집에게 아부했던 자가 아닙니까? 비열한 데가 없다면 어찌 그런 식으로 출세를 하려 했겠습니까? 이런 자가 성균관成均館의 최고 직인 대사성大司成에 오른다면 첫째는 정3품 이상의 모든 당상관직이 우습게 되고, 둘째는 수단방법을 안가리고 출세나 하려는 비열한 출세지상주의가 판을 치게 될 것입니다. 절대 아니 되옵니다. 통촉하소서!"

결국 그는 임금의 은총을 입어 63세에 드디어 대사성에 임명되었다. 그 때 중종 임금의 나이는 48세였다. 비록 15세나 연상인 이희보였지만, 임금의 은총을 엄청나게 덧입은 셈이었다.

그 후로도 이희보는 대호군大護軍(오위에 속한 종3품 무관직)과 중추부 첨지사僉知事(정3품의 무임소 관직)를 지내고 75세로 영면했다.

도대체 어떤 운세이기에 그렇게 센 임금의 백을 업고 있었을까?

이희보(希바랄 희 輔덧방나무 보)의 이름 뜻은 '큰 수레바퀴가 잘 굴러가도록 돕는 위치에 서기를 바란다'이니, 어찌 보면 임금에게 꼭 필요한 신하인 셈이다. 장녹수가 워낙 실세 중의 실세라서 그는 아마도 조급한 마음에 굽실거렸을 것이다. 이십대 후반과 삼십 대 초반의 나이였으니, 되게 급하게 여길 만도 하지 않았겠는가.

폭군을 몰아낸 진짜 임금을 만났으니, 그는 진정으로 수레바퀴에 덧댈 단단한 나무가 될 수 있었던 것이다. 그는 아마도 이제야 나라와 상감을 위해 일할 시기가 되었다며 눈빛이 달라지고 걸음걸이와 몸가짐마저도 확연히 달라졌을 것이다.

자는 '도와주는데 앞장선다'는 뜻인 백익(伯맏 백 益더할 익)인데, 이름과 너무도 잘 맞는 셈이다.

아호는 '제 분수에 만족하려는' 인생관을 암시'하는 안분당(安편안 안 分나눌 분 堂집 당)이다. 노장사상老莊思想의 안빈낙도安貧樂道를 연상시키는 아호이다.

열심히 돕는 기질, 충성으로 헌신 봉사하는 스타일인데다, 큰욕심을 잘 안 내는 안분지족安分知足의 삶을 지향했으니, 윗사람이 볼 때 참으로 쓸만한 동량지재棟樑之材였을 것이다. 그의 그러한 천성과 기질 덕분에 그 어려운 고비에서도 잘 살아남아 당상관에 오르고 또한 75세까지 장수할 수 있었을 것이다.

蔡濟恭채제공(1720-1799)이란 이는 사도세자를 미워한 영조가 세자 폐위를 명령하자 죽음을 무릅쓰고 반대하여 왕명을 철회시켰던 사람이다.

처음 얼마동안은 당연히 영조의 미움을 받았지만 곧 자식을 죽인 아버지의 마음으로 돌아가 무척 괴로워하게 되자 목숨을 걸고 세자를 옹호했던 신하가 어여뻐 보였던 것이다.

영조의 머릿속에는 아들(사도세자)의 절규와 채제공의 간청이 한데 어우러져 언제나 귓가를 맴돌고 있었다.

453

"아바마마, 억울합니다. 당파에 쏠리고 잇속에 눈이 어두운 못된 신하들이 편을 짜고 저지를 무고입니다. 차라리 저를 모함한 자들과 저를 대질시켜 주십시오. 제가 아바마마 앞에서 확실히 밝히겠습니다. 나경언이란 자가 저를 무고했다고 하는데 당장 저를 그자와 대질시켜 진실을 밝혀주십시오, 아바마마!"

"세자 폐위는 천부당만부당한 일입니다. 차라리 저를 죽여 주십시오. 제발 어명을 거두어 주십시오. 거두어 주시기 전에는 절대 못 물러가겠습니다. 7세에 책봉된 세손이 이제 겨우 열 살입니다. 세자와 세손은 부자사이가 아닙니까? 이런 식으로 왕통을 이어갈 분들에게 정신적 고통을 주면, 어떻게 장차 현군이 나와 진정한 왕도정치를 펼 수 있겠습니까? 한을 만들지 마옵소서! 상감마마의 눈을 가리고 귀를 막는 불충한 자들을 엄벌에 처해 주십시오. 그들이 바로 나라를 어지럽게 하고 백성을 괴롭히는 자들입니다. 그들이 바로 종묘사직을 뒤흔들려 하고 상감마마의 지혜와 통찰을 가려 저희 무리의 이익을 취하려는 자들입니다. 부디, 어명을 거두어 주십시오! 뒷날에 크게 후회하실 일을 만들지 마십시오!"

영조의 귀에는 죽은 세자와 채제공의 음성이 문득문득 귓전을 울리곤 했다.

후일 영조가 사도세자를 죽게 한 일을 후회하여 기록한 '금등'을 죽은 세자의 아들인 세손(정조)과 보관할 유일한 신하라고 지목한 것만 보아도 영조의 마음에 얼마나 깊이 새겨진 신하인지 쉽게 알 수 있다.

채제공은 영조 대에 벼슬을 시작했다. 27세의 가엾은 사도세자를 위해 목숨을 걸었을 때는 이미 40대를 내다보는 중년이었다. 15세에 향시에 급제하여 8년 뒤인 23세에 문과에 급제했으니 보통의 경우보다 몇 년 빨랐던 셈이다.

28세에 영조의 특명에 의해 탕평책의 제도적 장치인 한림회권翰林會圈*에 선발되어 예문관 사관史官이 되었다.

31세 때는 남의 무덤을 뺏었다는 이유로 삼척에 유배되기도 했다. 하나 33세에 균역법 운영 상황을 조사하는 암행어사가 되어 충청도를 두루 살폈다.

35세 이후 관직이 쑥쑥 올라가 부승지와 대사간을 지냈다. 38세에는 도승지가 되어 사이가 나쁜 사도세자와 영조 사이를 열심히 중재했다. 물론 사도세자의 편에 서서 영조에게 직언을 서슴지 않았다.

경기 감사, 개성 유수, 안악 군수, 함경 감사, 한성판윤, 비변사 당상, 병조판서, 예조판서, 호조판서를 거친 후 51세에는 청나라를 다녀왔다. 52세에는 세자시강원世子侍講院의 우빈객右賓客(정2품)으로 세손(후일 정조)의 교육에 참여했다. 영조 말년에는 호조판서를 맡아 국가경제를 총괄했다.

56세에 세손이 정조로 등극하자 형조판서 겸 의금부판사로서 사도세자의 죽음에 관여한 자들을 색출하여 처벌하는 일을 지휘했다. 그러나 정조의 최측근이었던 홍국영이 실각하자 그도 정체불명의 돌팔매에 세게 얻어터지고 말았다.

"홍국영*과 친한 사이였으니, 마땅히 함께 진퇴를 정해야 합니다. 그리고 사도세자의 명예 회복을 시도

*한림회권 : 한림은 역사를 기록하는 예문관 정9품직 검열(檢閱)의 별칭. 회권은 예문관 중요 직책 선임 시에 예상 후임자 이름에 권점(圈點)을 찍던 일

*홍국영 : 1748-1781; 풍산 홍씨; 정조보다 4세 연상으로 세자시절부터 최측근이 됨. 31세에 여동생 원빈이 요절하자 역심을 품고 정조의 이복동생인 은언군의 아들을 원빈의 양자로 삼아 역모를 꾀하다 32세에 가산을 몰수당하고 쫓겨나 33세에 강릉에서 객사. 도승지와 훈련대장을 지내며 한 때는 막강한 실세로 정후겸을 빗대 '대후겸'이란 별명까지 얻었음. 정후겸은 어부출신으로 영조의 서녀인 화완옹주의 양자가 되어 15세 이후 27세까지 벼슬생활을 하며 방자하게 굴다 사사됨.

455

하여 선왕인 영조 대왕의 통치행위를 없었던 일로 만들
려 했습니다. 마땅히 죽여야 할 중죄인입니다."

라고 누군가가 간언했던 것이다.

결국 그는 명덕산에 들어가 8년간 은거할 수밖에 없었다. 환갑
의 나이에 벼슬운이 꺾여 칠십을 내다보는 고령이 될 때까지 야
인으로 살아야 했던 것이다.

그러나 타고난 운세가 워낙 강한 탓에 68세에 36세가 된 정조
의 특명을 받고 우의정에 올랐다. 그 후 칠십 중반까지 좌의정과
영의정을 맡아 실세 재상, 실세 정승으로 국정을 실질적으로 진두
지휘 했다. 자신의 스승인 吳光運오광운을 이어 남인 계열의 청남파
淸南派(사도세자의 신원을 주장)를 이끌며 당시의 주도세력인 서인 계열
의 노론파 대신들과 탕평책을 매개로 조화로운 정치를 폈다. 천주
교와 가깝다는 이유로 여러 차례 박해를 받았지만 정조의 총애가
워낙 두터워 끈질기게 재기할 수 있었다. 정조 또한 불교와 천주
교를 믿는 이들을 제거하려 하기보다 교화의 대상으로 삼으려 했
기 때문에, 채제공과 정조는 코드가 잘 맞았던 것이다.

주도세력인 노론이 남송南宋을 이념 및 사상의 이상형으로 상정
했으나 그는 강력한 왕권으로 통일국가를 이뤘던 전한前漢을 이상
형으로 꼽고 있었다.

당시의 여러 모순들을 직시했지만 개혁보다는 운영의 묘를 찾
아 해결하고자 했다. 경제적인 면에서는 상업보다 농업을 중시하
여 농촌경제의 안정을 도모했다.

상업정책에 있어서는 통공발매通共發賣정책을 펴 정경유착으로
독점적 상업행위를 고집하던 시전市廛들의 난전亂廛 단속권을 폐지
하고 소상인들과 수공업자들의 자유로운 상행위를 제도적으로 보

장해 주었다.

　정미통공丁未通共(1787년), 신해통공辛亥通共(1791년), 갑인통공甲寅通共(1794년)을 거쳐 육의전 이외의 시전들이 갖고 있던 난전 단속권과 난전 상인 체포권을 폐지하고 육의전 이외의 시전들이 행사하던 독점 상업권(도고권都賈權)을 불허했다.

　이로써 두 차례의 왜란, 호란으로 피폐한 농촌을 버리고 서울로 상경하여 상점과 수공업 터전을 만들어, 낯선 곳에서의 삶을 억척스레 개척하던 백성들의 형편이 조금이나마 받아들여지게 되었던 것이다.

　관청과 연결고리를 갖고 강력한 독점행위를 하던 육의전을 비롯한 수다한 시전들은 우후죽순처럼 제 영역을 넓히며 온갖 폐해를 조장했다.

　가장 큰 폐단은 상업권 독점을 통한 상업의 자유 제한이었고, 다음으로는 독점가격으로 물가고를 부채질하여 백성의 경제생활에 심각한 타격을 입혔던 일이다. 비록 진정한 상행위 자유는 갑오개혁(1894년 고종 31년)이후에나 제도적으로 보장되었지만, 대체적인 처방은 이미 정조 임금 대에 수차례 시도되었던 것이다.

　채제공의 경제적 안목이 정조 임금의 자유로운 상행위 보장정책을 열심히 보좌했다. 하지만 신분제도에서만은 철저히 보수적 입장을 견지했다. 즉, 사족士族의 우위와 적서嫡庶의 구별을 엄격히 하여 신분제도에 있어서 만은 지나치게 안이한 정책을 폈다.

　그가 얼마나 임금의 든든한 백을 지니고 있었던지, 그보다 10살 연하인 尹弼秉윤병필(1730-1810)이란 이는 67세의 나이로 77세인 채제공을 서학(천주교)을 옹호하는 못된 신하로 매도했지만, 도리어 그 자신이 파면을 당한 일까지 있었다.

　윤병필은 37세에 과거에 급제해서도 56세에 중추부 첨지사僉知事

457

(정3품)가 되었을 만큼 의욕이 대단한 사람이었다. 채제공을 내쫓으려다 오히려 자신이 쫓겨나고 말았지만 2년 뒤인 69세에 대사간이 되고 이어서 강원도관찰사를 지냈다. 76세에 중추부 동지사同知事(종2품)를 지낸 후 80세로 장수했다. 윤필병 또한 정조 임금의 든든한 백을 덧입고 있었던 모양이다.

채제공은 79세로 정조보다 일년 먼저 타계했다. 47세의 정조 임금이 늙은 충신의 죽음을 애도했으니, 그는 임종에 있어서 마저도 임금의 특별한 주목을 받았던 셈이다.

*순조 : 정조와 수빈 박씨 소생으로 문효세자 요절 뒤 정조가 승하한 해인 1800년에 세자에 책봉되어 그해 6월에 10살로 즉위
*정순왕후 : 경주 김씨로 정성왕후 서씨가 65세로 소생 없이 타계한 뒤, 14세에 65세의 영조와 결혼

하지만 정조가 죽고 그 아들 순조純祖*가 왕이 되자 사정이 싹 달라지고 말았다.

영조 비 정순왕후* 김씨가 대왕대비가 되어 수렴청정을 하자 죽은 채제공은 사이비 종교인 천주교를 가까이 했다는 죄명으로 추탈관작(1801년 순조 1년) 되고 말았다. 노론 벽파僻派의 주장이 먹혀들었던 것이다.

순조 임금이 친정을 시작(1803년 13세부터 장인이 된 안동 김씨 김조순의 영향력 밑에서)한지 20여 년 뒤에 영남 사람들의 요청으로 신원이 이뤄져 명예회복 되었지만 그깟 우여곡절이야 다 죽은 뒤의 일이 아니던가. 그러나 후손들(평강 채씨)의 처지에서는 천만다행이었을 것이다.

채제공(濟건널 제 恭공손할 공)의 이름 뜻은 '어려움을 이겨내고 엎드려 충성한다'이니, 그의 79년 긴 생애가 한 눈에 들어온다. 어려움을 이겨내고 새로운 처지로 변한다는 의미와 공손히 처신하여 적을 만들지 않는다는 의미가 합쳐진 이름이니, 그의 평생의 처세나 이력과 너무도 잘 들어맞는다.

한편 '정해진 룰을 철저히 지킨다, 법이 그릇된 경우 과감히 고쳐 법 테두리 안에서 변화를 모색한다'는 백규(伯맏 백 規법 규)라는

그의 자에서는 그의 정치철학을 엿볼 수 있다.

그런데 번암(樊울타리 번 巖바위 암)과 번옹(樊울타리 번 翁늙은이 옹)이라는 두개 아호의 의미가 심상치 않다. '울타리를 높이 둘러쳐서 자신을 철저히 보호한다'는 의미가 들어있는 아호들이 아닌가.

그는 운좋게도 장장 52년간이나 통치한 영조 임금과 24년간 통치하며 조선의 근세를 준비했던 정조 임금의 든든한 백을 울타리로 삼고 지냈다. '울타리를 둘러친 바위 위의 터전'에서 '홀로 늙어간 노 대신'이 두 개의 아호에 그대로 새겨져 있다.

같은 울타리라도 중죄인의 처벌시에 단골로 등장하는 위리안치圍籬安置의 그 '울타리 리籬'와는 질적으로 다른 '울타리 번樊'이다. 앞의 울타리는 떼어놓을 이離와 뒤섞여 있으니, 갈라놓기 위한 감옥으로서의 울타리인 셈이다. 하지만, 뒤의 울타리는 에워싸 보호하는 특성이 더 강한 울타리인 셈이다.

더욱이나 임금이 둘러쳐 준 울타리인데, 아무려면 어떤가. 채제공을 철저하게 지켜준 생명의 울타리, 기적의 울타리였던 것이다.

임금의 백을 너무 믿었다가 목숨을 잃은 사람들

역시 실패한 왕 밑에 웃기는 이들이 많이 나오게 되어 있는 모양이다. 광해군 시대에는 특히 웃기는 이들이 많이 나와 세상을 한층 더 어지럽게 만들었다.

性智성지라는 승려 풍수風水쟁이는 쓸개빠진 사대부들을 방문하여 온갖 사설을 늘어놓았다.

> "당대에 발복發福할 길한 땅을 찾아주겠으니, 우선 재물
> 부터 후하게 씁시다. 재물 있는 곳에 인심이 난다는 말이
> 있지 않습니까.
> 이 집안의 앞날을 나에게 맡겨 주십시오. 내가 이 머리로
> 반드시 자자손손 복을 누릴 묘수를 찾아주겠습니다."

그는 광해군이 늘 불안에 떤다는 말을 듣고 제 나름의 억지 처방을 내놓아 단번에 왕의 환심을 샀다.

"지금의 궁궐터가 너무 황량해 잡귀가 너무 날뛰고 있습니다.

건물을 더 지어 사나운 지세를 더 눌러놓아야만 비로소 태평세대가 열리게 될 것입니다."

그는 광해군을 꼬드겨 인경궁仁慶宮, 경덕궁慶德宮, 자수궁慈壽宮을 더 짓도록 했다. 영조도감을 설치하고 전국에서 목재를 징발했다. 두 차례의 왜란으로 헐벗은 농촌과 산야는 이로써 한층 더 벌거벗게 되고 말았다.

노동력은 전국의 승려들을 강제 동원하여 메웠다. 왜란 때에는 자발적으로 승군을 조직하여 나라를 구했지만, 궁궐을 짓는데 강제로 부역하게 되니 '중이 무슨 동네북이냐'며 다들 원성이 높았다. 더욱이나 승려가 승려를 노예처럼 부려먹게 만들다니, 너 나 없이 '성지'라는 말만 들어도 두 눈을 부릅떴다.

그는 관운도 어찌나 좋았던지 광해군 10년(1618년)에는 정3품 당상관인 중추부 첨지사에 올랐다. 그는 아예 마음을 돌려먹고 절 대신 궁궐 옆에 대궐 같은 집을 짓고 죽치고 살았다.

인조반정이 일어나자 반정에 가담했던 무인들이 요승 성지를 그냥 놓아둘리 만무했다. 당장 붙잡아 주살하고 말았다.

법명이 성지(性성품 성 智슬기 지)이니, 아마도 꾀가 많았을 것이다. 큰 꾀는 못 내지만 조잡한 작은 꾀, 천박한 꾀는 많이 냈을 것이다. 시원찮은 임금(광해군)에게는 지혜와 통찰을 겸비한 도사쯤으로 보였겠지만, 그는 그저 그럴듯한 겉치레로 장식한 잔꾀 주머니를 지니고 있었을 뿐이다.

광해군 시대의 지존파 스타는 아마도 金介屎김개시일 것이다. 선조 대에 상궁이었으니, 굳이 따지자면 아버지인 선조 임금의 여자이지 결코 아들인 광해군의 여자가 될 수 있었던 처지는 아니었다.

얼굴이 예쁘진 않아도 워낙 영특하고 두뇌 회전이 빨라서 광해군이 어려운 형편에 놓일 때마다 '여기에 묘안이 있습니다'라며

쪼르륵 달려오곤 했으니, 광해군의 무딘 끼에 코드가 딱 들어맞았
던 모양이다.

광해군은 임진왜란 덕분에 성공한 케이스다. 임진왜란이 발발
하자 선조 임금보다도 더 앞날을 불안하게 여긴 대신들은 이구동
성으로 임금에게 졸랐다.

> "세자를 책봉해 두셔야 합니다. 난리 통에 역심을 품
> 은 자가 생기면 종묘사직이 위태로워집니다. 세자를 책
> 봉해 두셔야 조선왕국의 앞날이 탄탄대로로 바뀌어 갈
> 수 있습니다."

그때 선조는 40세이고 정비인 의인왕후 박씨(반남 박씨)는 37세였
다. 둘 사이에는 물론 왕자가 없었다.

후궁인 공빈 김씨(옥천 김씨)에게서 임해군과 광해군이 있었지만
제 1남인 임해군은 성격이 너무 거칠고 사납다는 이유로 벌써부
터 반론이 비등했다. 둘째 광해군은 '그럭저럭 쓸만하다'는 것이
대체적인 중론이었다. 물론 임진왜란이 일어나기 1년 전인 1591년
에 동인과 서인이 모처럼 힘을 합쳐 선조에게 간청했다.

> "세자를 책봉해야 합니다. 상감께서 벌써 춘추 39세인
> 데 아직껏 후사를 정하지 않으면 이 나라, 이 백성은 누
> 굴 믿고 산답니까?
> 부디 통촉하소서!"

동인의 우두머리인 영의정 이산해와 서인의 우두머리인 좌의정
정철이 모처럼 정책 공조를 이루기로 약속했다.

"광해군이 가장 그럴 듯하니 두 말 말고 동인과 서인이 광해군을 세자 후보로 강력히 밀자! 더 이상 미루다가는 무슨 일이 생길지 모른다. 일본을 보아도 동북아의 장래가 불안하고 명나라를 보아도 말기적 증상이 차차 드러나는 판이지 않으냐? 광해군은 국제정세에 대해서도 제법 아는 게 많은 편이니, 그를 세자로 세우면 위급한 동북아 정세를 한반도에 유리한 쪽으로 이끌어갈 수 있을 것이다!"

이렇게 의견이 모아졌는데, 어릴 적부터 신동 소리를 듣고 그 후로도 선조 대를 대표하는 문장가로 통하던 李山海이산해(1539-1609)는 막판에 변심을 하고 말았다.

"내가 누구냐? 정치 9단인 내가 유행가 가사歌辭 같은 가사歌詞나 짓는 송강松江 鄭澈정철(1536-1593)과 어떻게 같이 놀겠느냐. 나는 이미 임금의 심리상태를 꿰뚫어보고 있다. 임금은 광해군을 원하고 있지 않아. 인빈 김씨의 오라비 되는 金公諒김공량이가 왜 저렇게 설치고 다니는지, 그래 두 눈으로 똑똑히 보고도 모른다는 거야? 멍청한 사람 같으니… 제 둘째 매부인 계림군桂林君*이 역모에 얽혀 아홉살 때부터 열다섯 살까지 자그마치 6년여 동안이나 아버지의 유배지를 따라 다녔으면서도, 아직도 정치가 뭔지를 모른다는 거야?"

*계림군 : 성종 3남 계성군 양자, 1545년 을사사화 때 윤임이 왕으로 추대하려던 중심인물이었다는 윤원형 등의 모함으로 군기시 앞에서 참수되어 효수되었으나, 1577년 선조 10년에 신원됨.

그렇게 왕세자 책봉문제(건저문제建儲問題 ; 1591년)를 두고 정책 공조를 거론할 때, 정철은 55세였고 이산해는 3살 연하인 52세였다. 오십 대의 두 노 정치가가 세자 책봉을 놓고 모처럼 초당파적인 정책 공조를 실험하고 있었던 것이다.

하지만 약아빠진 이산해는 쪼르륵 인빈 김씨의 오빠인 김공량과 짜고 인빈에게 괴상한 이야기를 들려주었다.

> "송강 정철이 서인의 이익을 위해 못된 짓을 꾸미고
> 있습니다. 제 둘째 매부인 계림군이 역적이 되어 목을 바
> 치고만 것이 꼭 46년 전인데 아직도 그때 배운 역심이
> 남아 있나 봅니다. 빈께서 임금님의 사랑을 듬뿍 받고 있
> 는 것을 시기해서인지 그만 임금님과 빈께서 가장 예뻐
> 하시는 신성군을 죽여 없애려 하고 있습니다. 이대로 놓
> 아두면 장차 언제 피비린내가 날지 모릅니다. 한시가 급
> 하니 속히 손을 쓰소서!"

이산해의 그 말을 들은 인빈 김씨(수원 김씨)는 화가 머리끝까지
치밀어 올라 머뭇거릴 겨를이 없었다. 단번에 선조 임금에게 달려
가 자초지종을 일러바쳤다.

사랑하는 후궁의 화들짝 놀란 모습을 귀엽게 본 선조는 즉석에
서 단단히 약속했다.

> "그런 괘씸한 놈을 보았나! 제 모가지가 대체 몇이 길
> 래 그런 못된 짓을 꾸민다는 건가! 염려 마시오 내가 절
> 대 용서하지 않을 테니 빈은 그저 굿이나 보고 떡이나
> 드시오."

정철은 앞뒤 사정을 전혀 모른 채 왕세자 책봉 문제를 불쑥 꺼
내고 말았다. 자신이 말하고 나면 곧이어 영의정 이산해가 '맞습
니다. 맞아요'라며 거들어줄 줄 알았다.

헌데 통 응답이 없었다. 동인 쪽에서는 아예 능청스럽게 말 못하

는 벙어리 행세를 했다. 결과는 정철을 비롯한 서인 쪽의 완패였다.

좌의정 정철은 강계로 유배를 가고, 형제지간인 호조판서 윤두수(1533-1601)와 이조판서 윤근수(1537-1616), 그리고 白惟成백유성, 柳拱辰유공진 등 서인 일파는 모조리 외직, 한직으로 쫓겨났다.

이로써 이산해의 의도대로 서인이 몰락하고 동인이 부상했다. 2년 전 동인에 속했던 鄭汝立정여립이 전라도에서 '대동계大同契'를 조직하여 역모를 꾀했을 때 정철은 우의정으로서 그 기회를 동인숙청의 기회(기축옥사己丑獄死)로 철저히 이용했었다.

이산해를 우두머리로 한 동인은 2년 뒤에 다가온 건저建儲문제(세자 책봉)를 놓고 역전의 기회로 악용했던 것이다.

건저문제로 급부상 했던 인빈 김씨 소생의 신성군信城君은 이듬해 임진왜란 초기에 의주에서 사망했다. 신립 장군의 딸(평산 신씨)을 부인으로 맞아 잘 살았는데, 후일 인조의 생부가 되는 정원군定遠君*과 함께 이리 저리로 피난을 다니다 그만 죽고만 것이다.

*정원군 : 1580-1619; 선조 5남으로 두 살 연상인 부인 인헌왕후 구씨와 사이에 능창대군, 인조, 능원대군을 둠

잘했으면 광해군을 제치고 아버지 선조 임금의 후광과 어머니 인빈 김씨, 그리고 외삼촌 김공량의 후원을 얻어 당당히 세자로 책봉될 뻔했으나 건저문제로 서인을 몰아내고 실권을 거머쥔 동인이 일제히 반대하여 땅에 떨어진 이무기가 되고 말았다.

동인의 반대로 일단 광해군의 이복동생인 신성군은 후계자 명단에서 멀찍이 물러나 앉게 되었다.

문제는 이제 한 살 위인 친형 임해군이었다. 성질은 지랄이었지만 지략과 용력이 남달라 아무나 쉽게 접근하기 힘들었다. 일종의 거친 카리스마가 있었던 셈이다.

공빈 김씨가 둘째 아들 광해군이 두 살일 때 24세로 요절(1577년 5월 11일)했으니, 두 형제는 이미 두, 세 살 때부터 엄마 없는 하늘

아래서 외롭고 서럽게 자라났던 것이다. 그러니 형제간의 우애가 아주 두터울 만한데도 연년생이다 보니 서로 알게 모르게 경쟁관계에 있게 된 것 같다.

두 형제는 그래도 외할아버지 김희철의 사랑을 받을 수 있어 천만다행이었다. 일찍이 무과에 급제한 무인인데 사포서司圃署(궁중의 채마밭 담당) 별제別提(종6품)로 벼슬생활을 시작했다. 임진왜란이 일어나기 9년 전에 이미 사도시司䆃寺* 첨정僉正(종4품)에 올랐다. 임진왜란이 발발하자 의병장 趙憲조헌의 휘하에 비장裨將으로 들어가 상장上將이 된 후 금산전투에서 16인의 비장들과 함께 장렬히 전사했다.

*사도시 : 궁중의 곡식과 장류를 맡은 관청

형 임해군은 외조부를 빼 닮았는지 무예가 능하고 성격이 유달리 괄괄했다. 어쨌거나 왜란은 광해군에게 슬픔도 안겨주었지만 반면에 영광도 안겨 주었다. 왜란이 일어나자 궁궐마저 허둥지둥 야단이 났는데 4월 13일에 부산에 상륙하기 시작한 총 20만이나 되는 왜군은 20여 일만에 서울을 점령하게 되었다.

대신들은 임금의 피난을 준비하며 '서둘러 세자를 책봉하자'고 졸라댔고, 상황이 긴박하게 된 임금과 왕비는 부랴부랴 광해군을 세자로 책봉하게 되었던 것이다. 17세에 세자가 된 것이다.

선조(1552-1608; 1567년 즉위)는 15세에 왕이 되어 22세에 임해군을 낳고 23세에 광해군을 얻었는데도 자그마치 십수 년 동안이나 세자 책봉을 미루며 정비인 3년 연하의 의인왕후 박씨(1555-1600)에게서 '진짜 대군왕자'가 태어나기를 고대하고 있었던 것이다. 하지만 친형인 한 살 연상의 임해군은 6년여의 왜란 내내 광해군의 심기를 뒤흔들어 놓았다. 동생이 세자에 오르고 자신은 영영 별 볼일 없게 되자 더욱더 지랄 같은 성깔을 노골적으로 드러냈다.

선조의 일개 상궁에서 광해군의 최측근 다목적 여성 참모로 변신한 김개시는 광해군이 즉위하자마자 물을 만난 고기처럼 분주하게 활약했다. 오죽했으면 광해군 시대의 핵심 스타였던 50대의 李爾瞻이이첨(1560-1623)과 쌍벽을 이룰 정도의 권력가였겠는가. 아마도 광해군의 허리춤을 단단히 움켜쥐고 있었을 것이다. 그녀의 치맛바람이 아마도 권력바람이었던 모양이다.

광해군 시대에서 이이첨은 48세에서 63세까지 권세가 노릇을 했고, 권력의 늙둥이 정인홍은 73세에서 88세까지 권력의 황혼기를 맛보았다.

김개시는 그 막강한 권신들 사이에서 당당히 제 일인자의 위치를 확고하게 지키고 있었던 것이다. 그녀의 권력 기반은 광해군이 계속 눈감아주는 속에서 매관매직으로 조선 팔도의 금은보화를 샅샅이 긁어모으는 일이었다.

오죽했으면 문장가 중의 문장가인 尹善道윤선도*와 李洄이회가 상소를 올려 '임금이여, 눈을 뜨소서! 임금이여, 귀를 여소서!'라고 읍소했겠는가.

*윤선도 : 1587-1671; 해남 윤씨; 당쟁으로 인해 일생을 거의 유배지에서 보내며 많은 시조를 남김

그런데도 김개시는 멀쩡하고 오히려 윤선도와 이회가 파직되어 유배를 가야 했다. 그녀의 치맛바람에 두 신하가 지푸라기처럼 후루룩 흩날려 올라고만 것이다.

권불십년이라지만 광해군 시대는 그보다 오 년이 더 연장되어 정확히 15년만에 막을 내리고 말았다. 광해군과 부인 유씨(그 해 10월에 사망)는 강화도로 쫓겨가고, 이이첨, 정인홍과 함께 김개시도 참형을 당했다.

그녀에 대한 힌트라고 해야 겨우 개시(介끼일 개 屎똥 시)라는 이름뿐이다. 마치 '개똥이'라고 속되게 부르는 이름과 엇비슷하다. 하지만, 두 글자 속에 여러 의미가 똬리를 틀고 있다.

'끼일 개介'에는 '뚜껑'이니 '갑옷'이니 하는 의미가 들어 있다.

467

'똥 시屎'에는 '끙끙 앓다'는 괴상한 의미도 함께 들어 있다. 앞의 글자는 임금의 특별한 보호막을 상징한다. 그리고 뒤의 글자는 세상 사람들의 평가와 그로 인한 자신의 비참한 최후를 암시한다.

세상 사람들은 그녀의 죽음을 놓고도 그저 '개똥을 밟았다'고 여겼을 것이다. 하지만 김개시 자신은 목이 잘리는 것과 동시에 모든 걸 한 순간에 끝내야 하는 가장 비극적인 최후를 맞이했던 것이다. 참수니 참형이니 하는 형벌이 어디 아무나 당하는 형벌이었던가.

아무튼 김개시는 궁궐의 권력 다툼 속에서 일생을 보낸 조선의 프로 여성 정치인이었던 셈이다. 단순한 '개똥'이 결코 아니었다. 한 때는 임금의 갑옷 속에서 온갖 천둥번개를 다 피할 수 있었다. 임금의 사랑도 실컷 받으며 자신에게 기대려는 임금의 이면裏面도 한껏 엿보았을 것이다. 정말이지 죽어도 여한 없는 삶을 산 것이었으리라.

천인賤人 출신이지만 러시아말을 잘 배운 탓에 기우는 조선왕조의 끝자락을 꽉 붙들고 벼락출세를 한 사람이 있다.

金鴻陸김홍륙이란 사람이다. 고향이 함경도인 탓에 그는 일찍부터 러시아 땅을 자주 넘나들 수 있었다. 특히 블라디보스토크를 왕래하며 러시아말을 본격적으로 배워 당당히 통역관이 되었다.

그러한 그가 1894년(고종 31년)부터 운이 트이기 시작했다.

*베베르 : Veber, Karl Ivanovich : 1884년 이후 러시아를 대표하여 자국의 이익보호에 진력. 아관파천 배후조종. 1897년 멕시코 주재 공사로 전임

그는 李範晉이범진과 러시아 공사 베베르*가 '조-러, 수호통상조약을 체결할 때 통역을 맡아 실세 중의 한 사람으로 급부상했던 것이다.

그리고 김홍륙은 고종의 총애를 받는 환관 姜錫浩강석호 (혹은 석호錫鎬)를 잘 구워삶았다. 워낙 뇌물을 좋아하는 체질이라 이용하기가 아주 용이했다. 아관파천을 계획하여 실행에 옮기기까

지 그를 비밀연락관으로 활용했던 것이다.

김홍륙 자신도 뇌물을 받고 상작賞爵을 멋대로 조작하다 비난을 받았지만, 오히려 尹容善윤용선 내각에서 학부협판學部協辦으로 승진했다. 그러다가 친러파 몰락 후 덩달아 입장이 곤란해져 그만 사퇴하고 말았다.

그러나 고종의 백을 믿고 궁궐을 마음대로 드나들며 개화파를 모함, 공격하는 일에 줄기차게 매달렸다. 그런데 그 해(1898년) 8월에 엄청난 일이 터지고 말았다.

"러시아어 통역관 김홍륙이 통역을 거짓으로 하며 양국의 통상 거래에서 거액을 착복했다. 러시아 말을 할 줄 안다고 나라와 임금을 기만한 것이다. 당장 처단할 역적이 아니냐!"

조정 대신들의 상소에 그는 결국 흑산도로 유배되고 말았다. 그런데 제 버릇 개 못 준다고 그는 유배지 흑산도로 출발하기 전에 마치 탐정소설 같은 일을 하나 저질러놓고 말았다. 악의 씨앗을 미리 뿌려놓고 유배지로 휘파람불며 떠난 것이다.

고종황제의 생일인 만수절萬壽節 다음날(1898년 9월 11일) 밤이었다. 워낙 커피를 좋아한 황제를 위해 팔팔 끓인 신선한 커피가 대령되었다. 황태자(조선의 마지막 왕 순종)와 몇몇 대신들이 함께 배석했다.

46세의 황제는 커피잔을 앞에 놓고 냄새가 왜 이러냐며 인상을 찌푸리며 마시지 않았다. 커피 향에 덜 익숙한 24세의 황태자는 그만 벌컥 한 모금을 마신 후 피를 토하며 벌렁 나자빠졌다.

李載純이재순, 沈相薰심상훈, 閔泳綺민영기(1858-1927) 등 입시入侍한 대신들도 모두 그 자리에서 기절하고 말았다.

궁내부 대신 이재순은 1876년 인천 개항 이래 조선 상인들의 상권을 보호하기 위해 관官 주도로 '신상紳商회사'를 설립하고 공동 사장으로 활약하던 사람이다.

또한 심상훈은 28세 되던 해(1882년)에 특이한 공을 세운 사람이다. 명성왕후 민씨는 임오군란이 일어나자 장호원으로 피신을 가 있었는데, 시아버지 흥선대원군이 돌연 '왕비가 죽었으니 국상을 치러야 한다'며 갑자기 국상을 선포했다. 엄연히 생목숨인 며느리를 법적으로 죽여 없애고자 한 것이다.

야단이었다. 민비는 서둘러 고종에게 편지를 썼다. '살아 있으니 국상은 필요 없다'는 내용이었다. 이때 민비의 그 밀계密啓를 서울 궁궐로 퀵 서비스하는 역할을 바로 심상훈이 맡았던 것이다. 그 공로로 경기 관찰사도 지내고 이조판서와 선혜청당상도 지냈다.

군부대신 민영기는 무과에 급제한 당당한 무인으로 황국협회를 조직하여 보부상을 동원, 독립협회를 비롯한 개화파 인물들 탄압에 앞장서던 사람이다.

커피 한 모금을 마시고 44세의 심상훈과 40세의 민영기가 그만 뒤로 벌렁 나자빠지고만 것이다. 제 아무리 역전의 용사들이라도 독약에는 어쩔 도리가 없었던 것이다.

황제는 체면 불구하고 다급히 소리쳤다.

"커피에 독약이 들었다!"

아편 독소로 판명이 났다. 커피를 담당한 궁중 요리사 金鍾和김종화를 문초했다. 김홍륙이 자기 아내 金小史김소사를 시켜 일을 저지른 것이었다. 김소사의 사주를 받은 孔洪植공홍식이 궁중요리사인 김종화를 꼬드긴 것이었다.

요리사 김종화와 그를 꼬드긴 공홍식은 쥐도 새도 모르게 누군가가 그날 밤에 살해해 버렸다. 그리고 유배지에서 서울로 급히 압송되어 온 김홍륙은 관련자들과 함께 처형되었다.

김홍륙과 김소사는 비록 서로 다른 날에 다른 곳에서 태어나 부부의 인연을 맺었지만, 끝은 한 곳에서 동시에 마감했다. 한편의 기괴한 공포 드라마를 부부 공동으로 엮어낸 후, 파란만장한 생애를 마치 장엄한 비극의 대단원처럼 끝내고 말았다.

김홍륙(鴻큰 기러기 홍 陸뭍 육)의 이름자인 '큰기러기 홍鴻'에는 '번성하다'는 의미가 들어 있다. '뭍 육陸'에는 '넓고 평평한 산꼭대기'라는 뜻이 들어 있다.

힘차게 날아올라 드디어 정상에서 날개를 접었지만 탐욕이 지나치고 속임수가 너무 자주 되풀이되어 망하게 된 것이다. 모든 걸 받아들였더라면 비록 욕된 인생이지만 그래도 천수는 누릴 수도 있었을 텐데, 그만 쓸데없는 잔꾀를 부리다가 남도 죽이고 저도 죽는 길에 접어들고 말았다.

이름이 아무리 좋으면 뭘 하는가. 천한 근본을 버리고 보다 나은 가치로 제 몸과 마음을 채우지 않으면, 이름이 달아준 제 아무리 놀라운 추진력이라도 끝내 죽음을 재촉하게 되고 마는 것이다.

김홍륙은 제 타고난 재주와 끈기와 모험심으로 임금 곁에서 한 나라를 요리했지만, 자기 타고난 근본을 다 못 버린 탓으로 희대의 참극을 불러오고 말았다.

임금이 지어준 이름들은 과연 어떠했는가?

의령 남씨 **南在**남재(1351-1419)는 본래 **南謙**남겸이었다.

李穡이색(1328-1396)의 제자로 진사시에 합격한 뒤 좌부대언左副代言
(후일의 승지에 해당됨)을 지냈다.

그는 정치적 판단을 잘했던지 동생 **南誾**남은과 같이 이성계의 조
선 개국을 앞장서서 도왔다. 형제가 나란히 개국 1등 공신에 올랐
으니 하루아침에 막강한 실세 형제가 된 셈이다.

그런데 불사이군不事二君 정신을 정면으로 어긴 자신의 행동이 꺼
림칙했던지, 그는 갑자기 은둔을 결심하고 정계를 떠났다.

공신녹권과 엄청난 포상을 마다한 채 은거하자 태조 이성계가
직접 비밀 거처를 알아내어 그를 반강제로 정계에 복귀시켰다. 그
리고 이름을 '謙겸'에서 '在재'로 바꿔 부르게 했다.

그는 곧이어 대사헌이 되고 의성군宜城君에 봉해졌고, 중추원 판
사를 거쳐 45세에 도병마사로 대마도를 정벌했다.

그런데 그가 47세 되던 해(1398년)에 3살 연하의 동생 남은이 정
도전과 함께 이방원 일파에게 살해당했다. 이름하여 1차 왕자의

난이었다. 형인 그도 슬픔을 안고 유배되었으나 얼마 안 지나 무혐의로 풀려났다.

2년 후 태종이 즉위하자 세자사부(종1품)가 되었다. 태종 이방원의 첫째 아들인 세자(양녕대군)를 가르치는 자리였다. 그리고는 뒤에 경상도 관찰사로 외지에 나갔다가 우의정에 올랐다. 65세 때에는 영의정이 되었다.

셈에 뛰어나 남산南算이라는 별명을 들었던 그는 임금(태조 이성계)이 직접 바꿔 준 이름 덕분인지 말년에 오히려 승승장구했다. '겸손할 겸謙'에서 '있을 재在'로 바뀐 것뿐인데 무엇이 과연 그에게 그런 대운大運을 가져다주었을까.

자는 경지(敬공경할 경 之갈 지)이고 아호는 구정(龜나라 이름 구 亭정자 정)이다.

'공손하고 겸손하다는 의미인 자는 벼슬에 나가 어떻게 처신해야 하는가를 암시하고 있다. 그리고 아호는 '나라를 생각하는 정자'라는 뜻으로 벼슬에 임해 어떤 마음가짐을 지니고 살아야 하는가를 내포하고 있다.

자와 아호는 철저히 공인의 처세와 공직자의 자세를 강조하는 듯하다.

임금은 왜 겸손을 강조하는 이름을 뒤로 감추게 하고 마땅히 있을 곳에 머문다는 보다 적극적이고 다소 공격적이기까지 한 글자를 앞에 내세우고 살게 했을까. 소극적이고 은둔적인 남겸을 꿰뚫어보고, 좀더 적극적으로 나서야 험한 정계에서 생존도 하고 승리도 거둘 수 있다는 뜻에서 남재로 바꿔 준 것이다.

제 자리를 못 잡으면 제 밥그릇도 뺏기고 제 이름도 거두게 마련이다. 태조 이성계는 41세로 끝날 수도 있는 한 신하를 끌어올려 65세에 영의정을 지내고 68세로 천수를 다하게 해주었다. 그의

473

세 살 아래 동생은 똑 같이 개국 1등 공신에 올랐는데도 이방원에게 밉보여 방석, 방번과 함께 44세를 일기로 목숨을 다했다.

남은은 趙浚조준, 鄭道傳정도전, 尹紹宗윤소종, 趙璞조박 등과 함께 이성계를 적극 도와 신군부 우두머리로 떠받들었다. 정도전 등 52명의 기라성 같은 문, 무 대신들과 함께 고려의 마지막 왕을 폐위시키고 양위형식을 빌려 이성계를 조선의 제1대 왕으로 세운 것이다.

그는 중추원 판사, 우군 절제사를 지냈으니 벼슬도 할만큼 했다. 그런데 이상하게도 동갑내기인 두 정鄭씨와 밀착된 연결고리에서 한 번은 유배형에, 또 한 번은 주살되는 비운을 맞았던 것이다.

남은이 37세 때에는 정몽주(연일 정씨)가 이성계 앞잡이로 지목하여 유배를 갔다가 이듬해 정몽주가 죽자 풀려났다. 44세에는 정도전(봉화 정씨)의 예리한 안목과 미래를 예견하는 뛰어난 통찰력을 단단히 믿고 그의 편에 서서 방석과 방번을 지지했다가 그만 정도전과 함께 살해당하고 말았다.

이름이 은(誾온화할 은)이니, 토론을 좋아해 자신의 의견을 툭 털어놓는 공개적인 스타일이었을 것이다. 먼저 가슴을 여는 스타일이니 자칫하면 악의적인 꾐이나 덫에 걸려들 수도 있었을 것이다.

'향기로 가득 찬 모양'을 의미하기도 하는 이름이니 그는 이성계를 섬기는 것이 진정한 의리요 도리라고 여겼을 것이다. 그래서 태조가 후계자로 점찍은 방석을 도와 이방원에 맞섰을 것이다.

정도전의 학문과 통찰에 마음이 끌려 죽어도 같이 죽자는 뜻에서 17세 연상인 그를 무조건 따라 나섰을 것이다. 너무 진지하여 늘 오픈 마인드로 살면 수단, 방법을 가리지 않는 난세에는 목숨을 부지하기 어렵다. 먼저 다치고 먼저 죽을 수밖에 없다. 오로지 개처럼 마구 물어뜯는 습성을 지닌 독종만 살아남을 수 있는 것이다.

형제의 운명이 각자의 이름에 내포된 타고난 성격과 살아가는 방식 때문에 백 팔십 도로 달라진 것이다. 만일 태조 이성계가 동생인 남은의 이름마저 고쳐 부르게 했으면, 과연 어떻게 됐을까?

김해 김씨 金銚김조는 본래 金鑌김빈이었는데 세종대왕이 이름을 바꾸라고 해서 '강철 빈鑌'에서 '쟁개비(작은 냄비) 조銚'로 바꿨다.

태종 대에 문과에 급제하여 예문관 검열로 관직을 시작한 그는 5년 뒤에는 승진시험인 중시에 을과로 합격하여 특진했다. 집현전 직제학直提學(종3품)으로 간의, 자격루 제작에 참여하여 금속활자 만드는 일에 인정을 받아 승지로 특진한 것이다.

한성부윤을 거쳐 정조사正朝使로 1447년에 명나라를 다녀온 김조는 4년 뒤(1451년)에는 중추부 동지사(종2품)로서 사은부사謝恩副使로 명나라를 다시 한번 다녀왔다. 이듬해(1452년)에는 예조판서를 지냈다. 과거에 급제한 뒤 꼭 30년만(1411년부터 1451년까지)에 당상관(3품 이상)반열에 올랐다.

김조의 자는 자화(子아들 자 和화할 화)로, '남과 잘 어울리나 의견을 쉽게 굽힌다'는 의미가 무척이나 우유부단한 인상을 준다.

아호는 졸재(拙졸할 졸 齋재계할 재)인데, '시원찮아서 별로 쓸모가 없다'는 아호의 의미 또한 너무 왜소하고 보잘 것이 없다. 그래서 세종대왕은 특별히 '김빈'에서 '김조'로 이름을 바꾸도록 했을 것이다.

번들거리는 강철 鑌빈보다 불김을 쐬면 팔팔 끓어오르는 작은 냄비 銚조로 바꾸도록 어명을 내린 것이다. 구부리고 자르고 휘기 어려운 강철보다 누구나 쉽게 사용할 수 있고 누구에게나 쓸모 있는 자그마한 냄비가 되라는 임금님의 축원과 소망과 처방이 함께 들어있는 개명改名이다.

그는 세종대왕의 소망과 기원대로 세종의 총애를 받아 과학 진홍의 빅 프로젝트(Big Project)에 참여했고 명나라에 가서 신학문, 신정보, 신기술을 배워오기도 했다. 그리고 세종 임금의 맏아들인 문종의 통치하에서 드디어 당상관(중추부동지사, 예조판서 등)의 자리를 완전히 굳혔다.

작은 냄비 치고는 참으로 쓸모 많고 돋보이는 물건이었다. 그는 자신을 사랑해 주던 세종대왕이 죽은 후 그의 업적을 역사로 기록해 두는 작업에도 참여했다. 즉, 문종 2년(1452년)에 시작하여 단종 2년(1454년)에 필사본을 마친 『세종실록』 편찬 작업에 당당히 참여했던 것이다.

정승인 황보인, 김종서, 정인지가 총재관(總裁官)을 맡고 박팽년이 편수관(編修官)을, 신숙주가 기주관(記注官)을 맡았다. 기사관(記事官) 金命中(김명중)을 비롯하여 자그마치 60여 명이 참여한 대단한 프로젝트였다.

편찬 작업 중에도 희한한 에피소드와 참혹한 비극이 줄을 이었다. 기주관 신숙주가 실록에 기록된 재상에 관한 이야기를 자랑삼아 집안 식구들에게 떠벌렸다가 문제가 되기도 했다.

역사를 기록하는 사관이 黃喜(황희)와 崔潤德(최윤덕)*에 관한 기록이 잘못되었다고 지적하여 총재관이 책임을 지고 수정한 일도 있었다.

당시 최윤덕과 함께 쓰시마 정벌에 나섰던 李從茂(이종무)(1360-1425; 장수 이씨)는 1419년 세종 1년에 59세로 쓰시마섬 정벌에 성공하였으나 불충한 김훈 등을 정벌군에 편입시켰다고 탄핵받아 삭직, 귀양갔다가 석방되었다. 그리고 62세에 명나라 다녀왔으나 동행한 정희원의 불경한 행동을 직계하지 않아 63세에 과천에 귀양을 갔다가 석방되어 복직한 인물이다.

아무튼 세종의 기원과 소망대로 '김빈'에서 '김조'로 바뀐 사람은 자신의 이름을 바꿔준 임금의 업적을 기록하는 『실록』 편찬까

*최윤덕 : 1376-1445; 통천 최씨; 34세에 무과 급제. 삼군도체찰사 이종무와 함께 전함 227척을 이끌고 쓰시마섬 정벌. 45세에 공조판서. 52세에 병조판서. '무인으로 정승반열에 오를 수 없다'며 본인이 극구 사양했으나 57세에 우의정으로 특진됨. 59세에 좌의정 지냄.

지 충실히 수행했다. 임금의 뜻대로 마지막 순간까지 산 세종과 죽은 세종을 위해 철저히 봉사한 것이다.

여주 이씨 집안의 **李彦迪**이언적은 퇴계 **李滉**이황과 더불어 조선조 성리학의 양대 산맥을 이루고 있었다. 광해군 시대의 막강한 실세였던 70대의 노대신 **鄭仁弘**정인홍*마저도 이언적과 이황의 문묘 종사를 반대하다가 유생들이 들고일어나 그의 이름 석자를 청금록靑衿錄(유적(儒籍))에서 삭제되는 참을 수 없는 치욕을 당하지 않았던가.

*정인홍 : 1535-1623 ; 서산 정씨; 남명 '조식'의 문인

이언적은 본래 '이적'이었는데 중종 임금이 직접 개명을 명령하여 '이언적'이 된 것이다.

그는 23세에 과거에 급제하여 벼슬생활을 시작했는데, 아마도 20대 후반에서 30대 후반에 이르는 기간에 임금님의 그런 어명을 접하게 되었던 것 같다.

이름에 적(適갈 적)이라는 한 글자만 덩그러니 있는 것보다 '선비 언彦'자를 하나 더 넣어 **彦迪**언적으로 부르는 것이 여러모로 더 낫다고 충고했던 것이다.

이름을 바꾼 다음 과연 어떤 일들이 그에게 생겼는지 자세히 살펴보자.

39세(1530년)에 사간원의 사간司諫(종3품)이 되었는데, 자신보다 10세 연상인 김안로로 인해 관직에서 쫓겨나 낙향해야 했다. 43세의 김안로는 이조판서로 있으면서, 임금의 사위가 된 아들 김희만을 믿고 함부로 권력을 남용하다가 영의정 **南袞**남곤(1471-1527)과 대사헌 **李沆**이항의 탄핵을 받았다.

그 결과 김안로는 경기도 풍덕으로 유배를 가게 되었다. 유배를 간지 3년여가 지나자 다시 한번 잔꾀 많은 그에게 기회가 왔다. 원수 같던 영의정 남곤이 56세를 일기로 죽고만 것이다. 남곤은

477

그보다 10년 연상이었다.

김안로는 서둘러 아들 김희에게 지시했다.

"어서 임금에게 달려가 아버지가 얼마나 억울하게 당했
는지 소상하게 아뢰어라. 남곤이란 자가 공연히 밉게 보
고 앞 뒤 안 가린 채 모함한 것이라고 잘 좀 아뢰어라. 너
는 무조건 내가 시키는 대로만 하면 만사형통이니, 아무
걱정 말고 임금을 잘 요리해 보아라, 내 말 알아들었니?"

아버지의 전갈을 받은 김희는 장인인 중종 임금에게 쪼르륵 달
려갔다. 물론 임금의 맏딸인 아내(효혜공주)도 데리고 갔다.

둘은 각자 최선을 다해 김안로를 변호했다.

"아버지를 용서해 주십시오, 억울하게 당한 겁니다! 그
리고, 이미 여러 해가 지났으니 충분히 근신했다고 여겨
집니다. 어서 한양으로 불러 올리셔서 종묘사직을 위해
헌신, 봉사하게 해 주십시오!"

"시아버님을 용서해 주세요. 얼마 전에 죽은 영의정
남곤이 공연히 시기하여 제 본분을 망각하고 일을 이처
럼 꼬이게 만든 겁니다. 어서 그만 풀어주세요!"

사위와 딸의 간청을 받아들여 중종은 김안로를 석방시켜 주었
다. 그때 김안로는 48세로 결코 낙향하여 책이나 읽고 땅뙈기나
셈할 처지가 아니었다. 아들과 며느리의 든든한 백을 이용하여 보
란 듯이 재기해야 된다고 입술을 꽉 깨물었다.

　바로 이 때 39세의 사간司諫 이언적과 49세의 전과자 김안로가 맞부딪치게 되었던 것이다. 이언적은 자신의 직책상 '될 사람'과 '안될 사람'을 명확히 분별해야 했다. 김안로는 아무리 보아도 안될 사람이고 몹쓸 사람이었다.

　　"김안로는 조정 대신들이 모두 심히 혐오스러워하는 작자입니다. 반드시 큰일을 저질러 무수한 선비들을 죽음의 구렁텅이에 몰아넣을 흉포한 자라고 이구동성으로 평하고 있습니다. 지방의 유생들과 선비들의 상소에도 김안로는 언제나 단골 표적입니다. 절대로 재등용해서는 안될 사람입니다. 제 아들을 믿고 호가호위하는 한낱 소인배에 지나지 않는 유치한 작자를, 어떻게 국가의 중요 직책에 다시 기용할 수 있겠습니까? 절대 아니 되옵니다."

　이언적이 진심으로 고변했지만 하지만 임금은 사돈 영감인 김안로의 손을 들어주고 이언적에게는 잠시 쉬라는 시그널을 보냈다. 김안로에게 가야 할 엘로우 카드가 갑자기 이언적에게 주어지고만 것이다.

　김안로는 이듬해에 이조판서로 재등용되어 우의정, 좌의정에 오르며 50세 이후 찾아온 제2의 전성기를 마음껏 누리게 되었다.

　반면에 이언적은 고향 산자락에 독락당獨樂堂이란 누옥陋屋을 짓고 학문에만 전념했다. 김안로 때문에 낙향하게 되었지만 마음의 양식을 채우게 된 점만은 오히려 그에게 고맙게 여겨야 한다고 여기고 있었다.

　그렇게 7년여의 세월이 쏜살같이 흘러갔다.

　그 사이 김안로는 막강한 권력을 누리며 무수한 사람들을 고꾸라뜨리고 많은 선비들을 죽게 만들었다. 그가 반대하면 누구든 벼슬을 그만둬야 했고 그가 미워하면 누구든 죽거나 유배되거나 했다.

'정유3흉'으로 불리는 채무택, 허항을 제 수족으로 부리며 '작서灼鼠의 변變'을 조작하여 중종 후궁 경빈 박씨와 그녀의 아들 복성군福城君, 그리고 좌의정 沈貞심정(1471-1531)을 해치기도 했다. 아들 김희를 앞세워 자신을 귀양 보낸 심정을 해칠 속셈으로 어린 세자(후에 인종)의 생일날에 불로 마구 지지고 토막낸 쥐를 세자궁의 은행나무 위에 올려놓아 세자를 해치려는 음모가 있다며 일을 꾸몄던 것이다.

나중에는 중종의 정비이자 후일 명종의 어머니가 되는 문정왕후 윤씨마저 폐비로 만들어 궁궐 밖으로 내쫓으려 했다. 깜짝 놀란 중종은 비밀리에 체포조를 조직했다.

김안로와 그의 패거리들(허항, 채무택 등)은 일망타진되어 모두 형장의 이슬로 사라지고 말았다.

김안로가 죽자 어둡던 세상이 갑자기 환해지는 듯했다. 낙향해 있던 이언적도 재 등용되어 홍문관 부교리와 응교를 거쳐 47세에는 직제학直提學(정3품)에 올랐다.

이언적은 그 후에는 노모를 봉양하기 위해 지방 외직을 자청했다. 안동 부사와 경상도 관찰사를 지낸 후 53세에 병이 들어 낙향했다. 하나, 이듬해(1545년)에 명종이 즉위하자 의금부판사가 되어 을사사화*를 처리했다. 이후 다시 사직하고 낙향했다.

*을사사화 : 명종 모친 문정대비의 친정 동생인 윤원형이 인종의 외삼촌인 윤임 일파를 제거한 일

그런데 그 후 2년 뒤에 양재역에 문정대비의 국정간여를 비난하는 대자보가 붙자(벽서사건) 그도 연루되어 평안도 강계로 유배되었다. 결국 을사사화 때 어쩔 수 없이 손에 피를 묻힌 일이 2년 뒤에 부메랑으로 고스란히 되돌아온 셈이었다.

김안로의 죽음 뒤에 찾아온 제 2의 정치역정이 10년여만에 막

을 내린 것이다. 46세에 찾아온 제2의 전성기가 56세에 끝났으니, 그만하면 꽤나 긴 세월이었던 셈이다.

학문에 더 몰두하고 창작저술을 많이 하여 후세에 유익을 끼치라는 하늘의 엄명으로 여기고 그는 유배생활 내내 열심히 책을 썼다.

그의 저서 『구인록求仁錄』에서는 유학의 근본개념인 '인仁'을 다루고, 『봉선잡의奉先雜儀』에서는 주자가례를 실용적으로 고쳐 보았다. 또한 『대학장구보유大學章句補遺』와 『속대학혹문續大學惑問』에서는 朱熹주희의 『대학장구』와 『대학혹문』을 보완하기 위해 나름대로의 독창적인 아이디어를 보탰다.

미완성 저술로는 송대宋代 거유巨儒 眞德秀진덕수의 제왕학帝王學인 『대학연의大學衍義』를 보강하려 시작한 『중용구경연의中庸九經衍義』가 있다.

그는 46세에 정계에 다시 복귀했을 때 간신 김안로 일당이 끼친 엄청난 폐해를 되돌아보며 임금에게 '일강십목一綱十目'으로 된 상소를 올렸다.

그중 가장 중요한 '일강'으로 그는 '임금의 마음가짐'을 꼽았다. 실천수단으로는 '십목'을 제시했다. 그는 여기서 김안로 등에게 휘말렸던 임금의 실수를 은근히 꼬집고 있다.

그는 인仁을 만선의 근본이라고 보았다. 인仁, 의義, 예禮, 지知, 신信의 5덕德 중 으뜸으로 꼽았다. 공자를 중심으로 한 모든 학문도 결국은 '인'을 구하는데 집중되었다고 결론지었다.

제왕학으로 그는 '임금의 마음이 기본이다. 왕은 천도天道를 체득하여 배천配天, 경천敬天해야 한다'고 주장했다.

그의 성격은 본래 아주 직선적이고 칼칼한 기질이었던 것 같다. 26세에 선배 학자들의 토론에 끼어들어 자기 나름의 독창적 논리를 설파했던 걸로 보아 논쟁과 격론에 쉽게 빠져드는 격한 성격이었던 것으로 짐작된다. 그는 이십 대의 청년 학자로서 영남의 선배학자인 孫叔暾손숙돈과 曺漢輔조한보의 '무극태극無極太極' 논쟁에 참여하여 주리적主理的 논점에서 둘의 견해를 모두 비판했었다.

개인적으로는 지극히 외로웠던 것 같다. 朴崇阜박숭부의 딸을 아내로 맞았지만 자식이 없어 종제 李通이통의 아들 李應仁이응인을 양자로 삼아야 했다.

그래도 그에게는 첩운妾運은 좋았던지, 서자 李全仁이전인이 오히려 효도를 많이 했다. 그는 아버지(이언적)가 타계한지 13년 뒤(1566년)에 아버지가 죽기 전에 써놓은 '임금의 학문에 필요한 8가지 조목' 즉, '진수팔조進修八條'를 상소로 올렸다.

3살 연하의 찰방察訪(역참을 관리하던 종6품 외직)을 지낸 친동생 李彦适이언괄(1494-1553)은 형이 56세로 귀양을 가자 형을 구명하려 상소를 올리기도 했었다.

이언적은 임금이 새로 지어준 이름을 지니고 살았다. '갈 적適'에 '선비 언彦'이 덧붙여져, '뜻을 높이 두고 열심히 정진하되 선비의 기본도리에서 벗어나지 말라'는 임금의 당부가 곁들여진 이름이 된 것이다.

당찬 기질과 높은 콧대로 이십 대를 헤쳐나갈 때 그보다 3살 연상인 중종은 뭔가 중요한 귀띔을 해주고 싶었던 모양이다.

그래서 '이룬다, 도달한다'는 당돌한 뜻을 지닌 '갈 적適'에다 '선비 언彦'을 덧붙여, 한 템포 늦춰가게 만들어 마음을 갈고 닦아 후학을 위해 뭔가 이뤄놓는 선비의 도리를 특별히 강조해 놓은 것이다.

중종의 그러한 배려는 아주 적중했던 것 같다.

벼슬자리에서 쫓겨나 귀양을 간 그 시점을 진짜 선비가 되는 절호의 찬스로 여기고 50대 후반의 그 얼마 안 되는 기간을 오로지 저술에만 몰두했던 것이다.

62세의 생애가 더 좀 연장되었더라면 그는 아마도 더 많은 학문적 업적을 쌓았을 것이다. 최소한 유배지의 거칠고 외로운 땅 대신 좀더 아늑한 터전에 머물렀더라면, 좀더 장수하며 더 열정적으로 저술활동을 폈을 것이다.

정조 임금이 직접 하사한 아호를 지니고 살았던 두 사람을 되돌아보자.

연안 이씨 집안의 **李崑秀**이곤수(1762-1788)와 남원 윤씨 가문의 **尹行恁**윤행임(1762-1801)이 바로 그들이다.

우선 이곤수를 살펴보자.

판서 **李性源**이성원의 아들로 태어나 20세에 성균관 유생으로 문과에 급제했으니 대단히 빨리 패스한 셈이다. 그 후 세자시강원 설서說書(정7품)를 지내고 25세 때는 암행어사가 되어 황해도와 평안도를 두루 살피고 다녔다.

그런데 지방을 암행순시하며 병을 얻었던지 그는 26세의 젊은 나이로 요절하고 말았다. 그의 죽음에 접한 정조 임금은 두 눈을 지긋이 감은 채 아무 말이 없었을 것이다. 명이 아주 짧을 것을 미리 내다보고 아호를 특별히 지어주었는데, 그게 아무 소용이 없었던 셈이다.

이곤수를 처음 대하자 정조 임금은 금방 알아보았다. 병약한 사람은 아니지만 수명을 특별히 짧게 타고난 사람이었다.

이름이야 '높은 산처럼 드높아라'는 기원이 듬뿍 들어 있는 곤수(崑산이름 곤 秀빼어날 수)지만, 아무래도 명을 길게 하는 기원은 빠져 있는 듯했다.

자의 의미도 마찬가지였다. 성서(星별 성 瑞상서 서)이니, '별처럼 높고 신비로워라!'는 기원이 절절이 느껴지는 의미였다.

정조 임금은 수재(壽목숨 수 齋재계할 재)라는 아호를 정해주었다. 그리고 신신당부했다.

"어명이니 반드시 내가 지어준 아호를 마르고 닳도록
활용해라. 서신이든 글이든, 어디든지 아호를 적어 넣어
야 한다. 이 두 글자가 특별히 너를 지켜주는 수호신 역
할을 잘 해낼 것이다. 알았느냐?"

그런데 한데 이름과 자의 의미가 워낙 공허할 정도로 거창한 탓인지, '목숨을 이어 더 공손한 삶이 되게 하라'는 그 애절한 마지막 기원이 물거품이 되고 말았다.

정조 임금은 자신의 무릎을 치며 혼잣말을 내뱉었을 것이다.

"운세는 역시 타고나는 법이구나! 이름이나 자에 좀더
그럴듯한 글자를 넣어둘 걸 그랬구나! 이왕 새로 지어줄
바에는 처음부터 이름을 고쳐 줄 걸…"

정조 임금으로부터 아호를 선물 받은 또 다른 선비는 앞의 이곤수와 동갑내기인 윤행임이었다.

20세에 과거에 급제하여 검열檢閱(정9품)로 벼슬을 시작했다. 처음부터 이른 나이에 요직에 발령을 받은 셈이다. 특별히 조정 대신들의 눈에 띄어 영광스럽게도 초계문신抄啓文臣이 되었다. 의정부가 선발하여 임금에게 직접 보고(초계抄啓)하는 특혜를 입는 신분이니, 남들이 보면 벌써 출세길이 고속도로로 뻥 뚫리게 된 셈이었다.

숙종 대(1709년 숙종 35년)에 폐지된 과거의 사가독서제賜暇

*사가독서제 : 젊고 유능한 문신에게 특별휴가를 주어 집이나 독서당에서 오로지 학문에만 매달리게 한 제도

讀書制*를 정조 임금이 '초계문신제도'로 부활시킨 것이다.

37세 이하의 당하관 문신을 선발하여 40세에 졸업시킨 제도로, 한 달에 구술시험(강講) 두 번과 필기시험(제製) 한 번으로 중간평가를 받아야 했다. 정조 임금은 직접 규장각(집현전을 본 따 정조가 설립)을 찾아 토론도 하고 손수 시험문제도 출제하곤 했다.

정조 임금 때만 해도 10차례에 걸쳐 138명을 선발했다. 정조 이후 중단되었다가 헌종이 두 차례에 걸쳐 56명을 선발한 적이 있다.

하여튼 윤행임은 운도 좋고 재주도 많아 이른 나이에 임금을 직접 알현하는 영광을 누릴 수 있었다. 그런데 호사다마好事多魔인지, 28세에 탄핵을 받고 유배를 가야 했다.

閔致和민치화와 함께 창피스럽기 그지없는 죄목으로 귀양을 가야 했던 것이다. '유언비어를 날조하여 인심을 뒤숭숭하게 만들었다. 그리고 백성의 재산을 약탈하여 제 배를 채웠다'는 것이었다.

하지만 임금님의 배려로 이듬해에 규장각 직각直閣(종6품에서 정3품까지로 채움)으로 복귀할 수 있었다. 결백이 드러난 증거이지만 아무리 되돌아보아도 부끄럽기 짝이 없었다.

32세에는 이조 참의參議(정3품 당상관직)가 되고 이듬해에는 비변사 제조提調(종1품, 정2품)가 되었다.

실로 엄청나게 빠른 출세길이었다. 서른 초반에 벌써 정승의 반열에 오른 셈이다. 그런데 달도 차면 기우는 법인지, 그를 아껴주던 정조 임금이 승하하자 그의 운세도 한꺼번에 확 꺾이고 말았다.

38세가 되던 해(1800년 6월) 여름에 정조와 수빈 박씨 사이에서 출생한 순조가 열 살 나이로 즉위했는데, 예상대로 55세가 된 영조 비 정순왕후 김씨(1745-1805 ; 경주 김씨)가 수렴청정을 했다.

타계한 정조 임금은 천주교와 토속신앙에 대해 관대한 입장이었는데 정순왕후의 친정 형제들인 金龜柱김구주(1740-1786), 金觀柱김관주(1743-1806)와 영의정 **沈煥之**심환지(1730-1802)는 천주교를 사교로 결론 짓고 대대적인 싹쓸이를 단행했다.

김구주는 60세, 김관주는 57세, 영의정 심환지는 70세였다.

이들 세 사람이 주동이 되어 이듬해(1801년 4, 5월)에 신유박해(혹은 신유사옥)를 일으켜 어마어마한 피바다를 만들어냈다.

조선에 들어온 최초의 외국인 신부인 청나라 사람 **周文謨**주문모 (1752-1801.5.31)를 비롯하여 백여 명이 처형당했고, 400여 명이 유배 를 가는 등 박해를 받았다.

단순한 종교탄압이 아니었다. 노론에 의한 남인 숙청이요, 벽파 僻派*에 의한 시파時派* 박해였다.

윤행임은 순조가 즉위하고 나서도 잠시 동안은 뭔가 잘 풀 릴 것 같았다. 이조판서에 오르고 이듬해(1801년)에는 양관兩館 (홍문관, 예문관) 대제학大提學(정2품으로 종신직이 원칙)이 되었다.

하지만 갑자기 불어닥친 선홍빛 폭풍을 피하기가 쉽지 않았다.

윤행임은 시파에 가까웠던 편이라 당연히 섬으로 유배를 가야 했다. 목숨을 부지한 것만 해도 조상과 천지신명에게 감사를 드려 야 할 판이었다. 한데 얼마 안 되어 힘찬 오뚝이처럼 다시 살아나 고 말았다. 석방이었다. 신지도를 뒤로하고 한양으로 되돌아와 다 시 임지로 떠날 채비를 했다.

이번에는 전라도 관찰사였다. 평야가 넓어 물산物産이 풍부하고 인심이 후한 땅이라, 피비린내 나는 서울 공기보다 몇 백 배 더 맑 고 따스할 듯했다. 그런데 참으로 기이한 일이 터지고 말았다. 난 데없이 **金祖淳**김조순(1765-1832)이란 자가 탄핵한 것이다. 자신보다 3 살 아래이며 양관 대제학을 지내는 등 경력도 비슷한 사람이었다.

한해 뒤(1802년)에 딸이 순조 비*로 책봉되지만, 그는 이 미 정조대왕에 의해 장차 순조의 장인이 되어야 할 사람으로 지목되어 있었다.

결국 윤행임은 투옥되었다가 일사천리로 집행되어 참형에 처해지고 말았다. 죄가 있다면 정조대왕의 모든 시책을 지지해 준 남인 계열의 '시파'에 속해 있었다는 것뿐이었다. 그때 그의 나이39세로 결코 길다고 볼 수 없는 생애였다.

윤행임(行갈 행 恁생각할 임)의 자는 성보(聖성스러울 성 甫클 보)이고, 두 개의 아호는 각각 방시한재(方모 방 是옳을 시 閑막을 한 齋재계할 재)와 석재(碩큰 석 齋재계할 재)이다.

'어디를 가든 임을 생각한다'는 이름이니, 그는 임금의 특별한 총애로 30대에 정승의 반열에 올랐을 것이다. 임금에 대한 남다른 충성심이 열 살 위인 임금의 마음을 깊고 넓게 터치(touch)했을 것이다.

자 또한 '뛰어난 임금님을 섬기는 벼슬 높은 사내'이니, 실로 충신 중의 충신에 잘 어울리는 의미가 아닌가. 임금과 의견이 맞고 마음이 서로 통한다면 그 얼마나 속편하고 보람찬 나날이었겠는가.

정조 임금은 그래도 뭔가 빠져 있다고 보았던 것 같다. 28세에 탄핵받고 유배를 갔던 일처럼 아마도 윤행임에게서 모함을 받아 죽을 팔자임를 감지했는지도 모른다. 그래서 정조는 한 개도 아니고 두개의 아호를 하사했다.

하나 는 '어느 쪽에서 들려오든 옳다고 인정하고 공연한 시비를 막아 고요함을 지켜나간다'는 의미의 '방시한재方是閑齋'이고, 다른 하나는 '높아질수록 공손하게 굴어 화를 미연에 막는다'는 의미의 '석재碩齋'이다.

아마도 임금이 하사한 아호 덕분에 일찍 정승에 오르고 이십대에 맞았던 죽을 고비를 무사히 넘길 수도 있었을 것이다. 그러나 부적 같고 마스코트 같은 아호를 지어준 임금이 곁을 떠나자, 윤행임의 팔자도 깎아지른 듯한 내리막길로 치닫고 말았다.

너무도 슬픈 인생을 살다간 조선시대 여인들

세종대왕의 후궁에 혜빈 양楊씨가 있었다.

1455년에 수양대군이 어린 조카 단종을 허수아비 상왕으로 밀어내고 세조로 등극하자, 그녀의 일생도 깊이를 알 수 없는 수렁으로 굴러 떨어지고 말았다.

그녀의 두 아들도 마찬가지였다. 한남군漢南君과 영풍군永豊君(1434-1457)이 모조리 '단종 복위사건'에 휘말려 죽고만 것이다.

혜빈 양씨는 세조 즉위 초에 '단종 봉양죄'로 사약을 받고 자결해야 했다. 무슨 놈의 죄명罪名이 그런지…. 촌수로만 보면 자신의 손자이기도 한 어린 임금인데, 극진히 대해준게 어째서 죽을죄가 된다는 것인지 모를 일이었다. 아마도 어린 단종을 불쌍히 여겨 여러 가지를 챙겨준 것이 그만 역적질로 여겨졌던 모양이다.

혜빈 양씨는 단종의 모친인 현덕왕후(문종 즉위 후 왕후로 추봉) 권씨를 남달리 깊이 아껴주었었다. 겨우 13살의 어린 나이로 세자궁의 궁녀로 들어와 4살 연상의 세자(세종의 장남으로 후에 문종이 됨)와 정분이 쌓여 승휘承徽(종4품), 양원良媛(종3품)이 되었다.

순빈 봉씨가 폐위되자 그녀는 19세의 나이로 마침내 세자빈(정1품)에 책봉되었다. 하지만 불행하게도 아기(단종)를 낳자마자 23세로 타계했다. 남편인 만년 세자(7세부터 36세까지, 자그마치 29년간)가 문종으로 즉위하기 꼭 9년 전이었다.

혜빈 양씨는 11살에 왕이 된 불쌍한 아기 임금(단종)만 생각하면 가슴이 메어지고 두 눈이 금방 벌겋게 부어올랐다. 말 그대로 눈물 항아리요, 슬픔 덩어리였다.

어쨌거나 혜빈 양씨의 멀쩡한 두 아들도 어머니의 비극적인 최후를 차츰 닮아가고 있었다. 이복형(수양대군; 세조)의 권력욕 때문에 어쩔 수 없이 생사의 갈림길에 놓이게 되었던 것이다.

무엇보다도 혈기왕성한 동생 영풍군이 더 큰 문제였다. 이복형인 수양대군이 조카 단종을 밀어내고 왕에 오른다는 사실 자체가 너무도 명명백백한 역적질로 비쳐졌을 것이다. 도저히 용납이 안 되었을 것이다. 더욱이나 사랑하는 어머니마저 어린 조카(단종)를 보호하려다 목숨을 잃었지 않은가.

결국 한남군(세종의 4남)과 영풍군(세종의 8남)은 사육신의 쿠데타 모의 실패(1456년 6월)와 금성대군(세종의 6남)의 단종 복위운동 실패(1457년 10월) 뒤에 다함께 비극적인 죽음을 맞게 된다.

먼저 형인 한남군의 경우를 보자.

사육신의 단종 복위 모의에 연루되어 함양(경남)으로 귀양을 가야 했다. 그런데 일년 뒤에 또 다른 사건이 발각되고 말았다. 순흥부에 귀양가 있던 이복형제 금성대군이 부사 이보흠과 같이 단종 복위를 계획하다가, 그만 기천 현감의 밀고로 들통이 나고 말았던 것이다. 물론 그 밀고에는 한남군 자신의 이름도 들어있었다.

조정 대신들 모두 더 이상 살려둘 필요가 없다고 야단법석이었다. 그런데 웬일인지 이복형인 세조가 '한남군의 목숨만은 살려줘

라고 했다. 그래서 한남군은 목숨을 부지한 채 그대로 유배지에 머물러 있을 수 있게 되었다.

아버지 세종대왕이 평소에 '효성이 지극하고 성격이 온화하다'며 자주 칭찬했는데, 세조도 그런 착한 이복동생을 슬쩍 눈감아 주기로 했던 모양이다. 그렇지만 감시가 보통 심해진 게 아니었다. 일거수일투족이 모조리 보고되었다.

그러다 보니 분노와 치욕으로 서서히 속부터 망가뜨려지기 시작하더니, 끝내 홧병이 도지고 말았다. 그는 끝내 멀고 먼 유배지에서 무심한 빈 하늘을 뚫어지게 바라보다가, 30대의 젊은 나이로 영영 불귀의 객이 되고 말았다.

동생 영풍군은 어떠했는가.

죽고 죽이는 왕위 찬탈전이 일어나기 전까지는 나름대로 행복한 결혼생활을 보내고 있었다. 순천 박씨(박팽년의 딸)를 부인으로 맞아 하루하루가 정말 행복했다. 여러 면에서 워낙 출중하여 1453년 계유정변으로 영의정 皇甫仁황보인, 우의정 金宗瑞김종서 등이 죽고 없어지자, 잠시 동안이지만 그가 정치와 군사를 장악하고 있었다. 하지만 수양대군이 그를 불안하게 여겨 이유불문하고 즉시 제거했다.

비록 20대 초반의 어린 나이지만 심정적으로 7년 연하의 조카인 단종을 감싸고 있었기 때문이다.

첫 유배지는 예안이었다. 얼마 안지나 경기도 안성으로 옮겨졌다. 그 어디든 낯설고 물설기는 마찬가지였다. 그저 하루하루 그리운 식구들이 있는 한양 하늘만 물끄러미 쳐다보며 끓어오르는 울분을 삭여야 했다.

각본대로 수양대군이 세조로 등극하자, 그는 더욱더 폭력만이 해결책이라고 확신하게 되었다. '칼이 바로 해답'이라고 여길 수밖에 다른 방도가 없었다. 하지만 세상인심은 여전히 상왕으로 내몰린 단종 쪽이었다.

선왕들(세종과 문종)로부터 어린 세자를 잘 부탁한다는 말을 자주 들었던 신하들이 비밀리에 거사계획을 짜기 시작했던 것이다. 이름하여 명나라 사신의 환송 만찬장(창덕궁)을 이용한 사육신의 단종 복위 모의였다.

결국 실패로 돌아가고 말았다. 눈치 빠른 왕당파들이 세조를 죽이고 상왕으로 물러앉은 단종을 다시 왕의 자리에 앉히려는 거사 계획을 그냥 놓칠 리 만무했다.

함께 모의했던 金礩김질이란 자가 잔뜩 겁을 먹고 장인인 정창손에게 거사계획을 누설했던 것이다. 사위와 장인은 서둘러 세조에게 고자질했다. 그리하여 모든 내막이 백일하에 드러나고 말았다. 죽고 죽이는 일대 '피의 대숙청'이 이어질 따름이었다.

영풍군의 장인 형조참판 朴彭年박팽년(1417-1456; 옥중에서 사망)이 바로 사육신의 한 사람으로 끼어있는데 무슨 수로 요행을 바라겠는가.

장인만이 아니었다. 처가 식구들이 모조리 형장으로 끌려가 아예 씨가 마를 정도였다.

형조판서를 지낸 처 할아버지 朴中林박중림도 사형을 당했다. 처작은아버지 朴大年박대년도 죽었다. 영풍군의 세 처남들도 모조리 형장의 이슬로 사라졌다.

그래도 영풍군은 어엿한 왕자 신분이니 목숨을 건질 수 있었다. 가산家産과 고신告身(임명 사령서 곧 직첩職牒)을 몰수당한 채, 완전한 평민이 되어 임실 땅에 위리안치되었다.

그런데 화불단행禍不單行이라고, 이듬해에 순흥 땅에 유배를 갔던 금성대군이 순흥부사 이보흠과 함께 단종 복위를 도모하다 발각되고 말았다.

순흥(영주, 봉화)에서 그리 멀지 않은 영월에 노산군으로 강등되어 가택연금 당해 있는 상왕을 생각하며 칼을 갈았을 것이다.

"그래, 언제 죽어도 죽을 목숨인데 이왕이면 충신 노릇이나 한 번 해보고 죽자! 친형(수양대군)이 친조카(단종)를 내쫓고 왕이 된 판에 무슨 놈의 희망이냐? 금수의 땅으로 변하고 말았는데 목숨이 아깝다고 가만히 앉아 있으면 똑같이 짐승이 되고 마는 것 아닌가. 일어서자! 일어서서 여기 사람이 살고 있다고 한번 목 터지게 외치기라도 하자!"

계획은 자유지만 성공은 선택인지….

*금성대군 : 세종 비 소헌왕후 심씨의 소생인 8남 중 6남

1457년 10월, 수양대군의 친동생 금성대군*은 사사되었다. 한창 때인 31세였다. 형인 세조보다 9세 연하였다.

형은 결국 13년간 왕 노릇 하려고 그 많은 피를 흘렸던 것이다. 동생을 죽게 한 후 11년간 더 살다가 51세로 피 많이 흘리게 한 욕된 생애를 마감했다.

순흥 부사 이보흠은 박천博川(평북)으로 유배되었다가 후일 처형되었다. 23세의 대역죄인 영풍군도 누군가에 의해 살해되었다.

이로써 이듬해(1458년)에 순흥부順興府는 역모의 땅으로 낙인찍혀 영원히 지도상에서 사라지고 영주와 봉화로 나뉘어지게 되었다.

형인 한남군의 이름은 '어'이고 자는 군옥(群무리 군 玉옥 옥)이다. 이름이나 자에 모두 '구슬 옥玉'과 관련된 뜻이 곁들여 있다. 타고난 성품이 옥처럼 청아했을 것이다. 그리고, 지향하는 삶의 목표도 옥 광산에서 귀한 옥을 캐내듯 그렇게 끈기 있게 오래 참고 기다리는 편이었을 것이다. 하지만 옥과 돌을 구별하는 안목만은 제대로 지니고 살았을 것이다.

결코 폭력혁명이나 피비린내 나는 보복을 원하지 않았을 것이다. 그런데 시대적 상황과 어머니의 강요된 자결 같은 가족 내의

일대 비극이 그를 단숨에 희대의 역모꾼으로 뒤바꿔놓고 말았다. 옥玉이 광산에서 스스로 박차고 나와 사람을 찌르고 자르고 누르는 무서운 무기로 둔갑한 것이다.

동생인 영풍군의 이름은 '천'이다. 형의 이름처럼 '옥玉'과 관련된 의미를 지니고 있다. '옥고리나 옥팔찌'를 뜻하는 '옥고리 천瑔'과 매우 흡사한 의미를 지니고 있다.

광산에 묻혀 가만히 숨어 있는 옥이 아니다. 이미 세상에 나와 여러 번 깎이고 다듬어지고 갈고 닦아진 '옥 장식'이다. 날카롭지만 아름답고 무겁지만 멋이 있어서 사람들 곁에 있을 뿐이다. 형보다 동생인 영풍군이 더 재주가 출중하고 기질 또한 매우 돋보였을 것이다. 이십대 초반에 벌써 권력 게임의 한 가운데에 머물러 있었지 않은가.

유배지가 연이어 옮겨지고 나중에는 위리안치라 하여 거소가 가시나무로 둘러쳐진 것만 보아도 당시의 분위기를 대강 짐작해 볼 수 있다. 즉, 권력의 실세들이 젊디젊은 그를 얼마나 두려워했는지 쉽게 짐작해 볼 수 있을 것이다.

형이 아직 광산에 묻혀 있는 옥이었다면, 동생은 잘 다듬은 옥이었던 셈이다. 기질과 운세가 판이하게 다르다보니, 같은 옥이지만 삶의 방식이나 최후를 맞는 모습도 완연히 달랐던 것이다.

한 사람(형인 한남군)은 지옥의 문전에 가까이 가 있었음에도 끝까지 기다리다가 자연사했다. 다른 한 사람(동생인 영풍군)은 이글거리는 지옥의 불길을 빤히 바라보기가 너무 괴로워 그만 냅다 그 불길 속으로 뛰어들고 말았다.

세종대왕의 후궁이었던 혜빈 양씨와 두 아들들(세종대왕의 서자)의 비극이 우리를 슬프게 하는 이유는 과연 어디에 있는가?

제아무리 선의, 호의로 최선을 다해도 일이 꼬이면 목숨을 앗아가는 독버섯이 되고 독화살이 된다는 역설적인 인생법칙이 그대로 적중했기 때문이다.

조선시대에는 우리를 슬프게 하는 스토리나 캐릭터가 너무도 많았다. 역사책 속 그 어디에도 단 한 줄 적히지 않은 슬프디 슬픈 이야기들은 민초들의 이름 없는 혼령이 되어 온 하늘을 뒤덮고 있다. 하늘의 별이 제대로 안 보이는 이유 중 하나다. 우리들의 눈앞이 너무 자주 희부옇게 변하는 이유 중 하나다.

조선에는 '공주 아닌 공주'가 있었다. 의순공주義順公主가 바로 그 여인이다.

어느 날 갑자기 조선왕실에 청혼이 들어왔다. 난데없이 멀고도 먼 청나라에서 조선 왕실의 여인과 결혼하고 싶다는 소식이 날아온 것이다. 평범한 청나라 총각이나 벼슬아치가 아니었다.

왕이었다. 청나라 구왕九王이 웬일인지 조선의 왕실에 정식으로 청혼을 했던 것이다.

구왕 다이곤(다리곤; Dorgon : 1612-1653)은 청 태조 누르하치의 14남으로 청태종(누르하치의 8남)의 10살 아래 아우였다.

형이 태종으로 34세부터 51세까지 군림하고 있을 때부터 그는 막강한 실세로 실질적인 2인자 노릇을 하고 있었다.

형이 죽고 난 다음 해(1644년)에 6살 어린 황제(조카; 태종의 9남)에 명나라 농민 반란군의 우두머리인 이자성李自成*이 수도 북경을 점령하자 명나라의 마지막 실력자인 32세의 吳三桂오삼계(1612-1678)가 청나라에 구조 요청을 보내왔다. 함께 북경을 수복하자는 제안이었다.

그는 아버지 吳襄오양(금주의 총병관)이 이자성에게 위협당해 '너도 이자성에게 귀순하라'고 종용했지만 절대 그럴

수 없다고 결심하고 있었던 것이다.

명나라 마지막 황제 17대 숭정제崇禎帝(1610-1644; 18세에 즉위)는 이미 34세의 나이로 자살한 뒤였다. 명나라는 이로써 17대 276년(1368-1644)으로 그 운명을 다했던 것이다.

하여튼 명나라 장수 오삼계의 북경 수복 전戰 참전 요청으로 청은 명나라의 수도에 합법적으로 입성할 수 있게 되었던 것이다. 당연히 어린 조카를 대신해 사촌형제인 정친왕鄭親王 지르하란(누르하치의 동생 '슈르가치'의 6남)과 함께 섭정을 맡은 보정왕輔政王으로 있던 예친왕睿親王 '구왕'이 북경 수복의 앞장을 섰다.

아마도 구왕을 따라 북경에 들어가 독일 신부 샬 폰 벨(탕약망湯若望)을 만났던 소현세자가 구왕의 사람 됨됨이를 보고 '조선 처녀를 아내로 맞으면 어떻겠냐고 제안했을지 모른다. 그 때 소현세자(1612-1645)와 구왕은 32세로 신기하게도 동갑내기였다.

그리고 더욱 신기하게도 명나라의 마지막 충신이었던 오삼계도 동갑내기였다.

구왕은 5년여 전에 고국에 귀국하자마자 33세로 요절한 소현세자의 흥미로운 제안을 까맣게 잊고 있다가 5년이 흐른 시점에 우연히 다시 떠올리게 되었는지도 모른다.

하여튼 구왕이 조선 왕실에 청혼서를 접수시켰던 1650년경이면 여러 면으로 의미심장한 시기였다. 합법적으로 명나라 수도를 점령한 일등 공신이요, 어린 황제(12세)의 섭정왕이 청혼을 했으니 운만 잘 트이면 황제의 황후가 될 수도 있는 그런 미묘한 정세, 미묘한 시기였다.

배경이야 어찌되었건 그녀(의순공주)에게는 희소식이기도 하고 흉보凶報이기도 했을 것이다.

조선조정(효종 1년 1650년)에서는 일단 딸을 청나라 황실로 시집보

*오삼계 : 후일 더욱 세력이 커져 귀주를 본거지로 삼고 광동의 상가희 복주의 경정충과 더불어 '3번'으로 불리다가 강희제 때 '3번의 난'을 일으킴

495

낼 자원자를 찾았다. 그 때 봉안군(성종의 5남)의 5대 손인 전주 이
씨 李愷胤이개윤 혹은 漑胤개윤이 손을 번쩍 들고 자원했다.

> "제 어린 딸을 보내주십시오. 용모는 그리 대단하지
> 않지만 심성이 곱고 마음씀씀이가 단단하니, 머나먼 타
> 국에 가서도 조선왕실을 결코 욕되게 하지 않을 것입니
> 다. 제 딸을 보내주신다면 집안의 영광으로 알겠습니다.
> 그리고 무엇보다도 결코 조선과 조선왕실을 위해 반듯하
> 고 의연하게 살도록 잘 가르치겠습니다. 부디 제 어리석
> 은 뜻을 받아주십시오!"

이개윤의 말을 들은 조선 왕실에서는 그의 뜻이 정말 가상하다
고 치하하며 일단 그의 딸을 '공주'로 봉했다. 왕의 서자(봉안군)의
5대 손이니 이미 종친부宗親府에 소속된 종친이 아니었다. 왕의 서
자 자손은 3대까지만 종친으로 분류되었다.

하여튼, 대국의 왕녀로 가야하는 소녀인데, 그깟 공주 칭호 하
나 얹어주는 것이 뭐 그리 대수였겠는가. 평범한 전주 이씨 집안
의 소녀에서 갑자기 왕의 적녀嫡女로 둔갑하게 되었던 것이다.

아버지 이개윤이 조정과 긴박하게 연락을 취했다. 조정에서도
야단이었다. 아직은 어린 소녀라 뭘 잘 모르지만 후일 실세 여걸
이 되면 어떤 영향력을 발휘하게 될지 모르는 일이었다.

청주 한씨 집안에서는 이미 250여 년 전에 명나라의 왕비가 나
왔었지 않은가. 성종 임금의 외조부인 한확의 누님이 성조成祖의
왕비(여비麗妃)가 되어 얼마나 많은 유익을 끼쳤는지 모른다. 그 덕
분에 한확은 14살(1417년 태종 17년)에 진헌부사進獻副使로 명나라에 가
서 광록시소경光祿寺少卿이라는 벼슬을 얻어 가지고 돌아왔다.

명나라 황제 성조는 그 때 57세로 황제에 즉위한지 15년이 되는 해였다. 조선 태종(이방원)보다 7년 연상이고 세종보다는 37년 연상이었다.

한확은 그 후로도 명나라 황실과의 돈독한 특수 관계로 인해 어려운 일이 있을 적마다 명나라를 오가며 해결사노릇을 해야 했다. 15세(1418년)에 세종 임금이 즉위하자 고부청시승습사告訃請諡承襲使가 되어 명나라에 다녀왔다.

52세 되던 해(1455년 세조 1년)에는 어린 조카 단종을 상왕으로 내몰고 수양대군이 세조로 등극하자 사은사로 명에 가서 왕위를 찬탈한 게 아니라 양위 받은 것이라는 논리로 진땀 흘리며 열심히 해명해야 했다.

중국 한족漢族 중심의 명나라 황실에서 만주 여진족 중심의 청나라 황실로 살짝 바뀌고 말았지만 조선 쪽에서 보면 거기에서 거기였다. 형님 나라로 생각하는 이도 있고 황제가 다스리는 천하의 축소판으로 생각하는 사람도 있었다. 한 마디로 큰 나라, 센 나라, 대단한 나라로 생각하는 그 고정 패러다임, 사대事大 패러다임(paradigm)만은 그 때나 이 때나 마찬가지였다.

명나라 성조成祖 즉 영락제永樂帝(1360.5.2-1424.8.5; 재위 1402-1424)의 통치기간은 조선의 태종 임금 대(재위; 1400-1418; 1422년에 타계)와 세종 초(재위; 1418-1450)에 해당하는 기간이었다.

명 태조 주원장朱元璋*의 4남으로 본래는 북경에 기반을 둔 연왕燕王으로 있었다.

그런데, 조카인 2대 황제(혜제惠帝) 건문제建文帝(1383-1402; 재위 1398-1402)가 봉건영주처럼 지방마다에서 고유한 세력 기반을 갖추고 있던 여러 왕자들(혹은 왕들)의 세력을 크게 위축시키려 했다.

*주원장 : 1368년 남경에서 즉위한 후 그 해 가을 북경 함락; 1398년 6월 24일, 70세로 외롭게 병사

우선 봉토封土 삭감을 통해 세력 기반을 대폭 줄이려 했다. 그리고는 북방의 몽골을 방어한다는 명분으로 특별히 세력을 크게 키운 다섯 왕들을 폐하려 했다.

당연히 위협을 느낄 수밖에 없었다. 힘이 줄면 목숨도 내놓게 되어 있는 권력게임을 너무도 잘 알고 있었기 때문이다. 힘이 준다, 힘이 없어진다는 것처럼 큰 위협이 없었다.

삼촌인 연왕은 39세 되던 해(1399년)에 쿠데타를 일으켜 3년간 수도인 남경을 집요하게 공격했다. 끝내 남경을 함락하여 19세 조카(혜제, 건문제)를 불에 타 죽게 만들었다.

42세(1402년)의 연왕은 불 탄 수도 남경에서 3대 황제(태종에서 후에 성조로 변경; 영락제)에 올랐다. 또한 61세 되던 해(1421년)에는 북평으로 수도를 옮기고 '북경'이라고 바꿔 불렀다.

문제는 환관이었다. 남경을 점령하고 명나라를 독차지한 영락제는 환관의 내통으로 3년 내전을 승리로 이끌 수 있었다. 당연히 영락제를 발판으로 환관들이 힘을 키워나가게 되었던 것이다. '황제 주위의 간신들을 제거하고 왕조를 안전하게 한다'는 명목을 내걸고 거사했지만, 결국은 환관을 충신 중의 충신으로 만들 수밖에 없었던 것이다. 정난靖難의 변變의 핵심 공신으로 환관들이 갑자기 떠오르게 되었던 것이다.

참으로 특이하게도 명나라와 조선의 정치적 흐름이 매우 흡사하다.

*장조카 : 아버지 의문
태자가 병사하자 그의
아들 황태손이 혜제 즉,
건문제로 즉위

영락제가 장조카*를 죽이고 황제가 된 시점과 조선의 정치사는 마치 짜 맞춘 듯 흡사하다.

이복동생들(방석, 방번)과 친형(방간)을 죽인 이방원(태종 ; 1367-1422)도 1400년에 대망의 등극을 실현했다. 명의 영락제가 3년의 내전을 거쳐 42세(1402년)에 즉위했는데, 이방원은 형제들을 제거하고

33세에 왕위에 오른 것이다. 영락제 또한 처음에는 '태종'으로 정해졌다가 뒤에 '성조'로 변경되었으니, 태종 이방원과 비슷한 점이 하나 더 있을 뻔했던 셈이다.

태종 이방원은 18년간 통치한 후 21세 된 셋째 아들에게 양위하고 4년을 스스로 상왕으로 물러나 있다가 55세로 죽었다. 명나라 영락제는 22년간 통치하다가 64세로 타계했다. 하지만 두 임금이 모두 나라(조선과 명나라)를 반석 위에 올려놓았다는 점에서는 매우 흡사하다.

어쨌거나, 조선의 슬픈 여인 의순공주는 예쁘지 않다는 이유로 국제결혼에 반쯤은 실패한 듯하다. 남편인 청나라 구왕九王의 총애를 별로 못 받은 이유가 여러 가지 있었겠지만, 그 하나는 분명히 미색이 썩 좋지 않다는 것이었다.

그녀의 불행이 어디 그것뿐이던가. 그래도 막강한 실세였던 구왕이 살아만 있었어도 그녀는 그럭저럭 호강을 하며 보낼 수 있었을 것이다. 그런데 그가 41세로 죽고 말았던 것이다.

정치의 세계, 권력의 생리가 다 그러하듯이 영향력이 막강하던 삼촌이 죽자마자 황제인 조카는 삼촌의 후광을 말끔히 거둬내고 서둘러 친정 체제를 확립해야만 했다.

15세에 이른 황제 순치제順治帝(1638-1661)는 삼촌을 반역을 도모한 역적으로 몰아 추벌追罰했다. 죽은 삼촌은 역적으로 몰아 잔존 세력을 뿌리뽑고 살아 있는 나머지 여러 왕들은 그 영향력과 권력 기반을 대폭 축소하거나 아예 모든 특권을 빼앗아 버렸다. 이름하여 친정 체제 구축이요 진성 권력 확립이었다.

남편인 구왕이 반역죄로 몰려 처벌을 받게 되자 과부가 된 그녀의 운명 또한 다시 한번 뒤웅박 팔자가 되고 말았다. 구왕의 부하 장수였던 자에게 전리품처럼 분배되고만 것이다.

친정아버지의 처지도 딸처럼 기구했을 것이다. 아버지 금림군錦
林君 이개윤이 6년 뒤(1656년)에 사신으로 청나라에 가서 구왕의 부
하 장수와 청나라 황실에 통곡하며 간청해야 했다.

"내 딸을 되돌려 주시오! 이 늙은이가 죽기 전에 딸을
고향에 데려다 놓아야 하겠소! 청나라 황실과 혼사가 맺
어졌던 일을 평생 영광으로 알고 살겠으니, 제발 이 늙은
이의 마지막 간청을 들어주시오! 딸을 데리고 가야만 조
상들 앞에 떳떳이 머리를 들 수 있을 것 같소. 제발 부탁
이오!"

그의 피맺힌 하소연이 받아들여져 의순공주는 고국에 돌아와서
꼭 6년을 더 살고 요절했다. 십대에 시집을 갔었을 테니 기껏해야
이십대에 생애를 마감하게 되었을 것이다.

의순공주를 데리고 청나라에 함께 갔던 사신 元斗杓원두표(1593-1664)
의 심정 또한 별로 즐겁지 않았을 것이다. 57세 되던 해에 의순공
주를 데리고 청나라를 향했었는데 그녀가 어찌어찌 살다가 왕의
부인에서 반역자의 전 부인으로 신세가 급전직하한 것을 보게 되
었을 테니, 어떻게 두 다리 쭉 펴고 마음 편히 살 수 있었겠는가.
그가 63세 되던 해(1656년)에 그녀가 초췌한 모습으로 고향에 돌
아왔다. 그리고 그가 69세 되던 해(1662년)에 비보를 듣게 되었다.
세상 사람들 입에서는 이런 말들이 돌아다녔다.

"청나라에 시집 잘 갔던 의순공주가 죽었대. 친정아버
지보다 먼저 죽었대. 쯧쯧쯧, 불쌍도 하지. 사람 팔자는
정말 알다가도 모르겠다니까! 대국의 황실로 시집을 가

니 호강이 이만저만이 아닐 줄 알았는데, 이리저리 팔려 다니다가 몸 망가지고 마음 다 찢어진 후 고향으로 되돌 아왔으니… 사람 팔자 정말 모른다니까! 불쌍한 여자야, 불쌍한 여자… 죽어서라도 좀 편안하게 잠들었으면 좋겠 어. 그저 평범한 여자로 다시 태어나서 애나 잘 낳고 배 부르고 등 따신 채 마음 편히 살 수 있었으면 더 이상 바 랄 게 없지. 암만, 더 이상 바랄 게 어디 있겠어."

원두표는 57세 이후 자신의 말년과 묘하게 뒤섞이고만 그녀의 운명을 되짚어보았다. 황녀의 팔자라면 실로 엄청난 행운이고 대 박인데, 이상하게도 중간에서 완전히 꼬이고만 것이다.

그녀의 애석한 죽음으로 결국 12년만에 모든 신데렐라의 드라마가 마침표를 찍고 말았지만, 30세 이후 승승장구한 자신의 벼슬길을 되 돌아볼수록 회한이 겹겹이 쌓이는 것을 어찌할 도리가 없었다.

원두표는 30세에 인조반정을 만나 중추부지사中樞府知事를 지낸 62세 아버지 元裕男원유남(1561-1631)과 함께 공신 리스트(정사공신 2등) 에 올랐다. 그리고 이듬해에 이괄의 난을 평정하는데 공을 세운 후 전주부윤, 나주목사, 전라도 관찰사를 지냈다.

38세 때는 칠순의 아버지를 잃었다. 22세에 무과에 급제한 무인 이었던 아버지는 31세 때 뉴스의 첫머리에 나올만한 일을 만들고 자신의 운세를 다시 펼쳤다. 상관인 권율 장군이 자신을 처벌하자 그는 적진으로 뛰어들어 여러 명의 왜적을 목 벤 후 용서를 받았 을 정도로 당돌하고 엉뚱한 데가 있었다.

43세에는 병자호란을 만나 어영부사御影副使로 41세 임금님(인조) 이 갇혀 있었던 남한산성을 지켰다. 49세에는 형조참판을 지내고 뒤이어 경상도 관찰사로 나가 목민관의 도리를 다했다. 형조판서

(49세), 호조판서(56세), 병조판서(61세)를 지냈으니 육조판서 중 절반을 지낸 셈이다. 63세에 우의정, 69세에 좌의정에 올라 국정을 총괄했다.

서인 공서파功西派의 막강한 실세가 되어 정적인 서인 청서파淸西派를 은근히 탄압하며, 권력의 참맛과 쓴맛을 어느 정도 골고루 맛볼 수 있었다. 같은 편이던 5세 연상의 김자점이 대적하자 그의 낙당洛黨에 대해 원당原黨으로 맞섰다. 김자점의 호가 낙서洛西이고 그는 공신 반열에 올라 원평부원군原平府院君이 되었으니, 당명黨名도 그런 식으로 정해졌던 것이다.

71세로 생애를 마감했으니, 벼슬도 할만큼 했고 수명도 그런 대로 길게 늘어뜨린 셈이다.

윤두표(斗말 두 杓자루 표)의 자는 자건(子아들 자 建세울 건)이고, 두 개의 아호는 각각 탄수(灘여울 탄 叟늙은이 수)와 탄옹(灘여울 탄 翁늙은이 옹)이다.

그의 이름에는 '큰 별'이라는 의미가 들어있다. 나그네의 길잡이가 되어주는 큰 별, 환한 별, 하늘의 한가운데 있는 별인 셈이다.

자는 '후손의 앞날을 열어준다'는 뜻이다. 57세의 적지 않은 나이로 앳된 의순공주를 데리고 청나라로 가며 그는 참으로 많은 생각을 했을 것이다. 손녀딸에 견줘지는 어린 소녀가 조선을 구하기 위해 먼 나라로 팔려간다고 생각하며 몰래 눈시울을 붉히기도 했을 것이다.

아호의 의미가 자못 심란하다. '여울을 건너는 늙은이'가 그 얼마나 아슬아슬하고 겁났겠는가. 이끼 낀 돌에 미끄러지기라도 하면 순식간에 물귀신의 밥이 될 수 있는 게 아닌가. 이름에 들어 있는 나그네의 먼 길을 안내하는 큰 별의 밝은 빛과 자에 들어 있는 어린 사람들의 길 닦아주기가 아호에 든 여울을 건너는 늙은이로 귀결된 셈이다.

어린 아가씨(의순공주)를 데리고 청나라로 가며 물도 건너고 산도 넘어야 했을 것이다. 해도 보고 달과 별도 보았을 것이다. 여울을 건너기도 하고 강에 띄워진 나룻배도 타야 했을 것이다. 산적을 피해 길을 돌아 일부러 더 먼 길을 가기도 했을 것이다. 언어와 문화가 전혀 다른 외국인을 만나 답답하고 두렵기도 했을 것이다. 한마디로 '여울을 건너는 늙은이'의 처지와 너무도 흡사했을 것이다.

의순공주는 그녀의 6대조 할아버지인 봉안군鳳安君의 비극적인 운명을 그대로 닮아낸 듯하다. 연산군 10년(1504년)에 갑자사화가 일어나 무수한 사람들이 목숨을 잃을 때 봉안군도 친형인 24세의 안양군安陽君(1480-1504; 성종의 3남)과 함께 귀양을 갔다가 사약을 받고 죽어야 했다.

어머니 숙의淑儀(종2품) 정鄭씨가 숙의 엄씨와 함께 궁궐 뜰에서 연산군에게 참살당하자 두 형제(안양군, 봉안군)도 그만 죽을 운명에 처해지고 말았던 것이다.

그녀의 6대조 할아버지의 이름은 봉(燵연기 자욱할 봉)이다. 봉안군이라는 군호는 '봉황새 봉鳳 편안할 안安'이다.

오동나무 열매만 먹고 한번 앉아도 꼭 가려서 앉는다는 큰 새가 편안하려면 과연 어떠해야 하는가. 나무가 있어야 한다. 앉을만한 나무가 반드시 있어야 한다. 그리고 먹을 만한 열매가 있고 마실만한 이슬이 어딘가에 고여 있어야 한다.

편안하기 어려운 셈이다. 까다롭게 골라야 하니 늘 불편할 수밖에 없지 않겠는가. 더욱이나 '연기 자욱할 봉燵'이란 이름이니, 그 후유증과 화가 얼마나 오래가고 길게 이어지겠는가.

아버지 이개윤(愷즐거울 개 胤이을 윤)은 '즐거울 개愷' 대신 '물댈 개漑'를 사용한 기록도 있지만 여기서는 '즐거울 개愷' 쪽에 더 무게를 두고 싶다. '기쁜 혼사를 맞아 혈통을 이어간다'는 의미로도 풀어볼 수 있고, '풍악을 울리며 혼사를 맺는다'는 식으로 해석해 볼 수도 있을 것이다. 하여튼 즐겁다는 의미와 핏줄을 이어간다는 의미가 합쳐진 이름이다.

의순공주의 공주 명칭을 보자. 의순(義옳을 의 順순할 순)이니, '옳다고 여기면 순순히 잘 따른다'는 의미인 셈이다. 성품이 아마도 그렇게 충직하고 성실, 온순했을 것이다.

비극을 맞아도 다 팔자이려니 여기며 순순히 따라나섰을 것이다. 청나라 구왕의 부인에서 청나라 장수의 여종으로 팔자가 백팔십 도로 뒤바뀌어도 그냥 그대로 잘 견디어냈을 것이다. 친정아버지가 '애야, 어서 집으로 가자!'고 하니, 그냥 그대로 또 따라나섰을 것이다.

친정어머니의 통곡을 들으며 어린 나이에 등지고 떠나야 했던 양주목(의정부)으로 되돌아와 하루하루 정신이 반쯤 나간 채 마을 여기저기를 유령처럼 떠돌아 다녔을 것이다.

아버지가 즐겁게 맺어준 혼인이 6대조 할아버지(봉안군)의 앳된 죽음처럼 이상하게 꼬이고 말았지만, 그 누구도 죄가 있을 수 없었다.

아버지는 조선 왕실의 어려움을 앞장서서 해결해 준 셈이었다. 다들 머뭇거리며 서로의 얼굴만 살피고 있을 때 선뜻 나서서 '내 딸을 보내주시오'라고 말했던 것이다.

공개적으로 물색하고 선발했으면 얼마나 많은 가정과 소녀들이 고통을 겪었겠는가. 친정아버지의 자원이 결국 딸(의순공주)의 신세를 뒤바꿔놓고 말았지만, 그 대신 무수한 가족과 소녀들을 일거에 구제해 준 셈이다.

*봉안군 : 1504년 연산군 10년 갑자사화 때 십대의 어린 나이로 죽음을 당함

6대조 할아버지*(봉안군)의 비극을 불러오는 연기가 그만 6대 손녀(의순공주)에게까지 길고 맵게 뻗쳤던 것이다.

역사를 덧칠하다 들킨 이야기

어린 조카 단종을 물리치고 스스로 왕이 되었던 수양대군(세조)인지라, 죽어서도 문제가 많을 수밖에 없었다. 제대로 기록하지 못한 역사가 버젓이 정사正史 역할을 하고 있을 수도 있고, 누군가가 일부러 고쳐놓은 페이지가 눈감고 아옹하며 후세 사람들을 비웃고 있을 수도 있다.

더욱이나 세조가 죽은 후 세조의 오른 팔이었던 노 대신들이 실록 편찬을 책임지고 춘추관을 장악했을 테니, 어떻게 공정한 서술이 가능했겠는가.

죽기로 작정하고 용기를 낸 사람들마저도 후환이 두려워 스스로 제가 써놓았던 초고初稿와 스케치를 버리거나 고쳤을 것이다.

세조(1417-1468)가 51세로 죽자 세조와 동갑내기인 **申叔舟**신숙주(1417-1475)가 실록 제작의 책임을 맡아 사관들로부터 역사 기록의 초안初案에 해당되는 사초史草를 거두어 들였다.

그런데 그만 큰 일이 터지고 말았다. 젊은 사관들이 바른 정신으로 미리 써놓았던 역사 초안을 멋대로 고치거나 지워버린 일이 생겼던 것이다. 겁이 났던 것이다.

　　"세조실록을 책임진 신숙주가 누구인가. 45세에 영의
정이 되어 세조 임금의 정통성을 확립하는데 크게 기여
했던 거물이 아닌가.
　　그가 세조에 대해서나, 세조 대代의 대신들에 대해서
나쁘게 쓴 기록들을 그대로 인정해 주겠는가. 아마도 노
발대발하며 벼슬에서 쫓아내거나 역적으로 몰아 멸문지
화를 당하게 할 것이다."

　젊은 사관들은 은밀하게 그런 대화를 나누며 두려움으로 벌벌
떨었다. 그러니 하는 수 없었다.

*봉상시 : 국가의　제사,
시호, 교악 등 담당
　　　　　예문관 검열일 때 대신들의 비행을 직필直筆해 놓았던
봉상시奉常寺* 첨정僉正(종4품) 閔粹민수는 깊이 고민하기 시작
했다.
　사간원 정언正言(정6품)을 거쳐 실록을 작성하기 위해 임시로 만
든 '실록청'의 기사관記事官을 겸하고 있던 元叔康원숙강은 새로운 사
실을 알고 잠을 못 잘 정도로 고민했다.
　초고인 사초를 제출할 때 반드시 작성자의 이름을 함께 제출하
게 되어있다는 사실을 알고 깜짝 놀랐던 것이다.

　　"그런 식으로 사초 작성자의 이름을 역사에 기록해 둔
다면 대체 누가 용기를 내어 있는 그대로 쓰겠습니까?
절대 안 됩니다. 잘 못 된 제도입니다. 나는 작성자의 이
름을 함께 내도록 되어 있는 현재의 제도에 반대합니다."

그렇게 아무리 반대한다고 열을 올려도 아무 소용이 없었다. 예문관 봉교 이하 직급(대교, 검열 등)인 8명(8한림으로도 부름)이 사관을 겸직하며 교대로 대궐에서 숙직을 해야 했다.

그들은 왕의 언동과 정사의 잘잘못, 그리고 대신들의 선악까지를 모두 기록해 두어야 했다. 2부를 작성하여 하나는 개인이 보관해 두고 다른 하나는 임금이 죽은 후 정해진 시간 내에 춘추관에 제출하게 되어 있었다. 그리고 정부 각 기관의 공문서들을 전부 종합하고 정리하여 『시정기施政記』를 작성하여 월 1책冊 이상으로 한데 묶어 춘추관에 따로 보관해 두었다.

일단 모든 기록을 다 모아 『실록』을 완성하고 나면 사초와 실록 초고본을 전부 물에 담가 글씨를 지우고 종이를 풀어 재생했다. 이를 '세초洗草'라 하여 하나의 엄격한 의식으로 거행했다.

그리고 승정원 가주서假注書(정7품 임시직)와 예문관 검열檢閱이 왕에게 올려지는 모든 문서와 장계狀啓들을 먼저 보며 이중으로 기록했다. 왕이 내린 비답批答과 행정부의 모든 문서들을 열람하여 국정의 세세한 내용까지 모두 기록에 넣었다. 걱정이 된 閔粹민수는 우선 춘추관 기사관*記事官으로 있는 康致誠강치성에게 통사정 했다.

*기사관 : 정부 각 기관의 공문서를 정리하여 '시정기' 기록; 정6품에서 정9품으로 겸직발령

"제발 내가 준 초고 좀 찾아봐. 신숙주가 누구야? 아마도 자기를 비판한 기록이 들통나면 절대 가만히 안 있을 사람이야. 36세에 거사를 해서 동갑내기 수양대군을 왕으로 앉힌 계유정난(1453년)의 실세가 아닌가? 비밀만 지키면 돼. 염려 말고 내가 준 '사초' 원고를 되돌려 줘. 모든 책임은 내가 질게."

이렇게 하여 민수와 원숙강은 불리하다고 여겨지는 자신의 기록들을 삭제하거나 아예 고쳐 썼다. 그런데 이 사실을 아는 이가 바로 곁에 있었다.

예문관 응교를 거쳐 승문원 교감校勘(종4품)으로 있는 金季昌김계창(창원 김씨)이란 자가 두 사람의 기록삭제와 개작改作을 고자질했다.

김계창은 어떤 인물이던가. 종9품 장사랑將仕郞으로 문과를 봐 을과에 급제했으니 꽤나 학문이 깊었던 모양이다.

세자시강원의 문학文學(정5품), 예문관 응교, 승문원 교감을 거쳐 춘추관 실록 편수관으로 재직하며 동료선비들의 비행을 낱낱이 알게 되었다. 강치성, 민수, 원숙강이 역사기록의 초고인 사초를 멋대로 빼돌리고 지우고 고치는 것을 세세히 다 알게 되었던 것이다.

과거에 급제한 연도를 살펴보면 선후배 관계가 드러난다.

민수는 1456년에 생원시에 장원한 후 3년 뒤인 1459년에 문과에 급제했다. 원숙강은 1460년에 을과 7명 중 3등으로 합격했다. 강치성은 1468년에 33명 합격자 중 3등 안에 들어 '갑과'로 급제했다. 그리고 고자질한 김계창은 1462년에 을과로 급제했다.

갑과에 합격한 3명은 다시 1등 장원랑壯元郞, 2등 방안榜眼 혹은 아원亞元, 3등 탐화랑探花郞 혹은 담화랑擔花郞으로 나누는데, 1등은 즉시 종6품 홍문관 벼슬에 발령을 냈다. 2, 3등은 정7품 벼슬을 주었다.

을과 7명에게는 정8품을 주고 병과 23명에게는 정9품을 주는데, 우선 홍문관, 성균관, 승문원, 교서관 등에 권지權知(시보)로 발령을 낸 후 자리가 나야만 실직實職을 주었다.

이미 품계를 지닌 벼슬아치들이 승진시험을 보아도 1등 3명에게는 승진 폭이 아주 컸다. 즉, 1등 중 첫째에게는 4계급 승진을, 1등 중 둘째, 셋째에게는 3계급 승진을 허락했다. 그리고 2등 합격자 전원에게는 2계급 승진을, 3등 합격자 전원에게는 1계급 특진을 허락했다. 한마디로 말해, 성적에 따라 엄청난 차이가 나게 되어 있었다.

아마도 12년이나 후배인 강치성은 민수의 부탁을 안 들어줄 수 없었을 것이다. 어쨌거나 과거시험 선후배 사이로 얽히고설킨 젊은 선비들이 『세조실록』 편찬 과정에서 생사가 엇갈리고만 것이다.

강치성과 원숙강은 참형을 당했다. 민수는 임금(예종)의 백 때문에 목숨은 건졌지만 노비가 되어 제주도로 끌려가야 했다.

임금이 세자일 때 세자시강원에서 서연관書筵官을 지냈다는 배경과 외아들이라는 이유로 목숨만은 건질 수 있었던 것이다. 그는 8년 뒤(1477년 성종 8년)에 석방되어 예문관 봉교奉教(정7품)로 재기했다. 그리고 얼마 뒤에는 사간원의 사간司諫(종3품)이 되었으니, 사경을 헤매던 암울한 수렁에서 멋들어지게 인생역전을 달성한 셈이다.

민수는 문장 실력이 대단했던 모양이다. 과거에 급제한 뒤 5년이 지나자(1464년), 조정에서는 각 분야에 걸쳐 6명의 대표급 젊은 문신을 선발했다.

이때 민수는 시학詩學분야에 대표급 청년 문신으로 뽑혔다. 『세조실록』과 『예종실록』 편찬에 참여했던 崔敬止최경지*도 이때 대표급 문신으로 선발되었었다.

李永垠이영은*과 같이 사가독서제賜暇讀書制에 뽑혀 특별 장학생으로 학문에만 몰두한 적도 있었다.

문장이 뛰어나 세종 이후 간간이 확장, 개편되다가 중종 대(1530년 중종 25년)에 李荇이행*, 洪彦弼홍언필*이 완성한 조선시대 대표적 인문지리서인 『신증동국여지승람新增東國輿地勝覽』에 그의 시문이 들어있다.

먼저 목숨을 잃은 강치성과 원숙강을 살펴보자.

*최경지 : 1460년 문과 장원, 1479년 부제학 재직 중 타계

*이영은 : 1434-1471; 한산 이씨. 1456년 문과 급제. 형조참판 때 뇌물 많이 받음. 예조판서 김겸광과 다투다가 사헌부에서 패소한 후 화병으로 죽음

*이행 : 1478-1534; 덕수 이씨; 좌의정으로 김안로와 맞서다 귀양 가서 죽음

*홍언필 : 1476-1549; 68세와 72세에 영의정을 지냄

강치성(致보낼 치 誠정성 성)의 이름에는 '결국엔 인격적으로 모범을 보이게 된다'는 뜻을 포함하고 있다. 성격과 인품을 잘 다스리다 보면 결국 모든 일에 성공을 거두게 된다는 덕담과 훈계를 포함하고 있는 셈이다. 결국 자기 자신을 제대로 다스리지 못하면 일을 그르치게 된다는 말이다.

남의 꼬드김에 넘어가 국가대사를 그르쳤다가 끝내 자신의 목숨마저 잃게 되고만 것이다. 아마도 자기 재주와 꾀에 제가 넘어가고만 케이스에 해당될 것이다.

재주가 넘치니 이름을 짓는 이가 나름대로 안전장치를 해둔 듯하다. 즉, 인격을 잘 다스려야 한다며 '다다른다'는 뜻과 '완성단계의 인격'을 뜻하는 글자를 합쳐 놓았을 것이다.

아버지의 이름은 강기(耆늙은이 기)이고, 할아버지의 이름은 강생민(生날 생 敏민첩할 민)이다. 장인의 이름은 이의견(義옳을 의 堅굳을 견)이다.

아버지의 이름에는 '느긋한 성품으로 오래오래 장수하라는 기원'이 들어있다. 할아버지의 이름에는 '목숨을 지키는데 대단히 재빨라야 한다'는 당부가 들어있다. 그리고 장인의 이름에는 '옳은 일이면 뜻을 굽혀선 안 된다는 훈계'가 서려 있다.

결국 강치성은 '목숨을 지키는데 민첩해야 한다'는 할아버지의 경고성 메시지를 가볍게 보았다가, 그만 죄인으로 처형당하게 된 것이다.

원숙강(叔아재비 숙 康편안할 강)의 자는 중화(仲버금 중 和화할 화)이다.

이름에는 '편안한 사람'이라는 평범한 의미가 들어있고, 자에는 '앞서지 말고 잘 어우러진다'는 의미가 들어있다.

결국 모나지 말고 둥글둥글하게 지내라는 당부가 깊숙이 새겨진 이름과 자인 셈이다. 쉽게 말해 잘난 척하지 말고 한 템포 늦게 나서라는 의미로 요약할 수 있다. 재주 있는 사람에게 누구나가 들려주는 말이고 경고일 것이다.

할아버지의 이름은 '생육신'으로 잘 알려진 元昊원호이다. 그는 손자가 '직필'로 화를 당해 처형당하자 서둘러 자신의 원고를 한데 모아 태워 없앴다. 그리고는 자식들을 죽 불러모아 놓고 엄히 명령했다.

> "다시는 글을 배우지도 읽지도 말아라! 숙강이가 왜 죽 었느냐? 아무리 정직하고 바르게 살려 해도 아무 소용이 없다. 글을 통해 출세하려는 생각을 아예 싹둑 끊어라! 내가 내 글을 모아 한 줌 재로 만들어버렸듯이 너희도 모든 야망을 이 자리에서 냉큼 버리고 다시는 글을 배우지 말아라! 그저 이름 석자를 간신히 쓸 정도면 족하다."

원호(昊여름 하늘 호)의 자는 자허(子아들 자 虛빌 허)이다. 두 개의 아호는 관란(觀볼 관 瀾물결 란)과 무항(霧안개 무 巷거리 항)이다.

'뭔가 모자라다, 부족하다'는 의미가 강하게 내포하고 있는 자의 의미가 참으로 묘하다. 또한 '흐르는 눈물을 본다, 출렁이는 물결을 바라본다'는 의미가 들어 있는 두 개의 아호도 참으로 오묘하기까지 하다. 자신이 오래 살던 지명에서 가져 온 霧巷무항은 '안개가 자욱한 거리'를 의미한다.

그는 영월로 쫓겨간 노산군魯山君(단종)을 생각하며 영월 서쪽에 자신의 아호를 딴 '관란정觀瀾亭'을 짓고 살았었다. 그리고 단종이 죽자 영월로 달려가서 3년간 상을 치르고 돌아왔었다. 자나깨나 단종의 무덤(장릉)이 있는 동쪽을 향했던 사람이다.

실로 눈물이 마를 새 없던 삶이었다. 12년을 사이에 두고 한번은 자신이 모시던 나이 어린 왕이 죽어 울어야 했고, 또 한번은 사랑하는 손자(원숙강)가 죽어 통곡으로 여러 날을 보내야 했다.

둘 다 죄인으로 죽어간 것이다. 왕은 친삼촌(수양대군; 세조)의 손에 의해 죽고, 손자는 동료선비(김계창)의 고자질로 죽고만 것이다.

원숙강의 부친은 승문원承文院(외교문서 관장) 검교檢校(정6품)를 지낸 元孝廉원호겸이고, 외조부는 金盼김반이다.

아버지의 이름에는 '효성스럽다, 겸손하다'는 의미가 들어있고, 외조부의 이름에는 '눈 예쁠 반盼'이 들어있다. '훌륭한 인격과 고운 시선을 지니고 멋지게 살아야 한다'는 피붙이의 당연한 당부가 들어있다.

살아남은 민수를 보자.

민수(粹순수할 수)의 이름에는 '티 하나 없이 맑고 깨끗하다'는 의미를 지니고 있다.

임금(예종)이 세자시절에 잘 알고 지낸 사이라서 목숨을 살려주었지만, 만일 흠이 많다는 평판을 들었다면 아마도 당연히 죽어야 했을 것이다. 순수 그 자체로 살았기에 그나마 목숨을 건지고 8년 후 재기하여 종3품 벼슬(사간司諫)까지 지낼 수 있었을 것이다.

결국 스스로 애써 심어놓았던 이미지와 브랜드가 그를 살려낸 셈이다.

위기를 기회로 역전시킨 사람들

성종 임금 대에 전형적인 항해 사고로 졸지에 명나라에 들르게
됐던 이가 있다.

김종직에게서 글을 배우고 23세에 진사에 급제한 뒤 28세에 문
과 을과로 합격했던 崔溥최부(1454-1504)가 바로 그 사람이다.

32세에는 이미 품계를 지닌 이들을 위한 승진시험인 문과중시
에서 2등인 아원亞元(장원 다음)으로 급제했다. 공부에는 아예 이골이
나있었던 셈이다.

33세 때에는 홍문관 부교리副校理*가 되어 경서經書와 사
적史籍을 편찬하는 일을 맡았다.

그 해 9월에 추쇄경차관推刷敬差官*으로 제주도에 갔다.

그런데 이듬해에 부친상을 당해 육지로 나와야 했지만
풍랑이 생각보다 좀 심했으나 하는 수 없이 죽기로 작정
하고 바다로 나갔다. 하지만 배는 파도에 파묻혀 방향을
모른 채 멀리 표류하고 말았다.

결국 명나라 절강성浙江省* 영파부寧波府에 도착했다가 반

*홍문관 부교리 : 성종 1
년 1470년에 설치한 종
5품직
*추쇄경차관 : 사법적 임
무를 띤 경차관; 경차관
은 특수 임무를 띠고 지
방이나 해외에 파견되
던 종3품에서 종5품직
*절강성 : 성도는 원나라
때 마르코 폴로가 방문
했던 항주로 용정차의
주산지; 1936년에 65세
로 타계한 '광인일기'와
'阿Q정전'의 작가 노신
의 고향 '소흥'도 절강
성에 속함

년만에 서울에 귀향했다.

그러자 성종 임금은 최부에게 지시했다.

"망망대해를 떠돌다가 구사일생으로 살아 돌아왔으니 그
진기한 체험을 기록으로 남겨 후세의 귀감이 되게 하라"

임금의 명령에 따라 최부는 제주도에서 절강성까지 29일간 표
류했던 악몽을 되살리며 보고들은 것을 일일이 다 적었다. 그런
다음, 『표해록漂海錄』으로 책이름을 정해 임금에게 바쳤다.

명나라 연안의 기후, 도로, 관청, 풍속, 민요 등을 상세하게 적
어 남겼다.

특히 논에 물을 대는 수차水車의 제작과 이용법을 전해, 훗날 충
청도에 가뭄이 심하게 들었을 때 많은 도움을 주었다.

연산군 초기에는 43세의 나이로 성절사聖節使 질정관質正官으로 명
나라에 다녀왔다. 하지만 항해 사고에서 죽지 않고 살아난 목숨인
데도 폭군 중의 폭군인 연산군을 만나 산산조각이 나고 말았다.

*무오사화 : 1498년 연산
군 4년; 김종직의 '조의
제문'을 사초에 넣은 김
일손을 꼬투리 삼아 훈
구파가 사림파를 대대
적으로 숙청
*갑자사화 : 1504년 연산
군 10년; 연산군의 생모
인 '폐비 윤씨'의 폐비
와 사사에 얽힌 이들을
제거

그는 44세에는 무오사화戊午士禍*에 연루되어 함경남도
단천端川으로 유배를 가야했다. 50세에는 갑자사화甲子士禍*
에 연루되어 참형을 당하고 말았다. 2년 뒤에 중종이 연
산군을 몰아내고 새로운 통치를 시작하자 명예회복을 이
뤘지만 이미 죽고 없는 뒤에 일어난 일이었다.

34세에 맞이한 위기는 무사히 넘겼는데 10년 뒤에 찾아
들기 시작한 위기에서는 헤어나지 못했다. 도대체 어떤 운세를 타
고났었기에 구사일생의 엄청난 행운을 덧입었던 사람인데도 폭군
치하의 참화를 이겨내지 못하고 결국 형장의 이슬로 사라져야 했
을까?

최부(溥넓을 부)의 자는 연연(淵못 연 淵못 연)이다. 아호는 금남(錦비단 금 南남녘 남)이다.

'널찍한 포구'를 의미하는 이름과 '큰 연못이 연이어 펼쳐진 풍경'을 뜻하는 자의 의미가 자못 의미심장하다. 망망대해를 건너 제주도에 갔다가 부친상을 만나 다시 망망대해에서 표류했으니, 실로 큰 물과 큰 항구로 얽혀진 팔자대로 적중한 셈이다.

아호는 '비단처럼 아름다운 것들이 가득한 남쪽 땅으로 향한다는 뜻이다. 결국, 최부의 이름이나 자나 아호는 모두 큰 물이나 이 국적인 풍물이 가득한 남쪽 땅과 연관되어 있다. 그런데 그 큰 물과 남쪽 땅이 폭군을 만나자 유배와 참형으로 이어지고 말았다. 살아서 이용했던 큰 물과 남쪽 땅이 죽어서 사용하게 되었던 셈이다.

나주가 고향인 魯認노인(1566-1622)은 26세에 임진왜란을 만나 권율 장군 휘하에서 의병으로 참전한 무인이다. 그런데 5년 뒤의 정유재란 때(1597년 선조 30년)에 남원에서 왜적에 맞서 싸우다가 일본 군사의 포로로 잡히고 말았다.

그는 포박되어 일본으로 끌려갈 수밖에 없었다. 하지만 기회를 엿보다가 탈출하기로 결심했다. 마침 조선을 돕기 위해 원군으로 참전했던 명나라 군인들이 그곳에 포로로 잡혀와 있었다.

林震號임진혁, 陳屛山진병산, 李源澄이원장 등이 그와 함께 탈출하기로 하고 행동을 같이 했다. 그들은 항구에 정박 중인 배를 타고 남해, 황해를 가로질러 마침내 명나라 복건성에 도착했다. 하지만 국제관례가 있어 자유로이 명나라를 떠날 수 없었다. 그는 조선으로 떠나게 해달라고 명나라 관청에 탄원서를 냈다. 마침내 명나라 조정으로부터 떠나도 좋다는 허가를 받았다.

노인 일행은 북경에 들러 일본에 복수하는 길을 상세히 들려주기도 하고 무이서원武夷書院에 들러 정주학程朱學을 강론하기도 했다.

노인은 명나라 황제 신종神宗(14대 ; 1563.9.4-1620.8.18)으로부터 말 한 필을 하사 받기도 했다. 정주학의 본거지인 명나라에 와서 그것도 명나라 황제로부터 직접 학문의 깊이를 인정받은 셈이다. 어디 그 뿐인가. 신종은 노인에 대해 친히 극찬을 아끼지 않았다.

"충성심은 문천상文天祥(1236-1282)과 같구나! 그리고 절개 는 소무蘇武(BC140-BC80)와 너무도 닮았구나!"

문천상은 남송의 정치가이자 시인인데, 원나라가 침략하자 1만 병사를 모아 대적하기도 했고 남송이 항복하자 원나라에 가서 강화협상을 맡기도 했었다. 워낙 꼿꼿하게 나서다가 그만 승전국인 원나라에 죄수로 붙잡히고 말았다. 하지만 북쪽으로 끌려가는 와중에 가까스로 탈출에 성공하여 조국으로 되돌아왔다.

남송의 잔여세력을 이끌고 황제의 후예인 익왕益王이 복건성에 자리를 잡자 그를 위해 원나라와 싸우다 다시 포로가 되었다. 3년간 북경에서 옥살이를 하고 나니 원나라 세조가 간곡한 어투로 벼슬을 권했다. 그는 죽기로 작정하고 단호히 거절했다. 결과는 사형이었다. 그의 나이 46세였다. 옥중에서 지은 글인『정기가正氣歌』만이 후세에 남아 그의 기개를 전하고 있다.

소무는 전한前漢의 정치가로 BC90년에『사기史記』를 완성한 사마천과 동시대인이다. 당연히 사마천으로 하여금 궁형을 당하게 했던 친구 이릉도 소무와 동시대인이었다.

흉노족 우두머리인 '선우'에게 사신으로 갔다가 오히려 그에게 붙잡혀 바이칼호 주변에서 자그마치 19년간이나 유폐생활을 보내야 했다. BC 99년에 흉노에 항복한 후 선우의 사위가 되어 정치고문역을 담당하고 있던 **李陵**이릉(BC74년 몽골고원에서 병사)이 함께 잘 살아보자며 회유했다.

이릉은 우교왕右校王에 봉해져 정말 한나라 무제武帝 밑에서 있을 때보다 더 잘 지내고 있었다. 하지만 끝까지 변절하지 않고 버티다가 귀국하여 관내후關內侯에 봉해졌다.

결국 명나라 황제 신종은 노인을 그 유명한 문천상이나 소무에 견주며 극찬을 아끼지 않았던 것이다. 실로 대단한 칭송이었던 것이다.

더욱이나 신종이 누구인가. 13대 목종穆宗(1537~1572) 융경제隆慶帝의 3남으로 10세에 만력제萬曆帝에 올라 45세에 죽은 아버지의 유훈대로 48세의 張居正장거정(1525~1582)을 수보首輔로 삼아 10년간(1573~1582) 섭정을 시켰다.

29세 때에 임진왜란이 일어나 조선이 20만 왜적에게 유린당하자 조선에 육군과 수군을 보내 함께 싸우게 했다. 34세에 오사카성의 강화 협상이 실패로 돌아가고 15만에 육박하는 왜적이 재차 침략하자 다시 한번 조선에 원병을 보내준 황제였다.

나주 사람 노인은 33세(1599년) 때에 귀국했다. 자신보다 3살 연상인 명나라 황제(신종, 만력제)로부터 말 한 필까지 선물로 받아 고국에 되돌아왔으니, 조선 조정에서도 마땅히 극진히 대접했을 것이다. 그래도 그는 37세 되던 해에 무과에 급제한 걸로 보아 대단한 노력형이었던 모양이다.

노인은 수원부사를 지내고 56세로 타계했다.

31세에 일본군사의 포로로 일본에 끌려갔다가 명나라 사람들과 함께 탈출에 성공하여 졸지에 명나라 수도인 북경까지 구경한 후 33세에 귀국했으니, 비록 56년의 생애였지만 30대 초반의 몇 년간이 그의 일생 중 가장 파란만장했던 시기였던 셈이다.

그는 1599년 2월 22일부터 그 해 6월 27일까지의 일기를 묶어 『금계일기錦溪日記』로 남겼다. 일본에서의 포로생활과 탈출 경위, 그리고 명나라에 머물 때 그곳 학자들과 조선을 주제로 토론했던 내용들이 상세히 적혀 있다.

노인(認알 인)의 자는 공식(公공변될 공 識알 식)이고, 아호는 금계(錦비단 금 溪시내 계)이다.

이름과 자에 모두 '지식'에 관한 글자가 들어있다. 더욱이나 자에는 '공개적으로 자신이 알고 있는 바를 말한다'는 뜻이니 여기저기서 강의를 할 운세인 셈이다.

아호가 재미있다. '비단을 구해 냇물을 건넌다'는 의미이니 아마도 명나라 황제의 선물 보따리에는 분명히 비단 이외에도 갖가지 귀한 것들이 들어있었을 것이다.

귀한 것들을 통틀어서 비단이란 말로 표현하는 수가 종종 있다. 결국 물을 건너 귀한 것들을 구해 온다는 의미인 셈이다. 명나라 황제가 선물한 말 한 필이 조선 땅에서 얼마나 많은 새끼를 퍼뜨렸겠는가.

살아 있는 것은 또 다시 살아있는 것들을 더욱 풍성하게 만들어놓기 마련이다. 어쩌면 그리도 이름이나 자나 아호의 의미대로 삶이 펼쳐지고 마무리지어지는지…. 들여다볼수록 그저 신기하기만 하다.

영광이 고향인 美沆강항(1567-1618)이란 이는 정유재란 때 포로로 일본에 붙잡혀 갔지만 스스로 정보원 내지 정탐꾼이 되어 비밀리에 조선 조정에 갖가지 정보를 제공해주었다.

21세에 진사가 되고 26세에 문과에 급제해서 3년 뒤에는 공조와 형조의 좌랑佐郞(정5품)을 지냈다.

정유재란이 일어나자 분호조판서分戶曹判書* 李光庭이광정*의 종사관으로 남원에서 군량 조달에 힘썼다.

*분호조판서 : 임진왜란 발발 직후 선조가 광해군을 세자로 세운 후 일부 대신들로 이뤄진 분조(分朝)를 맡아 왜적에 맞서 나라를 지키도록 한 데서 유래; 공식적으로는 1593년 11월에 해체

*이광정 : 1552-1627; 연안 이씨; 대사헌, 이조판서 지낸 후 정묘호란 때 강화에서 병사

*김상준 : 1561-1635; 형조참판을 지낸 후 1613년 계축옥사 때 고문에 못 이겨 김제남과 함께 영창대군을 추대하려 했다고 허위자백 후 삭탈관직되어 내쫓김; 1623년 인조반정 때 '김제남 모함'이 죄명이 되어 길주로 유배되었다가 죽던 해에 풀려남

남원이 왜적에 함락되자 고향 영광으로 가서 **金尙篤**김상준*과 같이 의병을 모집했다.

전세가 너무 불리하다고 판단, 그는 3도 수군통제사 이순신의 휘하로 들어가려 남쪽으로 길을 재촉했다. 그런데 중도에서 매복 중인 일본 병사들에게 생포되어 일본 오사카로 끌려갔다.

그래도 학문이 깊었던 탓에 일본 고승들과 학문을 토론하며 한 수 가르쳐 주었다. 비록 감시를 받는 포로 신분이었지만 틈틈이 적의 동태를 살펴 쪽지에 기록한 후 조선을 오가는 상인들 편에 부쳤다. 조정의 정책 입안자들이 참고하기를 바랐기 때문이다.

이듬해 교토에 이송되어서도 정탐 결과를 비밀리에 조선 조정에 보내는 일을 결코 멈추지 않았다.

그는 33세 되던 해(1600년)에 가족들과 함께 고국에 돌아왔다. 조정에서는 포로로 잡혀 있으면서도 적의 동태를 세세히 알려주었던 그의 충성심을 높이 사서 대구 교수, 순천 교수에 임명되었지만 스스로 죄인이라 자책하며 극구 사양했다.

그는 경사백가經史百家에 통달하여 막힌 데가 없었다. 일본에 성리학을 소개하여 후지와라 세이가(등원성와藤原惺窩; 1561-1619) 등 많은 유학자들을 배출했다. 그림에도 뛰어나 인물화와 송화松畵에도 조예가 깊었다.

강항(沆넓을 항)의 이름에는 '큰 물이 고여있는 모양을 의미하니 물과 인연이 깊은 팔자인 셈이다.

자는 태초(太클 태 初처음 초)인데, '처음으로 큰 일을 도모한다'는 뜻처럼 그는 조선 최초의 일본 주재 정보원이었던 셈이다. 포로의 처지에서도 스스로 적의 동태를 파악하여 글로 정리한 후 비밀리에 인편으로 조선조정에 전달했으니 전형적인 스파이 노릇을 했던 것이었다.

수은(睡잘 수 隱숨길 은)이라는 아호의 의미가 정말 신기하다. '잠자는 것처럼 꾸미며 뭔가를 깊숙이 숨긴다'는 뜻이니, 첩보원 노릇에 너무도 잘 들어맞는 의미인 셈이다. '잘 수睡'에는 '평소와 달리 몸을 잔뜩 움츠린다'는 의미도 들어있다. 몸조심도 하고 숨기기도 해야 하는 첩보원의 처지를 너무도 잘 묘사하고 있는 셈이다.

신분을 극복하고 입신양명한 사람들

천한 신분으로 학문과 예술에서 높은 경지를 달성한 이들이 있다. 중인中人의 신분으로 임금의 총애를 받으며 일본, 중국 등에 국가의 위신을 한껏 높여준 이들이다.

李達이달(1539-1612: 홍주 이씨)이란 이는 부정副正(종3품)을 지낸 이수함과 홍주洪州(홍성)관기 사이에서 태어났다.

전형적인 양반계급의 서출이었다. 그런데도 어찌나 그의 학문적 경지가 높고 문장이 출중했던지 그가 죽은 지 113년 뒤인 1725년(영조 즉위년)에 鄭震僑정진교가 상소를 올려 '서얼 중에서 걸출한 사람들'을 거론할 때 그 속에 당당히 들어갈 수 있었다.

조선 중기 이후의 학자들 사이에 그의 이름이 널리 알려지고, 그의 학문적 깊이가 학자들 사이에서 두루 공인 받았다는 단적인 예인 셈이다.

중국어에 조예가 깊어 사신 접빈사接賓使 종사관으로 일하기도 했고, 외교문서를 담당하는 승문원承文院에서 한문과 이문吏文을 담당한 학관學官을 지내기도 했다.

영의정을 지낸 박순에게서 글을 배운 **崔慶昌**최경창, **白光勳**백광훈과 교류하며 당대의 지식인들로부터 당시唐詩에 능한 '3당시인'으로 불리기도 했다.

최경창(1539-1583)은 29세에 과거에 급제하여 종성 부사를 지낸 사람이다. 44세에 방어사 종사관에 임명받아 상경하다가 도중에 병사했지만, 시와 그림과 피리에 조예가 깊어 당대의 풍류가로 통했다.

백광훈(1537-1582)은 열세 살 어린 나이에 상경하여 **梁應鼎**양응정* **盧守愼**노수신*에게 글을 배웠다.

27세에 진사가 되고 35세에는 명나라 사신에게 시와 글을 지어주고 감탄한 사신으로부터 '백광白光선생'이라는 존칭을 들었다.

이달은 말년을 참으로 쓸쓸하게 살다 갔다.

자식도 없이 평양여관에 얹혀 살다 73세로 생애를 마감했다. 마치 그가 좋아했던 당나라 유명시인 **李白**이백(710-762)과 두보杜甫(712-770)의 일생처럼 외롭고 힘든 생애였다. 두 사람 다 안록산安祿山의 난*으로 40대와 50대 초반을 피난과 유랑과 걸식으로 보내야 했다.

특히 두보는 안녹산의 난으로 세상이 완전히 쑥대밭으로 변하기 전, 거의 10여 년간이나 벼슬 한 자리 해보려 온갖 애를 썼지만 기껏해야 금위군禁衛軍의 무기고를 지키는 말단직(정8품 하)이 전부였다. 안녹산의 난이 끝나고 나서도 궁중의 좌습유左拾遺라는 말단 간관직諫官職에 잠시 앉아 있었을 뿐이다.

친구 **嚴武**엄무가 절도사로서 그를 공부원工部員 외랑外郎에 임용하여 적극 후원해 주었지만 그 친구마저 두보가 53세 되던 해 봄에 갑자기 사망했다. 결국, 폐병과 중풍에 시달리다가 객사했다. 40년이 지나 손자에 의해 고향의 할아버지(시인 두심언杜審言) 무덤 곁

*양응정 : 1519년 출생; 21세에 생원시 장원, 33세에 문과 을과 급제, 37세에 중시 장원; 진주목사, 경주부윤, 공조참판, 대사성을 지냄

*노수신 : 1515-1590; 28세에 문과 장원; 32세부터 52세까지 귀양살이; 70세에 영의정 지냄

*안록산의 난 : 757년에 2남 안경서에게 살해되자 그의 부하인 사사명史思明(사명은 당 현종이 지어준 이름)이 759년에 안경서를 죽이고 반란을 이어감; 761년에 사사명도 자신의 첩자식에게 살해됨 됨.

으로 옮겨졌다.

두보에게는 30세에 만난 부인 양(楊)씨와 자녀들이 있었다. 비록 한 아들은 굶어죽고 말았지만, 피난을 다니는 내내 가족이 똘똘 뭉쳐 가난과 고통을 함께 나누었다.

이달(達통달할 달)의 이름은 이상하게도 이수함(秀빼어날 수 咸다 함)이라 는 아버지의 이름과 매우 흡사하다. '완벽한 단계에 이른다, 널리 알려진다, 능력이 뛰어나다'는 의미를 지니고 있다.

재주와 소질로 승부 하여 신분을 뛰어넘을 수 있었던 것도 다 '통달한다, 완전히 이해한다'는 이름 뜻 때문인지도 모른다.

이달의 자는 익지(益더할 익 之갈 지)이다. 세 개의 아호는 손곡(蓀향풀 이름 손 谷골 곡), 서담(西서녘 서 潭깊을 담), 동리(東동녘 동 里마을 리)이다.

그는 '점점 더 유익한 일을 만들어간다'는 자의 의미처럼 그는 끊임없이 노력하여 자신의 위치를 확보했을 것이다. 각각 '풀이 우거진 골짜기', '해지는 쪽에 있는 큰 호수', '해 뜨는 마을'을 의 미하는 세 개의 아호는 언뜻 보아도 대단히 목가적이다. 그런 탓 인지는 그는 한 때 원주의 손곡(蓀谷)에 은거하여 학문에만 몰두하기 도 했다.

이달이 교류했던 양반 벼슬아치들인 최경창과 백광훈은 영의정 (1590년에)을 지낸 이산해 등과 더불어 당대(선조 임금시대)의 8문장가 (文章家)로 통하던 유명문인들이었다. 그만큼 학문적 경지가 대단했 다는 뜻이다.

정진교에 의해 이달과 더불어 서얼 출신으로 걸출한 인물에 꼽 혔던 **朴枝華**(박지화), **魚叔權**(어숙권), **曺伸**(조신)을 살펴보자.

먼저 박지화는 참으로 기인이었던 것 같다. **徐敬德**(서경덕*)에게 글 을 배운 후 벼슬이라고는 고작 현감을 지낸 게 전부인데도, 유교, 불교, 도교에 조예가 깊어 마치 도사나 신선 같은 생활을 했던 것

*서경덕 : 1489-1546; 조
식, 성운 등과 교류. 허
엽, 박순, 민순, 서기, 한
백겸, 이지함 등이 그의
제자들임

같다. 솔잎을 먹으며 보냈으니 어떻게 속세의 진흙을 묻
히며 살 수 있었겠는가.

박지화는 승문원의 이문학관에 임용되었으나 아예 부
임하지 않았다. 그러면서도 당대의 유명학자로 통했다.

임진왜란이 일어나자 그는 친구 鄭宏정굉과 더불어 백운산으로
피난을 갔다. 그런데 왜병이 그 깊은 산 속까지 침입했다. 그는 두
보의 오언율五言律 한 수를 적어 나뭇가지에 걸쳐놓고는 물에 몸을
던져 자결했다.

박지화(枝가지 지 華꽃 화)의 자는 군실(君임금 군 實열매 실)이고, 아호는
수암(守지킬 수 菴풀이름 암)이다.

'가지에 꽃이 핀다'는 이름이니 영광은 누리나 그 처지는 바꾸
기가 어렵다는 의미가 아닌가. 식물이 아무리 제 모습을 뽐낸다
해도 이리저리 움직여 제 처지를 바꾸기는 실로 불가능할 것이다.

'열매 중의 으뜸'이라는 자의 의미가 너무 크다. 결국 그는 명종
대(재위 ; 1545-1567)를 대표하는 으뜸학자로 통했었다.

아호가 기가 막히다. '암자나 지키는' 은둔적이고 소극적인 운
명을 지향하는 아호인 셈이다. 그래서 그는 결국 가지에 꽃을 피
워 으뜸으로 여겨지는 열매를 맺은 후 풀이 무성한 산중에서 스
스로 물귀신이 되고만 것인지….

다음으로 어숙권을 살펴보자.

중인으로 수많은 저술과 해석 등을 통해 엄청난 학문적 업적을
남긴 崔世珍최세진의 문인으로 한때는 율곡 이이를 가르치기도 했
다. 중국어에 능통하여 승문원의 이문학관을 지내기도 했다. 『패
관잡기稗官雜記』와 『고사찰요故事撮要』를 남겼다.

어숙권의 스승인 崔世珍최세진(1473-1542; 괴산 최씨)은 중인 신분에

서 당당하게 당상관에까지 오른 인물이다.

어디 그 뿐인가. 임금(연산군)의 특전으로 30세에 별시문과에 당당히 급제했다. 44세에 내섬시 부정副正(종3품), 51세에 군자감 정(정3품), 57세에 중추부 첨지사僉知事(정3품), 66세에 승문원 제조提調(2품 이상), 68세에 중추부 동지사同知事(종2품)를 지냈다.

어숙권(叔아재비 숙 權저울추 권)의 이름 뜻은 '운명을 저울질하는 사람'이다. 결국 그는 자신의 처지를 벗어나기 위해 학문을 택한 것이다. 단순히 통역이나 하고 번역이나 하는 차원에서 벗어나 유명 학자로 자기 자신을 자리매김한 것이다.

스승 최세진(世대 세 珍보배 진)의 이름에는 '세상의 보배'가 된다는 의미를 지니고 있다. 그는 자신의 이름 뜻대로 세상의 진기한 보배 같은 큰 학자로 자신을 가꾸어냈다.

그의 자는 공서(公공변될 공 瑞상서 서)이다. '길한 기운을 만천하에 드러낸다는 자의 의미 또한 너무도 의미심장하다. 제도 속에서 출세하고 인정받음으로써 완벽하게 가문을 뒤바꾸고 자신의 신분을 완전히 역전시킨 것이다.

정진교가 꼽은 曺伸조신(창녕 조씨)은 과연 어떤 인물인가.

한마디로 역마살이 단단히 끼었던 사람이었다. 명나라에 일곱 차례를 왕래했고 일본을 세 차례나 왕래했다. 어지간한 사람 같았으면 아마도 사고로 죽거나 병으로 죽었을 것이다.

한번은 성종 임금이 즉석에서 시 한 수를 지어보라고 했다. 그는 전혀 당황하지 않고 침착한 마음가짐으로 즉시 시 한 수를 지어 임금 앞에 바쳤다. 임금은 감탄하여 마지않으며 그를 즉석에서 사역원司譯院 책임자인 정正(정3품)에 임명했다.

일본 통신사 卞孝文변효문의 서장관이 된 26세의 신숙주(1417-1475)

를 동행했을 때는 일본 지식사회에 문명을 드날리고, 명에 가서는 성리학의 본거지인 그 땅에 지식바람을 일으켜 놓기도 했다.

말년에는 중종 임금의 어명으로 장유유서長幼有序와 붕우지교朋友 之交를 강조한『이륜행실도二倫行實圖』를 짓기도 했다.

조신(伸펼 신)의 자는 숙분(叔아재비 숙 奮떨칠 분)이고, 아호는 적암(適갈 적 庵암자 암)이다.

'활짝 펼친다'는 이름처럼 그는 자신의 재주와 잠재력을 마음껏 드러냈다. 또한 '우르르 소리내며 떨쳐 일어선다'는 자의 의미처럼 그는 오로지 자신의 재주 하나로 거친 세상에 승부수를 던졌던 것이다. 그리고 '암자로 떠난다'는 아호처럼 그는 말년을 금산에 은거하여 책이나 읽고 시나 지으며 지냈다.

한낱 노비의 처지에서 조선의 대표적인 과학자로 우뚝 선 사람이 있었다.

조선의 표준시계이자 자동으로 시보를 알리던 '물시계'인 자격루自擊漏를 만든 蔣英實장영실이 바로 그 인물이다.

아버지는 원나라 사람이었고 어머니는 기생이었다. 그러다 보니 그도 당연히 노예(노비)가 되어 동래현에 속해 있었다. 그런데 그는 워낙 재주가 출중하여 주위사람들을 놀라게 하기 일쑤였다.

금속을 녹여 무기와 각종 기계를 만드는 일, 성을 쌓는 일, 무기와 농기계를 수리하는 일 등, 무엇이든 그의 손이 닿기만 하면 척척 제자리를 잡게 되는 것이었다.

26세의 세종대왕은 특명으로 그를 발탁하여 궁중의 의복과 재화를 관리하는 상의원尙衣院 별좌別坐(정, 종5품)에 임명한 뒤 노예 신분을 벗겨주었다.

왕은 영의정 黃喜황희(1363-1452; 장수 황씨), 좌의정 孟思誠맹사성(1360 -1438), 이조판서 許稠허조, 병조판서 趙末生조말생, 대신 柳廷顯유정현*

등과 일일이 상의했다.

　　"내 생각에는 워낙 재주가 출중하니 상의원 별좌에 앉혀 나라에 더 큰 공을 쌓도록 하는 것이 좋을 듯하오. 노비 신분에서 상의원 별좌로 그 처지를 바꿔주는 것이 타당하겠소? 나는 경들의 고견을 듣고 싶소."

세종의 그 말에 이조판서 허조는 '택도 없습니다'라며 반대했다. 병조판서 조말생과 대신 유정현은 '특수 케이스에 해당되는 일이니 상의원 별좌에 임명할 수 있다고 봅니다. 뜻대로 하소서'라고 대답했다.

중추부사(使使; 종2품) 李蕆이천*과 집현전 직제학直提學(종3품) 金鉊김조*가 장영실을 지휘, 감독하며 물심양면으로 지원했다. 호조판서 安純안순(1371-1440)도 경회루 북쪽에 석대를 쌓아 간의簡儀 설치를 도왔다.

1421년에는 왕의 어명으로 장영실은 尹士雄윤사웅*, 최천구*와 함께 명나라에 가서 여러 과학기구들과 과학서적들을 관찰, 분석하고 이듬해에 돌아왔다.

간의簡儀, 혼의渾儀, 앙부仰釜 일구 등 각종 천문기구와 동활자 경자자庚子字, 금속활자 갑인자甲寅字 등을 만들었다.

세종의 특명으로 수학을 전공한 李純之이순지*는 모든 과학기구의 수리적 측면을 지원해 주었다.

장영실은 경상도 채방별감採訪別監이 되어 구리, 철 등의 채광과 제련 등을 감독하고 1441년에는 세계 최초로 강우량을 재는 측우기測雨器와 하천 범람을 예고하는 수표水標를 발명, 제작했다.

장영실은 영광스럽게도 무관직의 최고직에 해당하는 상호군上護

*유정현: 1355-1426; 문화 유씨; 태종이 양녕대군을 폐위시키고 충녕대군을 세자로 세우려 하자 다들 침묵하는 가운데 그가 나서서 '현명한 자로 세자를 세우소서'라고 함; 태종 때 61세로 영의정 지냄. 세종 1년에 63세로 쓰시마정벌 '3군도통사'로 참전. 69세에 호조판서, 71세에 좌의정을 지냄.

*이천 : 1376-1451; 예안 이씨; 무과급제. 62세에 호조판서로서 각종 천문기구 제작을 지휘, 감독

*김조 : 1455년에 타계; 초명은 빈;鑌 세종이 이름을 하사

*윤사웅 : 태종 대에 관상감정을 지냄; 1420년 3월에 첨성대 맡아 지진과 혜성을 관측하고 왕의 특명으로 남양 부사에 특진

*최천구 : 윤사웅, 이무림과 왕의 명령으로 여러 산들의 고도를 측정함

*이순지 : 1406-1465; 양성 이씨. 51세에 예조참판, 53세에 한성부판사 지냄

軍정3품 당상관)에 특진되었다. 그런데 그가 제작을 감독한 임금님의 가마가 갑자기 부서지는 사고가 발생했다. 당연히 불경죄에 해당되어 의금부에 잡혀가 매를 맞고 파면되었다.

이로써 조선의 에디슨 장영실(아산 장씨)의 활약상도 끝을 맺게 된 것이다.

조선의 발명왕 장영실은 미국의 세계적인 발명왕 토마스 에디슨(1847.2.11-1931.10.18)보다 자그마치 450여 년 먼저 태어나 발명이 끼칠 수 있는 유익을 온몸으로 증명한 것이다.

제재소를 경영하는 아버지의 셋째 아들로 태어나 학력이라고는 초등학교 3개월 퇴학이 전부인 에디슨은 일천 종류가 넘는 발명 특허를 낸 세기의 발명왕이었다.

장영실은 원나라에서 귀화한 아버지와 기생 어머니 사이에서 노비 신분으로 태어났지만, 임금님(세종)의 특별한 배려로 양민으로 신분이 뒤바뀌어 세종대의 온갖 발명을 실무적으로 뒷받침한 뒤 당당히 당상관(3품 이상)의 자리에 올랐던 불세출의 발명왕이었다.

장영실(英꽃부리 영 實열매 실)의 아버지는 전서典書를 지낸 蔣成暉장성휘였다. 고조할아버지는 서운관書雲觀(후에 관상감으로 고쳐 부름) 정순대부正順大夫(고려의 경우 '정3품 상계'를 지칭) 판서운관사判書雲觀事를 지낸 蔣得芬장득분이었다.

아버지 성휘(成이룰 성 暉빛 휘)의 이름에는 '빛이 되라'는 당부가 들어 있다. 아들은 아버지의 이름에 맞게 열매를 맺는 꽃으로 활짝 피어난 것이다.

'풀과 꽃과 열매'를 의미하는 아들 蔣英實장영실의 이름이 '가장 밝은 빛'인 아버지 蔣成暉장성휘의 음덕蔭德을 만나 한 세상 멋지게 만개한 것이다.

조선의 늦깎이 벼슬아치들

파평 윤씨 **尹絅**윤경이란 이는 자그마치 97세로 장수했는데 벼슬만은 엄청나게 더디게 올랐다.

78세에 공조참판(종2품)에 오르고 89세가 되어서야 마침내 공조판서(정3품)에 임명되었다. 물론 그 전에도 실직이 아닌 '명목상의 벼슬로는 70세경에 가선대부(종2품 하)에 오르고 79세에는 자헌대부(정2품 하)에 임명되었다. 80세에 중추부지사(종2품)에 오르고 89세에 숭정대부(종1품 하), 그리고 93세에 돈령부판사(종1품)에 올랐지만 실직이 아닌 명목상의 벼슬일 뿐이었다. 29세에 별시문과에 급제했으니 시작은 지극히 정상적이었던 셈이다.

죽주竹州(경기도 안성)부사로 나갔을 때는 임기가 끝나 떠나게 되어 있는데도 백성들이 더 좀 있으라며 워낙 심하게 붙드는 통에 1년 더 유임해야 했다. 그만큼 신망이 두터웠다는 이야기일 것이다.

광해군 때는 이이첨의 인목대비 폐모론에 반대하다 파직되고 말았다. 40대 후반에 잘나가던 벼슬길이 그만 꽉 막히고만 것이다.

광해군 말기에 54세의 나이로 접반사接伴使로 기용되어 명나라 장수 毛文龍모문룡을 맞으러 가도假島로 향했다.

요동 도사都司로 있던 명나라 무인 모문룡(1576-1629)은 후일 청나라로 국호를 바꾸게 되는 후금의 누르하치에게 쫓겨 평안북도 철산면 가도리에 붙은 가도로 피신했다. 그 때가 윤경이 접반사로 갔던 1621년(광해군 13년)이었다.

가도에 피난 온 명나라 백성들과 함께 농사짓는 일과 전쟁하는 일을 겸하며 후금을 괴롭혔지만 후금의 황태극(후일의 청나라 태종)은 직접 군사를 끌고 와 모문룡을 가도에서 신미도로 내쫓기도 했다.

조선 조정에서는 쉬쉬하며 비밀에 붙였지만 후금에서 그런 이중적 행동을 모를 리 없었다.

명나라에서는 모문룡의 그러한 빨치산식 전투에 고무되어 그를 좌도독左都督에 임명했다. 그런데 얼마 안 지나 그의 못된 소행이 드러나고 말았다. 양식이 모자라면 철산면 등지로 누비고 다니며 조선 백성들을 약탈하고 살해했다.

조선 조정에서도 그대로 방치할 수 없게 되고 말았다. 명나라에서도 문제가 더 커지기 전에 없애야 한다고 판단했다. 요동의 경략經略으로 있는 袁崇煥원숭환*에게 밀명을 내렸다.

원숭환은 53세의 모문룡을 여순 근처의 쌍도雙島로 유인하여 밀명대로 그를 단칼에 참살했다.

*원숭환 : 1626년 봄에 '영원성'을 공격하는 누르하치를 격퇴하고 부상을 입혀 결국 9월에 67세로 죽게 함

尹絅윤경은 인조 즉위 후에는 56세의 나이로 해주 목사를 지냈다. 이듬해 57세에 이괄의 난이 일어나자 진압군과 함께 평정에 기여했다. 그리고 60세에 정묘호란(1627년)이 발발하자 왕세자(소현세자)를 완산으로 호종했다.

69세 되던 해에는 병자호란(1636년)이 발발하여 인조임금을 남한산성으로 호종했다. 도대체 어떤 이름이기에 그렇게 쇠심줄처럼 오래 버티며 벼슬길을 터벅터벅 걸어갔을까.

윤경(絅끌어 쥘 경)의 자는 미중(美아름다울 미 仲버금 중)이고, 아호는 기천 (岐갈림길 기 川내 천)이다.

'잡아당겨 단단히 얽어맨다'는 이름을 보라. 명이 아무리 짧아 도 이 정도면 저승사자라도 일찍 데려갈 수 없을 것이다. 아무리 관운이 없더라도 이런 정도의 찰거머리 기질이면 정승반열에 너 끈히 올라설 만하지 않겠는가.

그의 자에는 '너무 빼어날 필요 없다. 뭐를 하든지 이등을 하면 족하다'는 인생전략이 배어있다.

아호의 의미가 자못 의미심장하다. '물길이 두 갈래로 갈라지듯 이 인생을 다시 한번 꺾어서 살고 벼슬도 다시 한번 접어서 한다 는 의미인 셈이다. 즉, 꺾이는 부분에서 앞부분보다 더한 힘찬 기 세로 땅을 박차고 내달린다는 뜻이다.

두 갈래로 갈라진 물이 합쳐져 흐를 때보다 몇 배나 더 빠르고 힘 있게 흐른다는 말이다. 한마디로 갈라지는 물은 '인생역전'을 의미하는 셈이다.

순창 박씨 朴文逵박문규는 자그마치 82세에 개성별시문과에 병과 로 급제했다. 어려서 총명하다는 소리를 들었으나 그는 글공부가 워낙 체질에 맞지 않아 아예 채소농사에 전념했다. 글공부보다는 아무래도 돈이 제일인 것 같아 스스로 길을 바꿨던 것이다.

재주가 있고 근면하다보니 얼마 안지나 다들 알아주는 갑부가 되었다. 그런데 타고나기를 사람들과 어울려 지내기 좋아하는 편 이라 그 많은 재산을 다 탕진하고 말았다. 벌기는 어려워도 쓰기 는 정말 쉬웠다.

그는 돈도 다 떨어지고 할 일도 마땅히 없자 40세에 공부를 시 작했다. 시를 워낙 좋아해서 자그마치 수만 편의 시를 줄줄 외우 고 다녔다. 근체시近體詩*에 특히 조예가 깊어 청나라에서까지 그의

*근체시 : 중국의 고체시
에 대비되는 형식으로
당나라 때 확립됨. 음절
의 억양에 따른 배열법
이나 대구 등 구성법에
일정한 규칙이 있음; 오
언과 칠언의 절구와 율
시의 2종이 있음.
*병과 : 갑과 3명, 을과 7
명을 제외하면 보통 11
등에서 33등까지가 이에
해당함

이름을 알아줄 정도였다.

그는 자그마치 40여 년 이상을 시나 외우며 지냈는지 그는 뜬금없이 82세의 지긋한 고령에 과거에 응시하여 당당히 합격했다. 11등 이하의 병과*에 합격했으니 시험을 치는 실력은 그리 대단하지 못했던 것 같다.

35세(1887년 고종 24년)의 고종임금이 너무 신기하기도 하고 가상하기도 해서 특명으로 병조참의(정3품 당상관)에 등용했다. 그래도 임종을 맞이하던 이듬해(1888년)에는 가선대부(종2품 하)에 올랐다. 실로 어마어마한 늦깎이에다 엄청난 벼락출세였던 셈이다.

과거를 보자마자 당상관에 올랐으니 실로 해외 토픽감이 아닐 수 없었다. 그래도 자신의 저서인 『운소산방집雲巢山房集』과 『천유집고天游集古』를 후세에 남겼다.

도대체 어떤 이름이기에 그런 대단한 늦깎이로 당당히 대박을 터트릴 수 있었을까.

박문규(文무늬 문 逵한길 규)의 자는 제홍(霽갤 제 鴻큰 기러기 홍)이고, 두 개의 아호는 각각 운소자(雲구름 운 巢집 소 子아들 자)와 천유자(天하늘 천 游헤엄칠 유 子아들 자)이다.

그의 이름에는 '큰길에 발자국을 남긴다'는 의미를 지니고 있고, 자에는 '맑게 갠 날에 큰 새처럼 훨훨 날아 온 천하를 한 눈에 바라본다'는 거창한 의미가 담겨 있다.

아호는 '구름을 보금자리 삼아 노니는 사람'과 '하늘을 헤엄쳐 다니는 사람'을 뜻한다.

실로 너무 거창하고 황당무계하기까지 한 의미들로 가득 차 있다. 아무도 걷지 않은 새 길에 큰 발자국을 남긴다는 이름처럼 그는 아무나 하지 못하는 기이한 기록을 남기고 인생을 마감했다.

임금이 알고 조정이 알고 역사를 기록하는 사관들이 다 알았으
니, 후세에 안 알려질 리가 없을 것이 아닌가. 맑게 갠 하늘을 나
는 큰 새가 되어 '구름을 집 삼고 하늘을 바다 삼아 자유롭고 풍
성하고 이야기 거리 많은 생애를 살다 간 것이다.

이름에 나타난 큰 야심과 자에 들어있는 큰 포부, 그리고 두 개
의 아호에 내포된 거창하고 활달한 자유인의 혼대로 그는 멋지고
기이하게 살다가 83세의 넉넉하고 긴 생애를 마감했다.

기적을 안고 산 사람들

　임진왜란 직전에 생애를 마감한 동래 정씨 **鄭彦信**정언신(1527-1591)
은 '사약을 내려 자결하게 하라'는 왕명이 내려졌는데도 기적적으
로 살아난 사람이다.

　39세에 별시문과에 응시하여 병과로 급제했다. 어지간히 늦은
나이에 공식적인 등용문을 거친 셈이다. 검열을 거쳐 44세에는 호
조좌랑이 되고 곧이어 경기도 관찰사로 나갔다.

　56세에 조선에 반쯤 귀화해 있던 여진족 추장 이탕개가 함경도
를 노략질하며 난리를 피우자 우찬성 겸 도순찰사로 토벌작전을
진두지휘 했다.

　이순신, 신립, 김시민, 이억기 등 장차 임진왜란과 정유재란에
서 나라를 구할 명장들이 모두 그의 휘하에 속해 있었다. 대표급
엘리트 무인들이 줄줄이 모여 있었던 것이다.

　여진족 정벌에 성공한 후 함경도 관찰사를 지내며 변방의 방위
태세를 더욱 튼튼히 했다. 곧이어 병조판서를 거쳐 62세에 우의정
에 올랐다. 그런데 그 해에 같은 동래 정씨인 **鄭汝立**정여립이 반란

을 일으켰다.

사회 불만세력을 끌어 모아 '대동계大同契'를 조직하고 군사훈련을 시키며 『정감록』을 이용하여 '장차 정도령이 나타나 세상을 구하게 된다'는 말을 퍼뜨렸다.

정여립이 이끄는 반란군은 진안과 죽도를 무대로 전라도 전체로 그 세력을 확대해 나갔다. 안악 군수 李軸이축의 상세한 장계狀啓로 반란군의 위세를 파악한 조정에서는 당연히 토벌군을 보내 일거에 밀어붙였다. 죽도로 도망친 괴수 정여립은 자살했다.

그때 정여립의 잔당을 취조하는 일을 우의정인 정태화가 떠맡게 되었다. 그런데 서인들이 정철의 조종을 받으며 그를 공격하기 시작했다. 드디어 대간臺諫*이 그를 정면으로 공격하기 시작했다.

*대간 : 관료를 감찰하는 사헌부와 임금을 견제하는 사간원을 합쳐 부르는 말

　"정여립 모반사건을 처리할 위관이 된 정태화는 괴수
　정여립과 3종從간입니다. 어떻게 공정한 처리를 기대할
　수 있겠습니까? 책임은 고사하고 도의적으로 함께 비난
　받아야 마땅합니다. 최소한 스스로 자리를 사양하고 뒤
　로 물러나서 근신해야 할 것입니다."

정태화는 하는 수 없이 물러날 수밖에 없었다. 벼슬자리를 물러나니 더 만만하게 보고 이놈 저놈이 마구 덤비며 못 잡아먹어 환장이었다. 심지어는 정여립과 내통한 반란세력으로 모함하기도 했다.

임금도 어쩔 도리가 없었던지 그를 남해로 유배 보냈다. 조정의 실권을 장악한 서인 일파는 어떻게 해서든 그를 죽여 없애고자 혈안이 되어 있었다. 얼마 안 지나 임금을 옥죄어 '사약을 내려 죽게 하라'는 어명까지 받아내기에 이르렀다. 그런데 임금이 어명

을 거두고 특명을 다시 내려 '감형하라'고 명령했다.

목숨을 건지고 이번에는 개마고원이 있는 북방의 갑산으로 옮겨졌다. 그는 결국 그 곳에서 64세로 죽고 말았다. 죄인으로 죽었지만 사실은 당파싸움에 희생당하고만 것이었다. 꼭 10년 뒤에 동인이 다시 집권하자 죽은 그도 당연히 명예 회복되었다.

그의 아들인 鄭協정협(1561-1611)도 아버지가 유배지에서 죽었다는 이유로 28세에서 38세까지 10여 년간 미관말직만 전전해야 했다. 그나마 38세에 아버지가 신원되어 벼슬도 제법 오르고 44세에는 동지부사로 명나라도 다녀왔다.

광해군 시대인 47세에 이조참판을 지내고 50세로 죽던 해에는 예조참판이 되었다. 정협은 24세에 진사시에 장원하고 27세에 문과 을과(4등에서 10등에 해당하는)에 급제했으니, 비교적 일찍 멋지게 관직을 시작했던 셈이다. 그런데도 아버지의 유배지 죽음이 이유가 되고 같은 동래 정씨인 정여립과 그 아들 鄭玉男정옥남이 반란을 일으킨 것이 씻을 수 없는 흠이 되어 그의 벼슬길을 가로막은 것이다.

정언신(彦선비 언 信믿을 신)의 자는 입부(立설 입 夫지아비 부)이고, 아호는 나암(懶게으를 나 庵암자 암)이다.

남의 말을 잘 듣는 편이었던 모양이다. 선비는 마땅히 비판정신에 투철하여 남과 자기 자신을 늘 되돌아보고 또 다시 살펴보아야 하는데도, 쉽사리 덜컥 믿는다면 과연 어떻게 되는가. 십중팔구 일을 그르치고 자신의 앞날도 망치기 십상인 법이다.

'스스로 모든 일을 처리한다'는 자립정신이 함축된 자의 의미가 자못 의미심장하다. 그런데 아호가 이상하게도 '게으름 피우며 초라한 거처에 머문다'는 의미이다. 말년을 유배지에서 보내야 하는 팔자인 셈이다.

다행히 임금에게 믿음을 준 탓에 목숨만은 건졌지만, 죄인의 처지에서 외롭고 분한 마음으로 죽어간 것이다. 결국 '믿음을 주는 선비'라는 이름 덕분에 목숨을 건지고 '스스로 선다'는 자의 의미로 인해 주위의 도움을 전혀 못 받고 유배지를 전전하게 된 것이다. 패거리를 지어 힘을 합쳤더라면 좀더 가벼운 처벌 정도로 끝났을 수도 있었을 것이다. 결국은 아호에 내포된 의미대로 된 셈이다. 움막에서 게으른 노년을 보내다가 쓸쓸히 객사하고만 것이다. 그나마 십 년 뒤에 명예회복이 되었으니 불행 중 다행이었다고 해야 할지···. 그래도 아버지의 유배지 죽음으로 인해 벼슬길이 많이 막혔던 아들은 이름과 자의 의미대로 시와 술과 벗을 재산 삼고 성채 삼아 나름대로 멋들어지게 한 세상을 살다가 갔다.

이름이 협(協맞을 협)이니 한데 어우러져 일을 함께 도모한다는 의미인 셈이다.

자는 화백(和화할 화 伯맏 백)이고, 아호는 한천(寒찰 한 泉샘 천)이다. '한데 어우러져 그 속에서 우두머리가 된다'는 자의 의미대로 그는 나이와 학식을 뛰어넘어 누구라도 말이 통하고 마음이 열려있으면 자유로이 교제했다. 그리고 '차가운 물이 샘솟는 우물'이라는 아호대로 그는 냉엄한 현실에서 샘물 같은 역할을 하다가 50세를 일기로 살만한 인생, 구경할만한 세상에 마침표를 아주 짙게 찍었다.

동래 정씨 鄭太和정태화(1602-1673)는 6차례에 걸쳐 영의정을 지냈다. 자그마치 37번의 청원 끝에 사직할 수 있었다.

실로 어마어마한 운세를 타고난 셈이다. 한마디로 기적을 안고 산 사람이다. 26세에 문과에 병과로 급제했으니 별로 대단한 출발이 아니었다. 그런데 34세에 타고난 소질을 발휘하는 기회를 스스로 맞았다.

병자호란이 발발하자 겁이 난 도원수가 그만 줄행랑을 놓았다.

어찌할 바를 모른 채 우왕좌왕하던 군인들은 싸울 생각은 아예 버린 채 그저 도망치기에 바빴다.

그때 그는 비록 문신이지만 선뜻 나서서 일단 패잔병을 한데 모았다. 다행히 그의 준엄한 호령이 먹혀들어 도망치던 군인들이 다시 모여들기 시작했다. 그는 모여든 패잔병을 이끌고 쳐들어온 외적에 용감하게 항전했다. 그 결과 30대 중반의 나이로 사헌부 집의執義(종3품)에 특진했다.

사헌부 으뜸벼슬인 대사헌大司憲(종2품)의 바로 밑 자리였다. 이듬해에 소현세자 일행이 청나라에 인질로 갈 때 심양까지 함께 배종했다. 그런데 엎친 데 덮친 격으로 조선 조정과 명나라와의 밀약이 들통나 청나라 태종이 불같이 화를 냈다.

어쩔 수 없이 조정에서는 만만한 정태화를 봉황성鳳凰城만주 개주참開州站으로 보내 청나라의 협박을 막아보라고 시켰다. 어명이었다.

정태화는 38세에 도승지가 되었다. 43세(1645년) 때에는 호조판서로서 봉림대군*의 세자 책봉을 반대했다. 그 해에 33세로 8년여의 인질생활을 청산하고 영구 귀국했지만 갑자기 죽은 소현세자를 대신해 세자 책봉문제가 대두되었던 것이다. 소현세자의 아들을 후계자로 하느냐, 아니면 소현세자의 동생인 봉림대군을 후계자로 삼느냐의 중차대한 갈림길이었던 것이다.

*봉림대군 : 1649년에 효종으로 즉위하고, 후일 현종으로 즉위하게 될 그의 8세 된 아들은 왕세손에서 왕세자로 신분이 바뀌게 됨

그는 44세, 46세 때에 각각 공조판서와 형조판서를 지내고 47세에는 정승의 반열에 올랐다. 그리고 그 해에 청나라를 다녀온 후 영의정에 올랐다. 효종 즉위 이듬해에는 49세로 다시 영의정에 올랐다.

*원상: 1468년 예종이 18세로 즉위하자 신숙주, 한명회, 구치관이 원상제도 시작; 이듬해 성종 초와 1545년 명종 초, 1567년 선조 초에도 원상제도 활용.

그가 56세에 병이 들어 사직했으나 곧 이어 중추부영사에 재 등용되었다. 효종 말년인 1659년에 57세로 다시

영의정에 올랐다.

효종(1619-1659)이 40세로 요절하자 그는 원상院相*이 되어 19세에 즉위한 현종(1641-1674)을 곁에서 보필했다.

그는 60세에 다시 청나라에 다녀와 여러 차례 은퇴를 결심했으나 받아들여지지 않았다. 69세에 기로소에 들어갔는데 병이 깊어 조정회의에 나갈 수 없다고 하자, 30세(1671년)의 현종은 친히 가마를 보내 '불편하고 힘이 들겠지만 잠시 들어와 나 좀 보고 가시오'라고 주문했다.

비록 71세의 생애였지만 엄청난 관운이고 쇠심줄보다도 더 질긴 운세였다. 단 한번 하기도 어려운 재상(영의정)을 여섯 차례나 했다니 실로 기적 같은 관운이 아닌가.

그만큼 인격도 훌륭하고 학문도 깊고 성품도 인자했을 것이다. 모난 성격이고 얕은 실력이었다면 그 많은 눈과 입과 귀를 어떻게 견디고 재상노릇을 그렇게 오래오래 할 수 있었겠는가.

정태화(太클 태 和화할 화)의 자는 유춘(囿동산 유 春봄 춘)이고 아호는 양파(陽볕 양 坡고개 파)이다.

'화해하는 힘과 포용력이 대단하다'는 이름이다. 자는 '온갖 것들이 한데 모여 있는 동산에 봄볕이 찾아든다'는 뜻을 지니고 있다. 그리고 아호에는 '따스한 볕이 언덕을 비춘다'는 의미를 지니고 있다.

관용과 포용 면에서 이상적인 성품이고 운세 또한 봄볕이 든 동산이고 채마밭인데, 누가 감히 초를 치고 그림자를 드리우며 훼방하겠는가.

너무도 한심한 조선시대 관리들

지도자가 시원찮으면 세상에 별 잡놈이 다 횡행하게 마련이다. 연산군과 광해군 같은 괴상한 지도자를 만나면 입신양명에 혈안이 된 관리나 선비들이나 헛꿈 꾸는 백성이 어물전 꼴뚜기처럼 냄새를 꽉꽉 피우게 되어있다. 보아주고 받아주는 쪽이 개판인데 누가 그럴듯한 행동을 하겠는가.

문제 내는 이가 시원찮으면 모범생, 열등생이 뒤섞이게 되어있고 어느 순간에 순서가 마구 뒤바뀌게 마련이다. 위아래 할 것 없이 어지럽게 돌아가게 되어있는 것이다.

광해군 때의 일이다.

제주도 관리들이 괴상한 짓을 해놓고는 시치미를 뚝 떼며 헛소리를 해댔다. 제주 판관 文希賢문희현(1624년에 처형됨)과 제주목사 李箕賓이기빈이 한 통속이 되어 못된 짓을 저질렀다.

명나라 상인들, 일본 상인들, 류큐(유구琉球) 상인들을 태운 국제 상선이 표류하다 제주에 올라왔다.

두 사람은 항해에 지친 선원들과 겁에 질린 상인들을 모조리 죽이고 값비싼 물품들을 마음대로 약탈했다. 어마어마한 물건들이었다. 도자기, 궤짝, 보석, 엽전 등, 실로 보물창고였다.

그들은 실컷 약탈하고 살육하고는 부하직원들과 우연히 보게 된 제주 백성들에게 협박과 공갈을 마구 퍼부어댔다.

"어느 놈이든 함부로 발설하면 가만히 안 두겠다. 주둥아리를 꽉 닫아두란 말이다. 너희는 오늘 일을 보지도, 듣지도 못한 것이니, 후일 무덤에 들어갈 때까지 절대로 아가리를 함부로 벌렁거리면 안 된다. 목숨이 혹 두세 개 되는 놈은 모르나, 하나뿐인 놈들은 잘 알아들어라. 입을 벌리는 날이 너희의 제삿날인 줄 알아라. 알아들었느냐!"

중앙정부에는 헛보고를 올렸다. 꿩도 먹고 알도 먹겠다는 흑심이 분명했다. 외적을 물리친 용감한 관리로서 상도 타고 벼슬도 특진하려 꾀를 낸 것이다.

"왜구가 기습적으로 쳐들어와 목사 이기빈과 판관 문희현이 목숨을 바쳐 공격했습니다. 어찌나 사나운지 저 승사자들보다도 더 잔혹한 야만인들이었습니다. 왜구를 처형하고 소지품을 빼앗아 어려운 백성에게 나눠주었습니다. 소금물에 젖어 못 쓰게 된 것은 역병이 돌까 염려되어 모래사장에 쌓아놓고 불을 질러 한 줌 재로 만들었습니다. 두 사람의 적절하고 기민한 대응으로 왜구는 두려움을 갖게 되고 백성은 안도의 한숨을 쉬게 되었습니다. 몇 가지 증거물을 함께 보내니 왜구의 물산을 파악하는데 참고하시기 바랍니다."

하지만 백성이 알고 땅이 알고 하늘이 알고 아전, 말단 관원이 다 아는 일인데 언제까지 덮어져 있겠는가. 더욱이나 억울하게 죽은 원귀들이 하나 둘이 아닌데 말이 다르다고 귀신들이 말을 못 하겠는가. 얼마 안지나 그들의 거짓보고가 백일하에 드러나고 말았다. 두 사람은 유배형에 처해졌다. 판관 문희현은 경성鏡城(함경북도 동해안)으로 유배되었다.

다행인지 불행인지 그래도 만주어에 능통한 덕에 살길이 자연히 열렸다. 경성의 군 책임자가 회령개시會寧開市 때 그에게 만주족 귀빈들의 접대와 통역을 맡겼다.

그때 이상한 일이 벌어지고 말았다. 조선의 제도나 관례를 잘 모르는 만주족 귀빈들이 그를 벼슬이 높은 귀인으로 오해하여 조선 임금에게 보내는 후금 우두머리 누르하치(후에 후금의 황제)의 밀서를 일개 죄수 신분인 그에게 맡겼다. '잘 전달해 주시오'라는 당부와 함께…. 그런데 제 버릇 개 못 준다고 그는 그 막중한 외교 밀서를 호주머니 속에 넣고 주물럭거리다가 아예 묵살해 버리고 말았다. 후일 어찌어찌 하다가, 조선 조정에서 모든 내막을 알게 되었다. 오기로 한 밀서가 중도에서 사라지고 말았으니 왜 잠잠하기만 하겠는가.

그는 북방의 동해안 벽지에서 다시 서울로 압송되었다. 중죄인과 특수 범죄자만을 집중적으로 다루는 의금부에 갇히게 되었다. 그래도 그는 통역 능력이 있어서 다시 활약할 수 있었다.

후금이 점점 더 강해지며 명나라와 대등하게 취급되자 그의 역할도 자연히 커질 수밖에 없었다. 후금과의 외교문서 작성이나 통역 일에 눈코 뜰 새 없이 동원되었다.

임금(광해군)이 명나라와 후금을 거의 동등하게 보고 실리 외교, 실용주의 외교를 펴는 탓에 자연히 그의 쓸모도 점점 더 커질 수밖에 없었다. 그런데 1623년에 반정 혁명이 일어나 새 임금(인조)이 들어서자 사정이 확 뒤바뀌고 말았다.

광해군이 하던 일이면 뭐든지 몹쓸 것이 되어버리는 마당이라, 감히 '전에는 이러 저러했다'며 딴 소리를 입 밖에 낼 수조차 없었다. 더욱이나 반정공신들이 주로 서인들이었는데 한결같이 후금을 야만족으로 몰아붙였다.

문희현도 야만족과 내통한 자로 찍혀 처지가 급전직하, 어디 마땅히 설자리가 없었다. 화불단행禍不單行이라고, 안 좋은 일은 언제나 연거푸 일어나기 마련이었다.

李時言이시언이란 자가 느닷없이 그를 반역자로 내몰았다. 文晦문회, 李佑이우, 金光肅김광숙이 이시언을 거들었다.

윤인발*, 기자헌(1562-1624), 김원량(1589-1624) 등 수십 명이 인성군仁城君*을 왕으로 추대하려는 역모를 꾀하고 있다.

그런데 하필이면 이듬해(1624년 2월)에 반정의 2등 공신인 이괄이 반란을 일으켰다. 보통 반란이 아니었다.

삼시간에 평양을 차지하고는 그 여세를 몰아 한양마저 점령했다. 2월 11일에 선조의 10남인 흥안군興安君 '瑅제'를 왕으로 세우고 아예 '이괄의 왕국'을 선포했다.

진짜 임금(인조)은 공주로 피난을 가야했다.

비록 3일 천하로 싱겁게 끝났지만 대단한 위세였다. 張晚장만과 鄭忠信정충신에게 쫓겨 결국 이천 묵방리墨坊里에서 제 부하들(기익헌, 이수백 등)에게 목이 잘려 죽고 말았지만 일단 천하를 제 손아귀에 넣었던 사람이 아닌가.

죽을 때도 외롭지는 않았을 것이다. 구성 부사 韓明璉한명련 등 9명이 함께 목이 잘려 죽었으니 저승길에도 부하와 동료가 선뜻 동행한 셈이다.

*윤인발 : 관찰사, 목사를 지낸 윤경립의 아들; 판서를 지낸 윤의립이 숙부
*인성군 : 1588-1628; 선조와 정빈 민씨 사이에서 선조의 7남으로 태어남

반정에 성공하자마자 뜻밖의 반란에 쫓겨 피난을 다녔던 조정 대신들은 이제 역모라는 소리만 들어도 노이로제 증상을 보일 정도였다.

역모의 '역'자나 '모'자만 들어도 온몸을 사시나무처럼 떨었다. 그런 와중이니 역모에 걸려든 사람이면 그것이 모함이든 뭐든 간에 반드시 죽게끔 되어 있었다.

52세(1614년 광해군 7년)에 영의정을 지낸 62세의 **奇自獻**기자헌마저 목숨을 잃을 판이 아니던가. 그는 광해군 때 벼슬을 많이 했다고 인조반정에 참여하라는 반정 주동자들의 집요한 제의를 정중히 거절한 사람이었다. '내가 섬기던 임금을 쫓아내려는 일에 그 밑에서 출세한 내가 어떻게 가담하느냐? 나는 절대 그렇게는 못한다고 말했던 것이다. 하지만 운세가 꺾이기 시작하면 아무리 점잖고 고매한 사람이라 해도 그 죽음의 올가미를 쉽게 벗을 수 없는 법이다.

*기익헌 : 서얼 출신이었으나 이문빈의 사위가 된 뒤 궁중 출입. 광해군 때 함경남도 갑산 군수를 지냄. 이괄의 목을 베어 온 덕에 진도 유배 후 7년만인 1631년에 석방됨

반란의 괴수 중에 **奇益獻**기익헌*이란 자가 끼어 있으니, 이 일을 대체 어찌 하겠는가. '저 놈을 살려두었다가는 언제 서로 내통할지 모른다'며 죽일 판이었다.

분위기가 이렇게 험하게 돌아가는 판국이라, 일개 잡범에 지나지 않는 문희현 정도는 아예 목숨이 열 개라도 어떻게 배겨낼 도리가 없었다. 그래서 35명이 넘는 기라성 같은 대신들과 함께 그도 목숨을 내놓을 수밖에 없었다.

문희현(希바랄 희 賢어질 현)의 아버지는 판관을 지낸 사람으로 이름이 문관도(貫꿸 관 道길 도)이다.

친형은 무과에 급제한 무인으로 수원 부사, 정주 목사, 광주廣州 목사를 거쳐 병자호란 후 남한산성 축성에 공헌한 일로 이십 대에 무과에 급제한 후 꼭 46년만에 가의대부嘉義大夫(종2품 상)에 오른

文希聖문희성이다.

친형인 문희성은 백이 든든했거나 윗사람들의 신망을 받는 남다른 재주가 있었던 것 같다. 동생이 반역죄로 참형을 당했는데도 바로 그 이듬해(1625년)에 광주 목사로 나갔다.

광해군 때 수원 부사로 나갔을 때는 '관청 창고가 텅텅 비어있는데도 전혀 채워놓을 방책을 강구하지 않았을 뿐만 아니라 군사를 동원할 때마다 지나치게 예산 낭비가 심했고 행정능력 또한 순 엉망진창'이라는 사간원司諫院의 탄핵을 받아 파면되었었는데도 곧 복직이 되었다.

무과에 급제한지 꼭 20년 되던 해(1614년 광해군 7년)에는 역모사건에 연루되었다는 혐의를 받았는데도 '오해였다'는 조정의 답변을 쉽게 얻어냈다.

그후 4년 뒤에는 '도저히 안된다'는 의정부議政府*의 반대에도 불구하고 비변사備邊司*의 강력한 추천으로 정주定州(평안북도)목사로 나갈 수 있었다.

실로 대단한 관운이요, 행운으로 똘똘 뭉친 기적의 사나이였던 셈이다.

*의정부 : 영의정을 중심으로 모든 관청과 관리들을 총괄
*비변사 : 군사적 측면의 국정을 주로 관할하는 문, 무 합의기구로 현직에 있는 이들이 겸직

문희현은 '어질기를 바란다'는 이름인데 어째서 한심하기 짝이 없는 관리로 전락하고만 것일까. 아버지의 이름 또한 '도리를 훤히 다 파악하여 도道에 능통, 달통한 사람이 된다'는 의미가 아닌가. 이름이란 때로 타고난 천성과 정반대로 지어지는 경우도 종종 있는 모양이다.

어질기만 하면 모든 일이 잘 될 것이라는 은밀한 기대와 소망이 그런 식의 이름으로 귀결되게 마련인지도 모른다.

구조를 요청하러 상륙한 외국의 상인들을 잔인한 해적으로 몰아 모조리 죽이고 그 물건마저 함부로 빼앗은 주제에 무슨 놈의

'어질 현賢'인가. 그저 '바랄 희希'에 걸맞게 살다가 형틀에 목숨을 바치고 간 셈이다. 쉽게 말해 어질고 싶다는 희망만 지니고 살았을 뿐 사실은 어질게 살면 손해보기 십상이니 잔인하고 교활하게 살게 해달라고 속으로 빌고 다닌 셈이다.

후일 후금의 황제에서 청나라의 시조(태조)가 되는 누르하치의 밀서를 조선의 임금에게 보내지 않고 제 호주머니에 넣고 주물럭거리다가 깡그리 무시해버린 일이, 어떻게 그저 사내자식의 배짱이나 엉큼한 속셈이라고 보아 넘길 수 있겠는가.

완전히 일을 망치고만 싶어하는 괴상한 변태성깔이 아니고서야 어떻게 감히 그런 무모한 일들을 계속해서 저지를 수 있겠는가. 참으로 한심한 관리의 전형이었던 셈이다.

그와 함께 표류한 외국 상인들을 해적으로 몰아 모조리 살육하고 재산을 약탈했던 제주 목사 이기빈을 보자.

이기빈(箕키 기 賓손 빈)이라는 얼마나 신기한 이름인가. '손님을 맞아들이기는커녕 곡식을 까불어 겨와 알곡으로 나누는 키질을 열심히 한다'는 뜻이니 정말 기가 막힐 뿐만 아니라 그의 못된 소행에 딱 들어맞는 이름이다.

목사牧使가 어디 그리 낮은 직책이던가. 관찰사 바로 밑의 직급이지만 '정3품 외직 문관직'으로 군권軍權을 거머쥐고 있었다. 전국 8도에 겨우 20여 명이 있을 정도였다. 도가 크면 4명이고 강원도, 함경도처럼 도세가 약하면 겨우 1명이 고작이었다.

문희현이 버젓이 살육과 약탈을 자행할 때 제주 판관이었는데, 그 판관이란 벼슬도 만만한 게 아니었다. 비록 종5품직이긴 해도 중앙과 지방의 요직이었다. 경기도와 평안도를 제외한 전국의 도에 파견했는데 모두 특수지역에 해당되는 셈이었다.

유수영留守營*이 있는 지역(수원, 강화, 광주, 춘천 등)과 특정 지역(제주, 경성, 청주 등)에만 파견했을 뿐이다.

*유수영 : 정, 종2품에 해당하는 '유수'가 다스리는 특수 지역 관청; 2명의 '유수'를 두어 한 자리는 경기관찰사가 겸직하게 했음.

그런데도 그는 지쳐 쓰러진 외국의 난민들을 무참히 죽이고 재물을 약탈하는 짐승만도 못한 짓을 저지른 것이다. 손님을 철저히 키질하여 아예 모조리 쭉정이로 쓰레기통에 내다 버린 것이다. 아니 알곡이고 등겨고 티검불이고 간에 모조리 불타는 모닥불 속에 냅다 집어넣고만 것이다.

'키 기箕'에는 '쓰레받기'라는 의미도 들어있다. 사람 목숨을 쓰레기로 보고 모조리 쓰레받기에 담아 악취 나는 구덩이 속에 시원하게 내다버린 것이다. 정말 한심한 관리들의 표본이라고 아니 할 수 없다.

문희현을 죽게 한 고발자 文晦문회는 오천군鼇川君에 봉해지고 가의대부嘉義大夫(종2품 상)에 올랐다. 그는 종6품의 전임교수專任教授에서 고발 한번 그럴듯하게 했다가 단번에 종2품으로 뛰어오른 것이다. 그런데 2년 뒤에 朴應晟박응성이란 자를 무고했다가 '고자질 대장이냐'는 지탄을 받았다.

문회(晦그믐 회)의 이름은 '캄캄한 그믐 밤'을 뜻한다. 고발의 공로로 지어준 군호도 하필이면 오천(鼇자라 오 川내 천)이다. 물을 만난 자라'이니 힘깨나 쓸 운세인 셈이다.

그의 무고에도 멀쩡할 수 있었던 박응성의 이름을 보자.

응성(應응할 응 晟밝을 성)은 '시절에 잘 적응하여 빛처럼 음성하게 된다'는 이름이니 '캄캄한 그믐 밤'을 뜻하는 무고자의 이름문화를 무난히 이겨낸 것이다. 이름 한번 잘 지은 덕에 프로 무고꾼의 올가미에 걸려들었는데도 거뜬히 살아남은 것이다.

뒤로 넘어져 코가 깨진 사람들
죽을 운명이면 귀신도 못 막는다

35세, 36세, 38세 때에 죽을 고비를 넘기고도 결국 40세에 남해
의 진도에서 죄인으로 죽고만 사람이 있다.

선조 임금의 7남으로 정빈靜嬪 민씨 소생이니 광해군의 13살 아
래 이복동생이 된다. 그러니 광해군을 몰아내고 왕이 된 인조 임
금의 숙부가 되는 셈이다.

조카 인조 임금보다 겨우 7세 연상인 꼬마 삼촌이었던 셈이다.
헌데 성격이 좀 포악했던지 광해군의 실정을 비판하기는커녕 앞
장서서 지지하며 겁 없이 총대를 메곤 했다.

광해군이 계모인 인목대비를 폐위하려 하자 적극적으로 나서서
'맞습니다. 아무렴요. 마땅히 그렇게 하셔야지요'라고 앞장서서
풀무질을 했다.

인조반정 직후 광해군의 폐정을 거론하며 반정공신들은 한결같
이 인성군의 처벌을 주장했다.

"못된 자입니다. 인성군 자신에게도 엄연히 어머니(계

모)인데 어떻게 서인으로 신분을 바꿔 내쫓자고 할 수 있습니까? 형인 광해군이 앞장서더라도 극구 말렸어야 하는 것 아닙니까? 천성이 흉포하지 않고서야 어떻게 그렇게 천륜을 거스르고 인륜을 짓밟을 수 있습니까? 더욱이나 대비마마를 서궁에 유폐시키는데도 앞장섰지 않습니까? 마땅히 극형에 처해야 할 중죄인입니다. 백성들에게 본을 보여 인륜을 제대로 세우기 위해서라도 반드시 극형에 처해야 합니다."

하지만 28세의 새 임금(인조)은 7년 연상인 삼촌을 극구 두둔하고 나섰다. 삼촌을 절대 처벌할 수 없다고 했던 것이다.

왕은 8년 전(1615 광해군 7년)에 숙부인 광해군에 의해 목숨을 잃은 4세 연하의 친동생 능창대군綾昌大君(1599-1615)을 생각했다. 20세 되던 해에 열여섯 살 친동생이 역모죄에 얽혀들어 강화도에서 사약을 받고 죽었던 것이다.

당시 37세이던 어머니(계운궁 구씨)*는 얼마나 오열했던가. 아버지(정원군)는 35세였다.

동생 능창대군(1632년에 능창군에서 능창대군으로 고쳐짐)은 악의적인 정략에 의해 희생된 것이었다. 자그마치 24세나 연하인 조카 능창대군을 시기하는 광해군의 속셈을 눈치 챈 신하들이 임금의 비위를 맞추려고 이리저리 일을 꾸며 반역죄로 처벌했던 것이다.

의금부에서 蘇鳴國소명국이란 자를 심문하는 중에 능창군 '佺전'의 이름이 튀어나왔던 것이다.

> *계운궁 구씨 : 1627년에 이귀 등이 간청하여 임금의 부친이 원종으로 추봉되자 인헌왕후에 봉해짐
> *정원군 : 선조의 5남으로 광해군의 이복동생. 39세로 광해군 말기에 죽었지만 아들이 임금이 된 후 원종으로 추존 됨

"신경희, 양시우, 김정익, 소문진, 김이강, 오충갑 등이

능창군을 왕으로 추대하려는 역모를 꾀하고 있습니다. 제
귀로 분명히 들은 이야기입니다. 절대 헛소리가 아닙니다."

소명국을 그렇게 헛소리를 했다.

인성군仁城君 '珙공'은 35세에는 조카 인조 임금의 강력한 비호로
무사할 수 있었다. 이십 대 후반(29세)에 계모를 쫓아내 죽이려던
그 엄청난 죄를 사면받은 셈이었다.

아무리 대비, 왕비라도 일단 폐위되어 일반 백성의 처지로 돌아
가면 언제 죽을지 모르는 파리 목숨이 되고 마는 거였다. 그런데
이듬해(1624년 2월)에 이괄이 난을 일으켜 3일 왕국을 세우자 다시
한번 위기가 닥치고 말았다.

"인성군도 이괄의 무리와 반란을 모의한 일이 있다." 대신들의
그러한 탄핵에 인성군도 피할 도리가 없었다. 임금인 인조도 이
번에는 숙부를 도와줄 수 없었다.

자신마저 부랴부랴 공주로 피난을 가야할 정도로 이괄의 역적
질이 대단한 위력을 지니고 있었지 않은가. 격앙된 조정 대신들의
분위기를 아무도 말릴 수 없었다. 결국 인성군은 간성에 유배되었
다가 뒤이어 원주로 유배지가 옮겨졌다.

바람 앞에 등불 같은 그의 목숨을 이번에는 어머니가 살려주었
다. 어머니 정빈 민씨가 중병이라 유배 된지 2년여만에 석방되었
던 것이다. 그가 38세에 크나큰 행운을 만난 셈이었다. 헌데 불행
은 대개 2년 주기로 다가오는지 그는 40세 되던 해(1628년)에 다시
한번 끔찍한 사건에 휘말렸다.

임금(인조)의 친형이자 자신의 조카인 능원대군의 장인 **柳孝立**유
효립(1579-1628; 문화 유씨)이 죽음의 그림자를 드리운 것이었다.

광해군의 처남인 **柳希奮**유희분(1564-1623)의 조카인데, 광해군 때에

는 호조참의, 우부승지를 지내며 북인北人 정권의 막강한 실세였다. 그런 이유로 광해군이 쫓겨나자마자 금방 죽게 마련이었지만 참형을 당한 큰 숙부(유희분)와 달리 제천에 유배되는 것으로 끝났다.

그런데 5년여의 세월이 지나자 그는 엉뚱하게도 그동안 친하게 지내던 사람들을 하나 둘씩 은밀히 만나기 시작했다. 물론 새 임금(인조)이 들어서자 앞길이 꽉 막히게 된 광해군 시절의 흘러간 사람들이었다.

許逌허유, 鄭沁정심, 金鐸김탁 등을 만나 속뜻을 나누었다. 그리고 네 살 연상인 작은 숙부 柳希亮유희량(1575-1628)의 아들인 22세 연하의 사촌동생 柳斗立유두립*의 합류를 확인했다.

*유두립 : 1601-1628; 14 세에 진사가 됨

훈련도감 초관哨官* 尹繼倫윤계륜도 선뜻 동조했다.

*초관 : 종9품 무관직; 100명으로 편성된 '초'를 통솔; 훈련도감에는 총 34명의 '초관'이 있었음

그때 유효립과 친하게 지내던 횡성의 李仁居이인거가 1627년 9월 28일에 한 무리를 이끌고 횡성 관아를 점령하며 서울로 쳐들어갈 태세를 갖추었다. 지방의 덕망있는 선비로 광해군 때에 전혀 참여하지 않고 학문에만 몰두했다고 해서 한 때는 '벼슬을 줄 사람'으로 천거되기도 했던 인물이다.

인조반정 직후 대대적인 숙청과 새 인물 추천을 병행할 때 세자익위사世子翊衛司* 익찬翊贊(정6품)에 천거되었으나, 그는 사양하고 횡성에 그대로 머물러 있었다.

*세자익위사 : 세자의 '동궁'을 경비하는 관청으로 병조의 '속아문' 중 하나

그는 속으로 역심을 품고 있었던 것이다.

"임금을 제 손으로 쫓아낸 놈들이 염치 좋게 저희 스스로 왕도 되고 공신도 되다니, 어디 그게 말이 되는가? 왕이 될 재목을 추대하면 몰라도 어떻게 반란군을 이끌고 궁궐을 쑥대밭으로 만들어놓은 장본인이 임금으로 올라설 수 있는가? 고금동서에 그런 법은 일찍이 없었어!"

그렇게 생각하고 있는 그는 반란군을 직접 진두지휘하여 궁궐을 난입한 능양군綾陽君이 새 임금(인조)이 된 것을 천도天道에 어긋나는 것으로 보고 있었던 것이다.

이인거를 비롯하여 많은 선비들은 바로 그 점을 못마땅해 하고 있었다. 李曙이서가 장단에서 반란군을 이끌고 서울로 들어올 때 李重老이중노는 이천에서 반란군을 이끌고 서울로 향했다. 1623년 3월 21일이었다.

이중노의 반란군은 홍제원에서 김류의 반란군과 합류했다. 28세의 능양군 '倧종'이 그날 밤에 이중노의 군대와 김류의 군대를 이끌고 창의문으로 돌격했다. 실질적인 지휘는 이괄이 맡았다.

훈련대장 李興立이흥립이 기다리고 있다가 대궐문을 열어주며 깜깜한 대궐 안으로 안내했다. 많은 이들이 바로 이 날 밤중에 있었던 거사장면을 트집 잡아 입방아를 찧었던 것이다.

이인거는 일단 중앙에 상소를 올려놓고 거사했다. 일종의 선전포고인 셈이었다.

> "정묘호란(1627년)이 일어났을 때 죽기로 싸우지 않고 '후금' 오랑캐들과 강화해야 살 길이 열린다고 한 강화론자들은 모조리 역적으로 처단해야 합니다. 신은 바로 그 일을 하기 위해 군사를 일으켜 서울로 향하고 있습니다. 그 역적놈들을 모조리 잡아 죽이고 반드시 나라와 조정을 우습게 본 그 오랑캐들을 단숨에 무찌르겠습니다. 신이 선택한 이 길을 막지 마십시오!"

이인거는 아마추어 반란군 괴수답게 우선 자신을 '창의중흥대장倡義中興大將'이라 지칭하며 횡성을 거머쥐었다. 강원 감사 崔晛최현을 찾아가 자신의 거사 목적을 설명했다. 대답은 노(No)였다.

원주 목사 洪寶홍보를 찾아가 거사 목적과 거창한 포부를 장황하게 늘어놓았다. 대답은 보다 강한 어조의 노(Never)였다. 홍보의 상세한 보고에 접한 조정은 일단 한양 전역에 계엄령을 선포한 후 지방에도 A급 경계령을 내렸다. 하지만 홍보가 일거에 급습하여 이인거와 그의 세 아들을 생포하여 서울로 압송했다.

유효립은 서둘렀다. 이인거의 섣부른 거병으로 오히려 느슨했던 경계가 바싹 조여지게 된 것이다. 더 머뭇거리다가는 성공은 고사하고 다 붙들려 멸문지화를 당할 판이었다.

그런데 낮말은 새가 듣고 밤말은 쥐가 듣게 마련이었다. 부사를 지낸 許橋허적이란 자가 어떻게 냄새를 맡고 한양에 고자질을 했다. 먼저 직제학과 예조참판을 지낸 53세의 유희량에게 불똥이 떨어졌다. 27세 된 아들 유두립(1601-1628)과 50세 된 조카 유효립이 거사의 주모자로 발각되었으니 목숨이 몇 개라도 살아남기 어려웠다.

쫓겨난 광해군의 처가 식구들(광해군 장인 유자신의 아들들)이라 해서, 반정이 나던 해(1623년 3월)에 큰형 유희분은 참형을 당하고 자신은 간신히 목숨만은 부지하여 거제도에 유배된 상태였다. 하지만 죽음을 도저히 피할 수 없는 형국이었다. 조정에서는 교수형에 처하라는 어명이 떨어졌다.

유희량은 파란 하늘을 보며 봄기운을 잠시 느껴보았다. 목이 조여올수록 정신이 맑아지며 지난 일들이 한 편의 파노라마처럼 뇌리를 스치고 지나갔다. 16년 전에 이꼴 저꼴 안보고 71세로 타계한 아버지(유자신) 얼굴이 떠올랐다.

좌의정을 지낸 鄭惟吉정유길(1515-1588; 동래 정씨)의 딸로 문화 유씨 집안으로 시집와 고생만 많이 하신 어머니 얼굴도 떠올랐다. 무엇보다도 27세로 처형된 아들(유두립)이 애석하게 여겨졌다.

사촌형 유효립의 비현실적이고 황당한 '광해군을 상왕으로 삼고 인조 숙부인 인성군 珙공을 왕으로 세운다'는 발상에 홀딱 속아넘어간 혈기왕성한 아들이 그저 한없이 안타까울 뿐이었다.

허적의 밀고로 속속들이 다 파악하고 있던 조정에서 반란 주동세력이 하나 둘씩 서울에 잠입하기 시작하자 몰래 기다리고 있다가 하나씩 냉큼 냉큼 낚아챘던 것이다.

모친(선조의 후궁인 정빈 민씨)의 중병으로 유배에서 풀려난 인성군 '공'은 유효립 등 대북파의 잔당들이 자신을 왕으로 추대하려는 모의를 했기 때문에 다시 한번 의금부에 붙들려가지 않으면 안되었다. 그래도 임금(인조)이 뒤에서 봐주고 있었기 때문에 이번에도 진도에 유배되는 것으로 그쳤다. 하지만 너무 몸도 마음도 쇠약해진 나머지 더 이상 유배생활을 견뎌내기 힘들었다. 40세를 일기로 바닷바람 세 찬 외딴 벽지에서 쓸쓸히 죽어갈 수밖에 없었다. 참으로 기구하고 또 기구한 생애였다.

왕이 살려주고 또 살려줘도 운이 풀리지가 않았다. 한번 꺾이기 시작한 팔자는 아무리 다시 일으켜 세워도 힘없이 다시 무너질 뿐이었다. 이를 아무리 악물고 다시 무릎을 세워도 곧 제 풀에 쓰러지기 일쑤였다.

인성군의 이름은 공(珙큰 옥 공)이다. 큼지막한 옥돌이라는 뜻이다. 축구공보다 더 크고 영롱한 옥돌이거나, 바위 덩어리처럼 우람한 옥바위라는 것이다. 아마도 너무 큰 덩치라서 귀하기는 분명 귀한데 마땅히 값을 매기기도 어렵고 쉽게 쪼개고 다듬어 보석을 만들기도 어렵다는 의미인지도 모른다.

다루기 힘든 보석, 세상 그 어디에도 쉽게 놓이기 어려운 귀한 돌이라서 그는 여러 차례 '가짜 왕, 그림자 왕'노릇만 실컷 하다가 결국은 죄인으로 외롭게 죽어간 것이다.

큰 보석이라서 죽는 곳도 진도(珍보배 진 島섬 도), 즉, 보배가 가득한 섬으로 정해졌던 가보다.

인성군의 아호는 백인당(百일백 백 忍참을 인 堂집 당)이다.

'백 번을 참고 또 참는 마음으로 산다'는 뜻이다. 왕이 되고 싶은 굴뚝같은 생각을 억누르고 또 억눌러서 깊이깊이 감춘다는 뜻으로 뒤집히고만 셈이다.

같은 '참을 인忍'자 '백 개라도 일단 역모에 끼어들면 야심을 억누르고 역심을 감춘다는 식으로 그 의미가 엉뚱한 방향으로 뒤바뀌고 마는 것이다.

인성군의 경우에는 수양과 인격 도야를 위해 그렇게 참고 또 참는다는 뜻을 아호로 정했는데, 남들은 오히려 정신과 마음을 갈고 또 닦아 고매한 인품을 지니게 된 사람쯤으로 받아들이게 되었던 가보다. 왕으로 자주 추대되었다는 것, 역적모의에 자주 오르내렸다는 것은 분명 둘 중 하나일 것이다.

자신의 제스처나 이미지, 혹은 브랜드나 캐릭터가 남들에게 괜찮게 받아들여졌다는 뜻일 수도 있다. 아니면, 실제보다 많이 부풀려져 세상에 알려진 탓에 민심을 다잡고 선비지식인들의 중론을 모으는데 그가 아주 좋은 대안으로 여겨졌을 수도 있다.

그가 원하던 원하지 않던 선비 지식인들이 왕으로 추대하고 싶다고 덤비면 언제든 목숨을 잃을 위기에 봉착하기 마련이었다. 인성군의 경우에는 아마도 광해군의 주위에 모여들어 십수 년간 입신양명한 대북파 관료들이 함께 일을 도모할 유일한 광해군 스타일의 왕자라고 여겨서 그를 왕으로 추대할 적임자로 지목했을 수도 있다.

대북파가 보기에 그는 상왕으로 모실 광해군과 가장 호흡이 잘 맞을 왕 후보였을 수도 있다. 신기하게도 광해군과 그는 참으로 인연이 깊었던 모양이다.

이복형제인 광해군과 인성군은 13세 차이인데 생애를 마감한 것도 13년 차이였다. 광해군은 인성군보다 13년 먼저 태어나 13년 더 오래 살다가 66세로 타계했다. 17세에 임진왜란으로 갑자기 세자에 오른 후 16년간 불안한 세자노릇을 하다가, 33세에 왕이 되어 15년간 왕 노릇 잘 한 뒤 48세에 쫓겨났다. 18년 동안 왕이 아닌 쫓겨난 일 개 군君으로 살다가 66세로 생애를 마쳤던 것이다.

그를 왕으로 세우려 목숨 걸고 일을 꾸민 이들은 과연 누군가. 유효립, 유두립, 허유, 정심, 김탁 등이다.

효립(孝효도 효 立설 립)과 '말 두립(斗말 두 立설 립)…. '섬기던 대로 계속 한결같이 섬겨 한 치도 틀림이 없다는 뜻과 '크게 세운다, 룰에 맞게 세운다'는 뜻이다.

허유(逌만족할 유)는 '작은 일에 만족하여 항상 느긋하다'는 뜻이고, 정심(沁스며들 심)은 '물 속에 가라앉아 있는 것을 꺼낸다, 물 속에 깊이 숨겨져 있는 것을 애써서 찾아낸다'는 뜻이다.

김탁은(鐸방울 탁)은 '처마 끝에 매달려 살며시 부는 바람에도 쟁그렁 소리를 내는 쇠처럼 세상의 흐름을 예민하게 따른다, 민심 돌아가고 세상 변하는 것에 아주 민감하다'는 뜻이다.

유효립과 유두립의 이름에 공통적으로 들어있는 '설 립立', 정심과 김탁의 이름에 들어있는 '스며들 심沁'과 '방울 탁鐸'이 뭔가 강한 메시지를 품고 있다.

세운다, 물 속에 있는 것을 찾아낸다, 소리를 내어 뭔가 움직임이 있음을 알린다는 뜻 하나 하나가 다 뭔가 큰 변화를 암시하고 있다. 변화를 의미하는 이름들, 변화를 시도하는 사람들 때문에 이름이 珙공인 인성군은 끝내 멀고 먼 유배지 외만 섬에서 목숨을 잃게 되었던 것이다.

땅 속 깊이 박혀 있어야 할 큰 옥, 물속 깊이 잠겨 있어야 할 큰 옥(인성군)이 그만 세우려하고(유효립, 유두립), 찾아내려 하고(정심), 소리내어 알리려는(김탁) 불만세력에 의해 세상에 불쑥 드러나게 되어 그 값과 빛을 단숨에 잃어버리고만 것이다.

허유의 '만족할 유涵'도 '만족할 수 없으면 반드시 만족할 수 있도록 뒤바꿔놓는다는 뜻으로 풀이하면 그 암시가 실로 혁명적이다. 만족과 불만족, 안주와 변화는 실로 종이 한 장 차이인 것이다. 모든 것은 결국 사람이 어떻게 느끼느냐에 달려있는 셈이다.

졸지에 53세의 나이로 교수형에 처해진 유희량을 살펴보자.

27세 아들(유두립)과 49세 조카(유효립)의 역모 주동으로 뜻밖의 참화를 당한 가련한 아버지이자 불운한 숙부였다.

그는 광해군의 처남이라는 이유로 반정세력에 의해 이미 47세에 거제도에 유배되어 있었다. 그런데 5년여의 고달픈 유배생활이 거의 다 끝나 가는가 하고 기대했다가 그만 목을 매달아 죽이라는 뜻밖의 형벌을 받게 되었던 것이다.

유희량(希바랄 희 亮밝을 량)의 자는 용경(龍용 용 卿벼슬 경)이다. 두 개의 아호는 각각 제교(霽갤 제 橋뾰족하게 높을 교)와 봉음(峯봉우리 봉 陰음달 음)이다.

'명석한 두뇌로 일을 잘 처리하기 바란다'는 이름, '임금 곁에서 큰 벼슬을 한다'는 자의 의미가 모두 성공적인 관료생활을 암시하고 있다. '비 갠 날 선명하게 드러난 높은 봉우리처럼 세상에 환히 드러난다'는 아호, '높은 봉우리의 그림자처럼 세상을 두루 덮는다'는 또 하나의 아호는 실로 거창하다 못해 그 야심만만한 기질이 물씬 묻어나지 않는가.

12세에 자기 또래의 누이가 자기와 동갑인 어린 광해군의 아내가 되는 것을 보고 비로소 궁궐과 왕과 왕자의 생활에 대해 잔뜩 호기심을 갖게 되었다.

그는 33세의 약간 늦은 나이에 문과 을과(4등부터 10등까지)에 급제했다. 33명 합격자들 중에서 그래도 당당히 10등 안에 들었던 셈이다. 매부인 광해군이 왕이 된 직후에 본격적인 벼슬생활을 시작했어도 30대 중반에 벌써 요직 중의 요직인 이조정랑(정5품)을 지내고 직제학(정4품)에 이르렀다. 곧이어 사복시司僕寺(말, 목장, 가마를 관할) 정正(정3품)과 예조참판(종2품)에 올랐으니 꽤나 고속승진이었던 셈이다.

그래도 이름과 자와 아호에 들어있는 단단하고 거창한 의미 때문인지, 11세 연상인 큰 형(유희분)보다 벼슬은 비록 낮았지만 명은 더 긴 듯해 보였었다. 53세에 병조판서를 지낸 권력 실세였지만 큰형은 반정직후에 59세로 참형을 당했다.

큰 형의 이름은 희분(希바랄 희 奮떨칠 분)이다. '우르르 달려나가고 불쑥 솟아오르듯이 재빨리 출세하여 세상 사람들이 다 선망해 마지않는 유명인사가 되기를 바란다'는 뜻이다. 실로 엄청난 야심과 급한 기질이 덕지덕지 내포되어 있는 이름이다.

조카 유효립의 자는 행원(行다닐 행 源근원 원)이다. '시대흐름의 한 끝을 잡고 그 흐름 자체를 마음대로 조종한다'는 적극적이고 급진적인 의미가 배어 있다.

유희량이 26세 되던 해에 낳은 아들 유두립의 자는 군수(君임금 군 壽목숨 수)이다. '임금의 자리를 오래 가게 한다, 임금을 오래도록 지켜낸다'는 뜻이다.

자신의 고모부인 광해군을 상왕上王으로 받들고자 했으니, 자의 의미에 딱 들어맞는 셈이다. 더욱이나 외딴 섬으로 쫓겨난 몹쓸 왕(광해군)을 다시 상왕으로 받들고자 했지 않은가. 광해군 쪽에서 생각하면 너무 너무 갸륵하고 어여쁜 처조카들이 아닌가.

아버지의 이름은 '스스로 새롭게 변신한다'는 뜻의 柳自新유자신이고, 조부의 이름은 '자맥질하여 깊숙이 숨는다'는 柳潛유잠, 증조부의 '목숨이 천 년 정도는 가야 한다'는 의미의 柳壽千유수천이다.

한결같이 '몸조심해라! 오래 살아야 마지막에 웃을 수 있다, 난세에는 무조건 깊이 숨어라'는 간곡한 당부가 배어 있다. 조상들은 아마도 후손들(유희분, 유희량, 유효립, 유두립 등)의 참형과 교수형을 미리 내다보고 있었던 모양이다.

유효립은 간단한 신분이 아니었다. 인조 임금의 친형인 능원대군(11세에 백부인 의안군 '성'의 아들로 입양됨)이 바로 유효립의 사위였으니, 따지고 보면 인조 임금과 유효립은 전혀 남남일 수 없었던 사이였다.

형의 장인이니 동생인 임금 쪽에서 보아도 엄연히 사돈어른에 해당하는 셈이었다. 더욱이나 형인 능원대군은 워낙 인품이 깔끔하고 고매해서 많은 이들이 역시 종실의 모범이 될 왕족이라고 우러러보지 않았던가.

그가 61세 되던 해(1653년 효종 4년)에는 '왕손의 서출 및 외손들에게도 먹고 살 것을 넉넉히 주고 힘든 국가임무에서도 면제시켜주시오'라고 제안했었다.

역사를 기록하는 이들이 입을 모아 청아근실淸雅勤實한 성품이었다고 평했으니, 대단히 훌륭한 사람이었던 가보다.

그가 58세로 죽자 34세의 효종 임금은 몸소 빈소에 들러 큰아버지의 죽음을 진심으로 애도했다고 한다.

朴礎박초(1367-1433)라는 이는 고려 말과 조선 초에 벼슬생활을 한 함양 박씨 집안인데 정작 고려 말에는 극형을 면하고 목숨을 부지했다가 조선에 들어와서 목숨을 잃고 말았다. 24세에 혈기왕성한 동료 선비들과 함께 문제가 될 상소를 올리게 된 것이 화근이었다.

공양왕 3년, 1391년이었다. 조선왕조가 개국하기 꼭 1년 전의 일이었다. 성균관 박사 金貂김초, 대사성 金子粹김자수, 17세의 尹向윤향이 함께 연명하여 강력한 상소를 올렸던 것이다.

> "불교는 요사스러운 사교입니다. 그 폐해가 이만 저만 큰 게 아닙니다. 헌데도 아직도 숭불정책을 국가의 기본 정책으로 추진하고 있는 것은 실로 심각한 문제라고 봅니다. 당장 억불정책을 펴지 않으면 나라의 기본이 무너져 다시는 회복할 수 없게 될 것입니다. 서둘러야 합니다. 이미 폐해가 커서 말로 감히 형언할 수조차 없을 정도입니다. 사찰을 증축하는 일, 여기저기에 탑을 쌓는 일을 당장 중지해야 합니다. 그리고 무엇보다도 나라의 임금님이 직접 지원을 약속하며 국고를 탕진하는 것은 실로 망국적인 처사라고 아니할 수 없습니다. 도저히 그냥 넘길 수 없는 죄악입니다.
>
> 유학을 중흥시키고 유학자들을 중용하여 나라의 윤리와 기강을 다시 바로 잡아야 합니다. 사악한 불교로 무너진 나라의 윤리와 기강을 유학의 중흥, 발전으로 속히 만회해야 합니다."

46세의 공양왕恭讓王(1345-1394; 재위는 1389-1392)은 그때 폐위된 창왕昌王에 이어 이성계와 정몽주 등에 의해 임금이 된지 겨우 2년여밖에 안됐었다.

왕은 노발대발했다.

"이 놈들이 정신이 있는 거야 없는 거야! 태조 왕건께
서 고려를 창건할 때 숭불정책을 국가의 기본법으로 삼
았다는 걸 모를 리가 없을 텐데 왜 이런 식으로 임금의
심기를 어지럽게 하고 평온한 나라를 혼란스럽게 하는
거야? 당장 극형에 처하도록 해! 도저히 용서할 수 없는
놈들이야. 취조를 단단히 해서 혹시 역모가 있는 게 아닌
지 샅샅이 조사해 보도록 해! 제 정신으로 불교를 사악한
사교로 몰았다면 이는 필경 다른 의도가 있는 거야. 자그
마치 34대 왕을 거치며 오늘까지 474년간이나 불교는 나
라의 기본으로 받들어야 한다는 대원칙을 고수해 왔는데
왜 이제 와서 새삼스럽게 국교인 줄 뻔히 알면서 사교로
내모는 거야? 당장 극형에 처해서 다시는 이런 평지풍파
를 일으키는 역신들이 안 나오도록 조치해!"

공양왕은 불교를 국시國是(국민의사로 결정된 국정의 기본방향)로 알고
있던 사람이었다.

공양왕은 불교를 태조 이후 5백여 년 가까이 존중되고 추앙되
어온 고려백성의 정신적 지주이자 나라의 으뜸 종교로 굳게 믿고
있던 사람이었다. 따라서 불교를 사교로 내모는 유학자들의 움직
임은 고려를 멸망시키려는 사악한 음모로 여겨질 수밖에 없었다.
박초를 비롯한 유학자들이 대대적으로 핍박을 받을 수밖에 없는
험악한 분위기가 팽배했던 것이다.

심상치 않았다. 이미 피비린내가 슬슬 풍겨오기 시작하고 있었
다. 박초, 김자수, 윤향, 김초는 왕명에 의해 옥에 갇혀 꼼짝없이
죽을 수밖에 없었다.

*공양왕 : 고려 제 20대 '신종'의 7대 손으로 정원부원군 '균'의 아들
*신돈 : 영산 신씨; 옥천사 노비의 아들. 법명은 '편조'로 공민왕 때 국정을 농단하다 1371년에 수원에 유폐, 처형됨.
*우왕 : 공민왕이 신돈의 집에 묵을 때 신돈의 여종인 '반야'를 품고 잉태; 28대 충혜왕과 31대 공민왕의 모친인 27대 충숙왕 비 명덕태후 '홍씨'가 그를 '궁인 한씨 소생'으로 발표; 1374년 공민왕이 살해되자 1388년에 사형 당한 성주 이씨 이인임의 적극적인 옹립으로 1380년에 타계한 명덕태후의 반대에도 불구하고 열 살에 우왕이 됨.
*창왕 : 우왕의 아들로 1388년 5월의 위화도회군 후 이성계 일파에 의해 그 해 6월에 8세 나이로 왕에 오름; 1389년 12월 강화에서 강릉으로 옮겨진 아버지 우왕과 함께 살해됨.

46세의 왕이 어디 한번 해보자는 식으로 극형 운운했겠는가. 아무리 우유부단한 공양왕*이라도 이번만은 그렇게 호락호락 넘어가 줄 것 같지 않았다.

더욱이나 권력 실세인 이성계 일파가 요승 辛旽신돈*의 혈통인 우왕禑王*과 창왕昌王*을 폐했으니 이제는 정통 '왕'씨를 왕으로 세워야 한다'며 제20대 신종神宗의 7대 손인 그를 고려의 마지막 왕인 제34대 공양왕으로 세웠던 게 아닌가.

쉽게 말해 10세에 얼김에 왕이 되었던 32대 우왕이나 8세에 신군부(1388.5.20, 위화도 회군 주역인 이성계, 조민수 등)에 의해 우격다짐 식으로 왕이 되었던 33대 창왕과는 질적으로나 혈통적으로나 백 팔십 도로 달랐다.

확고한 정통성(검증된 왕씨 왕손), 탄탄한 지식 배경, 지긋한 나이(46세) 등이 왕의 자격을 충분히 갖추고 있었을 뿐만 아니라 신군부 우두머리격인 이성계가 확고하게 뒤를 봐주며 그를 밀고 있었지 않은가.

그의 명령은 곧 신군부 실세들의 방침이나 마찬가지였다. 그의 명령은 태조 이래의 왕씨 왕조를 계승한 정통성 있는 지당한 지시였다. 그런데 그 때 두 정씨가 그들을 살려내기로 작정하고 임금에게 글을 올렸다.

먼저 병조좌랑으로 있는 청주 정씨 鄭擢정탁(1363-1423)이 상소를 올렸다.

"임금께서는 박초, 김초 등이 국가의 기본시책을 파괴하려 했다고 했지만 그건 말도 안 되는 소리입니다. 선왕의 법전을 무시한 대역죄라고 했지만 그건 앞뒤가 전혀

안 맞는 말입니다. 선왕의 법전이란 것을 한 마디로 옮기면 바로 '삼강오륜三綱五倫'입니다.

헌데 이 삼강오륜은 불교와 완전히 배치되는 것입니다. '삼강三綱'은 군위신강君爲臣綱, 부위자강父爲子綱, 부위부강夫爲婦綱으로 '임금과 신하 사이, 부모와 자녀 사이, 그리고 부부 사이에 반드시 지켜야 할 도리가 있다'는 뜻이 아닙니까? 또한 '오륜五倫, 五常, 五典'은 부자유친父子有親, 군신유의君臣有義, 부부유별夫婦有別, 장유유서長幼有序, 붕우유신朋友有信으로 부모와 자녀 사이에는 사랑이 있어야 하고 임금과 신하 사이에는 의로움이 있어야 한다는 말이 아닙니까? 부부 사이에는 어느 정도 거리가 있어야 하고 나이에 따라 순서를 지켜야 하며 친구 사이에는 믿음이 있어야 한다는 말이니 얼마나 금과옥조 같은 말입니까? 전한前漢의 동중서가 공자, 맹자의 가르침을 삼강오륜으로 축약한 것이니, 이것이 바로 선왕의 유지였고 선왕 이래의 위대한 법전이었습니다. 임금께서는 무얼 보고 불교를 숭상하고 불교를 중흥하는 것이 선왕의 법전이라고 하는 겁니까? 저는 상감마마의 그러한 해석에 고개가 저절로 갸우뚱해지지 않을 수 없습니다. 도저히 이해할 수 없는 억지 논리입니다."

논조와 주장이 너무 격하다고 여긴 대언代言*들은 정탁의 단도직입적인 상소문을 감히 임금에게 올릴 수 없었다. 그저 겁을 잔뜩 먹고 엉덩이 아래 깔고 앉은 채 끙끙거리며 고민만 하고 있었다.

*대언 : 조선 세종 이후 '승지'로 고쳐 부름

사정이 여기에 이른 것을 알아차린 노련한 54세의 **鄭夢周**정몽주

(1337-1392; 연일 정씨)는 혀를 끌끌 차며 28세의 나이에 어울리지 않게 과격한 글을 올린 정탁의 과실을 나무랐다.

"이 사람아, 공양왕이 누구인가. 2세 연상인 신군부 실세 이성계와 함께 자기 자신이 적극적으로 옹립해서 왕이 된 사람이 아닌가. 앞뒤를 헤아리는 지혜도 있어야지."

정몽주는 부드러운 어투로 상소를 올렸다.

"이번에 상감마마의 심기를 어지럽게 한 박초, 김초 등은 젊은 유학자들입니다. 그들이 배운 논리에 의하면 불교는 당연히 그릇된 것일 수밖에 없습니다. 선왕의 법전을 파괴하려고 불교를 사악한 사교로 몰아세운 것이 절대 아닙니다. 저희가 배운 내용과 워낙 다르기 때문에 잘못된 것이라 섣불리 주장한 것뿐입니다. 상감께서는 국권을 책임지자마자 말씀하셨습니다. '말하는 자에게는 벌을 주지 않겠다고 분명히 말씀하셨습니다. 얼마나 귀한 지침인 줄 모릅니다. 열린 왕궁, 열린 조정, 열린 정치를 지향하시겠다는 자애로우신 지침으로 알고 저희가 얼마나 기뻐했는지 모릅니다. 불교배척은 유학자이면 누구나 하는 상사常事에 지나지 않습니다.
상감께서는 이번에 상소를 올려 죽을죄를 짓고만 젊은 유학자들을 부디 너그럽게 용서해 주십시오. 자질구레하기 짝이 없는 자들입니다. 어리석기 짝이 없는 자들입니다. 자애로우신 상감께서 이번 일을 용서해 주신다면 반드시 태평성대를 구가하실 수 있을 겁니다. 부디 노여움을 푸시고 본래의 자애로우심을 저희에게 환히 보여주십시오!"

공양왕은 노 대신 정몽주의 상소를 읽고 화가 저절로 풀렸다.

뿐만 아니라 체면을 구기지 않고 슬그머니 어명을 철회할 수 있는 근거가 생겼던 것이다. 결과는 석방이었다. 박초는 연명으로 상소를 올렸던 유학자들과 함께 무죄 방면되어 다시 벼슬길에 들어설 수 있었다.

고려 말의 정치적 소용돌이에서 무사히 살아나 태종대인 37세 때(1404년 태종 4년)는 정5품 헌납獻納에 올랐다. 그런데 그는 다시 한 번 곤욕을 치르게 되었다.

전에 선공감繕工監* 승丞(종6품)으로 재직할 때 정부의 쇠 300근을 개인적으로 유용한 일이 들통나 다시 감옥에 갇히고 말았다. 전과*가 있는 몸이라 작은 죄로도 중벌을 받기 십상이었다. 더욱이나 새 왕조 조선의 초기라 모든 일들이 엄격하고 단호하게 처리되던 때였다.

*선공감 : 토목과 영선 즉, 건물 신축 및 관리를 담당
*전과 : 고려 말, 24세 때 불교 배척 상소로 투옥됐던 일

그러나 이번에도 목숨을 건졌다. 장형으로 다스려져 매만 엄청나게 맞고 한 달여 동안 몸져누워 있었을 뿐이다. 청년 시절에 자신을 살려낸 정몽주는 이미 55세의 나이로 12년 전에 선죽교에서 죽고 없었다. 하지만 3년 전(1401년 태종 1년)에 영의정으로 추증 되어 완전히 명예회복 된 상태였다.

28세의 나이로 4세 연하인 자신을 위해 과감한 상소를 올려주었던 정탁은 41세로 의정부 지사知事(종2품)에 올라 있었다. 그나마 천만다행이었다. 찾아가 도와달라고 할 수 있는 힘 있는 사람이 있다는 게 얼마나 든든한 일인가.

어쨌거나 37세에 만난 창피스러운 혐의로 벼슬길이 완전히 막힐 수 있었지만 얼마 안 지나 다시 살아날 수 있었다. 46세 때에는 전라도수군 도만호都萬戶로서 회례사回禮使로 일본을 다녀왔다.

565

그는 50세 때에는 제주 목사, 의주 목사를 지냈고 이듬해에는 병조참의에 올랐다. 52세에는 좌군절제사, 전라수군 도절제사, 경상우도수군 처치사處置使에 올랐다. 그리고 64세에는 강계절제사를 지냈다.

그런데 2년 뒤인 66세에 마침내 다시 한번 죽음의 그림자가 드리우기 시작했다. 북방 야인들이 침략했는데 그만 방비를 소홀히 하여 참패당하였을 뿐만 아니라 막대한 손실을 초래하였다.

늙은 몸으로 변방을 지켜낸다는 일이 그렇게 말랑말랑하고 녹녹한 일이 결코 아니었을 것이다. 하지만 조정에서는 '변방 하나 제대로 방어하지 못해 국가를 어렵게 하고 백성을 죽게 했으니 마땅히 극형으로 다스려야 한다'는 탄핵이 빗발쳤다.

결국 죽을 수밖에 없었다. 유일하게 부탁할 수 있는 우의정 정탁도 이미 8년 전에 60세로 죽고 없었다. 쓸쓸히 죽어갈 수밖에 다른 도리가 전혀 없었다.

함양 박싸 박초(礎주춧돌 초)의 자는 자허(子아들 자 虛빌 허)이고, 토(土흙 토 軒추녀 헌)이다.

이름은 '주춧돌을 놓는다'는 거창한 의미인데 자는 이상하게도 '뭔가 되게 모자란 사람'이라는 뜻이다. 아호마저도 '흙으로 지은 초라한 집'이다. '주춧돌'이 될 재목으로 태어났지만 받쳐주는 이들이 별로 없다. 그의 타고난 성품에도 홀로 서기에 성공할만한 강인하고 억척스러운 구석이 별로 없다. 자마저도 뭔가 모자라도 한참 모자란다는 비리비리한 의미를 지니고 있다.

아호는 또 어떤가. '흙집'이니 그게 대체 얼마나 버티겠는가. 기질은 딴딴한 편인데, 자와 아호가 허虛하니 뭐를 하든 섣불리 덤비는 편이었을 것이다. 자신을 너무 과신한 나머지 만일의 불행에 대비하는 편이 아니었을 것이다. 본래부터 무모하고 경솔한 처리로 여러 차례 죽을 고비가 닥칠 사람이었다.

그가 24세에는 어명으로 사형을 기다리다 정몽주 같은 거물실세가 직접 구명운동을 펴 살아날 수 있었다. 37세에는 앞서 맡았던 토목, 건축 일에 하자(쇠 300근을 유용한 일)가 생겨 매를 맞고 창피만 약간 당하고 끝났다. 허나, 66세에는 국방에 소홀히 하다가 국토를 유린당하고' 동정의 여지가 전혀 없이 처형당하고 말았다.

주춧돌을 놓으려는 야심만만한 포부를 자나 아호로 잘만 감싸주고 감춰주었더라도, 그는 그 마지막 죽을 고비를 무난히 넘겼을 것이다.

어떤 종교든 살기를 품으면 사람이 죽는다

고려 말에 있었던 '불교 박해' 상소에 연루된 이들은 마치 이집트 피라미드를 파헤친 고고학자들처럼 하나 같이 괴상한 죽음을 맞고 있다.

1391년 24세의 함양 박씨 朴礎박초와 17세의 파평 윤씨 尹向윤향이 주동이 되어 왕이 된지 겨우 2년여 밖에 안 된 공양왕에게 상소를 올렸다. 물론 김초와 경주 김씨 김자수도 상소에 연명하여 그 무게를 더했다.

불교를 숭상하고 사찰의 불탑 쌓기를 나라가 나서서 지원하는 것은 망국적인 병폐라고 지적했다. 불교는 사악한 사교邪教라고 단정했다.

"불교의 폐해는 이루 말로 다 표현할 수 없을 정도입니다. 사찰을 중흥한다 하여 나라의 금고를 털고 백성을 함부로 동원하는 것은 진실로 문제입니다. 승려라고 하는 작자들이 얼마나 교만해 졌는지 모릅니다. 백성의 마

음과 육체를 얼마나 좀먹고 있는지 모릅니다. 실로 그 폐
단을 필설로 감히 다 묘사할 수 없을 정도입니다. 사악한
사교에 불과한 것을 나라가 나서서 백성에게 강요하듯
하는 것은 정말 한심한 일입니다. 속히 국가정책을 백 팔
십 도로 바꿔야 합니다. 더 이상 불교를 지원하다가는 나
라의 뿌리마저 다 뽑힐 지경입니다. 유학을 중흥하고 정
몽주 같은 유학자들을 중용해야만 나라의 기강과 기본이
확고부동해 질 것입니다. 태조 왕건이 고려왕조를 열 때
불교를 숭상하라고 했다는 것은 전혀 근거없는 거짓말입
니다. 사실 태조께서는 군주와 신하, 부모와 자식, 남편
과 아내 사이에 반드시 지켜야할 기본 도리가 있다는 점
을 강조하신 것입니다. 그리고 나이의 많고 적음이 질서
가 되고 친구 사이의 믿음이 돈독해야만 비로소 사람 사
는 참 세상이라고 보신 것입니다. 한마디로 공자, 맹자의
가르침을 나라의 기본으로 삼고자 하셨던 겁니다. 삼강
오륜이 바로 태조와 선왕들의 기본 방침이고 통치의 기
반이었습니다. 불교 운운하는 것은 부패하고 사악한 승
려들과 그들에 속아넘어간 몇몇 눈 먼 자들의 단골 구호
이고 십 팔 번 노래였습니다."

이와 같은 상소가 올려졌던 것이다.

중요한 것은 고려의 국교로 34대 470여 년 이상이나 지켜져 내
려온 불교를 사교 집단으로 몰아붙인 일이었다. 정말 목숨이 백
개라도 도저히 무사히 넘어갈 수 없는 망발이고 신성모독이었다.
공양왕의 표현대로 '선왕의 법전을 파괴하자는 것'이었다.

그것은 곧 반역이고 선왕 모독이었다. 뻔히 알면서 성역시되어

온 부분을 일부러 건드려본 것으로 받아들여졌다. 즉, 왕을 우습게 보고 종묘사직을 비웃은 셈이었다.

공양왕의 진노는 너무도 당연했다.

46세나 된 왕이었으니 사리를 분간 못한다고 몰아붙일 수도 없는 일이었다. 지식이든 상식이든 이미 알만큼은 다 아는 프로 수준이었다.

> "모두 옥에 가두고 철저히 심문하여 여죄를 파헤친 후
> 극형에 처하라!"

판결은 이미 나 있었다. 사형에 처하라는 선고는 이미 내려져 있었다. 박초, 김초, 김자수, 안향은 그저 옥에 갇혀 몇 대를 더 맞고 죽느냐와 몇 끼를 더 얻어먹고 죽느냐만 남아 있었다. 죽는 것은 이미 정해져 있었다. 그저 날짜와 시간만 뒤로 미뤄져 있는 상태였다.

유학자들이 들고 일어났다. 함께 죽는 것이 곧 숭고하고 거룩한 순교로 여겨졌다.

> "…… 밀어붙이자! 왕은 허수아비에 지나지 않는다. 이
> 성계 일파와 정몽주 등이 왕으로 세운 사람이니 밀어붙
> 이면 470여 년간이나 마치 국교처럼 여겨져 온 불교를
> 깔아뭉갤 수 있을 것이다. 지금 방향을 바꾸지 않으면 유
> 학은 그 설자리를 잃고 만다.
> 죽기로 각오하고 상소를 올려 왕을 꺾어놓아야만 고려
> 에도 비로소 참지식과 참믿음이 싹을 틔울 수 있을 것이
> 다. 불교중흥 470여 년이 남겨놓은 일이 대체 뭐냐?

산 속의 사찰들과 국가 의무를 면제받은 승려라는 이들만이 그 속살을 피둥피둥 찌웠지 않았느냐? 백성의 삶이 더 나아졌느냐? 백성의 정신과 양식이 더 풍요로워졌느냐? 모두 헛것이고 헛소리에 불과한 것을 태양으로 알고 섬기고 달님으로 알아 하루 스물 네 시간 우러러보고 있었던 것이다.

이제 유학을 국가 운영의 기본으로 삼아야 한다. 무너져내린 고려를 유학 위에 다시 세워 찬란한 옛 영화를 되찾아야 한다. 승려들이 무너뜨린 정신과 양심을 유학자들이 다시 일으켜 세워야 한다. 피를 흘리지 않고는 변화를 불러들일 수 없다.

피를 보지 않고는 단 한 치도 앞으로 나갈 수 없다. 일어서자! 몇몇은 여기서 죽어야 한다.'"

유학자들의 그러한 격앙된 마음을 읽은 정탁이 먼저 항의성 상소를 올렸다.

"선왕의 법전을 파괴하려 했다고 하셨습니까? 대체 무엇이 선왕의 법전입니까? 제가 알기로는 공자와 맹자의 가르침을 요약한 '삼강오륜'이 바로 선왕의 법전입니다. 불교가 선왕의 법전입니까? 틀렸습니다. 택도 없습니다. 아무리 까막눈이라도 그런 억지 주장을 늘어놓지는 않습니다. 선왕의 법전과 유학은 전혀 어긋남이 없습니다. 오히려 불교를 숭상하자고 하는 것 자체가 선왕의 법전을 욕되게 하는 것입니다."

오죽했으면 왕의 비서실 직원들(대언代言; 후에는 '승지'로 고쳐 부름)이 겁이 나서 감히 왕에게 올리지 못하고 전전긍긍했겠는가.

왕이 노발대발할 글을 올렸다가는 올린 비서도 목숨을 지켜내기 어려워지는 법임을 너무도 잘 알고 있었던 것이다.

54세의 노련한 유학자 겸 정치 9단이 나설 수밖에 없었다.

28세의 병조좌랑 정탁이 자칫 일을 엉망진창으로 만들어 엄청난 피를 불러올 수 있었기 때문이다. 정몽주는 이성계 일파의 승승장구를 심히 염려하며 한 시도 경계를 늦추지 않고 있었다.

이성계의 권력욕을 견제하고 고려를 지켜내려면 기질이 순수하고 성품이 대쪽 같은 유학자들을 자기 주변에 묶어두는 것이 대단히 중요했다.

정몽주는 목숨을 걸고 극형을 기다리고 있는 유학자들을 구해 전국의 유학자들을 자기 주위에 모아두고 싶었다. 누군가의 위기는 내 쪽의 기회가 될 수 있는 법이었다.

"상감마마! 즉위하자마자 들려주셨던 그 금과옥조 같은 말씀을 아직도 어제 일처럼 생생하게 기억하고 있습니다. '말하는 자는 내가 절대 벌주지 않겠다고 하셨지요? 열린 토론, 열린 정부, 열린 통치를 내외에 선포하신 것입니다. 지금이 바로 상감의 그러한 통치방침을 증명할 때입니다. 사실 유학자라면 누구나 불교를 붙들고 시시비비를 가리려 할 것입니다. 전혀 이상한 일이 아닙니다. 이번에 투옥된 젊은 유학자들도 다른 속셈이 있어서 그러한 상소를 올린 것이 아닙니다. 유학자라면 누구나 불교가 되었든 아니면 도교가 되었든 그 허망함과 요사스러움을 지적하게 되어 있습니다. 제 학문과 제 진리와

제 믿음을 제일로 여기고 남의 것을 작고 우습게 여기는
거야 너무도 당연한 일이 아닙니까? 더욱이나 이번에 불
교억제를 임금에게 올린 자들은 그렇게 심오하거나 신중
한 자들이 아닙니다. 경솔하고 경박한 조무래기들에 지
나지 않습니다. 상감처럼 나이 지긋한 분이 조그마하고
어리석은 자들을 혼내셔서 얻는 게 대체 뭐겠습니까? 잊
어버리세요. 용서고 뭐고가 어디 있습니까? 그냥 조무래
기들의 어리석은 말로 여기시고 무시해 버리세요."

정몽주의 이와 같은 고단수 상서로 죄인들은 풀려나고 임금은
화가 풀렸다. 그런데 이상한 일은 그 다음부터 일어난 일련의 사
건들이다.

박초는 24세에 정몽주의 상소 덕분에 살아났지만 66세에 변방
의 수비를 소홀히 한 죄로 처형당하고 말았다.

경주 김씨 **金子粹**김자수는 형조판서까지 지낸 중진 정치인이었는
데도 고려 말, 조선 초에 정세가 흉흉하자 잔뜩 겁을 집어먹고 안
동으로 낙향하여 은둔생활을 했다.

태종(이방원)이 형조판서에 임명하며 조정에 출근할 것을 요구하
자 극구 사양하고는 무슨 이유에서인지 자결하고 말았다.

파평 윤씨 윤향은 어떤가.

17세 때에 '불교가 나라를 망치니 정도전 같은 유학자를 존중하
여 나라를 다시 튼튼하게 해야 합니다'라고 상소를 올렸던 그가
아닌가. 30세 때(1404년 태종 4년) 사간원 지사知事(종3품)를 지
냈는데 **南在**남재*의 부정을 탄핵하다가 오히려 자신이 공
주로 귀양을 가야 했다.

윤향은 33세에 이조참의로 복귀하여 대사헌과 한성부

*남재 : 1351-1419; 의령
남씨; 65세에 영의정 지
냄. 산수에 능해 '남산'
이라는 별명 지님; 1차
왕자의 난 때 61세의 정
도전 등과 함께 44세로
죽은 남은의 친형

윤을 지냈다. 이듬해에는 전라도 관찰사 겸 완산부윤으로 나갔다. 그리고 36세에는 경상좌도 병마절도사를 지내고 38세에는 다시 한성부윤을 지냈다. 39세에는 공조, 형조, 호조판서를 지냈다.

그런데 호조판서로 있을 때 '위화도회군 때 공을 세운 장수들의 공신녹권功臣錄券*을 개정하라고 상소했다가 파직된 채 적성으로 유배되었다.

윤향은 결국 44세에 형조판서로서 진하사進賀使로 명나라에 갔다오다 평양에서 객사했다.

金貂김초는 성균관 박사(7품에서 9에 해당) 시절에 '불교 중흥은 안됩니다! 유학을 존중해야 합니다'라는 상소를 올렸는데 그 이후의 기록이 변변하지 않은 것으로 보아 단명短命으로 끝난 듯하다.

불교를 이단異端으로 몰며 사교邪敎 운운한 이들이 하나같이 불우한 말년, 비참한 최후를 맞았다. 박초는 사형을 당했고 김자수는 자살, 윤향은 객사, 김초는 요절했다.

이들을 구명 운동했던 정탁과 정몽주의 경우는 어떠했는가.

정탁은 19세에 문과에 급제하여 10년 뒤 29세에 조선개국을 도와 개국공신 1등에 올랐다. 곧이어 성균관 대사성을 지냈다.

33세(1396년)에는 명나라 황제에게 보내는 글(표문表文)을 지었는데, 내용이 경박하다며 명나라 황제가 비난하자 서둘러 명나라를 찾아가 해명하고 돌아와야 했다.

명나라를 건국한 68세의 홍무제*가 '글이 어찌 이리 경박한고'라며 이맛살을 찌푸렸으니, 자칫 잘못했으면 뼈도 못 추릴 뻔했던 것이다.

그래도 해명이 잘 받아들여져 귀국 후에 좌승지로 태조(이성계)의 비서실에 중용되었다. 35세에 만난 1차 왕자의 난

*공신녹권 : 직함, 이름, 경위, 특권 등이 기록된 문서; 조선은 총 28회의 공신녹권이 주어졌으나 연산군, 광해군 때에 주어진 5회의 공신녹권과 경종 때의 1회 공신녹권이 추후에 삭탈 됨

*홍무제(주원장) : 1328. 10. 21-1398.6.24; 안휘성 빈농 출신으로 17세에 고아가 되어 탁발승으로 지내다 홍건적 부장 곽자흥의 부하로 들어가 원나라 강남 거점인 남경을 점령하므로써 두각을 나타냄. 40세에 황제로 즉위하여 30년간 명나라의 기틀을 확립.

때 승자인 이방원 편에 선 후 정사공신定社功臣 2등에 올랐다.

그 후 부친 鄭公權정공권이 지냈던 정당문학政堂文學에 올랐다. 42세(1405년 태종 5년)에는 살인죄를 뒤집어쓰고 유배되었다. 유배지에서 죽어야 마땅한 중죄인이었으나 공신이니 특별히 감형한다고 하여 풀려났다.

그해에 체제가 개편된 개성 유후사留後司 유후留後로 발령받아 34대 475년간 고려의 수도였던 개성의 행정을 총괄했다. 개성만은 지방직이 아니라 중앙직으로 대우받았으니 결코 외지로 좌천되거나 강등된 것이 아니었다.

45세 때에 명나라에 다녀와 이듬해(1409년)에 세자 좌빈객左賓客(정2품)이 되었다. 15세 세자는 10세(1404년)에 세자에 책봉되었지만 엄격한 궁중생활과 철저한 유교식 교육에 싫증을 내고 있었다.

세자가 24세(1418년) 때에 21세 된 둘째 동생(충녕대군),*에게 세자 자리를 내놓게 되는 양녕대군*을 가르치는 일이었다.

*충녕대군 : 그 해 8월에 51세의 태종으로부터 양위받아 세종대왕으로 즉위
*양녕대군 : 세자에서 밀려난 뒤 대군에 봉해짐

49세 때에는 정조사로 명나라를 다시 다녀왔다. 그리고 58세 때에는 진하사로 또 한 번 명나라를 다녀와 우의정에 오르게 되었고, 60세에 환갑을 맞으면서 바로 그해에 생애를 마감하게 되었다.

정탁은 40여 년의 관료생활에서 네 차례나 명나라를 왕래했으니 최소한 2, 3년 정도는 길바닥에서 보낸 셈이다. 그래도 운세가 대단하여 고려 말, 조선 초의 격동기를 잘 헤쳐 나와 입신양명을 이뤄냈다. 비록 42세 때에 살인죄로 유배생활을 해야 했지만 그 어마어마한 죄명에 비해서는 처벌이 실로 대단치 않았던 셈이다. 일단 유배형에 처했다가 다시 불러 사약을 내리거나 처형하는 일이 다반사였기 때문에 유배형을 최종적인 형량으로 볼 수 없었을

것이다.

정몽주는 어떠했던가.

모두가 잘 알다시피 그는 55세에 사냥하다가 다쳐 몸져누운 2세 연상의 이성계를 문병하고 오다가 개성 선죽교善竹橋에서 철퇴에 맞아 객사했다.

그가 여러 차례 제거하고자 기회를 엿보고 있던 고려 왕조의 위험인물 제 1호 이성계는 명나라를 방문하고 돌아오는 세자를 마중하러 나간 틈에 잠시 사냥을 하다가 말에서 떨어졌던 것이다.

그는 사실 병문안을 핑계로 이성계의 신상에 어떤 일이 있는가를 염탐하려던 참이었다. 그때 이성계는 황해도 땅 황주黃州에 몸져누워 있었다.

정몽주도 한 때(43세 때인 1380년)는 이성계의 휘하에 속해 왜구를 토벌하기도 했었다. 52세 때는 이성계 일파와 정책 공조를 펴 20대 신종神宗의 7대 손으로 정원定原부원군 鈞균의 아들인 瑤요를 고려의 마지막 왕인 34대 공양왕恭讓王*으로 옹립했었다.

*공양왕 : 1345-1394; 재위는 1389-1392; 폐위 뒤 원주로 추방되어 공양군으로 강등된 뒤, 1394년 49세로 삼척에서 살해됨

정몽주는 23세에 장원급제했는데 3차례(초장, 중장, 종장) 모두 장원하여 주위를 놀라게 했다.

그가 39세(1376년) 때에는 북원北元이 서신을 보내오자 권력 실세인 李仁任이인임과 池奫지윤이 갑자기 8년 전(1368년)에 건국한 명나라와의 외교 관계를 끊고 원의 잔류 세력과 국교관계를 재개하려 했다.

공민왕 말년에 주원장이 홍무제가 되어 명나라를 건국하자 정몽주는 서둘러 명과 국교관계를 맺자고 제안하여 관철시켰다. 그런데 그가 37세 되던 해에 공민왕이 피살되고 엎친데 덮친격으로 金義김의라는 자가 명나라 사신을 살해한 큰 사건이 터졌다.

그는 우왕좌왕하는 고려 조정을 설득하여 서둘러 명나라에 사신을 보내 '공민왕이 피살되어 정세가 **흉흉** 하자 김의라는 자가 명나라 사신을 죽이는 못된 짓을 저질렀다'고 해명하게 했다. 하지만 이번에는 사정이 많이 달랐다. 이인임과 지윤이 권력의 핵심에 앉아 정몽주를 심히 못마땅하게 여겼던 것이다. 결국 정몽주는 39세의 나이로 언양彦陽에 유배되었다.

이듬해에 석방되었는데 이번에는 또 희한한 제안이 들어왔다. 왜구가 끊임없이 고려 해안을 노략질하여 하루도 편할 날이 없었다. 고려 조정에서는 **羅興儒**나흥유를 일본에 보내 제발 왜구 좀 어떻게 단속해 달라고 요청하도록 했었다. 그러나 일본에서는 고려 사신을 투옥한 후 괴롭히다가 거의 아사직전에 되돌려 보냈다.

이인임, 지윤 등 고려의 권신들은 눈엣가시 같은 정몽주를 일본으로 보내려 했다. 많은 대신들이 위험하다며 염려했으나 정작 당사자인 정몽주는 조금도 두려워하는 기색이 없었다.

그는 일본에 가서 그 쪽 책임자를 만나 전후사정을 간곡하게 설명했다. 일본 승려들은 고려의 최고 유학자가 왔다며 앞다투어 시 한 수를 얻어가려 했다. 실로 인기 만점이었다. 승려들이 매일같이 가마를 메고 와 일본의 명승지를 구경하고 가라고 간청했다.

귀국 시에는 구주九州 절도사가 파견한 **周孟仁**주맹인과 함께 **尹明**윤명, **安遇世**안우세 등 수백 명의 고려 포로들을 동행하여 귀국했다.

이때 자유의 몸이 되어 귀국한 윤명은 그 후로도 일본을 여러 차례 오가며 포로로 잡힌 고려의 양민들을 구출해 왔다. 한 번은 정몽주가 앞장서서 여러 대신들로부터 약간의 사재를 거두어 그 재물로 일본에서 종노릇하고 있던 백여 명의 양민 자제들을 석방시켜 데려온 일도 있었다. 물론 이 때도 정몽주의 간곡한 서신을 들고 윤명이 일본에 갔었다.

그는 확실히 고려 말의 대학자요 큰 정치인이요 큰 외교가 였다. 당연히 이성계 일파의 역심을 온몸으로 막고자 했을 것이다. 그냥 놓아두면 고려의 왕씨 왕조에서 이성계의 이씨 왕조로 뒤바뀔 게 너무도 뻔했다.

두 살 위인 이성계는 가능한 한 정몽주를 회유하거나 최소한 묵인, 방관하는 쪽에 서도록 하려 했다. 허나 20대 중반인 다섯 째 아들 이방원은 마음이 전혀 달랐다.

> "정몽주가 우리를 죽이려 하는데 어떻게 살려 두자고만 하십니까? 아량을 베풀려다가 우리가 죽습니다. 의외로 교활한 자입니다. 왜구를 무찌를 때 보셨지 않습니까? 용기가 대단하고 배짱 또한 여느 무인을 뺨칠 정도입니다. 잔정을 버리셔야 합니다. 옛정을 싹둑 잘라내셔야 합니다. 아버님 한 분의 문제가 아닙니다. 수많은 사람들의 목숨이 달려있습니다. 우리를 방해하고 더욱이나 우리를 죽이려 하는 자를 그대로 살려둘 수 없습니다. 제가 알아서 처리하겠습니다. 일단 설득해 보겠지만 아마 이빨도 안 들어갈 위인일 것입니다. 세가 우리 편으로 기운지가 벌써 4년여 되는 데도 전혀 끄떡도 하지 않습니다. 더 이상 보고만 있을 수 없습니다."

이방원은 **趙英珪**조영규(신창 조씨의 시조로 1395년에 타계)를 시켜 우선 장사 4, 5명을 병문안을 핑계대어 상황을 염탐하고 돌아가는 그를 선죽교에서 격살했다.

조영규는 이성계의 천거로 벼슬을 시작하여 이성계 휘하에서 왜구 격퇴에 많은 공을 세운 무인이었다. 21년 전(1371년)에 벌써 위위시衛尉寺(의장儀仗 맡은 관청) 판사判事(정3품)를 역임했다.

신기한 것은 이방원이 왕(太宗)이 되자마자 자기가 죽인 정몽주를 영의정으로 추증(1401년 태종 1년; 중종 때는 문묘에 배향 됨) 한 점이다. 그뿐만이 아니다. 익양益陽부원군으로 추봉하기까지 했다.

결론적으로, 고려 말년(1391년 공양왕 3년)에 일어났던 불교 타도 상소사건(불교를 이단 내지 사교로 몰아붙였던)에 연루되었던 사람들 대다수가 비참한 최후나 외로운 주검을 맞이했다는 기이한 사실에 주목할 필요가 있다.

66세의 나이로 '변방 방비에 소홀한 죄'로 사형에 처해진 박초(礎주춧돌 초)의 자는 자허(子아들 자 虛빌 허)이고, 아호는 토헌(土흙 토 軒추녀 헌)이다.

이름은 '주춧돌이 된다, 주춧돌을 놓는다'는 뜻이고, 자는 '뭔가 되게 모자란 데가 있다'는 의미이다. 아호는 '흙 집'을 말한다. 이렇게 놓고 보면 쓸만한 것은 '주춧돌을 놓는다, 주춧돌이 된다'는 이름뿐이다.

유학자의 신분이었지만 뒤를 봐주는 든든한 줄이 없었던지 66세의 나이임에도 변방을 지키는 강계 절제사로 있다가 만주 야인들의 변방침략과 노략질로 그만 목숨을 잃고 말았다.

37세 이전에는 병조좌랑(정6품), 선공감 승丞(종6품)도 지내고 37세에는 헌납(獻納(정5품)에도 있었는데, 37세에 전에 선공감 승丞으로 재직 시 유용한 쇠 300근 때문에 장형杖刑에 처해진 이후로 전라도, 제주도, 경상도를 거쳐 전략적 요충지인 평북(의주, 강계 등) 방어 책임자로 전전하게 되었던 것이다.

이름과 아호에 들어있는 '돌'과 '흙'이 자신의 운명이 되고만 것이다. 발에 밟히고 발길에 차이는 처지로 전락하고만 것이다.

'아들 자子, 빌 허虛'로 이뤄진 자의 의미 또한 '나라의 빈 곳을 채워주는 사람이 된다'는 의미로 바꿔 생각할 수도 있다. 즉, 변방을 방어하는 사람이 되어 자나 깨나 늘 평안할 날이 없다는 의미인 셈이다. 실로 어지간히도 나약한 팔자, 사나운 운세인 것이다.

조선 개국 후 형조판서에 임명되었으나 극구 사양하고 자살을 해 버린 金子粹_{김자수}는 과연 어떤 인물인가?

그는 하필이면 공민왕이 피살된 해_(1374년 공민왕 23년)에 문과에 장원으로 합격했다. 그런데 성격이 좀 삐딱했던지 왜적을 격퇴한 曹敏修_{조민수}*가 포상을 받은 후 감사편지를 임금에게 보내왔는데 그에 대한 임금의 답장을 쓰라는 어명을 거절한 죄로 돌산突山_(전남 여수)에 유배되었었다.

석방 뒤에 전교시典校寺_(적, 축문, 상소를 담당) 고위직과 사재시司宰寺_(해산물, 하천 교통을 담당) 판사判事를 거쳐 공양왕 때는 성균관의 으뜸 벼슬인 대사성_(정3품)에 올랐다.

이 때에 불교의 폐해를 지적하며 '사찰의 중수공사를 중지하라'고 상소를 올렸다. 그로 인해 위기에 처한 그는 정몽주의 주도면밀한 상소내용으로 공양왕의 극형에 처하라는 어명이 거두어지자 석방되어 형조판서로 재기하게 되었다. 그런데 어째서 태종의 어명_(형조판서에 임명)을 정중히 거절하고 자살했을까?

정세가 흉흉하여 목숨을 부지하기 힘들다고 여기고 고향 안동으로 낙향하여 은둔생활을 했는데 그 때 혹시 어떤 일이 있었다는 것인가? 경주 김씨 집안이니 가문 또한 쟁쟁했을 텐데 무엇이 그를 자살로 내몰았을까?

김자수_(子아들 자 粹순수할 수)의 자는 순중_(純생사 순 仲버금 중)이고, 아호는 상촌_(桑뽕나무 상 村마을 촌)이다.

'마구 뒤섞이기 싫어하는 깔끔하고 순수한 성품'이라는 이름이 왠지 마음에 걸린다. 고려 말, 조선 초의 격동기를 살아내기에는 아무래도 좀 서툴고 어수룩한 편이었을 것이다.

*조민수 : 창녕 조씨; 1388년 5월 20일 이성계와 위화도 회군 주역; 전제개혁을 통해 구세력을 와해시키려는 이성계 일파에 저항하다 조준의 탄핵으로 창녕에 유배되었다가 창왕 생일 기념 특사로 석방; 우왕 혈통을 문제 삼는 이성계 일파에 저항하다 서인으로 강등된 채 창녕 유배지에서 죽음.

죽고 죽이는 교활한 정략이 판을 치고 배신과 변절이 횡행하는 정치환경, 사회환경에 신물이 났을 것이다. 어쩌면 출세 혐오증, 권력 염증이 극에 달했을 수도 있다.

자마저도 이름과 겨우 오십보 백보 차이일 뿐이다. '순결을 지키기 위해서라면 언제든 뒤로 물러선다'는 뜻인 셈이다.

아호는 '뽕밭이 널려진 촌 동네'를 뜻한다. 누에처럼 싱그러운 뽕잎이나 먹으며 새하얀 실을 뽑아내는 성격이고 지향이니 형제들과 충신들을 마구 잡아 죽이고 왕에 오른 이방원이 얼마나 저 승사자 같았겠는가.

어쩌면 살인을 밥먹듯이 한 너를 왕으로 섬기느니 차라리 죽음을 택하겠다고 생각하고 자결을 택했는지도 모른다. 아니면 친한 동지가 애꿎게 죽음을 당하자 너무 상심하여 자신도 더 이상 살 필요가 없다고 여겨 자살했는지도 모른다. 하여튼 흔치 않은 최후를 맞이했던 셈이다.

44세의 나이로 명나라를 다녀오다 집에 거의 다 와서 객사하고만 윤향은 과연 어떤 인물인가.

그는 고려 말 공양왕 때에 멋모르고 서둘렀다가 까딱 하면 목숨을 잃을 뻔했었다. '불교가 나라를 망치니 정도전 같은 유학자들을 존중하여 흔들리는 나라의 기강을 바로 잡아야 한다고 엄연히 국교 취급을 하고 있던 불교를 '망국의 원흉'으로 타도한 것이다.

34대 470여 년 이상 어엿한 나라의 으뜸종교, 공식종교, 유일종교였는데, 젊디젊은 애송이 관료가 겁 없이 '망국의 뿌리요 줄기요 열매이니 냉큼 잘라내고 뽑아내어 햇빛에 말려 죽여야 한다고 주장했던 것이다. 더욱이 특정인 정도전을 거명하며 중용하라고 했으니 왕의 인사권을 정면으로 침해한 셈이다.

당연히 '선왕의 법전을 파괴하자는 말이냐고 공양왕이 진노했으니 이미 죄목과 형량이 확정된 셈이었다. 나라의 근본을 무너뜨리려 했으니 열 번, 천 번 죽어도 시원찮을 대역죄인이었다.

그래도 정계 실세인 정몽주의 구명상소로 목숨을 건지고 30세 (1404년 태종 4년)에는 사간원 지사(종3품)가 되었다. 한데 고위관료의 온당치 못한 처신을 탄핵하며 하필 남재를 지목했다가 도리어 자신이 공주로 귀양을 가야 했다.

南在남재가 누구인가.

이색의 제자로 동생 南誾남은(1354-1398)과 함께 이성계의 조선 개국을 적극적으로 도운 인물이다. 그 덕에 형제가 다 개국공신 1등에 오르기도 했다.

*정도전 : 1337-1398; 연일 정씨 정몽주와 동갑내기; 봉화 정씨

*세자사부 : 정1품 정승급이 담당; '사'나 '부'나 모두 정1품에 해당

비록 동생이 1차 왕자의 난(1398년) 때 정도전*과 함께 이방원에게 살해되었지만 잠시 유배생활을 한 후 2년 뒤 태종 즉위년에 세자사부世子師傅*가 되었다. 그 후에도 경상도 관찰사, 의정부 찬성사贊成事를 거쳐 우의정에 이르렀으니 막강한 실세였던 셈이다.

윤향은 결국 겁도 없이 자신보다 23세나 연상인 53세의 개국공신을 탄핵했던 것이다. 하지만 33세에 귀양에서 풀려나 이조참의, 대사헌, 한성부윤을 지내고 이듬해에는 전라도 관찰사 겸 완산부윤을 지냈다.

39세 때에는 공조와 형조의 으뜸 벼슬인 판서를 지냈다. 그런데 호조판서를 지내며 25년여 전의 위화도 회군을 들먹였다가 파직되어 유배되었다.

그는 위화도 회군 때 공을 세운 장수들의 공신녹권을 개정하라고 목청을 높였던 것이다. 호조를 책임 맡고 보니 공신들에게 넘어간 국토가 너무 넓어 농토가 절대적으로 부족하게 되었다고 판

단했는지도 모른다. 즉, 사유화된 부분을 공유화로 바꿔야 농토의 절대량을 늘릴 수 있다고 여겼을 것이다. 국가 재정이 어려워지면 언제든 공신들에게 돌아간 토지를 넘보게 되어 있었던 것이다.

그는 적성(파주)으로 유배되어 중년의 쓸쓸함을 절절히 느끼고 있다가 44세에 형조판서로 재기용되었다. 그런데 그 해에 진하사로 명나라를 다녀오다가 평양에서 그만 객사하고 말았다.

윤향(向향할 향)의 이름에는 '북쪽으로 난 창문'이라는 의미도 들어있고 '뭔가를 열심히 구한다'는 뜻도 들어있다.

얼마나 신기한가. 그는 객지 평양에서 개성의 가족과 임금을 그리워하며 44세를 일기로 쓸쓸히 생애를 마감했던 것이다.

아마도 명나라 수도인 북경을 떠나 명나라 땅 어디에서부터인가 이미 병을 얻었을 수도 있다. 아니면 본래 지병이 있던 탓에 평양의 관영官營 여관에서 잠을 자다 깨어나지 못했을 수도 있다. 어쨌거나 병사가 아니라 객사로 나온 것으로 보아 원인 불명의 사인死因이었다고 볼 수도 있을 것이다.

하여튼 집을 간절히 바라보는 나그네로 객지에서 죽어 가족을 간절히 그리워하는 불귀의 객이 되고만 것이다. 살아서나 죽어서나 '창문에 턱을 괴고 그리운 얼굴이 있는 정든 땅, 정든 집을 한없이 바라본다'는 이름인 셈이다.

입신양명의 꿈이 꺾인 채 겨우 성균관 박사(7품 이하)로 일생을 마감한 김초의 경우는 어떤가.

김초(貂담비 초)의 이름에는 '족제비처럼 재빠르고 사납다'는 뜻을 지니고 있다. 별똥별처럼 후루룩 타버리고 주먹만한 운석이나 집채만한 운석으로 이름 모를 어디엔 가에 굉음을 내며 처박힌 것이다. 어쩌면 정몽주의 구명운동으로 풀려난 후 낙향하여 아예 이름도 흔적도 없이 초야에 묻혀 살았는지도 모른다. 아니면 감옥에서 얻은 병으로 석방되자 시름시름 앓다가 일찍 숨을 거두었는지도 모른다.

이름을 왜 '족제비'로 정했는지 모르겠다. 사납고 재빠르지만 늘 숨어살며 깜깜한 밤에나 나타나 뭔가를 잡아먹고 해쳐야 살 수 있는 짐승이 아닌가. 사람들마저 그 가죽과 털이 탐나 사방에 올가미와 덫을 놓고 잡아 죽이려 하지 않는가.

사나운 세상을 살아가기도 힘든 데 하물며 밤중에 돌아다니며 사냥을 해야 하니 그 얼마나 고달픈 운명인가. 불교라는 엄청난 종교 세력을 타도하려다 임금(공양왕)으로부터 혼쭐이 났으니 제아무리 족제비 같은 기민한 몸, 약삭빠른 두뇌라도 어떻게 해 볼 도리가 없었을 것이다.

40여 년의 벼슬생활에서 4차례나 명나라를 오가며 역마살 긴 생애를 힘겹게 살던 정탁은 결국 죽기 2년 전에 명나라를 다녀와 우의정에 올랐다가 환갑 나이에 별세했다.

42세에는 살인죄로 영해부寧海府(경북 영덕)에 유배되었다. 개국공신 1등에 정사공신 2등이라 해서 간신히 목숨을 건지고 일찍 석방되었다. 사실 그는 여러 차례 죽을 고비를 넘겼다. 28세 때에는 병조좌랑(정6품)으로 임금의 '정당한 국정처리'를 논박하다가 자칫 잘못했으면 목숨을 잃을 뻔했다.

임금은 몇몇 유학자들의 '불교 배척 주장'을 선왕의 법전을 파괴한 신성 모독죄로 단정짓고 이미 사형수 명단에 올려놓고 처형만 기다리게 했다.

그런데 그는 이런 분위기를 간과한 채 일개 하급관료의 처지로 감히 임금의 통치 행위를 정면으로 걸고 넘어졌던 것이다.

만일 정몽주가 나서서 좀 더 부드러운 톤으로 논리정연 하게 왕을 설득시키지 않았더라면 한바탕 피비린내를 풍겼을 것이 너무도 분명하다.

어디 그뿐인가.

앞에서 설명했다시피 33세 때에는 명나라 태조 홍무제에게 보
내는 공문서(표문表文)를 작성했는데 갑자기 명나라로부터 황제께서
글이 경박하다고 노여워하셨다는 긴급 통지가 왔다.

"작성한 자가 직접 가서 죽던지 아니면 잘 해명하고 살아오던지
해야 하는 것 아니냐?"

조정 대신들과 자신보다 28세나 위인 61세의 임금(태조 이성계)이
그를 명나라로 내몰고 있었다. 개국공신 1등으로 조선개국 초에
성균관 대사성을 지냈기 때문에 자신이 명나라 황제에게 올리는
글을 지었던 것이다.

하는 수 없었다. 직접 명나라 수도 북경으로 달려가 그렇게 쓰
게 된 내력을 해명하고 터벅터벅 되돌아와야 했다.

그래도 임금(태조)은 수고했다며 좌승지로 발령을 냈다. 임금은
'정탁'이라는 이름을 똑똑히 기억하고 있었다. 자신을 새 왕조의
임금으로 추대한 '52명의 문, 무 대신들' 속에 분명히 끼어 있었던
것을 기억하고 특별히 챙겨 주었던 것이다.

여러 번의 죽을 고비, 힘겨운 액땜을 다 거친 후 60세로 죽었으
니, 그나마 운세가 대단히 강했거나 인간관계가 대단히 끈끈했다
고 추측해 볼 수 있을 것이다.

정탁(擢뽑을 탁)의 자는 축은(築쌓을 축 隱숨길 은)이고, 아호는 춘곡(春봄
춘 谷골 곡)이다.

'선발한다, 발탁한다'는 이름이니 뒤집어보면 아무리 넘어져도
누군가가 반드시 일으켜 세워 준다는 의미이다. 즉 '벼슬에 계속
뽑혀 점점 탄탄해지고 높아진다'는 뜻이니 그의 벼슬생활이 어떠
했는지를 암시하는 셈이다.

자는 '높이 담을 높이고 성을 쌓아 들키지 않게 한다'는 뜻이다. 얼마나 절묘한가. 어지간한 공격에는 끄떡하지 않을 정도로 철저하게 보호받는다, 철저하게 방어한다는 의미인 셈이다. 철옹성 속에서 머물러 누가 감히 넘보거나 얕볼 수 없다는 의미이니 여러 차례의 고비에서도 끝끝내 살아남아 천수를 다한다는 암시가 아닌가.

아호는 '봄기운이 무르익은 골짜기에서 편히 쉰다'는 뜻이다. 참으로 이름과 자와 아호가 멋들어진 3박자를 이루고 있는 셈이 아닌가. 결국 천수를 다 누리고 천명에 따라 목숨을 거두게 됨을 암시한다.

이름과 자와 아호가 어쩌면 그리도 그의 공적생활과 액땜과 임종을 잘 표현하고 있는지….

아버지의 정공권(公공변될 공 權저울추 권)의 이름에는 '세상이 다 알 정도로 공정하게 기준을 정한다'는 뜻을 지니고 있다.

아들의 앞날을 흔들리는 저울추를 한 자리에 고정시키듯이 있는 힘을 다해 꽉 붙들어 주고 있었을 것이다. 아마도 아들은 아버지의 그런 뒷심과 음덕 덕분에 죽을 고비를 다 넘기고 60세 천수를 누릴 수 있었을 것이다.

정몽주의 경우를 살펴보자.

55세에 선죽교에서 피를 뿌리고 죽었지만 목숨을 앗은 자(이방원; 태종)에 의해 9년 뒤에 명예 회복되어 영의정에 추존되었으니 비록 비참한 최후를 맞았지만 뭇 사람의 존경을 한 몸에 받았던 셈이다.

그는 대가 센 사람이었다. 어느 날 어머니 영천 이씨가 낮잠을 자다 꿈을 꿨는데 '검은 용이 언덕을 넘어 날아오다가 배나무 위에 머무는 모습'이었다. 놀라 잠을 깨고 동산의 배나무를 보니 8살 난 몽란夢蘭이 배나무 아래에서 놀고 있는 것이 아닌가.

*태몽 : 안고 있던 난초 화분을 갑자기 떨어드려 깨뜨린 일

그래서 어머니는 태몽* 때문에 夢蘭몽란으로 지었던 이름을 다시 夢龍몽룡으로 바꿨던 것이다.

그 흑룡처럼 기가 센 탓인지 그는 매번 위기를 맞아 다들 몸을 사릴 때 앞장서서 그 어려움을 말끔히 해결하곤 했다. 몸을 전혀 사리지 않는 용맹함이 온 몸에 배어 있었다.

정몽주는 23세에 과거에 장원급제하여 예문관 검열을 지냈다. 그런데 25세 되던 해에 스승인 25세 연상의 金得培김득배가 50세로 길거리 장대 끝에 목이 걸리는 효수형을 당했다.

그 해(1362년)에 安祐안우, 李邦實이방실, 崔瑩최영, 李成桂이성계 등과 같이 총병관 鄭世雲정세운의 휘하에 들어가 20만 군사로 전년에 홍건적에게 점령된 개경을 수복했다.

그런데 정세운의 정적인 평장사平章事 金鏞김용이 정세운, 안우, 이방실을 역적으로 몰아 처형했다. 정몽주의 스승인 김득배(상주 김씨)마저도 김용의 계략에 빠져 효수형에 처해지고 말았다.

정말 소름끼치는 대사건이었다. 홍건적으로부터 개경을 수복한 충신들이 정치적 계략에 휘말려 무참히 죽고만 것이다.

다들 쉬쉬하며 몸을 사렸다. 난세에는 몸을 낮추고 병신처럼 살아야 한다고들 수군거렸다. 하지만 25세 열혈청년 정몽주는 전혀 달랐다. 일개 하급 관료였으나 임금에게 공손히 간청했다.

"상감마마, 상주에서 효수된 김득배는 저의 스승입니다. 임금과 스승과 부모는 똑같이 소중한 분들이라고 배웠습니다. 스승의 시신을 거두어 장사라도 지내게 허락하여 주십시오. 이 어리석은 신하의 간청을 너그러이 용서해 주시기 바랍니다. 허락하시면 친부모의 예로 정중히 장례를 치르겠습니다."

임금(공민왕)의 허락을 받아 그는 상주로 달려 내려가 스승의 시신을 거두어 경건하고 엄숙하게 장례를 치렀다. 그리고 제문祭文을 지어 스승의 억울함을 하늘의 모든 귀신들 앞에 고했다. 스승은 그 후 30년 뒤(1392년 공양왕 4년)에 명예가 회복되고 스승의 후손들에게도 벼슬길이 훤히 열렸다.

35세(1372년 공민왕 21년) 때에는 성균관 사성司成으로 있었는데 명나라 태조가 촉나라를 평정한 일을 축하하러 가는 사절 洪師範홍사범의 서장관으로 지명받았다.

귀국 길에 태풍을 만나 정사 홍사범은 익사하고 그는 한 바위섬에 닿았다. 열 명 중 목숨을 건진 사람은 단 두 명뿐이었다.

말 다리를 베어 먹으며 13일을 버텼다. 표류 소식을 들은 명 태조는 배를 보내 구조한 후 후하게 대접하여 귀국시켰다.

성균관 대사성으로 있던 39세 때에는 권력가 이인임, 지윤 등이 흥하는 신생 명나라 대신 원나라 잔류 세력과 국교를 정상화하려 했다. 그는 10여 명 문신들과 함께 '말도 안 되는 소리'라며 임금(우왕 2년, 1376년)에게 글을 올렸다.

"국정운영의 기본은 우선 큰 줄기를 정하는 것입니다. 국가의 큰 방향이 정해지지 않으면 민심이 흉흉해집니다. 돌아가신 공민왕께서는 세상이 어찌 돌아갈 가를 훤히 다 내다보고 중국 땅을 다 차지한 명나라와 국교를 맺었던 것입니다. 국교를 맺은 지 벌써 6년이나 되는데 이제 와서 왜 나라의 큰 방향을 바꾸려 하는지, 참으로 안타까울 따름입니다. 2년 전(1374년)에 난데없이 역적 김의가 명나라 사신을 죽이고 북원에 들어갔는데, 그런 놈은 처단하지 못하면서 이제 또 북원의 사신을 환영한다고 하면 장차 어떤 일이 생기겠습니까? 우리 조정에서는 오히려 재상 김서를 시켜 북원에 토산물을 보냈지 않습니까? 오계남은 국경을 지키는 무인으로 제 멋대로 정료위定遼衛에 근무하는 명나라 관료 세 명을 죽였습니다. 공부상서를 지낸 **張子溫**장지온*은 김의와 함께 명나라 사신 일행을 환송하러 갔던 사람인데도 김의가 저지른 일을 정료위에 보고조차 하지 않고 아무 일 없었던 듯이 귀국했습니다. 이 때의 고려 재상은 김의 등과 모의하여 명나라와 관계를 끊고 북원과 교류하려 시도한 일조차 있습니다. 함께 모의했던 **安師琦**안사기가 일이 들통나자 자살했지 않습니까? 큰 일입니다. 만일 명나라가 해군, 육군을 동원하여 한꺼번에 공격해 오면 무슨 말로 명나라에 답변할 수 있겠습니까? 북원의 '조서'를 회수하고 오계남, 장자온과 김의의 일행이었던 자들을 포박하여 명나라로 압송하면 큰 오해를 사지 않고도 일을 잘 해결할 수 있을 것입니다. 그런 후 정료위와 함께 군대를 양성하여 향후에 북원을 칠 것을 약속하면 원나라 잔류세력이 꼬리를 감추게 될 것입니다. 그리고 우리나라의 행복은 영원무궁할 것입니다."

*장지은 : 여러 차례 명나라 왕래함; 1388년에 명나라에 갔는데 전 년에 보낸 말이 질이 안 좋다고 명나라 수도방위사령부 격인 '금의위'에 투옥되어 옥사함

상소 내용이 이러하니 친명정책에서 친원정책으로 바꾸려던 핵심 세력인 이인임과 지윤 등이 겁을 집어먹지 않을 수 없었을 것이다.

결국 정몽주 쪽에서 언양(울산)으로 귀양을 갈 수밖에 다른 도리가 없었다. 파워 게임에서 완패 당한 셈이다. 이듬해에 풀려나자 이인임, 지윤 등은 그를 일본에 사신으로 보내 죽게 하려 했다. 일전에 **羅興儒**나흥유를 일본에 보내 협조를 요청했다가 도리어 곤욕

을 치른 적이 있었기 때문이다.

고려와 밀접한 관계를 맺어 고려의 해안지방을 괴롭히는 왜구의 약탈을 막아달라는 당연한 요구를 했는데도 일본 측은 오히려 고려 사신 나흥유를 투옥했다. 아사 직전에 귀국했지만 그 일이 있은 후 누구도 일본에 가려하지 않았던 것이다.

다들 두려워하며 다시는 살아서 돌아오지 못할 것으로 여겼지만 그는 일본 지배층의 극진한 대접을 받고 일본측 사절인 주맹인을 동행하여 귀국했다.

그 즈음 명나라와의 분쟁이 그치지 않아 고려와 명의 관계가 무척 껄끄러워져 있었다. 고려에서는 5년여간 약속한 토산물을 제대로 보내지 않았고 명나라에서는 매년 보내는 토산물의 양을 대폭 늘려달라고 강요했던 것이다.

이런 사이에 洪尙載홍상재, 金寶生김보생, 李子庸이자용 등을 사절단으로 보냈는데 명나라에서는 '어디 한번 맛 좀 보아라!'하며 사절단을 일제히 장형杖刑으로 다스린 후 유배형에 처했다.

이때 고려에서는 진퇴양난격인 일을 하나 맞게 되었다. 명나라 태조의 생일이 10월 21일인데 생일 축하 사절단을 보내지 않을 수 없게 되었던 것이다. 이 때가 정몽주의 나이 47세였으니, 명 태조는 56세 생일을 맞게 되었던 셈이다.

우스운 일들이 자꾸 일어나고 있었다. 대신들마다 명나라에 가기를 꺼려 하다보니 나중에는 밀직부사 陳平仲진평중에게 그 사명이 떨어졌는데 문하성 시중門下省 侍中(국정을 총괄하는 대신) 林堅味임견

*임견미 : 평택   임씨;
1380년에 구 세력 '경복
흥' 등을 제거하고 1384
년에 문하시중이 됨.
1388년에 최영, 이성계
등에 살해됨

미*에게 노비 수십 명을 뇌물로 주고 아파서 못 가는 것으로 해달라고 간청했던 것이다.

뇌물을 먹은 임견미는 진평중을 대신하여 정몽주를 추천했다. 전후사정을 훤히 다 아는 우왕은 은밀히 그를 불러 당부했다.

"미안하오. 비겁한 자들이 농간을 부려 대신 가게 되어 정말 미안하오. 그 동안 명나라와 관계가 악화된 것은 모두 조정 대신들이 잘못 한 탓이오. 그대는 고금의 역사에 정통하고 내 뜻도 잘 아는 사람이니 현재의 어려운 상황을 잘 해결하고 돌아오리라 확신하오. 진평중이 저리 아프다니 어쩌겠소? 그대가 갔다와야 하지 않겠소?"

완곡한 당부지만 '네가 갔다 오라'로 명령하는 것이나 마찬가지였다. 정몽주는 시일이 너무 촉박하여 '명나라 황제의 생일이 지난 다음에 당도하면' 더욱 일이 꼬일 것 같아 그게 가장 걱정이었다.

"임금의 명령인데 물불을 가리겠습니까? 문제는 시일이 너무 촉박하다는 것입니다. 여기서 남경까지는 8천리 떨어진 길인데 발해에 가서 배를 띄워도 될지 바람을 기다리다보면 10일 정도는 잡아먹게 마련입니다. 60일 남은 기간에서 10일을 빼면 겨우 50일이 남습니다. 서둘러 떠나지 않으면 생일 축하가 오히려 욕이 되어 화를 자초할 수도 있습니다."

그는 새벽부터 밤중까지 보폭과 속도를 두 배로 늘려 평소의 갑절로 거리를 단축시켰다. 명 태조는 고려왕이 보낸 '축하의 글'에 적힌 날짜를 보고 엄청나게 서둘러 왔다는 것을 금방 눈치챘다.

"다들 오기가 겁나 이 핑계 저 핑계 대다가 자네를 보낸 게 아닌가? 내가 다 알아! 차일피일 미루다가 날짜가 임박하니 평소에 밉보인 자네에게 부담스러운 짐이 맡겨진 게 아닌가? 그런데 전에 우리가 만난 적이 있었지? 그래, 내가 촉을 평정하고 나라를 넓혔을 때 자네가 축하사절로 왔었지?"

정몽주는 그때 배가 부서져 섬에 다다랐다가 태조가 보내준 배를 타고 목숨을 건진 일을 상세히 회상하며 다시 한번 '성은에 감사드린다'고 엎드려 인사했다.

황제는 '맞아, 맞아! 그렇다면 자네는 중국말을 할 줄 알겠군'하며 더욱 극진하게 대접해 주었다. 주변의 여러 나라들에서 많은 사절단이 와 있었는데 유독 그만이 황제의 친근한 상대가 되었던 것이다.

결국 옥에 갇혀 고생하던 홍상재 등 고려 사절단을 석방시켜 함께 귀국했으니 그는 실로 불세출의 해결사였던 셈이다.

그런데 정몽주가 55세가 되던 해에 액운이 끼고 말았다.

신군부 핵심 실세인 57세의 이성계가 명나라를 다녀오는 세자 奭석을 마중하러 황해도 황주에 나갔다가 돌아오는 길에 황해도 해주에서 사냥을 하게 되었는데 그만 말에서 떨어지고 말았다.

이성계는 벽란도에서 쉬며 요양을 하려 했으나 다섯째 아들 이방원이 '위험하니 집으로 가야 합니다'라고 강력하게 주장했다.

아들의 강요에 못이겨 이성계는 결국 아픈 몸을 가마에 맡긴 채 밤을 틈타 비밀리에 귀가했다.

그때 이성계를 제거할 기회를 놓친 정몽주는 며칠간이나 속이 상해 식음을 전폐했다고 한다. 그런데 이성계의 형인 李元桂이원계의 사위 卞仲良변중량이 전후사정을 정몽주에게 고자질했다.

정몽주는 반색을 하고는 직접 눈으로 확인하고자 슬그머니 이성계의 집을 찾았다. 이성계는 아들 이방원으로부터 '정몽주가 바로 이씨 일족을 죽이려는 장본인'이라는 말을 귀가 따갑게 들었지만 속을 드러내지 않고 여느 때처럼 반갑게 맞았다.

그때 이방원은 이성계의 아우인 **李和**이화의 사위 **李濟**이제와 머리를 맞대고 밀담을 주고받고 있었다.

"정몽주 저 놈이 왜 왔는 줄 알아? 아버님이 돌아가실 병에 걸렸나 안 걸렸나를 염탐하러 온 거야. 지금 저 놈을 죽이지 않으면 다시는 기회가 안 와."

그는 그렇게 해서 이방원이 보낸 조영규 등에게 선죽교에서 무참히 살해되고 말았다. 1337년 12월에 태어나 1392년 4월 4일 밤에 힘겹던 세상 나들이를 접고만 것이다.

정몽란, 정몽룡에서 정몽주로 이름이 바뀌었는데 왜 그렇게 참혹한 최후를 마쳐야 했을까?

정몽주(**夢**꿈 몽 **周**두루 주)의 이름에는 '꿈속에서라도 여기저기를 자세히 살핀다는 뜻을 지니고 있다. 상당히 꼼꼼하고 치밀한 사람이었을 것이다. 그리고 뭐를 하든 명석하다는 평가를 받았을 것이다. 11살 연상인 유학파 성리학자 **李穡**이색*마저도 그를 높이 칭송했다.

정몽주의 자는 '모든 것에 훤히 통하여 그르침이나 그릇됨이 없다'는 뜻의 달가(**達**통달할 달 **可**옳을 가)이다.

그는 완벽주의자였을 뿐만 아니라 담대하고 치밀하여 주위 사람들이 가끔은 은근히 경계했을 것이다. 내가 갖지 못한 출중한 능력을 지닌 사람을 경계하고 멀리하는 것은 사람의 본성이 아닌가. 그래서 아마도 아호는 몸을 바싹 낮추고 사리는 쪽으로 정한 듯하다.

*이색 : 1328-1396 ; 여러 차례 명나라에 가서 성리학을 공부했고 명나라 관직을 역임하기도 했음. 이성계의 조선 개국을 못 마땅하게 여겨 태조 이성계가 '한산백'으로 임명해도 수락하지 않음. 지방을 여행하다 68세로 죽음.

아호는 '밭에 앉아 채소나 가꾸며 몸을 숨긴다'는 뜻의 포은(圃밭 포 隱숨길 은)이다. 모든 것에 훤히 통하여 그르침이나 그릇됨이 없는 자신의 타고난 기질과 재능을 은근히 감추고 덮으려 했던 것 같다.

그의 선조의 이름은 정습명(襲엄습할 습 明밝을 명)으로 '뭔가가 갑자기 찾아들어 새 세상을 열어놓는다'는 뜻이다. 17대 인종 때 지주사(知奏事)를 지낸 사람이었으니 아마도 어느 정도의 앞일은 감지하고 있었을 것이다.

후손의 비참한 죽음을 미리 내다보고 있었는지 하필이면 '엄습할 습襲' 자를 이름에 넣고 지냈다. '기습적으로 찾아온다, 갑자기 당한다'는 뜻과 '이어 계승한다'는 의미가 함께 들어있지만 어찌 보면 한 쪽은 기습적으로 당하고 다른 쪽은 무너진 터전에서 새 것을 이어간다는 암시가 깃들여진 이름 같기도 하다.

한 쪽이 거꾸러져야 다른 쪽에서 볕이 환하게 든다는 이름 같아, 왠지 후일을 예견한 듯하기도 하다.

성균관 복응재생服膺齋生을 지낸 아버지 정운관(云이를 운 瓘옥이름 관)은 '부디 옥처럼 아름답고 고귀한 사람이 되어라'는 간곡한 당부가 깃들여져 있는 이름이다.

아들은 아버지의 그런 간절한 소망대로 고려 말의 보석에서 고려의 보물로, 나아가 모든 백성의 영원한 정신적 유산으로 자리잡게 되었던 것이다.

마지막으로 1391년의 불교에 대한 이단, 사교론과 직접적으로 관계가 있는 공양왕을 살펴보자.

그는 46세에 왕이 되어 겨우 3년여 동안 옥좌에 앉아 있었다. 무능하다, 우유부단하다, 어리석다는 평판을 들으며 바늘방석 같은 왕의 자리를 지키고 있어야 했던 그는 49세(1392년 7월) 때에 왕의 자리에서 쫓겨나 '공양군'으로 강등되었다.

원주에서 머물다 삼척으로 옮겨져 51세로 그만 생애를 마감했다. 천수를 다 못 누리고 살해되고 말았다.

이름은 요(瑤아름다운 옥 요)이다. '옥처럼 아름답고 귀한 존재가 되어 세상 사람들의 길잡이가 되어라'는 당부가 들어있는 이름이다. 그래서 아마도 늦은 나이에 475년 고려 왕조의 마지막을 장식하게 되었는지도 모른다. 그러나 군이 옥玉만을 의미하진 않고, 세상의 여러 가지 것들을 되도록 높여 부르고 예쁘게 부를 때 마땅히 그렇게 부르는 수가 있었다니, 기준을 엄격히 적용하는 이들의 눈에는 아무래도 어딘가 엉터리로 보일 수도 있었을 법하다. 즉, 이름에 든 의미부터가 이중적이고 표리가 부동한 측면이 있다는 것이다.

'옥을 의미하기는 하나 반드시 옥이 아닌 것을 그렇게 부르는 수도 있다는 뜻이니 그 얼마나 애매모호한가. 그의 입지가 그렇게 애매모호 했을 것이다. 하여튼 그의 역할과 쓰임새가 언제든 표변할 수 있었다는 뜻일 것이다.

공양왕 아버지(정원부원군)의 이름은 균(鈞서른 근 균)이다. 그리고 장인 노진의 이름은 나무 이름을 뜻한다. 아버지의 이름은 '무게의 기준'을 의미하고 장인어른의 이름은 '나무처럼 쓰임새가 많다'는 뜻인 셈이다.

결국 아버지는 스스로 옥을 재는 저울추가 되어 제 값을 잘 받아낸 셈이다. 즉, '옥'인 아들이 제 값 이상을 받을 수 있도록 아버지가 저울추 역할을 해 준 것이다. 하지만 그것도 잠시 한 때로 그치고 끝내 50을 넘기자마자 외진 벽지에서 비참하게 살해되고 말았다.

세상의 격변이 저울추를 냉큼 바꿔치기 하여 옥玉으로 여겨지던 왕을 하루아침에 값없는 돌멩이로 만들어놓고만 것이다. 세상이

워낙 급하게 흘러가면 어지간한 팔자, 운세로는 쉽게 위기를 넘어
갈 수 없다.

바람이 불면 우선 부드러운 풀부터 먼저 눕고, 바람이 점점 거
세지면 억지로 서 있던 억센 풀이 소리를 내며 부러져 허공에 산
산이 흩어지게 되어있다.

조선시대의 과거 MVP, 9관 왕

조선 땅에 책을 읽고 글을 쓴 이들이 실로 부지기수였을 텐데
도 조선을 대표하는 학자나 정치가를 손꼽으라면 대개 두세 명
의 이름을 떠올리기 십상이다.

그 중에 반드시 손꼽게 되는 인물이 바로 율곡栗谷 李珥이이다.

15세에 어머니 사임당 신申씨(평산 신씨)를 잃었다. 시인이요 화가
이던 어머니는 47세를 일기로 운명했다.

그 때 아버지는 50세였다. 어머니는 아버지에게 '애들이 7남매
나 되니 괜히 짐스럽게 재혼하지 마세요'라고 신신당부했다. 공연
히 애들이 주눅들기 쉬울 뿐만 아니라 새로 들어온 여자마저 생
고생할 테니 깨끗이 혼자 살라는 당부였다.

아버지는 재혼하는 대신 동거할 여자로 권씨를 맞아들였다. 까
다롭고 변덕이 심하고 이기적인 여자였지만 이율곡은 친어머니처
럼 극진히 모셨다.

율곡은 이미 12세에 진사가 되었다. 어린 나이에 선비로 대접받
게 된 것이다. 하지만 어머니를 여의고 금방 이어서 사춘기가 찾

아와 정신적 방황이 시작되었다.

결국 그는 19세가 되던 해에는 금강산 속의 한 사찰에 들어가 불교에 심취하게 되었다. 그러나 얼마 동안 수련에 열중해 보아도 가슴 속이 답답하기는 마찬가지였다. 이듬해에 하산하여 오래 전에 밀쳐놓았던 성리학 책들을 다시 들추어보기 시작했다. 2년여간 학문에 열중하고 나니 세상살이에 대한 생각도 조금씩 체계가 잡혀가기 시작했다.

22세에 성주 목사 盧慶麟노경린의 딸을 맞아 가정을 꾸몄다.

이듬해에 도산서원(예안 도산 토계리)으로 35세 연상인 대학자 이황을 방문했다. 비록 20대 초반의 젊은 선비와 50대 후반의 대학자의 만남이었지만 학문적인 토론에 있어서 만은 전혀 격의가 없었다. 두 사람의 지식 토론과 삼강오륜 반추는 마치 냇물이 강물로 흘러들어 가듯 그렇게 자연스럽게 조화를 이루며 형형색색의 비단을 짜나갔다.

율곡은 그해에 별시문과에서 『천도책天道策』을 지어 장원급제했다. 이후 29세까지 그는 자그마치 9차례나 과거를 보아 매번 장원을 했다. 그런 이유로 그는 '9도장원공九度壯元公'이라는 칭호를 듣게 되었다. 다시 말해 '과거시험 9단 최고수'라는 별칭을 달고 다녔던 것이다.

*대간직 : 사간원, 사헌부의 직책
*옥당직 : 홍문관의 여러 직책
*승지직 : 승정원의 여러 직책

그후 6조의 좌랑을 두루 거쳐 대간직*, 옥당직*, 승지직*을 고루 역임했다. 뿐만 아니라 청주 목사, 황해도 관찰사 등 지방 목민관 경력도 충분히 쌓았다. 이런 다양한 경륜을 통해 불혹의 나이인 40세 경에는 정국을 주도하는 핵심 실세로 자리잡았다.

그러나 40세 되던 해(1576년 선조 9년)부터 동인, 서인간의 당쟁이 점점 더 심해져 정치가 대단히 불안정해지기 시작했다. 부제학으

로 재임할 때부터 명종 비 '청송 심씨' 인순仁順왕후의 친정 동생
인 **沈義謙**심의겸(1535-1587)과 **金孝元**김효원(1532-1590; 선산 김씨)이 서로
으르렁거리며 당파를 짓기 시작했다.

발단은 이조정랑 자리를 놓고 티격태격한 것이었다. 선조 5년
(1572년)에 김계휘가 김종직 계통의 신진사류인 김효원을 이조정랑
자리에 추천했다. 한데 이조참의로 있는 심의겸이 반대했다.

> "김효원은 못된 사람입니다. 윤원형이 영향력이 있다
> 고 판단, 그의 집에 빌붙어 산 적이 있습니다. 공평무사
> 해야 할 낭관*의 자리에는 전혀 어울리지 않는 인물   *낭관 : 6조의 5, 6품 직
> 입니다. 이조의 낭관은 병조 못지않게 중요한 자리입   에 해당하는 정랑과 좌
>   랑을 합쳐서 부르는 말
> 니다. 추천된 후보자를 기록하는 자리인지라 사리사욕과
> 주관적인 감정이 개입되면 임의로 사람의 이름을 멋대로
> 뺄 수도 있는 막중한 위치입니다."

이와 같이 심의겸의 반대에도 불구하고 김효원은 결국 2년 후
인 1574년에야 이조정랑에 발탁될 수 있었다.

억울하기 짝이 없었다. 사실은 친구 **李肇敏**이조민이 윤원형 집에
서 처가살이를 하는 처지라 그 친구 때문에 함께 기식한 적이 있
었던 것이다. 그런데 얄궂게도 이듬해(1575년)에 자신의 천거를 반
대했던 심의겸의 10살 아래 동생 **沈忠謙**심충겸*이 문제의   *심충겸 : 1545-1594; 임
이조정랑 자리에 천거되었다.   진왜란 초기에 병조참
                                                                판, 2년 후에 병조판서
이번에는 김효원이 반대했다.   를 지냄

> "이조정랑 자리에 왕실의 외척을 앉히는 것은 여러모
> 로 바람직하지 않습니다. 그런 막중한 자리를 왕실 외척

의 사유물로 전락하게 방치해서는 안됩니다."

이 일로 당쟁의 조짐이 보이자 부제학으로 있던 이이가 소방수
로 자청하고 나섰던 것이다.

우선 대립각을 날카롭게 세우고 있던 두 사람을 갈라놓기로 하
고 심의겸은 개성유수부의 유수로, 김효원은 경흥부사*로
전직시켰다. 이이가 39세이던 1575년의 일이었다.

*경흥부사 : 김효원의
동료들이 나서서 부령
부사로 옮기게 하고 곧
이어 삼척부사로 전임
시켰음

그런데 아무 소용이 없었다. 김효원은 자기로 인해 조
정에 분란이 생겼다고 자책하며 그 후에도 안악, 영흥 등지의 벽
지를 전전하며 한사코 중앙관직을 사양했지만 불화의 씨앗은 그
대로 잠복해 있었다.

김효원은 아마도 한 스승 밑에서 공부한 동문수학한 동료 입장
에서 별 것 아닌 것을 두고 다투며 주위를 불편하게 만들었던 일
을 깊이 뉘우쳤을 것이다.

더욱이나 자신이 심의겸보다 3살 위였지 않은가. 심의겸은 **李滉**
이황(1501-1570; 진보 이씨; 심성교육을 강조)의 문인이고 김효원은 이황과
曺植조식* 밑에서 수학한 사람이니 누가 보아도 동문이요
동창생이었다. 하지만 이조정랑 자리를 놓고 서로 대립각
을 세우다가 심의겸과 김효원은 각각 서인과 동인으로
나뉘어 당쟁의 못된 씨앗을 심어놓고 말았던 것이다.

* 조식 : 1501-1572; 창녕
조씨; 수양교육을 강조;
65세에 정5품 '상서원
판관'에 제수되어 잠시
임금에게 국정의 기본
을 설명한 후 평생동안
처가인 김해와 고향인
합천 삼가현, 그리고 산
청 등지에서 학문과 후
학지도에만 전념한 전
형적인 재야학자.

이이는 본의 아니게 '서인'으로 라벨(label)이 붙여지고
말았다.

정인홍(1535-1623; 서산 정씨; 조식의 문인)이 동갑내기 심의겸을 탄핵
하여 어렵게 되자 이이가 나서서 적극적으로 변호해 준 일이 있
은 후 사람들은 이이와 심의겸을 한데 묶어 서인 일파로 단정지
었던 것이다.

이이가 심의겸보다 한살 아래였으니 결국 1570년 대 중반을 살았던 엇비슷한 나이들(30대)끼리 갈등이 생겨 그 일이 마침내 조선 왕조를 뿌리부터 좀먹는 당파싸움으로 비화되고만 것이다.

뜻하지 않게 당쟁의 뿌리에 연루되고만 이이는 훌훌 털고 벼슬을 정리해야만 했다. 그는 벼슬을 그만두고 파주 율곡리의 본가와 해주 석담의 처가를 왕래하며 학문과 제자교육에 전념했다.

밀려나야 새로운 전기를 마련하는 것이 세상의 이치인지 그래도 그는 40대 초반에 맞았던 그 한가롭고 풍요로운 개인생활 덕에 48세의 짧은 천수라도 누릴 수 있었을 것이다. 알찬 재충전의 기회가 되어 흩어진 마음과 허물어진 몸을 다시 일으켜 세울 수 있었던 것이다.

그가 관직에서 물러난 지 5년여 뒤인 45세(1581년)에 정계에 복귀하여 대사간大司諫*을 지내고 6조 판서를 두루 역임했다.   *대사간 : 간쟁, 논박을
맡은 사간원의 정3품
으뜸 벼슬

그는 이 즈음의 한 경연經筵에서 유명한 '10만 양병설養兵說'을 주장했다.

"힘을 기르지 않으면 평화도 없습니다. 힘이 없는 상태에서 누리는 평화는 잠시 머물다 꺼지고 마는 촛불 같은 것입니다. 일본의 분위기가 심상치 않습니다. 통일의 기운이 감돌아 일본 전역이 전운에 휩싸인 듯 합니다. 저들이 유력 제후를 중심으로 통일을 이루게 되면 그 무력으로 우리를 언제든 넘보려 할 것입니다. 본래가 약탈과 침략으로 꾸려나가는 저들인지라 저희끼리 죽고 죽이는 일대 살육전이 어느 정도 마무리단계에 접어들면 틀림없이 우리를 괴롭히려 할 것입니다. 대비하지 않으면 화를 자초하게 되고 미리 투자하지 않으면 훗날에 반드시 후

601

회하게 되는 거야 동서고금의 교훈이 아닙니까? 최소한 10만 정예군사를 육성하여 놓지 않으면 필경 훗날에 큰 환난을 자초하게 될 것입니다. 야만의 무리라고, 금수나 마찬가지라고 깔보다가는 큰코 다칠 수도 있습니다."

그러나 임금과 조정 대신들은 한 마디로 반대했다.

"공연히 주변국가들을 자극할 필요가 뭐 있겠는가? 일어나지도 않은 전쟁을 미리 준비한답시고 백성을 불안하게 하고 물자를 함부로 낭비할 필요가 뭐 있는가? 하늘이 무너질까봐 집밖으로 나가지 못했다는 기杞나라 사람의 쓸데없는 염려(기우杞憂)와 무엇이 다른가. 그렇지 않아도 고단한 백성들의 삶에 괜한 부담을 줄 필요가 어디 있는가. 일은 당해서 준비해도 전혀 늦지 않으니 미리부터 공연한 호들갑을 떨 필요가 없다!"

죽기 한해 전(1583년)에는 환갑을 막 넘긴 대사헌 李墍이기(1522-1600; 한산 이씨)가 사헌부 관원들과 함께 그를 심하게 탄핵했다. 그는 이이보다 14세 위였다.

근거 없다고 판명이나 이이는 무사하고 반대로 이기가 장흥 부사로 좌천되었지만 그는 이 일을 통하여 후일 당쟁이 극심할 것을 예감했다.

이기는 동인에 속해 이이를 서인의 우두머리로 생각하고 의도적으로 공격한 일면이 있었기 때문이다. 이기는 이후 10여 년 뒤에도 서인의 우두머리인 鄭澈정철(1536-1593)이 1589년의 정여립 모반사건을 처리하며 조식의 문인으로 재야 석학인 崔永慶최영경*을 무고로 옥사시켰다'며 강력하게 탄핵했다.

그래도 워낙 귀하게 태어났고 인품과 학식이 뛰어난 덕에 무사할 수 있었다.

율곡은 결국 이듬해(임진왜란이 일어나기 꼭 8년 전인 1584년) 에 48세를 일기로 한양 대사동大寺洞 자택에서 생애를 접었다. 세상의 온갖 풍진風塵이 한꺼번에 털어내지는 순간이었다.

신기하게도 그렇게 속을 썩히던 서모庶母 권씨가 율곡의 극진한 효심에 감동하여 그가 먼저 세상을 뜨자 3년간 소복을 입고 예를 다했다고 한다.

사헌부 감찰監察(정6품)을 지낸 아버지 李元秀이원수(덕수 이씨)는 사임당 신씨가 47세로 세상을 먼저 하직한 후 10년 정도 더 살다가 타계했다. 그러니 홀로 남겨진 서모 권씨를 율곡이 25세경부터 모시게 되었던 것이다.

율곡은 해주 석담 처가에 머물 때도 서모를 함께 모시고 가 효성스럽게 모셨다. 서모의 성격이 얼마나 괴팍했는지 모른다. 조금만 섭섭해도 빈 독에 머리를 처박고 통곡하여 이웃 사람들을 놀라게 했다고 한다. 툭하면 나뭇가지나 대들보에 목을 매다는 시늉을 하여 주위 사람들이 우르르 달려와 구해내게 하기도 했다.

한 번은 선물로 들어온 홍시를 보고 율곡이 시장해 보이는 손님에게 하나 집어주고 자신도 하나를 집어 들었더니 서모는 '어디 네 마음대로 물건에 손을 대느냐? 위아래도 모르느냐'고 호통을 쳤다. 하는 수 없이 손님에게 주었던 것과 자신이 들고 있던 것을 다 합쳐서 '죄송합니다. 용서해 주십시오'라고 여러 차례 사죄하니 그제서야 분을 가라앉혔다.

공연히 이부자리에서 일어나지 않은 채 식음을 전폐할 때는 예

*최영경: 1529-1590; 화순 최씨; 서울 출생으로 여러 차례 벼슬 사양하다 55세에 교정청校正廳(서적 편찬시 설치; 1470년 『경국대전』을 최종 검토하여 처음 설치) 낭관郎官: 정5, 6품; 병조와 이조의 낭관은 '전랑'으로 부름)을 맡아 『경서훈해 (經書訓解)』 편찬을 교정한 후 낙향.

복을 입고 문 밖에서 '죄송합니다. 용서해 주십시오. 앞으로는 더 잘 모시겠습니다'라며 무릎 꿇고 사죄를 해야 비로소 자리에서 일어나기도 했다.

여자이지만 술을 워낙 좋아해서 율곡이 새벽에 일어나 손수 술을 걸러 술잔을 올리지 않으면 아이처럼 심통을 부리기도 했다. 결국 그 속 썩이던 서모는 '3년 소복'으로 효도를 다한 율곡에게 마지막 보답을 한 셈이다.

이이(珥귀걸이 이)의 이름은 '해의 둘레에 보이는 흰 테두리 즉, 햇무리'를 의미하기도 한다. '빛을 발한다, 임금의 총애를 받는다, 사람들의 칭송을 듣는다'는 의미로 해석할 수도 있을 것이다.

자는 '어질게 살아가는 사람'이라는 뜻인 숙헌(叔아재비 숙 獻바칠 헌)이다.

두 개의 아호는 율곡(栗밤나무 율 谷골짜기 곡)과 석담(石돌 석 潭깊을 담)이다. 각각 본가의 주소지(파주 율곡리)와 처가의 주소지(해주 석담)에서 따온 아호이다.

'과일나무가 가득 찬 골짜기'니 그 얼마나 풍요로운 광경인가. '깊은 물에 잠겨 있는 돌멩이'를 뜻하는 아호에서는 심오한 사색과 신중한 처세를 엿볼 수 있다.

이름에서는 빛처럼 고귀한 운세를 엿볼 수 있고, 자에서는 헌신적이고 성실, 공정한 성품을 짐작할 수 있다. 두 개의 아호 중 밤나무 골짜기는 화려한 벼슬생활을 암시한다. 그리고 깊은 못 속에 가라앉은 돌멩이는 깊은 사색과 명석한 논리를 뜻한다.

아버지의 이름 이원수(元으뜸 원 秀빼어날 수)에는 '무엇을 하든 으뜸이 되어라'는 당부가 배어 있다.

35세에 얻은 귀한 아들이었으니 얼마나 소망과 기대가 컸겠는가. 어머니 사임당 신씨는 32세였다. 6살 아래 남동생이 있었으니,

화가이자 시인인 어머니는 38세의 늦은 나이에도 아들을 낳은 셈이다. 하기야 그 시절에 무슨 특별한 피임이 있었겠는가.

동생 李瑀이우(1542-1609)는 모전자전母傳子傳이라고 어머니처럼 예술적 재능이 뛰어났다. 시와 서예와 그림과 거문고에 능해 '4절絶'이라는 별칭을 들었다.

이름이 '옥 다음 가는 돌'을 의미하는 우(瑀패옥 우)라서 인지, 그는 빙고氷庫* 별좌別坐(정, 종5품), 사복시司僕寺* 주부主簿(종6품)를 거쳐 괴산 군수와 고부 군수로 나갔었다. 군자감軍資監* 정(정; 정3품) 정도에서 벼슬은 마쳤지만, 安堅안견*의 화풍을 따른 어머니의 화풍을 이어 풀과 벌레와 사군자와 포도 등을 특히 즐겨 그리며 시와 악기와 풍류로 여유 있는 나날을 보냈다.

> *빙고 : 얼음 보관 담당
> *사복시 : 가마, 마필, 목장 관할
> *군자감 : 군수품 저장, 관리, 출납 담당
> *안견 : 지곡 안씨; 서산군 지곡면 사람; 세종 때 정4품 '도화원' '호군'을 지냄. 안평대군과 친밀

이우의 자는 계헌(季끝 계 獻바칠 헌)이었다. 세 개의 아호는 옥산(玉옥 옥 山뫼 산), 죽와(竹대나무 죽 窩움집 와), 기와(寄부칠 기 窩움집 와)였다.

자로 보아 아마도 문화 콘텐츠(cultural contents)의 대부 이우는 7남매의 막내였었나 보다. '바칠 헌獻'이 들어간 자로 보아 성실하고 온순한 성품이었을 것이다.

세 개의 아호는 그가 무엇을 마음속으로 지향하며 살았는가를 짐작하게 한다. '옥이 묻힌 산처럼 보이지 않는 귀한 재능을 많이 지니고 그걸 하나하나 세상에 드러내며 살고 싶었을 것이다. '대나무로 지은 별장과 '움집에 의탁한다'는 아호에서는 은둔적이고 예술적인 취향을 엿볼 수 있다.

결론적으로 율곡은 그의 이름에서 풍기듯이 '햇무리'가 되어 사람들의 우러름을 받은 것이다. 함부로 다가갈 수 없는 고매한 인품과 탁월한 재능을 소유하고 깊은 물에 잠긴 돌처럼 되도록 자신을 숨기려 애쓰며 조신하고 신중하게 처신했을 것이다.

'밤나무 골짜기'라는 의미를 지닌 '율곡栗谷'이라는 그의 아호는 그가 지향했던 실용주의 노선과 적극적인 민생정치 신념을 암시한다. 그는 학문을 위한 학문이 아니라 세상을 변화시키고 사람들에게 유익을 끼치는 보편성과 실용성을 추구했을 것이다.

허황된 탁상공론 대신 참여적이고 실리적인 진리를 추구했을 것이다. 배워 익히고 가르쳐 눈을 띄우는 그런 실질적인 학문을 지향했을 것이다.

19세에 접했던 불교로 인해 그는 평생 동안 소위 내로라하는 유학자들로부터 비난을 받아야 했다. 그는 서푼어치의 지식과 재능으로 사람을 욕보이고 세상을 어지럽히는 속된 무리들을 무척이나 경계하며 살았을 것이다.

그는 실제로 자신의 의도와 전혀 다르게 서인 일파로 몰려 어쩔 도리 없이 당쟁에 휩쓸리게 되었었다. 그나마 죽기 한 해 전에 벼슬을 정리하고 칩거하여 학문에만 전념한 탓에 욕된 최후를 모면하고 짧은 천수를 다할 수 있었던 것이다.

9도 장원! 결혼 직후인 23세에서부터 29세까지 아홉 차례나 장원급제를 했으니 시험 운도 정말 특별했고 실력 또한 대단했던 셈이다. 자그마치 6년여간이나 그를 대적하여 딛고 올라설 자가 나오지 않았다니 얼마나 출중한 능력인가.

그는 '햇무리'를 의미하는 이름 때문에 그는 그처럼 남들이 감히 접근할 수 없고 쉽게 넘볼 수 없는 창조력과 통찰력을 지니고 있었을 것이다.

제자 손에 죽음을 당한 스승

미움이나 시기, 질투는 모든 동물들의 본능에 속한 것인지도 모른다. 싫고 좋은 것이 분명한 탓에 갈등과 대립도 생기고 죽고 죽이는 끔찍한 일까지도 셀 수 없이 일어나고 있는 것이다.

이 동물적인 본능의 세계를 과연 어떻게 틀어막을 수 있겠는가. 사람도 결코 예외일 수 없다. 생활의 에너지인줄 착각한 채 그대로 묻어두고 살 수밖에 없다.

具壽聃구수담(1500-1550)은 제자를 잘못 둔 탓에 그만 50세를 일기로 생목숨을 잃어야 했다.

제자에게 '남들이 다들 손가락질 하니 처신에 좀더 신중해야 할 것 같다'고 충고했다가 그걸 몹시 기분 나쁘게 생각하고 있던 제자에게 역적으로 몰려 사약을 받게 되었던 것이다.

19세에 생원이 되어 28세에 문과 병과로 급제했으니 시험 운은 그렇게 좋았던 게 아닌 듯하다. 검토관檢討官*으로 있을 때는 기묘사화己卯士禍*로 화를 당한 숱한 사림파 선비들을 다시 발탁해 달라(서용敍用)고 청했다가 도리어 자신

*검토관 : 경연청 정6품; 임금에게 역사, 경전을 강의하고 현실정치에 적용하여 토론; 집현전 후신인 홍문관의 수찬, 부수찬이 겸임

*기묘사화 : 1519년 중종 14년; 남곤, 홍경주 등 훈구파가 조광조 등 신진사류를 탄압한 일

이 파직되고 말았다. 그리고 곧이어 **羅世纘**나세찬(1498-1551)의 옥사에 연루되어 용천(함경북도 회령)으로 유배되었다.

나세찬은 승진시험인 중시重試에 응시하여 당대의 세도가였던 김안로를 통렬하게 비판하는 내용을 '대책문對策文'에 적어 넣었다.

이 일로 나세찬은 고성에 위리안치되고 구수담은 용천에 유배 되었다. 몇년 지나 김안로*가 중종의 밀령에 의해 붙잡혀 사약을 받고 56세로 죽자(1537년) 나세찬은 봉교로 복직되고 구수담은 42세에 부제학으로 복귀했다.

*김안로 : 이조판서 지 낸 후 43세부터 48세까 지 유배생활; 50세에 이 조판서로 재기용되어 54세에 좌의정 지냄

그후 그는 사간원 대사간, 성균관 대사성, 사헌부 대사헌을 역 임했다. 그런 대로 화려한 40대 중년시절이었다. 헌데 24세 연상 의 권력실세 이기를 공박했다가 그만 먹구름이 몰려드는 외진 땅 으로 밀려나게 되었다.

이기가 과연 누구인가. 그는 25세에 문과에 병과로 급제하여 벼 슬생활을 시작했다. 30대 후반 이후에는 함경도 변방에서 근무했 고, 함북병마절도사를 끝으로 12년여간의 변방생활을 마치고 51 세에 중추부 동지사로 명나라를 다녀왔다.

그가 57세 때에는 권력가 김안로의 탄핵을 받아 강진으로 유배 되었다. 61세에 김안로가 사사되자 간신히 풀려나 62세에 예조참 판으로 복귀했다. 그리고 60대 중반의 나이로 도원수가 되어 건주 위建州衛 야인들의 준동을 진압했다.

69세(1545년) 되던 해에 명종이 즉위하자 이기는 우의정의 자리 에 앉아 병조판서를 겸직했다. 명종의 외삼촌인 '소윤小尹'의 우두 머리 윤원형*과 철저한 공조를 이뤄나갔기 때문에 덩달 아 권력가로 등장하게 되었던 것이다.

*윤원형 : 1563년에 영의 정을 지내고 1565년에 '강음'에 귀양 가서 죽 음; 중종 계비 문정왕후 의 친정 동생

실로 화려한 60대 후반이었다. 죽기 한 해 전인 75세에 병이 깊어 명목상의 벼슬인 중추부 영사로 물러앉았다. 76세의 천

수였으니 실로 대단한 운세였던 셈이다.

중년의 나이를 거친 변방에서만 보냈는데도 그토록 장수한 걸로 보면 타고난 건강체질이었던 것 같다. 하지만 '사람은 관 뚜껑을 닫은 후에 알아본다'는 말처럼 그는 죽고 나서 치욕스러운 대접을 받았다.

명종(1534-1567)이 어머니 문정왕후(1501-1565)가 64세로 타계하고 난지 2년 뒤에 33세로 죽자 세상형편이 완전히 달라졌다.

대윤大尹이다, 소윤小尹이다 하며 '파평 윤씨'들끼리 죽고 죽이던 인종, 명종의 23년여 세월이 지나가자 드디어 약간 숨통이 트이기 시작했다.

선조가 즉위하자 이기는 윤원형과 작당하여 을사사화乙巳士禍를 일으킨 못된 간신 정도로 여겨지게 되었다. 이미 죽은 목숨이지만 생전에 누렸던 모든 훈작과 벼슬이 무효화되었다. 그리고 묘비마저 뽑혀나가고 말았다. 그런 막강하고 노회한 이기를 공박했으니 얼마나 가소롭게 여겼겠는가.

결국 구수담은 갑산으로 유배되고 말았다. 명종이 즉위(1545년)하자 69세의 고령임에도 불구하고 권력의 맛에 새삼 눈을 뜨게 되었던 사람을 맞수로 삼았으니 어떻게 무사할 수 있었겠는가.

임금의 외삼촌이자 수렴청정을 하는 문정대비의 친정동생인 윤원형과 손을 잡고 있던 사람이다. 날아가는 송골매도 말 한마디로 떨어뜨릴 수 있는 막강한 파워를 지니게 된 사람을 논박했으니 어찌 후환이 없었겠는가.

엎친 데 덮친 격으로 좌의정과 원상院相을 지내고 5년 전(1545년 명종 즉위 년)에 61세로 죽은 柳灌유관(1484-1545; 문화 유씨)과 연루되고 말았다.

소윤(명종 외척)이 대윤(인종 외척)을 숙청하기 위해 일으킨 을사사화(1545년 명종 즉위년)에 희생당해 유배지 서천으로 떠나다가 과천에서 사약을 받고 죽은 사람인데, 그런 죄인을 변호한 일이 있다고 트집을 잡힌 것이다.

보통 일이 아니었다. 사간원과 사헌부가 공조하여 탄핵을 하고 나섰다. 사약이 내려져 그걸 마시고 피를 토하며 죽어야 했다.

구수담이 50세를 일기로 죽게 되는 데는 그의 제자인 陣復昌진복창(여양 진씨로 풍덕 출신)의 역할이 컸다.

일찍이 문과에 장원급제했으니 재능은 꽤 괜찮았던 모양이다. 부제학과 부평 부사를 지내며 평범한 벼슬생활을 했는데 유유상종類類相從이란 말처럼 비슷한 심보들끼리 뭉치게 마련이어서 윤원형의 최고 심복으로 자리잡았다.

실세 중의 실세였던 윤원형의 심복이었으니 생각만 좀 고쳐먹었으면 얼마든지 스승 구수담을 살려낼 수 있었을 것이다. 그런데도 스승이 '정신 똑바로 차리고 반듯하게 살아라'며 쓰디쓴 충고 좀 했다고 꽁하고 있다가 복수의 칼날을 들이댄 것이다.

앙심을 품고 기회를 엿보던 그는 스승이 5년 전의 을사사화에 죄인으로 몰려 사사된 유관을 변호했던 일을 용케 기억해 냈다. '옳거니 잘 되었다'며 그 즉시 '스승 죽이기 비밀 프로젝트'에 몰입했던 것이다.

진복창은 대체 어떤 사람이었던가.

그에게 걸리면 집안의 한낱 어린아이라도 쉽게 죽음의 덫을 빠져나갈 수 없었다. 사람들은 그런 그를 두고 '극적極賊'이라며 슬금슬금 피했다.

을사사화 때는 인종의 외삼촌인 윤임과 가깝게 지내던 사림의 선비들을 색출해 제거하는 일에 앞장을 섰다. 그 일로 인해 역사를 기록한 사관들은 그를 '독사毒蛇'로 기록해 두었다. 그를 심복으로 거느렸던 윤원형마저도 그를 두고 간교하고 음험한 위인이라며 혀를 내둘렀다.

모전자전인지 그의 어머니마저도 치맛바람이 요란했던 가보다. 행실이 방정맞고 오만하여 주위 사람들의 빈축을 많이 샀다고 한다. 요란한 해코지 이력, 무고질 이력, 숙청 앞잡이 이력에 비해 출세는 그렇게 대단했던 게 아닌 것 같다.

대사헌과 공조참판을 지낸 게 전부였으니 그리 대단한 벼슬길이었다고 보기 힘들 것이다. 하지만 문장과 글씨에 재주가 제법 뛰어났던지 중국과 한반도의 역대 제왕들과 성현군자들을 기리는 노랫말(가사)을 지어 남겼다. 「역대가歷代歌」 「만고가萬古歌」가 덩그러니 남아 그의 흉악한 이미지와 이름에 그나마 사람의 입김을 조금씩 불어넣고 있다.

김안로에게 걸리면 목숨을 부지하기 어려웠던 것처럼 누구라도 일단 진복창에게 걸리면 반드시 무엇으로든 희생을 치러야 했다.

이율곡의 장인인 **盧慶麟**노경린*마저도 그에게 밉보였다가 사헌부 지평持平(정5품) 진급명단에서 빠뜨려지고 말았다.

사헌부 지평은 이조의 전랑銓郞*과 함께 조선시대 선비 관료사회를 지탱하던 요직이었다. 문과 급제자들 중에서도 강직하고 유능하다고 평가가 나야 임명될 수 있는 요직이었다.

그런데 노경린이 23세에 문과에 급제하여 벼슬 생활을 시작한 지 얼마 안 되는 햇병아리 관료였을 때, 그만 저승사자보다 더 무서운 진복창에게 발목이 잡히고 말았던 것이다.

사필귀정인지 악명 높은 '여양 진씨' 진복창도 나중엔 파직되어

*노경린 : 1516-1568; 곡산 노씨; 성주 목사, 숙천 부사를 지냄; 41세인 1557년에 21세의 이이를 사위로 맞이함
*전랑 : 정5품 정랑과 정6품 좌랑을 합쳐서 부르는 '낭관과 같은 말. 이조, 병조를 제외한 나머지 관청에서는 낭관을 '조랑'으로 불렀음

삼수부三水府(함경남도 갑산 부근)로 유배되었다. 자신이 보스로 받들던 윤원형이 영의정을 지내던 해(1563년)에 죽었으니 어쩌면 '여양 진씨' 상가喪家 집은 그런 대로 조문객이 들끓었을 것이다.

죽은 진복창이 겁나서가 아니라 그가 보스로 받들던 윤원형이 최고 전성기를 맞았던 시기였으니 아무래도 어딘가 신경이 꽤 써지지 않았을까. 최소한 윤원형의 눈치를 살펴야 하지 않았겠는가.

스승인 구수담과 제자인 진복창의 이름을 비교해 보자.

먼저 스승 구수담(壽목숨 수 聃귀바퀴 없을 담)의 자는 천노(天하늘 천 老늙은이 노)이다.

'목숨을 지켜주는 보호막이 없다'는 이름 뜻이 참으로 신기하기만 하다. 귀 바퀴가 무엇인가. 소리를 모아 더 잘 들리게 할뿐만 아니라 완전한 모양이 되도록 끝마무리를 해 주는 꼭 필요한 신체기관이 아닌가. 없어서는 안 될 것이 빠져있다는 의미이니 액땜으로 끝나도 될 일이 그만 목숨을 앗아가는 치명타로 작용하고만 것이다.

자는 '늘그막의 운세는 오직 하늘만 안다'는 의미를 품고 있다. 보호막이 빠뜨려진 목숨이니 결국 하늘에 맡기고 살아야할 운명이었던 셈이다.

스승을 죽음으로 내몬 제자 진복창(復돌아올 복 昌창성할 창)의 이름에는 '한창 잘 나가는 것을 뒤집어엎는다'는 뜻을 지니고 있다. 실로 대단히 변혁적이고 혁파적인 이름이다. '남의 운세마저 뒤집어 내 마음대로 바꿔놓는다'는 이름이니 어느 누가 감히 그 억센 운세에 맞설 수 있는가.

그의 자는 '첫 번째로 이룬다, 무엇을 하든 첫 째가 되어야 직성이 풀린다'는 뜻의 수초(遂이룰 수 初처음 초)이다. '되돌려 내 것을 만든다'는 이름이나 '앞장서서 이룬다'는 자나 적극적이고 공격적이기는 매 한 가지이다.

'보호막이 없는 목숨'이라는 이름과 '하늘에 맡기고 살아야 할 말년'이라는 자를 지닌 스승 구수담은 결국 제자의 억센 운세에 맞닥뜨려 죽고만 것이다.

죽기 5년여 전에 있었던 죄인 아닌 죄인 변호가 꼬투리가 되어 목숨을 **빼앗기고** 말았다. '뒤집어 놓는다'는 이름과 '앞장선다'는 자를 지닌 제자 진복창의 거칠고 사나운 기질과 공격적이고 파괴적인 운세를, 대체 무슨 수로 피할 수 있었겠는가.

타고난 재주나 재능보다도 먼저 무엇을 최고의 가치로 여기고 사는 사람인가에 초점을 맞춰야만 사람을 제대로 볼 수 있다. 가장 귀하게 여기는 것이 천륜, 인륜에 합치되는 것인 한 자질구레한 차이나 잘못은 얼마든지 덮어둘 수 있다.

그러나 사람과 짐승 사이를 멋대로 오고가는 부류라면 절대 함부로 가까이 하거나 쉽게 믿어선 안 된다. 차라리 정들여 키운 가축을 제 손으로 잡아먹는' 평범한 촌부를 가까이하는 게 백 번, 천 번 더 낫다. 평범한 이들은 최소한 자신을 해치지 않는 이를 함부로 해코지하지는 않는다.

李滉이황(1501-1570)의 형인 李瀣이해(1496-1550)도 구수담이 죽을 때 그의 일파로 몰려 54세에 함경남도 갑산으로 유배되던 중에 양주의 한 민가에서 죽고 말았다.

두 형제는 비록 다섯 살 차이였지만 숙부인 李堣이우*에게서 함께 글공부를 했던 사이였다. 어쨌거나 '진보眞寶 이씨' 집안의 두 형제는 이래저래 '덕수 이씨' 집안의 이기와 떼려야 뗄 수 없는 악연을 맺게 되었다.

동생인 이황은 44세(1545년 명종 즉위년의 을사사화) 때에 이기에게

*이우 : 1469-1517; 45세에 '김은'의 상소로 중종반정 공신녹권을 박탈당했다가 안동부사로 복직됨

미운 털이 박혀 삭탈관직되었다. 그때 69세의 이기는 우의정과 병조판서를 겸하고 있었고 이황은 42세에 성균관의 대사성을 지낸 중진 정치인이었다.

이황은 그 후 사복시司僕寺 정正으로 복직되어 51세에 다시 한번 성균관 대사성에 올랐다. 동생은 이기라는 실세 정객에게 공격당해 을사사화의 무서운 소용돌이에 휘말렸지만 파직되는 정도로 액땜을 하고 끝이 났다.

형 이해는 사헌부 대사헌으로 있던 48세(1544년 인종 즉위년)때에 68세의 이기가 우의정에 천거되자 사간원 대사간과 함께 강력히 반대했었다.

이기는 그 때의 일을 빌미로 이해를 몹시 미워하며 제거할 기회만 호시탐탐 노리고 있었다. 이듬해에 '소윤'의 우상인 명종이 즉위하자 소윤의 우두머리 윤원형과 철저히 공조하던 그는 드디어 때는 왔다며 일을 꾸미기 시작했다.

이기는 충청도 관찰사로 나가 있던 54세의 이해를 해치려 제 일파인 사간 李無彊이무강을 꼬드겼다. 을사사화 때 죽은 柳灌유관*을 변호한 죄로 뒤늦게 역적의 잔당으로 몰려 처벌받게 된 구수담의 일당으로 탄핵하라고 시켰던 것이다.

*유관 : 1484-1545; 문화 유씨; 좌의정과 '원상'을 지내고 을사사화 때 유배지 서천으로 가던 중 과천에서 61세로 사사됨

이황의 형인 이해는 본래 강직한 사람이었다.

29세에 진사가 되고 32세에 문과 병과로 급제했으니 아주 평범한 출발이었던 셈이다. 그러나 37세에 사간을 거쳐 40대 후반에는 도승지, 대사헌, 대사간을 역임했다.

권력 실세인 18세 연상의 김안로가 어릴 적에 이웃에 함께 살았다는 인연으로 그에게 '내 밑으로 오면 내가 잘 돌봐주겠다'며 집요하게 유혹했지만 '일 없다'며 단호히 거절했었다.

이해가 이기에 의해 올가미 씌워져 유배지로 떠나다 도중에서

죽던 때에 형조정랑 **李思聖**이사성*의 아버지도 윤원형에게 밉보여 이해의 일당으로 몰려 매맞아 죽었다.

*이사성 : 1525-1571; 이기와 같은 덕수 이씨. 장살 된 아버지로 인해 벼슬길이 막혔다가 복직되어 군자감, 사용원 정을 역임

이황의 형으로 권력가에게 억울하게 걸려들어 유배지로 떠나나가 도중에서 객사한 이해(瀣이슬 기운 해)의 자는 경명(景볕 경 明밝을 명)이고, 아호는 온계(溫따뜻할 온 溪시내 계)이다.

'이슬 같다'는 이름 뜻이 너무도 의미심장하다. 덧없는 인생임을 강조하는 이름이지만 성품이 순수하고 강직하다는 암시로도 풀어볼 수 있다. '이슬처럼 신비롭고 순수하다'는 뜻도 되고 '이슬처럼 쉬이 사라진다'는 의미도 된다.

자와 아호는 각각 '햇빛'과 '따뜻한 시냇물'이니 그런 대로 잘 어울리는 짝인 셈이다. 그는 본래 몸이 약한 사람이었으니 개마고원으로 유배를 떠나면서도 그 북쪽 변방의 춥고 매서운 바람을 겁냈을 것이다. 결국 삭풍朔風을 피해 양주(경기도 북부) 땅에다 마지막 숨결을 내뱉고만 것이다.

제자 진복창이 제 스승 구수담을 죽게 할 때 구수담보다 4년 연상인 이해도 앙심을 품고 기회를 노리던 진복창 일파(병조판서 겸 우의정 이기, 사간 이무강)에게 걸려들어 죽고 말았다.

68세의 이기가 우의정에 올라가는 것을 반대했다가 그만 5년 뒤에 부메랑으로 되돌아온 이기의 앙심에 뒷덜미를 잡혀 죽고 말았던 것이다. 45세의 사간원 대사간 구수담과 49세의 사헌부 대사헌 이해가 '이기는 정승 재목이 못됩니다'라며 이구동성으로 반대했었다.

결국 정확히 5년 뒤에 74세의 이기가 복수의 칼을 **빼**들자 50세의 구수담과 54세의 이해는 천수를 다 못 누린 채 죄인으로 죽어야 했다.

615

조선의 유명 인물들의 별명

　이름을 함부로 부르기 어렵다하여 보통 성인식에 해당되는 관례冠禮를 치르고 나면 자字를 지어 부르고 또한 사회생활을 본격적으로 시작할 무렵이 되면 스승이나 친구들이 지어주는 아호雅號를 주로 부르게 되어 있었다.

　그런데 그런 고루한 사회에서도 '별명'이 횡행했다면 이를 대체 어떻게 받아들여야 할 것인가. 때로는 존경의 뜻으로, 때로는 비아냥거림으로 별명을 지어 불렀다.

　존경의 뜻으로 지어 부르는 별명은 그런 대로 들어줄 만 했을 것이다. 그러나 저주와 비난을 가슴에 숨긴 채 우회적인 의미와 수단을 빌려 별명을 지어 불렀다면, 그 어떤 노골적인 표현이나 비난보다도 몇 십 배, 몇 백 배 더 치욕적이라 해야 할 것이다.

　고려 말의 대표적인 성리학자이자 큰 정치가였던 鄭夢周정몽주(1337-1392)를 두고 李穡이색(1328-1396)은 '동방이학지조東方理學之祖'라고 불렀다. 고려 성리학의 시조라는 칭송의 뜻이 배어있는 별명이고 별칭이다.

9년 연상인 '한산 이씨' 이색이 '연일 정씨' 정몽주의 학문적 깊이를 칭송해 마지않았던 것이다.

> "정몽주는 함부로 말하듯이 쉽게 표현해도 전혀 논리에 어긋남이 없다. 대단한 사람이다. 성리학을 완벽하게 터득한 사람이기 때문일 것이다. 실로 고려 성리학의 시조로 부를만한 사람이다."

이색은 정몽주를 서슴없이 그렇게 칭찬했다.

정몽주가 국내파라면 이색은 누가 보아도 해외파였다. 물론 정몽주 자신도 30대 중반과 40대 후반에 명나라 태조(주원장)를 직접 만나 대화도 하고 관상도 서로 비교해 보았지만 이색처럼 중국 대륙에서 학문을 하거나 중국의 관직을 갖고 봉직해 본 적은 없었다. 이색과 명 태조가 동갑내기였으니 결국 정몽주와 명 태조는 9세 차이였던 셈이다.

30대 중반에는 명 태조가 촉나라를 평정한 것을 축하하기 위해 간 사절단의 서장관으로서 명 태조를 만났고 40대 후반에는 명 태조의 56회 생일을 축하하기 위해 만났었다.

서장관으로 갔을 때는 귀국 도중에 태풍을 만나 죽게 되었었기 때문에 만날 수 있었다. 즉, 태풍을 만나 배가 다 부서지고 열 명 사절단 중 겨우 두 명만 살아남아 명 태조가 보내준 배를 타고 구사일생으로 살아났던 것이다.

정몽주는 살아남은 한 사람과 더불어 말 다리를 베어 먹으며 2주간 가까이 생존하다가 구사일생으로 구조되어 극진한 간호와 대접을 받고 귀국할 수 있었다.

40대 후반에 9세 연상인 명 태조의 생일을 축하하기 위해서 갈 때에는 고려 조정의 내로라하는 대신들이 모두 혼쭐날 줄 알고 서로 가기 싫어 미룰 때 왕따 당하듯이 지목되어 먼 여행을 했지만, 전후 사정을 잘 아는 명 태조는 십여 년 전에 조난당했던 바로 그 사람임을 알고 정몽주를 특별히 따뜻하게 맞아주었다.

40대 초반에는 일본에 가서 왜구들이 붙잡아다 노예로 팔아먹은 고려인들을 수 백 명이나 데리고 오기도 했으니, 정몽주는 비록 유학파는 아니었지만 당시의 국제 환경 속에서 외국을 활발하게 오가며 국익과 백성을 훌륭히 지켜냈던 것이다.

이색은 전혀 달랐다.

20세에 원 나라에 가서 그곳 국자감國子監의 생원이 되어 성리학을 연구했으니 진정한 해외파 내지 유학파라고 보아야 할 것이다. 3년 뒤에 부친상을 당해 귀국해야 했지만 3년여의 해외유학 생활이었던 셈이다.

3년 상을 마치고 공식 사절단의 서장관으로 다시 원나라로 향했다. 26세였던 그는 원나라 과거에 응시하여 원나라 벼슬을 하게 되었다. 회시會試에 장원을 하고 전시殿試에서는 차석을 했다.

첫 벼슬은 국사원國史院 편수관이었지만 몇 달 근무한 뒤 다시 귀국했다. 한데 이듬해에 다시 원나라 한림원에서 27세인 그를 채용했다. 그는 28세에 귀국하여 29세에는 '3년 상'을 제도화하는데 앞장섰다. 불교의 나라 고려에 성리학의 깃발을 꽂기 시작했던 것이다.

20년 뒤인 49세 때에는 辛旽신돈의 혈육이라는 비난을 받고 있던 우왕禑王의 사부師傅가 되어 쓰러져 가는 고려왕조의 끝자락을 붙들고 있었다.

그는 우왕과의 개인적인 인연 때문에서라도 이성계 일파와 같은 길을 걸을 수 없었을 것이다. 자신이 임금으로 떠받들던 사람을 일개 요승 신돈의 첩(이름은 반야般若)이 낳은 사생아로 낙인찍어 제거하려는 정략적 음모에 어떻게 동조할 수 있었겠는가.

그는 우왕의 아들인 창왕昌王이 즉위하도록 적극적으로 나섰을 때부터 이미 이성계 일파와 건너지 못할 강을 건너고만 것이었다.

정몽주(夢꿈 몽 周두루 주)의 이름은 '두루 바라는 것이 많다'는 의미를 지니고 있다.

자는 달가(達통달할 달 可옳을 가)인데, '무엇에든 깊이 파고들어 옳고 그름을 분명하게 밝힌다'는 의미로 풀어볼 수 있다.

이상이 대단히 높고 포부 또한 아주 큰 사람이었을 것이다. 무엇을 하든 철저히 파고들어 완벽을 기하는 치밀함과 끈기가 있었을 것이다.

아호는 '밭이나 가꾸며 숨어산다'는 의미인 포은(圃밭 포 隱숨을 은)이다. 자신의 속에 숨긴 은둔적이고 목가적인 측면을 암시하고 있다. 산골에 숨어 학문에만 골몰하고 싶은 욕구야 학자들의 공통된 소망이 아니겠는가. 정몽주도 세월이 다 지나가 더 늦어지기 전에 초야에 묻혀 공부에만 열중하고 싶다는 간절한 소망을 지니고 있었을 것이다.

이색(穡거둘 색)의 이름은 '곡식을 거둬들이듯이 자신의 생애를 잘 가꿔 풍성한 추수를 기약한다'는 의미로 풀어볼 수 있다.

자는 영숙(潁강이름 영 叔아재비 숙)으로 '강가에 나가 배를 기다리는 사람'이니 평생 길에서 보낸 시간이 아주 많았을 것이다.

역마살驛馬煞이 긴 학자요 여행 복이 터진 사람이었던 셈이다.

아호는 목(牧칠 목 隱숨길 은)으로 '가축이나 키우며 초야에 묻혀 산다'는 뜻이다. 아니면 제자들을 키우고 사람들의 이성과 양심을 일깨우며 숨어산다는 뜻으로도 풀어볼 수 있을 것이다.

'밭을 가꾸며 숨어 지낸다'는 정몽주나 '가축을 키우며 숨어지낸다'는 이색이나, 둘 다 소란한 세상살이를 벗어나 숲과 물과 하늘과 바람만을 벗한 채 진리 탐구, 진리에 대한 사색에 빠져들고싶다는 소망에서만은 일치하고 있었을 것이다.

꿈속에서나마 모든 것을 해 보고 싶은 정몽주나 추수할 때를 기다리는 농부의 심정으로 생애를 이끌어 가는 이색이나, 마음 한 구석에 관념적이고 이상적인 특별한 지향을 지니고 살았을 것이다.

세속의 먼지 뒤집어 쓴 삶을 넘어 보이지 않는 곳에 엄연히 존재하는 좀더 비밀스럽고 신비로운 그 무엇을 끊임없이 추구하고있었을 것이다.

두 사람의 자에서 드러나듯 무엇을 하든 철저히 꿰뚫어야 직성이 풀리는 정몽주… 강가에 나가 배를 기다리는 사람인 이색….

정몽주는 어딘가 극성스럽고 독선적인 데가 있었을 것이다. 스스로 완벽을 기하고자 하는 적극적이고 공격적인 사람은 남에게도 자칫 똑 같은 기준과 목표를 강요할 가능성이 큰 법이다.

반면에 이색은 한 곳에 안주하지 못한 채 항상 어디론가 훌쩍떠나고 싶은 충동과 욕구에 휩싸였을 것이다. 어딘가 적극적이면서도 소극적이고 앞장서는가 하면 뒤로 물러서는 그런 이중적인측면을 지니고 있었을 것이다.

한마디로 정몽주는 대단히 정치적인 사람이었고 이색은 전형적인 학자 스타일이었을 것이다. 그런 탓에 이색은 정몽주를 평하며오로지 학문적인 측면에서만 그의 높이와 깊이를 재보게 되었던것이다. 그래서 정치적 칼라나 캐릭터는 뒤로 한 채 9세 연하인그를 성리학의 창시자로 높여 주었을 것이다.

조선을 건국한 태조 이성계가 직접 이름을 바꿔준 南在남재는 워낙 셈본이 빨라 '南算남산'이라는 별명을 갖고 있었다.

본래 南謙남겸이었는데 태조가 '겸손할 겸謙' 자를 '있을 재在'로 바꾸도록 하라고 하여 남겸이 남재로 바뀐 것이다. 이색의 제자였으니 스승과 제자는 마치 부모와 자식 사이 같아서 성품이나 지향이 대개 엇비슷하게 마련이다.

남재도 정작 조선 건국에는 적극적으로 나섰으면서도 불사이군 不事二君의 도리를 저버린 죄인이니 공신의 포상을 받을 수 없다며 초야에 몸을 숨겼었다.

23세 연상인 스승 이색이 조선왕조에는 결코 참여할 수 없다며 이리저리 피해 다니다가 여강驪江으로 가는 도중에서 68세로 죽은 것처럼 제자도 양심의 가책을 못 이겨 공신 포상을 극구 피했던 것이다.

결국 숨어있던 처소가 태조에게 알려져 하는 수 없이 불려나와 개국 1등 공신에 올라 의성군宜城君에 봉해졌다. 40대 초반에 새로운 왕조를 세우고 새롭게 벼슬길을 열어놓았던 것이다.

그가 45세 때에는 도병마사가 되어 대마도를 정벌했다. 그리고 47세 때에는 3세 연하의 동생 南誾남은(1354-1398)이 44세로 태조의 다섯 째 아들로서 당시의 정계 실세였던 이방원 일파에게 살해되어 형인 그도 유배되고 말았다. 이름하여 제1차 왕자의 난 때였다.

거물 중의 거물로 경복궁의 모든 문들과 건물들의 이름을 지을 정도로 막강한 영향력을 지니고 있던 鄭道傳정도전(1337-1398; 봉화 정씨로 연일 정씨 정몽주와 동갑내기)마저도 단칼에 목이 달아날 정도의 정치적 혼란기였으니, 죽고 사는 것이 모두 하늘에 달려 있던 시절이었다. 무혐의로 풀려났지만 죽은 동생을 생각하면 함께 못 죽은 것이 천추의 한이었다.

어떤 동생이었던가. 기라성 같은 대신, 장수들을 포함하여 52명이 문하시중門下侍中(영의정에 해당됨) 이성계를 이씨 조선의 첫 왕으로 세우자며 무혈 쿠데타를 일으켰던 형제였다.

혈육으로 보면 친형제요, 정치적으로 보면 죽어도 같이 죽고 살아도 같이 살아야 할 동지 중의 동지였다. 동생이 죽고 없는 하늘 아래서 형은 그래도 승승장구하여 60대에는 우의정을 거쳐 영의정에 올랐다.

남재는 셈이 빠르고 통계에 밝은 탓에 자타가 인정하는 경제전문가, 예산결산 전문가였다. 오죽하면 다들 그의 빠르고 정확한 셈을 부러워하여 '남산南算'이라고 불렀겠는가.

천수도 스승인 이색과 똑같이 68세였다.

남재(在있을 재)의 이름은 '마땅히 있어야 할 곳에서 제자리를 잡고 제목소리를 낸다'는 의미이니, 대단히 적극적이고 실존적인 이름이었던 셈이다.

자는 경지(敬공경할 경 之갈 지)이고, 아호는 구정(龜나라이름 구 亭정자 정)이다. '공손하고 신중한 사람'이라는 자의 의미처럼 대단히 겸손하여 자칫 소극적이고 은둔적이기 쉬운 기질이었을 것이다. '나라를 생각하는 정자'라는 아호의 의미대로 그는 일신의 안위보다 나라라는 공동체의 안위를 먼저 생각하는 사람이었을 것이다.

장작개비나 세고 화투판의 셈이나 하는 그런 셈이 아니었다. 나라의 살림살이에 대한 통계를 훤히 다 꿰고 있었다. 예산 결산과 인구 통계에 남다른 재주를 지니고 있었다. 얼마나 건전한 별명이고 영광스러운 별명인가. 예산 결산의 귀재요 통계의 왕이라는 의미가 아닌가.

단순히 성격이나 외모나 몇 가지 스타일을 꼬집어서 지어낸 별명이 아니라, 나라에서 요긴하게 사용할 수밖에 없는 개인적 특기를 근거로 지어준 별명인 것이다.

'나라를 생각하는 정자'라는 아호의 의미대로 그는 나랏일을 숫자적으로 잘 꿰고 있었다. '있을 곳에 마땅히 있다'는 이름처럼 그는 철저히 실제적이고 실용적이고 현실적인 사람이었다. 공상이나 환상이나 이상을 별로 좋아하지 않았다.

과학적이고 실천적인 것만을 대상으로 연구하고 싶어 했다. 회계 및 통계 전문 행정가였던 셈이다. 기획력이 뛰어난 유능한 행정가였던 셈이다.

임진왜란 직전에 일본의 전쟁 준비상황을 파악하고 돌아온 통신사 일행으로 黃允吉황윤길(1536년 출생; 장수 황씨)과 金誠一김성일(1538-1593; 의성 김씨)이 있었다.

서인에 속했던 정사 황윤길은 54세였고 동인에 속했던 부사 김성일은 52세였다. 그런데 임진왜란 직전에는 동인이 조정의 대세를 거머쥐고 있었기 때문에 '전쟁 위험이 없다'는 부사 김성일의 보고가 '전쟁위험이 높으니 철저히 대비하지 않으면 큰 일 날 것'이라는 정사 황윤길의 보고보다 더 정확하다고 여겨졌다.

결과적으로 정확히 일년 2개월 뒤(통신사 일행이 일본에서 돌아온 것이 1591년 2월이었고 임진왜란은 이듬해 4월에 발발했음)에 임진왜란이 일어나자 임금(선조)은 정사 황윤길의 말을 듣지 않아 이 꼴이 되었다며 후회했고 김성일은 안방준 등으로부터 전쟁위험이 없다고 거짓보고를 하여 이 지경에 이르게 했다는 공격을 받아 파직되었다.

하지만 김성일의 젊은 날의 성격은 그렇게 호락호락하지가 않았다. 18세에 예안의 도산서원으로 달려가 이황의 제자가 되었을 때부터 그는 남다른 정의감과 의협심을 지니고 있었다.

24세 때에는 비록 유생 신분이었지만 당대의 권력 정점이던 문정대비*를 정면으로 공격하는 상소를 올릴 정도

*문정대비 : 중종의 계비로 명종의 모친; 아들 명종의 수렴청정을 끝내고도 계속해서 국정에 깊이 관여하여 숭불 정책을 펼쳤음

였다.

김성일은 26세 때에 진사가 되고 29세에 과거에 급제했다. 정사 황윤길이 25세에 문과에 급제했으니 부사로 함께 가게 되는 김성일은 그보다 6년이 지나서 과거에 급제했던 것이다. 나이로는 두 살 차이지만 과거시험으로는 6년 차이가 나는 것이다.

34세 때인 선조 임금 초(1572년 선조 5년)에는 사육신을 복권시켜야 한다고 상소를 올렸다. 39세 때에는 종계변무宗系辨誣*를 청하러 명나라에 가는 사절단의 서장관이 되어 동행했다.

*종계변무 : 태조 이성계를 고려 권신 '이인임의 아들로 잘못 기록한 명나라 기록들을 정정해달라는 것

그는 요동에서 정학서원에 들러 학문하는 목적에 대해 명나라 학자들과 토론을 벌이기도 했다. 41세에 사헌부 장령이 되었는데 어찌나 자신의 감찰, 탄핵업무에 충실, 엄격한지 다들 그를 두고 대궐 호랑이(전상호殿上虎)라고 불렀다.

아마도 김성일에게 걸려들면 뼈도 못 추리게 되니 일찌감치 피하는 게 상책이라는 뜻에서 그런 별명을 지어 불렀을 것이다. 관리들의 타락과 방종을 경계하는 자리이니 아무리 엄하다고 해도 결코 지나침이 있을 수 없었을 것이다. 그리고 그가 대궐의 호랑이로 불리면 불릴수록 조정의 분위기나 대신들의 근무자세는 점점 더 나아졌을 것이다.

45세 때에는 왕의 특명에 의해 나주 목사로 나가 관리들의 민폐를 시정했다. 바로 그 때 金汝吻김여물이란 자가 순무어사로 지방을 감찰하고 다녔는데 한 번은 그가 술을 잔뜩 마시고 늦은 밤중에 관아로 들어서려 했다.

김성일은 '어디서 술에 취해 돌아다니느냐며 크게 꾸짖고 문을 열어주지 말도록 엄히 지시했다.

황윤길과 같이 일본에 갔을 때는 풍신수길은 국왕이 아니고 일개 추장에 불과하니 절대로 임금에 준 하는 외교관례를 적용할

수 없다고 강력하게 우겨 결국 관철시키고 말았다.

어찌 보면 고루하기 짝이 없고 한편으로 생각하면 비현실적이고 비타협적인 외교의 전형이었다고 볼 수도 있겠지만, 그는 그렇게 소신과 주장이 분명하고 완강했던 것이다.

하지만 스승 이황 밑에서 동문수학한 金睟김수(1547-1615; 안동 김씨)가 경상우감사로 내려와 5세 연하의 의병장 곽재우와 극심한 갈등을 빚어 곽재우가 희생당하게 되었을 때는 발벗고 나서서 두 사람을 화해시켜 함께 왜적을 물리치도록 했다.

경상도 초유사招諭使로 내려와 자진하여 군사를 모아 왜적을 물리치고 있던 의병장들과 조화를 이루며 전력이 최대한 발휘될 수 있도록 공동 전선을 구축하게 했던 것이다.

곽재우, 金沔김면(1541-1593; 고령 김씨), 鄭仁弘정인홍(1535-1623; 서산 정씨) 등이 그의 지휘와 조정을 받아 효과적인 전선을 구축하고 있었다.

김성일(誠정성 성 一한 일)은 '외길로 공을 들여 오로지 하나로 통한다'는 이름 뜻처럼 그는 대단한 외골수였을 것이다.

자는 사순(士선비 사 純생사 순)이고, 아호는 학봉(鶴학 학 峯봉우리 봉)이다. '비단실 같은 선비'라는 자의 의미에서는 그의 고결한 품성을 엿볼 수 있고, '학 떼가 춤을 추는 산봉우리'를 뜻하는 아호에서는 초월과 신비를 꿈꾸는 무한한 욕망을 짚어볼 수 있다.

임진왜란을 만나지 않고 평화시에 태어나 평화롭게 살았다면 대단한 학문적 영역을 개척했을 것이다. 고집이 엄청나게 세지만 생각의 갈래가 무궁무진하여 그는 듣고 배우고 느낄수록 더욱더 커지고 깊어지고 넓어질 수 있었을 것이다.

대궐 호랑이라는 별명을 들을만한 이름이고 자이고 아호이다. 타협을 모르는 성격인데다 품고 있는 이상과 목표마저 범인의 범

접을 모조리 물리칠 정도로 높고 깊으니, 자연히 비타협적이고 때로는 무자비하게까지 보여졌는지도 모른다.

품고 있는 소망과 타고난 성격이 엄연히 갑남을녀甲男乙女의 그렇고 그런 것들과 엄연히 다른데, 어떻게 좋은 게 좋은 거라며 함부로 뒤섞일 수 있었겠는가.

순결하고 고결하면 누구라도 호랑이 소리를 들을 수 있다. 자기 임무에 충실하며 한 눈 팔지 않으면 누구라도 호랑이라는 별명을 들을 수 있다. 하지만 사헌부 장령掌令(정4품)으로서 대궐 호랑이 소리를 듣는 것은 여러모로 위험천만한 일이었을 것이다.

더욱이나 40대 초반이었으니 인생으로 보나 벼슬길로 보나 중요한 고비였던 셈이다. 삐끗하면 벼랑이고 잘만 하면 성층권 바로 아래까지 비상할 수도 있었다. 출세의 갈림길이요 편안한 말년의 시험대였던 셈이다.

아무나 할 수 있는 일이 아니었기에 대궐 호랑이라는 별명을 들을 수 있었을 것이다. 청년시절의 열정이나 추진력, 돌파력이 거의 다 소진되었을 나이가 아닌가. 잘 보이지 않던 정략과 정치적 술수가 훤히 다 보일 나이였지 않은가. 대궐의 생쥐들과 대궐의 박쥐들, 승냥이들, 족제비들, 바퀴벌레들, 좀벌레들이 즐비하게 널려 있었을 텐데도 전혀 개의치 않고 호랑이로 남을 수 있었다는 것은, 실로 대단한 용기였다고 볼 수밖에 없을 것이다.

하늘을 우러러 부끄럽지 않다고 확신하는 떳떳함이 있어야 비로소 가능했을 것이다. 유아독존식의 처신만으로는 결코 주위의 호응과 동조를 얻어낼 수 없었을 것이다. 깨끗하고 떳떳하고 바르게 살지 않았다면 불가능한 일이었을 것이다. 자칫 잘못하면 직권남용이나 월권으로 탄핵받아 죽을 수도 있었을 것이다.

이율곡은 23세부터 29세까지 자그마치 아홉 차례나 과거시험에 응시하여 아홉 번 다 장원을 했기 때문에 '9도장원공九度壯元公'이라는 별명을 들었다.

대개 20대와 30대에 과거시험에 응시하게 마련인데 기껏해야 병과 급제(11등에서 33등까지의 23명)이거나 을과 급제(4등에서 10등까지의 7명)이었던 시절에 아홉 차례나 장원급제를 했으니 실로 조선의 천재요 조선의 수석왕이었다고 해야 할 것이다.

보통 문과 최종 합격자인 33명 중 2등인 아원亞元으로만 급제해도 대단한 기록인데 9번이나 장원급제를 했다면 그 어느 누구도 감히 李珥이이(1536-1584)를 넘볼 수 없었을 것이다.

이름은 이(珥귀걸이 이)지만 '햇무리'를 의미하기도 한다.

자는 숙(叔아재비 숙 獻바칠 헌)이다. 두 개의 아호는 각각 본가가 있던 파주 '栗谷율곡'과 처가가 있던 해주 '石潭석담'에서 따온 것이다.

'햇무리'를 뜻하는 이름, '어진 사람'을 뜻하는 자, 그리고 '밤나무 골'과 '호수 속 바윗돌'을 암시하는 두 개의 아호…

인품이 고결하고 태어난 운세가 고귀하다는 암시가 곳곳에 배어 있다. 사상이 깊고 이상이 드높음을 암시하는 이름이고 아호이다. 단순한 재주나 암기력 때문에 아홉 번 수석합격을 한 것이 아닐 것이다. 본래 생각이 뛰어나고 깊었기 때문에 비로소 그런 남다른 시험성적을 낼 수 있었을 것이다.

대사헌의 말(horse)! 못 먹어서 비슬거리는 짐승을 보면 '저거 대사헌의 말이 아닌가'라며 의미심장한 농담을 주고받았다고 한다.

李芑이기(1476-1552; 덕수 이씨)가 워낙 청렴결백하여 재물을 전혀 탐내지 않았기 때문에 늘 생활이 빈한하기 마련이었는데, 하루는 그가 타고 다니는 말이 번화한 네거리에서 풀썩 쓰러지고 말았다.

사정을 알아보니 굶어서 기운이 다 빠진 탓에 그만 주인의 몸무게를 못이겨 저자거리에서 쓰러졌던 것이다. 이후 사람들은 대사헌 이기의 영양실조 걸린 말에 빗대어 주인이 가난하여 덩달아 영양실조로 비쩍 마른 가축을 보면 '대사헌의 말'로 풍자했다.

이기는 25세에 문과 병과로 급제하여 벼슬을 시작했다. 그리고 50세까지는 12년간이나 함경도 일원에서 변방을 수호하며 지냈다.

51세에 명나라에 다녀와 중앙관직을 두루 거쳤지만 4세 연하의 김안로라는 희대의 정치 모리배를 만나 그의 탄핵으로 강진에 유배되었다. 57세에 유배형이라는 액땜을 한 것이다. 그러나 61세에 석방되어 이듬해에 예조참판을 지냈다.

그가 66세 때에는 건주위建州衛 야인들이 준동하자 노구를 이끌고 다시 북방영토를 지키기 위해 삭풍이 휘몰아치는 거친 고원으로 향했다.

69세에 명종(경원대군 ; 1534-1567)이 11세 어린 나이로 즉위하자 우의정 겸 병조판서로 명실상부한 황금기, 전성기를 맞았다.

그런데 세월의 흐름을 따라가다 보니 명종의 외삼촌으로 막강한 권력을 휘두르던 윤원형*과 한 패가 되어 정치적 보복과 숙청의 악순환에 끼어들고 말았다.

*윤원형 : 1563년 영의정을 지내고 1565년에 귀양 가서 죽음

그 결과 76세로 장수했지만 죽고 나서 선조 임금 대에 크나큰 치욕을 당해야 했다. 간신 윤원형과 한 패가 되어 숱한 선비들을 죽음으로 내몰았다, 죄 없는 인재들을 죽음으로 내몰았다는 부끄러운 죄명으로 살아서 누리고 쌓은 모든 명예가 다 박탈되고 무덤의 묘비도 통째로 뽑혀나가고 말았던 것이다.

이기(芑차조기 기)는 상추 같은 채소를 뜻하는 글자이다.

자는 문중(文무늬 문 仲버금 중)이고, 아호는 경재(敬공경할 경 齋재계할 재)이다.

'재주보다 기질로 살아간다'는 것을 암시하는 자에서 '이론보다 실천에 강한 사람'임을 읽을 수 있다. '공손하고 정중한 사람'을 의미하는 아호에서는 충성스럽고 우직한 사람임을 엿볼 수 있다.

더욱이나 30대와 40대를 북방방어에 바쳤던 사람이니 신분은 비록 문신이나 기질은 이미 반 이상 무인에 가까웠을 것이다.

나라와 종묘사직을 위한 일이라면 사람 몇쯤은 죽어도 좋다는 대단히 경직된 국가관을 갖고 있었을 수 있다.

12년을 국경 지키고 영토 넓히는 일에 바쳤던 사람이다. 오십이 되어서야 한양에 올라와 중앙 무대에 본격적으로 진출했던 사람이다. 변방의 거칠고 가난한 생황에 익숙하여 말을 배불리 먹이는 것조차 죄짓는 일로 여겼던 사람이다.

'대사헌'의 말로 대변되는 그의 청렴 강직함은 모략과 권력 남용에 이골이 난 난세의 간신 윤원형을 만나자 그만 변질된 국가관으로 뒤바뀌고 말았던 것이다.

실천력은 쥐뿔도 없으면서 입만 나불거리는 한양 조정의 선비들이 몹시 한심해 보였을 것이다. 몇 놈 잡아 죽여야 정신을 바싹 차리게 될 것이라며 마구 밀어붙였을 수도 있다. 하지만 69세의 노인이었으니, 옳고 그름과 충신, 간신 정도는 훤히 다 꿰고 있었어야 하지 않았을까.

그래도 죽어서야 삭탈관직되고 묘비가 뽑혀나가는 부끄러움을 당했으니, 대단한 운세요 조상귀신들이 똘똘 뭉쳐 비호해준 행운 아였던 셈이다.

병자호란(1636년)으로 조선이 늘 야만족으로 여기며 깔보던 여진족의 나라 청淸에 항복하자 제일 먼저 왕실이 치욕과 박해를 입기 시작했다.

세자와 왕자들이 줄줄이 청나라로 끌려가야 했으니, 말은 정치적 인질이지만 따지고 보면 영락없는 중죄인이요 전쟁 포로였던 것이다.

소현세자의 처지가 가장 딱했을 것이다. 아버지(인조)에 이어 임금이 될 사람인데도 물도 안 맞고 말도 설은 이민족의 땅에서 십여 년 가까이나 인질 생활을 해야 했으니 그 괴로움이 오죽했겠는가.

25세에 끌려가서 33세에 영구 귀국했으니, 인생의 황금기에 해당되는 20대와 30대의 절반을 전쟁포로 내지 승전국의 국제인질로 허송세월 한 셈이다. 하지만 청나라의 주요 행사와 황제의 사냥 등에 동참하며 청나라의 속과 겉을 속속들이 다 알게 되었다.

*다리곤 : 청 태조 누르 하치의 14남으로 청 태종의 아우

더욱이나 32세에는 동갑내기인 청나라 제9왕 다리곤*이 명의 수도 북경을 농민 반란군 우두머리 이자성으로부터 수복하기 위해 명나라 군대와 함께 출전할 때 동행했다.

명나라 장수 오삼계가 청나라 군대를 끌어들여 양국 합동으로 북경 수복 전쟁을 치렀던 것이다.

소현세자는 북경에서 청나라의 막강한 국력을 똑똑히 확인했다. 그 후 조선이 살려면 청나라와 잘 지내야 한다고 굳게 믿고 청나라 왕실의 실력자들의 환심을 사는 일에 재물과 정력을 바쳤다. 그러다 보니 자연히 소현세자의 체재비가 엄청나게 소요되었던 것이다.

특히 청나라의 온갖 요구(군량미, 군마, 선박, 병력, 특산물 등)를 중간에서 조정하고 해결해야 하는 역할을 띠고 있던 입장에서 청나라의 요구사항을 일방적으로 들어주다 보니 자연히 조선의 부담이 날로 커질 수밖에 없었다.

기분이 좋은 청나라 왕실에서는 소현세자를 젊은 임금님 내지 어린 임금님(소군少君)으로 높여 부르며 한껏 추켜세워 주었다.

인조와 조선 조정은 당연히 불만을 갖고 소현세자와 청나라의 밀착관계를 의혹의 눈으로 볼 수밖에 없었을 것이다.

소현세자는 33세에 조선 땅에 돌아왔지만 냉대가 아주 심했다. 부왕인 인조가 미워하는데 어느 누가 가까이 하려 했겠는가. 독살인지 병사인지 그는 귀국 후 2개월만에 급사했다. 그러자 인조는 원손(혹은 세손; 소현세자의 장남)을 폐위시키고 둘째아들 봉림대군(후에 효종으로 즉위)을 세자에 봉했다.

설상가상으로 소현세자가 죽고 나서 1년도 채 안되어 부인 강씨가 사약을 받고 죽고(1646년 3월) 말았다. 인조의 총애를 받던 소의昭儀(정2품) 조趙씨가 모함하여 남편 없는 청상과부 강빈姜嬪*을 죽음으로 내몰았던 것이다. 친정어머니와 친정 네 형제들, 그리고 그녀의 세 아들들이 모조리 큰 화를 당했다.

당시 영의정으로 있던 金自點김자점*은 강빈을 처형해야 한다고 강력하게 주장했다.

*강빈 : 우의정을 지낸 강석기의 딸
*김자점 : 1588-1651; 안동 김씨. 손자 '김세룡'이 인조의 소생인 효명옹주와 결혼하자 더욱 방자하게 굴었음; 아들 '악'이 역모사건에 연루되자 그도 63세로 처형됨

소현세자의 이름은 '왕'이다. 뜻이야 어찌되었건 발음 자체가 임금을 의미하는 '왕'이었으니 꽤나 큰 이름이요 오해받기 꼭 알맞은 이름이었던 셈이다.

장인은 강석기(碩클 석 期기약할 기)이고, 자는 복이(復돌아올 복 而말이을 이)이다. 아호는 월당(月달 월 塘못 당) 혹은 삼당(三석 삼 塘못 당)이다.

'뒤집어서 잇는다'는 자의 의미가 자못 의미심장하다. 두 개의 아호는 '달이 비친 연못'과 '세 개의 연못'이다.

이름에 들어있는 '기약할 기期'나 자에 들어있는 '돌아올 복復, 그리고 아호에 들어있는 '연못 당塘'이 왠지 을씨년스럽고 외롭기 한이 없다.

사위 소현세자가 급사할 것과 딸이 남편을 독살한 죄로 사사될 것을 미리 내다본 이름 같기만 하다. 자신의 아내와 네 아들들, 그

631

리고 세 명의 외손자들이 줄줄이 비참한 최후를 맞게 될 것을 미
리 내다보고 비극이 들이닥치기 3년 전에 63세로 타계한 것인
지….

　아버지 인조 임금의 이름 諱(휘)은 '상고 신인 倧(종)'이다. 사람은
사람인데 신이 사람의 탈을 쓰고 태어난 엄연한 신인神人이라는 이
름이다.
　자는 화백(和화할 화 伯맏 백)이고 아호는 송창(松소나무 송 窓창 창)이다.
'화합의 귀재'라는 자와 '소나무에 둘러싸인 창문'을 뜻하는 아호
에서 마음먹은 대로 일을 꾸며내는 정치력이 물씬 묻어난다.
　인조는 반란군을 직접 지휘하여 궁궐을 난입한 대담무쌍한 28
세의 젊은 왕이었다. 아들 소현세자가 33세로 급사할 때 그는 50
세였다. 다년간의 해외생활에서 알게 모르게 조선과 거리가 생긴
세자는 17세 연상의 부왕과 예전처럼 따뜻한 부자관계를 회복하
기 힘들었을 것이다.
　일곱 살 아래의 동생 봉림대군(효종)의 이름은 호(淏맑을 호)이다.
자는 정연(靜고요할 정 淵못 연)이고, 아호는 '대나무 죽(竹대나무 죽 梧벽오동
나무 오)이다.
　'고요한 호수'와 '대나무와 벽오동나무가 어우러진 정원'을 의
미한다. 한 마디로 아버지 인조의 이름이나 자나 아호에서는 뭔가
단단하고 결연한 면이 보이고, 동생 봉림대군의 이름이나 자나 아
호에서는 뭔가 차분하게 안정된 느낌을 갖게 된다.
　인조와 두 아들(소현세자, 봉림대군) 사이의 얽히고 설킨 인간관계
에서 소현세자만 뒤로 벌렁 나자빠지고만 것이다.
　장인어른의 '큰 것을 기약한다'는 이름이나 '뒤집어 이어간다'
는 자가 '하늘에서 내려온 신인'을 뜻하는 부왕 인조의 이름을 이

겨내지 못한 것이다.

'달빛이 비친 연못'이라는 장인어른의 아호도 동생 봉림대군의 '고요한 호수'를 뜻하는 자에 그만 눌리고만 것이다.

결국 소현세자는 청나라에 잡혀간 전쟁포로 시절이나 소군少君으로 불리며 왕이 아닌 왕으로 대접받았다. 이름이 '왕'이듯이 그저 불리기나 하는 왕 노릇으로 끝나고만 것이다.

金宇杭김우항(1649-1723; 김해 김씨)이란 이는 참으로 이상적인 별명을 들었던 사람이다. 사람들이 그를 두고 '장자長子'니 '완인完人'이니 했으니, 그 얼마나 명예로운 호칭인가. 도대체 어떤 이력을 지닌 사람이었기에 그런 영예로운 별명을 지니고 있었을까.

김우항은 20세에 진사가 되었다. 26세(1675년 숙종 1년)에는 유생들과 함께 송시열 구명운동을 펴기 위해 연명으로 상소를 올렸다.

현종 말년에 인선왕후가 별세하자 자의대비 복상문제가 조정의 주 이슈(main issue)로 떠올랐다. 송시열을 중심으로 한 서인 일파는 9개월 복상(대공설)을 주장했고 남인 일파는 1년 복상(기년설)을 주장했다. 결국 남인의 1년 복상이 받아들여져 서인 일파는 수세에 몰리게 되고 서인의 우두머리였던 송시열은 유배형에 처해졌던 것이다.

26세의 팔팔한 김우항은 유생들과 합세하여 68세의 노 대신(송시열)을 위해 상소를 올렸던 것이다. 하지만 이미 남인이 득세한 상황이라 실패로 끝나고 말았다.

김우항은 그 후 학문에 열중하여 32세에 문과 을과(4등에서 10등까지)로 급제했다. 그리고 외교문서를 담당하는 승문원 관직을 거쳐 성균관 전적典籍(정6품)과 예조, 병조의 좌랑佐郎(정5품)을 지내며 관직생활을 하다가 40세에 기사환국으로 남인이 득세하자 낙

*이상 : 1620-1690 ; 우봉
이씨. 38세에 박세채,
윤증 등과 함께 사림의
학사로 천거되어 벼슬
을 시작. 41세에 대사헌
을 지내며 송시열의 정
치적 노선을 충실히 따
름. 69세에 기사환국으
로 서인이 실각하자 70
세로 옥사함.
*신임사화 : 경종 즉위
초인 1721년과 1722년
에 있었던 신축옥사와
임인옥사를 합쳐서 부
르는 말로, 같은 서인
계열인 소론이 노론을
대대적으로 숙청한 일
*목호룡의 모함 : 후에
영조로 즉위하게 되는
연잉군을 적극 옹호하
던 노론이 병약한 경종
을 죽이고 대신 연잉군
을 왕으로 세우려 했다
는 것

향했다.

그런데 얄궂게도 앞서서 李翔이상*이란 자를 변호한 일
이 꼬투리가 되어 철산으로 유배되었다가 곧 풀려났다.

그가 45세에 갑술옥사(1694년)로 서인이 재등장하자 그
도 세자 시강원侍講院 사서司書(정6품)로 재기용되었다. 회양
부사와 전라도 관찰사로 나가 선정을 베푼 목민관으로
존경받았다.

54세에는 형조, 병조판서를 역임하고 좌참찬에 올랐다.
그리고 61세에는 호조판서로서 산성 축성과 행궁 축조에
매진했다. 64세에 우의정을 지내고 72세에는 중추부 영사
(정1품)에 올랐다.

그때 신임사화*가 일어나 소위 노론 4대신(김창집, 이이명,
이건명, 조태채)이 외딴 벽지로 귀양가자 그 부당함을 적극
적으로 주장했지만 이미 역부족이었다.

결국 귀양 갔던 노 대신들과 수십 명의 노론계열 신하들이 형
조판서인 소론 金一鏡김일경(1662-1724; 광산 김씨)과 그가 매수한 노론
睦虎龍목호룡(1684-1724)의 모함*으로 모두 죽임을 당하고 말았다.

노론인 목호룡을 내세워 '나도 그 역적모의에 동참했다'며 고
발하게 했으니 세상이 그만 발칵 뒤집힐 수밖에 없었던 것이다.
완벽한 물귀신 작전으로 조선 최초의 자살 테러 혹은 무시무시한
자폭에 해당되었던 셈이다.

2년 뒤 영조가 30세로 즉위하자 세상이 다시 뒤집혀지고 말았
다. 사필귀정이라고나 할까. 청주 유생 宋載厚송재후가 경종 임금
대에 생겼던 신임사화는 김일경과 목호룡 등이 짜고 만든 억지
사기극이었다고 상소했다.

62세의 김일경은 참형을 당하고 40세의 목호룡은 옥중에서 급

사한 뒤 당고개에서 효수되었다.

김우항은 이런 난세를 살았으면서도 '흠 하나 없는 대인'이라는 의미를 지닌 '장자長子'와 '완인完人'으로 불렸다. 청빈淸貧의 대명사요 선비의 사표師表였던 것이다. 만 백성의 맏형이요 많은 벼슬아치들의 이상적 모델이었다.

김우항(宇집 우 杭건널 항)의 이름 뜻은 '물을 건너 한참 걸어야 집이 나온다'이니 가난을 낙으로 알고 살았을 법하다.

자는 제중(濟건널 제 仲버금 중)이고, 두 개의 아호는 각각 갑봉(甲등껍질 갑 峰봉우리 봉), 좌은(坐앉을 좌 隱숨길 은)이다.

'한발 늦게 건넌다'는 자의 의미처럼 그는 남의 어려움에 적극 뛰어들어 옳고 그름을 명확히 가려놓고자 했을 것이다. 남의 어려움을 그냥 지나치지 못하는 성격이었던 것이다.

'단단한 껍질을 쓰고 산꼭대기에 오른다'는 아호, '물러앉아 자신을 숨긴다'는 아호처럼 그는 되도록 욕심 내지 않고 주위상황, 시대상황에 순응하며 살고자 했을 것이다.

정파의 이익을 대변하기보다 언제나 옳고 그름을 갈라놓고자 나섰기 때문에, 그가 아무리 시비를 걸고 문제를 일으켜도 주위에서는 모두 그가 주장하면 틀림없이 그만한 이유가 있을 것이라고 생각했을 것이다.

하늘의 뜻과 백성의 뜻이 그와 함께 하는데 누가 감히 맞서서 왈가왈부하겠는가. 캐릭터가 분명하고 카리스마까지 지니고 있었으니, 다들 기꺼이 승복할 수밖에 없었을 것이다.

평생 한번 유배를 갔던 일도 결국은 처벌받게 된 사람을 변호한 것이 꼬투리가 되었던 것이다. 29세 연상인 李翔이상이 68세의 나이로 재산을 탐내 제 친척을 모함했다는 죄명으로 처벌받게 되자 실제 사실과 다르다며 변호했던 것이다.

정적인 소론 일파에서 억지로 죄를 꾸몄을 가능성이 대단히 높았다. 노론의 영수인 송시열의 오른 팔 역할을 하던 그였으니 당연히 정적인 소론 일파의 집중 공격을 받을 만했다.

이상(翔빙빙 돌아날 상)은 '날개를 한껏 펴고 위를 향해 불어오는 바람을 이용해 빙글빙글 제 자리를 돌며 날아오르는 형상을 뜻하는 이름이다. 바람에 몸을 맡긴 모습이다.

두 개의 자는 운거(雲구름 운 擧들 거)와 숙우(叔아재비 숙 羽깃 우)이고 아호는 타우(打칠 타 寓머무를 우)이다.

두 개의 자는 각각 '구름에 들려 올라간다'는 뜻과 '날개를 단 사람'을 뜻한다. 아호는 '두드려 공간을 만든 후 그 속에 머문다'는 의미다.

이상은 과거를 보지 않고 재야 학자로 천거되어 관직에 나갔다. 13세 위인 거물급 정치인 송시열의 비호와 후원 아래서 그가 속한 노론의 부침과 정확히 일치하며 자신의 벼슬이력을 쌓아 나갔다. 벼슬길과 생애를 마감하는 것도 후원자인 송시열과 정확히 똑같았다.

그가 충직하게 따랐던 송시열은 82세로 사약을 받고 죽었고 그 자신은 70세로 옥중에서 죽었다. 그는 고맙게도 송시열이라는 거물과 김우항이라는 멋쟁이 선비를 만나 중요 고비마다 큰 도움과 위로를 받았다.

29세 연하인 金宇杭김우항은 이름부터가 '물을 건너가야 집이 나온다'는 뜻이었다. '두드려 집을 만든다'는 李翔이상의 아호 打寓타우와 한 쌍을 이루는 의미인 셈이다.

연산군을 몰아내고 왕위에 오른 중종 임금 대에는 독한 인물들이 제법 많았던 모양이다. 연산군의 폐정이 만들어낸 독한 기운 탓인지 스승을 역적으로 몰아 죽게 한 제자까지 나타나 가뜩이나 흉흉한 세상을 더욱 살벌하게 만들었다.

머리가 좋고 재주가 많아 문화 콘텐츠(글씨와 문장 등)를 제법 많이 남겨놓았지만, 제 비위에 맞지 않으면 그 원한을 아이들에게까지 앙갚음하여, 역사를 기록하는 사관들에게 '독사'라는 별명과 '극적極賊'이라는 악평을 들은 인물이 있다.

경기도 풍덕 출생으로 여양 진씨인 陣復昌진복창이란 자가 바로 그 문제의 인물이다.

조선 성리학의 명실상부한 대들보였던 이율곡의 장인인 盧慶麟노경린(1516-1568)마저도 그의 사사로운 악감정으로 인해 사헌부 지평持平(정5품)에서 파천되는 쓰라린 경험을 해야 했다.

사헌부 지평은 이조의 전랑과 더불어 조선의 관료사회를 지탱시켜주는 두 개의 핵심 축으로 재상을 바라보는 유능하고 강직한 젊은 관료들이 반드시 거쳐야하는 성공의 필수 코스였다.

그러니 사헌부 지평에 진급되어 전도가 양양한 노경린을 탄핵하여 파천시킨 일은 실로 한 사람의 창창한 앞길을 흙빛으로 뒤바꿔놓은 것이나 마찬가지였다.

그는 스승 具壽聃구수담(1500-1550)이 자신의 비행을 나무라자 악감정을 품고 결국 죽음의 길로 내몰았다. 나는 새도 떨어뜨린다는 세도가 尹元衡윤원형*의 심복이었으니 마음만 먹었으면 얼마든지 스승의 억울함을 풀어 죽음만은 면하게 할 수도 있었을 것이다. 보스인 윤원형마저도 그를 두고 간교하고 음험한 자로 몰아 가까이 두기를 꺼려했으니, 그의 권력 남용과 정적 탄압이 얼마나 지독했는가를 쉽게 짐작해볼 수 있을 것이다.

*윤원형 : 1563년에 영의정을 지냈지만 누이인 문정왕후의 타계 후 삭직, 유배되어 유배지에서 1565년에 죽음

스승을 죽게 한 제자 진복창(復돌아올 복 昌창성할 창)의 자는 수초(邃이를 수 初처음 초)이다.

운을 뒤집어 끝까지 제 몫을 챙기는 이름이니 스승의 꺾인 운을 올라타고 제 길을 신나게 걸어갔을 것이다.

자는 '처음에 기반을 잘 다져 제 목적한 바를 꼭 이룬다'는 뜻이다. 운을 뒤집는 강한 기세와 첫 단추를 잘 끼워 넣는 재주가 느껴지는 이름이고 자이니, 제자 생각만 하는 스승의 고루함이 어떻게 제자의 고약한 기질과 팔팔한 야심을 잠재울 수 있었겠는가.

그렇다면 스승은 어떤 운세를 타고났었기에 기고만장한 제자에게 목숨을 앗기고 말았을까.

스승 구수담(壽목숨 수 聃귀바퀴 없을 담)의 자는 천로(天하늘 천 老늙은이 로)이다.

이름 뜻은 '목숨을 지켜주는 담벼락이 없어 늘 위태롭다'이고, 자는 '나이 들면 그저 하늘만 바라보아야 할 팔자'라는 희한한 암시를 지니고 있다.

결국 스승 구수담은 제자의 막 가는 기질과 수단방법을 가리지 않는 야욕에 발목이 잡혀 사약을 받고 50세 생애를 마감하게 되었던 것이다. 그에게는 무엇보다도 제자를 잘못 둔 탓에 죽어야 하는 그 한심한 팔자가 억울하고 한스러웠을 것이다.

정조 임금 대의 막강한 권력실세였던 洪國榮홍국영(1748-1781)은 여러모로 신기한 팔자를 타고난 사람이다.

뒤주에 갇혀 죽은 아버지 사도세자에 대한 죄의식과 할아버지 영조 임금을 둘러싼 온갖 협잡과 권모술수로 한시도 두 발을 쭉 뻗고 잘 수 없었던 세손世孫 시절의 정조(1752-1800)를 최측근에서 경호하고 조언한 탓에 정조가 임금이 되자 당연히 실세로 자리잡게 되었던 것이다.

임금의 비서실장에 해당하는 도승지와 특수 경호실장에 해당하는 숙위소宿衛所* 대장을 겸하며 임금에게 올리는 모든 문서까지 검열했으니 조정 대신들의 비난이 쏟아진 것은 너무도 당연했다.

자신의 누이동생을 임금의 빈(후궁)으로 들여놓고 왕자 생산만을 손꼽아 기다리다가 그 누이가 일년여 만에 병으로 죽자 정조 임금의 세살 아래 이복동생인 은언군恩彦君*의 아들 湛담(완풍군; 뒤에 상계군으로 개칭)을 죽은 누이동생 원빈元嬪의 양자로 삼아 세자 책봉을 은근히 추진했으니, 삼십대 초반의 야심치고는 실로 대단했던 셈이다.

결국 영조의 옹주인 화완옹주의 아들로 옹주와 더불어 권력을 유린했던 정후겸의 방자한 처신을 빗대어 사람들은 홍국영을 '대후겸大厚謙'으로 부르며 비아냥거렸다.

가족을 따라 뱃사람이 될 처지에서 졸지에 옹주의 양자로 팔자가 바뀐 뒤 사도세자와 세손(뒤에 정조가 되는)을 해치는데 앞장섰던 鄭厚謙정후겸(1749-1776)보다도 더 못된 놈이라는 비난이 그 별명 속에 암시되어 있었던 셈이다.

홍국영은 자신이 그토록 보호하려 무던히 애썼던 정조 임금에 의해 모든 것을 잃은 채 쫓겨나 강원도 벽지를 헤매다 객사했다.

홍국영(國나라 국 榮꽃 영)의 이름 뜻은 '나라를 꽃처럼 피어나게 한다'이고 자는 '덕을 끼치며 나이 들어간다'는 의미의 덕로(德덕 덕 老늙은이 로)이다. 이름도 좋고 자의 의미도 좋은데, 섣불리 넘본 권력의 생리에 몸과 마음이 잡아먹혀 그만 모든 걸 잃고 집 잃은 개처럼 죽어간 것이다.

본래는 나라를 위해 큰 일을 할 운세를 타고난 데다 심성 또한 나이에 비해 꽤나 괜찮은 편인데, 권력을 너무 쉽게 보다가 스스로 묻힐 무덤을 제 손으로 파고만 것이다.

*숙위소 : 궁궐 경호를 담당하고 있던 '금군'과 별개로 건양문 동쪽에 따로 설치; 홍국영이 대역죄로 쫓겨나자 폐지됨
*은언군 : 1755-1801 ; 장헌세자와 숙빈 임씨 사이에서 출생; 철종의 조부. 흥선대원군 이하응의 조부인 '은신군'의 친형으로 처와 며느리가 가톨릭 박해로 신유교난 때 처형되자 사사됨.

정후겸이나 '대후겸'으로 불린 홍국영이나 모두 더 많은 권력을 차지하려다 그만 그 권력의 희생물이 되고 말았다.

15세에 장원掌苑 봉사奉事(종8품 문관직)로 처음 벼슬 맛을 보기 시작한 이후 19세에 승지, 20세에 개성부의 책임자가 되는 등 이십대에 벌써 참판벼슬을 두루 누린 정후겸은 세손이 24세로 임금(정조)으로 등극하자 27세의 나이로 사사되었다.

'대후겸' 홍국영도 23세에 과거에 급제한 이후 화려한 이십대와 막강한 삼십대 초반을 누리다가 33세로 객사했다. 젊은 혈기에 지혜가 덧입혀지기도 전에 짧은 생애, 말썽 많은 일생을 마감하고만 것이다. 불꽃 같은 권력에 너무 가까이 다가간 탓에 젊은 나이로 그만 안타깝게 타죽고만 셈이다.

어부가 될 팔자에서 임금의 총애를 받는 옹주의 양자로 뒤바뀐 원조 정후겸(厚두터울 후 謙겸손할 겸)의 자는 백익(伯맏 백 益더할 익)이다.

도대체 어떤 이름이기에 그런 엄청난 인생역전이 가능했을까. '厚謙후겸'이라는 이름이 암시하듯이 '윗사람에게 고분고분하게 굴며 귀엽게 구는 기질' 덕에 옹주와 임금(영조)의 총애를 독차지할 수 있었을 것이다.

'伯益백익'이라는 자가 내포하듯이 '뭔가 보탬이 되고자하는 타고난 성격' 덕에 어린 나이, 보잘것없는 출생배경에도 불구하고 승지, 지방목민관, 참판벼슬을 거뜬히 거쳐냈을 것이다.

실수는 누구나 할 수 있다

실수를 밥 먹듯이 하면 못 쓰지만 평생에 몇 번 하는 것은 그런 대로 이해해 줄 수 있다. 영웅호걸들의 경우에도 판단 잘못인지, 아니면 소신을 지나치게 편 탓인지 해서는 안 될 실수를 한 경우가 종종 있었다.

어떤 때는 자신의 파면으로 이어지기도 했고, 또 어떤 경우에는 자신의 목숨을 잃었을 뿐만 아니라 나라마저 위태롭게 한 예도 있었다.

임진왜란과 정유재란의 호국영웅인 충무공 李舜臣이순신(1545-1598)의 경우를 살펴보자.

31세에 무과에 병과로 급제하여 임시직(권지權知)으로 훈련원 봉사奉事(종8품)를 맡아 관직에 나서기 시작했다. 함경도의 미관말직을 거쳐 32세에는 수군의 만호萬戶가 되었다.

*만호 : 종4품으로 육군의 '첨절제사'에 해당

38세에는 훈련원 참군參軍(정7품)이 되고 41세에는 궁중의 가마와 말과 목장을 관할하는 사복시의 주부主簿(종6품)가 되었다. 이어 수군의 만호로 다시 승진했는데 이 때 그만 큰 실책을 범하고 말았다. 즉, 침략한 호인들을 제대로 못 막아 처벌받게 되자 그 답지 않게 부득부득 자신의 주장을 늘어놓았던 것이다.

   "원군을 요청했다. 헌데도 지원군을 보내주기는커녕 아예 못 본척한 탓에 그만 전선이 뚫리고만 것이다. 어째 서 나만 중형을 받아야 하느냐? 원인은 지휘부의 판단 미스에 있는데 왜 나만 가지고 못 살게 구느냐?"

   결국 그는 간신히 중형을 면하고 백의종군하게 되었던 것이다. 그나마 덕수 이씨 먼 친척뻘인 4살 위의 李洸이광(1541-1607)이 마 침 전라도 관찰사로 있었기 때문에 비빌 언덕을 만날 수 있었다. 이광 덕택에 전라도 조방장으로 발탁되어 44세에 선전관과 정읍 현감을 지냈다.

   그러다가 임진란 직전인 1591년에 46세가 되어서야 유성룡의 천거로 절충장군折衝將軍,*, 진도군수, 전라좌도 수군절도사 로 발돋움하게 되었다. 그가 좌수영(여수)에 부임한 것이 결국은 왜란을 막고 조선반도를 지키는 교두보를 쌓는 일이 되고 말았다.

*절충장군 : 무인에게 주는 최고 품계로 정3 품 당상관에 해당; 종2 품 이상으로 승진하면 문신과 동일하게 처우

   이순신의 제 1차 백의종군을 전화위복의 기회로 만들어준 이광 과 유성룡은 따지고 보면 미관말직에 머물러 있던 영웅을 수령에 서 건져내 나라를 구할 진정한 영웅으로 활짝 피어나게 해 준 중 요한 인물들인 셈이다.

   이순신(舜임금 순 臣신하 신)이고, 자는 여해(汝너 여 諧화해할 해)이다. '어 진 임금을 섬기는 신하가 될 이름'이고, '두루 잘 지내 많은 이웃 을 둔다'는 의미를 지닌 자다. 이름과 자에서 충성스럽고 어진 성 품을 읽을 수 있다.

이광(洸물 용솟음할 광)의 자는 사무(士선비 사 武굳셀 무)이고, 아호는 우계산인(雨비 우 溪시내 계 散흩을 산 人사람 인)이다.

'힘차게 솟구친다'는 이름에서 그의 옹골찬 기질을 엿볼 수 있다. '재능을 유감없이 발휘하는 선비가 된다'는 자에서는 야심만만한 모험심과 공격적인 추진력'을 엿볼 수 있다. 그리고 아호는 '빗물에 불어난 개울에서 한가로이 지내는 팔자'를 내다보고 있다.

전체적으로 보아 대단히 모험적이고 적극적인 기질이라 잔잔한 물가보다는 풍랑이 거칠게 일어나는 바닷가에 설 가능성이 대단히 높은 팔자다. 그런 탓인지 그는 비록 명문가*에 태어나 33세에 문과에 급제한 문신이었지만, 51세에 맞이한 임진란으로 졸지에 전선을 지키는 장수의 소임을 다하게 되었다.

*명문가 : 조부는 좌의정을 지낸 이행이고 부친은 종5품직인 도사를 지낸 이원상이다

대단한 소신파였던지 그는 자신의 판단대로 밀고 나가다가 여러 차례 곤욕을 치렀다.

40대 후반에 첫 번째로 전라도 관찰사로 나갔을 때는 전라도 일부 지방을 근거지로 했던 정여립의 모반사건 연루자들을 온건하게 처리하여 탄핵을 받고 삭탈관직되었다.

50세에 호조참판으로 재기한 후 임란이 일어나자 다시 전라도 관찰사로 발탁되었지만 한성이 왜군에 함락되었다는 말을 듣고 서울로 진격하던 군대를 일방적으로 해산했다. 공주에 머물고 있을 때 무과 급제자로 드물게 당상관까지 올랐던 白光彦백광언이 찾아와 큰 소리로 공박하자 전주로 내려가 군대를 모아 다시 서울로 진격했지만 용인 전투에서 결정적으로 참패하게 되었다. 방어사 곽용 휘하에서 조방장으로 참전한 백광언은 적의 동태를 오판한 죄로 이광에게 장형을 당하고 분기탱천, 다시 전선에 뛰어들어 끝내 전사했다.

용인 전투 참패로 평양에서 전세를 살피던 선조 임금은 허겁지겁 의주로 북상하게 되었다. 참패한 이광은 관직에서 쫓겨나 백의 종군을 하기도 하고 투옥과 유배형을 당하기도 했다. 53세에 석방되어 66세로 죽기까지 평범하게 살며 학문과 창작으로 소일했지만, 50대 초반에 맞게 되었던 왜란은 결국 그에게 영광보다는 상처와 후회만을 안겨 주었다.

솟구쳐 오르는 타고난 적극성과 모험심 탓에 파란만장한 관료 생활을 하게 되었지만, 아호인 우계산인雨溪散人에서 나타나듯 모든 걸 잊고 한가로이 살고자 하는 또 다른 본성 덕분에 전쟁으로 황폐해진 산하와 인심 속에서도 유유자적하며 천수를 누릴 수 있었을 것이다.

유성룡(成이룰 성 龍용 용)의 자는 이현(而말이을 이 見나타날 현)이고, 아호는 서애(西서녘 서 厓언덕 애)이다.

용龍인 임금을 어려움에서 건져내 다시 세운다는 이름이다. '끊어진 것을 다시 이어 제 모습을 올바로 나타나게 한다'는 자처럼 그는 평생 일그러진 것들과 흩어진 것들을 다시 주워 모으고 다시 기워 온전하게 하는 일을 했다.

24세에 문과 병과로 급제하여 평범한 관료생활을 시작했지만 50에 맞게 된 왜란을 앞장서서 잘 막아 나라와 백성을 온전히 보전했다. 바다의 이순신과 육지의 권율을 두 축으로 삼아 왜란에서 임금과 나라와 백성을 구해낸 것이다.

'동쪽에서 밀어닥친 엄청난 파도를 서쪽 언덕으로 무사히 막아낸다'는 아호처럼 그는 동편에서 침략한 왜를 서편의 명나라와 쌍벽을 쌓고 잘 막아냈다.

임란 한 해 전에 좌의정과 이조판서를 겸하며 인재의 벽을 공고하게 쌓았다. 임란이 발발하자 도체찰사로서 군을 총괄했다. 임금이 평양으로 옮겨가자 영의정을 맡아 평양 '피난 조정'을 이끌며 왜적 격퇴를 진두지휘했다. 그런데도 그를 향한 탄핵이 빗발쳤다.

> "당신이 바로 왜란을 자초한 사람이 아니냐? 당신의 정
> 세판단 착오와 대비 소홀로 난리가 난 것 아니냐? 헌데도
> 난리가 나도록 방임하고 자초한 자가 다시 난리에서 나
> 라와 조정을 구한다며 앞장을 서니 그게 어디 말이나 되
> 느냐? 당장 물러나 죄 값을 치러야 하는 것 아니냐?"

그는 결국 직책을 벗고 멀찍이 뒤로 밀려나야 했지만 의주로 자리를 옮긴 선조 임금은 그를 다시 평양 수복의 최고 책임자로 발탁했다. 명나라 이여송 장군과 손잡고 평양을 되찾은 후에는 영의정에 다시 올라 왜적을 물리치는 일에 전념해야 했지만 6년여의 왜란이 막을 내리자 다시 왜란 자초의 책임을 지고 삭탈관직 되어야 했다.

50세에 난리를 만나 56세까지 전화에 휩싸인 국토 수복에 온 힘을 기울였으나 마지막에는 삭탈관직이 되고만 것이다.

58세에 복직의 기회가 왔지만 그는 65세로 타계할 때까지 초야에 묻혀 학문과 글짓기에만 매달렸다.

이름과 자와 아호에서 나타나듯 평생 공직생활에 묶여 살아야 하는 팔자를 스스로 벗어 던지고 50 후반과 60대 말년을 스스로 한가롭게 보낸 것이다.

權慄권율(1537-1599)처럼 대단한 인물도 깜빡 자신을 잊고 실수를 한 적이 있다. 45세에 문과 병과에 급제했으니 어지간히 늦깎이 벼슬아치였던 셈이다. 중년의 나이에도 미관말직부터 관직생활을

시작하여 50세에는 겨우 종5품 전라도 도사를 지내고 51세에는 정랑正郎(정5품)을 지냈다.

54세에는 의주목사를 지냈고, 임진왜란 발발 시에는 광주 목사로 있었다.

왜란이 터지자 방어사 郭嶸(곽영)의 휘하에 들어가 중위장으로 참전했으나 용인 전투에서 참패했다. 곧 이어 남원에서 의병을 모집한 후 금산 전투에서 대승을 거두고 그 공으로 전라도 순찰사로 승진했다.

그런데 바로 이 때에 용맹스러운 裵慶男(배경남(1597년 전사))의 전공을 중앙 조정에 잘못 보고하여 파직시키는 오류를 범했다. 부산진 첨절제사(종4품)로 큰 전공을 세웠는데도 순찰사 권율의 오보로 파직당하고만 것이다. 비록 파직당했지만 종군을 강력히 소망하여 결국 2년 뒤에 삼도 수군절제사 이순신의 휘하에서 좌별도장으로 참전, 당항포 해전에서 큰 전공을 세우고 조방장으로 승진했다.

권율은 56세에 3천여 명의 군대로 3만여 명의 왜군을 맞아 행주산성에서 대승을 거두고 도원수로 승진했지만 도망병을 즉결처분한 죄로 해직되었다.

곧이어 한성부판윤으로 재기용되어 비변사 당상을 겸했지만 도망병 즉결처분으로 인한 후유증은 오래도록 그를 괴롭혔다. 59세에 충청도 순찰사로 나갔다가 다시 도원수로 기용되어 정유재란을 맞았지만 명나라 장수들의 약속 위반으로 인해 번번이 전공을 세울 기회를 놓치고 말았다. 62세에 노환이 깊어져 낙향했지만 전쟁에 지친 심신을 채 회복하기도 전에 이승을 하직하고 말았다.

권율(慄(두려워할 율))의 자는 언신(彦(선비 언) 愼(삼갈 신))이다. 두 개의 아호는 각각 만취당(晩(저물 만) 翠(물총새 취) 堂(집 당))과 모악(暮(저물 모) 嶽(큰 산 악))이다.

'겁이나 부르르 몸을 떨게 된다'는 이름이니 그 의미가 자못 기이하다. 자에는 '신중하게 굴어 큰일을 이뤄낸다'는 의미가 내포되어 있다.

또한 두 개의 아호에는 공통적으로 '저물다, 늦다, 더디다'는 의미가 들어 있다. '물총새 취翠'는 비취빛을 함께 암시하니 귀한 신분이 된다는 뜻이 들어있는 셈이다. '큰 산 악嶽'은 큰 신하나 제후를 의미하기도 한다. 늦게 출세하지만 대표급 인재가 된다는 의미가 강하게 암시되어 있는 아호들이다.

45세에 관직에 나가 55세가 되기까지 평범한 관료생활을 하다가 나라 자체가 뒤흔들리는 큰 전쟁을 만나 6년여간 전선을 종횡무진했다. 하지만 그 6년여간의 노익장 과시를 통해 불세출의 영웅으로 자리잡게 된 것이다.

말년에 맞은 큰 난리에서 비로소 그가 지닌 모든 잠재력이 송두리째 드러난 셈이다. 실로 '저물어서야 큰 불꽃을 내며 높이 타올라' 온 세상을 환하게 비춰 준 것이다.

무엇보다도 5차례나 병조판서를 지내며 임진, 정유의 왜란에서 나라를 구하는데 혁혁한 공을 세운 오성鰲城부원군 백사白沙 李恒福 이항복(1556-1618 ; 경주 이씨)을 사위로 둔 것이 무척이나 자랑스러웠을 것이다. 이항복은 고향 포천에서부터 죽마고우였던 한음漢陰 李德馨이덕형(1561-1613 ; 광주 이씨)과 더불어 임진, 정유의 왜란에서 나라를 구하는 일에 전념했었다. 이항복이 임금 곁에서 국내를 담당했다면 이덕형은 일본 사신과 화의를 교섭하기도 하고 명나라에 원병을 요청하기도 하며 바깥의 일을 담당했다. 그리고 전쟁 후에는 똑 같이 중년의 영향력 있는 정승으로서 전쟁으로 피폐해진 국토와 백성을 쓰다듬는 일에 매진했다.

친구란 운세가 엇비슷하게 마련인지, 광해군 시대(1608-1623)를 맞아 함께 정승을 지냈지만 어려움에 처한 영창대군(1606-1614)과 인목대비(1584-1632)를 보호하려다 한결같이 생애 마지막 해에 삭탈 관직되고 말았다.

　다섯 살 위인 이항복은 함경도 북청北靑 유배지에서 62세로 최후를 맞았고 이덕형은 양근楊根(경기도 양평)에서 52세로 생애를 마쳤다.

　사람들뿐만 아니라 하늘과 운명도 '토사구팽兎死狗烹*'을 밥 먹듯이 하는지… 이항복과 이덕형의 최후에서 보듯이 전쟁에서 나라를 구하고도 빛을 보기는커녕 비참한 말년을 맞이하는 일이 종종 있었던 모양이다.

*토사구팽 : 한나라 건국에 공을 세우고도 한 고조 유방의 정략에 의해 억울한 죽음을 맞이하게 된 한신이 '세상 사람들이 말하기를 교활한 토끼가 죽으면 날랜 사냥개를 잡아먹고 나는 새가 사라지면 튼튼한 활을 광 속에 처넣게 되며 적국이 무너지면 꾀 많은 신하도 망하게 된다더니, 이미 천하가 통일된 마당에 내가 죽는 것은 너무도 당연하구나'라고 말했다는데서 유래. 사마천의 『사기』 '회음후열전'에 나옴.

불우했던 조선의 천재 김시습

한양의 성균관 근처에서 출생한 강릉 김씨 김시습(1435-1493)은 겨우 두 살 때에 한시漢詩를 지을 정도로 대단한 신동이었다.

어머니가 맷돌에 보리를 가는 것을 보고 그 둔탁한 소리를 천둥소리에 빗대어 시를 지은 것이다. 맷돌이 내는 소리를 천둥에 견주며 흩어지는 구름을 상상했으니 실로 대단한 상상력이고 은유였던 셈이다.

무우뇌성 하처동無雨雷聲 何處動
황운편편 사방분黃雲片片 四方分
비도 안 오는데 천둥소리는 어디서 나나
누런 구름 조각들이 사방으로 흩어지네

얼마나 서울 장안에 소문이 파다했으면 42세의 세종 임금이 네 살밖에 안된 어린 김시습을 직접 불러 장차 나라를 튼튼히 하는 훌륭한 재목이 되라며 특별한 애정과 관심을 보였겠는가.

하지만 천재는 박복薄福한 것인지 김시습은 가장 중요한 청소년기에 어머니를 여의고 외숙모의 손에 맡겨지게 되었다. 14세에 외가에 맡겨졌지만 3년도 되기 전에 그 외숙모마저 세상을 떠나 그는 중병에 걸린 아버지 곁으로 다시 오게 되었다.

가정의 어려움 속에서도 그는 훈련원 도정都正(종친이 맡던 정3품직) 南孝禮남효례의 딸과 결혼하여 새 삶을 펼치게 되었다. 그런데 그때 38세의 삼촌(수양대군)이 열네 살 어린 조카를 몰아내고 왕이 되는 희대의 정치적 변고를 보고 책을 모두 불사른 뒤 입신양명의 포부를 송두리째 버렸다.

20세의 혈기왕성한 청년으로 골리앗(수양대군)과 다윗(단종)의 불공정한 정치게임을 도저히 묵과할 수 없었던 것이다.

그는 끝내 중이 되어 속세를 훌훌 털어 버렸다. 雪岑설잠이라는 법명法名을 지닌 채 9년간 전국 방방곡곡을 떠돌아다니며 산란한 마음을 가라앉히려 애썼다.

9년여의 구도 여정을 접고 그는 관서, 관동, 호남으로 묶어 세 권의 기행문으로 펴냈다. 『탕유관서록宕遊關西錄』 『탕유관동록宕遊關東錄』 『탕유호남록宕遊湖南錄』이 바로 그것들이다.

'방탕할 탕宕 놀 유遊를 첫머리에 올린 것부터가 실로 그답다. 하지만 불교에 특별히 관심과 애정을 기울이던 자그마치 61세 연상의 효령대군(1396-1486)이 28세 된 그를 적극적으로 회유했다.

　　　　"자비의 불심으로 다 용서하고 세조 임금의 불경언해
　　　사업을 돕는 것이 그 또한 부처의 가르침을 본 보이는
　　　일 아닌가? 해박한 불경지식으로 제발 도와드리게나."

결국 그는 조카(세조)를 돕고자 하는 효령대군의 간청에 못 이겨

내불당에서 불경언해 사업을 도와주게 되었다.

그 후 30세 되던 해에는 경주 남산에 금오산실金鰲山室을 짓고 구도의 길에 정진했다. 하지만 32세 되던 해에는 83세의 효령대군이 간청하여 하는 수 없이 원각사圓覺寺 낙성식에 참석하려 한성 땅을 다시 밟았다.

온갖 질병에 시달려야 했던 세조는 이후에도 여러 차례 그를 불렀지만 한낱 불자의 몸으로 세상일을 잊은 지 오래라며 극구 사양했다.

최초의 한문 소설집인 금오신화金鰲新話(5편이 수록되어 전해지고 있음)를 쓰느라 산사를 떠나기 싫었을 것이다.

40세 경에 상경하여 성동에서 농사를 지으며 잠시 창작활동에 전념했다. 46세에는 아예 환속하여 안씨 여인과 새 살림을 차렸다. 그러나 구도의 방랑생활을 끝내 버리지 못하고 2년 뒤 다시 방랑의 길에 나섰다.

그 후 십 년이 지나 부여 외산면外山面 만수산萬壽山의 무량사無量寺에서 한 많은 58세의 일생을 마쳤다.

그는 아마도 90세를 일기로 생애를 접은 효령대군의 장례행렬을 먼발치서 바라보며 극락으로의 또 다른 여정을 간곡히 기원했을 것이다.

18세 연상의 세조에 대한 인간적인 미움을 61세 연상의 효령대군에 대한 존경과 감사로 감싸며 조선왕조의 무궁한 전도를 진심으로 바랐을 것이다.

그는 33세 되던 해에 경주 남산의 금오산실에서 조카를 몰아내 죽이고 십여 년간 왕 노릇을 한 세조의 죽음을 전해 듣고 아무 말 없이 합장했을 것이다.

자신의 생애를 백 팔십 도로 뒤바꿔놓은 수양대군(세조)이지만, 불자의 몸인지라 밉고 섭섭한 마음을 모두 털어 냈어야 했을 것이다.

김시습(時때 시 習익힐 습)의 자는 열경(悅기쁠 열 卿벼슬 경)이다. 네 개의 아호는 각각 매월당梅月堂, 동봉東峰, 청한자清寒子, 벽산碧山이다.

'때 맞춰 세상이치에 눈뜬다'는 이름에서 평생 구도의 길에 매달렸던 그의 생애를 엿볼 수 있다.

'기뻐하며 흔쾌히 나가 나라의 귀한 신분을 지닌다'는 자에서 어디서 무엇을 하던 세상의 빛이 되고 소금이 되는 귀한 팔자임을 어렴풋이 짐작할 수 있다.

그리고 네 개나 되는 아호는 '구도의 방랑자, 낭만을 가슴 속에 숨긴 천재 작가'의 면면을 엿보게 한다.

'가느다란 매화나무 가지 끝에 살짝 걸린 밝은 달'이라는 매월당梅月堂은 섬세하고도 낭만적인 기질을 암시한다. '동녘 하늘을 향한 산봉우리'라는 의미의 동봉東峰, '해맑고 차디찬 품성'이라는 청한자清寒子, '파란 빛을 띤 큰 뫼'인 벽산碧山에서는 영원히 변하지 않을 높은 이상을 향한 순수한 열의를 엿볼 수 있다.

비록 평생 불우한 방랑의 구도자로 살았지만 세상 사람들은 그를 대표적인 생육신生六臣으로 받들며 그의 대쪽같은 충절을 본 받고자 했다.

그는 뜻 없이 떠돌았다고 크게 후회했을지 몰라도 세상의 모든 선비들과 생각이 있는 사람들은 그가 왜 평생 산사山寺에서 산사로 떠돌아야 했는가를 너무도 잘 알고 있었던 것이다.

법명마저도 '모든 때를 말끔히 씻어내고 큰산에 깊이 숨는다'는 의미를 지닌 설잠(雪눈 설 岑봉우리 잠)이다.

눈덮인 산봉우리를 쳐다보며 그는 세상 사람들에게서 받은 온갖 서러움과 섭섭함, 그리고 세상에서 배운 미움과 노여움을 슬그머니 골짜기 아래로 내버렸을 것이다.